DIREITO ELEITORAL, DIREITO PROCESSUAL ELEITORAL E DIREITO PENAL ELEITORAL

MARCUS VINICIUS FURTADO COÊLHO

DIREITO ELEITORAL, DIREITO PROCESSUAL ELEITORAL E DIREITO PENAL ELEITORAL

4ª Edição

Belo Horizonte

EDITORA Fórum

2016

© 2008 Editora Renovar.
2010 2ª edição
2012 3ª edição
© 2016 4ª edição Editora Fórum Ltda.

É proibida a reprodução total ou parcial desta obra, por qualquer meio eletrônico, inclusive por processos xerográficos, sem autorização expressa do Editor.

Conselho Editorial

Adilson Abreu Dallari
Alécia Paolucci Nogueira Bicalho
Alexandre Coutinho Pagliarini
André Ramos Tavares
Carlos Ayres Britto
Carlos Mário da Silva Velloso
Cármen Lúcia Antunes Rocha
Cesar Augusto Guimarães Pereira
Clovis Beznos
Cristiana Fortini
Dinorá Adelaide Musetti Grotti
Diogo de Figueiredo Moreira Neto
Egon Bockmann Moreira
Emerson Gabardo
Fabrício Motta
Fernando Rossi

Flávio Henrique Unes Pereira
Floriano de Azevedo Marques Neto
Gustavo Justino de Oliveira
Inês Virgínia Prado Soares
Jorge Ulisses Jacoby Fernandes
Juarez Freitas
Luciano Ferraz
Lúcio Delfino
Marcia Carla Pereira Ribeiro
Márcio Cammarosano
Marcos Ehrhardt Jr.
Maria Sylvia Zanella Di Pietro
Ney José de Freitas
Oswaldo Othon de Pontes Saraiva Filho
Paulo Modesto
Romeu Felipe Bacellar Filho
Sérgio Guerra

Luís Cláudio Rodrigues Ferreira
Presidente e Editor

Coordenação editorial: Leonardo Eustáquio Siqueira Araújo

Av. Afonso Pena, 2770 – 15º andar – Savassi – CEP 30130-012
Belo Horizonte – Minas Gerais – Tel.: (31) 2121.4900 / 2121.4949
www.editoraforum.com.br – editoraforum@editoraforum.com.br

C672d	Coêlho, Marcus Vinicius Furtado
	Direito eleitoral, direito processual eleitoral e direito penal eleitoral / Marcus Vinicius Furtado Coêlho. 4. ed. – Belo Horizonte : Fórum, 2016.
	490 p.
	ISBN: 978-85-450-0169-0
	1. Direito Constitucional. 2. Direito Eleitoral. I. Título.
	CDD 324.63
2016-188	CDU 342.8
	Informação bibliográfica deste livro, conforme a NBR 6023:2002 da Associação Brasileira de Normas Técnicas (ABNT):
	COÊLHO, Marcus Vinicius Furtado. *Direito eleitoral, direito processual eleitoral e direito penal eleitoral*. 4. ed. Belo Horizonte: Fórum, 2016. 490 p. ISBN 978-85-450-0169-0.

SUMÁRIO

PREFÁCIO DA PRIMEIRA EDIÇÃO

Augusto Aras 13

CAPÍTULO 1

DIREITO ELEITORAL 17

1.1	Normalidade e legitimidade das eleições: a razão do direito eleitoral	17
1.2	O direito eleitoral como ramo autônomo	21
1.2.1	O direito eleitoral e o direito constitucional	22
1.2.2	O direito eleitoral e o direito penal	22
1.2.3	O direito eleitoral e o direito civil	23
1.3	Fontes do direito eleitoral	23
1.3.1	A Constituição Federal	24
1.3.2	Código Eleitoral (Lei nº 4.737/65)	27
1.3.3	Lei das Inelegibilidades (Lei Complementar nº 64/1990)	28
1.3.4	Lei Orgânica dos Partidos Políticos (Lei nº 9.096/1995)	29
1.3.5	Lei Geral das Eleições (Lei nº 9.504/1997)	30
1.3.6	Lei Complementar nº 135/2010 (Lei da Ficha Limpa)	30
1.3.7	Lei nº 12.891/2013 (Minirreforma Eleitoral de 2013)	31
1.3.8	Lei nº 13.165/2015 (Minirreforma Eleitoral de 2015)	31
1.3.9	Resoluções do Tribunal Superior Eleitoral	31
1.3.10	Consultas eleitorais	33
1.3.11	Jurisprudência	33
1.4	Princípios e regras do direito eleitoral	33
1.4.1	Princípios eleitorais constitucionais	36
1.4.1.1	Princípio republicano	36
1.4.1.2	Princípio democrático	38
1.4.1.3	Princípio da soberania popular	40
1.4.1.4	Princípio da normalidade e legitimidade das eleições	42

1.4.1.5 Princípio da isonomia ou igualdade de chances entre os candidatos 44
1.4.1.6 Princípio da moralidade e probidade administrativa 46
1.4.2 Princípios eleitorais processuais 47
1.4.2.1 Princípio da indisponibilidade das ações eleitorais 47
1.4.2.2. Princípio do livre convencimento do magistrado 48
1.4.2.3 Princípio da celeridade 49
1.4.2.4 Princípio do dispositivo mitigado 50
1.4.3 Regras eleitorais basilares 52
1.4.3.1 Anualidade eleitoral 52
1.4.4 Proporcionalidade e razoabilidade 54
1.4.5 Preclusão 57

CAPÍTULO 2

JUSTIÇA ELEITORAL 61
2.1 Organização da Justiça Eleitoral 61
2.1.1 Juízes eleitorais 65
2.1.2 Juntas eleitorais 68
2.1.3 Tribunais Regionais Eleitorais 71
2.1.4 Tribunal Superior Eleitoral 73
2.2 Funções da Justiça Eleitoral 75
2.2.1 Função administrativa 75
2.2.2 Função jurisdicional 75
2.2.3 Função regulamentar 76
2.2.4 Função consultiva 78
2.3 Competências 79
2.3.1 Juiz eleitoral 79
2.3.2 Juntas eleitorais 81
2.3.3 Tribunais Regionais Eleitorais 81
2.3.4 Tribunal Superior Eleitoral 84
2.4 Poder de polícia dos juízes eleitorais 88

CAPÍTULO 3

MINISTÉRIO PÚBLICO ELEITORAL 91
3.1 O Ministério Público Eleitoral: composição, atuação e competência 91
3.2 Limitações à atuação do *Parquet* Eleitoral 96
3.3 Nulidades em razão da ausência da atuação do Ministério Público Eleitoral 98
3.4 Termos de ajustamento de conduta celebrados entre o Ministério Público Eleitoral e os candidatos, os partidos políticos e as coligações 99

CAPÍTULO 4

FORMAS DE ESTADO, FORMAS DE GOVERNO, SISTEMA DE GOVERNO E SISTEMAS ELEITORAIS 103
4.1 Formas de Estado 103
4.2. Formas de Governo 104
4.3. Sistema de Governo 106
4.3.1. O parlamentarismo 106
4.3.2. O Presidencialismo 108
4.3.1. O Semipresidencialismo: uma proposta para o Brasil 113
4.4. Sistemas eleitorais: noções gerais 116
4.5 Sistema majoritário 120
4.6 Sistema proporcional 123
4.7 Sistema misto 128

CAPÍTULO 5

PARTIDOS POLÍTICOS 131
5.1 Criações de partidos 131
5.1.1 Convenções partidárias 133
5.1.2 Filiação partidária 137
5.1.3 Fidelidade partidária 139
5.1.4 Fundo Partidário 142
5.2 Comentários sobre a Lei dos Partidos Políticos e algumas alterações da Lei nº 13.165/2015 143
5.3 Coligações partidárias 147

CAPÍTULO 6

CONDIÇÕES DE ELEGIBILIDADE 151
6.1 Condições de elegibilidade: requisitos constitucionais e infraconstitucionais 151
6.2 Condições de elegibilidade constitucionais 152
6.2.1 Nacionalidade brasileira 152
6.2.2 O pleno exercício dos direitos políticos 154
6.2.3 Alistamento eleitoral 159
6.2.3.1 Efeitos do alistamento eleitoral 162
6.2.3.2 Cancelamento e suspensão de inscrição eleitoral e de alistamento eleitoral 163
6.2.4 Domicílio eleitoral 164
6.2.4.1 Transferência de domicílio eleitoral e a Lei nº 13.165/2015 166
6.2.4.2 Revisão do eleitorado 167
6.2.5 Filiação partidária 169
6.2.6 Idade mínima 170
6.3 Condições de elegibilidade infraconstitucionais 171

6.3.1	Indicação em convenção partidária	171
6.3.2	Quitação eleitoral	172
6.3.2.1	Impossibilidade de obtenção de certidão de quitação eleitoral: prestação de contas	173
6.3.2.2	Impossibilidade de obtenção de certidão de quitação eleitoral: multas eleitorais	174
6.4	Momento de aferição das condições de elegibilidade	174

CAPÍTULO 7

INELEGIBILIDADES 177

7.1	Classificação	178
7.2	Inelegibilidades constitucionais	178
7.2.1	Inelegibilidade de inalistáveis e analfabetos	179
7.2.2	Inelegibilidade por motivos funcionais	179
7.2.3	Inelegibilidade reflexa	180
7.3	Inelegibilidades infraconstitucionais	183
7.3.1	Inelegibilidades previstas na Lei Complementar nº 64/1990	183
7.3.1.1	Alínea "a": inelegibilidade de analfabetos e inalistáveis	183
7.3.1.2	Alínea "b": inelegibilidade dos membros do Legislativo que perdem o mandato por infringência do disposto no art. 55, incs. I e II, da Constituição Federal	183
7.3.1.3	Alínea "c": inelegibilidade dos membros do Executivo que perdem o mandato por desrespeito a dispositivo da Constituição Estadual, da Lei Orgânica do Distrito Federal ou da Lei Orgânica do Município	185
7.3.1.4	Alínea "d": inelegibilidade dos condenados por abuso de poder econômico ou político	186
7.3.1.5	Alínea "e": inelegibilidade dos condenados por decisão transitada em julgado proferida por órgão judicial colegiado	187
7.3.1.6	Alínea "f": inelegibilidade dos declarados indignos ao oficialato	189
7.3.1.7	Alínea "g": Inelegibilidade dos que tiverem suas contas rejeitadas	190
7.3.1.8	Alínea "h": inelegibilidade dos detentores de cargos públicos condenados pela prática de abuso de poder político ou econômico	193
7.3.1.9	Alínea "i": inelegibilidade do que exerça cargo de direção, administração ou representação de estabelecimentos de crédito, financiamento ou seguro e que seja réu em processo de liquidação judicial ou extrajudicial	194
7.3.1.10	Alínea "j": inelegibilidade dos condenados por captação ilícita de sufrágio, por prática de conduta vedada ou por movimentação ilícita de recursos de campanha	195
7.3.1.11	Alínea "k": inelegibilidade dos membros do Executivo que renunciam a seus mandatos em virtude de representação	195

7.3.1.12 Alínea "l": inelegibilidade dos condenados por ato doloso de improbidade administrativa 197
7.3.1.13 Alínea "m": inelegibilidade dos que praticam infração ético-profissional 198
7.3.1.14 Alínea "n": inelegibilidade por desfazimento fraudulento de vínculo conjugal 198
7.3.1.15 Alínea "o": inelegibilidade dos servidores públicos demitidos em decorrência de processo administrativo 199
7.3.1.16 Alínea "p": inelegibilidade por doação ilícita para campanhas 199
7.3.1.17 Alínea "q": inelegibilidade dos magistrados e membros do Ministério Público aposentados compulsoriamente que tenham perdido o cargo ou que tenham pedido exoneração ou aposentadoria na pendência de processo administrativo disciplinar 201
7.3.2 Inelegibilidades previstas na Lei Complementar nº 135/2010 (Lei da Ficha Limpa) 201
7.3.3 Prazos de desincompatibilização 211
7.3.4 Procedimento para declaração da inelegibilidade 216

CAPÍTULO 8

CAMPANHA ELEITORAL 219
8.1 A pré-campanha autorizada por lei 219
8.2 Campanha eleitoral 221
8.3 Financiamento de campanha e doações 221
8.4 Arrecadação e prestação de contas 223
8.5 Prestação de contas e regra da unicidade da chapa 225

CAPÍTULO 9

PROPAGANDA POLÍTICA 229
9.1 A sanção decorrente da propaganda irregular 232
9.2 Propaganda eleitoral e liberdade de expressão: o limite entre o proibido e o permitido 233
9.3 Da liberdade de propaganda eleitoral e do poder de polícia da Justiça Eleitoral 235
9.4 Condutas vedadas ao rádio e à televisão 245
9.5 A responsabilidade dos candidatos e partidos na propaganda eleitoral 247

CAPÍTULO 10

REGISTRO DE CANDIDATURA 249
10.1 Números de candidatos a serem registrados 250
10.2 Nomes dos candidatos 251

10.3	Reserva de vagas para cada sexo	253
10.4	Procedimento para registro de candidatura	254
10.5	Substituição de candidato	257

CAPÍTULO 11

O ABUSO DE PODER		**259**
11.1	Abuso de poder econômico	260
11.2	Uso indevido dos meios de comunicação	262
11.3	Abuso de poder político	263
11.4	Abuso de poder político por autoridade	265
11.5	A gravidade das circunstâncias no abuso de poder	267
11.6	O exercício da cidadania na contenção do abuso de poder	270

CAPÍTULO 12

CONDUTAS VEDADAS AOS AGENTES PÚBLICOS		**273**
12.1	As proibições incidentes a todo tempo	275
12.2	As proibições incidentes desde 180 dias antes das eleições até a posse	277
12.3	As proibições incidentes apenas nos três meses antes das eleições	278
12.4	As proibições que incidem a partir do início do ano eleitoral	281

CAPÍTULO 13

INSTRUMENTOS PROCESSUAIS ELEITORAIS		**283**
13.1	Ações constitucionais na Justiça Eleitoral	283
13.1.1	Mandado de segurança	284
13.1.2	*Habeas corpus*	286
13.2	Ação de impugnação ao pedido de registro de candidaturas – AIRC	288
13.3	Ação de investigação judicial eleitoral – AIJE	294
13.4	Representação	298
13.5	Representação por captação ilícita de sufrágio	303
13.6	Representação por condutas vedadas aos agentes públicos	309
13.7	Direito de resposta	312
13.8	Ação de impugnação ao mandato eletivo – AIME	316
13.9	Recurso contra a expedição de diploma – RCED	325
13.10	Ação rescisória	330
13.11	Tutela provisória na seara eleitoral	336
13.12	A escolha do instrumento processual adequado	336
13.13	Reunião de ações: alteração da minirreforma eleitoral	339
13.13.1	Inelegibilidade e cassação do mandato eletivo	340

13.13.2 Cumprimento da decisão de cassação 343
13.13.3 Art. 224 do Código Eleitoral após a minirreforma de 2015 345

CAPÍTULO 14

OS RECURSOS EM MATÉRIA ELEITORAL 349
14.1 Legitimidade e interesse 350
14.2 Pressupostos objetivos 351
14.3 Impossibilidade de desistência de recursos eleitorais 352
14.4 Efeitos 352
14.5 Procedimento 353
14.6 Os recursos perante as Juntas e Juízos Eleitorais 353
14.7 Recursos de decisões interlocutórias 354
14.8 Os recursos nos Tribunais Regionais Eleitorais 356
14.8.1 Embargos de declaração 356
14.8.2 Agravo regimental 358
14.9 Recursos para o Tribunal Superior Eleitoral 358
14.9.1 Recurso especial 359
14.9.2 Agravo de instrumento contra decisão denegatória do recurso
especial (CE, art. 279) 360
14.9.3 Agravo regimental 361
14.9.4 Recurso ordinário 361
14.10 Recurso extraordinário 362
14.11 Prazos 368

CAPÍTULO 15

CRIMES ELEITORAIS 369
15.1 Conceito e natureza jurídica 371
15.2 Classificação dos crimes eleitorais 373
15.3 As sanções nos crimes eleitorais 375
15.4 Análise dos crimes eleitorais 377
15.4.1 Crimes previstos no Código Eleitoral 377
15.4.2 Demais crimes do Código Eleitoral 446
15.4.3 Crimes previstos na Lei nº 9.504/97 456
15.4.4 Crimes da Lei nº 6.091: fornecimento gratuito de transporte,
em dias de eleição, a eleitores residentes nas zonas rurais 469
15.4.5 Crime previstos na Lei Complementar nº 64/90 473
15.4.6 Crime previsto na Lei nº 6.996/82 475
15.4.7 Crime previsto na Lei nº 7.021/82 475
15.4.8 Reflexos criminais conexos do alistamento eleitoral 476

CAPÍTULO 16

PROCESSO PENAL ELEITORAL 479

16.1   Competência da Justiça Eleitoral para processar e julgar crimes eleitorais. Arts. 335 e seguintes do Código Eleitoral 479

REFERÊNCIAS..485

PREFÁCIO DA PRIMEIRA EDIÇÃO

Conheci o Prof. Marcus Vinicius Furtado Coêlho quando ainda se iniciava nas letras jurídicas, escrevendo e publicando as obras *Manual de direito eleitoral* (2000), *Agentes públicos – Manual de conduta* (2004), *Eleições, abuso de poder, instrumentos processuais eleitorais* (2006) e, recentemente, tive a oportunidade de participar do lançamento do seu livro *Processo civil reformado* (2008). Desde então, venho acompanhando a trajetória do autor, que é um estudioso da matéria político-constitucional e doutorando em Direito Processual. A par do carisma pessoal que lhe é peculiar e o dota de uma invejável capacidade de se relacionar e unir esforços em causas republicanas, demonstra, a cada dia, o seu talento profissional, pois a um só tempo produz obras jurídicas, profere densas palestras e é professor de direito, ministrando aulas em faculdades e instituições de ensino superior em todo o país.

Advogado militante nos Tribunais Superiores, acompanha a evolução jurisprudencial, sendo a presente obra atualizada com o entendimento vigorante nos tribunais pátrios, especialmente no TSE. O livro contém, por exemplo, os recentes debates sobre perda de mandato em decorrência de infidelidade partidária e a inelegibilidade decorrente da Lei Complementar nº 135, de 2010.

Membro titular do Conselho Federal da Ordem dos Advogados, é Secretário-Geral da Instituição, onde tem desenvolvido um trabalho comprometido com Estado de Direito e o aprimoramento das instituições democráticas. Tudo isto enfeixa o autor, sem olvidar a comum e geral obrigação do jurista de se manter atualizado e em permanente aprimoramento nas ciências jurídicas e sociais, com acurada sensibilidade humanística, indispensável à formação do bom cidadão e, mais ainda, do pensador.

Aquinhoado por tais virtudes, o Prof. Marcus Vinicius vem se dedicando aos estudos do direito eleitoral, ramo do direito público que envolve um conjunto de normas destinadas a reger o certame periódico, por meio do qual se dá a renovação e o provimento dos cargos de dois dos Poderes imanentes e estruturais do Estado – o Legislativo e o Executivo –, mediante a auscultação da vontade do povo (soberania popular), na escolha dos seus representantes e das políticas públicas a serem implementadas no respectivo quatriênio e, assim, influir nos seus próprios destinos, no contexto do princípio e valor constitucionais da *dignidade da pessoa humana*, orientadores da democracia contemporânea.

O direito eleitoral é, ainda, um direito novo, porquanto somente com a edição da Carta de 1988 é que brotou com vitalidade, livre das leis casuísticas e das peias apostas aos partidos políticos pelo governo de força que ditou a Carta de 67, com Emenda Constitucional nº 01/69. Nasce este ramo do direito público prenhe de autonomia científica e com vocação para ser o primeiro dos instrumentos jurídicos indispensáveis à democracia e à vida em sociedade. Seu *telos* está na preservação da legitimidade do poder político, emergente da soberania popular e haurida do consenso social que se impõe de baixo para cima, escoimada das nocivas influências do abuso do poder econômico, político e dos meios de comunicação social, garantindo-se, destarte, a normalidade das eleições.

É nesta ambiência da ainda jovem democracia brasileira que a já considerável experiência do autor, no magistério e na advocacia eleitoral, vem nos brindar com um curso de direito eleitoral organizado e minuciosamente estruturado em títulos e capítulos, envolvendo os múltiplos aspectos da teoria política, do direito eleitoral material, do direito eleitoral processual e do direito penal eleitoral. Desse modo, a obra permite aos operadores do direito a rápida consulta e a obtenção de aprofundadas informações acerca da legislação de regência, das lições de doutrinadores, nacionais e estrangeiros, responsáveis pela formação da respectiva dogmática, e da atualizada jurisprudência do Tribunal Superior Eleitoral, sem o que a ordem jurídica (sistema jurídico) estabelecida para funcionamento da democracia (sistema político) não teria como operar fechada, embora cognitivamente aberta aos anseios do povo, de forma a assegurar a harmônica e necessária conformação social.

Também os estudantes e os que se iniciam no estudo do direito eleitoral, políticos e cidadãos, não apenas advogados e demais operadores jurídicos, ganham com a obra do Prof. Marcus Vinicius, pois podem encontrar os subsídios necessários à completa compreensão da disciplina do direito eleitoral, desde a noção de democracia, república, sistemas eleitoral e partidário, processo eleitoral e seus desdobramentos, até os meios coercitivos, de natureza penal, de que dispõe o Estado para garantir-lhe o devido funcionamento, além de incluir didáticos apontamentos sobre o direito eleitoral, em seus aspectos material e processual.

Embora haja quem proclame o fim das nações, das fronteiras, dos regimes políticos e da própria democracia ora conhecida, a presente obra vem em boa hora, pois há a compreensão de que, após todos os eventuais conflitos internacionais, surgirá na comunidade planetária uma figura resultante das experiências anteriormente vivenciadas, denominada hiperdemocracia, prenúncio de vida global pacífica e ordeira, a revelar a necessidade de permanente vigilância em defesa da liberdade que garante o fim último da existência humana – a felicidade – contra todo tipo de opressão, mantendo, destarte, a imprescindibilidade do processo eleitoral, inclusive na sua modalidade direta.

O livro que se vai ler é adequado e salutar ao atual momento jurídico nacional, marcando os 20 anos da promulgação da Carta Política de 1988 e da redemocratização institucional do país, com a consagração de uma Nova República.

Augusto Aras

Doutor em Direito Constitucional (PUC-SP). Professor das Faculdades de Direito da UnB, UFBA e ESMPU. Fundador do 1º Curso de Pós-Graduação em Direito Eleitoral (UFBA/1995). Membro do Ministério Público Federal. Advogado. Autor da obra *Fidelidade partidária: a perda do mandato parlamentar*, tese acolhida pelo STF.

CAPÍTULO 1

DIREITO ELEITORAL

1.1 Normalidade e legitimidade das eleições: a razão do direito eleitoral

O direito eleitoral nasceu para proteger e solucionar eventuais dilemas e questionamentos acerca dos institutos inerentes à forma, ao sistema e ao regime adotados por um Estado Democrático de Direito. O elo entre este ramo do direito e a democracia representativa é estreito e com dependência mútua.

Joel José Cândido conceitua direito eleitoral como ramo do direito público que tutela os relacionados com o exercício dos direitos políticos e com o processo eleitoral.[1] A essencialidade do direito eleitoral se faz clara na medida em que engloba o estudo das normas, dos procedimentos e das decisões judiciais que tornam o poder do voto efetivo, garantindo harmonia entre a vontade popular e a atividade dos detentores de mandatos.[2]

Cabe ao direito eleitoral delinear e efetivar um processo que respeite as normas, assegurando liberdade de escolha dos representantes que exercerão o poder político nas esferas legislativas e executivas. Por meio de suas regras e de seus princípios, ordena-se as eleições livres, diretas e universais pelas quais o povo escolherá os cidadãos a quem serão outorgados os mandatos de representação política, realizando

---

[1] CÂNDIDO, Joel José. *Direito eleitoral brasileiro*. 11. ed. 3. tir. Bauru: Edipro, 2005. p. 23.
[2] RIBEIRO, Fávila. *Direito eleitoral*. Abuso de poder no direito eleitoral. 2. ed. Rio de Janeiro: Forense, 1993. p. 12.

assim o comando do art. 1º da Constituição Federal de 1988,[3] que estabelece a democracia representativa no Estado de Direito como o regime político da nação.

A filosofia política e o direito eleitoral se preocupam com a legitimação do poder político e com a construção do modelo ideal de Estado. Mas, enquanto o problema do bom governo desloca-se para o problema da boa sociedade, não é suficiente mudar a forma para garantir um melhor governo no caso de a sociedade ser palco das mesmas vicissitudes presentes no governo. A legitimidade dos governantes liga-se ao respeito pelas normas. O poder político somente será legítimo se aquele que o exerce o faz a justo título. A relação entre direito e política, logo, é de interdependência recíproca. Ao tempo em que ação política é exercida por meio do direito, este se realiza ao delimitar e disciplinar a ação dos governantes.

Apetece, ainda, ao direito eleitoral regular os deveres dos cidadãos em relação ao Estado e os seus direitos políticos. José Afonso da Silva compreende os direitos políticos na disciplina dos meios necessários para o efetivo exercício da soberania, tendo em vista o regime representativo, escolhendo os representantes por meio do voto e fiscalizando sua atuação.[4]

A possibilidade de reeleição dos chefes do Poder Executivo, permanecendo no exercício do cargo durante a campanha eleitoral, por exemplo, exige respostas deste ramo do direito, aptas a assegurar a igualdade entre as candidaturas e a permanência da atividade administrativa. Os chefes do Executivo continuarão na atividade funcional, sendo a maior autoridade política da circunscrição, e a vida administrativa não pode parar, pois as necessidades sociais não cessam durante o período eleitoral. Nesta condição, irão concorrer no pleito eleitoral, postulando a sua manutenção na condução dos negócios públicos.

O liame entre a atividade permitida e a conduta vedada se apresenta bastante tênue. A linha divisória entre o exercício administrativo lícito e a irregular propaganda política com instrumentos públicos não deve ser ultrapassada e somente o direito eleitoral equacionará bem

---

[3] Constituição: "Art. 1º A República Federativa do Brasil, formada pela união indissolúvel dos Estados e Municípios e do Distrito Federal, constitui-se em Estado Democrático de Direito e tem como fundamentos: I - a soberania; II - a cidadania; III - a dignidade da pessoa humana; IV - os valores sociais do trabalho e da livre iniciativa; V - o pluralismo político".

[4] SILVA, José Afonso. *Curso de direito constitucional positivo*. 37. ed. rev. e atual. até a Emenda Constitucional nº 76 de 28.11.2013. São Paulo: Malheiros, 2014. p. 349.

essas fronteiras, aplicando os balizamentos constantes das normas constitucionais e infraconstitucionais, da doutrina e da jurisprudência.

A reforma profunda do arcabouço normativo eleitoral merece urgente posição de destaque. A legislação eleitoral brasileira é uma "colcha de retalhos legislativos" em constante alteração e ainda com lacunas. O Código Eleitoral elaborado no período do regime militar é objeto de várias minirreformas eleitorais realizadas às pressas pelo Poder Legislativo em período próximo ao pleito, o que gera dúvida no que tange à sua aplicação às eleições que se avizinham. Os casuísmos que frequentemente antecedem o período eleitoral, as viradas jurisprudenciais, além da atuação legislativa do Tribunal Superior Eleitoral diante da omissão do Legislativo trazem grande abalo à segurança jurídica.

É preciso, no entanto, reconhecer o papel fundamental desempenhado pelas leis esparsas na efetividade da justiça no âmbito eleitoral. A Lei nº 9.504/97, conhecida como Lei Geral das Eleições, por exemplo, fixou as regras gerais para as eleições em todo o país e pôs fim à chamada "lei do ano", criada a cada eleição de forma casuística e provisória.

Após resultado de movimento popular sob a coordenação do Conselho Nacional dos Bispos do Brasil – CNBB e do Conselho Federal da Ordem dos Advogados do Brasil, editou-se a Lei nº 9.840, de 28.9.1999, contra a corrupção eleitoral, acrescentando dois dispositivos à Lei nº 9.504/97: a proibição da compra de votos pelo art. 41-A e a proibição do uso eleitoral da máquina administrativa com o §5º do art. 73.

Pela primeira vez recolheu-se o número suficiente de assinaturas para apresentação de projeto de lei de iniciativa popular no Congresso Nacional. Entretanto, devido à impossibilidade de validar as assinaturas dos subscritores, foi apresentado como projeto de iniciativa parlamentar e encampado por todos os partidos. A Lei nº 9.840 ensejou mais de quatrocentas cassações de mandatos nas eleições dos anos 2000, 2002 e 2004.

Em 2010, mais uma vez como resposta às mobilizações sociais, foi promulgada a Lei Complementar nº 135, apelidada de Lei da Ficha Limpa, inserindo ao ordenamento inovações para o melhor combate à corrupção como novas hipóteses de inelegibilidades e o aumento de três para oito anos do prazo de inelegibilidade. O referido ato normativo foi celebrado como uma vitória da democracia. Porém, foi e ainda é alvo de críticas da comunidade jurídica em virtude da pretensa ofensa ao princípio da presunção da inocência e da coisa julgada.

Como alteração legislativa mais recente destacam-se as leis nºs 12.891 e 13.165, chamadas de minirreformas eleitorais, promulgadas em 2013 e em 2015, respectivamente, com o objetivo de reduzir os custos das campanhas eleitorais com modificações pontuais na legislação eleitoral, sem dispor sobre questões mais profundas do sistema eleitoral.

Entre as alterações mais significativas realizadas pela Lei nº 12.891/2013 – terceira minirreforma eleitoral – cita-se a mudança das hipóteses de cabimento do recurso contra expedição de diploma, nova regra para o cancelamento da filiação a partido, a obrigatoriedade de publicação da ata da convenção partidária, o novo prazo para substituição de candidatos, a proibição de realização de enquetes durante o período de campanha, a fixação de limites para gastos de campanha com alimentação de pessoal, o aluguel de veículos e contratação de cabos eleitorais.

Com a edição da Lei nº 13.165/2015 – quarta minirreforma eleitoral – promoveu-se alterações na Lei das Eleições, na Lei dos Partidos e no Código Eleitoral, como a diminuição do prazo para realização das convenções; a fixação de novos prazos para a formulação e julgamento do registro de candidatura; alteração do número de candidatos a serem registrados; novo prazo de registro para vagas remanescentes; novo momento de aferição da idade mínima; redução do prazo de filiação a partido político; novas regras para fixação dos limites de gastos; alteração do art. 257 do Código Eleitoral; novas regras quanto à propaganda eleitoral.

O Supremo Tribunal Federal é constantemente provocado em virtude dessas inovações legislativas, a exemplo da Ação Direta nº 5.398,[5] na qual se busca a declaração de inconstitucionalidade parcial da norma veiculada no art. 22-A da Lei nº 9.096/95,[6] em que ficou proibida a desfiliação partidária consubstanciada na justa causa da criação de novo partido político. Foi concedida parcialmente medida liminar para determinar a devolução integral do prazo de trinta dias para filiações aos partidos registrados no Tribunal Superior Eleitoral até a data da entrada em vigor da Lei nº 13.165/15.

---

[5] Supremo Tribunal Federal. ADI nº 5.398. Rel. Min. Roberto Barroso: "Portanto, ainda que não se quisesse identificar um direito adquirido na hipótese, entendo que a incidência do art. 22-A sobre os partidos políticos registrados no TSE imediatamente antes da entrada em vigor da Lei nº 13.165/2015 violou a legítima expectativa dessas agremiações, bem como dos detentores de mandato eletivo que estivessem em vias de se filiarem a elas".

[6] Lei nº 9.096: "Art. 22-A. Perderá o mandato o detentor de cargo eletivo que se desfiliar, sem justa causa, do partido pelo qual foi eleito. Parágrafo único. Consideram-se justa causa para a desfiliação partidária somente as seguintes hipóteses: I - mudança substancial ou desvio reiterado do programa partidário; II - grave discriminação política pessoal; e III - mudança de partido efetuada durante o período de trinta dias que antecede o prazo de filiação exigido em lei para concorrer à eleição, majoritária ou proporcional, ao término do mandato vigente. (Incluído pela Lei nº 13.165, de 2015)".

As ações diretas nº 5.525[7] e nº 5.507[8] ajuizadas pelo Procurador-Geral da República também questionam dispositivos da Lei nº 13.165/15. A primeira argumenta que a redação dada ao §3º do art. 224 abrange todos os cargos eleitos pelo sistema majoritário sem, contudo, atentar que a Constituição Federal disciplina acerca do cargo de presidente em seu art. 81. Além disso, se houver cassação de mandato de senador, a nova legislação induz à realização de novas eleições em vez de diplomar o segundo mais votado. A segunda ação direta entende que a previsão de reunião de ações que tratam de fatos idênticos, trazida pela nova redação do art. 96-B na Lei nº 9.504/97,[9] é incompatível com o ordenamento jurídico.

Sabemos que as críticas às legislações editadas pelo Poder Legislativo enriquecem o debate dentro do direito eleitoral e trazem a sociedade para mais perto do centro de produção das normas vigentes no país. Ainda mais quando há um crescente da participação popular apontando que o Brasil, embora em meio à notória instabilidade política, vive seu momento mais democrático.

Essencial à concretização da cidadania, da soberania popular e do exercício e proteção aos direitos políticos, o direito eleitoral possui incontestável relevância em garantir pleitos isentos de excessos ou qualquer forma de fraude, em dar legitimidade aos mandatários e fornecer mecanismos de fiscalização e controle aos eleitores, candidatos, partidos políticos, magistrados e Ministério Público.

1.2 O direito eleitoral como ramo autônomo

A autonomia legislativa, organizacional, jurisprudencial, doutrinária e científica do direito eleitoral resta consubstanciada na presença de legislação própria e específica, não aplicada aos demais ramos do

---

[7] Supremo Tribunal Federal. ADI nº 5.525. Rel. Min. Roberto Barroso, 16.5.2016.

[8] Supremo Tribunal Federal. ADI nº 5.507. Rel. Min. Dias Toffoli, 29.4.2016.

[9] Lei nº 9.504/97: "Art. 96-B. Serão reunidas para julgamento comum as ações eleitorais propostas por partes diversas sobre o mesmo fato, sendo competente para apreciá-las o juiz ou relator que tiver recebido a primeira. §1º O ajuizamento de ação eleitoral por candidato ou partido político não impede ação do Ministério Público no mesmo sentido. §2º Se proposta ação sobre o mesmo fato apreciado em outra cuja decisão ainda não transitou em julgado, será ela apensada ao processo anterior na instância em que ele se encontrar, figurando a parte como litisconsorte no feito principal. §3º Se proposta ação sobre o mesmo fato apreciado em outra cuja decisão já tenha transitado em julgado, não será ela conhecida pelo juiz, ressalvada a apresentação de outras ou novas provas. (Incluído pela Lei nº 13.165, de 2015)".

direito; na existência de uma justiça especializada com tribunais e jurisprudência próprios; na subsistência de disciplina específica em cursos jurídicos e especializações na área, eventos destinados aos temas de direito eleitoral, arcabouço doutrinário.

Além disso, a Constituição Federal reconhece, em seus arts. 22, inc. I,[10] e 62, §1º, inc. I, alínea "a",[11] a independência do direito eleitoral, dispondo que a competência para legislar sobre este ramo do direito é exclusiva da União.

Embora reconhecida independência, o direito eleitoral é interdisciplinar, possuindo vínculos com as demais ramificações do direito como o direito constitucional, o direito penal, o direito processual penal, o direito civil, o direito processual civil e o direito administrativo, utilizando-os como fonte de conceitos, procedimentos e fundamentações. Abordaremos brevemente as principais relações que o direito eleitoral estabelece.

1.2.1 O direito eleitoral e o direito constitucional

O direito eleitoral decorre do direito constitucional. Os princípios e regras norteadores do ordenamento jurídico eleitoral estão previstos na Constituição Federal, tais como as normas de organização política, social e econômica do Estado, os direitos políticos, algumas hipóteses de inelegibilidade e a organização e competência da Justiça Eleitoral. Logo, as questões eleitorais usualmente consistem em questões constitucionais, por envolver a legitimidade do exercício de um mandato, a representatividade e a democracia.

1.2.2 O direito eleitoral e o direito penal

O direito penal empresta ao direito eleitoral, especialmente em sua parte geral, institutos teóricos do direito penal e, ainda, proporciona efetividade na aplicação das sanções quando há prática de crimes

---

[10] Constituição Federal: "Art. 22. Compete privativamente à União legislar sobre: I - direito civil, comercial, penal, processual, eleitoral, agrário, marítimo, aeronáutico, espacial e do trabalho".

[11] Constituição Federal: "Art. 62. Em caso de relevância e urgência, o Presidente da República poderá adotar medidas provisórias, com força de lei, devendo submetê-las de imediato ao Congresso Nacional. [...] §1º É vedada a edição de medidas provisórias sobre matéria: I - relativa a: a) nacionalidade, cidadania, direitos políticos, partidos políticos e direito eleitoral".

eleitorais. O eleitoral, apesar de contar com vários tipos criminais, não possui uma teoria própria do crime, por esse motivo o próprio Código Eleitoral dispõe em seu art. 287: "aplicam-se aos fatos incriminados nesta lei as regras gerais do Código Penal". A previsão dos crimes eleitorais visa proteger os bens e valores político-eleitorais essenciais à vida coletiva.

1.2.3 O direito eleitoral e o direito civil

O direito civil empresta ao direito eleitoral conceitos necessários para a construção de sua teoria própria, como as causas de invalidação dos votos, de inelegibilidade e do abuso de poder. Frisa-se a questão do parentesco, fator determinante da inelegibilidade reflexa, a incapacidade civil absoluta e hipóteses de suspensão de direitos políticos, *institutos advindos do direito civil e amplamente utilizados no direito eleitoral para, ao fim, contribuir na garantia da igualdade de oportunidades entre os candidatos nas eleições e impedir excessos.*

1.3 Fontes do direito eleitoral

O direito eleitoral busca a sua efetividade, sustentação e aplicabilidade em orientações denominadas de fontes do direito. Sabemos que a sua principal fonte é a Constituição Federal, na qual se encontram as diretrizes para a construção da legislação infraconstitucional e da doutrina.

José Jairo Gomes[12] divide as fontes do direito eleitoral em fontes materiais e fontes formais. As fontes materiais consistem nos inúmeros fatores que influenciam o legislador no momento de criação das leis e, utilizando-se da classificação de Miguel Reale, conceitua as fontes formais como "veículos ou meios em que os juízos jurídicos são fundamentados".

Joel José Cândido divide as fontes do direito eleitoral em diretas e indiretas. O direito constitucional, sede primordial de seus institutos, constitui fonte direta, assim como as leis federais e as resoluções do Tribunal Superior Eleitoral. Como fontes indiretas, estão os demais ramos do direito, a jurisprudência dos tribunais e a doutrina eleitoral.[13]

---

[12] GOMES, José Jairo. *Direito eleitoral*. 12. ed. São Paulo: Atlas, 2016. p. 29.

[13] CÂNDIDO, Joel José. *Direito eleitoral brasileiro*. 11. ed. 3. tir. Bauru: Edipro, 2005.

Cumpre analisarmos o direito eleitoral material a partir do disciplinamento imposto por sua fonte primária, qual seja a positivação das regras atinentes ao sistema de escolha dos representantes populares que exercem os poderes Legislativo e Executivo.

Diante das lacunas normativas e dos conceitos abertos constantes nas regras, o ativismo judicial eleitoral é bastante presente. O intérprete eleitoral não apenas aplica como também constrói a norma eleitoral. A perda de mandato por infidelidade partidária e a verticalização das eleições são típicos exemplares de decisões judiciais construtivistas. As instruções do Tribunal Superior Eleitoral, elaboradas para cada eleição, são a exteriorização desse fenômeno.

A missão do intérprete, de todo modo, parte do exame das normas, sendo imprescindível na análise da matéria o conhecimento delas. O conjunto normativo é o obrigatório ponto de partida do labor hermenêutico. Além disso, sem dúvida alguma, a doutrina, os precedentes judiciais e os princípios gerais do direito também são fontes do direito eleitoral. Abordaremos a seguir as principais fontes legais do direito eleitoral.

1.3.1 A Constituição Federal

A Carta Magna expressa a ideia de direito consentida pela comunidade política e a ela deve ser dirigido o primeiro e fundamental olhar do intérprete e aplicador do direito eleitoral. Canotilho[14] assevera que a Constituição limita, ordena e funda o poder político, além de expor em seu texto os direitos e liberdades do indivíduo, assegurando-os. Em resumo, o constitucionalismo, segundo o autor, é a legitimação do poder político e a constitucionalização das liberdades e direitos.

Já no preâmbulo, a Constituição Federal sinaliza sua força interpretativa, a liberdade, a igualdade e a justiça como valores supremos de uma sociedade fraterna, pluralista e sem preconceitos, fundada na harmonia social e na solução pacífica das controvérsias. O art. 1º da Carta Cidadã de 1988 prescreve que a República Federativa do Brasil se constitui em Estado Democrático de Direito, tendo como fundamentos, entre outros, a cidadania, a dignidade da pessoa humana e o pluralismo político.

---

[14] CANOTILHO, José Joaquim Gomes. *Direito constitucional e teoria da Constituição*. 2. ed. Coimbra: Almedina, 1998. p. 282.

Os preceituados fundamentos da República brasileira exigem eleições livres e amplas. Assim, a cidadania, que é a participação consciente dos nacionais na definição dos rumos das atividades públicas; e o pluralismo político, que é a convivência das ideias diferentes, em embate pacífico, devem ser devidamente observados pelo direito eleitoral.

A contenção dos vícios eleitorais, possibilitando a escolha livre e consciente de representantes que se vinculem unicamente às ideias defendidas explicitamente durante a campanha e aos interesses reais do povo que o elegeu, é essencial para a realização da promessa constitucional de se alcançar os objetivos da república, notadamente a construção de uma sociedade livre, justa e solidária; a garantia do desenvolvimento nacional; a redução das desigualdades sociais e a promoção do bem de todos.

A democracia em nosso país é marcadamente indireta, com a soberania do povo sendo exercida através de representantes eleitos periodicamente. Dessa forma, vereadores, deputados estaduais e federais, prefeitos, governadores e presidente da república, bem assim seus respectivos vices e suplentes, são eleitos para um mandato de quatro anos, senadores para um mandato de oito anos, podendo, os chefes do Executivo, ser eleitos por um único período subsequente.

A disciplina constitucional do exercício do direito de escolha pelo povo encontra-se no capítulo dos direitos políticos que prevê, logo no art. 14, *caput*, que "a soberania popular será exercida pelo sufrágio universal e pelo voto direto e secreto, com valor igual para todos".

A Constituição Federal em seu bojo prevê condições de elegibilidades, a fim de capacitar minimamente o representante que será eleito pelo voto popular. Além dos requisitos constitucionais, há ainda a previsão de requisitos de elegibilidade na legislação infraconstitucional.

O §9º do art. 14 da Carta Constitucional autoriza o estabelecimento, por lei complementar, de outros casos de inelegibilidade, a fim de proteger, não apenas a probidade administrativa e a moralidade para o exercício do mandato, como também a normalidade e legitimidade das eleições contra a influência do poder econômico ou o abuso do exercício de função, cargo ou emprego na Administração direta ou indireta.

Outro ponto relevante trazido por emenda à Carta Federal, bastante estudado e criticado, é a autorização da reeleição para apenas um único período subsequente, fixado nesses termos para evitar a perenização da mesma pessoa nos cargos de chefe do Executivo. Esses chefes do Executivo, por seu turno, caso pretendam concorrer a outros cargos eletivos devem renunciar ao mandato até seis meses antes do pleito, com o intuito de evitar o uso da máquina administrativa em benefício de seu sucesso eleitoral.

Para buscar conter os abusos, a Constituição também prevê causas de inelegibilidades, como exemplo, a proibição da candidatura de cônjuges e parentes, consanguíneos ou afins, até o segundo grau ou por adoção dos chefes do Poder Executivo, dentro de sua circunscrição. O município, em relação ao prefeito; o estado, ao governador e o país, ao presidente da República.

Sobre a inelegibilidade reflexa decorrente de parentesco, frisa-se que antes mesmo do reconhecimento da união homoafetiva pelo Supremo Tribunal Federal,[15] o Tribunal Superior Eleitoral[16] decidiu pela inelegibilidade da companheira da então prefeita reeleita do município de Viseu/PA, que havia se candidatado ao cargo de prefeito.

A cassação dos direitos políticos é vedada pelo ordenamento constitucional, que apenas permite sua perda ou suspensão nos casos de condenação criminal transitada em julgado, enquanto durarem seus efeitos; incapacidade civil absoluta; cancelamento de naturalização por sentença transitada em julgado, condenação por ato de improbidade administrativa e recusa de cumprir obrigações a todos imposta, como o serviço militar para os homens aos dezoito anos, ou prestação alternativa. A regra é o amplo exercício dos direitos políticos, cuja perda ou suspensão apenas se dá em casos excepcionais, enumerados acima.

A Constituição faz previsão, nos §§10 e 11 do art. 14, da existência de instrumento processual próprio para combater o abuso do poder econômico, corrupção ou fraude, qual seja a ação de impugnação de mandato eletivo, que será objeto de análise adiante.

Para evitar casuísmos às vésperas das eleições, a Constituição disciplina o princípio da anualidade em seu art. 16, que diz que a lei que alterar o processo eleitoral entrará em vigor na data de sua publicação, mas não se aplica à eleição que ocorra até um ano da data de sua vigência. Assim, para ter eficácia, tal lei deve entrar em vigor em data distante até um ano das eleições, que, por força da Lei nº 9.504/97,

---

[15] Supremo Tribunal Federal. ADI nº 4.277. Rel. Min. Ayres Britto. *DJE*, 14 out. 2011 e ADPF nº 132. Rel. Min. Ayres Britto. *DJE*, 13 out. 2011.

[16] Tribunal Superior Eleitoral. Recurso Especial Eleitoral nº 24.564. Rel. Min. Gilmar Ferreira Mendes. Sessão 1.10.2004: "Registro de candidato. Candidata ao cargo de prefeito. Relação estável homossexual com a prefeita reeleita do município. Inelegibilidade. Art. 14, §7º, da constituição federal. Os sujeitos de uma relação estável homossexual, à semelhança do que ocorre com os de relação estável, de concubinato e de casamento, submetem-se à regra de inelegibilidade prevista no art. 14, §7º, da Constituição Federal. Recurso a que se dá provimento".

há de ocorrer sempre no primeiro domingo do mês de outubro do ano eleitoral.

Quando a Carta Magna se refere à palavra "lei" está a indicar qualquer tipo de norma. Até mesmo emenda à Constituição deve obedecer à regra da anualidade eleitoral. O Pretório Excelso na ADI nº 3.685/DF,[17] da relatoria da Ministra Ellen Gracie, ao apreciar a emenda constitucional[18] que pôs fim à verticalização, concluiu por não aplicar a mencionada regra às eleições que seriam realizadas dentro do prazo de um ano de sua promulgação.

A Carta Federal assegura a liberdade da criação e autonomia dos partidos políticos, bem como a sua organização e funcionamento nos termos de seu próprio estatuto. Os partidos não podem receber recursos financeiros de entidade ou governo estrangeiro e devem prestar contas à justiça eleitoral. Os partidos devem ter caráter nacional, não sendo possível a existência de agremiações partidárias regionais. Trata-se de um requisito importante para dotar os partidos de ideologia defendida em todo o território, tornando transparente aos eleitores as ideias e projetos defendidos por cada partido, possibilitando a escolha de representantes filiados a partidos cuja ideologia mais se identifique com o eleitor, sendo também fundamental para a contenção do abuso de poder.

1.3.2 Código Eleitoral (Lei nº 4.737/65)

O Código Eleitoral, apesar de ter sido aprovado como lei ordinária antes da promulgação da Constituição de 1988, foi recepcionado como Lei Material Complementar no que diz respeito à organização e

---

[17] Supremo Tribunal Federal. ADI nº 3.685. Rel. Min. Ellen Gracie. *DJ*, 10 ago. 2006: "A inovação trazida pela EC 52/06 conferiu status constitucional à matéria até então integralmente regulamentada por legislação ordinária federal, provocando, assim, a perda da validade de qualquer restrição à plena autonomia das coligações partidárias no plano federal, estadual, distrital e municipal. 3. Todavia, a utilização da nova regra às eleições gerais que se realizarão a menos de sete meses colide com o princípio da anterioridade eleitoral, disposto no art. 16 da CF, que busca evitar a utilização abusiva ou casuística do processo legislativo como instrumento de manipulação e de deformação do processo eleitoral (ADI 354, rel. Min. Octavio Gallotti, DJ 12.02.93)".

[18] Emenda Constitucional nº 52: "Art. 1º O §1º do art. 17 da Constituição Federal passa a vigorar com a seguinte redação: Art. 17. [...]. §1º É assegurada aos partidos políticos autonomia para definir sua estrutura interna, organização e funcionamento e para adotar os critérios de escolha e o regime de suas coligações eleitorais, sem obrigatoriedade de vinculação entre as candidaturas em âmbito nacional, estadual, distrital ou municipal, devendo seus estatutos estabelecer normas de disciplina e fidelidade partidária".

competência da Justiça Eleitoral, de acordo com o *caput* do art. 121 da Carta Magna.[19] Portanto, possui *status* de lei complementar.

É constantemente matéria de discussão e alteração legislativa, de modo que vários artigos, incisos e parágrafos contidos no Código Eleitoral perderam a sua vigência ou tiveram seu teor modificado por lei superveniente.

Frisa-se que o Código Eleitoral foi elaborado em 1964, ou seja, no início do regime militar, fato que não deixa dúvidas quanto à imposição de forças políticas que acabavam de chegar ao poder pela luta armada, tendo, por vezes, regras conflitantes com o Estado Democrático de Direito[20] assegurado pela Constituição de 1988.

As normas desse diploma organizam o exercício de direitos políticos e de todo o processo eleitoral, definindo também a competência dos órgãos da Justiça Eleitoral, fixam regras em relação aos sistemas eleitorais, ao registro de candidaturas, alistamento eleitoral, ao processo eleitoral, à propaganda política, prevê garantias eleitorais e a maior parte dos recursos eleitorais.

Portanto, as alterações ao Código Eleitoral são feitas para adaptá-lo à realidade vigente, bem como sintonizá-lo aos preceitos e fundamentos da Constituição Federal de 1988.

1.3.3 Lei das Inelegibilidades (Lei Complementar nº 64/1990)

O Enunciado nº 13 da súmula do Tribunal Superior Eleitoral e o julgamento da Arguição de Descumprimento de Preceito Fundamental nº 144 pelo Supremo Tribunal Federal consolidaram o entendimento de que o disposto no art. 14, §9º: "lei complementar estabelecerá outros casos de inelegibilidade [...]" não é autoaplicável.

Logo, a Lei Complementar nº 64/1990 sobreveio após a disputa da primeira eleição direta para dar aplicabilidade ao dispositivo

---

[19] Supremo Tribunal Federal. MS nº 26.604. Rel. Min. Cármen Lúcia. *DJE*, 3 out. 2008. "O Código Eleitoral, recepcionado como lei material complementar na parte que disciplina a organização e a competência da Justiça Eleitoral (art. 121 da Constituição de 1988), estabelece, no inciso XII do art. 23, entre as competências privativas do TSE 'responder, sobre matéria eleitoral, às consultas que lhe forem feitas em tese por autoridade com jurisdição federal ou órgão nacional de partido político'".

[20] Constituição Federal: "Art. 1º A República Federativa do Brasil, formada pela união indissolúvel dos Estados e Municípios e do Distrito Federal, constitui-se em Estado Democrático de Direito e tem como fundamentos: [...]".

CAPÍTULO 1
DIREITO ELEITORAL | 29

constitucional de eficácia limitada, tendo natureza jurídica de lei integradora.

A Lei Complementar nº 64/90 trata das hipóteses de inelegibilidade, abrangendo os prazos de sua cessação. Além disso, regula e estabelece os procedimentos aplicáveis aos instrumentos processuais de resguardo do pleito, como a ação de impugnação ao registro de candidatura, e a ação de investigação eleitoral. Reafirma a competência da justiça eleitoral para conhecer e decidir as arguições de inelegibilidade, indicando os órgãos jurisdicionais competentes.

Após a edição da Lei de Inelegibilidades foi promulgada a Emenda Constitucional de Revisão nº 4 de 1994, alterando o §9º do art. 14 da Constituição Federal,[21] para incluir a expressão "considerada a vida pregressa do candidato".

Somente em razão dessa emenda, que autorizou a previsão de inelegibilidades decorrentes da vida pregressa do candidato, a ação direta de inconstitucionalidade ajuizada contra alguns dispositivos da Lei de Inelegibilidades, baseada na violação ao princípio da presunção de inocência, não obteve sucesso.

1.3.4 Lei Orgânica dos Partidos Políticos (Lei nº 9.096/1995)

Trata da criação, da organização, do funcionamento e da extinção das agremiações partidárias no país, regulamentando os arts. 14, §3º, V e 17,[22] da Constituição Federal. Disciplinou temas como a criação das

---

[21] Constituição Federal: "Art. 14. [...] §9º. Lei complementar estabelecerá outros casos de inelegibilidade e os prazos de sua cessação, a fim de proteger a probidade administrativa, a moralidade para o exercício do mandato, considerada a vida pregressa do candidato, e a normalidade e legitimidade das eleições contra a influência do poder econômico ou o abuso do exercício de função, cargo ou emprego na administração direta ou indireta".

[22] Art. 14. A soberania popular será exercida pelo sufrágio universal e pelo voto direto e secreto, com valor igual para todos, e, nos termos da lei, mediante: §3º São condições de elegibilidade, na forma da lei: V - a filiação partidária;
Art. 17. É livre a criação, fusão, incorporação e extinção de partidos políticos, resguardados a soberania nacional, o regime democrático, o pluripartidarismo, os direitos fundamentais da pessoa humana e observados os seguintes preceitos: I - caráter nacional; II - proibição de recebimento de recursos financeiros de entidade ou governo estrangeiros ou de subordinação a estes; III - prestação de contas à Justiça Eleitoral; IV - funcionamento parlamentar de acordo com a lei.§1º É assegurada aos partidos políticos autonomia para definir sua estrutura interna, organização e funcionamento e para adotar os critérios de escolha e o regime de suas coligações eleitorais, sem obrigatoriedade de vinculação entre as candidaturas em âmbito nacional, estadual, distrital ou municipal, devendo seus estatutos estabelecer normas de disciplina e fidelidade partidária; §2º Os partidos políticos, após adquirirem personalidade jurídica, na forma da lei civil, registrarão seus estatutos no Tribunal Superior Eleitoral. §3º Os partidos políticos têm direito a recursos

legendas, do Fundo Partidário, bem como a propaganda partidária gratuita com acessos ao rádio e à televisão.

1.3.5 Lei Geral das Eleições (Lei nº 9.504/1997)

A Lei das Eleições rompeu com a configuração legislativa predominante até então, estabelecendo normas gerais para a realização de eleições no Brasil, em que encontramos regras delineadoras de todo o processo eleitoral.

A tradição do direito eleitoral era o de edição de leis eleitorais que disciplinavam o processo eleitoral em curso, ou seja, a vigência das leis era temporária. Uma vez encerradas as eleições para as quais foram criadas, cessavam a sua vigência, devendo outra lei ser editada para o próximo pleito. Com a aprovação da Lei Geral das Eleições, passou-se a regular todos os processos eleitorais posteriores ao ano de sua edição, juntamente com outras leis. Através dela a jurisprudência pode ser consolidada e a doutrina incentivada a prosperar.

1.3.6 Lei Complementar nº 135/2010 (Lei da Ficha Limpa)

A Lei Complementar nº 135 ficou conhecida como Lei da Ficha Limpa, por introduzir hipóteses de inelegibilidade decorrentes da condenação por órgãos colegiados, dispensando o trânsito em julgado, entre outras inovações.

Na ocasião do julgamento do Recurso Ordinário 1.069,[23] embora a Corte tenha fixado o entendimento da impossibilidade de o julgador estabelecer os casos em que a vida pregressa do candidato implicaria inelegibilidade quando ausente lei complementar, o Ministro Carlos Britto vaticinou a falta de razoabilidade no deferimento de candidatura dos que possuem vida pregressa não recomendável.

---

do fundo partidário e acesso gratuito ao rádio e à televisão, na forma da lei. §4º É vedada a utilização pelos partidos políticos de organização paramilitar.

[23] Recurso Ordinário nº 1.069. Rel. Min. Marcelo Henriques Ribeiro De Oliveira. Sessão 20.9.2006: "Eleições 2006. Registro de candidato. Deputado federal. Inelegibilidade. Idoneidade moral. Art. 14, §9º, da Constituição Federal. 1. O art. 14, §9º, da Constituição não é auto-aplicável (Súmula nº 13 do Tribunal Superior Eleitoral). 2. Na ausência de lei complementar estabelecendo os casos em que a vida pregressa do candidato implicará inelegibilidade, não pode o julgador, sem se substituir ao legislador, defini-los. Recurso provido para deferir o registro".

1.3.7 Lei nº 12.891/2013 (Minirreforma Eleitoral de 2013)

A Lei da Minirreforma Eleitoral de 2013, terceira minirreforma eleitoral aprovada pelo Legislativo, trouxe alterações bem específicas, tais como a proibição de realização de enquetes durante o período de campanha eleitoral, alteração das hipóteses de cabimento do recurso contra expedição de diploma, fixação de nova regra sobre o cancelamento de filiação partidária, instituição da obrigatoriedade da publicação da ata de convenção, estabelecimento de novo prazo para substituição de candidatos, fixação de limites para gastos de campanha, entre outras.

1.3.8 Lei nº 13.165/2015 (Minirreforma Eleitoral de 2015)

A finalidade da Lei nº 13.165/2015 conforme sua exposição de motivos consiste na redução dos custos das campanhas eleitorais, na simplificação da administração dos partidos e no incentivo à participação feminina.

Trata-se da quarta minirreforma eleitoral após a edição das leis nº 11.300/2006, 12.034/2009 e 12.891/2013 e também só cuidou de modificações pontuais na legislação eleitoral (Código Eleitoral, Lei dos Partidos Políticos e Lei das Eleições).

Como exemplo das alterações promovidas pela minirreforma eleitoral de 2015, podemos citar diminuição do prazo para realização das convenções, redução do prazo de filiação a partido político, novas regras acerca do financiamento e prestação de contas de campanha, mudança de regras quanto à propaganda eleitoral e previsão de realização de novas eleições majoritárias em caso de cassação.

1.3.9 Resoluções do Tribunal Superior Eleitoral

As resoluções, fonte direta do direito eleitoral,[24] estão previstas nos arts. 1º, parágrafo único e 23, inc. IX, do Código Eleitoral,[25] e, conforme Joel José Candido entende, têm força de lei. São de grande

---

[24] Diferentemente da maior parte da doutrina, Joel José Cândido entende que são fontes diretas com força de lei ordinária.

[25] Código Eleitoral: "Art. 1º Este Código contém normas destinadas a assegurar a organização e o exercício de direitos políticos precipuamente os de votar e ser votado. [...] Parágrafo único. O Tribunal Superior Eleitoral expedirá Instruções para sua fiel execução. [...] Art. 23. Compete, ainda, privativamente, ao Tribunal Superior: [...] IX - expedir as instruções que julgar convenientes à execução deste Código".

importância prática para o operador do direito eleitoral, partidos políticos e candidatos, pois consolidam a legislação em vigor, agrupando-as por assunto.

O art. 105[26] da Lei nº 9.504/97 limita a atuação do Tribunal Superior Eleitoral para edição de resoluções até o dia cinco de março do ano em que ocorrer as eleições, a fim de evitar mudanças inesperadas em respeito à segurança jurídica.

Para Edson Castro[27] "as resoluções facilitam sobremodo o trabalho dos operadores do Direito Eleitoral, porque o Tribunal Superior Eleitoral acaba consolidando nelas não só toda a legislação eleitoral em vigor, como também sua jurisprudência mais recente e o resultado das consultas".

As resoluções do Tribunal Superior Eleitoral traduzem a legislação em vigor e o pensamento da mais alta Corte da Justiça Eleitoral, constituindo-se em importante instrumento de orientação a todos que lidam com a matéria. Os Tribunais Regionais Eleitorais também editam resoluções, mas com interesse na organização eleitoral do respectivo Estado.

Contudo, o Poder Judiciário não pode usurpar a competência do Poder Legislativo sob a justificativa de omissão deste,[28] ainda mais

---

[26] Lei nº 9.504/97: "Art. 105. Até o dia 5 de março do ano da eleição, o Tribunal Superior Eleitoral, atendendo ao caráter regulamentar e sem restringir direitos ou estabelecer sanções distintas das previstas nesta Lei, poderá expedir todas as instruções necessárias para sua fiel execução, ouvidos, previamente, em audiência pública, os delegados ou representantes dos partidos políticos. [...] §3º Serão aplicáveis ao pleito eleitoral imediatamente seguinte apenas as resoluções publicadas até a data referida no caput. (Redação dada pela Lei nº 12.034, de 2009)".

[27] CASTRO, Edson de Resende. *Curso de direito eleitoral*: de acordo com a Lei da Ficha Limpa, com a Lei n. 12.891/2013 e com as Resoluções do TSE para as eleições de 2014. 7. ed. rev. e atual. Belo Horizonte: Del Rey, 2014. p. 43.

[28] Supremo Tribunal Federal. ADI nº 5.028. Rel. Min. Gilmar Mendes. Rel. p/ acórdão Min. Rosa Weber. *DJe*, 30 out. 2014: "Ação Direta De Inconstitucionalidade. Direito Constitucional Eleitoral. Resolução Nº 23.389/2013 Do Tribunal Superior Eleitoral. Definição Da Representação Dos Estados E Do Distrito Federal Na Câmara Dos Deputados. Art. 45, §1º, Da Constituição Da República. Proporcionalidade Relativamente À População. Observância De Números Mínimo E Máximo De Representantes. Critério De Distribuição. Matéria Reservada À Lei Complementar. Indelegabilidade. Tribunal Superior Eleitoral. Função Normativa Em Sede Administrativa. Limites. Invasão De Competência. 1. Segundo a jurisprudência desta Suprema Corte, viável o controle abstrato da constitucionalidade de ato do Tribunal Superior Eleitoral de conteúdo jurídico-normativo essencialmente primário. A Resolução nº 23.389/2013 do TSE, ao inaugurar conteúdo normativo primário com abstração, generalidade e autonomia não veiculado na Lei Complementar nº 78/1993 nem passível de ser dela deduzido, em afronta ao texto constitucional a que remete – o art. 45, caput e §1º, da Constituição Federal –, expõe-se ao controle de constitucionalidade concentrado. Precedentes. 2. Embora apto a produzir atos abstratos com força de lei, o

quando inexiste previsão constitucional de edição de resoluções pelo Tribunal Superior Eleitoral tendo em vista que somente a legislação infraconstitucional traz a possibilidade. Reforça-se, portanto, a necessidade de obediência ao princípio da separação dos poderes.

1.3.10 Consultas eleitorais

A atribuição da Justiça Eleitoral para responder às consultas formuladas por consulente detentor de legitimidade está disposta nos arts. 23 e 30 do Código Eleitoral.[29] É permitido o pronunciamento a respeito de matéria eleitoral acerca de situações abstratas e impessoais, mas sem o efetivo caráter de decisão judicial.

1.3.11 Jurisprudência

As decisões proferidas pela Justiça Eleitoral no exercício de sua atividade jurisdicional constituem fonte de direito eleitoral. Diferente das consultas, a jurisprudência faz referência à resolução de casos concretos, dessa forma, são precisas e específicas. A jurisprudência e as consultas eleitorais compõem o rol de fontes indiretas do direito eleitoral.

1.4 Princípios e regras do direito eleitoral

Os princípios jurídicos, cuja redação aberta e cujo conteúdo abstrato não levam à falta de normatividade, são normas de observância

---

poder de editar normas do Tribunal Superior Eleitoral, no âmbito administrativo, tem os seus limites materiais condicionados aos parâmetros do legislador complementar, no caso a Lei Complementar nº 78/1993 e, de modo mais amplo, o Código Eleitoral, recepcionado como lei complementar. Poder normativo não é poder legislativo. [...] 6. A Resolução impugnada contempla o exercício de ampla discricionariedade pelo TSE na definição do critério de apuração da distribuição proporcional da representação dos Estados, matéria reservada à lei complementar. A renúncia do legislador complementar ao exercício da sua competência exclusiva não legitima o preenchimento da lacuna legislativa por órgão diverso. 7. Inconstitucionalidade da Resolução nº 23.389/2013 do TSE, por violação do postulado da reserva de lei complementar ao introduzir inovação de caráter primário na ordem jurídica, em usurpação da competência legislativa complementar. Ação direta de inconstitucionalidade julgada procedente, sem modulação de efeitos".

[29] Código Eleitoral: "Art. 23. Compete, ainda, privativamente, ao Tribunal Superior: [...] XII - responder, sobre matéria eleitoral, às consultas que lhe forem feitas em tese por autoridade com jurisdição, federal ou órgão nacional de partido político; [...] Art. 30. Compete, ainda, privativamente, aos Tribunais Regionais: [...] VIII - responder, sobre matéria eleitoral, às consultas que lhe forem feitas, em tese, por autoridade pública ou partido político".

obrigatória pelo operador do direito, que deverá aplicá-los diretamente ao caso concreto quando ausente regra específica, também pelo criador do direito, que deverá legislar em conformidade aos seus comandos.

Para José Afonso da Silva,[30] "os princípios são ordenações que se irradiam e imantam os sistemas de normas, são [como observam Gomes Canotilho e Vital Moreira] 'núcleos de condensações' nos quais confluem valores e bens constitucionais".

O debate em torno do princípio jurídico ganhou fôlego com as obras de Ronald Dworkin[31] e de Robert Alexy[32] criticando o positivismo de Herbert Hart pela sua insuficiência em fundamentar decisão em *hard cases*, quando a ausência de regra aplicável àquele caso levaria o juiz a decidir discricionariamente, Dworkin apresenta os princípios aplicáveis na dimensão do peso, não só da validade. Os princípios são aplicáveis pelo magistrado, cujas decisões serão somente mais um capítulo "na novela do direito", conforme sua relevância (seu peso) no contexto fático. Na hipótese de o princípio menos importante abrir lugar a outro princípio de maior importância, não há que se falar em sua exclusão da ordem jurídica.

Alexy, em sua teoria dos direitos fundamentais, também formula a distinção entre princípios e regras como sendo de qualidade, trabalhando com a ideia do princípio como *mandados de otimização* que se satisfazem em diferentes graus dependendo da possibilidade fática e da possibilidade jurídica. No que toca à possibilidade jurídica, esta é indicada a partir da análise de princípios e regras antagônicos.

Subjacente ao princípio e à regra há um direito individual. Portanto, a diferença existente diz respeito à lógica, vez que ambas as normas direcionam o julgador a uma decisão sobre deveres e direitos em determinada circunstância, apenas divergindo quanto ao modo de fazê-lo.

De maneira resumida, pode-se dizer que as regras são concretizações dos princípios na forma de comandos objetivos e diretos que vinculam a decisão do juiz na medida em que minimizam o espaço para sua interpretação subjetiva. Princípios são deveres *prima facie* e regras são deveres definitivos. As regras são aplicáveis de acordo com

---

[30] SILVA, José Afonso. *Curso de direito constitucional positivo*. 37. ed. rev. e atual. até a Emenda Constitucional nº 76 de 28.11.2013. São Paulo: Malheiros, 2014. p. 93-94.

[31] DWORKIN, Ronald. *Levando os direitos a sério*. Tradução de Nelson Boeira. 3. ed. São Paulo: WMF Martins Fontes, 2010.

[32] ALEXY, Robert. *Teoria dos direitos fundamentais*. São Paulo: Malheiros, 2008. p. 669

o "tudo ou nada", ou seja, caso seja possível subsumir a regra àquele determinado contexto fático, a regra deve gerar todos seus efeitos. Já os princípios, em razão do elevado grau de abstração de seu conteúdo, incidem segundo a dimensão do peso.

Havendo colisão entre dois ou mais princípios, será aplicável aquele a quem as circunstâncias concretas confiram maior suporte fático, ou, como sintetizado na "lei de colisão" de Alexy,[33] prevalecerá o princípio que decorre de uma regra mais adequada aos fatos.

Os princípios jurídicos não são fundamentos do sistema, como ensina a doutrina tradicional, mas sim as normas que se aplicam segundo *mandamentos de otimização*, ponderando *in casu* sua incidência diante de princípios aparentemente conflitantes por meio da técnica da ponderação, cujo eixo central é o princípio da proporcionalidade.

Para Alexy, a proporcionalidade imprime racionalidade ao discurso jurídico caso o julgador oriente-se, ao decidir sobre a incidência no caso concreto de certo princípio, pelos três subprincípios da proporcionalidade, quais sejam, adequação, necessidade e proporcionalidade em sentido estrito.

Três seriam os pontos levantados pelos juízes ao resolver conflitos entre princípios. Primeiro, se a medida adotada é suficiente e é efetiva à resolução do caso. Segundo, se é menos prejudicial possível ao princípio preterido e, terceiro, se foram ponderados todos os custos e os benefícios da decisão. As três etapas buscam garantir segurança e objetividade ao discurso do intérprete.

Entretanto, duras críticas foram direcionadas ao sopesamento sob o argumento de demasiada subjetividade e irracionalidade do método, sobressaindo os autores Friedrich Müller, Ernst-Wolfgang Bockenforde e Jürgen Habermas. Para Müller o método consiste em manifestação das pré-compreensões do intérprete e dos vínculos afetivos entre ele e o caso concreto. Na mesma linha, Bockenforde entende ser uma saída fácil para alcançar a resposta desejada, sendo ainda mecanismo de retirada de normatividade e imperatividade da Constituição, para assumir papel de mero material a ser utilizado juiz ao seu alvedrio. Já Habermas observa a prevalência do caráter axiológico e teleológico aos direitos fundamentais em substituição ao caráter deontológico.

No tocante aos princípios essencialmente de direito eleitoral, dois são os basilares: a soberania popular e a legitimidade das eleições. Eles

---

[33] ALEXY, Robert. On the structure of legal principles. *Ratio Juris*, v. 3, n. 13, 2000. p. 297.

são chamados a dialogar quando julgado um processo de cassação de mandato eletivo e também quando da edição de normas regulamentares do sistema, no que é exemplo a Lei da Ficha Limpa.

Assim, os princípios jurídicos consistem em padrão de regulação de constitucionalidade das regras do jogo democrático, das decisões e da criação de leis.[34] Contudo, o julgador não pode percorrer o caminho inverso de modo a utilizar os princípios para chegar à conclusão almejada, em suposta busca da justiça do caso concreto.

1.4.1 Princípios eleitorais constitucionais

1.4.1.1 Princípio republicano

O espírito republicano, sem sombra de dúvida, é princípio norteador do direito eleitoral e das decisões da Justiça Eleitoral, por se tratar de uma forma de governo que prima pelo bem comum e pela participação popular dos cidadãos.

Aqui a vontade popular é concretizada por meio de seus mandatários, cujo poder da titularidade da coisa pública é delegado pelo povo quando os elegem em eleições periódicas e diretas. Em razão disso, os governantes devem prestar contas aos cidadãos de todos os atos praticados, pois aqueles detêm a responsabilidade pela conservação do patrimônio público, sempre em submissão à fiscalização e ao controle popular.

O Brasil é uma república com características democráticas,[35] de modo que adotamos o governo representativo, consistente em mandatos concedidos pelo povo, tanto dos membros do Poder Executivo quanto do Legislativo, mas também o voto direto, plebiscitos e referendos, ou seja, a participação popular nas decisões.

Sobre a democracia, frisa-se que é direito fundamental de quarta geração e não possui fim em si mesmo, na realidade, é "meio e instrumento de realização de valores essenciais de convivência humana".[36]

---

[34] ESPÍNDOLA, Samuel Ruy. A Constituição como garantia da democracia brasileira – O papel dos princípios constitucionais – Aporte comemorativo de seus 25 anos. *Revista Brasileira de Direito Eleitoral – Doutrina e Jurisprudência Selecionada*, Belo Horizonte, 2013.

[35] FOESTER, Adam. A diferença entre república e democracia. *Adam Foester – História, livros e variedades com uma pitada de sal*, 25 jun. 2013. Disponível em: <http://adamfoerster.com/2013/06/25/a-diferenca-entre-republica-e-democracia/>.

[36] SILVA, José Afonso. *Curso de direito constitucional positivo*. 37. ed. rev. e atual. até a Emenda Constitucional nº 76 de 28.11.2013. São Paulo: Malheiros, 2014. p. 127-128.

CAPÍTULO 1
DIREITO ELEITORAL | 37

Dito isso, temos como característica definidora da forma de governo republicana a coexistência de três poderes constitucionais em que dois deles, Executivo e Legislativo, são emanados de eleição popular periódica realizada democraticamente.

A diferença entre a república e a monarquia reside, principalmente, na adoção de eleições periódicas por aquela, ou seja, defesa da alternância de poder, da não vitaliciedade e da inexistência de hereditariedade na cessão do poder, evitando-se a manutenção indiscriminada de uma só pessoa ou família na chefia do poder.

O princípio republicano e o regime de governo democrático se completam e se mostram imprescindíveis na efetivação da justiça em virtude de seu desiderato de igualdade entre os indivíduos, alternância na chefia do poder, primazia da participação popular e proteção ao bem público, de tal sorte que não se pode imaginar uma racionalização do direito eleitoral sem a observância aos referidos princípios.

A fundamentação utilizada pelo Supremo Tribunal Federal ao concluir pela votação aberta no processo de *impeachment*[37] prestigiou o princípio republicano. A importância do controle popular sobre o representante advindo dos princípios republicanos, representativo e democrático sobrepõe-se à votação secreta para afastar determinadas pressões.

O Tribunal Superior Eleitoral também utiliza o princípio republicano para balizar suas decisões, a exemplo do Recurso Especial nº 17.210[38] em que ficou configurada a inelegibilidade reflexa em razão do impedimento da perpetuação da mesma pessoa ou de grupo familiar na condução do executivo, fundamentado no princípio republicano. No Recurso Especial Eleitoral nº 85.911,[39] reforçou-se a necessidade de

---

[37] Supremo Tribunal Federal. ADPF nº 378 MC. Rel. Min. Edson Fachin. Rel. p/ acórdão Min. Roberto Barroso. *DJE*, 8 mar. 2016.

[38] Tribunal Superior Eleitoral. REspe nº 17.210. Rel. Min. Gilmar Mendes. *DJE*, 10 mar. 2016. "O instituto da reeleição tem fundamento não somente no postulado da continuidade administrativa, mas também no princípio republicano, que impede a perpetuação de uma mesma pessoa na condução do Executivo, razão pela qual a reeleição é permitida por apenas uma única vez. Portanto, ambos os princípios – continuidade administrativa e republicanismo – condicionam a interpretação e a aplicação teleológica do art. 14, §5º, da Constituição. A reeleição, como condição de elegibilidade, somente estará presente nas hipóteses em que esses princípios forem igualmente contemplados e concretizados. 2. O princípio republicano, ao evitar que grupos familiares se apoderem do poder local; por outro, o próprio princípio da igualdade de chances – enquanto decorrência da normalidade e legitimidade do pleito –, pois impede a interferência da campanha do parente, candidato ao executivo, na disputa pela vereança".

[39] Tribunal Superior Eleitoral. REspe nº 85.911. Rel. Min. Luiz Fux. *DJE*, 16 fev. 2016: "Eleições 2012. Prestação de contas de candidato. Vereador. 1. A prestação de contas, conquanto dever

publicidade na prestação de contas para o controle popular, consoante o ideal republicano.

A temporariedade dos mandatos e a sua origem popular asseguram a efetiva soberania popular na participação do cidadão. Não se pode ferir a representatividade, a alternância ou a participação direta do povo sob pena de se instaurar uma ditadura ou fascismo.

Decorre do princípio republicano o princípio da publicidade elencado no art. 37 da Constituição Federal,[40] trazendo a transparência necessária ao controle e fiscalização dos atos da Administração Pública. Para o direito eleitoral, o republicanismo significa a divulgação dos gastos de campanhas eleitorais e o dever de prestar contas. É possível observar, portanto, que o ideal republicano e o princípio democrático servem de alicerce para os demais princípios constitucionais eleitorais.

1.4.1.2 Princípio democrático

A democracia é o regime político do Estado de Direito e, tal qual demais conceitos políticos, possui a capacidade de se apresentar com diversos significados. Aqui, conceituaremos como o regime político que se caracteriza pela titularidade do poder atribuída ao povo, que, no modelo representativo, delega seu exercício a mandatários eleitos de forma livre e periódica. Logo, a maioria possui o poder decisório através dos escolhidos para representá-la.

Na democracia representativa, o voto não exerce uma decisão política direta, mas fornece o poder para que outros cidadãos realizem a função de administrador público e legislador. Para Montesquieu, "o povo era excelente para escolher, mas péssimo para governar. Precisava o povo, portanto, de representantes, que iriam decidir e querer em nome do povo".[41]

Com o advento da democracia representativa, foram acrescentados mecanismos de participação popular, tais como plebiscito, referendo e iniciativa popular de leis, conforme disposto na Constituição

---

funda-se no princípio fundamental republicano (CRFB/88, art. 1º, caput), e seu corolário imediato o postulado da publicidade (CRFB/88, arts. 1º, caput, 5º, XXXIII, e 37, caput)".

[40] Constituição Federal: "Art. 37. A administração pública direta e indireta de qualquer dos Poderes da União, dos Estados, do Distrito Federal e dos Municípios obedecerá aos princípios de legalidade, impessoalidade, moralidade, publicidade e eficiência e, também, ao seguinte: (Redação dada pela Emenda Constitucional nº 19, de 1998)".

[41] DALLARI, Dalmo de Abreu. *Elementos de teoria geral do Estado*. 25. ed. São Paulo: Saraiva, 2005.

Federal no art. 14, incs. I, II e III.[42] Nações que possuem estes mecanismos de processo eleitoral em seus ordenamentos jurídicos adotam a denominada democracia semidireta, que, apesar de não garantir ampla deliberação popular, permite que em dadas situações o voto final seja da sociedade. Para Canotilho, "o homem só se transforma em homem através da autodeterminação e a autodeterminação reside primariamente na participação política".[43]

Para proibir o financiamento de campanha eleitoral por pessoas jurídicas, o Supremo Tribunal Federal[44] entendeu que o modelo anterior era insuficiente para combater a captura do poder político e econômico no processo eleitoral, em dissonância ao princípio democrático e ao da isonomia. Em outro caso, para fixar a constitucionalidade da lei que estabeleceu novos critérios legais para criação, fusão e incorporação de partidos políticos, o Pretório Excelso[45] decidiu que a liberdade na criação dos partidos não é absoluta, pelo que esbarra nos princípios do sistema democrático-representativo.

A democracia pressupõe o respeito aos direitos e garantias fundamentais, dos quais a maioria não poderá dispor ou impedir sua vigência. A dignidade da pessoa humana, a promoção do bem de todos, a proibição de preconceitos de origem, raça, sexo, cor e idade, ou quaisquer outras formas de discriminação, inscritas na Constituição

---

[42] Constituição Federal: "Art. 14. A soberania popular será exercida pelo sufrágio universal e pelo voto direto e secreto, com valor igual para todos, e, nos termos da lei, mediante: I - plebiscito; II - referendo; III - iniciativa popular".

[43] CANOTILHO, José Joaquim Gomes. *Constituição dirigente e vinculação do legislador.* Coimbra: Editora Coimbra, 1998. p. 278.

[44] Supremo Tribunal Federal. ADI nº 4.650. Rel. Min. Luiz Fux. *DJE,* 24 fev. 2016: "[...] 3. A Constituição da República, a despeito de não ter estabelecido um modelo normativo pré-pronto e cerrado de financiamento de campanhas, forneceu uma moldura que traça limites à discricionariedade legislativa, com a positivação de normas fundamentais (e.g., princípio democrático, o pluralismo político ou a isonomia política), que norteiam o processo político, e que, desse modo, reduzem, em alguma extensão, o espaço de liberdade do legislador ordinário na elaboração de critérios para as doações e contribuições a candidatos e partidos políticos".

[45] Supremo Tribunal Federal. ADI nº 5.311 MC. Rel. Min. Cármen Lúcia. *DJE,* 4 fev. 2016: "Ação direta de inconstitucionalidade. Lei nacional n. 13.107, de 24 de maço de 2015. Alteração da lei dos partidos políticos e da lei eleitoral (lei 9.096/1995 e 9.504/1997). Novas condições legais para criação, fusão e incorporação de partidos políticos. Apoio de eleitores não filiados e prazo mínimo de cinco anos de existência dos partidos. Fortalecimento do modelo representativo e densificação do pluripartidarismo. Fundamento do princípio democrático. Fidelidade partidária. Indeferimento da cautelar. 1. A Constituição da República assegura a livre criação, fusão e incorporação de partidos políticos. Liberdade não é absoluta, condicionando-se aos princípios do sistema democrático-representativo e do pluripartidarismo".

Federal como princípios fundamentais, são postulados inerentes à vida democrática inalteráveis, ainda que pela vontade da maioria social.

Trata-se de um círculo de proteção às minorias, pressuposto democrático associado ao respeito e independente de qualificações políticas, sociais ou culturais. A pluralidade é intrínseca à democracia, significando que a maioria não pode oprimir o direito de existência e manifestação da minoria. Deste embate, outrossim, surge a convivência democrática, necessária à dialetização das ideias sociais e construção das melhores soluções.

Fávila Ribeiro,[46] citando Otfried Hoffe, ressalta:

> Os princípios de justiça têm, na democracia, a função de proteção das minorias e garantem direitos iguais daqueles que não são das mesmas convicções econômicas, sociais, políticas e religiosas ou linguístico-culturais da respectiva maioria; eles formam um corretivo crítico contra os excessos da soberania, mesmo de um soberano democrático.

A vontade da maioria é a pedra de toque desse princípio, acompanhada do respeito às garantias das minorias, principalmente no que concerne à liberdade para existir e expressar ideias, podendo contestar a maioria por meios pacíficos. O voto livre, possibilitado pelo método democrático, é *conditio sine qua non* para a legitimação do exercício do poder, transformando o povo em sujeito de sua própria história.

1.4.1.3 Princípio da soberania popular

Corolário do princípio democrático, a soberania popular trata do direito à manifestação da vontade popular em si, o assentimento, exercido pelo voto, consubstanciado pelo sufrágio universal, conforme preceitua o art. 14 da Constituição Federal.[47] Dentro do conceito de sufrágio universal encontramos a capacidade eleitoral ativa e a capacidade eleitoral passiva, ou seja, ele engloba o direito ao voto e o direito de ser votado sem qualquer discriminação econômica, de escolaridade, sexo ou cor, o que consolida a democracia no sistema eleitoral.

Podemos afirmar que o princípio da soberania popular possui ligação direta com o poder concretizador do próprio Estado democrático

---

[46] RIBEIRO, Fávila. *Direito eleitoral*. 5. ed. Rio de Janeiro: Forense, 1998.

[47] Constituição Federal: "Art. 14. A soberania popular será exercida pelo sufrágio universal e pelo voto direto e secreto, com valor igual para todos, e, nos termos da lei, mediante: I - plebiscito; II - referendo; III - iniciativa popular".

de direito. Dessa forma, a soberania pressupõe inexistência de qualquer sujeição deste poder a qualquer outro, sempre submetida a um regime jurídico.

A interferência e consequente ofensa ao sufrágio universal e ao princípio da soberania popular com o abuso de poder político, econômico ou a captação ilícita de sufrágio desestrutura o sistema, pois torna viciada a manifestação de vontade exercida pelo direito ao voto.

A legislação e a jurisprudência[48] atual caminham para a precedência da soberania popular em relação aos demais princípios do direito eleitoral, de modo que a eventual cassação de mandato eletivo, após o trânsito em julgado, ensejará novas eleições.[49] Ainda com base no princípio da soberania popular, o Supremo Tribunal Federal decidiu pela inaplicabilidade da penalidade de perda de mandato por infidelidade partidária aos eleitos pelo sistema majoritário que mudaram de partido.[50]

O Tribunal Superior Eleitoral,[51] à luz da soberania popular, entendeu que os fatos supervenientes que afastam a inelegibilidade podem ser conhecidos até a diplomação.

---

[48] Tribunal Superior Eleitoral. AgR-REspe nº 60.961. Rel. Min. Gilmar Ferreira Mendes. *DJE*, 5 fev. 2016: "Com base na compreensão da reserva legal proporcional, a grave sanção de cassação de diploma, medida excepcional, ante o afastamento da soberania popular, refletida nos votos atribuídos aos candidatos eleitos, exige provas contundentes, admitidas em direito, respeitando-se as garantias do contraditório e da ampla defesa".

[49] Código Eleitoral: "Art. 224. [...] §3º A decisão da Justiça Eleitoral que importe o indeferimento do registro, a cassação do diploma ou a perda do mandato de candidato eleito em pleito majoritário acarreta, após o trânsito em julgado, a realização de novas eleições, independentemente do número de votos anulados. (Incluído pela Lei nº 13.165, de 2015)".

[50] Tribunal Superior Eleitoral. Consulta nº 116.066. Rel. Min. Gilmar Ferreira Mendes. *DJE*, 22 out. 2015: "Consulta. Fidelidade partidária. Cargos majoritários. Questão decidida na suprema corte. Consulta prejudicada. 1. Consoante decidido pelo plenário do Supremo Tribunal Federal, 'a perda do mandato em razão da mudança de partido não se aplica aos candidatos eleitos pelo sistema majoritário, sob pena de violação da soberania popular e das escolhas feitas pelo eleitor' (ADI nº 5.081/DF, rel. Min. Roberto barroso, julgada em 27.5.2015)".

[51] EDcl-RO nº 29.462. Rel. Min. Gilmar Ferreira Mendes. Sessão 11.12.2014: "Eleições 2014. Embargos de declaração. Efeitos modificativos. Candidato a deputado federal. Registro de candidatura indeferido pelo TRE. Decisão mantida pelo TSE. Incidência na causa de inelegibilidade do art. 1º, inciso I, alínea l, da LC nº 64/1990. Fato superveniente: obtenção de liminar no STJ antes do encerramento do processo eleitoral. Registro de candidatura deferido. [...] 4. Negar o fato superveniente que afasta a inelegibilidade constitui grave violação à soberania popular, traduzida nos votos obtidos pelo candidato, plenamente elegível antes do encerramento do processo eleitoral, isto é, da diplomação dos eleitos. Entendimento em sentido contrário, além de fazer do processo eleitoral não um instrumento de resguardo da soberania popular, mas um processo exageradamente formalista em detrimento dela, pilar de um estado democrático, nega o próprio conceito de processo eleitoral definido pelo supremo tribunal federal, o qual se encerra com a diplomação dos eleitos.

Logo, o resultado das urnas deve prevalecer até que provas contundentes e inequívocas comprovem vícios na manifestação da vontade popular, uma vez que a Justiça Eleitoral não deve servir de meio para a obtenção de um eventual "terceiro turno", em desrespeito à escolha dos eleitores.

1.4.1.4 Princípio da normalidade e legitimidade das eleições

O art. 14, §9º, da Constituição Federal[52] prevê o princípio da normalidade e legitimidade das eleições, galgado no ideal ético que deve pautar o processo eleitoral, com igualdade e paridade de armas entre os candidatos, extirpação de possíveis excessos cometidos nas propagandas políticas e campanhas eleitorais.

Também chamado de princípio da autenticidade eleitoral,[53] trata-se da "exigência constitucional de eleições livres e limpas, de garantia de opções reais ao eleitor, de ampla liberdade de expressão e informação e de formação do voto livre de vícios".[54]

O regime democrático permite que qualquer cidadão, no gozo de seus direitos políticos, que preencham as condições de elegibilidade e que não estejam limitados por alguma causa de inelegibilidade, disputem, em igualdade de condições, os cargos eletivos que os conduzirão ao mandato parlamentar ou executivo. Essa disputa, porém, deve ser pautada pela igualdade de oportunidades e pela lisura dos meios empregados nas campanhas sem privilégios em favor de determinada candidatura.

A Lei Complementar nº 64/90, em seu art. 23, reflete o referido princípio, ao estabelecer:

> o Tribunal formará sua convicção pela livre apreciação dos fatos públicos e notórios, dos indícios e presunções e prova produzida, atentando para circunstâncias ou fatos, ainda que não indicados ou alegados pelas partes, mas que preservem o interesse público de lisura eleitoral.

---

[52] Constituição Federal: "Art. 14. [...] §9º Lei complementar estabelecerá outros casos de inelegibilidade e os prazos de sua cessação, a fim de proteger a probidade administrativa, a moralidade para exercício de mandato considerada vida pregressa do candidato, e a normalidade e legitimidade das eleições contra a influência do poder econômico ou o abuso do exercício de função, cargo ou emprego na administração direta ou indireta. (Redação dada pela Emenda Constitucional de Revisão nº 4, de 1994)".

[53] Nomenclatura utilizada pela doutrinadora Eneida Desiree Salgado.

[54] SALGADO, Eneida Desiree. *Princípios constitucionais eleitorais.* Belo Horizonte: Fórum, 2011. p. 107

Ainda, o Código Eleitoral, no art. 222,[55] prescreve a anulabilidade das votações quando viciadas de falsidade, fraude, coação, abuso de poder ou emprego de propaganda ou captação de sufrágios vedados por lei.

Todo o arcabouço normativo destina-se a garantir a isonomia entre os candidatos, prevalecendo a lisura das eleições. O Tribunal Superior Eleitoral[56] entende que o "conceito de fraude é aberto e pode englobar todas as situações em que a normalidade das eleições e a legitimidade do mandato eletivo são afetadas por ações fraudulentas, inclusive nos casos de fraude à lei". No julgamento do Recurso Especial nº 66.912,[57] consignou-se que a divulgação e veiculação de inúmeras matérias em periódico de expressiva circulação afeta a normalidade e legitimidade do pleito.

A Corte Superior Eleitoral entende que a conduta ilícita não pode ser presumida. Assim, para a sua configuração imprescindível a comprovação da gravidade das circunstâncias do ato abusivo.[58]

A lisura no processo eleitoral também se incube de proteger o segredo do voto e repudiar a discriminação do cidadão-eleitor, homenageando a célebre definição de igualdade de Rui Barbosa[59] para "tratar[mos] igualmente os iguais e desigualmente os desiguais, na medida em que se desigualam". A sociedade é composta de pessoas com diferentes graus de escolaridade, imprescindível, portanto,

---

[55] Código Eleitoral: "Art. 222. É também anulável a votação, quando viciada de falsidade, fraude, coação, uso de meios de que trata o Art. 237, ou emprego de processo de propaganda ou captação de sufrágios vedado por lei".

[56] Tribunal Superior Eleitoral. AgR-REspe nº 169. Rel. Min. Gilmar Ferreira Mendes. *DJE*, 20 abr. 2016.

[57] Tribunal Superior Eleitoral. REsp nº 66.912. Rel. Min. Maria Thereza Rocha de Assis Moura. *DJE*, 10 nov. 2015: "[...] 1.2.1 Não se vislumbram presentes os demais vícios atribuídos pela recorrente ao aresto regional, que também assentou a responsabilidade dos candidatos eleitos na elaboração e divulgação das indigitadas matérias em periódicos locais de expressiva circulação na cidade e de abrangente alcance sobre os munícipes, com a consequente quebra da isonomia entre os candidatos, em medida suficiente a comprometer a normalidade e a legitimidade do pleito".

[58] Tribunal Superior Eleitoral. REspe nº 32.944. Rel. Min. Luiz Fux. *DJE*, 27 out. 2015: "Eleições 2012. Recurso especial eleitoral. Prefeito. Vice-prefeito. Ação de investigação judicial eleitoral. Abuso do poder econômico. Afastamento das questões preliminares. Mérito. Provimento. Reenquadramento jurídico dos fatos. Presunção. Debilidade do conjunto fático-probatório. Ausência de demonstração do propósito eleitoreiro. Recurso especial provido. 1. O abuso do poder econômico não pode ser presumido, reclamando, para sua configuração, a comprovação da gravidade das circunstâncias do caso concreto que caracterizam a prática abusiva, de forma a macular a lisura da disputa eleitoral, nos termos do art. 22, XVI, da LC nº 64/90 (AgR-REspe nº 349-15/TO, Rel. Min. Dias Toffoli, DJe de 27.3.2014 e REspe nº 130-68/RS, Rel. Min. Henrique Neves, DJe de 4.9.2013)".

[59] BARBOSA, Rui. *Oração aos moços*. [s.l.]: [s.n.], 1920.

"a preservação da intangibilidade dos votos",[60] principalmente dos que possuem baixo nível de instrução.

Ramayana,[61] sobre a lisura do processo eleitoral, assevera que "As eleições corrompidas, viciadas, fraudadas e usadas como campo fértil da proliferação de crimes e abuso de poder econômico e/ou político atingem diretamente a soberania tutelada no art. 1º, parágrafo único, da Constituição Federal".

Além de a Justiça Eleitoral ter a responsabilidade de agir com veemência para garantir a neutralidade das instituições que compõem o Estado e a veracidade no apuramento dos votos, o Ministério Público, os partidos políticos, os candidatos e os eleitores devem atuar em conjunto, no intuito de assegurar eleições limpas e livres de vícios para maior efetividade da autenticidade eleitoral.

Frisa-se que as regras de coligações eleitorais, e da aferição das condições de elegibilidade e das causas de inelegibilidade fazem parte do bojo dos deveres da autenticidade e da garantia da lisura do pleito eleitoral.[62] É relevante que se diga que a autenticidade eleitoral, ainda que seja princípio protegido pela Justiça Eleitoral, muitas vezes é violada por esta quando da sua ação desarrazoada e exagerada no processo eleitoral, causando até um "terceiro turno".

Para a preservação do referido princípio, é necessário entender que a justiça eleitoral não pode atuar como protagonista no processo eleitoral e sim deixar os candidatos, partido políticos e Ministério Público atuarem com liberdade. "O afastamento imediato de candidatos ao pleito ou de mandatários, que ainda passarão pelo crivo popular ou que obtiveram o apoio da população, deve ser feito com muita cautela, sob pena de se esvaziar a disputa eleitoral".[63] O Juiz não pode substituir a manifestação da vontade popular.

1.4.1.5 Princípio da isonomia ou igualdade de chances entre os candidatos

O regime democrático permite que qualquer cidadão, no gozo de seus direitos políticos, que preencham as condições de elegibilidade e

---

[60] RAMAYANA, Marcos. *Direito eleitoral*. 11. ed. Rio de Janeiro: Impetus, 2010. p. 22.

[61] RAMAYANA, Marcos. *Direito eleitoral*. 11. ed. Rio de Janeiro: Impetus, 2010. p. 22.

[62] SALGADO, Eneida Desiree. *Princípios constitucionais eleitorais*. Belo Horizonte: Fórum, 2015. p. 112.

[63] SALGADO, Eneida Desiree. *Princípios constitucionais eleitorais*. Belo Horizonte: Fórum, 2015. p. 36

que não estejam limitados por alguma causa de inelegibilidade, disputem, em igualdade de condições, os cargos eletivos que os conduzirão ao mandato parlamentar ou executivo.

Da garantia da isonomia entre os candidatos na disputa eleitoral decorre a imprescindibilidade de fiscalização e regulação das companhas eleitorais para coibir excessos nas propagandas eleitorais, assegurar a normalidade nas atividades dos poderes públicos e evitar a prática de abuso de poder político e econômico pelos agentes públicos e candidatos.

A coibição de prática de condutas vedadas no pleito eleitoral, a prestação de contas e a previsão de inelegibilidades em virtude do parentesco também decorrem do princípio da isonomia, a fim de evitar a manutenção de determinados grupos no poder por período prolongado.

A Corte Superior Eleitoral entende que as críticas desferidas por matéria jornalística a determinado candidato de modo a favorecer o seu oponente configura quebra da isonomia do pleito capaz de ser controlada pelo Judiciário.[64]

A proibição do financiamento de campanha por empresas,[65] por exemplo, trouxe o impedimento do agir estratégico das empresas que buscavam o estreitamento de relações com o Poder Público para benefícios de interesses próprios em detrimento da coletividade. Tal medida foi tomada com o intuito de privilegiar os princípios republicanos, a soberania da vontade popular e a coibição de abusos e excessos nos exercícios de mandados eletivos.

Portanto, a igualdade de oportunidades entre os candidatos no processo eleitoral define uma eleição equilibrada e livre de abusos, pelo que a sua inobservância afeta diretamente o pleito. É imprescindível o respeito ao princípio da isonomia para se chegar a um processo eleitoral hígido e contemplador de todos os grupos, maiorias e minorias, dando mecanismos para o exercício legal do poder.

---

[64] Tribunal Superior Eleitoral. AgR-AI 209.604. Rel. Min. Henrique Neves da Silva. *DJE*, 12 jun. 2015: "Agravo regimental. Recurso especial. Representação. Propaganda eleitoral. Conduta vedada a emissora de rádio e televisão. Programação normal. [...] 3. 'O STF, no julgamento da adi 4.451/DF, manteve a parcial eficácia do art. 45, III, da lei nº 9.504/97 e concluiu que o direcionamento de críticas ou matérias jornalísticas que impliquem propaganda eleitoral favorável a determinada candidatura, com a consequente quebra da isonomia no pleito, permanece sujeito ao controle a posteriori do poder judiciário' (AGR-AI nº 8005-33, rel. Min. Nancy Andrighi, DJE de 20.5.2013). Assim, está correta a conclusão da corte de origem, de aplicação de multa em face de mensagem ofensiva que extrapolou os limites da informação jornalística, de modo que se quebrou a isonomia entre os candidatos".

[65] Supremo Tribunal Federal. ADI nº 4.650.

1.4.1.6 Princípio da moralidade e probidade administrativa

Em suas lições, Carvalho Filho[66] ensina que o princípio da moralidade impõe que o agente enquanto Administrador Público observe sempre os preceitos éticos ao agir. É preciso assumir uma postura de averiguação do que é conveniente e oportuno para a Administração, levando sempre em consideração o que é honesto e o que é desonesto.

A moralidade engloba o agir com lealdade e boa-fé, o que induz uma conduta proba e eivada de subterfúgios para auferir vantagens ilícitas. A legislação infraconstitucional foi pautada visando coibir os excessos cometidos pelos agentes públicos e estabelecer punições para quem os pratica, a exemplo da Lei da Ficha Limpa, que exige um mínimo ético para o exercício de um mandato.

A não observância aos princípios da moralidade e da probidade administrativa contribui para a corrupção e deterioração das estruturas sociais e econômicas de uma sociedade, agravando os problemas enfrentados e gerando déficit nos variados setores destinados ao bem-estar da população, como a educação e a saúde.

O legislador, ao editar a Lei Complementar nº 135/2010, estabeleceu critério mais rigoroso, limitando o exercício do *ius honorum*, prestigiando tanto a soberania popular quanto os postulados de moralidade e ética consignados no art. 14, §9º da Constituição Federal.

No mesmo sentido, o Tribunal Superior Eleitoral consolidou sua jurisprudência no respeito à moralidade, estendendo o conceito a todas as matérias que decorrem do processo eleitoral a fim de assegurar a moralidade do pleito.[67]

---

[66] CARVALHO FILHO, José dos Santos. *Manual de direito administrativo*. 22. ed. Rio de Janeiro: Lumen Juris, 2009.

[67] Processo Administrativo nº 31.398. Rel. Min. João Otávio de Noronha. *DJE*, 29 set. 2015: "Processo administrativo. Questionamentos. Aplicabilidade. Lei complementar nº 64, de 1990. Anotação. Código de ase. Contagem. Prazo. Inelegibilidade. Cadastro eleitoral. Decisão. Órgão colegiado. Anterioridade. Vigência. Lei complementar nº 135, de 2010. Impedimento. Quitação eleitoral. Extrapolação. Efeitos. Condenação criminal. Extinção da pena. Registro. Subsídio. Exame. Pedido de registro. Candidato. [...] 2. A inelegibilidade atinge somente um dos núcleos da capacidade eleitoral do cidadão - o passivo (jus honorum), tendo em vista sua função constitucional precípua de proteger a probidade administrativa e a moralidade no exercício de cargos eletivos".
AgR-REspe nº 94.681. Rel. Min. José Antônio Dias Toffoli. *DJE*, 3 abr. 2013: "Eleições 2012. Agravo regimental. Recurso especial. Registro de candidatura. Vereador. Inelegibilidade. Art. 1º, i, p, da lc nº 64/90. Doação acima do limite legal. Desprovimento. [...] 3. Ao instituir as hipóteses de inelegibilidade, a lei descreve fatos objetivos, os quais se presumem

O mandato eletivo conferido pelo povo não é propriedade privada do mandatário nem deve existir para beneficiamento pessoal de seu detentor, e por isso não deve ser conduzido sem a observância dos princípios que regem a Administração Pública. Assim, a prática de condutas lícitas, éticas e morais conferem legitimidade ao mandato eletivo, por outro lado, a prática de ilícitos, condutas antiéticas e imorais dão ensejo à perda do exercício legítimo do mandatário.

1.4.2 Princípios eleitorais processuais

1.4.2.1 Princípio da indisponibilidade das ações eleitorais

O processo eleitoral possui como objetivos a garantia da normalidade das eleições, da legitimidade do voto e da liberdade democrática. O processo eleitoral não litiga sobre interesses particulares, mas sobre o público direito a uma democracia autêntica. Assim, é indisponível, devendo prevalecer o interesse público, sendo vedadas a transação eleitoral, a desistência da ação ou a desistência do recurso.

O processo eleitoral não pode servir como instrumento de acertos políticos, dessa forma, é impossível que o autor desista de uma ação ou recurso – como também se coíbe ao réu reconhecer o direito do autor –, uma vez que o processo litiga sobre matérias que possuem natureza de ordem pública.

No Recurso Especial Eleitoral nº 25.094,[68] da relatoria do Ministro Carlos Eduardo Caputo Bastos, o Tribunal Superior Eleitoral vaticinou que a "jurisprudência desta Corte Superior tem se posicionado no sentido de não ser admissível desistência de recurso que versa sobre matéria de ordem pública". E fundamentou: "o bem maior a ser tutelado pela Justiça Eleitoral é a vontade popular, e não a de um único cidadão. Não pode a eleição para vereador ser decidida em função de uma questão processual, não sendo tal circunstância condizente com o autêntico regime democrático".

Tal entendimento prevalece até os dias atuais, conforme a conclusão do Agravo Regimental no Recurso Especial Eleitoral nº 11.403,[69]

---

lesivos à probidade administrativa, à moralidade para exercício de mandato, bem como à normalidade e legitimidade das eleições, valores tutelados pelo art. 14, §9º, da Constituição Federal".

[68] Tribunal Superior Eleitoral. Recurso Especial Eleitoral nº 25.094. Rel Min. Carlos Eduardo Caputo Bastos. *DJ*, 7 out. 2005.

[69] Agravo regimental em Recurso Especial Eleitoral nº 11.403. Rel. Min. Luciana Christina Guimarães Lóssio. *DJE*, 22 ago. 2013: "Eleições 2012. Agravo regimental. Recurso

da relatoria da Ministra Luciana Lóssio, tendo em vista o interesse maior de preservação da legitimidade das eleições como essencial à estabilidade democrática que afasta a possibilidade de desistência ou qualquer tipo de transação processual tendente a extinguir a lide sem julgamento de mérito.

1.4.2.2. Princípio do livre convencimento do magistrado

Decorre do princípio da indisponibilidade das ações eleitorais o princípio da livre convicção judicial na análise dos fatos, em que o juiz eleitoral possui a livre convicção na análise dos fatos e das provas do processo, mesmo quando não alegado pelas partes. Desde que um fato surja provado nos autos, dentro do ambiente do contraditório, o julgador pode utilizá-lo como razão de decidir, ainda quando as partes não tenham se pronunciado sobre tal aspecto da demanda. É dizer, não apenas impera a livre convicção na aplicação do direito, como vigora no direito comum, mas também a livre convicção na apreciação dos fatos e provas. As partes não dispõem do processo eleitoral.

Em outras palavras, diante do princípio da indisponibilidade, a parte não pode renunciar a ação e a recurso, como também não possui a titularidade sobre os fatos e provas do processo. Se os fatos estão nos autos, ainda que não ventilados pelas partes, o juiz possui a faculdade de conhecê-los quando entendê-los relevantes à sua convicção de julgador.

A livre apreciação dos fatos e provas trata-se de norma expressa, contida no artigo 23 da Lei Complementar nº 64/90, que irradia por todo o processo eleitoral enquanto subprincípio da indisponibilidade ou da predominância do interesse público.

---

especial. Desistência após o pleito. Impacto no quociente eleitoral. Interesse público envolvido. Homologação do pedido. Impossibilidade. Direito indisponível. Comissão partidária municipal. Diretriz do órgão estadual. Contrariedade. Anulação da convenção. Inviabilidade. Art. 7º, §2º, da lei nº. 9.504/97. Agravos regimentais não providos. 1. a parte não pode desistir do seu recurso, caso já realizado o pleito, se, desse ato, advir alteração do quociente eleitoral, por se tratar, em última análise, da apuração da vontade popular e, consequentemente, da legitimidade da eleição, o que se insere como matéria de ordem pública. O direito é indisponível nessas situações (Precedentes: Agr-RO nº. 4360-06/PB, rel. min. Arnaldo Versiani, DJE de 13.2.2013; Respe nº. 26.018/mg, rel. min. José Delgado, DJ de 27.10.2006; Respe nº. 25.094/go, rel. min. Caputo Bastos, DJ de 7.10.2005). 2. a contrariedade à diretriz do órgão partidário estadual não autoriza seja anulada a convenção da comissão municipal que versar sobre coligação, uma vez que a ofensa há de ser, necessariamente, à orientação do órgão nacional, a quem compete, com exclusividade, declarar a nulidade desse ato, nos termos do art. 7º, §2º, da lei nº. 9.504/97 (Agr-Respe nº. 6.415/SC, rel. min. Dias Toffoli, DJE de 12.3.2013). 3. Agravos regimentais não providos".

Referido artigo é alvo de duras críticas da doutrina, em razão da autorização do julgamento por presunção e pelo livre convencimento do juiz eleitoral. Parte dos estudiosos da área defende a incompatibilidade do dispositivo com o novo Código de Processo Civil, que trouxe a exigência de fundamentação analítica para as decisões dos Magistrados.

Sobre o tema, em artigo jurídico publicado na recente obra "Direito Eleitoral e o Novo Código de Processo Civil",[70] Eneida Desiree Salgado, Thiago Priess Valiati e Paula Bernardele abordam a polêmica do artigo supracitado e o rito da Ação de Investigação Judicial Eleitoral afirmando que tal dispositivo é utilizado para "afastar o resultado das urnas pelo 'conjunto da obra'", ao argumento de que a livre apreciação justifica decisões sem análise de todas as alegações das partes.

Na mesma linha, o jurista Lenio Luiz Streck[71] afirma conflito entre o livre convencimento previsto no artigo 23 da Lei Complementar nº 64/90 e a garantia da não supresa prevista no artigo 371 do Código de Processo Civil.

Porém, o Supremo Tribunal Federal, no julgamento da Ação Direta de Inconstitucionalidade nº 1.082,[72] entendeu pela constitucionalidade do artigo 23 da Lei Complementar nº 64/90. Assim, enquanto não houve nova discussão no Supremo Tribunal Federal acerca de sua constitucionalidade, a redação do artigo 23 ainda está vigente.

1.4.2.3 Princípio da celeridade

Busca-se a imediatividade das decisões judiciais eleitorais. Há de se entender que o direito eleitoral cuida do processo eleitoral e do pleito eleitoral, os quais possuem período limitado, não podendo, portanto, a ação da Justiça Eleitoral ser morosa e superveniente em demasia aos fatos ensejadores do controle judicial.

A celeridade é característica intrínseca ao processo eleitoral. O início e término preestabelecidos do processo impõem que as decisões

---

[70] SALGADO, Eneida Desirre; VALIATI, Thiago Priess; BERNARDELLI, Paula. O livre convencimento do juiz eleitoral versus a fundamentação analítica exigida pelo novo código de processo civil. In: TAVARES, André Ramos; AGRA, Walber de Moura; PEREIRA, Luiz Fernando (coord.). O direito eleitoral e o novo Código de Processo Civil. Belo Horizonte: Fórum, 2016. p. 335–358.

[71] STRECK, Lenio Luiz. Julgar por presunção do direito eleitoral é compatível como o novo CPC? Disponível em: http://www.conjur.com.br/2015-nov-05/senso-incomum-julgar-presuncao-direito-eleitoral-compativel-cpc

[72] Supremo Tribunal Federal. ADI 1.082 MC, Relator: Min. Néri Da Silveira. Publicação no DJ em 04/11/1994.

eleitorais sejam imediatas, evitando-se que se estendam para após as diplomações, que constituem a sua última fase.

Os reflexos do princípio da celeridade são, entre outros, os exíguos prazos para interposição de recursos, em regra de 3 dias (art. 258, CE), podendo ser de 24 horas (art. 58, §5º da Lei nº 9.504/97); prazo de 24 horas para a Justiça Eleitoral proferir decisões nos processos e direito de resposta (art. 58, §6º da Lei nº 9504/97); execução imediata das decisões, que poderá ser feita por ofício, telegrama ou cópia do acórdão (art. 257, parágrafo único, do CE); prioridade para os feitos eleitorais, no período do registro das candidaturas até cinco dias após as eleições, ressalvados apenas os *habeas corpus* e mandado de segurança (art. 94 da Lei nº 9504/97); prazo de 48 horas para apresentação de defesa (representação do art. 96 da Lei nº 9.504/97); continuidade dos prazos relacionados à impugnação do registro de candidatura, que não se suspendem aos sábados, domingos e feriados (art. 16 da LC nº 64/90).

Convém ressaltar que a Resolução nº 23.478/2016 do Tribunal Superior Eleitoral, em seu art. 7º,[73] trouxe a inaplicabilidade do art. 219 do Novo Código de Processo Civil[74] aos feitos eleitorais, ou seja, não há contagem de prazo em dias úteis na seara eleitoral, em respeito ao princípio da celeridade. Além disso, quando não houver previsão expressa na legislação eleitoral, o recurso será interposto em três dias, de modo que os prazos previstos no diploma processual civil não se aplicarão.

1.4.2.4 Princípio do dispositivo mitigado

O princípio dispositivo manifesta-se sob dois aspectos: primeiro, significa dizer que a máquina judiciária apenas se movimenta mediante atividade das partes (inércia da jurisdição)[75] e, sob outro ângulo, "consiste na regra de que o juiz depende, na instrução da causa, da iniciativa

---

[73] Resolução nº 23.478/16: "Art. 7º O disposto no art. 219 do Novo Código de Processo Civil não se aplica aos feitos eleitorais. §1º Os prazos processuais, durante o período definido no calendário eleitoral, serão computados na forma do art. 16 da Lei Complementar nº 64, de 1990, não se suspendendo nos fins de semana ou feriados. §2º Os prazos processuais, fora do período definido no calendário eleitoral, serão computados na forma do art. 224 do Novo Código de Processo Civil. §3º Sempre que a lei eleitoral não fixar prazo especial, o recurso deverá ser interposto no prazo de 3 (três) dias, a teor do art. 258 do Código Eleitoral, não se aplicando os prazos previstos no Novo Código de Processo Civil".

[74] Código de Processo Civil: "Art. 219. Na contagem de prazo em dias, estabelecido por lei ou pelo juiz, computar-se-ão somente os dias úteis. Parágrafo único. O disposto neste artigo aplica-se somente aos prazos processuais".

[75] MARQUES, José Frederico. *Manual de direito processual civil.* 2. ed. Campinas: Millennium, 1998. p.605. v. I.

das partes quanto às provas e às alegações em que se fundamentará a decisão".[76]

É necessária a atividade das partes para movimentação da máquina judiciária e para a produção de provas. O judiciário só se movimenta se a parte requerer, mais conhecido como o princípio da inércia.

No direito processual eleitoral, tem plena e irrestrita aplicação o primeiro dos aspectos supracitados. Com efeito, não obstante o poder de polícia de que é dotado o magistrado eleitoral, é-lhe vedado iniciar qualquer espécie de processo, sendo, portanto, seu dispositivo mitigado.

Exemplo emblemático do que ora se afirma aconteceu com as representações visando à apuração de irregularidades na propaganda eleitoral. Nessa matéria, é muito comum a atuação preventiva dos magistrados eleitorais, fazendo cessar a prática ilícita, com fundamento no art. 249 do Código Eleitoral.[77]

Tal circunstância, como se percebe, parece mitigar o princípio dispositivo, mas isso não acontece. Em realidade, a atuação *ex officio* do membro da Justiça Eleitoral tem como escopo tão somente a manutenção da ordem pública, assemelhando-se à polícia administrativa, e não a prestação jurisdicional propriamente dita, mediante a aplicação do direito objetivo ao caso concreto. De fato, essa prestação jurisdicional depende de prévia atuação das partes, sendo proscrito ao juiz a ativação do poder jurisdicional.

Justamente por desconhecimento dessas peculiaridades, alguns juízes eleitorais, especialmente nas eleições de 1998, tão logo exerciam o poder de polícia na propaganda eleitoral, instauravam, por meio de portarias, as ditas representações, em atuação inteiramente divorciada do papel do Poder Judiciário enquanto órgão estatal incumbido de dirimir conflitos.

Coibindo essa prática equivocada, o Tribunal Superior Eleitoral, na via recursal, anulou todos os processos assim iniciados, culminando por editar a Súmula nº 18, em que o juiz pode suspender ou proibir ilícitos eleitorais, mesmo que não provocado, entretanto, não poderá impor sanções, conforme o seguinte teor: "conquanto investido de

---

[76] CINTRA, Antonio Carlos de Araújo; GRINOVER, Ada Pellegrini; DINAMARCO, Cândido Rangel. *Teoria geral do processo*. 16. ed. São Paulo: Malheiros, 2000. p. 64.

[77] "Art. 249. O direito de propaganda não importa restrição ao poder de polícia quando este deva ser exercido em benefício da ordem pública". Invoca-se, também, a *contrario sensu*, o disposto no art. 41, da Lei nº 9.504/97: "A propaganda exercida nos termos da legislação eleitoral não poderá ser objeto de multa nem cerceada sob alegação do exercício do poder de polícia".

poder de polícia, não tem legitimidade o juiz eleitoral para, de ofício, instaurar procedimento com a finalidade de impor multa pela veiculação de propaganda eleitoral em desacordo com a Lei nº 9.504/97".

Sob o segundo aspecto do princípio dispositivo – inércia do juiz na instrução da causa – a doutrina tem apontado certa mitigação, eis que, "diante da colocação publicista do processo, não é mais possível manter o juiz como mero espectador da batalha judicial".[78]

Assim sendo, cada vez mais se defere ao juiz poderes instrutórios, não ficando o direito eleitoral afastado dessa realidade. De feito, tendo em vista o interesse eminentemente público presente nas lides eleitorais, almejando-se em última análise a preservação da vontade popular, divisa-se na legislação eleitoral diversos dispositivos que acolhem essa orientação.

Para exemplificar esse princípio na Lei Complementar nº 64/90, menciona-se o art. 22, inc. VI, que permite ao julgador, nas investigações judiciais eleitorais, determinar diligências de ofício, como também, oitiva de testemunhas sob a sua livre apreciação da prova, atendendo aos fatos e às circunstâncias constantes, ainda que não alegados pelas partes, a fim de que obtenha a verdade real.

1.4.3 Regras eleitorais basilares

1.4.3.1 Anualidade eleitoral

Prevista no art. 16 da Constituição Federal,[79] a regra da anualidade eleitoral visa proteger a segurança jurídica ao estabelecer que a lei que modifica o processo eleitoral não se aplica ao pleito eleitoral que aconteça em até 1 (um) ano a contar da data da sua publicação.

No julgamento da ADI nº 3.345,[80] o Ministro Celso de Mello brilhantemente apontou:

> o novo diploma legislativo, emanado do Congresso Nacional, embora vigente na data de sua aplicação, não se aplicará às eleições que ocorrerem em até um ano contado da data de sua vigente, inibindo-se, desse modo, a plenitude eficacial das leis que alterarem o processo eleitoral.

---

[78] CINTRA, Antonio Carlos de Araújo; GRINOVER, Ada Pellegrini; DINAMARCO, Cândido Rangel. *Teoria geral do processo*. 16. ed. São Paulo: Malheiros, 2000. p. 64.

[79] Constituição Federal: "Art. 16. A lei que alterar o processo eleitoral entrará em vigor na data de sua publicação, não se aplicando à eleição que ocorra até um ano da data de sua vigência. (Redação dada pela Emenda Constitucional nº 4, de 1993)".

[80] Supremo Tribunal Federal. ADI nº 3.345. Rel. Min. Celso de Mello. *DJe*, 20 ago. 2010.

O supracitado princípio, intimamente ligado ao princípio da legalidade, reforça a preocupação da nossa Carta Magna em garantir a segurança jurídica ao processo eleitoral, pois evita a elaboração de leis ocasionais e a mudança das regras do jogo democrático na iminência do pleito eleitoral.

Entretanto, tal princípio é por vezes mitigado, sendo alvo de "verdadeira engenharia argumentativa"[81] para aplicação de leis novas, como exemplo, a polêmica Lei da Ficha Limpa (LC nº 135/2010), e das resoluções do Tribunal Superior Eleitoral, que podem vigorar no pleito do mesmo ano em que tiverem sido expedidas desde que seja até o dia 5 de março.

Em que pese a intelecção do art. 16 da CF seja clara, no caso da Lei Complementar nº 135, de 4.6.2010, publicada três dias antes do início do processo eleitoral, houve a instauração de uma total insegurança jurídica com a discussão da sua vigência para as eleições de 2010 no Supremo Tribunal Federal, caracterizando patente desrespeito à anterioridade eleitoral.

É impensável admitir violação a preceito constitucional ao argumento de aprimoramento da democracia com a aplicação de uma lei nova ao escrutínio que se avizinha. Tal ato se assemelha à manipulação da interpretação de acordo com conveniências, com o fundamento de que a vigência de norma nova encontra guarida na alegação de que são normas que não alteram o processo eleitoral – possuem, na verdade, natureza de norma de direito eleitoral material.

Segundo o Ministro Gilmar Mendes, a anterioridade ou anualidade eleitoral constitui, inclusive, garantia do exercício do direito de minoria parlamentar em situações em que o Legislativo, buscando atingir uma minoria, edita leis para modificar o processo eleitoral. Logo, a moralidade da legislação não se sobrepõe à anualidade constitucional, de modo que o art. 16 consiste em uma barreira aos abusos da maioria, o que deve ser estritamente respeitado pelo Poder Judiciário.[82]

A inobservância da anterioridade eleitoral se mostra perigosa, visto que ameaça frontalmente os princípios constitucionais, abalando a segurança do processo eleitoral. A aplicação da chamada Lei da Ficha Limpa é uma conquista de iniciativa popular, porém, ao que diz

---

[81] SILVA, Helton José Chacarosque. *O conceito de processo eleitoral e o princípio da anualidade.* p. 6. Disponível em: <http://www.tre-rs.gov.br/arquivos/Silva_Helton_Conceito_processo_eleitoral.pdf>.

[82] Ementa do RE nº 633.703. Rel. Min. Gilmar Mendes. Repercussão Geral. *DJe*, 18 nov. 2011.

respeito ao pleito de 2010 não se mostrava razoável ferir princípios em detrimento do apanhamento maior de candidatos em situação "irregular", entendimento este fixado na terceira análise da causa pelo STF[83] para concluir pela inaplicabilidade da Lei Complementar nº 135/2010 às eleições de 2010.

Outra grande dificuldade enfrentada pela doutrina e pelos magistrados é a fixação do conceito de "processo eleitoral" que consta no dispositivo mencionado da Constituição Federal. Para Eneida Desiree Salgado,[84] o que acaba acontecendo é uma "seleção" de regras pelo Tribunal Superior Eleitoral, em que a Corte Eleitoral, extrapolando sua competência, entende que o art. 16 da Carta Magna não é direcionado às normas que não alteram o processo eleitoral e analisa se a norma se trata ou não de alteração do processo eleitoral.

1.4.4 Proporcionalidade e razoabilidade

A razoabilidade e a proporcionalidade são regras de fundamental relevância no controle, desenvolvimento e concretização de normas restritivas de direitos, normas sancionadoras, na medida em que permitem não só aferir eventuais discrepâncias entre o meio eleito pelo legislador e o fim almejado, como realizar adequação típica das condutas às normas, e atenuação necessária dos rigores sancionatórios abstratos, mediante correção de intoleráveis distorções legislativas.

No direito eleitoral, a razoabilidade e a proporcionalidade estão intimamente ligadas à aplicação das sanções quando da análise da gravidade das circunstâncias da conduta praticada. É obrigatório, portanto, verificar a existência de adequação, necessidade e justa medida[85] para a incidência da pena de cassação, por exemplo. Tendo em vista que a regra é prestigiar a soberania popular.

O Tribunal Superior Eleitoral[86] entende que a proporcionalidade e a razoabilidade na análise dos fatos são os parâmetros utilizados na quantificação da sanção imposta. Logo, observa-se que a jurisprudência

---

[83] RE nº 633.703. Rel. Min. Gilmar Mendes. Repercussão Geral. *DJe*, 18 nov. 2011.

[84] SALGADO, Eneida Desiree. *Princípios constitucionais eleitorais*. 2. ed. Belo Horizonte: Fórum, 2015. p. 246.

[85] Referência ao estudo de Robert Alexy.

[86] Tribunal Superior Eleitoral. REspe nº 30.298/AP. Rel. Min. Luiz Fux. Rel. designado Min. Admar Gonzaga Neto. *DJE*, 17 mar. 2016: "Conduta vedada a agentes públicos. [...] 3. Comprovada a prática de conduta vedada por agente público, durante o período de campanha eleitoral, tem-se a incidência do disposto no art. 73 da Lei nº 9.504/97, devendo ser necessariamente observados, na aplicação das sanções, os princípios constitucionais

converge quanto à aplicação do princípio da reserva legal proporcional[87] que consiste na verificação de compatibilidade das restrições estabelecidas com a gravidade da conduta praticada, de acordo com a nova redação do art. 22, XVI,[88] da Lei Complementar nº 64/90 dada pela Lei Complementar nº 135/2010.

Ao interpretar o direito, bem como ao construir o próprio ordenamento positivado, faz-se necessário evitar abusos e excessos. Os absolutismos de toda ordem – principalmente as verdades preestabelecidas – não se coadunam com o direito do mundo democrático, que é plural e prima pela relativização de conceitos de tal modo a possibilitar o permanente diálogo que deve marcar a ciência jurídica. Nesse sentido, no direito constitucional europeu cresce em prestígio o princípio da proibição do excesso. É o princípio da proporcionalidade, que já vem alcançando vitória científica no meio jurídico brasileiro. É a regra de razoabilidade dos países do *Common Law*. Por ele, torna-se devido exigir a adequação dos meios, principalmente os de coação, à obtenção do resultado pretendido, como também o "balanceamento concreto dos direitos ou interesses em conflito".[89]

O princípio da proibição do excesso ou da proporcionalidade pressupõe três subprincípios. Em primeiro, a conformidade ou adequação de meios, segundo a qual o ato praticado é apropriado a alcançar

---

da proporcionalidade e da razoabilidade. In casu, é desproporcional a declaração de inelegibilidade, por estar evidenciada, tão somente, a autopromoção da prefeita, não candidata à reeleição, notadamente pela ausência de referências ao pleito de 2012 ou aos candidatos de sua predileção, não se verificando qualquer proveito eleitoral direto".
AgR-REspe nº 54.223/PI. Rel. Min. Maria Thereza de Assis Moura. *DJE*, 16 fev. 2016: "Propaganda extemporânea. [...] 5. Segundo a jurisprudência do TSE, a multa fixada dentro dos limites legais não ofende os princípios da proporcionalidade e da razoabilidade. Precedentes".

[87] Recurso Especial Eleitoral nº 181. Rel. Min. Gilmar Ferreira Mendes. *DJE*, 29 abr. 2015: "[...] 2. A posição restritiva não exclui a possibilidade de a Justiça Eleitoral analisar condutas à margem da legislação eleitoral. Contudo, para afastar legalmente determinado mandato eletivo obtido nas urnas, compete a esta Justiça especializada, com base na compreensão da reserva legal proporcional e em provas lícitas e robustas, verificar a existência de grave violação ao art. 30-A da Lei nº 9.504/1997, suficiente para ensejar a severa sanção da cassação de diploma. Essa compreensão jurídica, com a edição da LC nº 135/2010, merece maior atenção e reflexão por todos os órgãos da Justiça Eleitoral, pois o reconhecimento desse ilícito, além de ensejar a sanção de cassação de diploma, afasta o político das disputas eleitorais pelo longo prazo de oito anos (art. 1º, inciso I, alínea j, da LC nº 64/1990), o que pode representar sua exclusão de disputas eleitorais".

[88] "Art. 22. [...]. XVI – para a configuração do ato abusivo, não será considerada a potencialidade de o fato alterar o resultado da eleição, mas apenas a gravidade das circunstâncias que o caracterizam. (Incluído pela Lei Complementar nº 135, de 2010)".

[89] CANOTILHO, José Joaquim Gomes. Direito Constituicional e Teoria da Constituição. 7. ed. Coimbra: Almedina, 2003, p. 268.

o fim que lhe dá fundamento – é o controle da relação de adequação medida-fim. Em segundo, a exigibilidade ou necessidade, pela qual o cidadão tem direito à menor ingerência possível ou à menor desvantagem possível, tanto do ponto de vista material, limitando o menos possível os direitos fundamentais, quanto espacial, no tocante à amplitude da ingerência, temporal, com a delimitação no tempo do ato, e pessoal, limitando-se a interferência a quem necessariamente deve ser atingido. Em terceiro, a justa medida ou proporcionalidade em sentido estrito, através da qual se verifica a proporcionalidade entre o resultado obtido com o ato e a coação feita.

Canotilho ensina:

> meios e fim são colocados em equação mediante um juízo de ponderação, com o objetivo de se avaliar se o meio utilizado é ou não desproporcionado em relação ao fim. Trata-se, pois, de uma questão de medida ou desmedida para se alcançar um fim: pesar as desvantagens dos meios em relação às vantagens do fim.[90]

O princípio da proibição do excesso ou da proporcionalidade é inerente ao próprio Estado de Direito e essencial aos direitos fundamentais. Sua aplicação é vital à consecução de um direito materialmente justo. Através dele, o cidadão ganha em importância sobre os poderes públicos. O Poder Público há de se ater às exigências da proibição do excesso, principalmente ao praticar atos que não são vinculados, que possuem certa margem de liberdade para escolha entre opções.

No âmbito do Tribunal Superior Eleitoral, a razoabilidade e proporcionalidade têm sido aplicadas de maneira a manter a lisura do pleito eleitoral na medida em que coíbe os excessos. E, ainda, "os postulados da razoabilidade e da proporcionalidade, enquanto princípios estruturantes do Estado Democrático de Direito, impõem a fortiori a revaloração jurídica da controvérsia, de sorte a corrigir eventuais injustiças perpetradas no caso concreto".[91]

A aplicação da ordem jurídica deve, no dizer de Canotilho, "evitar cargas coactivas excessivas ou atos de ingerência desmedidos na esfera jurídica dos particulares".[92] Assim, é inadmissível que seja

---

[90] CANOTILHO, José Joaquim Gomes. *Direito constitucional e teoria da Constituição.* 7. ed. Coimbra: Almedina, 2003. p. 280.

[91] Agravo Regimental em Agravo de Instrumento nº 54.039, Acórdão de 14.5.2015. Rel. Min. Luiz Fux. *DJE*, 30 set. 2015.

[92] CANOTILHO, José Joaquim Gomes. *Direito constitucional e teoria da Constituição.* 2. ed. Coimbra: Almedina, 1998. p. 280

adotada uma medida judicial, principalmente restringindo direitos, sem a devida existência dos pressupostos da necessidade, da adequação e da justa medida.

1.4.5 Preclusão

Como é fartamente sabido, o fim último do processo é servir de instrumento para o pleno exercício da jurisdição com vistas à pacificação social. Como tal, deve o processo seguir marcha em caminho da sentença final, abstendo-se a máquina judiciária, assim, de voltar a fases passadas. Justamente por isso, criou-se a ideia de preclusão, que pode ser conceituada, segundo Chiovenda,[93] como "a perda, ou extinção, ou consumação de uma faculdade processual".

A preclusão é perda, extinção ou consumação de uma faculdade das partes, ou do poder do juiz, pelo fato de se haverem alcançado os limites assinalados pela lei para seu exercício, ocorrendo este instituto na forma circunscrita ao processo.

A regra da preclusão vem com mais intensidade no processo eleitoral, haja vista ser um processo feito em fases que não podem ser repetidas, o momento próprio para impugnar a matéria tem que ser respeitado, sob pena de ocorrerem dois vícios. O primeiro é não impugnar uma matéria no primeiro momento de forma eleitoreira e, só depois, impugnar. Ora, se há algo irregular, questiona-se imediatamente, não se pode esperar um cálculo político eleitoreiro para impugnação futura.

O segundo vício é retornar às fases processuais já passadas em um processo que não pode retornar – a preclusão significa que se não tomar nenhuma providência no momento adequado, não poderá tomar em outro.

A preclusão pode ser de três espécies: consumativa, que ocorre pelo fato de já se haver exercitado regularmente a faculdade processual; lógica, consistente na prática de um ato incompatível com o exercício da faculdade; e temporal, que incide "sobre a parte que devendo praticar um determinado ato, deixou de praticá-lo na forma e tempo previstos em lei".[94]

A mais importante manifestação prática do princípio da preclusão sucede em relação aos recursos contra a apuração das eleições, que não

---

[93] CHIOVENDA, Giuseppe. *Instituições de direito processual civil*. 1. ed. Campinas: Bookseller, 1998. p. 184. v. 3.

[94] WAMBIER, Luiz Rodrigues; ALMEIDA, Flávio Renato Correia; TALAMINI, Eduardo. *Curso avançado de processo civil*. 3. ed. São Paulo: Revista dos Tribunais, 2000. p. 200. v. 1.

serão admitidos caso não haja prévia e oportuna impugnação perante a Junta Eleitoral. Assim não se procedendo, considera-se preclusa a matéria (Código Eleitoral, art. 171), vez que, se não impugnou antes, não poderá mais impugnar, haja vista que se só foi feita depois que soube do resultado da urna, vai recorrer contra o resultado, sem ter anteriormente impugnado.

Outra importante manifestação prática dessa regra é o recurso contra a diplomação quando não houver impugnado contra o registro de candidatura, como também não poderá ser alegada a nulidade da votação por localização da seção eleitoral ou composição de junta eleitoral e mesa receptadora de votos, quando não houve impugnação no momento da indicação.[95]

Assim sendo, a regra da preclusão determina que, encerrada uma fase, não mais poderão ser impugnados atos relativos às fases anteriores. As impugnações e nulidades devem ser alegadas imediatamente, sob pena de preclusão, perda da faculdade de agir.

Quando a inelegibilidade surgir após o registro de candidatura, é possível recorrer sobre o diploma porque a inelegibilidade é superveniente ao registro. Dessa forma, não se trata de uma exceção, pois não houve preclusão, já que à época do fato não era possível impugnar, vez que não existia inelegibilidade.

Ademais, somente podemos falar em inelegibilidade quando houver acórdão publicado ensejador da inelegibilidade até a data da eleição,[96] do contrário ocorre a preclusão consumativa.[97]

---

[95] Tribunal Superior Eleitoral. Agravo Regimental em Recurso Especial Eleitoral nº 143.183. Rel. Min. Luiz Fux. *DJE*, 23 jun. 2015: "[...] 1. As inelegibilidades infraconstitucionais cuja existência precede o momento do registro de candidatura não podem ser discutidas em sede de recurso contra a expedição de diploma. 2. A arguição das inelegibilidades descritas na mencionada lei deve ser feita no momento do pedido de registro de candidaturas, sob pena de preclusão caso o fato ensejador da inelegibilidade seja preexistente ao pedido de registro".

[96] Tribunal Superior Eleitoral. Ag-REsp 102.480. Rel. Min. Gilmar Mendes. *DJe*, 14 mar. 2016: "Eleições 2012. Agravo Regimental No Recurso Especial. Prefeito E Vice-Prefeito. Inelegibilidade. Rejeição De Contas. Registro De Candidatura Deferido Com Base Em Decisão Liminar. Revogação Posterior. Fato Ocorrido Após As Eleições. Rced. Alegada Causa De Inelegibilidade Superveniente. Improcedência. Decisão Agravada Mantida. 1. Para as eleições de 2012, é firme a jurisprudência deste Tribunal em afirmar que 'a inelegibilidade superveniente que autoriza a interposição de recurso contra expedição de diploma fundado no art. 262 do CE é aquela que surge após o registro de candidatura, mas deve ocorrer até a data do pleito' (AgR-REspe nº 1211-76/MA, rel. Min. Maria Thereza de Assis Moura, julgado em 24.3.2015). 2. In casu, a revogação da liminar que suspendera os efeitos da rejeição de contas ocorrida dez meses após as eleições não tem o condão de desvelar causas de inelegibilidade aptas a embasar o RCED. 3. Agravo regimental desprovido".

[97] Agravo Regimental em Recurso Contra Expedição de Diploma nº 801.198. Rel. Min. Maria Thereza Rocha De Assis Moura. *DJE*, 3 mar. 2016: "Tribunal Superior Eleitoral. Agravo Regimental. Recurso Contra Expedição De Diploma. 1. Este Tribunal tem orientação no

Normalmente a preclusão é contra a parte, ocorre em prejuízo da parte que não atuou no tempo e que não poderá mais atuar. Entretanto, a preclusão *pro iudicato*, incidente sobre o órgão julgador, é a figura da preclusão pela perda, extinção ou consumação do poder do órgão judicial eleitoral. Ou seja, retira do julgador o poder de julgar, remetendo ao Tribunal Superior o poder para efetuar o julgamento quando o julgador não cumpriu os prazos legais. É uma sucessão que beneficia o jurisdicionado, conforme pode ser observado pelo art. 96, §10, da Lei nº 9.504/97, segundo o qual "não sendo o feito julgado nos prazos fixados, o pedido pode ser dirigido ao órgão superior, devendo a decisão ocorrer de acordo com o rito definido neste artigo".

Ocorre, todavia, que ao negar vigência às normas fixadoras dos prazos eleitorais, na hipótese de que se cuida, é o próprio órgão da Justiça Eleitoral que, por sua inércia, provoca a perda da oportunidade de ministrar a jurisdição, o que ocorre em conformidade com o instituto da sucessão preclusiva das instâncias eleitorais.

Não há, nesses casos, supressão de instância, justamente pelo fato de que ao órgão jurisdicional constitucionalmente definido foi de fato inicialmente entregue o conhecimento da causa ou do recurso. Se ali não se deu o julgamento – da causa ou do recurso – isso se deveu exclusivamente à sua incapacidade de observar o fluxo procedimental.

A operacionalização do dispositivo é tecnicamente simples: depois de constatada a perda do prazo, seja na primeira instância, seja em grau de recurso, apresenta-se o pedido no ponto em que se encontra a instância imediatamente superior.

Também ocorre no art. 22, II, da Lei Complementar nº 64/90[98] que permite renovar uma liminar perante o Tribunal, no caso em que o relator ou juiz retardá-la ou indeferi-la, podendo-se optar por reclamar a um órgão superior para que o juiz conceda a liminar, caracterizando uma preclusão temporal *pro iudicato* (pró-jurisdicionado).

---

sentido de que 'a cláusula de inelegibilidade somente pode incidir após a publicação do acórdão condenatório, permitindo-se ao interessado a adoção das medidas cabíveis para reverter ou suspender seus efeitos (REspe nº 892-18, rel. Min. Dias Toffoli, DJe de 4.8.2014)' (RO nº 154-29/DF, rel. Min. Henrique Neves Da Silva, publicado na sessão de 27.8.2014). 2. A alegação no regimental de que a inelegibilidade pode ser suscitada em âmbito de recurso contra expedição de diploma até a diplomação dos eleitos se mostra inadmissível em razão da preclusão consumativa, pois configura inovação de tese em agravo regimental. 3. Agravo regimental a que se nega provimento".

[98] Lei Complementar nº 64/90: "Art. 22. [...] II - no caso do Corregedor indeferir a reclamação ou representação, ou retardar-lhe a solução, poderá o interessado renová-la perante o Tribunal, que resolverá dentro de 24 (vinte e quatro) horas".

Costuma-se afirmar que essa espécie de preclusão apenas pode tomar a forma lógica ou consumativa, não havendo falar em preclusão temporal *pro iudicato*, já que não sucederia consequências endoprocessuais no descumprimento dos prazos por parte do juiz (prazos impróprios). Porém, como já se afirmou, no direito eleitoral pode sim a inércia do magistrado produzir efeitos internos ao processo.

A medida, aparentemente drástica, é totalmente compatível com a principiologia do direito eleitoral, prestando-se a deixar certo que o "tempo do processo" é um ônus que não deve pairar apenas sobre partes, como também sobre o próprio órgão julgador.

CAPÍTULO 2

JUSTIÇA ELEITORAL

2.1 Organização da Justiça Eleitoral

A Justiça Eleitoral possui jurisdição especializada e previsão na Constituição Federal de 1988, no inc. V[1] do art. 92, em que os Tribunais e os juízes eleitorais estão elencados como órgãos integrantes do Poder Judiciário. Os órgãos que compõem o modelo atual são os mesmos desde a Constituição de 1946. Contudo, a criação da Justiça Eleitoral originou do primeiro Código Eleitoral, por meio do Decreto nº 21.076, de 24.2.1932.

Apesar de ter vigorado por pouco mais de cinco anos, o primeiro Código Eleitoral foi responsável pela instituição do sistema proporcional de votação, do voto feminino, do voto secreto e pela primeira referência aos partidos políticos, consistindo em importante avanço e ruptura com a legislação eleitoral até então vigente. Após a era Vargas – período em que o Código Eleitoral de 1932 e suas inovações ficaram revogados – o Código Eleitoral de 1945 retomou todas as ideias revolucionárias do primeiro diploma legal.

Portanto, em 1945 estabeleceu-se em definitivo a Justiça Eleitoral no Brasil para promover o alistamento eleitoral, com a hercúlea tarefa de conscientização dos cidadãos acerca da importância do ato de votar, e para organizar as eleições, com a reinstalação do Tribunal Superior Eleitoral. Primeiro no Rio de Janeiro, posteriormente, em Brasília. No ano seguinte, a Constituição de 1946 consagrou a Justiça Eleitoral em

---

[1] Constituição Federal: "Art. 92. São órgãos do Poder Judiciário: [...] V - os Tribunais e Juízes Eleitorais".

seu texto, o que se perpetua de forma expressa e bem delineada na Constituição de 1988.

Na seção VI denominada "dos tribunais e juízes eleitorais", do art. 118 ao art. 121, a Carta Magna discorre acerca da composição e da organização da Justiça Eleitoral. Dessa forma, consoante o art. 118,[2] o Tribunal Superior Eleitoral, os Tribunais Regionais Eleitorais, os juízes eleitorais e as juntas eleitorais compõem os órgãos desta Justiça Especializada.

Analisando os arts. 119 e 120 da CF/88 observa-se que o Tribunal Superior Eleitoral é composto por, no mínimo, sete membros, de modo que a doutrina entende ser possível aumentar o número de membros do Tribunal Superior Eleitoral por meio de lei complementar. Já para a composição dos Tribunais Regionais Eleitorais, a Constituição prevê exatamente sete membros, o que causa discussão quanto à possibilidade ou não de aumentar o número de julgadores dos Regionais por lei ordinária ou complementar. Alguns sustentam ser o caso de emenda constitucional. Contudo, o Código Eleitoral esclarece em seu art. 13[3] que a composição dos Tribunais Regionais não poderá ser reduzida, mas poderá ser elevada até nove membros mediante proposta do Tribunal Superior, aplicando por analogia o disposto no art. 96, inc. II, alínea "a"[4] da CF/88.

O art. 121 traz a possibilidade de lei complementar fixar normas sobre a organização e competência dos tribunais, dos juízes de direito e das juntas eleitorais, o que ensejou na interpretação referendada pelo Supremo Tribunal Federal[5] de que o Código Eleitoral de 1965,

---

[2] Constituição Federal: "Art. 118. São órgãos da Justiça Eleitoral: I - o Tribunal Superior Eleitoral; II - os Tribunais Regionais Eleitorais; III - os Juízes Eleitorais; IV - as Juntas Eleitorais".

[3] Código Eleitoral: "Art. 13. O número de juízes dos Tribunais Regionais não será reduzido, mas poderá ser elevado até nove, mediante proposta do Tribunal Superior, e na forma por ele sugerida".

[4] Constituição Federal: "Art. 96. Compete privativamente: II - ao Supremo Tribunal Federal, aos Tribunais Superiores e aos Tribunais de Justiça propor ao Poder Legislativo respectivo, observado o disposto no art. 169: a) a alteração do número de membros dos tribunais inferiores".

[5] "O Código Eleitoral, recepcionado como lei material complementar na parte que disciplina a organização e a competência da Justiça Eleitoral (art. 121 da Constituição de 1988), estabelece, no inciso XII do art. 23, entre as competências privativas do TSE 'responder, sobre matéria eleitoral, às consultas que lhe forem feitas em tese por autoridade com jurisdição federal ou órgão nacional de partido político. A expressão 'matéria eleitoral' garante ao TSE a titularidade da competência para se manifestar em todas as consultas que tenham como fundamento matéria eleitoral, independente do instrumento normativo no qual esteja incluído" (MS nº 26.604. Rel. Min. Cármen Lúcia. *DJE*, 3 out. 2008).

CAPÍTULO 2
JUSTIÇA ELEITORAL | 63

Lei Ordinária, foi recepcionado pela Constituição de 1988 como Lei Complementar na parte que disciplina a organização e competência da Justiça Eleitoral, tendo, portanto, natureza jurídica híbrida.

Inobstante pouco debate sobre o tema pela doutrina, é importante frisar que tal conclusão implica certa insegurança jurídica, na medida em que alguns dispositivos precisam ser alterados por lei complementar, enquanto outros podem ser alterados livremente por lei ordinária.

Do ponto de vista estrutural, a Justiça Eleitoral faz parte da Justiça Federal Especializada, com orçamento aprovado pelo Congresso Nacional e servidores federais. Além disso, os juízes e promotores que atuam na Justiça Eleitoral recebem da União gratificação em pecúnia para desenvolver suas atividades eleitorais. Logo, a competência no âmbito criminal, administrativo e civil quanto aos atos praticados pelos magistrados e servidores da Justiça Eleitoral é federal.

Outro aspecto interessante sobre a Justiça Eleitoral é a inexistência de um quadro de magistrados próprios. Assim, os magistrados que a compõem possuem mandatos periódicos[6] e são oriundos do Supremo Tribunal Federal, do Superior Tribunal de Justiça, da Justiça Comum Federal, da Justiça Comum Estadual e da Ordem dos Advogados do Brasil. Da mesma maneira, inexistem membros do Ministério Público específicos para a atividade eleitoral.

Michels[7] enfatiza que o princípio da temporariedade na Justiça Federal é extensivo a todos os membros, de modo que "nenhum magistrado tem vinculação permanente na Justiça Eleitoral, integrando-a sempre por prazo determinado". Portanto, a temporariedade prevalece com maior abrangência na Justiça Eleitoral do que na Justiça Militar e na Justiça do Trabalho, por exemplo, em que a renovação de seus membros se dá apenas parcialmente, em relação aos vogais e não entre os magistrados togados.

Essa opção resguarda a necessária imparcialidade da Justiça Eleitoral na garantia da legitimidade e normalidade do pleito eleitoral. Ademais, por serem as eleições realizadas em períodos que se intervalam, presentemente, em dois anos, há quem defenda a ausência de

---

[6] Constituição Federal: "Art. 121. [...] §2º Os juízes dos tribunais eleitorais, salvo motivo justificado, servirão por dois anos, no mínimo, e nunca por mais de dois biênios consecutivos, sendo os substitutos escolhidos na mesma ocasião e pelo mesmo processo, em número igual para cada categoria".

[7] MICHELS, Vera Maria Nunes. *Direito eleitoral*: de acordo com a Constituição Federal, LC 64/90, Leis 9.096/95, 9.504/97, 11.300/06, EC 52/06 e Resoluções do TSE. 3. ed. Porto Alegre: Livraria do Advogado, 2004. p. 48.

justificativa na constituição de aparato próprio. Contudo, a estruturação vigente é constantemente objeto de debate na comunidade jurídica.

Na doutrina existe uma corrente que sustenta a restruturação da Justiça Eleitoral para que esta seja dotada de seus próprios juízes. Joel José Cândido[8] afirma que não há, na verdade, Justiça cuja composição de seus órgãos seja mais diversificada do que a Justiça Eleitoral. Contudo, essa composição multifacetária, em substituição a uma magistratura própria, com juízes especializados, precisa ser repensada.

Apesar das duras críticas à sua composição transitória, não é esse o entendimento majoritário, tendo em vista que a rotatividade dos membros da Justiça Eleitoral é recomendada como eficiente esquematização institucional e deve ser conservada como medida de sabedoria política a evitar a contaminação dos julgadores pelas paixões políticas que a disputa pelo poder provoca, garantindo a neutralidade das Cortes Eleitorais.

Em relação à divisão territorial, verificamos que, diferentemente da Justiça Comum, que é dividida em comarcas, e da Justiça Federal, que é dividida por circunscrições, a Justiça Eleitoral detém divisão interna própria em seções, zonas e circunscrição eleitoral.

A zona eleitoral, com definição aproximada ao conceito de comarca da Justiça Comum, é o espaço territorial estabelecido por resolução do Tribunal Superior Eleitoral no qual o juiz eleitoral possui jurisdição. Entretanto, 1) dentro de uma mesma comarca pode existir mais de uma zona eleitoral, 2) uma zona eleitoral pode envolver mais de um município e, ainda, 3) um município pode ter mais de uma zona eleitoral.[9]

A seção eleitoral consiste no local onde os eleitores exercerão o seu direito ao voto secreto, não podendo ter mais de quatrocentos eleitores nas capitais, mais de trezentos nas demais localidades nem menos de cinquenta, consoante o art. 117[10] do Código Eleitoral. Podem existir várias seções dentro de uma mesma zona eleitoral.

A Resolução nº 23.399/2013 do Tribunal Superior Eleitoral prevê a organização de seções eleitorais no exterior, facultando, inclusive, a criação de seção eleitoral fora das sedes das embaixadas ou de repartição consular. Em 2014, a Corte Superior Eleitoral autorizou a criação

---

[8] CÂNDIDO, Joel José. *Direito eleitoral brasileiro*. 11. ed. 3. tir. Bauru: Edipro, 2005. p. 44.

[9] GOMES, José Jairo. *Direito eleitoral*. 11. ed. rev., atual. e ampl. São Paulo: Atlas, 2015. p. 81.

[10] Código Eleitoral: "Art. 117. As seções eleitorais, organizadas à medida em que forem sendo deferidos os pedidos de inscrição, não terão mais de 400 (quatrocentos) eleitores nas capitais e de 300 (trezentos) nas demais localidades, nem menos de 50 (cinquenta) eleitores".

de seções em Dubai, Hamburgo, Melbourne e Perth, Framingham, Colônia, Dallas, Orlando, Hiroshima, Brisbane e Calgary, por meio do Processo Administrativo nº 59.164,[11] flexibilizando o requisito da quantidade mínima de eleitores.

Por fim, a circunscrição eleitoral constitui o local da realização do pleito eleitoral, de maneira que nas eleições municipais os municípios são as circunscrições, nas eleições estaduais para governador, deputado federal, deputado estadual e senador as circunscrições são os estados, já nas eleições presidenciais a circunscrição é o território nacional.

2.1.1 Juízes eleitorais

Os juízes eleitorais, órgão da Justiça Eleitoral conforme determina o art. 188 da Constituição Federal de 1988, indicados para o exercício da atividade pelo Plenário do Tribunal Regional, são magistrados togados da Justiça Comum investidos na jurisdição das zonas eleitorais pelo período de dois anos, cabendo recondução por, no máximo, um biênio consecutivo.[12] Os substitutos também são escolhidos da mesma forma e na mesma ocasião. Excepciona-se a regra da limitação temporal em comarcas de primeira instância onde inexistem outros magistrados.

Se na comarca só houver um juiz de carreira, este cumulará a atividade eleitoral com as funções de juiz da Justiça Comum, gozando das garantias asseguradas pelo art. 95[13] da Constituição Federal de

---

[11] "Autorização excepcional por esta corte. Resolução do TSE nº 23.399/2013. Ausência do alcance da quantidade mínima de eleitores inscritos em algumas localidades. Pedido parcialmente deferido. 1. O direito ao sufrágio reclama que o Estado brasileiro franqueie aos eleitores residentes e domiciliados no exterior os meios para o exercício dessa liberdade fundamental. 2. O Tribunal Superior Eleitoral pode, excepcionalmente, autorizar o funcionamento de seções eleitorais fora das sedes de embaixadas, de repartições consulares ou de locais onde funcionem serviços do governo brasileiro, ex vi do art. 50, §1º, da Resolução-TSE nº 23.399/2013, que dispõe sobre os atos preparatórios para as eleições de 2014. 3. A máxima da proporcionalidade deve orientar o intérprete/aplicador no equacionamento das controvérsias, flexibilizando, por vezes, os comandos normativos cerrados, notadamente quando estes obstarem o exercício de direitos e liberdades fundamentais. [...] 5. Autorização do funcionamento de seções eleitorais em Dubai, Hamburgo, Melbourne e Perth, Framingham, Colônia, Dallas, Orlando, Hiroshima, Brisbane e Calgary. 6. Pedido parcialmente deferido" (Processo Administrativo nº 59.165. Rel. Min. Luiz Fux. *DJE*, 1 set. 2014).

[12] Código Eleitoral: "Art. 14. Os juízes dos Tribunais Eleitorais, salvo motivo justificado, servirão obrigatoriamente por dois anos, e nunca por mais de dois biênios consecutivos".

[13] Constituição Federal: "Art. 95. Os juízes gozam das seguintes garantias: I - vitaliciedade, que, no primeiro grau, só será adquirida após dois anos de exercício, dependendo a perda do cargo, nesse período, de deliberação do tribunal a que o juiz estiver vinculado, e, nos demais casos, de sentença judicial transitada em julgado; II - inamovibilidade, salvo por

inamovibilidade e irredutibilidade de subsídio, mas não de vitaliciedade no cargo de juiz eleitoral.

O §1º do art. 121 utiliza o termo "juiz de direito" ao se referir aos juízes eleitorais, o que desencadeou uma polêmica em relação à possibilidade de atuação de juízes estaduais e juízes federais simultaneamente na primeira instância.

Os magistrados federais defendem que as expressões "juiz de direito" e "juiz estadual" não são sinônimas, de maneira que devem os juízes federais também atuar na primeira instância da Justiça Eleitoral[14] onde houver vara federal.

Nesse sentido, tramita no Tribunal Superior Eleitoral requerimento[15] da Associação dos Juízes Federais do Brasil com o fito de alterar a Resolução nº 21.009/2002[16] para inserir a atuação perante a jurisdição eleitoral de primeira instância não só por juízes estaduais como também por juízes federais "ou, subsidiariamente, [seja] estabelecida alternância de atuação destes nas localidades sedes de varas federais e naquelas com mais de 200 mil eleitores".[17] Pedido semelhante já foi indeferido pela maioria da Corte Superior Eleitoral em 2012, na ocasião do julgamento da Petição nº 332-75[18] da relatoria do Ministro Gilson Dipp. Hoje ainda vigora a atuação do juiz estadual na primeira instância da Justiça Eleitoral.

---

motivo de interesse público, na forma do art. 93, VIII; III - irredutibilidade de subsídio, ressalvado o disposto nos arts. 37, X e XI, 39, §4º, 150, II, 153, III, e 153, §2º, I. (Redação dada pela Emenda Constitucional nº 19, de 1998)".

[14] GOMES, José Jairo. *Direito eleitoral*. 11. ed. rev., atual. e ampl. São Paulo: Atlas, 2015. p. 79.

[15] Petição nº 35919.2015.600.0000/DF. Rel. Min. Gilmar Mendes.

[16] Resolução nº 21.009: "Art. 1º A jurisdição em cada uma das zonas eleitorais em que houver mais de uma vara será exercida, pelo período de dois anos, por juiz de direito da respectiva comarca, em efetivo exercício (CE, art. 32)".

[17] Despacho do Min. Gilmar Mendes na Petição nº 35919.2015.600.0000/DF.

[18] "Jurisdição e competência eleitoral. Exercício da jurisdição eleitoral de primeiro grau. Justiça Estadual ou Justiça Federal. Juízes de direito. Pretensão ao exercício da jurisdição eleitoral de primeiro grau por juízes federais. Caráter federal e nacional da Justiça Eleitoral. Designação, expressa na Constituição, de juízes de direito escolhidos pelos Tribunais de Justiça estaduais para a composição dos Tribunais Regionais Eleitorais. Participação dos Juízes Federais na composição dos Tribunais Regionais. Interpretação razoável de que os juízes de direito mencionados são os Juízes Estaduais, valendo essa inteligência para os Tribunais Regionais assim como para a Justiça Eleitoral de primeiro grau. Exclusão parcial dos Juízes Federais que se revela compatível com o regime e o sistema constitucional eleitoral. Pedido indeferido, sem prejuízo das eventuais proposições da Comissão de Juristas constituída pelo Senado Federal para a elaboração de anteprojeto de Código Eleitoral" (Petição nº 33.275. Rel. Min. Gilson Langaro Dipp. *DJE*, 9 maio 2012).

O inc. III[19] do parágrafo único do art. 95 da Constituição Federal traz a vedação à atividade político-partidária ao magistrado, de modo que não é permitido o envolvimento político ou a filiação partidária de magistrados. Porém, tal proibição não tem o condão de impedir que "os julgadores levem em consideração, quando do julgamento, sua formação e suas concepções de mundo, as quais possuem, muitas vezes, conotação política e ideológica",[20] o que sabemos ser impossível.

Em relação aos impedimentos absolutos dos magistrados, vale dizer que a Lei nº 13.165/2015 trouxe nova redação ao §3º[21] do art. 14 do Código Eleitoral, para alargar até a diplomação o período de impedimento de atuação como juiz eleitoral ou juiz no Tribunal Eleitoral de cônjuge ou parente consanguíneo ou afim, até o segundo grau, de candidato a cargo eletivo registrado na circunscrição. Também é caso de impedimento a existência de conflito judicial entre o juiz e o candidato antes ou depois do registro da candidatura, neste último caso quando a ação for promovida pelo magistrado em desfavor do candidato.

A fim de impedir a exclusão arbitrária de julgador pelo jurisdicionado, o Tribunal Superior Eleitoral fixou orientação, na ocasião da análise da Consulta nº 14.593,[22] de que, quando o candidato, após o registro de candidatura, ajuíza ação contra juiz que exerce função eleitoral, o afastamento do magistrado depende de sua declaração espontânea de suspeição ou do acolhimento de exceção. Desse modo, evita-se a retirada de juiz por mero ato unilateral de candidato.

---

[19] Constituição Federal: "Art. 95. [...] Parágrafo único. Aos juízes é vedado: [...] III - dedicar-se à atividade político-partidária".

[20] PAIM, Gustavo Bohrer. O juiz natural e o direito eleitoral. *Revista Estudos Eleitorais*, Brasília, v. 10, n. 3, 2015. p. 32.

[21] Código Eleitoral: "Art. 14. [...] §3º Da homologação da respectiva convenção partidária até a diplomação e nos feitos decorrentes do processo eleitoral, não poderão servir como juízes nos Tribunais Eleitorais, ou como juiz eleitoral, o cônjuge ou o parente consanguíneo ou afim, até o segundo grau, de candidato a cargo eletivo registrado na circunscrição (Redação dada pela Lei nº 13.165, de 2015)".

[22] "A existência de conflito judicial entre magistrado e candidato que preceda ao registro da respectiva candidatura deve ser entendida como impedimento absoluto ao exercício da judicatura eleitoral pelo juiz nele envolvido, como autor ou réu. Ao que penso, a mesma interpretação deve merecer o art. 23 da Lei nº 8.713/93 quando a iniciativa judicial superveniente ao registro é tomada pelo magistrado. Este se torna, automaticamente, impedido de exercer funções eleitorais. Entretanto, quando candidato, posteriormente ao registro de sua candidatura, ajuíza ação contra juiz que exerce função eleitoral, o seu afastamento dessa função somente pode decorrer da declaração espontânea de suspeição ou do acolhimento de exceção oportunamente ajuizada, ficando assim obstada a possibilidade da exclusão do magistrado decorrer apenas de ato unilateral do candidato" (Consulta nº 14.593. Resolução nº 14.593 de 14.9.1994. Rel. Min. Carlos Mário da Silva Velloso. *DJE*, 6 out. 1994).

O juiz eleitoral dispõe do auxílio das polícias judiciárias, dos órgãos da receita e dos Tribunais de Contas. Todos esses órgãos devem priorizar os assuntos eleitorais em detrimento de suas atribuições regulares no período entre o registro das candidaturas e o quinto dia após a realização do segundo turno das eleições, nos termos do art. 94[23] da Lei nº 9.504/97. O art. 94-A[24] ainda acrescenta que os órgãos e entidades da Administração Pública direta e indireta, quando solicitados pelos Tribunais Eleitorais, em casos específicos e de forma motivada, poderão "fornecer informações na área de sua competência" e "ceder funcionários no período de três meses antes a três meses depois de cada eleição".

2.1.2 Juntas eleitorais

As juntas eleitorais são órgãos colegiados temporários de primeira instância da Justiça Eleitoral, constituídos sessenta dias antes de cada período eleitoral. São compostas pelo juiz eleitoral, que atua como presidente, e por dois ou quatro cidadãos de notória idoneidade, nomeados pelo presidente do Tribunal Regional Eleitoral após aprovação do Pleno.[25] Antes da nomeação, os nomes das pessoas indicadas para compor as juntas são publicados no *Diário da Justiça*, podendo qualquer partido ou o Ministério Público, no prazo de três dias, impugnar as indicações em petição fundamentada.

O §3º[26] do art. 36 do Código Eleitoral impõe restrições à composição dos membros das juntas, não podendo delas fazer parte os

---

[23] Lei nº 9.504/97: "Art. 94. Os feitos eleitorais, no período entre o registro das candidaturas até cinco dias após a realização do segundo turno das eleições, terão prioridade para a participação do Ministério Público e dos Juízes de todas as Justiças e instâncias, ressalvados os processos de habeas corpus e mandado de segurança".

[24] Lei nº 9.504/97: "Art. 94-A. Os órgãos e entidades da Administração Pública direta e indireta poderão, quando solicitados, em casos específicos e de forma motivada, pelos Tribunais Eleitorais: I - fornecer informações na área de sua competência; II - ceder funcionários no período de 3 (três) meses antes a 3 (três) meses depois de cada eleição (Incluído pela Lei nº 11.300, de 2006)".

[25] Código Eleitoral: "Art. 36. Compor-se-ão as juntas eleitorais de um juiz de direito, que será o presidente, e de 2 (dois) ou 4 (quatro) cidadãos de notória idoneidade. §1º Os membros das juntas eleitorais serão nomeados 60 (sessenta) dia antes da eleição, depois de aprovação do Tribunal Regional, pelo presidente deste, a quem cumpre também designar-lhes a sede. §2º Até 10 (dez) dias antes da nomeação os nomes das pessoas indicadas para compor as juntas serão publicados no órgão oficial do Estado, podendo qualquer partido, no prazo de 3 (três) dias, em petição fundamentada, impugnar as indicações".

[26] Código Eleitoral: "Art. 36. [...] §3º Não podem ser nomeados membros das Juntas, escrutinadores ou auxiliares: I - os candidatos e seus parentes, ainda que por afinidade, até o segundo grau, inclusive, e bem assim o cônjuge; II - os membros de diretorias de partidos políticos devidamente registrados e cujos nomes tenham sido oficialmente publicados;

candidatos; o cônjuge e parentes, ainda que por afinidade, até segundo grau, de candidatos; os membros de diretórios de partidos políticos; as autoridades; os agentes policiais; o ocupante de cargo em comissão ou função de confiança no Poder Executivo e os que pertencem ao serviço eleitoral.

Michels[27] aduz que o rol de impedimentos do Código Eleitoral não é taxativo e, sim, exemplificativo, vez que há outras restrições que prevalecem quanto à composição das juntas eleitorais, como a proibição de menores de vinte e um, dos que não estão em pleno exercício dos direitos políticos e, ainda, dos membros do Ministério Público.

Consoante o art. 37[28] do Código Eleitoral o número de juntas que poderão existir depende do número de juízes de direito que gozem das garantias constitucionais naquela circunscrição.

O juiz, na qualidade de presidente da junta, poderá indicar escrutinadores e auxiliares para dar maior agilidade à apuração, tal indicação é obrigatória se houver mais de dez urnas para apurar. Caso seja necessário, podem as juntas eleitorais se desdobrarem em turmas, nas quais o presidente nomeará um escrutinador para atuar como secretário em cada uma das turmas[29] e ainda um escrutinador para atuar como secretário-geral para lavrar as atas, tomar por termo e protocolizar recursos e totalizar os votos apurados.[30] É de se ressaltar que "as *decisões*, em sede de *Junta Eleitoral*, devem ter caráter *colegiado*, jamais *monocrático*",[31] só assim assegura-se a razão da existência das juntas eleitorais.

III - as autoridades e agentes policiais, bem como os funcionários no desempenho de cargos de confiança do Executivo; IV - os que pertencerem ao serviço eleitoral".

[27] MICHELS, Vera Maria Nunes. *Direito eleitoral*: de acordo com a Constituição Federal, LC 64/90, Leis 9.096/95, 9.504/97, 11.300/06, EC 52/06 e Resoluções do TSE. 3. ed. Porto Alegre: Livraria do Advogado, 2004. p. 54.

[28] Código Eleitoral: "Art. 37. Poderão ser organizadas tantas Juntas quantas permitir o número de juízes de direito que gozem das garantias do art. 95 da Constituição, mesmo que não sejam juízes eleitorais".

[29] Código Eleitoral: "Art. 38. Ao presidente da Junta é facultado nomear, dentre cidadãos de notória idoneidade, escrutinadores e auxiliares em número capaz de atender a boa marcha dos trabalhos. §1º É obrigatória essa nomeação sempre que houver mais de dez urnas a apurar. §2º Na hipótese do desdobramento da Junta em Turmas, o respectivo presidente nomeará um escrutinador para servir como secretário em cada turma".

[30] Código Eleitoral: "Art. 38. [...] §3º Além dos secretários a que se refere o parágrafo anterior, será designado pelo presidente da Junta um escrutinador para secretário-geral competindo-lhe; I - lavrar as atas; II - tomar por termo ou protocolar os recursos, neles funcionando como escrivão; III - totalizar os votos apurados".

[31] BLASZAK, José Luís. Juntas eleitorais: qual é mesmo o seu papel? *Revista Jus Navigandi*, Teresina, ano 19, n. 3920, 26 mar. 2014. Disponível em: <https://jus.com.br/artigos/27112>. Acesso em: 4 abr. 2016.

Apesar de o advento da urna eletrônica e o modelo atual de aferição dos resultados das eleições terem diminuído a atuação das juntas eleitorais, não se pode desconsiderar que as juntas exercem papel importante na efetivação de um processo eleitoral mais democrático e hígido. Os arts. 73 e 74 da Resolução nº 23.456/2015[32] do Tribunal Superior Eleitoral trouxeram novas regras e, consequentemente, novas demanda às juntas em caso de defeito nas urnas. É necessária a impressão de cinco vias obrigatórias dos boletins de urnas imediatamente após o encerramento da votação, para evitar o cometimento do ilícito fixado no art. 313[33] do Código Eleitoral.

Somente em caso de falha técnica insanável na urna eletrônica a Corte Superior Eleitoral autoriza, de forma excepcional, a votação pelo método das cédulas.

Além disso, a Justiça Eleitoral inseriu nova tecnologia nas urnas eletrônicas para as eleições de 2016 que permitirá ao eleitor e aos fiscais de partidos o acesso por meio do aplicativo do Tribunal Superior Eleitoral em seus *smartphones* ou *tablets* aos dados contidos nos boletins de urnas. Será possível auditar o resultado das eleições escaneando e armazenando os dados contidos nas urnas por meio de *QR Code* (código de barras), viabilizando ao eleitor a conferência da compatibilidade do resultado fornecido pela seção eleitoral com o consolidado pelo Tribunal Superior Eleitoral.

---

[32] Resolução nº 23.456/2015 do TSE: "Art. 73. Os boletins de urna serão impressos em cinco vias obrigatórias e em até quinze vias adicionais. Parágrafo único. A não expedição do boletim de urna imediatamente após o encerramento da votação, ressalvados os casos de defeito da urna, constitui o crime previsto no art. 313 do Código Eleitoral (Código Eleitoral, art. 179, §9º). Art. 74. Na hipótese de não serem emitidas, por qualquer motivo, todas as vias obrigatórias dos boletins de urna, ou de serem estas imprecisas ou ilegíveis, observado o disposto no art. 59, o presidente da Mesa Receptora de Votos tomará, à vista dos fiscais dos partidos políticos e das coligações presentes, as seguintes providências: I - desligará a urna; II - desconectará a urna da tomada ou da bateria externa; III - acondicionará a urna na embalagem própria; IV - fará registrar na Ata da Mesa Receptora de Votos a ocorrência; V - comunicará o fato ao presidente da Junta Eleitoral pelo meio de comunicação mais rápido; VI - encaminhará a urna para a Junta Eleitoral, podendo acompanhá-la os fiscais dos partidos políticos e das coligações que o desejarem, para a adoção de medidas que possibilitem a impressão dos boletins de urna".

[33] "Art. 313. Deixar o juiz e os membros da Junta de expedir o boletim de apuração imediatamente após a apuração de cada urna e antes de passar à subsequente, sob qualquer pretexto e ainda que dispensada a expedição pelos fiscais, delegados ou candidatos presentes: Pena – pagamento de 90 a 120 dias-multa".

2.1.3 Tribunais Regionais Eleitorais

O Tribunal Regional Eleitoral, com sede em cada capital e no Distrito Federal, estende sua jurisdição a todo o estado da Federação a qual pertence e Distrito Federal, exercendo com competência originária a atividade judicial quando se trata de eleições estaduais, incluindo deputados federais e senadores. Como órgão da segunda instância da Justiça Eleitoral, julga os recursos interpostos contra decisões de juízes eleitorais, coordena, no âmbito estadual, a atividade administrativa em eleições de qualquer nível.

O art. 120[34] da Constituição Federal prevê que o Tribunal Regional Eleitoral é composto de dois juízes, entre os desembargadores do Tribunal de Justiça, dois juízes, entre juízes de direito, também escolhidos pelo Tribunal de Justiça, de um juiz do Tribunal Regional Federal com sede na capital do estado ou no Distrito Federal, ou, não havendo, de juiz federal, escolhido, em qualquer caso, pelo Tribunal Regional Federal respectivo; e, por nomeação, pelo presidente da República, de dois juízes entre seis advogados de notável saber jurídico e idoneidade moral, indicados pelo Tribunal de Justiça.

A eleição dos desembargadores que comporão o Tribunal Regional Eleitoral é realizada mediante votação secreta pelo Plenário do Tribunal de Justiça de cada estado e o presidente e vice-presidente da casa deverão ser oriundos da classe de desembargadores.[35]

A eleição do juiz federal que integrará a Corte Regional Eleitoral será procedida pelo correspondente Tribunal Regional Federal. Onde houver sede do respectivo Tribunal Regional Federal, o juiz federal será escolhido entre os integrantes daquela Corte, onde não houver sede, o juiz federal será escolhido entre os juízes federais da capital do estado e na forma que dispuser o regimento interno de cada Tribunal Regional Federal.

---

[34] Constituição Federal: "Art. 120. Haverá um Tribunal Regional Eleitoral na Capital de cada Estado e no Distrito Federal. §1º - Os Tribunais Regionais Eleitorais compor-se-ão: I - mediante eleição, pelo voto secreto: a) de dois juízes dentre os desembargadores do Tribunal de Justiça; b) de dois juízes, dentre juízes de direito, escolhidos pelo Tribunal de Justiça; II - de um juiz do Tribunal Regional Federal com sede na Capital do Estado ou no Distrito Federal, ou, não havendo, de juiz federal, escolhido, em qualquer caso, pelo Tribunal Regional Federal respectivo; III - por nomeação, pelo Presidente da República, de dois juízes dentre seis advogados de notável saber jurídico e idoneidade moral, indicados pelo Tribunal de Justiça".

[35] Constituição Federal: "Art. 120. [...] §2º - O Tribunal Regional Eleitoral elegerá seu Presidente e o Vice-Presidente- dentre os desembargadores".

A lista sêxtupla dos advogados é confeccionada pelos Tribunais de Justiça de cada estado e encaminhada ao Tribunal Superior Eleitoral para aprovação e posterior remessa à Presidência da República, que efetuará a escolha e nomeação.

Tal procedimento é alvo de discussão pela doutrina. Cândido[36] afirma que a lista sêxtupla dos advogados para integrar o Tribunal Superior Eleitoral e os Tribunais Regionais Eleitorais na categoria de "jurista" não deve ficar sob a responsabilidade do Supremo Tribunal Federal e do Tribunal de Justiça de cada estado e, sim, da Ordem dos Advogados.

Os julgadores provenientes da classe dos advogados poderão exercer a advocacia nas demais esferas do Poder Judiciário. Com a recente proibição ao exercício da advocacia dos conselheiros do Conselho Administrativo de Recursos Fiscais pela Ordem dos Advogados do Brasil, discutiu-se novamente a legalidade do exercício da advocacia pelos juízes eleitorais. Contudo, ainda vige o posicionamento firmado pelo Supremo Tribunal Federal na Ação Direta de Inconstitucionalidade nº 1.127,[37] no qual se fixou a inaplicabilidade da vedação ao exercício da advocacia aos juízes eleitorais e seus suplentes em razão da composição da Justiça Eleitoral.

O impedimento contido no art. 95, parágrafo único da Constituição Federal, como dito anteriormente, também não se aplica aos magistrados eleitorais, sendo perfeitamente possível o ex-julgador atuar como advogado na Justiça Eleitoral sem precisar esperar o prazo de três anos.

Importante dizer que houve recente modificação promovida pela Lei nº 13.165/2015 que alterou o art. 28[38] do Código Eleitoral, incluindo os parágrafos quarto e quinto, com a determinação expressa de que as decisões que resultem em cassação, que anulem as eleições ou que

---

[36] CÂNDIDO, Joel José. *Direito eleitoral brasileiro*. 11. ed. 3. tir. Bauru: Edipro, 2005. p. 47.

[37] "[...] XI - A incompatibilidade com o exercício da advocacia não alcança os juízes eleitorais e seus suplentes, em face da composição da Justiça eleitoral estabelecida na Constituição. [...] Ação direta de inconstitucionalidade julgada parcialmente procedente" (ADI nº 1.127. Rel. Min. Marco Aurélio. Rel. p/ acórdão Min. Ricardo Lewandowski. *DJE*, 11 jun. 2010).

[38] Código Eleitoral: "Art. 28. Os Tribunais Regionais deliberam por maioria de votos, em sessão pública, com a presença da maioria de seus membros. [...] §4º As decisões dos Tribunais Regionais sobre quaisquer ações que importem cassação de registro, anulação geral de eleições ou perda de diplomas somente poderão ser tomadas com a presença de todos os seus membros (Incluído pela Lei nº 13.165, de 2015). §5º No caso do §4º, se ocorrer impedimento de algum juiz, será convocado o suplente da mesma classe (Incluído pela Lei nº 13.165, de 2015)".

declarem perda de diploma deverão ser tomadas pela composição completa do Tribunal Eleitoral. No caso de impedimento, deverá ser realizada a convocação do suplente da mesma classe.

2.1.4 Tribunal Superior Eleitoral

O Tribunal Superior Eleitoral, por força do art. 92, §§1º e 2º[39] da Constituição Federal, possui sede na capital federal do Brasil e possui jurisdição em todo o território nacional. Consoante o art. 119[40] da Constituição Federal, é composto por sete ministros, sendo três juízes entre os ministros do Supremo Tribunal Federal; dois juízes entre os ministros do Superior Tribunal de Justiça; dois juízes entre seis advogados de notável saber jurídico e idoneidade moral, indicados pelo Supremo Tribunal Federal. Além de sete ministros substitutos, com a mesma lógica de nomeação dos titulares.

Ressalta-se que não houve previsão legal de vaga reservada a membros do Ministério Público para o exercício do mandato de julgador nos Tribunais Regionais Eleitorais e no Tribunal Superior Eleitoral, o que é apontado por alguns doutrinadores como uma ofensa ao art. 94[41] da Constituição Federal.

A atuação de todos os juízes dos Tribunais Eleitorais será por dois anos, podendo ser estendida por um único biênio consecutivo, de modo que o ministro efetivo da Corte Superior Eleitoral permanece na casa por no máximo quatro anos consecutivos.

---

[39] Constituição Federal: "Art. 92. [...] §1º O Supremo Tribunal Federal, o Conselho Nacional de Justiça e os Tribunais Superiores têm sede na Capital Federal. (Incluído pela Emenda Constitucional nº 45, de 2004). §2º O Supremo Tribunal Federal e os Tribunais Superiores têm jurisdição em todo o território nacional (Incluído pela Emenda Constitucional nº 45, de 2004)".

[40] "Art. 119. O Tribunal Superior Eleitoral compor-se-á, no mínimo, de sete membros, escolhidos: I - mediante eleição, pelo voto secreto: a) três juízes dentre os Ministros do Supremo Tribunal Federal; b) dois juízes dentre os Ministros do Superior Tribunal de Justiça; II - por nomeação do Presidente da República, dois juízes dentre seis advogados de notável saber jurídico e idoneidade moral, indicados pelo Supremo Tribunal Federal. Parágrafo único. O Tribunal Superior Eleitoral elegerá seu Presidente e o Vice-Presidente dentre os Ministros do Supremo Tribunal Federal, e o Corregedor Eleitoral dentre os Ministros do Superior Tribunal de Justiça".

[41] Constituição Federal: "Art. 94. Um quinto dos lugares dos Tribunais Regionais Federais, dos Tribunais dos Estados, e do Distrito Federal e Territórios será composto de membros, do Ministério Público, com mais de dez anos de carreira, e de advogados de notório saber jurídico e de reputação ilibada, com mais de dez anos de efetiva atividade profissional, indicados em lista sêxtupla pelos órgãos de representação das respectivas classes".

Conforme determinação do parágrafo único do art. 119 da Constituição Federal, o presidente e o vice-presidente do Tribunal Superior Eleitoral serão escolhidos entre os ministros do Supremo Tribunal Federal e o Corregedor-Geral Eleitoral será escolhido entre os ministros do Superior Tribunal de Justiça.

O art. 16, §1º[42] do Código Eleitoral proíbe a composição da Corte Superior Eleitoral por cidadãos que tenham entre si parentesco, ainda que por afinidade, até o quarto grau, excluindo, nesse caso, o que foi escolhido por último. Ainda, no §2º[43] há a previsão de que não é possível nomear cidadão que ocupe cargo público de que seja demissível a qualquer tempo unilateralmente, "que seja diretor, proprietário ou sócio de empresa beneficiada com subvenção, privilégio, isenção ou favor em virtude de contrato com a administração pública; ou que exerça mandato de caráter político, federal, estadual ou municipal".

A Corte Superior Eleitoral delibera, em sessão pública, por maioria de votos, com a maioria dos seus membros. Lembrando que as decisões que envolvam cassação de registro de partidos políticos, recursos que importem anulação geral de eleições ou perda de diplomas só poderão ser tomadas com a presença de todos os membros.[44]

Convém frisar que as decisões do Tribunal Superior são irrecorríveis, salvo as que contrariem a Carta Magna, as denegatórias de *habeas corpus* ou mandado de segurança.[45]

---

[42] Código Eleitoral: "Art. 16. [...] §1º Não podem fazer parte do Tribunal Superior Eleitoral cidadãos que tenham entre si parentesco, ainda que por afinidade, até o quarto grau, seja o vínculo legítimo ou ilegítimo, excluindo-se neste caso o que tiver sido escolhido por último (Redação dada pela Lei nº 7.191, de 1984)".

[43] Código Eleitoral: "Art. 16. [...] §2º A nomeação de que trata o inciso II deste artigo não poderá recair em cidadão que ocupe cargo público de que seja demissível ad nutum; que seja diretor, proprietário ou sócio de empresa beneficiada com subvenção, privilégio, isenção ou favor em virtude de contrato com a administração pública; ou que exerça mandato de caráter político, federal, estadual ou municipal (Redação dada pela Lei nº 7.191, de 1984)".

[44] Código Eleitoral: "Art. 19. O Tribunal Superior delibera por maioria de votos, em sessão pública, com a presença da maioria de seus membros. Parágrafo único. As decisões do Tribunal Superior, assim na interpretação do Código Eleitoral em face da Constituição e cassação de registro de partidos políticos, como sobre quaisquer recursos que importem anulação geral de eleições ou perda de diplomas, só poderão ser tomadas com a presença de todos os seus membros. Se ocorrer impedimento de algum juiz, será convocado o substituto ou o respectivo suplente".

[45] Constituição Federal: "Art. 121. [...] §3º São irrecorríveis as decisões do Tribunal Superior Eleitoral, salvo as que contrariarem esta Constituição e as denegatórias de habeas corpus ou mandado de segurança".

2.2 Funções da Justiça Eleitoral

A Justiça Eleitoral desempenha importante papel dentro do Poder Judiciário, distribuindo entre os seus órgãos tarefas para melhor fornecimento de soluções aos seus jurisdicionados e, ainda, aos seus servidores e membros. Desta forma, essa especializada possui função administrativa, jurisdicional, consultiva e regulamentar, conforme veremos.

2.2.1 Função administrativa

Como função administrativa, a Justiça Eleitoral possui o importante e essencial papel de instruir e coordenar o processo eleitoral como um todo, sendo, portanto, o mecanismo de viabilização das eleições e do exercício da soberania popular através do voto. "A logística de uma eleição é a atividade da Justiça Eleitoral mais complexa e menos compreendida".[46] Para que as eleições ocorram no país inteiro, a Justiça Eleitoral precisa tomar inúmeras providências, o que começa a acontecer muito antes do ano eleitoral.

Nessa esfera, o agir do juiz é *ex officio*, o qual exerce plenamente o poder de polícia para assegurar a supremacia do interesse público. Aqui inexiste conflito judicial a ser solucionado. Dessa forma, é função administrativa da Justiça Eleitoral, por exemplo, diplomar os eleitos, proporcionar a manutenção das urnas eletrônicas, o alistamento eleitoral, a transferência de domicílio eleitoral, o treinamento de mesários, divulgar informações acerca do processo eleitoral de maneira simples e acessível, nomear pessoas para compor a junta eleitoral e a mesa receptora[47] etc.

2.2.2 Função jurisdicional

A Justiça Eleitoral exerce a função típica decidindo os conflitos que lhes são postos mediante as ações eleitorais, de modo que compete

---

[46] MINAMI, M. Y. Afinal, o que faz a justiça eleitoral? *Revista eletrônica EJE*, ano 2, n. 5. Disponível em: <http://www.tse.jus.br/institucional/escola-judiciaria-eleitoral/revistas-da-eje/artigos/revista-eletronica-ano-ii-no-5/afinal-o-que-faz-a-justica-eleitoral>.

[47] Código Eleitoral: "Art. 120. Constituem a mesa receptora um presidente, um primeiro e um segundo mesários, dois secretários e um suplente, nomeados pelo juiz eleitoral sessenta dias antes da eleição, em audiência pública, anunciado pelo menos com cinco dias de antecedência".

a ela a prática de todos os atos que compreendem o processo eleitoral, do alistamento à diplomação até a investigação e punição dos responsáveis pelos ilícitos eleitorais civis e criminais. Aqui impera o princípio da inércia, no qual o demandante deverá provocar a justiça eleitoral para ver satisfeita sua pretensão.

Elcias Ferreira da Costa,[48] debruçando-se sobre o tema, concluiu pela distinção da atividade administrativa do juiz eleitoral da atividade de jurisdição voluntária da seguinte maneira: a atividade administrativa consiste no reconhecimento ou na admissão de direito subjetivo público do indivíduo que realiza ato jurídico em sentido estrito a exemplo do alistamento, do registro, da apuração. Logo, quando há algum obstáculo no reconhecimento ou na admissão do direito subjetivo público pelo juiz surge o direito de ação ao Tribunal a qual esteja este magistrado subordinado, transformando o juiz em sujeito passivo da relação processual.

Para Adriano Soares da Costa[49] o raciocínio do referido autor pernambucano insinua que o juiz eleitoral exerceria esporadicamente a atividade jurisdicional apenas quando houvesse a dedução de um litígio perante ele, o que sabemos não ser a realidade de nosso sistema.

Sem a atuação do Judiciário as leis eleitorais perderiam eficácia prática, por não verem exigidos e aplicados seus efeitos àqueles que as descumprissem. Dessa forma, a Justiça Eleitoral, ao exercer sua função jurisdicional, atua na solução de conflitos sempre que provocada judicialmente para aplicar o direito ao caso concreto.

Portanto, a função jurisdicional da Justiça Eleitoral consiste na utilização do arcabouço normativo e do direito como um todo na solução de imbróglios, a fim de evitar a justiça de mão própria para estabelecer ordem e assegurar o pleno exercício das regras jurídicas.[50]

2.2.3 Função regulamentar

A função regulamentar atribuída pelo legislador à Justiça Eleitoral consubstancia-se em aspecto de destaque e de grande discussão acadêmica. As resoluções emanadas do Tribunal Superior Eleitoral são de grande valia e estão diretamente relacionadas ao poder regulamentar

---

[48] COSTA, Elcias Ferreira. *Direito eleitoral*. Rio de Janeiro: Forense, 1992. p. 131.

[49] COSTA, Adriano Soares. *Instituições do direito eleitoral*. 9. ed. rev. e ampl. de acordo com a LC nº 135/2010. Belo Horizonte: Fórum, 2013. p. 284.

[50] MIRANDA, Pontes de. *Comentários ao Código de Processo Civil*. 5. ed. Rio de Janeiro: Forense, 1997. p. 81.

da Justiça Eleitoral registrado nos arts. 1º, parágrafo único; 23, inc. IX do Código Eleitoral e 105 da Lei nº 9.504/97.[51]

José Jairo Gomes[52] aponta:

> as resoluções [ou instruções] expedidas pelo TSE ostentam força de lei. Note-se, porém, que ter força de lei não é o mesmo que ser lei! O ter força, aí, significa gozar do mesmo prestígio, deter a mesma eficácia geral e abstrata atribuída às leis. Mas estas são hierarquicamente superiores às Resoluções pretorianas.

O Tribunal Superior Eleitoral[53] possui decisões em que se reafirma a compreensão de que as resoluções detêm força de lei ordinária. Portanto, elas são atos normativos emanados do Órgão Pleno da Corte Superior Eleitoral para regulamentar matéria de sua competência e possuem força de lei, embora não sejam.

A professora Eneida Salgado[54] critica veementemente o já consolidado entendimento aduzindo que "a atuação da Justiça Eleitoral na expedição de resoluções é inconstitucional. Sem previsão expressa na Constituição e em face de uma função atípica, não se pode considerar a possibilidade de elaboração de normas, ainda que secundárias, pelo Poder Judiciário".

Embora sem previsão constitucional, a Justiça Eleitoral tem se apoderado da atividade regulamentar, transformando-a em atividade normativa propriamente dita, elaborando resoluções com conteúdo completamente inovador se comparado à legislação vigente, usurpando a competência do Congresso Nacional.

---

[51] Código Eleitoral: "Art. 1º Este Código contém normas destinadas a assegurar a organização e o exercício de direitos políticos precipuamente os de votar e ser votado. [...] Parágrafo único. O Tribunal Superior Eleitoral expedirá Instruções para sua fiel execução. [...] Art. 23. Compete, ainda, privativamente, ao Tribunal Superior: [...] IX - expedir as instruções que julgar convenientes à execução deste Código".
Lei nº 9.504/97: "Art. 105. Até o dia 5 de março do ano da eleição, o Tribunal Superior Eleitoral, atendendo ao caráter regulamentar e sem restringir direitos ou estabelecer sanções distintas das previstas nesta Lei, poderá expedir todas as instruções necessárias para sua fiel execução, ouvidos, previamente, em audiência pública, os delegados ou representantes dos partidos políticos".

[52] GOMES, José Jairo. *Direito eleitoral*. 12. ed. rev., atual. e ampl. São Paulo: Atlas, 2016. São Paulo: Atlas, 2016. p. 83.

[53] Tribunal Superior Eleitoral. Embargos de Declaração em Agravo Regimental em Agravo de Instrumento nº 6.759. Rel. Min. José Augusto Delgado. *DJ*, 5 set. 2006.

[54] SALGADO, Eneida Desiree. *Princípios constitucionais eleitorais*. 2. ed. Belo Horizonte: Fórum, 2015. p. 252.

As resoluções são normas *secundum legem*. Com isso, em que pesem possuam importante papel como fonte do direito eleitoral, devem respeitar o poder regulamentar conferido à Corte Superior Eleitoral pela legislação infraconstitucional, regulamentando uma norma preexistente sem restringir direitos ou fixar sanções diferentes das vigentes por força de lei,[55] além disso, sem inovações (o que de maneira ilegal acontece usualmente), de modo a prestigiar os princípios da separação dos poderes e da legalidade.

O Poder Judiciário, ainda que em ação bem-intencionada, não pode usurpar a competência do Poder Legislativo diante da omissão deste, sob pena de desvirtuar a essência do Estado Democrático de Direito.

2.2.4 Função consultiva

Sabemos que o Poder Judiciário somente se manifesta em situações concretas quando provocado. Contudo, a Justiça Eleitoral possui peculiar função consultiva onde é permitindo ao Tribunal Superior Eleitoral e aos Tribunais Regionais Eleitorais o pronunciamento a respeito de matéria eleitoral acerca de situações abstratas e impessoais, mas sem o efetivo caráter de decisão judicial. A atribuição para responder às consultas está disposta nos arts. 23 e 30[56] do Código Eleitoral.

Para o conhecimento da consulta devem ser preenchidos dois requisitos, o da legitimidade, devendo a consulta ser formulada por autoridade (com jurisdição federal[57] em consultas ao Tribunal Superior

---

[55] AGRA, Walber de Moura. *Manual prático de direito eleitoral*. Belo Horizonte: Fórum, 2016. p. 27.

[56] Código Eleitoral: "Art. 23. Compete, ainda, privativamente, ao Tribunal Superior: [...] XII - responder, sobre matéria eleitoral, às consultas que lhe forem feitas em tese por autoridade com jurisdição, federal ou órgão nacional de partido político; [...] Art. 30. Compete, ainda, privativamente, aos Tribunais Regionais: [...] VIII - responder, sobre matéria eleitoral, às consultas que lhe forem feitas, em tese, por autoridade pública ou partido político".

[57] Tribunal Superior Eleitoral. Consulta nº 16.519. Rel. Min. João Otávio de Noronha. *DJE*, 10 jun. 2015: "1. Nos termos do art. 23, XII, do Código Eleitoral, compete ao Tribunal Superior Eleitoral responder às consultas formuladas por autoridade com jurisdição federal ou órgão nacional de partido político sobre matéria eleitoral. 2. No caso dos autos, a consulta foi formulada por Presidente de Tribunal Regional Eleitoral, o qual não detém legitimidade ativa. [...] 4. Consulta não conhecida".
Tribunal Superior Eleitoral. Consulta nº 116.236. Rel. Min. João Otávio de Noronha. *DJE*, 7 out. 2014: "[...]. 1. Nos termos do art. 23, XII, do Código Eleitoral, compete ao Tribunal Superior Eleitoral responder às consultas formuladas por autoridade com jurisdição federal ou órgão nacional de partido político. 2. Na espécie, a consulta foi formulada pelo Prefeito do Município de Rio Claro/RJ, que não detém legitimidade para tanto. 3. Consulta não conhecida".

Eleitoral e autoridade pública estadual[58] em consultas formuladas aos Regionais) ou órgão de partido político (nacional no caso de consulta ao Tribunal Superior Eleitoral e diretório estadual em consultas formuladas aos Regionais); e a ausência de ligação a algum caso concreto, ou seja, a consulta deve ser em tese, abordando uma situação hipotética.

Ressalta-se que ainda que as respostas às consultas não tenham caráter vinculante, estas devem ser fundamentadas, de forma a orientar a ação dos órgãos da Justiça Eleitoral, podendo servir de alicerce para futuras decisões.

2.3 Competências

2.3.1 Juiz eleitoral

O juiz eleitoral é responsável pela atividade judicial nas eleições municipais e, também, em causas de natureza administrativa, nas eleições de qualquer nível, respeitando sempre as orientações dos Tribunais Regionais e do Tribunal Superior Eleitoral e gozando das prerrogativas elencadas no art. 95 da Constituição Federal.[59]

Ao magistrado eleitoral é dado o exercício de suas funções conjuntamente ao exercício de suas funções na Justiça Comum Estadual, contudo, há a obrigatoriedade de o magistrado despachar todos os dias na sede de sua zona eleitoral.[60] Em relação à competência do juiz eleitoral, o art. 35[61] do Código Eleitoral institui as atribuições e a

---

[58] Tribunal Regional Eleitoral do Amazonas. Consulta nº 142.000. Rel. Arnaldo Campello Carpinteiro Peres. *DOE – Diário Oficial do Estado do Amazonas*, 13 jun. 2000: "Somente autoridade pública e os partidos políticos, a nível regional, detém legitimidade para propor consultas sobre matéria eleitoral, nos termos do inciso VIII, do art. 30 do Código Eleitoral. Consulta não conhecida".

[59] Vitaliciedade, inamovibilidade, irredutibilidade de subsídio.

[60] Código Eleitoral: "Art. 34. Os juízes despacharão todos os dias na sede da sua zona eleitoral".

[61] Código Eleitoral: "Art. 35. Compete aos juízes: I - cumprir e fazer cumprir as decisões e determinações do Tribunal Superior e do Regional; II - processar e julgar os crimes eleitorais e os comuns que lhe forem conexos, ressalvada a competência originária do Tribunal Superior e dos Tribunais Regionais; III - decidir habeas corpus e mandado de segurança, em matéria eleitoral, desde que essa competência não esteja atribuída privativamente a instância superior. IV - fazer as diligências que julgar necessárias a ordem e presteza do serviço eleitoral; V - tomar conhecimento das reclamações que lhe forem feitas verbalmente ou por escrito, reduzindo-as a termo, e determinando as providências que cada caso exigir; VI - indicar, para aprovação do Tribunal Regional, a serventia de justiça que deve ter o anexo da escrivania eleitoral; VII - Revogado; VIII - dirigir os processos eleitorais e determinar a inscrição e a exclusão de eleitores; IX- expedir títulos eleitorais e conceder transferência de eleitor; X - dividir a zona em seções eleitorais;

legislação esparsa também traz outras competências, como as dos juízes auxiliares.[62] A seguir faremos considerações a alguns dos incisos do art. 35 do Código Eleitoral.

O inc. I está intimamente ligado ao princípio da celeridade eleitoral e a inexistência de efeito suspensivo dos recursos eleitorais que, em tese, autoriza o cumprimento imediato de decisões. Contudo, sabemos que tanto a jurisprudência quanto a nova legislação, a exemplo da Lei nº 13.165/2015, tendem a extirpar a possibilidade de execução imediata de decisões, consolidando o agir com cautela forte no princípio da soberania popular.

No inc. IV podemos verificar o poder de polícia do juiz e o agir pelo interesse público. As reclamações a que o inc. V se refere são notícias de crimes ou infração administrativa na zona onde o juiz exerce sua competência. O inc. VI perdeu a efetividade com o advento da Lei nº 10.842/2004, tendo em vista que cada zona eleitoral possui seu próprio cartório e servidores. A divisão de que trata o inc. X diz respeito à divisão das zonas eleitorais em seções eleitorais, a divisão do estado em zonas é feita pelo Regional e aprovada pelo Tribunal Superior Eleitoral.

O Tribunal Superior Eleitoral abordou poucas vezes a questão da competência dos juízes eleitorais, porém, convém citar o Agravo Regimental no Habeas Corpus nº 31.624,[63] em que a Corte entendeu que em razão da ausência de previsão de foro privilegiado para o cargo de vereador não se pode aplicar o princípio do paralelismo constitucional, de modo que a competência para processar e julgar crimes eleitorais é do juiz eleitoral e não do Regional.

XI - mandar organizar, em ordem alfabética, relação dos eleitores de cada seção, para remessa a mesa receptora, juntamente com a pasta das folhas individuais de votação; XII - ordenar o registro e cassação do registro dos candidatos aos cargos eletivos municipais e comunicá-los ao Tribunal Regional; XIII - designar, até 60 (sessenta) dias antes das eleições os locais das seções; XIV - nomear, 60 (sessenta) dias antes da eleição, em audiência pública anunciada com pelo menos 5 (cinco) dias de antecedência, os membros das mesas receptoras; XV - instruir os membros das mesas receptoras sobre as suas funções; XVI - providenciar para a solução das ocorrências que se verificarem nas mesas receptoras; XVII - tomar todas as providências ao seu alcance para evitar os atos viciosos das eleições; XVIII -fornecer aos que não votaram por motivo justificado e aos não alistados, por dispensados do alistamento, um certificado que os isente das sanções legais; XIX - comunicar, até às 12 horas do dia seguinte a realização da eleição, ao Tribunal Regional e aos delegados de partidos credenciados, o número de eleitores que votarem em cada uma das seções da zona sob sua jurisdição, bem como o total de votantes da zona".

[62] Tribunal Regional do Distrito Federal. Recurso em Representação nº 137.984. Rel. James Eduardo Da Cruz De Moraes Oliveira. Sessão 30.7.2014: "[...] II. Os Juízes Auxiliares, por sua vez, estão investidos de competência jurisdicional para apreciar as representações e os pedidos de direito de resposta, consoante estipula o artigo 96, §3º, da Lei 9.504/97".

[63] Tribunal Superior Eleitoral. Agravo Regimental em Habeas Corpus nº 31.624. Rel. Min. Marcelo Henriques Ribeiro De Oliveira. *DJE*, 17 maio 2011.

2.3.2 Juntas eleitorais

A mais importante competência das juntas eleitorais hoje, com o advento da urna eletrônica, é diplomar os eleitos nas eleições municipais. A competência das juntas eleitorais encontra respaldo legal nos arts. 40 e 41 do Código Eleitoral.[64]

Logo, as juntas ainda detêm competência para apurar as eleições nas zonas eleitorais sob sua jurisdição no prazo de dez dias; resolver as impugnações e demais incidentes verificados durante os trabalhos da contagem e da apuração, inclusive, pedir recontagem de votos; expedir os boletins de urna nas seções eleitorais na impossibilidade de sua emissão normal pelas urnas eletrônicas e proceder ao voto pela cédula em caso de completa impossibilidade técnica de utilização das urnas eletrônicas.

2.3.3 Tribunais Regionais Eleitorais

Há um Tribunal Regional Eleitoral em cada um dos estados-membros da Federação e no Distrito Federal, representando a instância intermediária da Justiça Eleitoral, com previsão legal de suas competências nos arts. 29 e 30 do Código Eleitoral.[65] A seguir teceremos breves comentários sobre os principais incisos dos referidos dispositivos.

---

[64] Código Eleitoral: "Art. 40. Compete à Junta Eleitoral; I - apurar, no prazo de 10 (dez) dias, as eleições realizadas nas zonas eleitorais sob a sua jurisdição; II - resolver as impugnações e demais incidentes verificados durante os trabalhos da contagem e da apuração; III - expedir os boletins de apuração mencionados no Art. 178; IV - expedir diploma aos eleitos para cargos municipais. Parágrafo único. Nos municípios onde houver mais de uma junta eleitoral a expedição dos diplomas será feita pelo que for presidida pelo juiz eleitoral mais antigo, à qual as demais enviarão os documentos da eleição. Art. 41. Nas zonas eleitorais em que for autorizada a contagem prévia dos votos pelas mesas receptoras, compete à Junta Eleitoral tomar as providências mencionadas no Art. 195".

[65] "Art. 29. Compete aos Tribunais Regionais: I - processar e julgar originariamente: a) o registro e o cancelamento do registro dos diretórios estaduais e municipais de partidos políticos, bem como de candidatos a Governador, Vice-Governadores, e membro do Congresso Nacional e das Assembleias Legislativas; b) os conflitos de jurisdição entre juízes eleitorais do respectivo Estado; c) a suspeição ou impedimentos aos seus membros ao Procurador Regional e aos funcionários da sua Secretaria assim como aos juízes e escrivães eleitorais; d) os crimes eleitorais cometidos pelos juízes eleitorais; e) o habeas corpus ou mandado de segurança, em matéria eleitoral, contra ato de autoridades que respondam perante os Tribunais de Justiça por crime de responsabilidade e, em grau de recurso, os denegados ou concedidos pelos juízes eleitorais; ou, ainda, o habeas corpus quando houver perigo de se consumar a violência antes que o juiz competente possa prover sobre a impetração; f) as reclamações relativas a obrigações impostas por lei aos partidos políticos, quanto a sua contabilidade e à apuração da origem dos seus recursos; g) os pedidos de desaforamento dos feitos não decididos pelos juízes eleitorais em trinta

Decorre da alínea "a" do inc. I do art. 29 a disposição do art. 2º da Lei Complementar nº 64/1990, que estabelece a competência dos Regionais para conhecer e decidir as arguições de inelegibilidade quando se tratar de candidato aos cargos de senador, governador,

---

dias da sua conclusão para julgamento, formulados por partido, candidato, Ministério Público ou parte legitimamente interessada sem prejuízo das sanções decorrentes do excesso de prazo; II - julgar os recursos interpostos: a) dos atos e das decisões proferidas pelos juízes e juntas eleitorais. b) das decisões dos juízes eleitorais que concederem ou denegarem habeas corpus ou mandado de segurança. Parágrafo único. As decisões dos Tribunais Regionais são irrecorríveis, salvo nos casos do Art. 276. Art. 30. Compete, ainda, privativamente, aos Tribunais Regionais: I - elaborar o seu regimento interno; II - organizar a sua Secretaria e a Corregedoria Regional provendo-lhes os cargos na forma da lei, e propor ao Congresso Nacional, por intermédio do Tribunal Superior a criação ou supressão de cargos e a fixação dos respectivos vencimentos; III - conceder aos seus membros e aos juízes eleitorais licença e férias, assim como afastamento do exercício dos cargos efetivos submetendo, quanto aqueles, a decisão à aprovação do Tribunal Superior Eleitoral; IV - fixar a data das eleições de Governador e Vice-Governador, deputados estaduais, prefeitos, vice-prefeitos, vereadores e juízes de paz, quando não determinada por disposição constitucional ou legal; V - constituir as juntas eleitorais e designar a respectiva sede e jurisdição; VI - indicar ao tribunal Superior as zonas eleitorais ou seções em que a contagem dos votos deva ser feita pela mesa receptora; VII - apurar com os resultados parciais enviados pelas juntas eleitorais, os resultados finais das eleições de Governador e Vice-Governador de membros do Congresso Nacional e expedir os respectivos diplomas, remetendo dentro do prazo de 10 (dez) dias após a diplomação, ao Tribunal Superior, cópia das atas de seus trabalhos; VIII - responder, sobre matéria eleitoral, às consultas que lhe forem feitas, em tese, por autoridade pública ou partido político; IX - dividir a respectiva circunscrição em zonas eleitorais, submetendo essa divisão, assim como a criação de novas zonas, à aprovação do Tribunal Superior; X - aprovar a designação do Ofício de Justiça que deva responder pela escrivania eleitoral durante o biênio; XI – Revogado; XII - requisitar a força necessária ao cumprimento de suas decisões e solicitar ao Tribunal Superior a requisição de força federal; XIII - autorizar, no Distrito Federal e nas capitais dos Estados, ao seu presidente e, no interior, aos juizes eleitorais, a requisição de funcionários federais, estaduais ou municipais para auxiliarem os escrivães eleitorais, quando o exigir o acúmulo ocasional do serviço; XIV - requisitar funcionários da União e, ainda, no Distrito Federal e em cada Estado ou Território, funcionários dos respectivos quadros administrativos, no caso de acúmulo ocasional de serviço de suas Secretarias; XV - aplicar as penas disciplinares de advertência e de suspensão até 30 (trinta) dias aos juizes eleitorais; XVI - cumprir e fazer cumprir as decisões e instruções do Tribunal Superior; XVII - determinar, em caso de urgência, providências para a execução da lei na respectiva circunscrição; XVIII - organizar o fichário dos eleitores do Estado; XIX - suprimir os mapas parciais de apuração mandando utilizar apenas os boletins e os mapas totalizadores, desde que o menor número de candidatos às eleições proporcionais justifique a supressão, observadas as seguintes normas: a) qualquer candidato ou partido poderá requerer ao Tribunal Regional que suprima a exigência dos mapas parciais de apuração; b) da decisão do Tribunal Regional qualquer candidato ou partido poderá, no prazo de três dias, recorrer para o Tribunal Superior, que decidirá em cinco dias; c) a supressão dos mapas parciais de apuração só será admitida até seis meses antes da data da eleição; d) os boletins e mapas de apuração serão impressos pelos Tribunais Regionais, depois de aprovados pelo Tribunal Superior; e) o Tribunal Regional ouvira os partidos na elaboração dos modelos dos boletins e mapas de apuração a fim de que estes atendam às peculiaridade locais, encaminhando os modelos que aprovar, acompanhados das sugestões ou impugnações formuladas pelos partidos, à decisão do Tribunal Superior".

CAPÍTULO 2
JUSTIÇA ELEITORAL | 83

vice-governador, deputado federal, deputado estadual e deputado distrital. Acerca da alínea "e", o Tribunal Superior Eleitoral, na ocasião do julgamento do HC nº 151.921,[66] declarou-se incompetente para processar e julgar *habeas corpus* contra decisão monocrática de juiz do Regional, o que caracterizaria supressão de instância.

Outro julgado interessante acerca da competência prevista na alínea "e" trata-se do HC nº 5.003,[67] em que se consignou o deslocamento de competência para o Regional quando o réu assume o cargo de prefeito no curso do processo criminal eleitoral, aproveitando os atos praticados pelo juiz eleitoral.

Em relação à alínea "f", convém dizer que a Lei nº 9.096/95, em seu art. 35, prevê a determinação pelo Tribunal Superior ou pelo Tribunal Regional de exame de escrituração do partido em razão de denúncia formulada por filiado ou delegado de partido, de representação do Procurador-Geral ou Regional ou do Corregedor.

No inc. II do art. 30 do Código Eleitoral destacam-se as resoluções do Tribunal Superior Eleitoral nº 22.020/2005 e nº 21.902/2004 que afirmam não ser competente à Corte Superior Eleitoral a homologação de decisão do Regional que aprova criação de escola judiciária no âmbito de sua jurisdição.

O afastamento previsto no inc. III do art. 30 deve ser concedido aos magistrados da justiça comum no período compreendido entre os dias 1º de julho e até cinco dias após a realização do segundo turno, consoante decidido no Processo Administrativo nº 19.539 e ratificado no PA nº 50412.[68]

---

[66] "Habeas corpus. Supressão de instância. Não compete ao Tribunal Superior Eleitoral processar e julgar habeas corpus relativo à decisão de juiz relator de Tribunal Regional Eleitoral, ainda não submetida ao colegiado, sob pena de indevida supressão de instância. Habeas corpus não conhecido" (Habeas Corpus nº 151.921. Rel. Min. Marcelo Henriques Ribeiro de Oliveira. Rel. designado Min. Arnaldo Versiani Leite Soares. *DJE*, 13 abr. 2012).

[67] "Habeas Corpus. Prerrogativa De Foro. Chefe Do Executivo. Nulidade. Atos Do Juiz Competente. Inexistência. Denegação Da Ordem. 1. A assunção ao cargo de prefeito, no curso do processo contra ele instaurado, desloca a competência para o Tribunal Regional Eleitoral, porém não invalida os atos praticados pelo juiz de primeiro grau ao tempo em que era competente. 2. Denegação da ordem" (Habeas Corpus nº 5.003. Rel. Min. Gilson Langaro Dipp. *DJE*, 1º jun. 2012).

[68] "Tribunal Superior Eleitoral. Processo Administrativo. Afastamento De Magistrado. TRE/MG. Período. Termo Final. Cinco Dias. Segundo Turno. Eleições. Homologação Parcial. 1. O art. 1º da Res.-TSE nº 21.842/2004 permite o afastamento dos juízes eleitorais das suas funções regulares, de forma excepcional, em razão do acúmulo de serviço durante o período eleitoral. 2. Esta Corte Superior, ao estabelecer, no julgamento do PA nº 19.539, a possibilidade de afastamento no período compreendido entre 1º de julho até cinco dias após a realização do segundo turno das eleições, utilizou como critério o princípio

Em relação ao inc. IX do art. 30, destaca-se a Resolução nº 23.422/2014, que estabelece normas para criação e instalação de zonas eleitorais, e a Petição nº 1.386,[69] que afirma a competência do Tribunal Superior Eleitoral de homologar divisão ou criação de novas zonas eleitorais, assim como alteração de sede eleitoral, contudo, o pedido de reconsideração de decisão que muda sede de zona eleitoral deve ser dirigido ao Tribunal Regional Eleitoral respectivo.

Por fim, no que toca o inc. XII, a Corte Superior Eleitoral no Processo Administrativo nº 32.1007[70] entendeu ser insuficiente o pronunciamento do secretário de segurança para a requisição de forças federais sendo imprescindível a requisição pelo chefe do Poder Executivo.

2.3.4 Tribunal Superior Eleitoral

As atribuições do Tribunal Superior Eleitoral encontram-se definidas nos arts. 22 e 23 do Código Eleitoral[71] e 8º do Regimento Interno do Tribunal Superior Eleitoral.[72]

---

da razoabilidade e, também, o limite temporal fixado no art. 94 da Lei nº 9.504/97, não havendo motivo para alteração do referido entendimento. 3. Há óbice ao deferimento do pedido de afastamento cujo termo final é a data da diplomação, como na espécie. 4. Pedido homologado parcialmente, para conceder o afastamento até cinco dias após a realização do segundo turno das eleições" (Processo Administrativo nº 50.412. Rel. Min. Luciana Christina Guimarães Lóssio. *DJE*, 29 ago. 2014).

[69] Tribunal Superior Eleitoral. Petição nº 1.386. Rel. Min. Francisco Peçanha Martins. *DJ*, 17 out. 2003.

[70] Tribunal Superior Eleitoral. Processo Administrativo nº 321.007. Rel. Min. Marco Aurélio Mendes de Farias Mello. *DJE*, 29 out. 2010.

[71] Código Eleitoral: "Art. 22. I - Processar e julgar originariamente: a) o registro e a cassação de registro de partidos políticos, dos seus diretórios nacionais e de candidatos à Presidência e vice-presidência da República; b) os conflitos de jurisdição entre Tribunais Regionais e juízes eleitorais de Estados diferentes; c) a suspeição ou impedimento aos seus membros, ao Procurador Geral e aos funcionários da sua Secretaria; d) os crimes eleitorais e os comuns que lhes forem conexos cometidos pelos seus próprios juízes e pelos juízes dos Tribunais Regionais; e) o habeas corpus ou mandado de segurança, em matéria eleitoral, relativos a atos do Presidente da República, dos Ministros de Estado e dos Tribunais Regionais; ou, ainda, o habeas corpus, quando houver perigo de se consumar a violência antes que o juiz competente possa prover sobre a impetração; f) as reclamações relativas a obrigações impostas por lei aos partidos políticos, quanto à sua contabilidade e à apuração da origem dos seus recursos; g) as impugnações à apuração do resultado geral, proclamação dos eleitos e expedição de diploma na eleição de Presidente e Vice-Presidente da República; h) os pedidos de desaforamento dos feitos não decididos nos Tribunais Regionais dentro de trinta dias da conclusão ao relator, formulados por partido, candidato, Ministério Público ou parte legitimamente interessada; i) as reclamações contra os seus próprios juízes que, no prazo de trinta dias a contar da conclusão, não houverem julgado os feitos a eles distribuídos. j) a ação rescisória, nos casos de inelegibilidade,

desde que intentada dentro de cento e vinte dias de decisão irrecorrível, possibilitando-se o exercício do mandato eletivo até o seu trânsito em julgado. II - julgar os recursos interpostos das decisões dos Tribunais Regionais nos termos do Art. 276 inclusive os que versarem matéria administrativa. Parágrafo único. As decisões do Tribunal Superior são irrecorríveis, salvo nos casos do Art. 281. Art. 23. Compete, ainda, ao Tribunal Superior: I - elaborar o seu regimento interno; II - organizar a sua Secretaria e a Corregedoria Geral, propondo ao Congresso Nacional a criação ou extinção dos cargos administrativos e a fixação dos respectivos vencimentos, provendo-os na forma da lei; III - conceder aos seus membros licença e férias assim como afastamento do exercício dos cargos efetivos; IV - aprovar o afastamento do exercício dos cargos efetivos dos juízes dos Tribunais Regionais Eleitorais; V - propor a criação de Tribunal Regional na sede de qualquer dos Territórios; VI - propor ao Poder Legislativo o aumento do número dos juízes de qualquer Tribunal Eleitoral, indicando a forma desse aumento; VII - fixar as datas para as eleições de Presidente e Vice-Presidente da República, senadores e deputados federais, quando não o tiverem sido por lei; VIII - aprovar a divisão dos Estados em zonas eleitorais ou a criação de novas zonas; IX - expedir as instruções que julgar convenientes à execução deste Código; X - fixar a diária do Corregedor Geral, dos Corregedores Regionais e auxiliares em diligência fora da sede; XI - enviar ao Presidente da República a lista tríplice organizada pelos Tribunais de Justiça nos termos do art. 25; XII - responder, sobre matéria eleitoral, às consultas que lhe forem feitas em tese por autoridade com jurisdição, federal ou órgão nacional de partido político; XIII - autorizar a contagem dos votos pelas mesas receptoras nos Estados em que essa providência for solicitada pelo Tribunal Regional respectivo; XIV - vetado; XIV - requisitar a força federal necessária ao cumprimento da lei, de suas próprias decisões ou das decisões dos Tribunais Regionais que o solicitarem, e para garantir a votação e a apuração; XV - organizar e divulgar a Súmula de sua jurisprudência; XVI - requisitar funcionários da União e do Distrito Federal quando o exigir o acúmulo ocasional do serviço de sua Secretaria; XVII - publicar um boletim eleitoral; XVIII - tomar quaisquer outras providências que julgar convenientes à execução da legislação eleitoral".

[72] Regimento Interno do Tribunal Superior Eleitoral: "Art. 8º a) elaborar seu regimento interno; b) organizar sua Secretaria, cartórios e demais serviços, propondo ao Congresso Nacional a criação ou a extinção de cargos administrativos e a fixação dos respectivos vencimentos; c) adotar ou sugerir ao governo providências convenientes à execução do serviço eleitoral, especialmente para que as eleições se realizem nas datas fixadas em lei e de acordo com esta se processem; d) fixar as datas para as eleições de presidente e vice-presidente da República, senadores e deputados federais, quando não o tiverem sido por lei; e) requisitar a força federal necessária ao cumprimento da lei e das suas próprias decisões, ou das decisões dos tribunais regionais que a solicitarem; f) ordenar o registro e a cassação de registro de partidos políticos; g) ordenar o registro de candidatos aos cargos de presidente e vice-presidente da República, conhecendo e decidindo, em única instância, das arguições de inelegibilidade para esses cargos; h) apurar, pelos resultados parciais, o resultado geral da eleição para os cargos de presidente e vice-presidente da República, proclamar os eleitos e expedir-lhes os diplomas; i) elaborar a proposta orçamentária da Justiça Eleitoral e apreciar os pedidos de créditos adicionais (art. 376, e parágrafo único do Código Eleitoral), autorizar os destaques à conta de créditos globais e julgar as contas devidas pelos funcionários de sua Secretaria; j) responder, sobre matéria eleitoral, às consultas que lhe forem feitas pelos tribunais regionais, por autoridade pública ou partido político registrado, este por seu diretório nacional ou delegado credenciado junto ao Tribunal; k) decidir os conflitos de jurisdição entre tribunais regionais e juízes eleitorais de estados diferentes; l) decidir os recursos interpostos das decisões dos tribunais regionais, nos termos do art. 121 da Constituição Federal; m) decidir originariamente de habeas corpus ou de mandado de segurança, em matéria eleitoral, relativos aos atos do presidente da República, dos ministros de estado e dos tribunais regionais; n) processar e julgar os crimes eleitorais e os comuns que lhes forem conexos, cometidos pelos juízes dos tribunais regionais, excluídos os desembargadores; o) julgar o agravo a que se refere o art. 48, §2º do Regimento Interno do TSE; p) processar e julgar a suspeição dos seus membros, do procurador-geral e dos funcionários de sua Secretaria; q) conhecer das reclamações

Origina-se da alínea "a" do inc. I do art. 22 a disposição do art. 2º da Lei Complementar nº 64/1990 que estabelece a competência do Tribunal Superior Eleitoral para conhecer e decidir as arguições de inelegibilidade quando se tratar de candidatos aos cargos de presidente e vice-presidente da República.

Destaca-se a competência para responder às consultas, em tese, sobre matéria eleitoral, feitas por autoridade com jurisdição federal ou órgão nacional de partido político. É cabível a consulta em matéria constitucional-eleitoral. Não serão respondidas as consultas sobre matéria já devidamente esclarecida nas instruções, conforme o fixado na Consulta nº 1.516.[73]

Sobre a alínea "e", conforme o julgamento do Agravo Regimental no Mandado de Segurança nº 3.175,[74] a Corte Superior Eleitoral entende ser de competência do Tribunal Regional Eleitoral o processamento e julgamento do mandado de segurança contra seus próprios atos em matéria administrativa (atividade-meio).

O Tribunal Superior Eleitoral, no tocante à alínea "j" do art. 22, possui julgados no sentido da decadência da rescisória proposta após o prazo de cento e vinte dias do trânsito em julgado da decisão rescindenda,[75] do cabimento de rescisória em face de decisão

---

relativas a obrigações impostas por lei aos partidos políticos; r) propor ao Poder Legislativo o aumento do número dos juízes de qualquer Tribunal Eleitoral, indicando a forma desse aumento; s) propor a criação de um Tribunal Regional na sede de qualquer dos territórios; t) conceder aos seus membros licença, e, por motivo justificado, dispensa das funções (Constituição, art. 114), e o afastamento do exercício dos cargos efetivos; u) conhecer da representação sobre o afastamento dos membros dos tribunais regionais, nos termos do art. 23, IV do Código Eleitoral; v) expedir as instruções que julgar convenientes à execução do Código Eleitoral e à regularidade do serviço eleitoral em geral; x) publicar um boletim eleitoral".

[73] Tribunal Superior Eleitoral. Consulta nº 1.516, Resolução nº 22.734 de 11.3.2008. Rel. Min. José Augusto Delgado. *DJ*, 31 mar. 2008: "Consulta. Adornos Em Fotografia Para Fins De Registro De Candidatura. Regulamentado Pela Resolução-TSE Nº 22.156 e Pela Lei Nº 9.504/1997. Não-Conhecimento. O Tribunal Superior Eleitoral não conhece consultas, cuja matéria já esteja regulamentada mediante Resolução".

[74] "Agravo Regimental. Mandado De Segurança. Competência. Exame. TRF 1ª Região. Declinação. LOMAN, Art. 21, Inciso Vi. CF, Art. 108, Inciso I, Alínea C. 1. A competência para julgar, originariamente, o mandado de segurança é do tribunal autor do ato impugnado. 2. A jurisprudência desta Corte é firme no sentido de que os TREs são competentes para julgar mandado de segurança contra seus atos de natureza administrativa. Pela mesma razão não há como afastar-se a competência do TRF 1ª Região para julgar mandamus contra ato de cunho eminentemente administrativo - escolha de juiz federal para compor o TRE. 3. Decisão mantida. 4. Agravo regimental desprovido" (Agravo Regimental em Mandado de Segurança nº 3.370. Rel. Min. Eros Roberto Grau. *DJ*, 24 jun. 2008).

[75] "Tribunal Superior Eleitoral. Ação rescisória. Inelegibilidade. Decadência. Configura-se a decadência quando a ação rescisória é proposta fora do prazo de cento e vinte dias a contar

monocrática[76] e do cabimento de rescisória de julgado de Regional em matéria eleitoral.[77]

Acerca do inc. II do art. 22, a Corte Superior Eleitoral no julgamento do acórdão proferido no Recurso Especial Eleitoral nº 25.836[78] declarou-se incompetente para apreciar recurso contra decisão de natureza estritamente administrativa proferida pelos Regionais.

No que diz respeito ao inc. IX do art. 23 o próprio Tribunal Superior Eleitoral consignou no Recurso Especial Eleitoral nº 64.770[79] a sua competência exclusiva para regulamentar as disposições da legislação eleitoral.

---

do trânsito em julgado da decisão rescindenda, conforme dispõe o art. 22, inciso I, alínea j, do Código Eleitoral. Ação rescisória julgada extinta" (Ação Rescisória nº 93.296. Acórdão de 10.11.2011. Rel. Min. Arnaldo Versiani Leite Soares. *DJE*, 9 fev. 2012).

[76] "Tribunal Superior Eleitoral. Ação Rescisória. Inelegibilidade. Art. 1º, I, G, Da Lc N. 64/90. Rejeição De Contas. TCU. Convênio Federal. Registro De Candidatura Indeferido. Decisão Monocrática. Violação Literal A Dispositivo De Lei. Art. 16 Da Constituição Federal. Princípio Da Anterioridade Eleitoral. LC n. 135/2010. Eleições 2010. Não Aplicação. Precedente STF. Repercussão Geral. Ação Julgada Procedente. Registro Deferido. 1. É admissível a propositura de ação rescisória contra decisão singular lavrada por membro desta corte, desde que apreciado o mérito da causa pelo ministro relator. [...]" (Ação Rescisória nº 64.621. Rel. Min. Marcelo Henriques Ribeiro De Oliveira. *DJE*, 22 ago. 2011).

[77] "Tribunal Superior Eleitoral. Direitos Processual E Eleitoral. Ação Rescisória. Matéria Não-Eleitoral. Admissibilidade. Aplicação Do Código De Processo Civil. Recurso Provido. Em matéria não-eleitoral, admissível a ação rescisória de julgado de Tribunal Regional Eleitoral, aplicando-se, na espécie, a legislação processual civil" (Recurso Especial Eleitoral nº 19.617. Rel. Min. Sálvio De Figueiredo Teixeira. *DJ*, 31 out. 2002).

[78] "Tribunal Superior Eleitoral. Recurso Especial. Matéria Decidida Administrativamente Pela Corte Regional. Não-Cabimento Do Apelo Em Análise. Não-Conhecimento. 1. Tendo a Corte Regional decidido a matéria administrativamente, é incabível a utilização de recurso especial eleitoral como forma de jurisdicionalizar o debate. 2. Não cabe ao TSE rever, em sede de recurso especial, os atos cometidos pelos TREs no exercício de sua autonomia administrativa. 3. Recurso não conhecido. Encaminhamento de peças ao Tribunal de Contas da União" (Recurso Especial Eleitoral nº 25.836. Rel. Min. José Augusto Delgado. *DJ*, 19 mar. 2007).

[79] "Tribunal Superior Eleitoral. Eleições 2014. Registro De Candidatura. Pleno Exercício Dos Direitos Políticos. Certidão Criminal. 1. A competência para baixar instruções sobre o registro de candidatura, especificando sobre os documentos necessários previstos na legislação e procedimentos a serem observados, é exclusiva do Tribunal Superior Eleitoral, a teor do que dispõem os arts. 105 da Lei nº 9.504/97 e 23, IX, do Código Eleitoral. 2. É nula a Resolução nº 885, do TRE/RJ, que dispõe sobre o processamento dos registros de candidatura relativos às eleições de 2014, matéria já regulamentada pelo Tribunal Superior Eleitoral na Res.-TSE nº 23.405. 3. A exigência de que, 'se o candidato tiver residência habitual ou atividades permanentes em localidade diversa do seu domicílio eleitoral, deverá apresentar também as certidões criminais correspondentes', não tem respaldo na Lei nº 9.504/97 nem na Res.-TSE nº 23.405, segundo a qual o candidato deve apresentar as certidões criminais da Justiça Federal e Estadual de 1º e 2º graus, nas quais tenha o seu domicílio eleitoral. Recurso especial provido" (Recurso Especial Eleitoral nº 64.770. Rel. Min. Henrique Neves da Silva. Sessão 9.9.2014).

No inc. XIV do art. 23, ficou estabelecido no Processo Administrativo nº 121.262[80] a dispensa da formalidade de manifestação de governador de estado quanto aos pedidos formulados às vésperas do pleito em virtude do curto período de tempo disponível.

Conforme o art. 121, §3º da Constituição Federal, as decisões do Tribunal Superior Eleitoral são, em regra, irrecorríveis, salvo quando contrariarem a Constituição Federal e quando forem denegatórias de *habeas corpus* e mandado de segurança, hipóteses nas quais seria cabível recurso ao Supremo Tribunal Federal.

Nascimento[81] informa com propriedade que

> toda matéria eleitoral é decidida no âmbito da jurisdição eleitoral, não alcançando outras instâncias judiciárias. Assim, só excepcionalmente o julgamento da matéria eleitoral sai da área judiciária especializada, ingressando na competência recursal do Supremo Tribunal Federal.

2.4 Poder de polícia dos juízes eleitorais

Como vimos, a Justiça Eleitoral organiza e administra o processo eleitoral em sua totalidade, cuidando dos mínimos detalhes para que a grande festa democrática ocorra com normalidade e legitimidade. Em razão desse ofício, os juízes eleitorais gozam do poder de polícia a fim de realizar diligências que se fizerem necessárias ao interesse público;

---

[80] "Tribunal Superior Eleitoral. Eleições 2014. Processo Administrativo. Requisição De Força Federal. TRE/AM. Atuação Decisiva Do TSE. Autonomia Política. Princípio Federativo. Caráter Excepcional. Inércia Do Chefe Do Executivo Do Estado. Deferimento. 1. A Resolução-TSE nº 21.843/2004, que dispõe sobre a requisição de força federal de que trata o art. 23, XIV, do Código Eleitoral, assenta, em seu art. 1º, que compete ao Tribunal Superior Eleitoral requisitar força federal, visando a garantir a normalidade da votação e da apuração dos resultados. 2. A requisição de força federal constitui exemplo de atuação decisiva desta Corte, a qual não se limita à homologação de decisões dos Tribunais Regionais Eleitorais. 3. O princípio da autonomia política, corolário do postulado federativo, impõe que a requisição de força federal deve ocorrer apenas em caráter excepcional, como no caso sub examine, no qual as justificativas apresentadas revelam a necessidade do deslocamento de tropas federais à localidade constante da solicitação. 4. A inércia do Governador, a despeito de instado a se manifestar, somada à proximidade de realização do pleito deste ano, recomenda a proscrição da formalidade relativa à resposta daquela autoridade, mormente quando o envio de tropas federais já foi determinado para garantir a normalidade de pleitos pretéritos na região. 5. Pedido deferido, a fim de proceder-se à requisição de força federal para atuar no Município de Coari/AM, durante as eleições de 2014" (Processo Administrativo nº 121.262. Rel. Min. Luiz Fux. *DJE*, 13 nov. 2014).

[81] NASCIMENTO, Tupinambá Miguel. *Lineamentos de direito eleitoral*. 1. ed. Porto Alegre: Síntese, 1996. p. 111.

receber denúncias de ilícitos eleitorais verbalmente ou por escrito, determinando as providências cabíveis para o fiel cumprimento da lei; diligenciar quando houver qualquer ocorrência nas mesas receptoras, ou seja, tomar as medidas necessárias ao acontecimento das eleições sem vícios e ilegalidades.[82]

As funções atribuídas ao juiz que são manifestações do poder de polícia estão elencadas nos arts. 23, incs. XIV e XVIII, 30, incs. XII e XVII e 35, incs. I, IV, V, XVI, XVII do Código Eleitoral, e 88, §1º da Resolução nº 23.457/2015 e são previstas para assegurar a isonomia entre os candidatos e a supremacia do interesse público.

O poder de polícia possui maior atuação na coibição de propagandas eleitorais em desconformidade com a lei. Acerca da natureza do poder de polícia na seara eleitoral, Joel José Cândido[83] afirma que "no exercício do Poder de Polícia a Justiça Eleitoral age como Justiça-Administração-Pública, regulando, controlando e contendo os excessos no exercício da propaganda, em nome do interesse público".

O poder de polícia exercido pelo juiz eleitoral, ainda que não sejam eleições municipais,[84] pode e deve ser feito sem a provocação do Ministério Público ou dos partidos políticos, para que haja efetividade deste poder-dever atribuído aos magistrados, conferindo lisura ao processo eleitoral. Contudo, escapa da competência do juiz eleitoral das zonas eleitorais a apuração dos ilícitos cometidos em campanhas estaduais, federais e presidenciais.

Para ilustrar, em um caso hipotético em que há veiculação de propaganda irregular por candidato a prefeito, cabe ao juiz eleitoral, utilizando de seu poder de polícia, determinar a retirada da propaganda, sendo competente também, se provocado, para imposição de multa. Porém, se estivermos falando de um candidato ao cargo

---

[82] "Tribunal Superior Eleitoral. Recurso em mandado de segurança – Afixação de placas em passarelas e viadutos – Minidoor – Determinação para retirada – Coordenação de Fiscalização da Propaganda Eleitoral - Possibilidade. 1. Não viola o art. 17, §1º, da Res./TSE nº 20.951 a determinação de retirada de propaganda eleitoral pela Coordenação de Fiscalização da Propaganda Eleitoral, se não existe aplicação da sanção. 2. O poder de polícia, que não depende de provocação, deve ser exercido quando o juiz eleitoral considerar haver irregularidade, perigo de dano ao bem público ou ao bom andamento do tráfego. 3. A regularidade da propaganda não pode ser examinada em sede de mandado de segurança, por demandar produção e exame de provas" (Recurso em Mandado de Segurança nº 242. Rel. Min. Fernando Neves da Silva. *DJ*, 13 dez. 2002).

[83] CÂNDIDO, Joel José. *Direito eleitoral brasileiro*. 6. ed. Bauru: Edipro, 1996. p. 149.

[84] Lei nº 9.504/97: "Art. 41. [...] §1º O poder de polícia sobre a propaganda eleitoral será exercido pelos juízes eleitorais e pelos juízes designados pelos Tribunais Regionais Eleitorais".

de governador, o juiz eleitoral só possui competência para retirar a propaganda irregular de circulação, em exercício do poder de polícia, cabendo ao Regional os demais procedimentos.[85]

Assim, para o juiz eleitoral vedar práticas ilícitas[86] não se faz imprescindível provocação, mas, para instaurar procedimento punitivo, aí sim necessita da iniciativa dos interessados, ou seja, do Ministério Público, dos partidos políticos, das coligações ou dos candidatos, vigorando, nesse ponto, o tradicional princípio da inércia do Poder Judiciário. Nesse sentido, confiram-se a Súmula nº 18[87] do Tribunal Superior Eleitoral e o Recurso em Mandado de Segurança nº 48.696.[88]

---

[85] CASTRO, Edson de Resende. *Curso de direito eleitoral*: de acordo com a Lei da Ficha Limpa, com a Lei n. 12.891/2013 e com as Resoluções do TSE para as eleições de 2014. 7. ed. rev. e atual. Belo Horizonte: Del Rey, 2014. p. 47.

[86] Lei nº 9.504/97: "Art. 41. [...] §2º O poder de polícia se restringe às providências necessárias para inibir práticas ilegais, vedada a censura prévia sobre o teor dos programas a serem exibidos na televisão, no rádio ou na internet".

[87] Súmula nº 18 do TSE: "Conquanto investido de poder de polícia, não tem legitimidade o juiz eleitoral para, de ofício, instaurar procedimento com a finalidade de impor multa pela veiculação de propaganda eleitoral em desacordo com a Lei nº 9.504/97".

[88] "Tribunal Superior Eleitoral. Recurso em Mandado de Segurança. Propaganda Eleitoral. Exercício de Poder de Polícia. Aplicação de Multa de Ofício e sem Prévio Ajuizamento de Representação. Inviabilidade. Ordem Concedida. 1. Nos termos da Súmula 18 do TSE, é vedado ao juiz eleitoral, no exercício do poder de polícia, de ofício, instaurar procedimento com a finalidade de impor multa pela veiculação de propaganda eleitoral em desacordo com a Lei 9.504/97. 2. Recurso provido e segurança concedida" (Recurso em Mandado de Segurança nº 48.696. Rel. Min. Fátima Nancy Andrighi. *DJE*, 23 out. 2012).

CAPÍTULO 3

MINISTÉRIO PÚBLICO ELEITORAL

3.1 O Ministério Público Eleitoral: composição, atuação e competência

O *Parquet*, assim como a Justiça Eleitoral, não possui composição própria, sendo constituído por membros do Ministério Público Federal e Estadual que atuam sob a égide dos princípios institucionais da unidade,[1] independência funcional e indivisibilidade.

Na qualidade de fiscal da sociedade, zela por um processo eleitoral livre, sem qualquer mácula na escolha dos candidatos, sendo essencial à função jurisdicional do Estado, à proteção do regime democrático, da ordem jurídica e dos interesses sociais e individuais indisponíveis.[2] O Ministério Público deve estar sempre atento aos candidatos e partidos que ultrapassam o limite imposto pela lei, sobretudo, para assegurar a legitimidade e normalidade do prélio eleitoral.

O art. 127 da Constituição Federal evidencia a imprescindibilidade da atuação do Ministério Público em todas as fases administrativas e jurisdicionais do processo eleitoral, sendo fixado nos Tribunais Eleitorais pátrios o entendimento de que esta atuação deve se dar, inclusive, quando não há previsão expressa na Legislação. Assim, além das funções já citadas, podemos elencar como atribuição deste órgão a atuação como substituto processual e fiscal da lei; a titularidade da

---

[1] "Tribunal Superior Eleitoral. [...] 2. Em razão do princípio da unicidade do Ministério Público, pode o Promotor Eleitoral ratificar os atos anteriormente praticados pelo Procurador Regional Eleitoral" (Agravo Regimental em Recurso Especial Eleitoral nº 1.930. Rela Min. Luciana Christina Guimarães Lóssio. *DJE*, 11 jun. 2015).

[2] Constituição Federal: "Art. 127. O Ministério Público é instituição permanente, essencial à função jurisdicional do Estado, incumbindo-lhe a defesa da ordem jurídica, do regime democrático e dos interesses sociais e individuais indisponíveis".

ação penal eleitoral nos termos dos arts. 129, inc. I, da Constituição Federal[3] e 355 do Código Eleitoral;[4] e a atividade policial de fiscalização e apuração dos crimes eleitorais.[5]

O Supremo Tribunal Federal, na ocasião do julgamento do Agravo em Recurso Extraordinário nº 728.188/RJ,[6] entendeu que, a partir das eleições de 2014, o *Parquet* eleitoral possui legitimidade recursal contra decisão que julga registro de candidatura, mesmo quando não tenha apresentado impugnação. Houve, portanto, virada jurisprudencial, tendo em vista que a Corte Superior Eleitoral concluía pela ausência de legitimidade do Ministério Público Eleitoral nesses casos, aplicando por analogia o entendimento sumulado.[7]

Joel José Cândido assevera ser indiscutível a abrangência da legitimidade do Ministério Público para atuar tanto como fiscal da lei quanto como parte no decorrer do processo eleitoral, de modo que a compreensão mais adequada em relação à legitimidade do *Parquet* eleitoral consiste na igualdade de direito de ação do referido órgão em relação aos candidatos, partidos políticos e coligações. De um lado, os partidos políticos, os candidatos e as coligações estão a defender seus interesses próprios, do outro, o Ministério Público defende a ordem jurídica extrapartidária, ou seja, o interesse público.[8]

Tramita no Tribunal Superior Eleitoral o Procedimento Administrativo nº 1.028-77.2012.6.00.0000/DF, sob a relatoria da Ministra Luciana Lóssio, com o fim de regulamentar o art. 22-A da Lei nº 9.096/95 e propor a alteração da Resolução nº 22.601/2007, que dispõe sobre a fidelidade partidária. Resta questionada a legitimidade do Ministério Público Eleitoral para propor a ação de decretação de perda de cargo eletivo por desfiliação justificável, autorizada pelo §2º do art. 1º da Resolução nº 22.610/2007 do Tribunal Superior Eleitoral,[9] tendo em vista

---

3   Constituição Federal: "Art. 129. São funções institucionais do Ministério Público: I - promover, privativamente, a ação penal pública, na forma da lei".

4   Código Eleitoral: "Art. 355. As infrações penais definidas neste Código são de ação pública".

5   ALVIM, Frederico Franco. *Manual de direito eleitoral*. Belo Horizonte: Fórum, 2012. p. 84.

6   Supremo Tribunal Federal. ARE nº 728.188. Rel. Min. Ricardo Lewandowski. *DJE*, 12 ago. 2014.

7   Tribunal Superior Eleitoral: "Súmula nº 11. No processo de registro de candidatos, o partido que não o impugnou não tem legitimidade para recorrer da sentença que o deferiu, salvo se se cuidar de matéria constitucional".

8   CÂNDIDO, Joel José. *Direito eleitoral brasileiro*. 3. ed. Bauru: Edipro, 1992. p. 58.

9   Tribunal Superior Eleitoral, Resolução nº 22.610/07: "Art. 1º O partido político interessado pode pedir, perante a Justiça Eleitoral, a decretação da perda de cargo eletivo em decorrência de desfiliação partidária sem justa causa. [...] §2º Quando o partido político não

CAPÍTULO 3
MINISTÉRIO PÚBLICO ELEITORAL | 93

que a legislação vigente impede a interpretação de legitimidade de o *Parquet* Eleitoral ajuizar ação visando à desconstituição de mandato por infidelidade partidária. Caberia, na realidade, sua atuação de modo a obstar manobras eleitoreiras.[10] O julgamento do referido processo administrativo foi suspenso em razão do pedido de vista do Ministro Gilmar Mendes, na sessão administrativa do dia 11.5.2016.

Convém destacar que, pelo princípio da indivisibilidade, a intervenção de um membro em determinado processo não o vincula inarredavelmente, substituindo-se ou revezando-se uns com outros sem que haja qualquer condição impeditiva.

Ademais, aos membros do Ministério Público é vedado o exercício de atividade político-partidária,[11] sendo certo que assim seja para garantir-se o mínimo de imparcialidade, pelas próprias razões que justificam a atribuição do regime de garantias equivalentes aos magistrados. Entretanto, tal regra possui exceções, como a possibilidade de membros do Ministério Público, admitidos antes da Constituição de 1988,[12] optar pelo regime anterior[13] e, ainda, a possibilidade de filiação partidária de membros afastados de suas funções institucionais mediante licença.

---

formular o pedido dentro de 30 (trinta) dias da desfiliação, pode fazê-lo, em nome próprio, nos 30 (trinta) subsequentes, quem tenha interesse jurídico ou o Ministério Público Eleitoral".

[10] SANTIAGO, Henrique Maciel Campos. A (i)legitimidade ativa ad causam do Ministério Público Eleitoral para propor a ação judicial prevista pela Resolução nº 22.610/2007 – Tribunal Superior Eleitoral. *Revista Brasileira de Direito Eleitoral*, Belo Horizonte, n. 13, 2015. p. 172.

[11] Constituição Federal, Art. 128, II: "e) exercer atividade político-partidária; (Redação dada pela Emenda Constitucional nº 45, de 2004)".

[12] "Ato das Disposições Constitucionais Transitórias. [...] Art. 29. Enquanto não aprovadas as leis complementares relativas ao Ministério Público e à Advocacia-Geral da União, o Ministério Público Federal, a Procuradoria-Geral da Fazenda Nacional, as Consultorias Jurídicas dos Ministérios, as Procuradorias e Departamentos Jurídicos de autarquias federais com representação própria e os membros das Procuradorias das Universidades fundacionais públicas continuarão a exercer suas atividades na área das respectivas atribuições. §3º Poderá optar pelo regime anterior, no que respeita às garantias e vantagens, o membro do Ministério Público admitido antes da promulgação da Constituição, observando-se, quanto às vedações, a situação jurídica na data desta".

[13] "Supremo Tribunal Federal. Recurso contra diplomação de Prefeito sob alegação de ocorrência de vedação constitucional (artigos 128, par. 5., II, "e", e 130 da Carta Magna) por ser o candidato eleito membro do Ministério Público junto ao Tribunal de Contas do Estado do Rio de Janeiro. Interpretação do artigo 29, par. 3, do ADCT da Constituição Federal. – Ao contrário do que ocorre com os juízes em geral, cujo exercício da atividade político-partidária e vedada absolutamente, por incapacidade insita à função mesma de juiz, o mesmo não sucede com os membros do Ministério Público, certo como e que a vedação que o artigo 128, II, "e", lhes impõe admite, por força mesma do texto constitucional, que

O Ministério Público detém a legitimidade de representar ao Tribunal Regional Eleitoral contra o juiz eleitoral que descumprir as disposições legais ou der causa a seu descumprimento, inclusive quanto aos prazos processuais. Nesse caso, ouvido o representado em 24 horas, o Tribunal Regional Eleitoral ordenará a observância do procedimento que explicitar, sob pena de incorrer o juiz em desobediência.[14]

Embora a Lei nº 9.504/97, em seu art. 97[15] também atribua a titularidade desta representação ao partido ou coligação, estes certamente terão maior inibição em lançar mão da medida enérgica em comento, pois são partícipes do processo eleitoral e tal representação nem sempre é vista como simples ato de defesa de direitos. Desse modo, o Ministério Público, como parte pública autônoma, deverá ser o maior destinatário dessa previsão legal e saberá utilizá-la da forma adequada.

O Ministério Público também possui a função de expedir notificações recomendatórias aos candidatos e partidos no sentido de orientar

---

a lei ordinária lhe abra exceções, o que, evidentemente, só e admissível quando não há incompatibilidade absoluta entre o exercício da função pública e o da atividade político-partidária, mas, apenas, conveniência para o desempenho daquela. – Em se tratando de membro de Ministério Público, a relatividade dessa incompatibilidade e tão frágil que a Constituição não se limitou a admitir uma vedação excepcionável por lei, mas a tornou ainda mais tênue com o disposto no par. 3. do artigo 29 do ADCT o qual reza: 'Poderá optar pelo regime anterior no que diz respeito as garantias e vantagens, o membro do Ministério Público admitido antes da promulgação da Constituição, observando-se, quanto as vedações, a situação jurídica na data desta'" (RE nº 127.246. Rel. Min. Moreira Alves. *DJ*, 19 abr. 1996).

[14] "Supremo Tribunal Federal. Ação direta de inconstitucionalidade. 2. Artigo 80 e a expressão 'ressalvada a filiação', constante do inciso V, do art. 237, da Lei Complementar nº 75, de 25 de maio de 1993. 3. Dispositivos que permitem a filiação de membros do Ministério Público a partido político. 4. Alegação de incompatibilidade das normas aludidas, quanto à filiação partidária, com o art. 128, §5º, inciso II, letra e, da Constituição. 5. Ação julgada procedente, em parte, para, sem redução de texto, dar a) ao art. 237, inciso V, da Lei Complementar federal nº 75/93, de 20/5/93, interpretação conforme a Constituição, no sentido de que a filiação partidária de membro do Ministério Público da União somente pode efetivar-se nas hipóteses de afastamento de suas funções institucionais, mediante licença, nos termos da lei, e b) ao art. 80 da Lei Complementar federal nº 75/93, interpretação conforme à Constituição, para fixar como única exegese constitucional possível aquela que apenas admite a filiação partidária, se o membro do Ministério Público estiver afastado de suas funções institucionais, devendo cancelar sua filiação partidária, antes de reassumir essas funções, não podendo, ainda, desempenhar funções pertinentes ao Ministério Público Eleitoral senão dois anos após o cancelamento da filiação político-partidária" (ADI nº 1.371. Rel. Min. Néri da Silveira. *DJ*, 3 out. 2003).

[15] Lei nº 9.504/97: "Art. 97. Poderá o candidato, partido ou coligação representar ao Tribunal Regional Eleitoral contra o Juiz Eleitoral que descumprir as disposições desta Lei ou der causa ao seu descumprimento, inclusive quanto aos prazos processuais; neste caso, ouvido o representado em vinte e quatro horas, o Tribunal ordenará a observância do procedimento que explicitar, sob pena de incorrer o Juiz em desobediência".

a não realização de determinada prática irregular, competência esta positivada no art. 129, inc. VI, da Constituição Federal.[16]

Quanto à composição, o Procurador Geral da República exerce as funções de Procurador Geral Eleitoral, nos termos do art. 18[17] do Código Eleitoral. As atribuições do Procurador Geral Eleitoral estão previstas no art. 24[18] do Código Eleitoral que consiste, entre outras atividades, em participar das sessões do Tribunal Superior Eleitoral, exercer ação pública nos feitos de competência da Corte Superior, realizar sustentação oral e manifestar-se por escrito em todos os feitos deliberados pelo Tribunal.

Nos estados, conforme o art. 27 do Código Eleitoral,[19] o Procurador da República designado pelo Procurador Geral que estiver lotado no estado correspondente ao Regional desempenha o papel de Procurador Regional Eleitoral. No caso do Distrito Federal, o §1º[20] do supracitado artigo prevê a atuação do Procurador Geral de Justiça do Distrito Federal.

Segundo Joel José Cândido,[21] não há razão para proibição dos membros do Ministério Público em compor a Justiça Eleitoral, tendo em vista que "a Justiça Eleitoral não tem magistratura própria, e de

---

[16] Constituição Federal: "Art. 129. [...] VI - expedir notificações nos procedimentos administrativos de sua competência, requisitando informações e documentos para instruí-los, na forma da lei complementar respectiva".

[17] Código Eleitoral: "Art. 18. Exercerá as funções de Procurador Geral, junto ao Tribunal Superior Eleitoral, o Procurador Geral da República, funcionando, em suas faltas e impedimentos, seu substituto legal. Parágrafo único. O Procurador Geral poderá designar outros membros do Ministério Público da União, com exercício no Distrito Federal, e sem prejuízo das respectivas funções, para auxiliá-lo junto ao Tribunal Superior Eleitoral, onde não poderão ter assento".

[18] Código Eleitoral: "Art. 24. Compete ao Procurador Geral, como Chefe do Ministério Público Eleitoral; I - assistir às sessões do Tribunal Superior e tomar parte nas discussões; II - exercer a ação pública e promovê-la até final, em todos os feitos de competência originária do Tribunal; III - oficiar em todos os recursos encaminhados ao Tribunal; IV - manifestar-se, por escrito ou oralmente, em todos os assuntos submetidos à deliberação do Tribunal, quando solicitada sua audiência por qualquer dos juízes, ou por iniciativa sua, se entender necessário; V - defender a jurisdição do Tribunal; VI - representar ao Tribunal sobre a fiel observância das leis eleitorais, especialmente quanto à sua aplicação uniforme em todo o País; VII - requisitar diligências, certidões e esclarecimentos necessários ao desempenho de suas atribuições; VIII - expedir instruções aos órgãos do Ministério Público junto aos Tribunais Regionais; IX - acompanhar, quando solicitado, o Corregedor Geral, pessoalmente ou por intermédio de Procurador que designe, nas diligências a serem realizadas".

[19] Código Eleitoral: "Art. 27. Servirá como Procurador Regional junto a cada Tribunal Regional Eleitoral o Procurador da República no respectivo Estado e, onde houver mais de um, aquele que for designado pelo Procurador Geral da República".

[20] Código Eleitoral: "Art. 27. [...] §1º No Distrito Federal, serão as funções de Procurador Regional Eleitoral exercidas pelo Procurador Geral da Justiça do Distrito Federal".

[21] CÂNDIDO, Joel José. *Direito eleitoral brasileiro*. 3. ed. Bauru: Edipro, 1992. p. 46.

diversos segmentos vêm os membros de seus órgãos judiciários, não se justifica, [portanto], a ausência da classe do Ministério Público em suas composições". E conclui que inexiste argumento plausível nesse impedimento em uma das vagas dos juristas.

De outro lado, Ribeiro[22] defende que o Estado conta com duas instituições processualmente articuladas para aplicar o sistema de defesa da ordem jurídica: o Poder Judiciário e o Ministério Público. Cada qual com específicas competências nos ofícios que representam. Assim, é fundamental para as duas entidades a sintonia com a sistemática de freios e contrapesos consagrados pelo nosso sistema democrático.

3.2 Limitações à atuação do *Parquet* Eleitoral

Inobstante a jurisprudência[23] convergir ao entendimento da essencialidade da participação do Ministério Público Eleitoral em todas as fases do processo eleitoral, sua atuação possui limitações. A principal limitação consiste na vedação contida no art. 105-A da Lei nº 9.504/97,[24] que obsta a aplicação na seara eleitoral dos procedimentos previstos na Lei nº 7.347/85, em que está disciplinada a ação civil pública.

O Ministério Público fica com a sua atuação restringida quanto à utilização de mecanismos que possam servir de provas para uma eventual condenação por abusos cometidos no período de campanha eleitoral por candidato.

O maior impacto causado por essa proibição está na vedação da utilização do Inquérito Civil Público nos processos eleitorais, o que originou o ajuizamento da Ação Direta de Inconstitucionalidade nº 4.352[25] pelo Partido Democrático Trabalhista – PDT ao argumento de que o art. 105-A da Lei nº 9.504/97 viola o inc. III[26] do art. 129 da Constituição Federal.

---

[22] RIBEIRO, Fávila. *Pressupostos constitucionais do direito eleitoral*. No caminho da sociedade participativa. Porto Alegre: Sérgio Antônio Fabris, 1990. p. 69.

[23] "Tribunal Superior Eleitoral. [...] 1. O Ministério Público - instituição permanente, essencial à função jurisdicional do Estado e à defesa da ordem jurídica e do regime democrático, consoante os arts. 127 da CF/88 e 1º da LC 75/93, é competente para atuar em todas as fases e instâncias do processo eleitoral, com legitimidade para promover a apuração dos fatos e oferecer representação por ofensa ao art. 45 da Lei 9.096/95" (Representação nº 154.105. Rel. Min. Fátima Nancy Andrighi. *DJE*, 6 ago. 2012).

[24] Lei nº 9.504/97: "Art. 105-A. Em matéria eleitoral, não são aplicáveis os procedimentos previstos na Lei nº 7.347, de 24 de julho de 1985. (Incluído pela Lei nº 12.034, de 2009)".

[25] Supremo Tribunal Federal. Rel. Min. Luiz Fux. Ainda sem julgamento de mérito.

[26] Constituição Federal: "Art. 129. São funções institucionais do Ministério Público: [...] III - promover o inquérito civil e a ação civil pública, para a proteção do patrimônio público e social, do meio ambiente e de outros interesses difusos e coletivos".

No parecer ministerial ofertado pela Procuradoria-Geral da República sustenta-se que a promoção de inquérito civil público e a ação civil pública constitui prerrogativa constitucionalmente assegurada à instituição, sendo o art. 105-A da Lei nº 9.504/97 inconstitucional por esse motivo.

A mencionada ação direta ainda não teve julgamento de mérito, de modo que a proibição de utilização do inquérito civil público permaneceu até as eleições 2012, conforme orientação jurisprudencial do Tribunal Superior Eleitoral.[27]

Inicialmente, na ocasião do julgamento do Recurso Ordinário nº 4.746-42.2010.6.04.0000/AM, a mais alta Corte Eleitoral decidiu pela constitucionalidade do art. 105-A da Lei nº 9.504/97, trazido ao ordenamento pela Lei nº 12.034/2009. Logo, restou consignada a impossibilidade de utilização de procedimento administrativo previsto na Lei nº 7.347/85 pelo Ministério Público no âmbito eleitoral.

Quando do julgamento do Recurso Especial Eleitoral nº 545-88/MG, estando como relator o Ministro João Otávio de Noronha, houve virada jurisprudencial promovida pela Corte Superior Eleitoral para consignar a inconstitucionalidade do art. 105-A da Lei nº 9.504/97, em virtude de interpretação conforme a Constituição e da edição da Portaria nº 499, de 21.8.2014, pela Procuradoria-Geral da República, que institui e regulamenta, no âmbito do Ministério Público Eleitoral, o Procedimento Preparatório Eleitoral – PPE. Decisão e portaria supervenientes às eleições do ano de 2012, não possuindo, portanto, aplicabilidade aos pleitos anteriores.

Convém, ainda, ressaltar que o Novo Código de Processo Civil, em seu art. 926,[28] prevê a modulação dos efeitos na hipótese de alteração

---

[27] Tribunal Superior Eleitoral. Embargos de Declaração em Agravo Regimental em Recurso Especial Eleitoral nº 131.483. Rel. Min. Antônio Herman De Vasconcellos e Benjamin. *DJE*, 7 jun. 2016: "Embargos De Declaração. Agravo Regimental. Recurso Especial. Eleições 2014. Governador. Representação. Conduta vedada a agentes públicos. Omissão. Contradição. Obscuridade. Inexistência. Rejeição. [...] 3. A jurisprudência inicialmente firmada quanto à impossibilidade de instauração de inquérito civil público no âmbito desta Justiça incidiu apenas para as Eleições 2010 e 2012. Por conseguinte, a mudança desse entendimento para o pleito de 2014 em diante (caso dos autos) não constitui afronta à segurança jurídica (art. 16 da CF/88). 4. Embargos de declaração rejeitado".
RO 489.016. Rel Min. Dias Toffoli. *DJE*, 20 mar. 2014: "Recurso Ordinário. Representação. Conduta Vedada. Eleição 2010. Lei Nº 9.504/97, Arts. 73, I, II E III, e 74. Abuso Do Poder Político. Inquérito Civil Público. Nulidade Da Prova. Desprovimento. [...] 3. Conforme decidido por esta Corte no julgamento do RO nº 4746-42/AM, o Ministério Público Eleitoral não pode se valer do inquérito civil público no âmbito eleitoral, consoante a limitação imposta pelo art. 105-A da Lei nº 9.504/97. Ressalva do entendimento do relator. 4. Recurso ordinário desprovido".
[28] "Art. 926. Os tribunais devem uniformizar sua jurisprudência e mantê-la estável, íntegra e coerente".

de jurisprudência dominante dos Tribunais Superiores, segundo a necessidade do interesse social e da segurança jurídica. Nos casos de modificação de enunciados de súmula ou de tese adotada em julgamento de repetitivos, deve ser considerada a segurança jurídica, a proteção da confiança e a isonomia. Sendo o novo entendimento válido somente para as eleições de 2014 em diante.

3.3 Nulidades em razão da ausência da atuação do Ministério Público Eleitoral

O Ministério Público possui como atribuição, na esfera eleitoral, fiscalizar a regular tramitação dos feitos em defesa do regime democrático. Busca-se evitar e punir todas as possíveis maneiras de desvio da trajetória do processo eleitoral, a exemplo das atividades relacionadas à captação ilícita de sufrágio, prática de conduta vedada aos agentes públicos em favor de candidatos, abuso de poder político, econômico e de autoridade.

Conforme dito anteriormente, o Ministério Público Eleitoral pode e deve intervir em todas as fases do processo eleitoral, desde a fiscalização do registro das candidaturas e das atividades dos partidos políticos, nas eleições, na diplomação dos eleitos, até a prestação de contas, tanto dos candidatos quanto dos partidos políticos. O *Parquet Eleitoral* detém legitimidade para atuar tanto como parte quanto como fiscal da lei em todas as instâncias do Poder Judiciário, sendo que algumas das situações estão expressas na legislação, caso do art. 22, inc. X da Lei Complementar nº 64/90.[29]

Diante da imprescindibilidade da participação do Ministério Público Eleitoral em todos os feitos eleitorais, a sua ausência pode gerar, inclusive, nulidade processual,[30] em virtude da aplicação combinada

---

[29] Lei Complementar nº 64/90: "Art. 22. [...] X - encerrado o prazo da dilação probatória, as partes, inclusive o Ministério Público, poderão apresentar alegações no prazo comum de 2 (dois) dias".

[30] Tribunal Superior Eleitoral. REspe nº 26.014. Rel. Min. José Augusto Delgado. *DJ*, 14 nov. 2006: "Recurso Especial. Eleições 2004. Processual Civil. Intimação Pessoal Do Ministério Público. Obrigatoriedade. Anulação De Todos Os Atos Decisórios A Partir Da Sentença. 1. A intimação do Ministério Público deve ser feita, pessoalmente, por mandado. 2. Nulidade das intimações que foram realizadas sem observância das prescrições legais, com a consequente anulação dos atos decisórios prolatados sem a intervenção do Ministério Público, no caso, obrigatória. 3. Recurso especial conhecido e provido para declarar a nulidade de todos os atos decisórios, a partir da sentença, inclusive, determinando que sejam renovados após regular intimação pessoal, por mandado, do Ministério Público Eleitoral". AgR-Respe nº 15.181. Rel. Min. Maria Thereza Rocha de Assis Moura. *DJE*, 24 fev. 2016:

dos arts. 127, da Constituição Federal, 72, da Lei Complementar nº 75/93,[31] e 176, do Novo Código de Processo Civil.[32]

A ausência de intimação e, consequentemente, de atuação do *Parquet* Eleitoral nos processos em que este órgão deve intervir enseja nulidade de todos os atos ocorridos após o vício. Contudo, a mencionada regra não é absoluta, tendo em vista que a nulidade dos atos somente ocorre 1) quando arguida tempestivamente, 2) quando há prejuízo à parte ou 3) quando não há manifestação posterior sanando o vício. Vejamos:

> [...] 1. Não procede a suscitada nulidade decorrente da não intimação do promotor eleitoral acerca da sentença, porquanto arguida apenas em sede de embargos de declaração, não se vislumbrando, ainda, qualquer prejuízo à parte, uma vez que o Ministério Público Eleitoral manifestou-se posteriormente nos autos, demonstrando conhecimento dos termos da decisão proferida pelo magistrado de piso.[33]

Portanto, a ausência de atuação do órgão ministerial, quando não for sanada posteriormente, implica nulidade processual, desde que demonstrado o prejuízo às partes e arguida tempestivamente.

3.4 Termos de ajustamento de conduta celebrados entre o Ministério Público Eleitoral e os candidatos, os partidos políticos e as coligações

O termo de ajustamento de conduta – TAC consiste em mecanismo jurídico excepcional de transação previsto no §6º do art. 5º da Lei

---

"Representação. Doação Acima Do Limite Legal. Recurso Eleitoral. Tempestividade. Requisitos Da Intimação Do Ministério Público Eleitoral. 1. Conforme jurisprudência pacífica desta Corte Superior e do Supremo Tribunal Federal, a intimação do Ministério Público deve ser pessoal, mediante vista dos autos, iniciando-se o prazo recursal a partir do recebimento dos autos no respectivo serviço administrativo. 2. A alegação ainda que certificada pela Justiça Eleitoral de que o promotor teria examinado no Cartório os autos, embora tenha deixado de atestar pessoalmente sua ciência, não é suficiente para se ter como certo o início do prazo em relação aos feitos em que não há assinatura do membro do Parquet ou protocolo de recebimento dos autos pelo Ministério Público Eleitoral. Precedente (AgRg-REspe nº 15181, Rel. Min. Henrique Neves da Silva, *DJE*, 18.11.2014). 3. Agravo regimental desprovido".

[31] Lei Complementar nº 75/93: "Art. 72. Compete ao Ministério Público Federal exercer, no que couber, junto à Justiça Eleitoral, as funções do Ministério Público, atuando em todas as fases e instâncias do processo eleitoral".

[32] "Art. 176. O Ministério Público atuará na defesa da ordem jurídica, do regime democrático e dos interesses e direitos sociais e individuais indisponíveis".

[33] AgR-AI nº 42.298. Rel. Min. Luciana Lóssio. *DJE*, 7 nov. 2014.

n° 7.347/85.[34] O *Parquet* Eleitoral encontrou nesse instrumento importante meio de contenção dos excessos dos candidatos, partidos e coligações nas campanhas eleitorais. Até as eleições de 2008 era corriqueira a celebração de TAC como medida de restrição das formas de propaganda política de modo a diminuir os gastos de campanha, preservar o meio ambiente e diminuir a poluição sonora.[35]

Após o advento da Lei n° 12.034/09, inserindo o art. 105-A na Lei n° 9.504/97, restou proibida a aplicação dos procedimentos previstos na Lei n° 7.347/85 na seara eleitoral, desmobilizando a efetividade dos acordos realizados entre o Ministério Público e os atores do processo eleitoral. O termo de ajustamento de conduta não mais possui força de título de executivo extrajudicial, o que causou inúmeros descumprimentos dos acordos.

A vigência do art. 105-A da Lei n° 9.504/97 levou o Tribunal Superior Eleitoral a firmar entendimento no sentido da incompetência da Justiça Eleitoral para julgar descumprimento de termo de ajustamento de conduta, tendo em vista a impossibilidade de regulação de ações dos partidos, coligações e candidatos, com base na Lei n° 7.347/85, por impor sanções diferentes das penalidades previstas na legislação eleitoral. Confira-se:

> Representação eleitoral. Descumprimento de termo de ajustamento de conduta.
>
> 1. A realização de termos de ajustamento de conduta previstos no art. 5°, §6°, da Lei n° 7.347/85 não é admitida para regular atos e comportamentos durante a campanha eleitoral, consoante dispõe o art. 105-A da Lei n° 9.504/97.
>
> 2. A regulamentação da propaganda eleitoral não pode ser realizada por meio de ajuste de comportamento realizado por partidos, coligações ou candidatos, ainda que na presença do Ministério Público e do Juiz Eleitoral, nos quais sejam estipuladas sanções diferentes daquelas previstas na legislação eleitoral.
>
> 3. A pretensão de impor sanção que não tenha previsão legal e cuja destinação não respeite a prevista na legislação vigente é juridicamente impossível.

---

[34] Lei n° 7.347/85: "Art. 5°. [...] §6° Os órgãos públicos legitimados poderão tomar dos interessados compromisso de ajustamento de sua conduta às exigências legais, *mediante cominações, que terá eficácia de título executivo extrajudicial"*.

[35] ALVIM, Frederico Franco. *Manual de direito eleitoral*. Belo Horizonte: Fórum, 2012. p. 85.

Recurso especial parcialmente provido para extinguir, sem julgamento do mérito, a representação, desprovido o pedido de reconhecimento de litigância de má-fé.[36]

Há quem defenda o grave prejuízo à coletividade da proibição legislativa e da jurisprudência firmada pela Corte Superior Eleitoral, vez que os termos de ajustamento de conduta objetivam impossibilitar situação de irregularidade e compensar e até penalizar danos causados ao direito coletivo, diminuindo os impactos negativos causados pelos partidos, coligações e candidatos nas campanhas eleitorais, sem precisar sobrecarregar a Justiça Eleitoral.

---

[36] REspe nº 32.231. Rel. Min. Henrique Neves da Silva. *DJE*, 30 maio 2014.

CAPÍTULO 4

FORMAS DE ESTADO, FORMAS DE GOVERNO, SISTEMA DE GOVERNO E SISTEMAS ELEITORAIS

4.1 Formas de Estado

São basicamente duas as formas de Estado presentes no Estado Moderno e Contemporâneo: a forma federativa, caracterizada pela descentralização do poder; e a forma unitária, constituída por um único poder central.

Etimologicamente, o termo federação origina-se do latim *foedus*, que significa pacto ou aliança. Historicamente, é uma forma de estado moderno que nasceu no século XVIII, em particular, após a união das colônias norte-americanas a partir de 1787. Dallari destaca que antes do século XVIII houve muitas alianças entre Estados, temporárias e limitadas a determinados objetivos.[1]

O Estado federado consiste em uma repartição de competências entre um poder Central e os Estados-membros. Trata-se de "Estado Soberano, formado por uma pluralidade de Estados, no qual o poder do Estado emana dos Estados-membros, ligados numa unidade estatal".[2]

Streck e Morais salientam que "a federação aparece como bloqueio à centralização autoritária do poder, em face da descentralização do poder que fomenta. Há uma transferência de atividades do centro para a periferia".[3]

---

[1] DALLARI, Dalmo de Abreu. *Elementos da Teoria Geral do Estado*, 25. ed. São Paulo: Saraiva, 2005, p.256.

[2] G. JELLINEK, Allgemeine Staatslehre, p.769, *apud* BONAVIDES, Paulo. *Ciência Política*, p.193.

[3] STREK, Lênio Luiz e MORAIS, José Luis Bolzan de Morais. *Ciência Política e Teoria Geral do Estado*, 5. ed. Porto Alegre: Livraria do Advogado. 2003. p.159.

Em regra os entes federativos são a União e os Estados-Membros. No Brasil, em especial, há uma peculiaridade, pois o Poder Constituinte introduziu os municípios como entes federados, segundo o art. 1º, *caput*, da Constituição Federal. A inclusão dos municípios é tema polêmico na doutrina constitucional. Discutível considerar membro da federação um determinado ente que não está sujeito à intervenção do poder central e que não possui legitimidade para provocar o controle concentrado de normas constitucionais perante a corte suprema.

A forma de Estado Unitário foi adotada no início do Estado Moderno e consiste na centralização do poder e também na centralização normativa e administrativa. Diferentemente da federação não há Estado-Membro, mas agentes inferiores que executam funções.

Por haver uma só ordem jurídica, política e administrativa é vislumbrado por alguns como um fator positivo por fortalecer a autoridade estatal e reforçar a unidade nacional, evitando que haja choque de interesses dentro do corpo estatal que poderia desencadear um desequilíbrio jurídico, político ou administrativo.

Contudo, os fatores negativos também emergem quando da centralização do poder. Primeiro, pode haver um congestionamento administrativo pela demanda acarretando omissão na solução de problemas locais e regionais; segundo, a elaboração de leis e decisões políticas não correspondentes com a realidade de alguns locais.

4.2. Formas de Governo

As formas de governo são variáveis ao longo da história. Cada Estado em determinada época apresenta em seu governo uma característica peculiar. Por isso a classificação tem que ser criada a partir de elementos comuns encontrados em vários Estados.

A classificação de Aristóteles é formulada a partir de quem governa, portanto, tem-se o reino ou monarquia (o governo de um indivíduo), a aristocracia (o governo de poucos) e a democracia (onde quem governa é o povo). Ressalte-se que estas são as formas que visam o bem comum, pois as degenerações, respectivamente, são denominadas, tirania, oligarquia e demagogia.

As formas de governo, para Maquiavel, "passam de três a duas: principados e repúblicas. O principado corresponde ao reino; a república, tanto à aristocracia como à democracia".[4] O que vai distinguir as

---

[4] BOBIO, Noberto, *A Teoria das Formas de Governo*. Trad. de Sérgio Bath, 9. ed. Brasília: Editora Universidade de Brasília, 1997, p. 85.

formas é o critério quantitativo, no caso do principado uma só pessoa governa; na república, se governado por poucos corresponderá à aristocracia e se governado por muitos será democracia.

Montesquieu retorna a tripartição das formas de governo e define o governo republicano como "aquele em que o povo, como um todo, ou somente uma parcela do povo, possui o poder soberano; a monarquia é aquele em que um só governa, mas de acordo com leis fixas e estabelecidas, enquanto, no governo despótico, uma só pessoa, sem obedecer a leis e regras, realiza tudo por sua vontade e seus caprichos".[5]

As formas de governo, no estado contemporâneo, referem-se à dicotomia entre República e Monarquia e suas características apresentam-se de acordo com modo de organização e relação que o Estado possui com suas instituições políticas.

A monarquia é uma forma de governo que predominou por muito tempo, em quase todos os países, sendo a época de seu apogeu o surgimento do Estado Moderno, após a queda do feudalismo, pois as nações precisavam de um poder forte para compor a unificação da sociedade fragmentada na Idade Média.

Entretanto, a forma monárquica de governo teve a maior de suas crises quando do nascimento do capitalismo. A burguesia, classe que detinha esse novo modo de produção, passou a exercer junto com as camadas populares uma forte pressão para o fim do absolutismo e derrocada da nobreza.

Em muitos países a monarquia foi suprimida pela República, em outros as monarquias tornaram-se constitucionais, passando as ações do monarca a estar sob a égide do limite constitucional. Geralmente estas monarquias são associadas ao sistema de governo parlamentarista, "com a manutenção da monarquia, o monarca não mais governa, mantendo-se apenas como Chefe de Estado, tendo quase que só atribuições de representação",[6] as funções de chefe de governo passam a ser praticadas por um Gabinete de Ministros.

As características da monarquia são: a) vitaliciedade — o monarca continua no poder enquanto viver ou tiver condições para permanecer no trono. Pode-se dizer que o mandato do monarca é ilimitado — b) hereditariedade — a transmissão do trono é através da linha de sucessão — c) irresponsabilidade — Ao adotar alguma medida

---

[5] MONTESQUIEU, Charles de. *O Espírito das Leis.*
[6] DALLARI, Dalmo de Abreu, ob. cit., p. 227.

política, o monarca não é obrigado a dar explicações ao povo e muito menos ser responsabilizado por ela.

O Brasil teve a oportunidade de escolher pela forma de governo monárquica, mas optou pela República, confirmando tal opção no plebiscito realizado em 1993.

A república surge como o oposto da monarquia, haja vista não ser o rei a deter a soberania, mas sim o povo. O ideal republicano cresceu através das lutas sociais para o declive do absolutismo, por isso a república pode ser considerada um símbolo para todas as reivindicações populares.[7]

Os preceitos republicanos aproximam-se da concepção de democracia, pois têm como base a soberania popular, a participação do povo, a limitação do poder do governante, a extinção da vitaliciedade e da sucessão hereditária.

As características da república são: a) temporariedade — o Chefe do Governo e/ou Chefe do Estado tem seu mandato com período pré-estabelecido e em regra com proibição de reeleições sucessivas a fim de que haja a alternância no poder; b) eletividade — ao poder é enviado quem o povo elege, não sendo permitido qualquer empecilho à escolha popular; e c) responsabilidade — por ser a soberania popular, deve o chefe do governo prestar explicações acerca de suas ações políticas, como também por elas ser responsabilizado.

Proclamada em 1889, a República brasileira tem convivido com dois males: os regimes autoritários e os sucessivos desvios de conduta de seus governantes. Na atual quadra histórica, vivenciamos a consolidação da democracia e o fortalecimento das instituições de fiscalização dos negócios públicos, a indiciar uma ambiência favorável ao império republicano em solo brasileiro.

4.3. Sistema de Governo

4.3.1. O parlamentarismo

O sistema parlamentarista é caracterizado pelo fato de as funções de chefe de governo e chefe de Estado não serem exercidas por uma só pessoa. Não se trata simplesmente da existência de um parlamento, "pois há regimes com Parlamento, sem parlamentarismo".[8]

---

[7] DALLARI, Dalmo de Abreu., ob. cit., p.229.

[8] BONAVIDES, Paulo. ob. cit., p.342.

Não houve uma criação teórica ou movimento revolucionário que formasse o parlamentarismo, na verdade este é oriundo de uma evolução histórica que nasceu na Inglaterra por volta do século XIII, mas somente no final do século XIX é que adquiriu forma.

Há dois tipos de parlamentarismo, o aristocrático-burguês e o democrático. Aquele tem como características a igualdade entre o executivo e o legislativo, a colaboração dos dois poderes entre si e a reciprocidade no funcionamento do executivo e do legislativo.

O parlamentarismo democrático ou monista é fruto da influência democrática na estrutura do sistema, a qual proporcionou transformações na organização funcional. Com efeito, "a nota ideológica dominante do parlamentarismo monista prende-se antes às máximas da democracia social e do socialismo democrático do que às velhas e ultrapassadas concepções do monarquismo e da liberal-democracia".[9]

Este sistema é caracterizado pelo afastamento do chefe do executivo das funções do governo, que passa a figurar somente como chefe do Estado, que é uma figura que possui funções de representação, atua como vínculo moral do Estado e desempenha um papel de especial relevância nos momentos de crise. A autoridade governamental é o gabinete de ministros exercendo tanto atividade executiva quanto legislativa.

Outra característica desse sistema é a possibilidade de ser dissolvido o Parlamento, considerando-se extinto o mandato dos membros da Câmara dos Comuns antes do prazo normal.

O primeiro ministro é indicado pelo Chefe de Estado e deve ter a aprovação da maioria do parlamento. Comumente o cargo de primeiro ministro fica ameaçado de duas formas, pelo voto de desconfiança e pelas eleições para o parlamento, visto ser condição necessária para a sua permanência à frente do executivo sua aprovação pela maioria do parlamento.

No Brasil houve uma tentativa de parlamentarismo, no entanto, não subsistiu em decorrência da consulta popular realizada antes da instauração do regime militar. Outra oportunidade para instaurar o sistema parlamentarista foi em 1993, quando ocorreu novo plebiscito, mas a sociedade brasileira optou pelo presidencialismo.

---

[9] BONAVIDES, Paulo. ob. cit., p.354.

4.3.2. O Presidencialismo

O modelo presidencialista foi criado no contexto da Revolução Americana, cujos protagonistas posteriormente deitaram as diretrizes do constitucionalismo moderno ao na redação da Constituição de 1787.[10] Em contraste com a concepção do parlamentarismo, que foi estruturado a partir da evolução política e social da Inglaterra, o presidencialismo surgiu a partir de um movimento consciente e racional, não por meio de um longo processo evolutivo,[11] voltado à centralização do poder político decisório através da reunião de parte substantiva da autoridade governamental em torno da figura do Presidente da República, que passa a exercer grande número de atribuições e prerrogativas.

Característica importante do sistema presidencialista de governo é a fusão das funções de Chefia de Estado e Chefia de Governo na figura do líder eleito por voto direto majoritário, característica principal do Executivo Monocrático. A chefia do Estado-Nação e o encargo de ser sua mais alta representação, assim como função de chefiar o Governo e todas suas decisões, traz como consequência uma grande concentração de poder que não possui a contrapartida da prestação de contas em face dos demais poderes, considerada a ausência de mecanismos de sanções políticas e de alinhamento de expectativas. Em outros termos, o Poder Executivo é politicamente irresponsável perante o Poder Legislativo, prestando contas somente ao eleitor quando da disputa de eleição. Caso o Presidente da República desvie-se do programa para que foi eleito a realizar, não há mecanismos para corrigir sua linha de atuação.

Na falta de tais mecanismos de resposta e sanção política, a constituição dos sistemas presidencialistas importaram do sistema parlamentarista o instrumento do *impeachment*, que neste sistema foi posteriormente substituído pelo "voto de confiança", que proporciona maior flexibilidade ao legislador na responsabilização política dos governantes. De natureza jurídica e política, o que impõe à sua utilização maior rigidez, o *impeachment* foi disciplinado pela Carta de 1988 em seu artigo 85, que define serem crimes de responsabilidade as ações que atentem contra a existência da União, o livre funcionamento do Poder Legislativo, do Poder Judiciário, do Ministério Público e dos poderes constitucionais das unidades da Federação, o exercício dos

---

[10] BONAVIDES, Paulo. *Ciência Política*. 4 ed. São Paulo: Malheiros, 1978, p. 359.

[11] RUSSOMANO, Rosah. *Curso de Direito Constitucional*. 3 ed. rev. Rio de Janeiro: Freitas Bastos, 1978, p. 103.

CAPÍTULO 4
FORMAS DE ESTADO, FORMAS DE GOVERNO, SISTEMA DE GOVERNO E SISTEMAS ELEITORAIS | 109

direitos políticos, individuais e sociais, a segurança interna, a probidade na administração, a lei orçamentária, e o cumprimento das leis e das decisões judiciais.

No Brasil, o presidencialismo vige praticamente ininterrupto desde a Proclamação da República, quando implementado pela Constituição Federal de 1891 na esteira da deposição da monarquia e florescimento dos ideais republicanos. Sob forte influência da Constituição dos Estados Unidos, como o nome deixa transparecer, a Constituição dos Estados Unidos do Brasil prescrevia: *"Exerce o Poder Executivo o Presidente da República dos Estados Unidos do Brasil, como chefe eletivo da nação"*. Contudo, em solo brasileiro, tal sistema de governo nasceu sob signo da crise, com a decretação de estado de sítio primeiro por Deodoro da Fonseca e depois por Floriano Peixoto, ambos Marechais do Exército, em virtude da oposição sofrida por parte do Congresso Nacional e da imprensa.

Acomodados nacionalmente os interesses regionais com a "política dos governadores" a partir da Presidência de Campos Sales, mediante o acerto entre as oligarquias de São Paulo e Minas Gerais na seleção do Chefe do Poder Executivo e dos integrantes do Poder Legislativo, o sistema presidencialista desfrutou de relativa estabilidade até a deflagração da Revolução de 1930, que levou à ascensão Getúlio Vargas. Após a contestação armada sofrida pela Revolução Constitucionalista de 1932, o Governo Provisório apressou-se em publicar uma Constituição a fim de acalmar os ânimos e adequar o Estado às novas necessidades. A Carta de 1934 prezava pela separação e independência dos poderes, a partir da eleição direta dos representantes dos Poderes Executivo e Legislativo. Porém, logo seria revogada pela Constituição de 1937, a quem logo seria atribuída o nome "Polaca" por ter encontrado inspiração na Constituição da Polônia para instituir no Brasil um governo autoritário. Para tanto, foram conferidos amplos poderes e atribuições ao Poder Executivo, liderado por Getúlio Vargas.

Com a queda da ditadura Vargas e a redemocratização do Brasil, foi promulgada uma nova carta. Contudo, a vigência da Constituição de 1946 também não foi extensa, uma vez que seria igualmente interrompida com o advento do regime militar. Antes disso, no ano de 1961, tentou-se resolver o impasse criado entre os Poderes em virtude da renúncia de Jânio Quadros e da assunção de João Goulart à Presidência da República por meio da transferência de parcela significativa das prerrogativas presidenciais à figura do primeiro-ministro. Mediante emenda à constituição, instituiu-se no Brasil pela primeira vez o parlamentarismo no ano de 1961, com a previsão de submeter em 1965 o novo regime à aprovação popular por plebiscito. Entretanto, logrou João Goulart em antecipar a realização do plebiscito de 1965 para 1963, quando 80% do eleitorado optou pelo presidencialismo. Um ano depois, a escalada da tensão política levou à deflagração do golpe militar de 1964.

Como é esperado de governos autoritários, a Constituição de 1967 – depois reescrita em 1969 pela Emenda nº 01 – e os dezessete atos institucionais promoveram a concentração de poderes em torno do Poder Executivo, aliada à submissão do Poder Legislativo, fechado por dez meses quando baixado o AI5, e do Poder Judiciário, cujo órgão de cúpula teve três de seus onze integrantes compulsoriamente aposentados pelo mesmo ato institucional. Apenas com a Constituição Federal de 1988, marco histórico da redemocratização do País, o equilíbrio entre os poderes tornou-se possível. Contudo, para evitar a traumática paralisia decisória que levou ao golpe militar, a nova Carta trouxe um sistema presidencialista forte, prevendo um Executivo com vários recursos de poder, tal quais o controle do orçamento e o comando da burocracia, combinado com maior capacidade de veto, investigação e influência no processo legislativo.[12]

Inobstante a toada presidencialista, o Ato das Disposições Constitucionais Transitórias previu a realização de plebiscito popular para que a sociedade decidisse sobre a manutenção do regime republicano ou a adoção do regime monarquista, bem como sobre a preservação do modelo presidencialista, que poderia ser substituído pelo parlamentarista. Mesmo com todas as graves crises políticas brasileiras remetendo à figura do Presidente da República, como visto acima, o eleitor foi coerente com a história constitucional brasileira e optou pela manutenção do presidencialismo da Constituição Federal de 1988, reafirmando um desenho constitucional que possui os seguintes traços: i) o Poder Executivo é unipessoal; ii) o mandato é fixo e eletivo; iii) o Presidente da República é chefe da Administração Pública; iv) o Poder Executivo dispõe de poder de veto; v) o Poder Executivo dispõe de prerrogativas legislativas.

O poder unipessoal consiste no acúmulo em torno de uma só personagem de inúmeras funções e prerrogativas, como chefia de Estado e de Governo. Esse arranjo institucional advém da forte influência da

---

[12] RENNÓ, Lucio R. Críticas ao Presidencialismo de Coalizão no Brasil. In: AVRITZER, Leonardo; ANASTASIA, Fátima (org.). *Reforma Política no Brasil*. Belo Horizonte: Editora UFMG, 2007. p. 259.

Monarquia, seja por meio da metrópole ou do próprio monarca, sobre o processo de feitura das instituições da República. Assim foi primeiro nos Estados Unidos, onde o povo substituiu a coroa como lugar da soberania e o Presidente substituiu o Rei no exercício do Executivo. Trata-se de remodelação da forma monárquica à republicana, com as mudanças exigidas pela consagração da soberania popular, tal como o mandato eletivo. O Presidente, ao contrário do Rei, é eleito pelo voto popular para exercer um mandato por tempo fixo. No caso da Constituição Federal de 1988, a eleição dá-se de forma majoritária e o mandato dura quatro anos, consoante seu artigo 82.

Além de chefe da nação, o Presidente é o chefe de Estado. Assim, ao lado das funções tipicamente ligadas ao exercício da chefia nacional, como defesa e relações internacionais, são prerrogativas suas: a nomeação e exoneração dos Ministros de Estado e do Advogado-Geral da União; o exercício da direção superior da Administração Federal; o provimento e a extinção de cargos públicos federais, na forma da lei; a nomeação do Presidente do Banco Central, depois da provação pelo Senado Federal; a nomeação dos integrantes do Conselho da República; a expedição de regulamentos e decretos sobre o organização e funcionamento da Administração Federal, quando não implicar aumento de despesa, criação ou extinção de órgãos públicos, e a extinção de funções ou cargos públicos, quando vagos.[13]

No que diz respeito à sua interação com o Poder Legislativo, o Poder Executivo dispõe dois importantes instrumentos: poder de veto e medida provisória. O Presidente da República possui poder de veto, ou seja, os projetos de leis aprovados pelo Poder Legislativo deverão ser submetidos à sua análise para que sejam sancionados ou vetados em um período de tempo de quinze dias úteis. Ocorrerá sanção tácita na ausência de manifestação após esse prazo. Caso o projeto seja vetado, tal decisão pode ser fundamentada em termos de inconstitucionalidade – uma espécie de controle preventivo de constitucionalidade – ou em termos de contrariedade a interesse público. O veto parcial é permitido, mas a supressão isolada de vocábulos é proibida: deve ocorrer sobre artigos, parágrafos, incisos ou alíneas. No exercício de tal prerrogativa, não são raros os atritos entre os Poderes, podendo o veto inclusive se transformar em mecanismo de barganha política, interferindo diretamente no processo legislativo.

---

[13] MENDES, Gilmar Ferreira; BRANCO, Paulo Gustavo Gonet. *Curso de Direito Constitucional.* 9 ed. rev. São Paulo: Saraiva, 2014. p. 929.

Também o faz ao editar medida provisória, na forma do artigo 62 da Carta. Trata-se de instrumento com força legal de iniciativa exclusiva da Presidência da República a autorizar que sejam adotadas imediata, mas provisoriamente, as medidas legislativas necessárias a situações cuja urgência seja incompatível com o ritmo ordinário das atividades legislativas. Entretanto, a prática revela que as medidas são instrumentalizadas de forma abusiva, muitas vezes como um subterfúgio para não submeter determinados temas importantes à apreciação pelo Legislativo, ensejando reações do Congresso Nacional, que conferiu maior rigidez à disciplina da medida a fim de limitar seu emprego por meio da Emenda Constitucional n. 32, e do Supremo Tribunal Federal, cuja jurisprudência atualmente admite o controle sobre os critérios de "urgência" e de "relevância" quando evidente o excesso do poder de legislar.

Mas não é apenas o Poder Executivo que intervém sobre o Poder Legislativo. No Brasil, caso pretenda governar, o Presidente da República deve negociar maiorias parlamentares para viabilizar a execução de suas políticas públicas, o que tem sido complexo e oneroso – para ficar em eufemismos. É de conhecimento público e notório que as condições de governabilidade no Brasil são precárias, exigindo grande habilidade política por parte do Poder Executivo para ser alcançada, uma vez que é necessária uma sólida base de apoio parlamentar que, por sua vez, é composta por partidos são extremamente instáveis. Consistindo em efetivo desvio da doutrina da separação dos poderes, o fenômeno do presidencialismo de coalizão é responsável em boa parte pelas graves crises institucionais vividas na Nova República, possuindo como elementos o pluripartidarismo e a infidelidade partidária.

O presidencialismo de coalizão interfere diretamente sobre a separação dos poderes ao deturpar a relação entre os Poderes Executivo e Legislativo para uma simples negociação de cargo e redistribuição de poder para manter o mínimo de coesão suficiente à governabilidade. Por um lado, o Poder Executivo despende grande quantidade de tempo buscando o apoio do Poder Legislativo, o que deveria ser natural e inerente ao contexto político. Contudo, na busca desenfreada pela governabilidade, muitas vezes sacrificam-se a própria ideologia do partido e o próprio programa do governo por conveniência política. Com o presidencialismo de coalizão, tem lugar a parlamentarização do poder executivo em razão da influência do poder legislativo sobre a governança. Mas, o que é característico de sistemas parlamentares assume contornos negativos nos sistemas presidencialistas, já que

FORMAS DE ESTADO, FORMAS DE GOVERNO, SISTEMA DE GOVERNO E SISTEMAS ELEITORAIS

instabilidade própria da formação parlamentar é incorporada pelo Poder Executivo, ficando à mercê de crises – cada vez mais recorrentes em razão da fragmentação partidária do cenário eleitoral brasileiro.

Por detrás da fragmentação, estão as "legendas de aluguel", responsáveis diretas pelas frequentes trocas entre legendas e a consequente desconsideração das ideologias partidárias sufragadas pelo voto popular. Embora a intenção fosse impedir a progressiva concentração da disputa eleitoral em torno de poucas legendas, como no período militar, quando os candidatos eram ou da ARENA ou do MDB, o legislador constituinte, ao eleger o pluralismo político como um dos objetivos fundamentais e ao consagrar a livre criação de partidos e o pluripartidarismo, criou condições favoráveis à criação das "legendas de aluguel", cuja participação nas eleições resume-se a barganhar entre as coligações adversárias minutos de participação na propaganda eleitoral e recurso do fundo partidário. Ao garantir em tese a pluralidade necessária ao Estado Democrático de Direito, criou-se na prática grande instabilidade no cenário político.

A concentração de prerrogativas na figura do Presidente da República, aumentando as funções de chefe de Estado e de Governo, levou à instituição de um presidencialismo imperial, submetendo o destino de toda a nação às habilidades múltiplas que deveria possuir o estadista conduzido à função pelo voto popular. O parlamento, a par das suas múltiplas competências constitucionais, também não possui responsabilidade política com a governabilidade dentro do modelo presidencialista. Enquanto o presidencialismo permite a continuidade do governo sem sustentação congressual e condição de implementar seu programa político, sujeitando o país à paralisia decisório e à indefinição política, o parlamentarismo clássico convive com a intrínseca instabilidade das sucessivas e repentinas trocas de gabinete.

4.3.1. O Semipresidencialismo: uma proposta para o Brasil

Com as novas conjunturas políticas do século XX, alguns países, a exemplo de Portugal, França e Áustria, inovaram ao instituir um sistema que concilia elementos de ambos sistemas clássicos: o semipresidencialismo.

Seria este arranjo institucional adequado à situação brasileira? Não se cuida de uma resposta fácil, menos ainda inequívoca. Não existe sistema perfeito, até porque a junção das virtudes do presidencialismo e do parlamentarismo pode muito bem vir acompanhada de seus vícios.

Certo é que a ausência de responsabilidade política do Presidente e do seu governo no sistema presidencialista gera uma impossibilidade de superação de crises de governabilidade, na medida em que tão somente poderá ser destituído o Chefe do Executivo por *impeachment*, quando presente crime de responsabilidade, ou por *recall*, revogação popular do mandato.

O Semipresidencialismo, na acepção criada por Maurício De Verger, surge como uma promessa de instaurar um sistema que mais colabore com a governabilidade, a eficiência e a capacidade de superar crises de modo menos traumático.[14] Em seu bojo, traz particularidades tanto do regime presidencial quanto do parlamentar, ou seja, consagra o arquétipo de Poder Executivo dualista, com a divisão entre chefe de Governo e de Estado. Nesse sentido, seria um meio termo viável na busca por mudança no sistema, de forma não radical e gradual, para que as crises recorrentes que o atual sistema proporciona sejam evitadas.

O sistema semipresidencialista estabelece como inovação a autonomia do governo e a responsabilidade ministerial sem onerar o Poder Executivo como um todo com as crises e as instabilidades, fazendo com que este seja independente para tomar as decisões e arcar com as consequências, que não serão tão intensas por ser possível a destituição do Primeiro-Ministro, eleito indiretamente e por meio de indicação, sem a instabilidade causada pela destituição de um Presidente eleito por voto majoritário e responsável por todo Poder Executivo. Ademais, é necessário considerar as características intrínsecas ao presidencialismo, como a eleição por sufrágio direto e universal, o poder de veto e a representação do Estado-Nação em contextos de guerra e crises diplomáticas. Nesse sentido, o Presidente de República seria detentor de importantes prerrogativas, embora seu poder de decisão seja mitigado, como também o será a independência do Poder Legislativo, acarretando maior liberdade de atuação para o Chefe do Executivo e maior estabilidade para o sistema político.

O professor e Presidente da República Marcelo Rebelo de Sousa, em artigo escrito a propósito do primeiro aniversário da Constituição de 1976, define o Semipresidencialismo com "um sistema de governo democrático representativo de separação de poderes em que se procura equilibrar a componente presidencial e parlamentar".[15] Advindos

---

[14] Cf. DUVERGER, Maurice. *Le système politique français*. Paris: PUF, 1970.

[15] SOUSA, Marcelo Rebelo. Sistema semipresidencial: definição e perspectivas. *Nação e Defesa*, ano II, n. 3, Lisboa, maio 1977. p. 9.

do parlamentarismo ressalta dois traços essenciais: i) a formação do governo em função dos resultados das eleições parlamentares; e ii) a Constituição, existência e cessação do Governo depender da confiança parlamentar, traduzida na aprovação ou não do programa de governo e na aprovação ou rejeição de votos de confiança e de moções de censura. Provenientes do Presidencialismo, três são as características destacadas: i) O Presidente da República é eleito por sufrágio direto e universal, o que legitima a amplitude de seus poderes constitucionais; ii) O governo, além de responder politicamente perante o Parlamento, também responde perante o chefe de Estado; iii) Entre os poderes constitucionais de chefe de Estado avultam o direito de veto legislativo.

Consoante Marcelo Rebelo de Sousa, "a natureza específica do sistema de governo semipresidencial reside na procura de uma solução eclética entre as fórmulas extremas do presidencialismo à norte-americana e do clássico parlamentarismo europeu, na tentativa de conciliação da autoridade do Executivo assente na confiança do chefe do Estado com a expressão do Pluralismo político partidário através do controle parlamentar".[16]

A execução do orçamento e o exercício da política ordinária são tarefas do Governo e de seu Primeiro Ministro, situando-se o Presidente da República em uma posição de superioridade institucional, semelhante ao poder moderador idealizado por Benjamin Constant, a ser legitimado na atuação equilibrada na superação de crises políticas e na recomposição dos órgãos de Estado.

Em relação ao semipresidencialismo, como ocorre em temas de natureza política, dois extremos devem ser evitados: as críticas apressadas e o entusiasmo fácil. Uma profunda e consistente crítica ao novel sistema é feita pelo professor Manuel de Lucena, do Instituto de Ciências Sociais da Universidade de Lisboa.[17] Aduz que a diarquia entre o Chefe de Estado e Chefe de Governo, ou o bicefalismo, não é condição necessária do semipresidencialismo, mas seria uma variante ou espécie daquele. O aludido professor reconhece que as Constituições semipresidencialistas são mistas, por combinarem elementos fundamentais do parlamentarismo e do presidencialismo, mas discorda que haja uma equidistância ideal ou o mais equilibrado enlace possível. Essas e outras críticas, como as formuladas por Giovanni Sartori,

---

[16] SOUSA, Marcelo Rebelo. *Sistema semipresidencial*: definição e perspectivas. p. 10.
[17] Cf. LUCENA, Manuel de. Semipresidencialismo: teoria geral e práticas portuguesas. *Análise Social*, v. XXXI, n. 138, 1996.

devem ser levadas em consideração ao constante aperfeiçoamento do Sistema. Tal não impede que Giovanni Sartori aconselhe a superação do Presidencialismo Clássico pela implementação do Semipresidencialismo, permanecendo "num mundo conhecido, prático de sua própria experiência e expertise".[18]

A história constitucional brasileira confirma que o nosso povo não pretende abrir mão de eleger diretamente um presidente com poderes relevantes. As duas derrotas do sistema parlamentarista nos plebiscitos já realizados e a mobilização da sociedade no movimento pelas "Diretas Já" estão a demonstrar tal assertiva. Contudo, as sucessivas crises do Presidencialismo de coalizão, culminando em relações políticas inadequadas e em condutas governamentais não republicanas, sugerem a superação do atual modelo de cooptação.

Um importante obstáculo para a implementação do semipresidencialismo no Brasil é o presente cenário de fragmentação partidária, estimulado pela facilidade de criação de partidos políticos, pela inexistência de cláusula de barreira, pela possibilidade de coligações em eleições parlamentares e pelo sistema eleitoral proporcional de lista aberta. É urgente o estímulo a um profundo debate visando implantar o voto distrital misto e instituir barreiras que dificultem a criação de partidos políticos, extirpando a perversa figura das legendas de aluguel.

O semipresidencialismo representa uma possibilidade de induzir na sociedade a maior preocupação na escolha dos representantes políticos, sob a constatação de que o governo será composto a partir dos resultados eleitorais, levando à formação de sistema partidário a um só tempo autêntico e forte. Atraindo as qualidades do parlamentarismo e do presidencialismo, o semipresidencialismo possui as condições para a superação de crises de governo sem provocar fortes instabilidades políticas. Pode ser uma alternativa que assegure o futuro do Brasil.

4.4. Sistemas eleitorais: noções gerais

Sistema eleitoral é "um conjunto de técnicas legais que objetiva organizar a representação popular, com base nas circunstâncias eleitorais".[19] Os sistemas eleitorais representam a forma como o povo elege seus representantes e são importantes por ser através deles que se

---

[18] SARTORi, Giovanni. *Comparative Constitutional Engineering*. Londres: Macmillan, 1994. p. 145.

[19] RAMAYANA, Marcos. *Direito eleitoral*. 4. ed. Rio de Janeiro: Impetus, 2005. p. 96.

visualiza a constituição de uma das formas características da democracia, qual seja, a eleição dos representantes legais. "Provavelmente, nenhuma instituição política molda a paisagem política de um país democrático mais do que seu sistema eleitoral e seus partidos".[20]

Augusto Aras[21] conceitua sistema eleitoral como sendo "um complexo de técnicas e procedimentos utilizados nas eleições, determinantes da maioria como se organiza o eleitorado e de como são escolhidos os representantes políticos".

São diversos os modelos de sistemas, certamente nenhum irá atender aos critérios para um modelo perfeitamente justo, pois ao adotar determinados critérios para a definição dos eleitos, obter-se-á alguns valores em detrimento de outros. A escolha de qual sistema vigorará em uma nação deve ser pautada nos valores que a sociedade preserva e detém, para a obtenção de um sistema que melhor expresse os anseios da sociedade.

Robert A. Dahl ensina:

> a procura de meios eficazes para assegurar a autenticidade eleitoral e a necessidade de atender a características de cada colégio eleitoral têm determinado uma grande variedade de sistemas eleitorais. E a par desses fatores positivos de influência há também fatores negativos, que concorrem para a introdução de inovações visando a adaptar os sistemas eleitorais, uma vez que em todos eles se encontram peculiaridades que são causa e consequência de importantes fenômenos políticos.[22]

A maioria dos estudiosos centra-se basicamente na análise das vantagens e desvantagens dos dois maiores sistemas eleitorais, que são o sistema de representação proporcional (RP) e o *First-past-the-post* (FPTP), respectivamente denominados por Canotilho[23] por sistema proporcional e sistema maioritário, aqui denominado majoritário.

O sistema mais antigo é o majoritário, por qual dado grupo elege-se por obter a maioria dos votos, qualquer que seja a diferença.

---

[20] DALLARI, Dalmo de Abreu. *Elementos da Teoria Geral do Estado*, 25. ed. São Paulo: Saraiva, 2005, p.256.

[21] ARAS, Augusto. *Fidelidade partidária*. A perda do mandato parlamentar. Rio de Janeiro: Lumen Juris, 2006. p. 93.

[22] DAHL, Robert A. *Sobre a democracia*. Tradução de Beatriz Sidou. Brasília: Editora Universidade de Brasília, 2001. p. 147

[23] CANOTILHO, José Joaquim Gomes. *Direito constitucional*. 2. ed. Coimbra: Almedina, 1998. p. 293.

Há duas formas de sistema majoritário, as quais divergem pela forma de maioria, que pode ser relativa ou absoluta.

Pelo sistema da maioria simples ou relativa, reputa-se eleito o candidato que obtiver maior número de votos, independentemente do percentual de votação por ele alcançado, realizando-se a eleição sempre em um turno único. Por esse sistema basta que a um candidato sejam atribuídos mais votos que aos seus concorrentes para que ele se eleja. Entretanto, o referido sistema é questionado pelo fato de na maior parte das vezes a soma dos votos dos demais candidatos ser superior aos votos do vitorioso e, por conseguinte, não representa com fidelidade a vontade popular.[24]

O sistema eleitoral da maioria simples é utilizado para a eleição do Parlamento do Reino Unido, Canadá, Estados Unidos, Nova Zelândia, Bangladesh, Índia, Nepal, Paquistão e Zâmbia.[25]

No sistema da maioria absoluta, a eleição do candidato é condicionada à obtenção de número de votos equivalente ao primeiro número inteiro acima da metade dos votos (cinquenta por cento mais um). Não sendo alcançado tal percentual de votação, realiza-se um segundo turno, considerando-se eleito aquele que tiver a maioria simples dos votos.

Esse sistema é adotado na França, Áustria, Bulgária, Bélgica, Chile, Colômbia, Peru, Equador, Rússia e Ucrânia.

O inconveniente desse sistema é que a minoria não será representada no governo. Contudo, em 1900, na Bélgica, foi criado o sistema de representação proporcional com o desígnio de solucionar o problema da representação da minoria.

O sistema proporcional garante uma maior igualdade material, pois a proporcionalidade permite uma melhor distribuição dos votos e do resultado, por exemplo: em uma eleição com a participação de quatro partidos, sendo que o primeiro recebe 20% dos votos, o segundo 30%, o terceiro 10% e o quarto 40%; cada partido elegerá a quantidade de candidatos correspondente à porcentagem dos votos. A minoria, desde que atinja o percentual mínimo de aprovação popular, também

---

[24] "A eventual falta de representatividade de um candidato eleito, em relação à totalidade do eleitorado. Suponhamos três candidatos numa circunscrição, onde o candidato A obteve 17.500 votos, o candidato B 17.000 votos e candidato C 15.500 votos. Elegeu-se o candidato A com pouco mais de um terço dos votos e a circunscrição de 50.000 eleitores será representada por candidato vitorioso com apenas 17.500 votos daquele total" (BONAVIDES, Paulo. *Ciência política*. 12. ed. São Paulo: Malheiros, 2006. p. 267).

[25] NICOLAU, Jairo Marconi. *Sistemas eleitorais*: uma introdução. Rio de Janeiro: Getúlio Vargas, 1999. p. 15.

participará da condução dos negócios públicos, responsabilizando-se também por eles.

O sistema proporcional possui o pluralismo político como marca fundamental. Por sua vez, o sistema majoritário de maioria simples é aderente do bipartidarismo. Os adeptos do pluralismo acreditam que o bipartidarismo é uma limitação à escolha do eleitor, que fica preso a somente duas opções partidárias, em geral, pois entendem ser o partido político os mediadores dos interesses sociais e representantes de diversas ideologias, salutares para a consecução de uma democracia.

É salutar a posição do mestre Bonavides ao se referir ao sistema proporcional: "O pluralismo político é acentuado por meio do sistema partidário aberto e flexível de maneira a propiciar e incentivar a criação de novos partidos no que diz respeito à dinâmica da democracia partidária".[26]

Todavia, "uma das acusações dirigidas ao sistema proporcional é a de que ele potencia a alienação política, hipertrofia o monopólio partidário e torna impessoal a escolha dos representantes políticos".[27] A escolha dos representantes fica comprometida pela gama de opções que rodeia o eleitor de modo que o voto acaba baseando-se em critérios aquém de uma análise política necessária ao bem dos interesses sociais.

O foco do sistema majoritário é a constituição de governos eficazes e estáveis capazes de dar prosseguimento aos seus programas de governo, além de fortalecer a oposição sem a precisão do recurso de coligações, visto que fica claro quem é governo e quem é oposição, como nos Estados Unidos onde há o partido republicano e o partido democrata, quando este está no governo, por exemplo, aquele é oposição na certa.

O risco do sistema majoritário é a possibilidade de um grupo político perdurar por muito tempo à frente do governo e romper com o princípio democrático de alternância no poder e, talvez, se tornar uma forma de governo absolutista.

Para um partido manter-se no poder pelo sistema representativo, faz-se mister as coligações partidárias ou alianças políticas, o que por um lado permite uma participação maior de ideologias no governo, por outro pode conduzir a uma confusão de influências nas decisões governamentais que necessitarão de maioria, pois, como afirma

---

[26] BONAVIDES, Paulo. *Ciência política*. 12. ed. São Paulo: Malheiros, 2006. p. 269.

[27] CANOTILHO, José Joaquim Gomes. *Direito constitucional*. 2. ed. Coimbra: Almedina, 1998. p. 297.

Bonavides, baseado em Vedel, "diz o publicista francês com respeito aos governos oriundos da prática desse sistema e baseados em coligações, que se é possível escolher proporcionalmente, não é possível, porém decidir segundo a noção de proporcionalidade". Nesses contornos, dependerá do contexto histórico em que se encontra a nação, assim como o desígnio da sociedade, para uma escolha do sistema eleitoral adequado e necessário.

A Constituição da República Federativa do Brasil de 1988 reconhece os sistemas eleitorais majoritário e proporcional. Naquele, por maioria absoluta com dois turnos, são eleitos presidente, governador, prefeito (em municípios com mais de duzentos mil eleitores) e vices; por maioria relativa são eleitos os senadores e os prefeitos de municípios de eleitorado igual ou inferior a duzentos mil eleitores. O sistema proporcional é direcionado para as eleições dos deputados federais, estaduais e distritais e para os vereadores.

4.5 Sistema majoritário

No sistema majoritário brasileiro vigora o princípio da indivisibilidade da chapa. Nesse sentido, dispõem os arts. 2º, §4º e 3º, §1º da Lei nº 9.504/97, que "a eleição do Presidente importará a do candidato a Vice-Presidente com ele registrado, o mesmo se aplicando à eleição de Governador", bem assim "a eleição do Prefeito importará a do candidato a Vice-Prefeito com ele registrado".

Cerqueira ressalta que "esse princípio também se aplica aos candidatos ao cargo de senador, uma vez que a chapa somente pode ser registrada com dois suplentes que, em caso de vitória, serão proclamados eleitos e diplomados juntamente com o titular".[28]

No âmbito municipal, a regra da minoria absoluta é aplicável, desde que o município não tenha mais de duzentos mil eleitores. Caso tenha número inferior ao estipulado no art. 29, inc. II, da Constituição Federal de 1988, será aplicado o princípio da maioria simples:

> Art. 29. [...]
>
> II - eleição do Prefeito e do Vice-Prefeito realizada no primeiro domingo de outubro do ano anterior ao término do mandato dos que devam

---

[28] CERQUEIRA, Thales Tácito Pontes Luz de Pádua. *Direito eleitoral brasileiro*: o Ministério Público Eleitoral, as eleições em face das Leis 9.504/97, 9.840/99, 10.732/03, 10.740/03 e 10.792/03, EC 35/01 (Imunidade parlamentar e restrições). 3. ed. rev., ampl. e atual. Belo Horizonte: Del Rey, 2004. p. 185.

CAPÍTULO 4
FORMAS DE ESTADO, FORMAS DE GOVERNO, SISTEMA DE GOVERNO E SISTEMAS ELEITORAIS | 121

suceder, aplicadas as regras do art. 77, no caso de Municípios com mais de duzentos mil eleitores; (Redação dada pela Emenda Constitucional nº 16, de 1997)

O sistema majoritário também é utilizado nas eleições para o cargo de senador, que de acordo com o art. 46 da Constituição[29] tem mandato de oito anos, havendo eleições de quatro em quatro anos, nas quais se renovam sucessivamente dois terços e um terço daquela casa.

O sistema majoritário revela-se no Brasil nas seguintes hipóteses: eleição majoritária em um turno para prefeitos e vice-prefeitos em municípios com menos de duzentos mil eleitores; eleição majoritária em um turno parta senador; eleição majoritária em dois turnos para os cargos de presidente da República, vice-presidente, governadores e vice-governadores, apenas se nenhum candidato alcançar a maioria absoluta (mais de 50%) dos votos válidos no primeiro turno.

Duas exceções a esta regra geral apresentam-se. A primeira, a inelegibilidade do candidato a vice não contamina a outra candidatura;[30] a segunda, ocorrendo morte, desistência ou impedimento legal de candidato a presidente, governador e prefeito, deve ser convocado para disputar o segundo turno, consoante expressa disposição constitucional, o candidato a chefe do Executivo de maior votação entre os remanescentes, não permanecendo na candidatura o vice do ausente.

Quanto ao sistema majoritário de dois turnos, este apresenta o inconveniente da multiplicação de partidos num sistema instável de coalizões efêmeras, que sobrevivem ao sabor dos interesses momentâneos.

Para Cerqueira "o sistema majoritário apresenta algumas vantagens de relevo; ensejam governos estáveis, evita a proliferação de partidos, aproxima o eleitor do candidato".[31]

---

[29] Constituição Federal: "Art. 46. O Senado Federal compõe-se de representantes dos Estados e do Distrito Federal, eleitos segundo o princípio majoritário. §1º Cada Estado e o Distrito Federal elegerão três Senadores, com mandato de oito anos. §2º A representação de cada Estado e do Distrito Federal será renovada de quatro em quatro anos, alternadamente, por um e dois terços. §3º Cada Senador será eleito com dois suplentes".

[30] Tribunal Superior Eleitoral. Recurso Especial Eleitoral nº 22.213. Rel. Min. Gilson Langaro Dipp: "A inelegibilidade de natureza pessoal do vice-prefeito (artigo 14, §7º, CF) arguida após o pleito não macula a legitimidade das eleições, mormente quando se evidencia o armazenamento tático de demanda visando atingir prefeito diplomado que não deu causa à inelegibilidade. Não há relação de subsidiariedade do prefeito diplomado em relação ao vice-prefeito cuja inelegibilidade se arguiu somente após o resultado do pleito em sede de recurso contra expedição de diploma. Recurso Especial de Jucélio Formiga de Sousa conhecido, mas desprovido".

[31] CERQUEIRA, Thales Tácito Pontes Luz de Pádua. Direito eleitoral brasileiro: o Ministério Público Eleitoral, as eleições em face das Leis 9.504/97, 9.840/99, 10.732/03, 10.740/03 e

Entretanto, pode levar ao governo um partido ou candidato sem maior expressão eleitoral. Nesse sentido, Paulo Bonavides apresenta um exemplo:

> Concorrem numa circunscrição três candidatos que serão votados por total de 50.000 eleitores. Feita a apuração, constata-se que o candidato A obteve um total de 17.500 eleitores, o candidato B 17.000 e o candidato C 15.500 votos. Será considerado eleito, portanto, o candidato A, com pouco mais de um terço dos votos, ficando à margem da participação política nada menos do que 2/3 do eleitorado![32]

A contagem dos votos válidos das eleições majoritárias exclui os votos nulos e os votos em branco, segundo disposto na Constituição Federal, art. 77, §2º e Lei nº 9.504/97, arts. 2º e 3º. O ilustre Alexandre de Moraes explica o princípio da maioria absoluta:

> No primeiro turno será considerado eleito o candidato A, desde que obtenha mais votos que a somatória dos candidatos B, C, D, E. Se, porém, o candidato A não conseguir os votos necessários, irá para o segundo turno com o segundo candidato mais votado, por exemplo, B. No segundo turno, será considerado eleito Presidente da República aquele – A ou B – que tiver mais votos que o outro, independentemente dos votos em branco ou nulo.[33]

Se, antes de realizado o segundo turno, ocorrer morte, desistência ou impedimento legal do candidato, convocar-se-á, entre os remanescentes, o de maior votação. Se na hipótese ora considerada remanescer em segundo lugar mais de um candidato com a mesma votação, qualificar-se-á o mais idoso.

Na hipótese de candidato único para a disputa de cargos a chefes do Poder Executivo, não haverá necessidade de segundo turno, vez que, desconsiderados os votos brancos e nulos, o candidato será eleito com 100% dos votos válidos.

10.792/03, EC 35/01 (Imunidade parlamentar e restrições). 3. ed. rev., ampl. e atual. Belo Horizonte: Del Rey, 2004. p. 184.

[32] BONAVIDES, Paulo. *Ciência política*. Rio de Janeiro: Forense, 1986. p. 295.

[33] MORAES, Alexandre de. *Constituição do Brasil interpretada e legislação Constitucional*. São Paulo: Atlas, 2004. p. 1241.

4.6 Sistema proporcional

O sistema proporcional no ordenamento jurídico brasileiro foi incorporado com o Decreto nº 21.076, de 24.2.1932, ou seja, a partir do Código Eleitoral. Com a Constituição de 1934, o princípio da representação proporcional ganhou *status* constitucional e assim manteve-se nas constituições seguintes. Após alterações, o sistema proporcional foi modelado com o vigente Código Eleitoral (Lei nº 4.737, de 15.7.1965).

O sistema proporcional informa a aferição dos eleitos ao cargo de deputado federal, estadual, distrital e vereador. Por ele, são eleitos os candidatos mais votados de cada partido ou coligação, tantos quantos indicarem os quocientes partidários e o cálculo para distribuição das sobras, consoante regramento contido nos arts. 106 e seguintes do Código Eleitoral.

Para Aras, o sistema eleitoral brasileiro, ao adotar o sistema proporcional de lista aberta nas eleições para deputados federais, estaduais, distritais e vereadores:

> privilegia o candidato em detrimento do partido político, na medida em que se elege o candidato que obtiver a maior contingência de votos individualmente. Consequentemente, no anseio de se elegerem, candidatos do mesmo partido tendem a disputar votos entre si, sendo compelidos a buscar votos indiscriminadamente, inclusive na base de seus correligionários, o que enfraquece a unidade partidária e, via de consequência, os próprios partidos políticos, ocasionando o fenômeno da autofagia partidária.[34]

No direito eleitoral, afirma Marcel Prélot que "o sistema proporcional tem por objetivo garantir as diversas opiniões, entre as quais se repartem os eleitores, um número de lugares proporcional às respectivas forças".[35]

O conhecimento e aplicação do sistema proporcional envolvem necessariamente os conceitos de quociente eleitoral e quociente partidário, pois é a partir desses critérios que serão determinadas a quantidade de vagas destinadas a cada partido ou coligação.

A importância dos quocientes eleitoral e partidário só será considerada para os fins de apuração eleitoral, vale dizer, nada obsta que

---

[34] ARAS, Augusto. *Fidelidade partidária*. A perda do mandato parlamentar. Rio de Janeiro: Lumen Juris, 2006. p. 105.
[35] PRÉLOT, Marcel. *Institutions politiques et droit constitutionel*. Paris: Dalloz, 1961. p. 71.

posteriormente o eleito mude de partido, ainda que não tenha sido empossado, ou mesmo diplomado, porque a validade é do resultado eleitoral. Nesse caso, a composição do Parlamento ficará alterada, mas isso só é relevante para a legislação partidária, desde que estabelecesse fidelidade.

O quociente eleitoral obtém-se com a divisão dos votos válidos, que é o somatório dos votos dados a candidatos inscritos e às legendas partidárias, pelo número de cadeiras que estão em disputa no parlamento (QE = votos válidos/número de lugares a preencher). No resultado matemático obtido, despreza-se a fração, se igual ou inferior a meio e aproxima-se para o inteiro seguinte quando a fração for superior a meio.

O quociente eleitoral delimita o número mínimo de votos que um partido ou coligação deve alcançar para eleger um candidato; o quociente partidário representa o número de candidatos que cada partido que alcançar o quociente eleitoral elegerá (arts. 106 a 108. CE).

O número obtido será o quociente eleitoral a ser utilizado como referência para a distribuição de cadeiras entre partidos e coligações e, entre estas, obter o número dos que foram eleitos de acordo com a votação nominal. A partir dele, obtém-se o quociente partidário, que indica a quantidade de eleitos por partido ou coligação.

O Tribunal Superior Eleitoral admite a possibilidade do recálculo do quociente eleitoral, consoante entendimento extraído do Recurso Especial Eleitoral nº 27.041.[36]

O quociente partidário é obtido pela divisão do número de votos válidos sob a mesma legenda ou coligação de legendas pelo quociente eleitoral (QP = número de votos válidos sob a mesma legenda/QE). Nesse caso, a fração deverá ser desprezada, independentemente se menor ou maior a meio.

Os votos válidos são votos de legenda partidária adicionados aos votos de todos os candidatos. Os votos nulos e em branco não entram na contagem. Entretanto, o art. 106 do Código Eleitoral determina a contagem dos votos em branco. Defende Ramayana que "o dispositivo

---

[36] Tribunal Superior Eleitoral. Recurso Especial Eleitoral nº 27.041. Rel. José Augusto Delgado. Public. 28.9.2007: "4. Não estando assegurados, ao partido ou ao candidato, a contagem dos votos para qualquer efeito, correta a determinação de que se proceda ao recálculo do quociente eleitoral. Aplica-se ao caso o seguinte precedente: '[...] Indeferido ou cassado o registro, antes do pleito, a mera pendência de recurso contra a decisão não assegura ao candidato nem ao partido – sempre na hipótese de eleições proporcionais — a contagem do voto para qualquer efeito [...]' (TSE, MS nº 3.100/MA, rel. Min. Sepúlveda pertence, DJ de 7.2.2003)".

legal não foi recepcionado pelo art. 77, §2º, da Carta Magna".[37] O aludido dispositivo constitucional prescreve que não são computados os votos em branco ou nulos para a configuração da maioria absoluta definidora das eleições presidenciais em primeiro turno.

O quociente partidário indica a quantidade de eleitos sob determinada coligação ou partido, contemplando-se, em cada agremiação, os candidatos mais votados na ordem de votação nominal. Essa sistemática evita que a máquina partidária escolha os eleitos com a apresentação de listas fechadas de candidatos, sendo a ordem uma escolha popular. Com isso, evita-se uma forma de ocorrência de abuso de poder político interno na máquina partidária.

Bonavides ressalta que "a lei eleitoral em vigor considera eleitos tantos candidatos registrados por um partido quantos o respectivo quociente partidário indicar".[38]

Independentemente do quociente (eleitoral ou fixo), no sistema representativo ocorrerá a problemática das sobras eleitorais. Estas seriam vagas não preenchidas por haver um quantitativo de votos que não atingiu os quocientes necessários. "Esses restos não são desprezados visto que isso viria a contrariar o principal método daquela modalidade de representação, a saber, sempre que possível, não deixar votos ociosos ou perdidos".[39]

Os métodos para a utilização dos votos restantes podem ser permuta das sobras para a circunscrição nacional ou a distribuição na limitação eleitoral. Esta última vale-se das técnicas das maiores sobras, da maior média ou do divisor eleitoral. No Brasil a técnica adotada pelo art. 109, I e II, do Código Eleitoral foi de maior média (SP = número de votos válidos sob a mesma legenda/número de lugares obtidos + um). Os lugares não preenchidos serão distribuídos mediante cálculo das chamadas "sobras partidárias". Tal operação dá-se mediante a divisão do número de votos válidos atribuídos a cada partido ou coligação pelo número de lugares por eles obtidos, mais um, cabendo ao que apresentar a maior média um dos lugares a preencher. Esse cálculo será repetido até efetuar-se a distribuição de todos os lugares.

Apenas participam da distribuição dos lugares os partidos ou as coligações que tiverem obtido quociente eleitoral, ou seja, alcançado o número mínimo de votos necessários e suficientes para a eleição de

---

[37] RAMAYANA, Marcos. *Direito eleitoral*. 4. ed. Rio de Janeiro: Impetus, 2005. p. 96.

[38] BONAVIDES, Paulo. *Ciência política*. 12. ed. São Paulo: Malheiros, 2006. p. 276.

[39] BONAVIDES, Paulo. *Ciência política*. 12. ed. São Paulo: Malheiros, 2006. p. 272.

pelo menos um parlamentar. Em não sendo alcançado tal quociente por nenhum partido ou coligação, serão considerados eleitos os candidatos mais votados, independentemente de quociente, consoante dispõe o art. 111 do Código Eleitoral.[40]

Tem sido questionada a constitucionalidade dessa regra, na medida em que se estabelece o sistema majoritário para eleições proporcionais. Para Ramayana, "devem ser realizadas novas eleições com a decretação da nulidade na forma legal".[41]

Não se compreende, todavia, pela existência dessa inconstitucionalidade, posto tratar-se de uma consequência inerente a determinada realidade política e decorrente da opção do eleitorado em não sufragar expressiva votação em nenhuma das coligações. Ademais, o Código Eleitoral permite a declaração de nulidade das eleições quando o somatório de votos nulos for superior aos votos válidos, sendo os em branco computados nesta segunda categoria.

Ressalta-se que a coligação partidária funciona como partido político temporário, participando dos cálculos de quociente como se fosse um único partido, distribuindo em seu seio as vagas obtidas a partir dos cálculos ora descritos.

A Lei nº 13.165/2015 modificou o art. 108 do Código Eleitoral[42] para restringir sua aplicação às eleições dos cargos proporcionais. A nova legislação fixa que serão eleitos os candidatos que alcancem votos em número igual ou superior a 10% do quociente eleitoral. Os lugares não preenchidos pelo quociente partidário serão distribuídos pela regra do art. 109 do Código Eleitoral.[43]

---

[40] Código Eleitoral: "Art. 111. Se nenhum Partido ou coligação alcançar o quociente eleitoral, considerar-se-ão eleitos, até serem preenchidos todos os lugares, os candidatos mais votados. (Redação dada pela Lei nº 7.454, de 30.12.1985)".

[41] RAMAYANA, Marcos. *Direito eleitoral*. 4. ed. Rio de Janeiro: Impetus, 2005. p. 97.

[42] Código Eleitoral: "Art. 108. Estarão eleitos, entre os candidatos registrados por um partido ou coligação que tenham obtido votos em número igual ou superior a 10% (dez por cento) do quociente eleitoral, tantos quantos o respectivo quociente partidário indicar, na ordem da votação nominal que cada um tenha recebido. (Redação dada pela Lei nº 13.165, de 2015). Parágrafo único. Os lugares não preenchidos em razão da exigência de votação nominal mínima a que se refere o caput serão distribuídos de acordo com as regras do art. 109. (Incluído pela Lei nº 13.165, de 2015)".

[43] Código Eleitoral: "Art. 109. Os lugares não preenchidos com a aplicação dos quocientes partidários e em razão da exigência de votação nominal mínima a que se refere o art. 108 serão distribuídos de acordo com as seguintes regras: (Redação dada pela Lei nº 13.165, de 2015) I - dividir-se-á o número de votos válidos atribuídos a cada partido ou coligação pelo número de lugares definido para o partido pelo cálculo do quociente partidário do art. 107, mais um, cabendo ao partido ou coligação que apresentar a maior média um dos lugares a preencher, desde que tenha candidato que atenda à exigência de votação nominal mínima;

Observa-se ainda os critérios para a distribuição das sobras:

são atribuídos em razão da técnica matemática incorporada ao art. 109, I e II, do Código Eleitoral. Trata-se do sistema da maior ou igual média. Os votos dos partidos ou coligações que atingirem o quociente eleitoral serão divididos pelo número de vagas ou cadeiras, sendo acrescido de um, quando se alcança uma média para cada um dos mesmos, e a correspondência das cadeiras que devem ser preenchidas.[44]

Essa operação pode ser repetida várias vezes, até que todas as vagas sejam distribuídas, para os partidos que forem obtendo as maiores médias.

Só poderão participar da distribuição das sobras os partidos e coligações que tiverem alcançado o quociente eleitoral. Ocorrendo empate, será considerado eleito o candidato mais idoso.

O Tribunal Superior Eleitoral já sufragou que o eventual provimento do recurso contra a expedição de diploma pode alterar o quociente eleitoral ou partidário, como assim explica o Ministro José Augusto Delgado: "eventual provimento do recurso provocará modificação dos quocientes eleitoral e partidário, nas eleições proporcionais do Rio Grande do Sul, circunstância que afeta diretamente os objetivos políticos e demonstra o interesse processual dos recorrentes". De modo que "os votos obtidos pelo candidato não podem ser revertidos em favor de sua legenda, devendo ser considerados nulos".[45]

Uma vez indeferido o pedido de registro de candidatura por decisão anterior ao pleito, os votos são considerados nulos e não são aproveitados. Entretanto, se a decisão que confirmou a cassação do registro de candidatura for proferida após o encerramento do pleito eleitoral, ou seja, se o registro encontra-se deferido na data da eleição, os votos atribuídos ao candidato posteriormente cassado serão

---

(Redação dada pela Lei nº 13.165, de 2015); II - repetir-se-á a operação para cada um dos lugares a preencher; (Redação dada pela Lei nº 13.165, de 2015) III - quando não houver mais partidos ou coligações com candidatos que atendam às duas exigências do inciso I, as cadeiras serão distribuídas aos partidos que apresentem as maiores médias. (Redação dada pela Lei nº 13.165, de 2015) §1º O preenchimento dos lugares com que cada partido ou coligação for contemplado far-se-á segundo a ordem de votação recebida por seus candidatos. (Redação dada pela Lei nº 13.165, de 2015); §2º Somente poderão concorrer à distribuição dos lugares os partidos ou as coligações que tiverem obtido quociente eleitoral. (Redação dada pela Lei nº 13.165, de 2015)".

[44] RAMAYANA, Marcos. *Direito eleitoral*. 4. ed. Rio de Janeiro: Impetus, 2005. p. 98.

[45] TSE. RCED nº 674. Rel. Min. Delgado.

considerados válidos e deverão ser direcionados à legenda,[46] por força do parágrafo 4º do artigo 175 do Código Eleitoral.[47]

4.7 Sistema misto

Por fim, existe um sistema intermediário do majoritário e do proporcional. Trata-se do sistema distrital misto, que para Aras "é um sistema eleitoral em que uma parcela das vagas é preenchida por eleições majoritárias e a outra preenchida por eleições proporcionais, concedendo-se ao eleitor voto duplo".[48]

Esse sistema tem por base o sistema eleitoral proporcional personalizado, consoante adotado na Alemanha desde o ano de 1949. Aqui, o eleitor é chamado duas vezes para votar através de técnicas eleitorais diversas: primeiramente, o eleitor vota no candidato da sua preferência no distrito onde está inscrito eleitoralmente; em seguida vota em uma lista partidária pré-ordenada escolhida entre as apresentadas por cada um dos partidos políticos concorrentes.

Conclui ainda Aras:

> 50% (cinquenta por cento) das vagas são preenchidas por candidatos eleitos por voto personalizado em distritos uninominais, ao passo que a outra metade se preenche com candidatos eleitos em listas partidárias estaduais pré-ordenadas, através do voto de legenda.

O sistema distrital misto abriga elementos do sistema majoritário por maioria simples, na medida em que se elege o candidato que obtiver

---

[46] Recurso contra expedição de diploma. Cômputo dos votos. Candidato a vereador cassado. Art. 16-A da Lei nº 9.504/97. Não incidência. Aplicação do art. 175, § 4º, do Código Eleitoral. (...) 4. Na linha da jurisprudência do Tribunal Superior Eleitoral os votos obtidos por candidato, cujo registro encontrava-se deferido na data do pleito eleitoral, não são anulados, mas contados a favor da legenda pela qual o parlamentar posteriormente cassado se candidatou, por força do disposto no art. 175, § 4º, do Código Eleitoral. (Precedentes: MS nº 1394-53/MS e MS nº 4787-96/CE). (AgR-RESPE nº 416-58, rel. Min. Dias Toffoli, DJe de 2.6.2014). No mesmo sentido: AgR-RESPE nº 740-50, rel. Min. Dias Toffoli, DJe de 3.6.2014; AgR-REspe nº 749-18, rel. Min. Dias Toffoli, DJe de 27.5.2014. (Agravo Regimental em Recurso Especial Eleitoral nº 1104, Acórdão de 25/06/2014, Relator Min. Henrique Neves Da Silva, Publicação no DJE em 05/08/2014).

[47] Código Eleitoral. Art. 175. §4º O disposto no parágrafo anterior não se aplica quando a decisão de inelegibilidade ou de cancelamento de registro for proferida após a realização da eleição a que concorreu o candidato alcançado pela sentença, caso em que os votos serão contados para o partido pelo qual tiver sido feito o seu registro. (Incluído pela Lei nº 7.179, de 19.12.1983)

[48] ARAS, Augusto. *Fidelidade partidária*. A perda do mandato parlamentar. Rio de Janeiro: Lumen Juris, 2006. p. 107.

maior número de votos no distrito, conjuntamente com elementos do sistema proporcional, eis que o total dos votos efetuados na legenda partidária define o número de vagas a serem preenchidas por cada partido.

Assim, o voto distrital misto pode ser apontado como mais um instrumento destinado ao fortalecimento dos partidos políticos e, consequentemente, do Estado Democrático, sem prejuízo de outros mecanismos, a exemplo da perda de mandato por sistemas eleitorais no Brasil.

CAPÍTULO 5

PARTIDOS POLÍTICOS

5.1 Criações de partidos

Os partidos políticos são reconhecidos por todas as nações democráticas como a força política que compõe a democracia, porque são os conectivos entre uma série de interesses e necessidades presentes no corpo social e o governo, e por contribuírem para um processo eleitoral justo e transparente. Pode-se até afirmar que não há uma efetiva democracia sem a contribuição direta dos partidos políticos.

A conceituação de partido político parte da análise de seus elementos, portanto pode ser entendido como uma associação particular, mas com finalidade pública que visa reunir adeptos para a defesa de uma ideologia política e conseguir por vias legítimas o poder.

Bonavides,[1] após descrever diversos conceitos de pensadores compreende que "Partido Político, a nosso ver, é uma organização de pessoas que, inspiradas por ideias ou movidas por interesses, buscam tomar o poder, normalmente pelo emprego de meios legais, e nele conservar-se para realização dos fins propugnados".

O partido político exerce fundamental relevância na vida da nação, com efeito, pois através dele asseguram-se o regime democrático, a autenticidade do sistema representativo e a defesa dos direitos fundamentais definidos na Carta Magna.

No direito eleitoral brasileiro, o conceito de partido político é definido pelo art. 1º da Lei nº 9.096/95 (Lei dos Partidos Políticos): "o partido político, pessoa jurídica de direito privado, destina-se a

---

[1] BONAVIDES, Paulo. *Ciência política*. 12. ed. São Paulo: Malheiros, 2006

assegurar, no interesse do regime democrático, a autenticidade do sistema representativo e a defender os direitos fundamentais definidos na Constituição Federal".

A importância dos partidos políticos na vida nacional e o acesso às verbas públicas, por meio do fundo partidário, impõem o estabelecimento de determinados requisitos, que se encontram na Lei nº 9.096/1996 e em resoluções do TSE, para que os partidos possam ser criados.

A Resolução nº 23.465/2015 cumpre esse papel, já sob a influência da Lei nº 13.165/2015 – minirreforma eleitoral de 2015, ao determinar: 1) a obrigatoriedade do caráter nacional do partido, implicando apoio mínimo de total correspondente a 0,5% dos votos válidos dados na última eleição geral para a Câmara dos Deputados, o que atualmente representa mais de 486 mil assinaturas, com domicílio eleitoral em, no mínimo, 1/3 (um terço) dos estados, com um mínimo de 0,1% do eleitorado que tenha votado em cada um deles; 2) o respeito ao prazo máximo de dois anos contados da fundação e registro do partido em formação no cartório civil para obtenção do apoio necessário (anteriormente não havia prazo). Frisa-se que o prazo de dois anos não se aplica a pedidos protocolados até a data de publicação da lei (29.9.2015); 3) o cruzamento de dados dos eleitores que apoiam a criação do partido com o banco de dados da Justiça Eleitoral, evitando dupla contagem; 4) a obrigatoriedade de se manterem atualizados os dados dos dirigentes partidários perante a Justiça Eleitoral; e 5) a necessidade de não filiação prévia a outro partido político por parte do eleitor que apoia a criação de um partido.

Ainda, a Lei nº 13.107/2015 alterou a Lei nº 9.096 para incluir o §9º no artigo 29, que dispõe ser obrigatório o decorrer de um prazo de 5 (cinco) anos a partir do registro definitivo no Tribunal Superior Eleitoral para que seja admitida a fusão ou incorporação de partidos políticos. A lei também incluiu o §8º para determinar a necessidade de registro e averbação do novo Estatuto no Ofício Civil e no Tribunal Superior Eleitoral.

A necessidade de regras é ainda mais evidente em um modelo de pluralismo partidário que fornece condições para a representação das diversas correntes da sociedade, inclusive as minorias políticas, que por este sistema podem ascender ao poder, ou seja, qualquer partido tem a possibilidade de preponderar-se em relação aos demais.

Bonavides doutrina:

> afirma-se ademais que o sistema multipartidário é de cunho profundamente democrático, pois confere autenticidade ao governo, tido por centro de coordenação ou compromisso dos distintos interesses que se movem no mosaico das várias classes da sociedade, classes cuja voz de participação, através do partido político, se alça assim à esfera do poder.[2]

As críticas a esse modelo abordam justamente o propósito da concessão de influência política às correntes de pouca expressão social, havendo, portanto, uma incompatibilidade pela razão de terem uma força eleitoral acanhada. Tal concessão acende a probabilidade de o pequeno grupo compor os quadros do governo e, assim, se fazer presente nas decisões políticas com uma representatividade opaca.

5.1.1 Convenções partidárias

A convenção partidária é o órgão deliberativo dos partidos políticos. Ela constitui-se no marco inicial do processo eleitoral por visar à escolha de candidatos e celebração de coligações.

Por certo, o processo eleitoral tem início com as convenções. Elas são convocadas para deliberar sobre a formação de coligações e a escolha de candidatos, e terminam com a diplomação dos eleitos.

O sistema eleitoral brasileiro não admite candidatura avulsa. As candidaturas são de iniciação exclusiva pelos partidos políticos ou coligações partidárias, que detêm competência para apresentação dos nomes dos candidatos, pedidos de registro e direção da campanha eleitoral, além de coordenar todas as receitas e despesas necessárias à campanha.

As normas para a escolha e substituição dos candidatos e para a formação das coligações são estabelecidas no estatuto do partido, conforme o princípio da autonomia partidária.

A forma de definição na convenção é matéria interna do partido, devendo ser aplicado o quanto estiver regrado no estatuto partidário. Em caso de omissão do estatuto, caberá ao órgão de direção nacional do partido político estabelecer as referidas normas, publicando-as no *Diário Oficial da União*, até cento e oitenta dias antes das eleições, e

---

[2] BONAVIDES, Paulo. *Ciência política*. 12. ed. São Paulo: Malheiros, 2006. p. 392.

encaminhando-as ao Tribunal Superior Eleitoral, antes da realização das convenções.

Se a convenção partidária de nível inferior se opuser, na deliberação sobre coligações, às diretrizes legitimamente estabelecidas pelo órgão de direção nacional, os órgãos superiores do partido poderão, nos termos do respectivo estatuto, anular a deliberação e os atos dela decorrentes.

Portanto, é possível a intervenção de órgão superior do partido, anulando deliberação de convenção partidária de nível inferior que contrariar diretrizes legitimamente estabelecidas pelo órgão de direção nacional. A alteração legislativa trazida pela Lei nº 12.034 ao art. 7º, §§2º e 3º da Lei nº 9.504 afirma que as hipóteses de interferência ocorrem quando decisão de convenção partidária contrariar deliberação de qualquer órgão de direção nacional, inclusive executiva. O ato deve ser comunicado ao juiz eleitoral até o fim do prazo para impugnação do registro de candidatos.

E, em sendo necessária a escolha de novos candidatos, o pedido de registro poderá ser apresentado em até dez dias contados do fato ou da notificação do partido da decisão judicial que deu origem à substituição, ainda que ultrapasse o dia 15 de agosto, que é a data limite para pedido de registro dos candidatos escolhidos em convenção. Os prazos a serem considerados estão nos §§1º e 3º do art. 13, da Lei nº 9.504/97.

A legislação estabelece apenas o período em que as convenções podem ser convocadas e realizadas, cabendo ao estatuto de cada partido definir as regras próprias para sua realização. Essas regras dizem respeito ao próprio partido e versam sobre a forma de convocação (edital, notificação, publicação na imprensa, comunicação à Justiça Eleitoral), prazos, quórum de instalação e deliberação, bem assim o modo como o voto será colhido (abertamente, de forma secreta ou mediante aclamação).

A direção nacional de cada partido poderá estabelecer diretrizes relativas às convenções que têm de ser observadas pelos órgãos estaduais ou municipais e, se houver desobediência, ela pode resultar em intervenção em seus respectivos diretórios, com a consequente anulação de todas as deliberações tomadas por esses organismos inferiores.

O período previsto para a realização das convenções partidárias anteriormente situava-se entre os dias 10 (dez) e 30 (trinta) de junho, entretanto a Lei nº 13.165/2015 alterou o art. 8º da Lei nº 9.504/97 para determinar novo período que vai do dia 20 (vinte) de julho a 5 (cinco) de agosto do ano em que se realizarem as eleições e sua convocação deve obedecer às regras contidas nos estatutos de cada partido.

Todo o desenrolar da convenção, incluindo a abertura, as discussões mais importantes, as deliberações adotadas e, principalmente, a decisão sobre os nomes dos candidatos escolhidos, bem como os respectivos números sorteados e a conclusão sobre a formação de coligação, deve constar em ata a ser lavrada em livro aberto e rubricado pela Justiça Eleitoral, podendo ser utilizados os já existentes, obedecidas as normas estabelecidas no estatuto partidário.

As convenções, realizadas de acordo com o estatuto de cada partido político, devem ser realizadas com amplitude democrática, possibilitando debates e discussões de ideias. Após os debates, as matérias polêmicas poderão ser destacadas para votação em separado, priorizando-se a aprovação dos temas consensuais.

O diálogo sempre apresenta o melhor caminho. Não havendo entendimento entre os diversos setores do partido, a votação é o caminho para a resolução do conflito, prevalecendo a opinião da maioria e mantendo a unidade partidária. A maioria, entretanto, deve primar pelo respeito das prerrogativas da minoria, que possui direito à apresentação de suas candidaturas, proporcionalmente à sua representatividade.

Como exceção à proibição de utilização de bens públicos em atividades eleitorais, a lei faculta aos partidos políticos, para a realização das convenções, a utilização gratuita de prédios públicos, responsabilizando-se por danos causados com a realização do evento – Lei nº 9.504/97, art. 8º, §2º.

Para possibilitar o uso do prédio público em convenção, o partido político deverá comunicar por escrito ao responsável pelo local, com antecedência mínima de setenta e duas horas, a intenção de ali realizar a atividade convencional. Tal comunicado há de ser feito com a maior antecedência possível, pois, no caso de coincidência de datas, será observada a ordem de protocolo das comunicações.

A convenção é um espaço democrático de fertilidade ímpar. As estruturas partidárias devem permitir o surgimento de novas lideranças, renovando o quadro político, evitando a aristocratização partidária. Convenção não apenas de forma, mas de conteúdo. Um espaço de decisão, de participação das bases, não de mera homologação de interesses de cúpula.

A regra geral é a presunção de plena validade das deliberações adotadas pela maioria dos convencionais. A possibilidade de intervenção é exceção, restringindo a prerrogativa do órgão partidário em decidir sobre seu rumo, devendo ser interpretado restritamente.

No caso de convenção realizada para a escolha de candidato e para a formação de coligação, a lei permite apenas uma hipótese de intervenção, prevista no §2º, do art. 7º da Lei nº 9.504/97. Tal ocorrerá apenas quando a convenção partidária de nível inferior se opuser, na deliberação sobre coligações, às diretrizes legitimamente estabelecidas pela convenção nacional. Nesse caso, o órgão partidário superior poderá anular as deliberações e os atos decorrentes.

Esta é a única hipótese de nulidade da convenção admitida pela lei. É certo que se aplica o estatuto do partido, contudo "observadas às disposições desta Lei", consoante reza o *caput* do art. 7º da Lei nº 9.504/97. As outras hipóteses de intervenção previstas neste estatuto partidário não se aplicam à convenção para escolha de candidato e definição de coligações. A norma que limita direitos e garantias deve ser interpretada restritamente.

Não havendo descumprimento de diretriz estabelecida quanto à formação de coligações, é dizer, se a convenção nacional não proibiu determinada coligação ou não obrigou que fosse feita específica coligação, então a convenção é completamente soberana para deliberar, sem a possibilidade de anulação de suas eleições.

De qualquer modo, quando for o caso de nulidade de convenção, aplicam-se os §§1º e 3º do art. 13 da Lei nº 9.504/97, que permitem a substituição de candidato no prazo de 10 (dez) dias contados do fato ou da notificação do partido da decisão que deu origem à substituição. O prazo para apresentação de pedido de substituição de candidatos para as eleições proporcionais e majoritárias finda vinte dias antes da data do pleito; em 2016, por exemplo, finda em 12 de setembro, conforme a nova redação dada pela minirreforma de 2015 à Lei das Eleições.[3]

É possível a convenção partidária delegar à executiva do partido a definição sobre a escolha de candidatos e coligações.

Decidiu o Tribunal Superior Eleitoral: "a lei não veda que o ato emanado de convenção partidária, legalmente constituída, transfira poderes à comissão executiva para indicar candidatos". Tal é possível principalmente na "hipótese em que os convencionais concordaram

---

[3] Lei nº 9.504/97: "Art. 13. [...] §3º Tanto nas eleições majoritárias como nas proporcionais, a substituição só se efetivará se o novo pedido for apresentado até 20 (vinte) dias antes do pleito, exceto em caso de falecimento de candidato, quando a substituição poderá ser efetivada após esse prazo. (Redação dada pela Lei nº 12.891, de 2013)".

CAPÍTULO 5
PARTIDOS POLÍTICOS | **137**

com a medida adotada e em que nenhum candidato arguiu nulidade ou prejuízo".[4]

É sabido que atos *interna corporis* de partidos políticos são insusce-tíveis de questionamento judicial. Ou seja, a justiça não pode intervir no mérito das decisões soberanas dos órgãos partidários, sobretudo diante do princípio constitucional da autonomia das agremiações partidárias.

Entretanto, se os atos partidários possuem reflexos eleitorais e constituem afronta ao direito fundamental, poderá a justiça eleitoral ter competência para julgar a matéria.

Nesse sentido, definiu o TSE que "conquanto as questões en-volvendo órgãos partidários constituam matéria *interna corporis* das agremiações, a Justiça Eleitoral tem competência para examinar os efeitos daí decorrentes que se relacionam aos processos de registro de candidatura. Precedente: Acórdão nº 12.990".[5]

No entanto, permanece o Tribunal Superior Eleitoral entendendo que "a Justiça Eleitoral é incompetente para dirimir conflito instaurado entre órgãos do mesmo partido".[6]

Parece que a justiça pretende não intervir no âmbito interno dos partidos, apenas admitindo, como exceção, tal intervenção, quando ferido direito fundamental de filiado ou quando agredida frontalmente a legislação.

As cercaduras legais e estatutárias possibilitam às minorias partidárias o respeito às suas prerrogativas inerentes à participação na definição da vida do partido. As direções partidárias possuem im-portante papel no impedimento de abuso de poder que pode ocorrer internamente. O respeito às normas já é um antídoto a ser posto em prática.

5.1.2 Filiação partidária

A filiação partidária no direito eleitoral brasileiro é matéria de ordem constitucional por ser uma das condições de elegibilidade, art. 14, §3º, V, da CF, de forma que não ser o eleitor filiado a partido político implica impossibilidade de concorrer a cargo eletivo.

A Lei nº 13.165/2015 alterou o art. 9º da Lei nº 9.504 objetivando diminuir de um ano para seis meses o prazo necessário para estar com

---

[4]   TSE. REspe nº 19.961. Rel. Min. Raphael de Barros Monteiro Filho. Sessão de 29.8.2002.

[5]   TSE. REspe nº 22.792. Rel. Min. Carlos Eduardo Caputo Bastos. Sessão de 18.9.2004.

[6]   MC nº 1.381. Caputo Bastos. *DJ*, 24 set. 2004. p. 163.

a filiação deferida pelo partido, correspondendo nas eleições de 2016 ao dia 2 de abril, visto que o primeiro turno das eleições ocorrerá no dia 2 de outubro: "Art. 9º. Para concorrer às eleições, o candidato deverá possuir domicílio eleitoral na respectiva circunscrição pelo prazo de, pelo menos, um ano antes do pleito, e estar com a filiação deferida pelo partido no mínimo seis meses antes da data da eleição".

É facultado ao partido político estabelecer, em seu estatuto, prazo de filiação superior ao previsto na Lei dos Partidos Políticos, com vistas à candidatura a cargos eletivos.

Caso o eleitor venha a filiar-se junto ao órgão nacional ou estadual do partido, deverá o órgão comunicar diretamente ao juízo da zona eleitoral do eleitor, conforme entendimento manifestado pelo Tribunal Superior Eleitoral na Resolução nº 21.522, de 7.10.2003 (Cta nº 952/DF), como se vê na ementa:

> Consulta. Filiação partidária efetuada em diretório nacional. Necessidade de comunicação ao juiz eleitoral. Art. 19 da Lei nº 9.096/95. Prevê a lei que o partido encaminhe a relação dos filiados à Justiça Eleitoral no prazo legal, seja por meio de seu órgão de direção nacional – em que foi feita a filiação –, seja pelo municipal. Exegese do art. 19 da Lei nº 9.096/95.[7]

A comprovação da filiação ocorre na segunda semana dos meses de abril e outubro de cada ano, haja vista que cada partido remete aos juízes eleitorais, através dos órgãos de direção municipal, regional ou nacional, a relação dos nomes de todos os seus filiados, constando na lista a data de filiação, o número dos títulos eleitorais e das seções em que estão inscritos.

O entendimento do Tribunal Superior Eleitoral é no sentido de que

> a Súmula nº 20 do Tribunal Superior Eleitoral permite que se prove a filiação por outros meios se o nome de determinada pessoa não consta da relação de filiados. É possível também provar por outros meios a não filiação de alguém que conste da relação de filiados. [...].[8]

---

[7] Tribunal Superior Eleitoral. Cta nº 952/DF. Resolução nº 21.522, de 7.10.2003. Rel. Min. Ellen Gracie.

[8] TSE. Ac. nº 610, de 13.4.2004.

Consoante a Súmula nº 20 do Tribunal Superior Eleitoral, "na falta do nome do filiado na lista por este encaminhada à Justiça Eleitoral, nos termos do art. 19 da Lei nº 9.096, de 19.9.95, pode ser suprida por outros elementos de prova de oportuna filiação".

Dispõe o §1º do art. 19 da Lei dos Partidos Políticos que "se a relação não é remetida nos prazos mencionados neste artigo, permanece inalterada a filiação de todos os eleitores, constante da relação remetida anteriormente".

O filiado, ao se desligar do partido político, deve por escrito comunicar o órgão de direção municipal e o juiz eleitoral da zona em que for inscrito. Em caso de dupla filiação será desconsiderada a mais antiga.

A Lei nº 12.891/2013 incluiu o inc. V no art. 22 da Lei nº 9.096, de 19.9.1995 – Lei dos Partidos Políticos, cancelando imediatamente a filiação partidária quando o cidadão se filiar a outro partido. Ainda, será necessária apenas a comunicação ao juízo eleitoral e não mais à agremiação. Também estabelece o parágrafo único do referido artigo que, havendo coexistência de filiações partidárias, prevalecerá a mais recente.

Outro aspecto diz respeito à omissão do nome do eleitor na relação de filiados enviada pelo partido ao Juízo Eleitoral. Nesse caso, dispõe a Lei nº 9.096, no §2º do art. 19, que "os prejudicados por desídia ou má-fé poderão requerer, diretamente à Justiça Eleitoral, a observância do que prescreve o *caput* deste artigo".

Na hipótese da omissão do eleitor na relação remetida pelo partido ao Juízo Eleitoral, a lei prevê que caberá ao próprio eleitor solicitar diretamente ao juiz, por força do §2º do art. 19 da Lei Partidária.

5.1.3 Fidelidade partidária

A questão da infidelidade partidária, inobstante a inexistência de norma expressa, ficou estabelecida pelo Supremo Tribunal Federal e pelo Tribunal Superior Eleitoral como causa de perda de mandato eletivo.

A Resolução do Tribunal Superior Eleitoral nº 22.610/2007,[9] editada em obediência às decisões do Supremo Tribunal Federal no

---

[9] Tribunal Superior Eleitoral. Resolução nº 22.610/2007: "Art. 1º O partido político interessado pode pedir, perante a Justiça Eleitoral, a decretação da perda de cargo eletivo em decorrência de desfiliação partidária sem justa causa. §1º Considera-se justa causa: I) incorporação ou fusão do partido; II) criação de novo partido; III) mudança substancial ou desvio reiterado do programa partidário; IV) grave discriminação pessoal".

julgamento dos mandados de segurança nº 26.602, nº 26.603 e nº 26.604, previa as motivações que permitiam justa causa e desencadeavam nela para a desfiliação partidária sem prejuízo do mandato.

O artigo 22-A, incluído à Lei nº 9.096/95 pela Lei nº 13.165/15, passou a tratar sobre o tema, excluindo algumas das justas causas que eram previstas anteriormente pela Resolução mencionada. Hoje a regra é a de que perderá o mandato o detentor de cargo eletivo que desfiliar--se do partido sem a apresentação de algum dos motivos elencados nos incisos do parágrafo único do artigo 22-A da Lei nº 9.096/95, quais sejam, mudança ou desvio do programa partidário, grave discriminação política pessoal e mudança de partido efetuada durante o período de 30 dias que antecede o prazo de filiação exigido em Lei para concorrer às eleições, majoritárias ou proporcionais, ao término do mandato vigente.

A hipótese do inciso III consiste em "janela" para troca de partido. Para concorrer a cargo eletivo, a pessoa precisa estar filiada ao partido no mínimo seis meses antes das eleições. Autorizou-se pelo inciso III a troca de partido por detentor de mandato desde que o faça no período de 30 dias antes do término do prazo mínimo para filiação.

Houve, ainda, a promulgação da Emenda Constitucional nº 91/2016 com o seguinte teor:

> Art. 1º É facultado ao detentor de mandato eletivo desligar-se do partido pelo qual foi eleito nos trinta dias seguintes à promulgação desta Emenda Constitucional, sem prejuízo do mandato, não sendo essa desfiliação considerada para fins de distribuição dos recursos do Fundo Partidário e de acesso gratuito ao tempo de rádio e televisão.
>
> Art. 2º Esta Emenda Constitucional entra em vigor na data de sua publicação.

Referida medida fora fruto da decisão proferida no julgamento da Ação Direta de Inconstitucionalidade nº 5.398,[10] devolvendo

---

[10] "Supremo Tribunal Federal. Direito Eleitoral. Ação Direta De Inconstitucionalidade. Lei nº 13.165/2015. Exclusão Da Criação De Partido Novo Como Hipótese De Justa Causa Para Desfiliação Partidária. Plausibilidade Jurídica Da Alegação De Violação À Legítima Expectativa De Partidos Criados Até A Data Da Entrada Em Vigor Da Lei. Periculum In Mora Configurado. Medida Cautelar Deferida Ad Referendum Do Plenário. 1. O artigo 22-A da Lei nº 9.096/1995, introduzido pela Lei nº 13.165, de 29 de setembro de 2015 (minirreforma eleitoral de 2015), excluiu, a contrario sensu, a criação de nova legenda como hipótese de justa causa para a desfiliação, sem perda de mandato por infidelidade partidária. 2. Forte plausibilidade jurídica na alegação de inconstitucionalidade, por violação ao princípio da segurança jurídica, da incidência da norma sobre os partidos políticos registrados no TSE até a entrada em vigor da Lei nº 13.165/2015, cujo prazo de

integralmente o prazo de 30 (trinta) dias para filiações aos partidos registrados no Tribunal Superior Eleitoral. Destaca-se que o prazo foi fixado somente para desfiliação, não existindo prazo para a nova filiação.

Com fundamento em outra recente decisão proferida pelo Supremo Tribunal Federal, no julgamento da ADI nº 5.081,[11] em 27.5.2015, anterior à aprovação do projeto de lei da minirreforma eleitoral de 2015, a aplicação da regra da fidelidade partidária de que cuida o art. 22-A da Lei dos Partidos restriu-se aos detentores de mandato eleitos pelo sistema proporcional (vereadores e deputados).

Assim, se não houver uma revisão desse entendimento pelo STF, os detentores de mandato eleitos pelo sistema majoritário podem, imotivadamente e a qualquer tempo, mudar de partido, sem perder os seus mandatos.

---

30 dias para as filiações de detentores de mandato eletivo ainda estava transcorrendo. 3. Perigo na demora igualmente configurado, já que o dispositivo impugnado estabelece obstáculos ao desenvolvimento das novas agremiações. A norma inviabiliza a imediata migração de parlamentares eleitos aos partidos recém-fundados e, assim, impede que estes obtenham representatividade, acesso proporcional ao fundo partidário e ao tempo de TV e rádio (cf. julgamento das ADIs 4.430 e 4.795). 4. Concessão de medida cautelar, ad referendum do Plenário, para determinar a devolução do prazo integral de 30 (trinta) dias para detentores de mandatos eletivos filiarem-se aos novos partidos registrados no TSE imediatamente antes da entrada em vigor da Lei nº 13.165/2015".

[11] Supremo Tribunal Federal, Tribunal Pleno. ADI nº 5.081/DF. Rel. Min. Roberto Barroso. *DJE*, 19 ago. 2015: "Direito Constitucional e Eleitoral. Ação Direta de Inconstitucionalidade. Resolução Nº 22.610/2007 do TSE. Inaplicabilidade da Regra de Perda do Mandato por Infidelidade Partidária ao Sistema Eleitoral Majoritário. 1. Cabimento da ação. Nas ADIs 3.999/DF e 4.086/DF, discutiu-se o alcance do poder regulamentar da Justiça Eleitoral e sua competência para dispor acerca da perda de mandatos eletivos. O ponto central discutido na presente ação é totalmente diverso: saber se é legítima a extensão da regra da fidelidade partidária aos candidatos eleitos pelo sistema majoritário 2. As decisões nos Mandados de Segurança 26.602, 26.603 e 26.604 tiveram como pano de fundo o sistema proporcional, que é adotado para a eleição de deputados federais, estaduais e vereadores. As características do sistema proporcional, com sua ênfase nos votos obtidos pelos partidos, tornam a fidelidade partidária importante para garantir que as opções políticas feitas pelo eleitor no momento da eleição sejam minimamente preservadas. Daí a legitimidade de se decretar a perda do mandato do candidato que abandona a legenda pela qual se elegeu. 3. O sistema majoritário, adotado para a eleição de presidente, governador, prefeito e senador, tem lógica e dinâmica diversas da do sistema proporcional. As características do sistema majoritário, com sua ênfase na figura do candidato, fazem com que a perda do mandato, no caso de mudança de partido, frustre a vontade do eleitor e vulnere a soberania popular (CF, art. 1º, parágrafo único; e art. 14, caput). 4. Procedência do pedido formulado em ação direta de inconstitucionalidade".

5.1.4 Fundo Partidário

O denominado Fundo Partidário é um fundo especial de assistência financeira aos partidos políticos constituído por verbas públicas e vigente desde 1965. Sua existência se justifica pela garantia de autonomia financeira aos partidos visando promoção da pluralidade de ideias no âmbito político nacional por meio de aplicações constantes no rol do art. 44 da Lei nº 9.096/1995.

O Fundo é constituído por recursos públicos e particulares conforme previsto no art. 38 da Lei nº 9.096/1995:

> I - multas e penalidades pecuniárias aplicadas nos termos do Código Eleitoral e leis conexas;
>
> II - recursos financeiros que lhe forem destinados por lei, em caráter permanente ou eventual;
>
> III - doações de pessoa física ou jurídica, efetuadas por intermédio de depósitos bancários diretamente na conta do Fundo Partidário;
>
> IV - dotações orçamentárias da União em valor nunca inferior, cada ano, ao número de eleitores inscritos em 31 de dezembro do ano anterior ao da proposta orçamentária, multiplicados por trinta e cinco centavos de real, em valores de agosto de 1995.

No que tange ao último inciso o fator de correção utilizado é o IGP-DI/FGV.

A aptidão dos partidos para receber recursos do Fundo decorre do registro do estatuto no Tribunal Superior Eleitoral consoante o §2º, art. 7º da Lei nº 9.096/1995 e da regularidade da prestação de contas na forma do art. 37-A da mencionada lei e do art. 18 da Resolução nº 21. 841/2004 do Tribunal Superior Eleitoral. Assim, a falta de prestação de contas implicará a suspensão de novas cotas do Fundo Partidário enquanto perdurar a inadimplência.

A liberação dos valores do fundo, em regra, obedece ao sistema do duodécimo implicando a divisão do valor do orçamento dividido em doze partes iguais que são disponibilizadas mensalmente. Já os valores provenientes de multas previstas no Código Eleitoral e em leis conexas são liberados de acordo com a arrecadação do mês anterior.

Por sua vez, a distribuição das parcelas mensais entre os partidos segue as regras fixadas no art. 41-A da Lei nº 9.096/1995:

> I - 5% (cinco por cento) serão destacados para entrega, em partes iguais, a todos os partidos que atendam aos requisitos constitucionais de acesso aos recursos do Fundo Partidário;

II - 95% (noventa e cinco por cento) serão distribuídos aos partidos na proporção dos votos obtidos na última eleição geral para a Câmara dos Deputados.

Ressalta-se que o Fundo Partidário de 2016 teve dotação sancionada no orçamento da União no valor de R$819 milhões, valor inferior ao do ano de 2015, quando somou R$867,5 milhões. Justificou-se o montante expressivo destinado ao Fundo em virtude do fim do financiamento empresarial e da consequente queda na arrecadação de doações pelos partidos.

5.2 Comentários sobre a Lei dos Partidos Políticos e algumas alterações da Lei nº 13.165/2015

A Lei dos Partidos Políticos dispõe sobre organização e funcionamento, finanças e contabilidade, acesso ao rádio e televisão, desligamento e filiação partidária e foi alterada pela Lei nº 12.034 de 2009 e, recentemente, pela Lei nº 13.165/2015. Também busca afirmar a autonomia partidária, igualmente assegurada pelo art. 17, §1º[12] da Constituição Federal. A Lei nº 9.096/95 atribui aos partidos políticos a condição de pessoa jurídica de direito privado e, por via de consequência, os litígios decorrentes da relação partidária são de competência da Justiça Comum.

O partido político é livre, observadas as disposições constitucionais e as desta lei, para fixar em seu programa seus objetivos políticos e para estabelecer, em seu estatuto, a sua estrutura interna, organização e funcionamento.

O princípio da autonomia partidária não é absoluto, devendo os partidos observarem os ditames constitucionais como caráter nacional, proibição de recebimento de recursos estrangeiros, prestação de contas à Justiça Eleitoral e funcionamento parlamentar de acordo com a lei.

Só ocorre intervenção da Justiça Eleitoral no partido político quando as questões ultrapassem sua autonomia interna para atingir o processo eleitoral (do registro até a diplomação com o uso da ação de impugnação de mandato eletivo).

---

[12] Constituição Federal: "Art. 17. [...] §1º É assegurada aos partidos políticos autonomia para definir sua estrutura interna, organização e funcionamento e para adotar os critérios de escolha e o regime de suas coligações eleitorais, sem obrigatoriedade de vinculação entre as candidaturas em âmbito nacional, estadual, distrital ou municipal, devendo seus estatutos estabelecer normas de disciplina e fidelidade partidária".

A Lei nº 9.096 dispõe que ao estabelecer as alterações na composição dos órgãos de direção (comissões provisórias e diretórios) dos partidos políticos, deverão ser feitas as anotações nos Tribunais Eleitorais. Destaca-se que na sessão administrativa de 3.3.2016 a Corte Superior Eleitoral decidiu suspender por um ano, a partir daquela data, a vigência do art. 39 da Resolução nº 23.465/2015,[13] que trata da criação, organização, funcionamento e extinção dos partidos políticos, para o fim de conceder prazo para que os partidos regularizem as comissões provisórias.

Não é mais necessário processo de registro de seus órgãos partidários para os partidos políticos que possuem registro definitivo no Tribunal Superior Eleitoral. Aos Tribunais Regionais Eleitorais serão comunicadas as alterações dos órgãos regionais e municipais, e ao Tribunal Superior Eleitoral as dos órgãos partidários nacionais. Os juízes eleitorais recebem comunicações dos Tribunais Regionais das alterações havidas.

É livre a criação, fusão, incorporação e extinção dos partidos políticos cujos programas respeitem a soberania nacional, o pluripartidarismo e os direitos fundamentais da pessoa humana e o regime democrático.

Só é admitido o registro do estatuto do partido que tenha caráter nacional, considerando como tal aquele que comprove, no período de dois anos, o apoio de eleitores correspondente a, pelo menos, 0,5% (cinco décimos por cento) dos votos dados na última eleição geral da Câmara dos Deputados, não computados brancos e nulos, distribuídos por 1/3 (um terço) ou mais, dos Estados, com um mínimo de 0,1% (um décimo por cento) do eleitorado que haja votado em cada um deles.[14]

---

[13] Resolução nº 23.465: "Art. 39. As anotações relativas aos órgãos provisórios têm validade de 120 (cento e vinte) dias, salvo se o estatuto partidário estabelecer prazo razoável diverso. (Redação dada pela Resolução nº 23.471/2016) §1º Em situações excepcionais e devidamente justificadas, o partido político pode requerer ao Presidente do Tribunal Eleitoral competente a prorrogação do prazo de validade previsto neste artigo, pelo período necessário à realização da convenção para escolha dos novos dirigentes. §2º A prorrogação do prazo de validade dos órgãos provisórios não desobriga o partido de adotar, com a urgência necessária, as medidas cabíveis para a observância do regime democrático a que está obrigado nos termos dos arts. 1º, 2º e 48, parágrafo único, desta resolução".

[14] Lei nº 9.096/95. Art. 7º. § 1º Só é admitido o registro do estatuto de partido político que tenha caráter nacional, considerando-se como tal aquele que comprove, no período de dois anos, o apoiamento de eleitores não filiados a partido político, correspondente a, pelo menos, 0,5% (cinco décimos por cento) dos votos dados na última eleição geral para a Câmara dos Deputados, não computados os votos em branco e os nulos, distribuídos por um terço, ou mais, dos Estados, com um mínimo de 0,1% (um décimo por cento) do eleitorado que haja votado em cada um deles. (Redação dada pela Lei nº 13.165, de 2015).

O partido político, após adquirir personalidade jurídica na forma da lei civil e organizar-se em cada estado, deverá registrar seu estatuto no Tribunal Superior Eleitoral.

A prova do apoio mínimo de eleitores é feita por meio de suas assinaturas, com menção ao número do respectivo título eleitoral, em listas organizadas para cada zona, sendo a veracidade das respectivas assinaturas e o número dos títulos atestados pelo escrivão eleitoral.

O requerimento do registro de partido político, dirigido ao cartório competente do Registro Civil das Pessoas Jurídicas, da Capital Federal, deve ser subscrito pelos seus fundadores, em número nunca inferior a cento e um, com domicílio eleitoral em, no mínimo, um terço dos estados, e será acompanhado de:

I - cópia autêntica da ata da reunião de fundação do partido;

II - exemplares do Diário Oficial que publicou, no seu inteiro teor, o programa e o estatuto;

III - relação de todos os fundadores com o nome completo, naturalidade, número do título eleitoral com a Zona, Seção, Município e Estado, profissão e endereço de residência.

O requerimento indicará o nome e função dos dirigentes provisórios e o endereço da sede do partido na Capital Federal. Satisfeitas as exigências deste artigo, o oficial do Registro Civil efetua o registro no livro correspondente, expedindo certidão de inteiro teor.

Somente em seguida ao ato de registro do seu estatuto no Tribunal Superior Eleitoral é que o partido político adquire o direito de credenciar delegados que o representem; de receber recursos do fundo partidário; de participar do processo eleitoral; de ter acesso gratuito ao rádio e televisão nos casos previstos nas leis; de veicular campanha na internet; e ainda de ter direito exclusivo ao uso de seu nome, sigla e símbolos.

O partido com registro no Tribunal Superior Eleitoral pode credenciar, respectivamente: delegados perante o juiz eleitoral; delegados perante o Tribunal Regional Eleitoral; delegados perante o Tribunal Superior Eleitoral.

Os delegados credenciados pelo órgão de direção nacional representam o partido perante quaisquer tribunais ou juízes eleitorais; os credenciados pelos órgãos estaduais, somente perante o Tribunal Regional Eleitoral e os juízes eleitorais do respectivo estado, do Distrito

Federal ou território federal; e os credenciados pelo órgão municipal, perante o juiz eleitoral da respectiva jurisdição.

O partido político funciona, nas Casas Legislativas, por intermédio de uma bancada, que deve constituir suas lideranças de acordo com o estatuto do partido, as disposições regimentais das respectivas Casas e as normas desta lei.

O Supremo Tribunal Federal considerou inconstitucional o art. 13 da Lei nº 9.096/95 que estabelecia restrições ao funcionamento parlamentar para os partidos políticos com baixo desempenho eleitoral, denominadas cláusula de barreira. A decisão deu-se no julgamento conjunto das ADIs nºs 1.351 e 1.354, da relatoria do Min. Marco Aurélio. Para os ministros, a cláusula de barreira compromete o bom funcionamento parlamentar, além de violar o princípio da igualdade e da proporcionalidade entre os partidos.

Em regra, a Justiça Eleitoral é mero órgão anotador/registrador da situação partidária, não podendo imiscuir-se em questões *interna corporis*, como exemplo, o exercício do mandato, intervenção de diretório estadual e diretório municipal.

No entanto, a partir do entendimento fixado na Consulta nº 1.398, respondida pelo Tribunal Superior Eleitoral, de que os mandatos pertencem aos partidos e que a infidelidade é uma hipótese para cassação de parlamentar, decisão que foi referendada pelo Plenário do STF (MS nºs 26.602, 26.603 e 26.604), o Tribunal Superior Eleitoral é responsável pelo julgamento dos casos de infidelidade partidária, ainda que se refiram ao exercício do mandato.

O partido é obrigado a prestar contas à Justiça Eleitoral anualmente até o dia 30 de abril e, no ano da eleição, quatro meses antes e dois meses após o dia da eleição, sob pena de perda de repasse do fundo partidário e cancelamento do registro civil.

Importante modificação trazida pela Lei nº 13.165 foi o fim da necessidade de os partidos organizarem comitê financeiro eleitoral para a realização do controle de gastos. Esses comitês serviam para a movimentação dos recursos financeiros nas campanhas eleitorais.

A nova redação do art. 34 da Lei nº 9.096 determina a designação de dirigentes partidários específicos para movimentar recursos financeiros nas campanhas eleitorais. Complementarmente, modificações introduzidas na Lei nº 9.504/97 definem que incumbe ao próprio candidato fazer, diretamente ou por intermédio de terceiro designado, a administração financeira de sua campanha usando recursos repassados pelo partido, recursos próprios ou doações de pessoas físicas, responsabilizando solidariamente candidato e terceiro designado pela veracidade das informações prestadas.

Em decorrência do fim dos comitês financeiros, o art. 22-A da Lei nº 9.504/97 foi modificado para requerer a obrigatoriedade apenas dos candidatos de se inscreverem no Cadastro Nacional da Pessoa Jurídica – CNPJ. Outra alteração do diploma legal modificou a competência para definir o limite dos gastos de campanha de lei federal, transferindo-a para o Tribunal Superior Eleitoral, que deve utilizar-se de parâmetro legais conforme o art. 18, destacando-se a multa de 100% sobre o valor da quantia que ultrapassar o limite estabelecido.

Ainda em relação ao controle dos recursos das campanhas, extinguiu-se a inaplicabilidade do art. 22 aos casos de candidatura para vereador em municípios com menos de vinte mil eleitores, mantendo-a apenas para os casos de candidatura para prefeito e vereador em municípios onde não haja agência bancária ou posto de atendimento bancário.

5.3 Coligações partidárias

Conceitua-se coligação partidária a união de dois ou mais partidos políticos com o fito de concorrer a determinado pleito eleitoral, em que há necessariamente uma unicidade de interesses e integração ideológica a fim de somar forças em prol de um objetivo comum. A coligação pode ser formada para a concorrência em eleições majoritárias e proporcionais em uma mesma circunscrição eleitoral nos termos do *caput* do art. 6º da Lei 9.504/97.[15]

Destaca-se que circunscrição eleitoral tem um sentido diferente de zona eleitoral, conforme consta da redação do art. 86 da Lei nº 4.737/1965 (Código Eleitoral). Nas eleições presidenciais, a circunscrição será o país; nas eleições federais e estaduais, o estado; e nas municipais, o respectivo município.

A Lei nº 12.034/2009 introduziu o §1º-A no art. 6º da Lei nº 9.504/97 para determinar que "a denominação da coligação não poderá coincidir, incluir ou fazer referência a nome ou número de candidato, nem conter pedido de voto para partido político". Dessa forma

---

[15] Lei nº 9.504/97: "Art. 6º É facultado aos partidos políticos, dentro da mesma circunscrição, celebrar coligações para eleição majoritária, proporcional, ou para ambas, podendo, neste último caso, formar-se mais de uma coligação para a eleição proporcional dentre os partidos que integram a coligação para o pleito majoritário".

evita-se que um candidato ou partido político obtenha vantagem injusta em relação aos demais coligados, obtendo reafirmação do art. 242 do Código Eleitoral que obriga menção a legenda partidária.[16]

Importante inovação da supracitada lei constituiu o mínimo de 30% (trinta por cento) e o máximo de 70% (setenta por cento) para candidaturas de cada gênero. Destarte, pretende-se um equilíbrio entre os gêneros tendo em vista a histórica sub-representatividade feminina nas instâncias políticas do país.

Em caso de denominações idênticas de coligações, a Resolução nº 23.455/2015 do Tribunal Superior Eleitoral atribui no art. 6º, §2º ao juiz eleitoral a competência para decidir, observadas as regras relativas à homonímia de candidatos.

É possível asseverar que as coligações são pessoas jurídicas formais, de direito privado. Sua formação possui caráter temporário[17] até o momento da diplomação, a partir do qual os partidos coligados voltam a ter capacidade processual para agir isoladamente consoante já consagrado no Tribunal Superior Eleitoral.[18] E, ainda que possua caráter temporário, sua regularidade independe da do candidato que a integra.[19]

Em atenção à responsabilidade de cada partido por seus candidatos, incluiu-se o §5º no art. 6º da Lei nº 9.504/97 para atribuir responsabilidade solidária pelo pagamento de multas decorrentes de propaganda eleitoral apenas entre os candidatos e respectivos partidos, não alcançando outros partidos integrantes da coligação.

---

[16] Código Eleitoral: "Art. 242. A propaganda, qualquer que seja a sua forma ou modalidade, mencionará sempre a legenda partidária e só poderá ser feita em língua nacional, não devendo empregar meios publicitários destinados a criar, artificialmente, na opinião pública, estados mentais, emocionais ou passionais".

[17] "Tribunal Superior Eleitoral. Consulta. Detentor. Cargo eletivo proporcional. Transferência. Partido integrante da coligação. Mandato. Perda. 1. A formação de coligação constitui faculdade atribuída aos partidos políticos para a disputa do pleito, conforme prevê o art. 6º, caput, da Lei nº 9.504/97, tendo a sua existência caráter temporário e restrita ao processo eleitoral. 2. Conforme já assentado pelo Tribunal, o mandato pertence ao partido e, em tese, estará sujeito à sua perda o parlamentar que mudar de agremiação partidária, ainda que para legenda integrante da mesma coligação pela qual foi eleito. Consulta respondida negativamente" (Consulta nº 1.439. Resolução nº 22.580, de 30.8.2007. Rel. Min. Carlos Eduardo Caputo Bastos. *DJ*, 24 set. 2007. p. 141).

[18] Tribunal Superior Eleitoral. Recurso Especial Eleitoral nº 138. Acórdão de 10.3.2015. Rel. Min. Maria Thereza Rocha De Assis Moura.

[19] Tribunal Superior Eleitoral. Recurso Especial Eleitoral nº 33.645. Acórdão de 24.3.2015. Rel. Min. Gilmar Ferreira Mendes: "[...] 1. Deve ser afastada a preliminar de ilegitimidade ativa da coligação em razão do indeferimento do registro de seu candidato, uma vez que as coligações, embora tenham existência efêmera, possuem personalidade própria, cuja regularidade independe da do candidato".

Com a minirreforma eleitoral de 2015, o prazo final para os partidos e as coligações requererem o registro de candidatura de seus escolhidos foi alterado de 5 de julho para 15 de agosto do ano da eleição, até às 19 horas.

A lei vai além ao estabelecer o prazo de até 20 dias da data das eleições para que todos os pedidos de registro, incluindo os impugnados e os respectivos recursos, estejam devidamente julgados pelas instâncias ordinárias, com as decisões a eles relativas devidamente publicadas. O que é muito criticado, tendo em vista que para muitos significa impor ao Judiciário prazos inexequíveis.

Outrossim, a minirreforma provocou alterações no número de candidatos de cada partido ou coligação a serem registrados pela Justiça Eleitoral dependendo do caráter proporcional ou majoritário do pleito. Nos pleitos majoritários deve-se apresentar número idêntico de candidatos ao de vagas a serem preenchidas, enquanto no pleito proporcional não é possível extrapolar o percentual de 150% (cento e cinquenta por cento) da quantidade de vagas. Nos pleitos proporcionais há exceção das unidades da Federação em que o número de lugares a preencher para a Câmara dos Deputados não ultrapassar doze e, nos municípios de até cem mil eleitores, ampliando-se o limite até 200%.

Segundo a Lei nº 13.165/2015, os partidos políticos, as coligações e os candidatos devem, durante as campanhas eleitorais, divulgar no *site* da Justiça Eleitoral, em até 72 horas de seu recebimento, os recursos em dinheiro recebidos para financiamento de campanha e, no dia 15 de setembro, deverão encaminhar relatório discriminando as transferências do Fundo Partidário, os recursos em dinheiro e os estimáveis em dinheiro recebidos, bem como os gastos realizados, devendo indicar, nos dois prazos supra, os nomes, o CPF ou CNPJ dos doadores e os respectivos valores doados.

No tocante à legitimidade ativa da coligação para atuar em processos, o art. 6º, §4º delimitou:

> o partido político coligado somente possui legitimidade para atuar de forma isolada no processo eleitoral quando questionar a validade da própria coligação, durante o período compreendido entre a data da convenção e o termo final do prazo para a impugnação do registro de candidatos.

No Recuso Especial Eleitoral nº 3.776.232,[20] firmou-se o entendimento de que "a coligação detém legitimidade para ajuizar ações eleitorais, mesmo depois da realização das eleições, haja vista que os atos praticados durante o processo eleitoral podem repercutir até após a diplomação".

Adicionalmente, precedentes do Tribunal Superior Eleitoral sobre legitimidade asseveraram que as coligações não dispõem de legitimidade ativa *ad causam* para dar início à fase de cumprimento de sentença visando ao recebimento da multa diária pelo descumprimento de ordem judicial de retirada da propaganda eleitoral irregular, sendo parte legítima apenas a União.[21] Ainda, firmou-se que coligação e partido político são partes ilegítimas para recorrer de decisão em processo de prestação de contas de candidato adversário.[22]

---

[20] Recuso Especial Eleitoral nº 3.776.232. Rel. Min. Fátima Nancy Andrighi. *DJE*, 8 nov. 2011.
[21] Tribunal Superior Eleitoral. Agravo Regimental em Agravo de Instrumento nº 615.769. Acórdão de 10.11.2015. Rel. Min. Antônio Herman de Vasconcellos e Benjamin.
[22] Tribunal Superior Eleitoral. Agravo Regimental em Agravo de Instrumento nº 54.943. Acórdão de 30.4.2015. Rel. Min. Gilmar Ferreira Mendes.

CAPÍTULO 6

CONDIÇÕES DE ELEGIBILIDADE

6.1 Condições de elegibilidade: requisitos constitucionais e infraconstitucionais

Tendo em vista alcançar a normalidade e a legitimidade das eleições, protegendo a probidade administrativa e considerando a vida pregressa das pessoas, o ordenamento estatui diversos requisitos que devam ser preenchidos para possibilitar a condição de ser candidato ou o direito de ser votado. Esse sistema de pressupostos denomina-se elegibilidade.

A elegibilidade corresponde ao direito político passivo, ou seja, "conjunto de normas jurídicas que regulam a participação do indivíduo na vida política do país, como candidato a cargo eletivo, ou mesmo depois de eleito".[1]

Em outras palavras, é a capacidade eleitoral passiva, consistente na possibilidade de o cidadão pleitear determinados mandatos políticos mediante eleição popular, desde que preenchidos certos requisitos.

Djalma Pinto conceitua elegibilidade como o "direito subjetivo público de submeter alguém o seu nome ao eleitorado, visando à obtenção de um mandato".[2] Pinto Ferreira entende como sendo "a capacidade eleitoral passiva, o poder de ser votado".[3] Para Afonso

---

[1] QUEIROZ, Ari Ferreira. *Direito eleitoral*. 4. ed. rev., ampl. e atual. até fevereiro de 1998. Goiânia: Jurídica IEPC, 1998. p. 54.

[2] PINTO, Djalma. *Direito eleitoral*: anotações e temas polêmicos. 2. ed. rev. e atual. de acordo com a lei que disciplina as eleições de outubro/2000. Rio de Janeiro: Forense, 2000. p. 37.

[3] FERREIRA, Pinto. *Comentários à Constituição Brasileira*. p. 306. v. 1 *apud* PINTO, Djalma. *Direito eleitoral*: anotações e temas polêmicos. 2. ed. rev. e atual. de acordo com a lei que disciplina as eleições de outubro/2000. Rio de Janeiro: Forense, 2000. p. 37.

da Silva, consiste "a elegibilidade no direito de postular a designação pelos eleitores a um mandato político no Legislativo ou no Executivo".[4]

A capacidade eleitoral ativa, a condição de eleitor, é condição, mas não suficiente, para a capacidade eleitoral passiva, o direito de ser votado.

Da mesma forma que o alistamento eleitoral é mister para capacidade de eleitor, a elegibilidade é requisito para que um cidadão seja candidato a pleitear um cargo público, portanto a elegibilidade refere-se à capacidade de ser eleito. No entanto ressalta-se que, embora sendo requisito imprescindível, a completude da capacidade passiva ocorre somente após o registro da candidatura.

6.2 Condições de elegibilidade constitucionais

São pressupostos previstos na Constituição da República Federativa Brasileira de 1988 as condições de elegibilidade constitucionais, que devem ser satisfeitas para viabilizar a pretensão de candidatura.

Dispõe o art. 14, §3º da CF que são condições de elegibilidade a nacionalidade brasileira; o pleno exercício dos direitos políticos; o alistamento eleitoral; o domicílio na circunscrição; a filiação partidária e a idade mínima. Além de outros estabelecidos pela legislação infraconstitucional, mais especificamente, a Lei nº 9.504/97, como exemplo, a quitação eleitoral e a indicação em convenção partidária.

6.2.1 Nacionalidade brasileira

Apenas pode se candidatar o eleitor brasileiro, nato ou naturalizado. Caso tenha sua naturalização cancelada, não mais poderá votar ou ser votado. São privativos de brasileiro nato os seguintes cargos eletivos: presidente e vice-presidente da República; presidente da Câmara dos Deputados; presidente do Senado Federal.

A Constituição Federal adota dois critérios para a caracterização dos brasileiros natos. Pelo *jus soli*, são brasileiros aqueles nascidos no Brasil, mesmo que os pais sejam estrangeiros, desde que estes não estejam a serviço de seu país; pelo *jus sanguini*, aqueles que nasceram no estrangeiro, filhos de pais brasileiros, que estavam a serviço da

---

[4] SILVA, José Afonso. *Curso de direito constitucional positivo.* 23. ed rev. e atual. nos termos da reforma constitucional (até a Emenda Constitucional nº 42, de 19.12.2003, publicada em 32.12.2003). São Paulo: Malheiros, 2004. p. 365.

República Federativa do Brasil e os filhos de pai brasileiro ou mãe brasileira que vieram residir no Brasil e optaram pela nacionalidade brasileira.

É salutar informar:

> a opção pode ser feita a qualquer tempo, desde que venha o filho de pai brasileiro ou de mãe brasileira, nascido no estrangeiro, a residir no Brasil. Essa opção somente pode ser manifestada depois de alcançar a maioridade. É que a opção, por decorrer da vontade, tem caráter personalíssimo. Exige-se, então, que o optante tenha capacidade plena para manifestar a sua vontade, capacidade que se adquire com a maioridade. Vindo o nascido no estrangeiro, de pai brasileiro ou de mãe brasileira, a residir no Brasil, ainda menor, passa a ser considerado brasileiro nato, sujeita essa nacionalidade a manifestação de vontade do interessado, mediante opção, depois de atingida a maioridade. Atingida a maioridade, enquanto não modificada a opção, esta passa a constituir-se em condição suspensiva da nacionalidade brasileira.[5]

Ressalta-se que a opção ora referida, embora potestativa, não ocorre de maneira livre, visto ser necessário o ingresso do pedido via judicial através da jurisdição voluntária para que, após analisados os requisitos objetivos e subjetivos, alcance via sentença judicial a homologação da nacionalidade brasileira.

Para o caso dos brasileiros natos descritos pela Constituição Federal há a necessidade do registro civil, este regulado pela Lei nº 6.015/73 e alterações. Ademais, o registro civil consiste na prova da nacionalidade brasileira para efeitos legais.

Contemplam-se como brasileiros os estrangeiros que na forma da Lei nº 6.815/80 adquiriram a nacionalidade, no entanto, depois de supridas as exigências de residência por um ano ininterrupto e idoneidade moral para os originários de língua portuguesa, e domicílio de mais de quinze anos e sem condenação penal para os estrangeiros de qualquer nacionalidade, conforme art. 12, II, da Constituição Federal.

É possível a candidatura de brasileiros naturalizados. Admite-se, também, como exceção, a candidatura de português que resida permanentemente no Brasil, em face do estatuto da igualdade. Segundo o art. 12, §1º, CF, "aos portugueses com residência permanente no país

---

[5] Supremo Tribunal Federal, Plenário. AC nº 70-QO/RS, 25.09.03. Min. Sepúlveda Pertence. *DJ*, 12 mar. 2004 (RE nº 418.096. Rel. Min. Carlos Velloso. *DJ*, 22 abr. 2005). Mesmo conteúdo possui o julgado do STF no RE nº 415.957/RS. *DJ*, 16 set. 2005.

se houver reciprocidade em favor de brasileiros, serão atribuídos os direitos inerentes ao brasileiro, salvo os casos previstos nesta Constituição".[6]

A nacionalidade é pressuposto da cidadania. Apenas os nacionais podem participar da definição de rumos da nação.

6.2.2 O pleno exercício dos direitos políticos

O pleno exercício dos direitos políticos diz respeito à integral capacidade de exercer a cidadania, podendo votar ou ser votado. Ao candidato não podem recair as hipóteses de perda ou suspensão de direitos políticos, inelegibilidade e não ser inalistável ou analfabeto.[7] "A plenitude de direitos políticos é condição *sine qua non* para a elegibilidade".[8]

Definem-se direitos políticos como:

> participação do nacional no processo político, votando, sendo votado, exercendo cargo público e fiscalizando os atos dos detentores do poder, é traço do Estado Democrático de Direito. Assim, ao lado da liberdade-autonomia, que se traduz na existência de direitos inerentes ao indivíduo e oponíveis ao Estado, fala-se em liberdade-participação, entendida como a prerrogativa do indivíduo de participar da vida política do Estado. Os direitos políticos configuram, pois essa liberdade-participação, que é assegurada a determinada categoria de nacionais, os chamados cidadãos. Portanto, há que se distinguir entre nacional e cidadão: nacional é aquele que se acha vinculado ao estado por um liame jurídico-político, que, como vimos, o sujeita à ordem jurídica estatal; já o cidadão é o nacional capaz de exercer direitos políticos.[9]

A privação dos direitos políticos pode ser: definitiva, através da cassação, que é a privação de direitos políticos por ato exclusivo do Executivo, proibido pela CF/88, art. 15; duradoura, através da perda dos direitos políticos; e temporária, por meio da suspensão desses direitos.

---

[6] QUEIROZ, Ari Ferreira. *Direito eleitoral*. 4. ed. rev., ampl. e atual. até fevereiro de 1998. Goiânia: Jurídica IEPC, 1998. p. 55.

[7] JARDIM, Torquato. *Direito eleitoral positivo, conforme a nova lei eleitoral*. 2. ed. Brasília: Brasília Jurídica, 1998. p. 57.

[8] QUEIROZ, Ari Ferreira. *Direito eleitoral*. 4. ed. rev., ampl. e atual. até fevereiro de 1998. Goiânia: Jurídica IEPC, 1998. p. 55.

[9] CARVALHO, Kildare Gonçalves. *Direito constitucional didático*. Belo Horizonte: Del Rey, 1997. p. 251.

Existem duas hipóteses de privação duradoura: a primeira se dá por cancelamento da naturalização por sentença judicial transitada em julgado, ou por motivo de exercício de atividade nociva ao interesse social.

A República Federativa do Brasil teve a preocupação de estabelecer a perda dos direitos políticos daqueles que perdem a nacionalidade brasileira, já que nada é mais lógico, pois como poderia um cidadão de origem estrangeira cuidar de assuntos de interesses do Brasil e de seu povo? Como consequência dessa perda, o indivíduo retorna à situação de estrangeiro, perdendo também os direitos políticos, pois o atributo da cidadania é próprio dos que possuem nacionalidade.

Cabe lembrar que somente o Poder Judiciário possui competência para realizar a decretação da perda dos direitos políticos (Justiça Federal, art. 109, X, da CF).

A reaquisição da nacionalidade só é possível mediante ação rescisória, e, uma vez readquirida, o brasileiro poderá inscrever-se como eleitor.

A segunda hipótese de privação duradoura dos direitos políticos é o cancelamento da naturalização por adquirir outra nacionalidade. Nesse caso, a reaquisição da nacionalidade brasileira, segundo o art. 36, da Lei nº 8.188/49, é possível por ato do presidente da República. Quanto a esta hipótese, existem duas situações excepcionais em que o indivíduo não perderá a nacionalidade brasileira: quando o país estrangeiro reconhece a nacionalidade originária do brasileiro, e quando ao brasileiro for imposta, como condição de permanência no território de estado estrangeiro ou para o exercício de direitos cíveis, a aquisição de outra nacionalidade.

O art. 5º, VIII, da Constituição Federal assegura a liberdade de convicção e de crença, salvo se invocada para efeito de eximir-se de obrigação legal a todos imposta e recusar-se ao cumprimento de obrigação alternativa fixada em lei. A recusa ao cumprimento de obrigações da espécie, bem assim de obrigações alternativas legalmente fixadas, gera a perda dos direitos políticos. Com efeito, o indivíduo possui o direito à escusa de consciência; mas deve, neste caso, cumprir a obrigação alternativa, sob pena de perda dos direitos políticos.

Para que haja perda dos direitos políticos é mister que estejam presentes os dois requisitos essenciais: descumprimento de uma obrigação a todos imposta e recusa à realização de uma prestação alternativa fixada em lei.

Entende o Supremo:

a perda da nacionalidade brasileira, por duas vezes somente pode ocorrer nas hipóteses taxativas da Constituição da República, não se revelando lícito, ao Estado brasileiro, seja mediante simples regramento legislativo, seja mediante tratados ou convenções internacionais, inovar nesse tema, quer para ampliar, quer para restringir, quer, ainda, para modificar os casos autorizadores da privação – sempre excepcional – da condição político-jurídica de nacional do Brasil.[10]

As hipóteses de privação temporária (suspensão dos direitos políticos) estão previstas no art. 15 da Constituição Federal, ocasionando a exclusão da cidadania. Implica-se a própria retirada do nome do eleitor do rol dos integrantes do corpo eleitoral, ou seja, o cancelamento da inscrição (art. 71, §1º, do Código Eleitoral). Daí porque o atingido por tão rigorosa sanção não pode integrar partido político, muito menos fundar ou comandar tais agremiações.[11]

A primeira hipótese de suspensão dos direitos políticos é a incapacidade absoluta (art. 3ª do Código Civil), atribuída aos menores de 16 anos e aos que, por enfermidade ou deficiência mental, não tiveram o necessário discernimento para a prática desses atos e os que, mesmo por causa transitória, não puderem exprimir sua vontade.

A incapacidade civil superveniente é um dos efeitos secundários da sentença judicial que decreta a interdição, a qual gera a suspensão dos direitos políticos.

Para isso basta a decretação da interdição do incapaz, nos termos dos arts. 446 e 462 do Código Civil, nas hipóteses do art. 5º do referido diploma legal, para que decorra como efeito secundário e específico da sentença judicial a suspensão dos direitos políticos enquanto durarem os efeitos da interdição.

O legislador tratou apenas como suspensão por motivo de incapacidade civil, pois dessa forma o indivíduo que recuperar seu estado normal, ou seja, a capacidade civil, poderá ter seus direitos políticos devolvidos.

A segunda hipótese de suspensão dos direitos políticos é a condenação criminal transitada em julgado, enquanto durarem os seus efeitos. Abrange contravenção, crime doloso e culposo, penas restritivas

---

[10] HC nº 83.113-QO. Rel. Min. Celso de Mello. *DJ*, 29 ago. 2003.

[11] PINTO, Djalma. *Direito eleitoral*: anotações e temas polêmicos. 2. ed. rev. e atual. de acordo com a lei que disciplina as eleições de outubro/2000. Rio de Janeiro: Forense, 2000. p. 49.

(art. 44 do CP), *sursis* (art. 77, CP) e multa, também enquanto perdurarem os seus efeitos. Constitui causa de suspensão dos direitos políticos, e mesmo após o cumprimento da pena, crime contra a economia popular, a fé pública, a administração pública, o patrimônio público, o mercado financeiro; o tráfico de entorpecentes; delitos eleitorais, entre outros.

Todos os sentenciados que sofrerem condenação criminal com trânsito em julgado estarão com seus direitos políticos suspensos até que ocorra a extinção da punibilidade como consequência automática e inafastável da sentença condenatória.[12] Assim, a condenação criminal transitada em julgado gera a suspensão dos direitos políticos enquanto perdurarem seus efeitos.

O requisito para a ocorrência dessa hipótese de suspensão dos direitos políticos é condenação criminal com trânsito em julgado – o art. 15, inc. III, da Carta Magna é autoaplicável, sendo consequência direta e imediata da decisão condenatória transitada em julgado, não havendo necessidade de manifestação expressa a respeito de sua incidência na decisão condenatória e prescindindo-se de quaisquer formalidades. Cabe lembrar que o termo "condenação criminal transitada em julgado" não faz distinção quanto ao tipo de infração cometida, abrangendo não só aquelas decorrentes da prática de crimes dolosos ou culposos, mas também as decorrentes de contravenção penal.

Nesse sentido, o Tribunal Superior Eleitoral, no Processo Administrativo nº 93.631,[13] sob a relatoria da Min. Laurita Hilário Vaz e, posteriormente, sendo relator designado o Min. Dias Toffoli, concluiu que resta mantida a suspensão dos direitos políticos prevista no art. 15,

---

[12] ROLLO, Alberto; BRAGA, Enir. *Inelegibilidade à luz da jurisprudência*. São Paulo: Fiuza, 1995. p. 73-77 (citação de vários precedentes jurisprudenciais).

[13] "Processo Administrativo. Consulta. Art. 15, III, Da Constituição Federal. Condenação Criminal. Extinção Da Punibilidade. Multa Não Satisfeita. Suspensão. Direitos Políticos. Permanência. Inelegibilidade. Art. 1º, I, E, Da Lc Nº 64/90. Anotação. 1. A pendência de pagamento da pena de multa, ou sua cominação isolada nas sentenças criminais transitadas em julgado, tem o condão de manter/ensejar a suspensão dos direitos políticos prevista pelo art. 15, III, da Constituição Federal. 2. O registro inserido na Base de Perda e Suspensão de Direitos Políticos somente será desativado quando cessados os motivos da suspensão, o que deverá ser comprovado pelo interessado ou comunicado pelo órgão competente. 3. Nos termos do art. 1º, I, e, da LC nº 64/90, o prazo de inelegibilidade, hipótese que abrange somente os condenados pelos crimes previstos no mencionado dispositivo, projeta-se por oito anos após o cumprimento da pena imposta, seja ela privativa de liberdade, restritiva de direito ou multa. 4. Necessidade de reiteração às corregedorias regionais eleitorais da orientação adotada por esta Corte Superior em relação ao tema" (Processo Administrativo nº 93.631. Acórdão de 23.4.2015. Rel. Min. Laurita Hilário Vaz. Rel. Designado Min. José Antônio Dias Toffoli. *DJE*, 20 maio 2015).

inc. III da Constituição Federal, diante da pendência de pagamento da pena de multa em sentenças criminais transitadas em julgado.

Além disso, nos autos da Consulta nº 33.673,[14] de relatoria da Min. Luciana Lóssio, consignou-se que a aferição do término da inelegibilidade deve ser feita a partir do cumprimento total da pena imposta, inclusive, após eventual perda de bens e de função pública.

Efeitos da condenação criminal: a suspensão dos direitos persistirá enquanto durarem as sanções impostas ao condenado, tendo total incidência durante o período de livramento condicional e, ainda, nas hipóteses de prisão albergue ou domiciliar, pois somente a execução da pena afasta a suspensão dos direitos políticos com base no art. 15, inc. III, da Constituição Federal.

Outra hipótese de suspensão dos direitos políticos é a improbidade administrativa, conforme art. 37, §4º da CF, cumulada com a Lei nº 8.429/92 e a Lei nº 10.628/02, segundo as quais os atos de improbidade administrativa importarão a perda da função pública, a indisponibilidade dos bens, o ressarcimento ao erário e a suspensão dos direitos políticos na forma e gradação previstas em lei, sem prejuízo da sanção penal cabível, reiterando a previsão de suspensão dos direitos políticos do art. 15, V, da Constituição Federal.

A recusa em cumprir obrigação a todos imposta ou sua prestação alternativa é outra hipótese de suspensão de direitos. A objeção de consciência é prevista no art. 5º, VIII da CF/88 e implicará a assunção de prestação alternativa à obrigação de alistar-se militarmente, tratando-se de caso de perda dos direitos políticos.

---

[14] "Consulta. Lei da Ficha Limpa. Inelegibilidade. Reconhecimento. Registro de Candidatura. Coisa Julgada. Eleição Seguinte. Inocorrência. Improbidade Administrativa. Pena. Prazo. Término. Título Condenatório. Cominações Impostas. Cumprimento. Crime. Prescrição da Pretensão Punitiva. Inelegibilidade. Não Incidência. 1. O reconhecimento ou não de determinada hipótese de inelegibilidade para uma eleição não configura coisa julgada para as próximas eleições. 2. Para efeito da aferição do término da inelegibilidade prevista na parte final da alínea l do inciso I do art. 1º da LC nº 64/90, o cumprimento da pena deve ser compreendido não apenas a partir do exaurimento da suspensão dos direitos políticos e do ressarcimento ao Erário, mas a partir do instante em que todas as cominações impostas no título condenatório tenham sido completamente adimplidas, inclusive no que tange à eventual perda de bens, perda da função pública, pagamento da multa civil ou suspensão do direito de contratar com o Poder Público ou receber benefícios ou incentivos fiscais ou creditícios, direta ou indiretamente. 3. Por ser a inelegibilidade prevista na alínea e do inciso I do art. 1º da LC nº 64/90 uma consequência da condenação criminal, não há como incidir a causa de inelegibilidade ante o reconhecimento da prescrição da pretensão punitiva pela Justiça Comum. 4. Resposta negativa ao primeiro e terceiro questionamentos; e afirmativa ao segundo" (Consulta nº 33.673. Rel. Min. Luciana Christina Guimarães Lóssio. *DJE*, 15 dez. 2015).

Mais uma hipótese de suspensão de direitos políticos é a opção pelo exercício dos direitos políticos em Portugal feita por brasileiro beneficiado pelo Estatuto Especial de Igualdade (art. 12 do Decreto nº 70.436/72). Os eleitores brasileiros beneficiados pelo Estatuto da Igualdade podem optar pelo exercício de seus direitos políticos em Portugal, hipótese em que a inscrição eleitoral no Brasil ficará suspensa. A comunicação dessa circunstância à Justiça Eleitoral é feita por via diplomática, chegando ao Tribunal Superior Eleitoral por intermédio do Ministério da Justiça.

Por fim, a falta de decoro parlamentar, é a última hipótese de suspensão de direitos políticos, conforme art. 55, II e §1º da CF/88 e art. 1º, I, "b", da LC nº 64/90.

A perda de mandato por falta de decoro parlamentar, ainda que questionada judicialmente, gera inelegibilidade, salvo se o cassado for reintegrado ao cargo – a inelegibilidade dá-se por oito anos, de acordo com a redação do art. 1º, I, "b" da Lei Complementar nº 64/90.

6.2.3 Alistamento eleitoral

O alistamento eleitoral consiste no reconhecimento da condição de eleitor, que por sua vez corresponde à aquisição da cidadania e integra o indivíduo no universo de eleitores.

O alistamento eleitoral, ingresso na cidadania formal, é a inscrição do eleitor para que ele exerça a capacidade política ativa de modo que detenha o poder para a escolha dos representantes legais. Assim, para que o cidadão possa vir a candidatar-se, primeiramente, tem que ser um eleitor.

O alistamento eleitoral "mais que mero ato de integração do indivíduo ao universo de eleitores, é a viabilidade do exercício efetivo da soberania popular, através do voto e, portanto, a consagração da cidadania".[15]

Alistamento eleitoral é o ato jurídico, personalíssimo, coordenado pela Justiça Eleitoral, que confere o direito de votar ao brasileiro que preencha os requisitos da Constituição e legislação extravagante, constituindo uma etapa da capacidade política e do exercício da cidadania. É, pois, requisito da elegibilidade.

Assim, para exercer a capacidade eleitoral ativa é necessário à pessoa efetuar o alistamento eleitoral mediante a qualificação, a

---

[15] CÂNDIDO, Joel José. *Direito eleitoral brasileiro*. 11. ed. 3. tir. Bauru: Edipro, 2005. p. 70.

demonstração de que preenche os requisitos para ser eleitor, a inscrição, o requerimento formulado em cartório pedindo a habilitação como eleitor e a expedição do respectivo título eleitoral.

Na prática,

> a qualificação consiste no simples fornecimento de dados pelo eleitor à Justiça Eleitoral, demonstrando que satisfaz os requisitos para postular o alistamento. É a identificação do alistando com base nas informações pessoais, passadas por ele próprio à Justiça Eleitoral, para aferição de sua capacidade para integrar o colégio eleitoral.[16]

O alistamento é obrigatório para todo brasileiro maior de 18 anos que não esteja incluído nas hipóteses de alistamento facultativo; o alistamento é facultativo para os analfabetos, maiores de 70 anos e maiores de 16 anos e menores de 18 anos. É facultativo o alistamento, no ano em que se realizarem eleições, do menor que completar 16 anos até a data do pleito. O título emitido nessas condições somente surtirá efeitos com o implemento da idade de 16 anos (Res./TSE nº 21.538/03).

A inscrição deve ser requerida para o local de domicílio eleitoral, que pode ser no lugar de residência como também onde possuir o eleitor vínculo afetivo, seja de natureza profissional, econômica, comunitária ou familiar. O juiz deferirá o pedido de inscrição, caso comprovado o preenchimento de todos os requisitos. Em havendo indeferimento, poderá ser interposto recurso ao Tribunal Regional Eleitoral no prazo de cinco dias.

É bem possível que o eleitor possua mais que um domicílio eleitoral, pois é suficiente a demonstração de vínculo afetivo na circunscrição para caracterizar a legitimidade de participar da escolha dos mandatários eletivos. A norma pretende evitar a ocorrência, também não improvável, de artifício político consistente no alistamento de eleitores sem qualquer relação com a zona eleitoral, fora de seu ambiente de convivência, desvirtuando a preferência dos reais cidadãos municipais.

Para realizar o alistamento, basta o eleitor dirigir-se ao Cartório munido com a documentação de identificação, realizar sua qualificação e requerer a inscrição eleitoral. Tal requerimento será submetido à decisão do juiz.

O juiz poderá, se tiver dúvida quanto à identidade do requerente ou a qualquer outro requisito para o alistamento, converter o julgamento

---

[16] PINTO, Djalma. *Direito eleitoral*: anotações e temas polêmicos. 2. ed. rev. e atual. de acordo com a lei que disciplina as eleições de outubro/2000. Rio de Janeiro: Forense, 2000. p. 1.

em diligência para que o alistando esclareça ou complete a prova ou, se for necessário, que o eleitor compareça pessoalmente à sua presença, conforme dispõe o §2º do art. 45 do Código Eleitoral. Em se tratando de omissão ou irregularidade insanável, deverá o juiz indeferir o alistamento. Em sendo sanável, o juiz fixará prazo razoável para tanto.

O Código Eleitoral fixa que o juiz eleitoral fará publicar quinzenalmente edital contendo a lista dos pedidos de inscrição, mencionando os deferidos, os indeferidos e os convertidos em diligência, contando-se dessa publicação o prazo para recurso.

No ano em que forem realizadas as eleições, diante do elevado número de pedidos de alistamento, bem como no período imediatamente posterior ao cancelamento de títulos pelo processo de revisão eleitoral, e tendo em vista a aplicação do procedimento previsto para as transferências eleitorais, seria de bom alvitre que se procedesse à publicação dos nomes das pessoas que estão requerendo alistamento, facultando aos partidos a impugnação, para, somente após prazo de impugnação dos partidos, se decidir pelo deferimento ou não dos pedidos.

Dispõe o §7º do art. 45 do Código Eleitoral que no caso de decisão judicial que indeferir o requerimento de inscrição caberá recurso a ser interposto pelo alistando prejudicado. Na hipótese de decisão deferindo o alistamento poderá recorrer qualquer delegado de partido. Tais recursos serão dirigidos ao Tribunal Regional Eleitoral. Não existindo previsão específica de prazo recursal, aplica-se a regra geral que fixa o prazo de três dias para os recursos eleitorais.

Diante da importância do momento do alistamento, pois sem eleitores legitimados não há eleição legítima, o Código Eleitoral, por seu art. 66, assegura aos partidos políticos, através de seus delegados, acompanhar os processos de inscrição; requerer a exclusão de qualquer eleitor inscrito ilegalmente e assumir a defesa do eleitor cuja exclusão esteja sendo promovida em confronto com a lei; examinar, sem perturbação do serviço e em presença dos servidores designados, os documentos relativos ao alistamento eleitoral, podendo deles tirar cópias ou fotocópias.

A previsão legal da possibilidade assegurada aos partidos de requerer a exclusão de qualquer eleitor inscrito ilegalmente trata-se de autêntica impugnação do alistamento que há de ser feita no momento em que se procede ao ato. Poderá o partido político comunicar irregularidades e omissões ao juiz solicitando que seja indeferido o pedido de alistamento, de plano ou após realização de diligência que venha a corroborar o alegado.

6.2.3.1 Efeitos do alistamento eleitoral

O ato do alistamento eleitoral reveste-se de complexidade, gerando vários efeitos após sua consecução. Ao preencher o Requerimento de Alistamento Eleitoral (RAE) o cidadão adquire a condição de eleitor, tendo direito a todas as benesses, quais sejam: participar de concurso público, cadastrar-se no Ministério da Fazenda (CPF), impetrar ação popular, retirar passaporte, retirar carteira de habilitação, abrir empresa, participar de licitações, entre outras.

Há outros efeitos do alistamento eleitoral, quais sejam:

1º) permite determinar a condição de eleitor, através do título de eleitor; 2º) os dados do alistamento são necessários para que possa ser determinado o número de representantes nas eleições proporcionais (vereadores, deputados estaduais e federais); 3º) pela permanente vinculação do eleitor a uma determinada seção eleitoral, atende-se ao propósito de oferecer uma maior comodidade para o cumprimento do dever do voto; 4º) delimitar o termo inicial da incorporação do eleitor ao corpo eleitoral da Circunscrição para que nela possa concorrer a cargo eletivo.[17]

Nos termos da Constituição Federal o alistamento é condição de elegibilidade – art. 14º, §3º, III, não podendo, portanto, participar ativamente do pleito eleitoral quem não se alistar. Por constituir condição de elegibilidade é que o pretenso candidato a cargo eletivo proporcional ou majoritário deverá fazer prova de que se alistou no período não inferior a um ano na circunscrição em que pretende concorrer (art. 9º da Lei nº 9.504/97). Da mesma forma para que o cidadão seja transferido para outra circunscrição eleitoral deverá provar que detém domicílio eleitoral a mais de três meses.

Para constituir e registrar partido político é necessário que todos seus membros fundadores sejam alistados (eleitores), devendo fazer-se prova do número de inscrição quando do ato do registro perante a Justiça Eleitoral.

São esses alguns efeitos gerados pelo alistamento eleitoral.

---

[17] MICHELS, Vera Maria Nunes. *Direito eleitoral*: de acordo com a Constituição Federal, LC 64/90, Leis 9.096/95, 9.504/97, 11.300/06, EC 52/06 e Resoluções do TSE. 5. ed. Porto Alegre: Livraria do Advogado, 2006. p. 15.

6.2.3.2 Cancelamento e suspensão de inscrição eleitoral e de alistamento eleitoral

A inscrição eleitoral é permanente, ou seja, depois de recebida, passa a fazer parte do rol de números que registram os cidadãos, como CPF, identidade, habilitação veicular, registro civil, entre outros. O número do título eleitoral constitui marca registrada de cada eleitor, não podendo ser passado para outro.

Muito embora o título seja permanente, este pode ser cancelado, suspenso ou excluído.

São hipóteses de cancelamento: falta no recadastramento eleitoral; não votar por três eleições consecutivas; falecimento; pluralidade e duplicidade. Só se exclui uma inscrição eleitoral após dois anos de cancelamento no cadastro nacional de eleitores.

A falta no recadastramento eleitoral é a primeira hipótese de que trata o art. 71 do Código Eleitoral, que decorre de vício no ato do alistamento. Pode ocorrer quando o cidadão era inalistável, ou o alistamento se deu por fraude, engano ou dolo contra os termos da lei (art. 5º, CE), ou o alistamento se deu com desobediência ao procedimento administrativo-eleitoral, sem as devidas qualificações e/ou inscrição (art. 42, CE). No caso, o transcurso do tempo não torna válido o que nasceu ofensivo à lei, de modo que nenhuma alegação de preclusão, prescrição ou decadência serve para afastar o cancelamento.

A segunda hipótese de cancelamento é quando o eleitor deixa de votar por três eleições consecutivas, causa introduzida na Lei Eleitoral por força da Lei nº 7.663/88. Essa causa só se perfaz quando o eleitor não comparecer às urnas por três eleições consecutivas, sem qualquer justificativa ou pagamento de multa.

O falecimento do eleitor é outra causa de cancelamento. Os oficiais de registro civil, sob pena da lei (art. 293, Código Eleitoral), enviarão até o dia 15 de cada mês, ao juiz eleitoral da zona em que oficiarem comunicação dos óbitos dos cidadãos alistáveis ocorridos no mês anterior para fins de cancelamento da inscrição, conforme art. 71, §3º, do Código Eleitoral. A comunicação envolverá, ainda, as mortes justificadas juridicamente de pessoas desaparecidas nas condições do art. 88 e parágrafo único da Lei de Registros Públicos (Lei nº 6.015/73).

Também é causa de cancelamento a pluralidade de inscrições, já que o eleitor tem direito apenas a um voto e um único alistamento. Independe se a pluralidade de inscrição eleitoral vem de fraude, de simples erro ou ignorância, importando ao direito eleitoral que o eleitor tenha direito apenas a uma inscrição eleitoral, devendo ser canceladas as demais.

Após o alistamento, no momento em que o eleitor tiver suspensos ou cassados os seus direitos políticos, operar-se-á a causa de suspensão de sua inscrição. Essas causas estão previstas no art. 15 da Constituição Federal, a saber, nos casos: de eleitor conscrito, ou seja, que passou a prestar serviço obrigatório militar; de condenação criminal transitada em julgado enquanto durarem os efeitos da sentença (enquanto estiver o réu cumprido pena, ainda que beneficiado pelo *sursis*); em que o eleitor for interdito ou curatelado; em que houver condenação em ação de improbidade administrativa e, por último, em que existir descumprimento de obrigação constitucional imposta e com recusa expressa à realização de uma prestação alternativa fixada em lei.

Em verdade esses procedimentos são internos dos Tribunais e Juízos Eleitorais, mas refletem consideravelmente no âmbito civil do cidadão alcançado.

6.2.4 Domicílio eleitoral

Ao requerer sua inscrição eleitoral, o cidadão deve informar o seu domicílio eleitoral, ou seja, o município onde poderá exercer seus direitos políticos, votando e, caso venha a adquirir a condição de candidato, sendo votado.

O domicílio eleitoral é o lugar de residência ou moradia do requerente, bastando o vínculo afetivo, econômico ou social e, verificado ter o alistando mais de uma, considerar-se-á domicílio qualquer uma delas.

Segundo o Tribunal Superior Eleitoral, "para o Código Eleitoral, domicílio é o lugar em que a pessoa mantém vínculos políticos, sociais e econômicos. A residência é a materialização desses atributos".[18]

Na conceituação de Ramayana, "o domicílio eleitoral é uma ficção jurídica e, na verdade, consagra uma expressão ímpar, adotada de forma específica no Código Eleitoral, e que tem a finalidade de organizar o eleitorado, conferindo certeza e segurança ao colégio eleitoral".[19]

Todavia não é correto confundir o domicílio eleitoral com o domicílio civil, pois há circunstâncias em que o eleitor residir em determinado município não constitui obstáculo a que se candidate em outra

---

[18] Ac. nº 4.769, de 2.10.2004. Rel. Min. Humberto Gomes de Barros; no mesmo sentido: Ac. nº 23.721, de 4.11.2004. Rel. Min. Humberto Gomes de Barros.

[19] RAMAYANA, Marcos. *Direito eleitoral*. 4. ed. Rio de Janeiro: Impetus, 2005. p. 76.

localidade onde é inscrito e com a qual mantém vínculos negociais, proprietários e empresariais, atividades políticas, familiares e afetivas.[20]

O Código Civil expressa que domicílio é o lugar onde o cidadão tem ânimo de permanecer, fixando-o ainda como sendo o lugar onde a pessoa resida com ânimo de permanência. Mostram-se, assim, dois critérios para consecução do domicílio civil: um objetivo, que é a residência, e outro subjetivo, o *animus* definitivo. Já no domicílio eleitoral basta a existência de algum vínculo afetivo com o município, como atuação profissional ou titularidade de propriedade.

Distinguindo o tipo de domicílio, o Código Eleitoral busca impedir que participem do corpo de eleitores pessoas estranhas à circunscrição, viciando o processo de escolha e vulnerando as eleições a condutas abusivas, pois mais fácil influenciar o conjunto de eleitores desinteressados no futuro da localidade cujos cargos estão em disputa.

Ainda quanto a domicílio eleitoral, acentua o Ministro Sálvio de Figueiredo Teixeira:

> O conceito de domicílio eleitoral não se confunde com o de domicílio do direito comum, regido pelo Direito Civil. Mais flexível e elástico, identifica-se com a residência e o lugar onde o interessado tem vínculos políticos e sociais. Não se pode negar tais vínculos políticos, sociais e afetivos do candidato com o município no qual, nas eleições imediatamente anteriores, teve ele mais da metade dos votos para o posto pelo qual disputava. O conceito de domicílio eleitoral, quando incontroversos os fatos, importa em matéria de direito, não de fato.[21]

A jurisprudência do Tribunal Superior Eleitoral é pacífica no sentindo da garantia ao direito de alistamento se comprovada a existência de vínculo político, afetivo, patrimonial e comunitário. A assertiva serve tanto para alistamento quanto para transferência, *verbis*:

> O domicílio eleitoral não se confunde, necessariamente, com o domicílio civil. A circunstância de o eleitor residirem determinado município

---

[20] "RECURSO ESPECIAL. TRANSFERÊNCIA DE DOMICÍLIO ELEITORAL. VÍNCULO POLÍTICO. SUFICIÊNCIA. PROVIMENTO. 1. A jurisprudência desta Corte se fixou no sentido de que a demonstração do vínculo político é suficiente, por si só, para atrair o domicílio eleitoral, cujo conceito é mais elástico que o domicílio no Direito Civil (AgR-AI nº 7286/PB, Rel. Min. Nancy Andrighi, DJE de 14.3.2013). 2. Recurso especial provido" (Recurso Especial Eleitoral nº 8.551. Rel. Min. Luciana Christina Guimarães Lóssio. *DJE*, 7 maio 2014).

[21] Acordão nº 16.397, de 29.8.2000.

não constitui obstáculo a que se candidate em outra localidade onde é inscrito e com a qual mantém vínculos (negócios, propriedades, atividades políticas).[22]

"O candidato deve ter domicílio eleitoral na circunscrição em que pretende concorrer pelo menos um ano antes do pleito. [...]"[23] e "Domicílio. Transferência. Existência de vínculos a abandonar a residência exigida. Vínculos patrimoniais, profissionais e comunitários. Provimento do agravo e do recurso".[24]

Portanto, resta configurado o conceito de domicílio eleitoral, bem como sua diferença relativa ao conceito de domicílio civil.

6.2.4.1 Transferência de domicílio eleitoral e a Lei nº 13.165/2015

No disciplinamento da transferência eleitoral, que bem pode ser aplicado por analogia ao alistamento, o ordenamento preceitua que antes de o juiz decidir sobre seu deferimento ou não e, portanto, antes de ser expedido o título eleitoral, deverá mandar publicar o requerimento na imprensa Oficial na capital, ou em cartórios nas demais localidades, podendo os interessados impugná-lo no prazo de 10 (dez) dias, de acordo com o art. 57 do Código Eleitoral.

A decisão judicial também será publicada, data a partir da qual se contará o prazo de 3 (três) dias para interposição de recurso, seja do eleitor, no caso de indeferimento, ou do delegado de qualquer partido, quando o pedido for deferido.

A transferência eleitoral, de uma zona para outra ou de uma seção para outra dentro da mesma zona, é perfeitamente possível. Será admitida a transferência entre zonas, em sendo preenchidos os seguintes requisitos: requerimento ao cartório eleitoral do novo domicílio, transcurso de, pelo menos, um ano da inscrição anterior, residência mínima de três meses no novo domicílio e prova de quitação com a Justiça Eleitoral.

---

[22] Ac. nº 18.124. Rel. Min. Garcia Vieira. Rel. designado Min. Fernando Neves.

[23] Res. nº 21.297, de 12.11.2002. Rel. Min. Fernando Neves; no mesmo sentido: Resolução nº 21.420, de 26.6.2003. Rel. Min. Ellen Gracie; Resolução nº 21.379, de 15.4.2003. Rel. Min. Fernando Neves; Resolução nº 21.521, de 7.10.2003. Rel. Min. Ellen Gracie; Resolução nº 21.564, de 18.11.2003. Rel. Min. Carlos Velloso.

[24] Acórdão nº 371, de 19.9.1996. Min. Diniz de Andrade.

CAPÍTULO 6
CONDIÇÕES DE ELEGIBILIDADE | 167

A minirreforma eleitoral deu nova redação ao art. 233-A do Código Eleitoral para incluir novas possibilidades em que é assegurado o voto em trânsito, inclusive trazendo a autorização específica para os integrantes das forças armadas em serviço.[25]

Assim, a nova lei prestigiou e facilitou o exercício da cidadania.

6.2.4.2 Revisão do eleitorado

Havendo indício de fraude no alistamento de uma zona ou município, o Tribunal Regional Eleitoral poderá determinar a realização de correição e, provada a fraude em proporção comprometedora, ordenará a revisão do eleitorado, obedecidas as instruções do Tribunal Superior Eleitoral e as recomendações que, subsidiariamente, baixar, com o cancelamento de ofício das inscrições correspondentes aos títulos que não forem apresentados à revisão.

A correição implica exame documental feito em Cartório para aferição de irregularidades. A revisão significa o chamamento em juízo de cada eleitor para atestar sua existência e o seu domicílio eleitoral na circunscrição.

A Lei Geral das Eleições, em seu art. 92, faculta ao Tribunal Superior Eleitoral determinar, mesmo que de ofício, a revisão ou correição eleitorais sempre que for verificada a ocorrência de uma destas hipóteses: a) o total de transferências de eleitores ocorridas no ano em

---

[25] Lei nº 13.165/15: "Art. 233-A. Aos eleitores em trânsito no território nacional é assegurado o direito de votar para Presidente da República, Governador, Senador, Deputado Federal, Deputado Estadual e Deputado Distrital em urnas especialmente instaladas nas capitais e nos Municípios com mais de cem mil eleitores. §1º O exercício do direito previsto neste artigo sujeita-se à observância das regras seguintes: I - para votar em trânsito, o eleitor deverá habilitar-se perante a Justiça Eleitoral no período de até quarenta e cinco dias da data marcada para a eleição, indicando o local em que pretende votar; II - aos eleitores que se encontrarem fora da unidade da Federação de seu domicílio eleitoral somente é assegurado o direito à habilitação para votar em trânsito nas eleições para Presidente da República; III - os eleitores que se encontrarem em trânsito dentro da unidade da Federação de seu domicílio eleitoral poderão votar nas eleições para Presidente da República, Governador, Senador, Deputado Federal, Deputado Estadual e Deputado Distrital. §2º Os membros das Forças Armadas, os integrantes dos órgãos de segurança pública a que se refere o art. 144 da Constituição Federal, bem como os integrantes das guardas municipais mencionados no §8º do mesmo art. 144, poderão votar em trânsito se estiverem em serviço por ocasião das eleições. §3º As chefias ou comandos dos órgãos a que estiverem subordinados os eleitores mencionados no §2º enviarão obrigatoriamente à Justiça Eleitoral, em até quarenta e cinco dias da data das eleições, a listagem dos que estarão em serviço no dia da eleição com indicação das seções eleitorais de origem e destino. §4º Os eleitores mencionados no §2º, uma vez habilitados na forma do §3º, serão cadastrados e votarão nas seções eleitorais indicadas nas listagens mencionadas no §3º independentemente do número de eleitores do Município".

curso seja dez por cento superior ao do ano anterior; b) o eleitorado for superior ao dobro da população entre dez e quinze anos, somada à de idade superior a setenta anos do território municipal; c) o eleitorado for superior a 65% da população do município projetada pelo IBGE – Instituto Brasileiro de Geografia e Estatística.

A democracia é fortalecida com a prevalência da vontade popular, que deve se expressar em cada eleição. Não é possível que eleitores não domiciliados em determinado município e, portanto, desconhecedores da prática político-administrativa dos candidatos, possam escolher os vereadores e prefeito que irão comandar os destinos da municipalidade.

Por este motivo, através do art. 71, §4º do Código Eleitoral, o Tribunal Superior Eleitoral disciplina a realização de revisões eleitorais. No prazo assinalado pelo juiz, normalmente de trinta dias, todos os eleitores devem se apresentar, pessoalmente, no Cartório ou nos postos criados para esta finalidade, com o objetivo de proceder às revisões de suas inscrições; portando documento de identidade, comprovante de domicílio, título eleitoral ou outro documento que comprove a condição de eleitor ou que demonstre que requereu inscrição ou transferência para o município.

O eleitor que não comparecer à revisão, ou que, em comparecendo, não comprovar a sua situação de domiciliado no município, terá automaticamente cancelada sua inscrição, podendo, ainda, ser responsabilizado penalmente, através do devido processo criminal, em se comprovando a prática de ilícito.

A comprovação de domicílio poderá ser feita mediante um ou mais documentos dos quais se infira ser o eleitor residente, ter vínculo profissional, patrimonial ou comunitário no município a abonar a residência exigida, a exemplo de contas de luz, água ou telefone, envelopes de correspondência, nota fiscal, contracheque, cheque bancário, documento do Incra, entre outros, a critério do juiz.

Subsistindo dúvida quanto à idoneidade do comprovante de domicílio apresentado ou ocorrendo a impossibilidade de apresentação de documento que indique o domicílio do eleitor, e, declarando este, sob as penas da lei, que tem domicílio no município, o juiz eleitoral poderá determinar as providências necessárias à obtenção da prova, inclusive através de verificação *in loco*.

O eleitor que não comprovar sua identidade ou domicílio não assinará o caderno de revisão, nem receberá o comprovante revisional e será certamente excluído por decisão judicial.

Ao final da revisão, o juiz deverá proferir sentença cancelando as inscrições de todos os eleitores com irregularidades de sua zona eleitoral. Essa sentença deverá ser publicada no local de costume no Cartório Eleitoral, cabendo recurso por parte de qualquer prejudicado no prazo três dias.

Tamanha a importância da revisão eleitoral, aos partidos políticos são facultados o acompanhamento e a fiscalização dos trabalhos, e deverão atuar através de seus delegados credenciados junto às zonas eleitorais, examinar os documentos apresentados pelos eleitores e comunicar por escrito qualquer irregularidade.

O eleitor pode requerer a mudança de domicílio eleitoral, comprovando a condição de eleitor e quitação com a justiça eleitoral, mediante requerimento no cartório eleitoral do novo domicílio, em até 100 (cem) dias antes das eleições e respeitando o intervalo de pelo menos um ano da inscrição anterior.

Deve ser comprovada a residência mínima de 03 (três) meses no novo domicílio, sendo suficiente a declaração com este fim subscrita pelo eleitor, tornando-se desnecessário ser atestado por autoridade policial.

Diferentemente do alistamento, na transferência eleitoral, antes de o juiz decidir sobre seu deferimento ou não e, portanto, antes de ser expedido o título eleitoral, deverá publicar o requerimento na imprensa oficial na capital, ou em cartórios nas demais localidades, podendo os interessados impugná-los no prazo de 10 (dez) dias, de acordo com o art. 57 do Código Eleitoral.

A decisão judicial também será publicada, data a partir da qual contar-se-á o prazo de três dias para interposição de recurso, seja do eleitor (no caso de indeferimento) ou do delegado de qualquer partido (quando o pedido for deferido).

6.2.5 Filiação partidária

A filiação partidária no direito eleitoral brasileiro é matéria de ordem constitucional por ser uma das condições de elegibilidade, art. 14, §3º, V, da CF, de forma que não sendo o eleitor filiado a partido político ele não poderá concorrer a cargo eletivo. A Lei nº 9.096/95, no seu art. 18, dispõe: "para concorrer a cargo eletivo, o eleitor deverá estar filiado ao respectivo partido pelo menos um ano antes da data fixada para as eleições, majoritária ou proporcional".

A Lei nº 13.165/2015 reduziu o prazo de filiação a partido político para 6 (seis) meses antes da data da eleição. Portanto, ressalvadas as situações especiais, para concorrer às eleições de 2016 o candidato precisa ter se filiado até o dia 2.4.2016, salvo se o estatuto partidário estabelecer prazo superior.

Ao apreciar o pedido formulado pelo Partido do Movimento Democrático Brasileiro, nos autos da Petição nº 128,[26] de relatoria do Ministro Henrique Neves, o Tribunal Superior Eleitoral relativizou a proibição de mudança de prazos de filiação no ano da eleição, contida no parágrafo único do art. 20 da Lei nº 9.096/95.[27] Argumentou-se que, embora a convenção partidária tenha ocorrido no ano da eleição, a alteração do estatuto foi previamente deliberada pela Comissão Executiva Nacional com vigência desde o ano anterior ao da eleição. Logo, foram atendidos os requisitos da Resolução nº 23.465/15.

6.2.6 Idade mínima

O art. 14 §3º, inc. VI, da Constituição Federal determina que as idades mínimas para concorrer aos cargos eletivos são de 35 (trinta e cinco) anos para presidente e vice-presidente da República e senador; 30 (trinta) anos para governador e vice-governador de estado e do Distrito Federal; 21 (vinte e um) anos para deputado federal, deputado estadual ou distrital, prefeito, vice-prefeito e juiz de paz; 18 (dezoito) anos para vereador.

Joel J. Cândido[28] com sua peculiar didática esboçou um quadro sobre a condição de idade mínima desde a Constituição de 1946. Vejamos:

---

[26] "Alteração Estatutária. Partido Do Movimento Democrático Brasileiro (PMDB). Res.-Tse Nº 23.465. Atendidos os requisitos exigidos pela Res.-TSE nº 23.465, defere-se o pedido de anotação das alterações do estatuto do Partido do Movimento Democrático Brasileiro (PMDB)" (Petição nº 128. Acórdão de 7.6.2016. Rel. Min. Henrique Neves Da Silva. *DJE*, 30 jun. 2016).

[27] "Art. 20. É facultado ao partido político estabelecer, em seu estatuto, prazos de filiação partidária superiores aos previstos nesta Lei, com vistas a candidatura a cargos eletivos. Parágrafo único. Os prazos de filiação partidária, fixados no estatuto do Partido, com vistas a candidatura a cargos eletivos, não podem ser alterados no ano da eleição".

[28] CÂNDIDO, Joel José. *Direito eleitoral brasileiro*. 15. ed. rev., atual. e ampl. Bauru: Edipro, 2012. p. 116.

Constituição - Idade				
Cargos	1946	1947	1969	1988
Presidente e vice-presidente	35	35	35	35
Senador	35	35	35	35
Deputado federal	21	21	18	21
Governador e vice-governador	---------	----------	-----------	30
Deputado estadual	-----------	-------------	----------	21
Prefeito e vice-prefeito	------------	---------	-----------	21
Vereador	----------	----------	--------	18

Sobre a querela de quando a idade mínima é considerada, o art. 11, §2º da Lei nº 9.504/97 esclarece que a referida condição de elegibilidade é verificada tendo por referência a data da posse e não a data do registro de candidatura. Porém, a Lei nº 13.165/2015 inovou ao trazer o novo momento de aferição da idade mínima para a candidatura ao cargo de vereador. O pretenso candidato deverá possuir 18 anos até o dia 15 de agosto do ano da eleição, ou seja, na data-limite para o pedido de registro de candidatura.

6.3 Condições de elegibilidade infraconstitucionais

6.3.1 Indicação em convenção partidária

Em observância ao estatuído no Código Eleitoral, art. 94, §1º, I e na Lei nº 9.504/97, art. 11, §1º, I, sabe-se que entre os documentos exigidos ao partido no pedido do registro de candidatura está a cópia da ata da convenção que escolheu os candidatos. Isso porque a escolha do candidato em convenção partidária se constitui em condição de elegibilidade, requisito essencial para que o registro do candidato possa ser deferido.

6.3.2 Quitação eleitoral

Constitui-se ainda em condição de elegibilidade a quitação eleitoral, consoante leitura do inc. VI, do §1º, do art. 11 da Lei nº 9.504/97.[29] O §2º, do art. 27, da Resolução nº 23.455/2015, esclareceu que o conceito de quitação eleitoral abrange exclusivamente a plenitude do gozo dos direitos políticos, o regular exercício do voto, o atendimento a convocações da Justiça Eleitoral, a inexistência de multas aplicadas em caráter definitivo por essa Justiça especializada e a regular prestação de contas de campanha eleitoral.

Para o deferimento do pedido de registro o requerente deve estar quite com a Justiça Eleitoral no momento do requerimento de seu registro de candidatura.[30] Contudo, importante frisar que a jurisprudência do Tribunal Superior Eleitoral[31] evoluiu para admitir fato superveniente para reestabelecer a elegibilidade. A Resolução nº 23.405 considerou que as modificações no estado de fato e de direito podem ser verificadas perante as instâncias ordinárias, inclusive para afastar óbice no registro de candidatura.

A Resolução nº 23.455/2015 para as eleições de 2016, nos §§12 e 13, do art. 27, também trouxe esse entendimento expresso, *in verbis*:

> §12. As condições de elegibilidade e as causas de inelegibilidade devem ser aferidas no momento da formalização do pedido de registro da candidatura, ressalvadas as alterações, fáticas ou jurídicas, supervenientes ao registro que afastem a inelegibilidade (Lei nº 9.504/1997, art. 11, §10).

---

[29] "Art. 11. Os partidos e coligações solicitarão à Justiça Eleitoral o registro de seus candidatos até as dezenove horas do dia 15 de agosto do ano em que se realizarem as eleições. (Redação dada pela Lei nº 13.165, de 2015). §1º O pedido de registro deve ser instruído com os seguintes documentos: VI - certidão de quitação eleitoral".

[30] Precedentes: REspe nº 23.851/GO. Rel. para acórdão Min. Carlos Velloso. *DJ*, 26 ago. 2005; REspe nº 22.611/RS. Rel. Min. Gilmar Mendes. *DJ*, 24 set. 2004; REspe nº 22.676/GO. Rel. Min. Caputo Bastos. *DJ*, 22 set. 2004.

[31] "Tribunal Superior Eleitoral. Eleições 2014. Registro De Candidatura. Deputado Estadual. Condição De Elegibilidade. Quitação Eleitoral. Multa. Pagamento. 1. O Tribunal Superior Eleitoral, ao editar a Res.-TSE nº 23.405 para as eleições de 2014, considerou que as modificações no estado de fato e de direito verificadas perante as instâncias ordinárias devem ser analisadas, inclusive para efeito do afastamento do óbice decorrente da ausência de quitação eleitoral proveniente de multa não paga. 2. Ao decidir o registro de candidatura, o Juiz ou Tribunal devem atender às circunstâncias constantes dos autos, considerando os fatos supervenientes que alteram, constituem ou extinguem direitos (LC nº 64/90, art. 7º, parágrafo único, c.c. o art. 462 do CPC). 3. O pagamento da multa decorrente do não comparecimento às urnas realizado pelo candidato antes do julgamento do registro de candidatura afasta a ausência de quitação eleitoral. 4. Recurso provido para deferir o registro da candidatura" (Recurso Especial Eleitoral nº 80.982. Relator Min. Henrique Neves da Silva, 27.8.2014).

§13. As ressalvas previstas no §12 também se aplicam às hipóteses em que seja afastada a ausência de condições de elegibilidade.

Registre-se, ainda, que, por não cuidar de causa de inelegibilidade, o recurso que trata de quitação eleitoral do candidato deve ser examinado, no Tribunal Superior Eleitoral, como especial.

6.3.2.1 Impossibilidade de obtenção de certidão de quitação eleitoral: prestação de contas

As contas de candidatos e de comitês financeiros deverão ser prestadas ao juízo eleitoral até o trigésimo dia posterior à realização das eleições, consoante o art. 29, III da Lei nº 9.504/97. O inc. IV do mesmo artigo menciona que havendo segundo turno, a prestação de contas referente aos dois turnos deverá ser encaminhada até o trigésimo dia posterior à sua realização.

A não apresentação de contas impede a obtenção de certidão de quitação eleitoral no curso do mandato ao qual o interessado concorreu.

A rejeição de prestação de contas não gera impedimento de candidatura, conforme o §7º do art. 11 da Lei nº 9.504/97, incluído pela Lei nº 12.034 de 2009. Portanto a rejeição da prestação de contas não mais será caso de indeferimento da certidão de quitação eleitoral, resultando na possibilidade da candidatura de quem tenha contas rejeitadas pela Justiça Eleitoral, o que modificou o moralizador entendimento do Tribunal Superior Eleitoral sobre a matéria.

Contudo, caso as contas sejam julgadas como não prestadas, o candidato não consegue a certidão de quitação eleitoral, o que inviabiliza a sua candidatura. Nesse sentido, na ocasião do julgamento do Agravo Regimental no Recurso Especial Eleitoral nº 34.711,[32] da relatoria

---

[32] "Eleições 2014. Recurso Especial. Embargos De Declaração. Decisão Monocrática. Recebimento. Agravo Regimental. Deputado Estadual. Quitação Eleitoral. Não Apresentação Das Contas. Ausência. Agravo Regimental Desprovido. 1. Recebem-se como agravo regimental os embargos de declaração opostos contra decisão monocrática e com pretensão infringente. 2. O dever de prestar contas está previsto no art. 28, da Lei nº 9.504/97 e, uma vez descumprido, impõe-se o reconhecimento de que o candidato está em mora com esta Justiça Especializada, ou seja, de que não possui quitação de suas obrigações eleitorais (art. 11, §7º, da Lei nº 9.504/97). 3. Conforme já decidiu o TSE, as condições de elegibilidade não estão previstas somente no art. 14, §3º, I a VI, da Constituição Federal, mas também na Lei nº 9.504/97, a qual, no art. 11, §1º, estabelece, entre outras condições, que o candidato tenha quitação eleitoral. Precedente. 4. A exigência de que os candidatos prestem contas dos recursos auferidos tem assento no princípio republicano e é medida que confere legitimidade ao processo democrático, por permitir a fiscalização financeira da campanha, verificando-se, assim, eventual utilização ou recebimento de recursos de forma abusiva,

da Ministra Luciana Lóssio, a Corte Superior Eleitoral entendeu que a obrigatoriedade de prestar contas está assentada no princípio republicano e é requisito para a emissão de certidão de quitação eleitoral. A Lei nº 12.034, de 2009, ao introduzir o §5º ao art. 37 da Lei nº 9.096/95, instituiu a possibilidade de revisão das decisões dos Tribunais Eleitorais que tenham desaprovado prestação de contas de partidos, mediante simples requerimento nos autos da prestação de contas. A revisão é permitida para que a sanção aplicada seja reduzida a um prazo de um a doze meses de suspensão de repasse de quotas do fundo partidário.

6.3.2.2 Impossibilidade de obtenção de certidão de quitação eleitoral: multas eleitorais

O não pagamento de multas aplicadas em definitivo pela Justiça Eleitoral em relação à propaganda eleitoral, por exemplo, impossibilita a obtenção da certidão de quitação eleitoral.

Porém, o Tribunal Superior Eleitoral[33] entende que o pagamento da multa feito pelo candidato antes do julgamento do registro de candidatura afasta a ausência de quitação eleitoral.

Ao responder à Consulta nº 1.576, a Corte Superior Eleitoral entendeu que, tendo sido requerido e obtido o parcelamento do débito antes do pedido de registro do candidato, e estando todas as parcelas vencidas devidamente pagas, assim como atendidas as demais exigências legais para obter a certidão de quitação, não há óbice para obtenção da certidão de quitação eleitoral. Nesse sentido é o art. 11, §8º, I, da Lei nº 9.504, acrescido pela Lei nº 12.034/09.

6.4 Momento de aferição das condições de elegibilidade

O §10º do art. 11 da Lei nº 9.504/97 afirma:

as condições de elegibilidade e as causas de inelegibilidade devem ser aferidas no momento da formalização do pedido de registro da

---

em detrimento da isonomia que deve pautar o pleito. 5. É ônus do agravante impugnar os fundamentos da decisão agravada, sob pena de subsistirem as suas conclusões (Súmula nº 182/STJ). 6. Embargos de declaração recebidos como agravo regimental, ao qual se nega provimento" (Embargos de Declaração em Recurso Especial Eleitoral nº 34.711. Acórdão de 25.9.2014. Rel. Min. Luciana Christina Guimarães Lóssio. Sessão de 25.9.2014).

[33] REsp nº 288.737. Rel. Min. Gilmar Mendes. Sessão de 1º.10.2014.

candidatura, ressalvadas as alterações, fáticas ou jurídicas, supervenientes ao registro que afastem a inelegibilidade (Incluído pela Lei nº 12.034, de 2009).

Contudo, o mesmo diploma legal, em seu art. 9º, aduz que o alistamento e o domicílio eleitorais e a filiação partidária sejam aferidos considerando a data do pleito. Já a idade mínima, como falamos, é apurada no momento da posse, exceto para os candidatos ao cargo de vereador, que deverão comprovar a idade mínima no momento da formalização do registro.

Por ocasião do processo de registro de candidatura, o Poder Judiciário deverá conhecer e analisar a ausência de condição elegibilidade. É matéria de ordem pública, portanto, compete ao Judiciário de ofício afirmar a ausência de condição de elegibilidade e indeferir o registro.

Além disso, por ser matéria constitucional, caso a falta de condição de elegibilidade não seja arguida na ocasião do registro e o candidato seja eleito, caberá recurso contra expedição de diploma, de acordo com o art. 262 do Código Eleitoral.

Ressalta-se que também caberá recurso contra expedição de diploma nas hipóteses de perda superveniente da condição de elegibilidade, face ao relevante interesse público, uma vez que a Lei nº 12.891/2013 (Lei da Minirreforma Eleitoral de 2013) conferiu nova redação ao art. 262 para incluir a hipótese de cabimento de recurso contra a expedição de diploma em caso de inelegibilidade superveniente.

CAPÍTULO 7

INELEGIBILIDADES

As inelegibilidades são constitucionais e infraconstitucionais, objetivando proteger a normalidade e legitimidade das eleições e a probidade administrativa, considerando a vida pregressa do candidato, como estatui o §9º do art. 14[1] da Constituição Federal. A inelegibilidade abrange também as condições de elegibilidade, pois, como leciona Joel José Cândido, aqueles que pretendem concorrer a qualquer cargo eletivo não devem incidir em nenhuma causa de inelegibilidade, não sendo suficiente o preenchimento das condições de elegibilidade.[2]

Adriano Soares da Costa disserta que a inelegibilidade é o estado jurídico negativo de quem não possui o direito subjetivo público de ser votado (elegibilidade). Dessa forma, consistiria num estado jurídico de ausência ou perda de elegibilidade, seja porque, respectivamente, nunca a teve ou a perdeu.[3]

Assim, é possível definir inelegibilidade como a negativa, proveniente de norma constitucional ou legal, do direito ao exercício da cidadania passiva, ou direito de ser votado, consubstanciado no indeferimento do pedido de registro de candidatura, objetivando a proteção do regime democrático, buscando afastar o abuso que desiguala o pleito eleitoral, restringindo, de forma legítima, o *status* de cidadania, fazendo prevalecer os elevados valores republicanos.

---

[1] Constituição Federal: "Art. 14. [...] §9º Lei complementar estabelecerá outros casos de inelegibilidade e os prazos de sua cessação, a fim de proteger a probidade administrativa, a moralidade para exercício de mandato considerada vida pregressa do candidato, e a normalidade e legitimidade das eleições contra a influência do poder econômico ou o abuso do exercício de função, cargo ou emprego na administração direta ou indireta".

[2] CÂNDIDO, Joel José. 15. ed., revista, atualizada e ampliada. São Paulo: Edipro, 2012. p. 116.

[3] COSTA, Adriano Soares. *Instituições do direito eleitoral*. 9. ed. rev. e ampl. de acordo com a LC nº 135/2010. Belo Horizonte: Fórum, 2013. p. 63.

7.1 Classificação

As inelegibilidades podem ser classificadas em absolutas e relativas. A inelegibilidade absoluta está prevista de forma taxativa pela Constituição Federal. Ocorre quando há impedimento para concorrer a qualquer cargo eletivo, enquanto durar o fato que dá causa à inelegibilidade. São os inalistáveis (estrangeiros e militares conscritos) e os analfabetos.

Já a inelegibilidade relativa dá-se quando há o impedimento de concorrer para determinadas eleições e determinados cargos, em razão de situações específicas. Subdivide-se em várias espécies: por motivos funcionais (para o mesmo cargo – reeleição – e para cargos diversos – desincompatibilização); por parentesco ou inelegibilidade reflexa (art. 14, §7º,[4] Constituição Federal); dos militares (art. 14, §8º,[5] Constituição Federal); e ainda as previstas na Lei Complementar nº 64/90 (Lei das Inelegibilidades).

É indubitável que as inelegibilidades surgem como exceções constitucionais e infraconstitucionais, dentro do contexto normativo vigente. A exceção merece tratamento exegético restrito, conforme diversos entendimentos doutrinários e jurisprudenciais.

7.2 Inelegibilidades constitucionais

Prevê a Constituição Federal de 1988 diversas hipóteses de inelegibilidade, reservando à Lei Complementar nº 64/90 a possibilidade de elencar outras situações geradoras da restrição.

O §9º do art. 14, Constituição Federal prevê:

> Lei Complementar estabelecerá outros casos de inelegibilidade e os prazos de sua cessação, a fim de proteger a probidade administrativa, a moralidade para exercício de mandato, considerada a vida pregressa do candidato, e a normalidade e legitimidade das eleições contra a influência do poder econômico ou o abuso do exercício de função, cargo ou emprego na administração direta ou indireta.

---

[4] Constituição Federal: "Art. 14. [...] §7º São inelegíveis, no território de jurisdição do titular, o cônjuge e os parentes consanguíneos ou afins, até o segundo grau ou por adoção, do Presidente da República, de Governador de Estado ou Território, do Distrito Federal, de Prefeito ou de quem os haja substituído dentro dos seis meses anteriores ao pleito, salvo se já titular de mandato eletivo e candidato à reeleição".

[5] Constituição Federal: "Art. 14. [...] §8º O militar alistável é elegível, atendidas as seguintes condições: I - se contar menos de dez anos de serviço, deverá afastar-se da atividade; II - se contar mais de dez anos de serviço, será agregado pela autoridade superior e, se eleito, passará automaticamente, no ato da diplomação, para a inatividade".

As inelegibilidades possuem o propósito de prevenção contra a influência do poder econômico ou abuso do exercício da função, em busca da legitimidade democrática.

7.2.1 Inelegibilidade de inalistáveis e analfabetos

O art. 14, §4º diz que "são inelegíveis os inalistáveis e analfabetos". Trata-se de inelegibilidade absoluta, impossibilidade de disputar qualquer eleição e qualquer cargo eletivo enquanto perdurar o fato que dá causa à inelegibilidade.

7.2.2 Inelegibilidade por motivos funcionais

O §5º do mesmo artigo estabelece que "o Presidente da República, os Governadores de Estado e do Distrito federal, os Prefeitos e quem os houver sucedido ou substituído no curso dos mandatos poderão ser reeleitos para um único período subsequente". Na hipótese de concorrerem ao mesmo cargo (reeleição), os titulares dos Poderes Executivos ou seus substitutos/sucessores não precisam se desincompatibilizar, renunciar ou se afastar do cargo.

Questão polêmica na Justiça Eleitoral versava sobre a figura do "prefeito itinerante", aquele que muda de domicílio eleitoral para se candidatar novamente a prefeito. No REspe nº 32.507/AL deu-se nova interpretação ao art. 14, §5º, da Constituição Federal, passando a entender que "no Brasil, qualquer Chefe de Poder Executivo – Presidente da República, Governador de Estado e Prefeito Municipal – somente pode exercer dois mandatos consecutivos nesse cargo".[6]

Entretanto, na hipótese de concorrerem a outros cargos, o presidente da República, os governadores de estado e do Distrito Federal e os prefeitos devem renunciar aos respectivos mandatos até seis meses antes do pleito (art. 14, §6º,[7] Constituição Federal).

Em se tratando dos vices, caso a sucessão/substituição se dê no semestre anterior ao pleito, os sucessores, substitutos e seus parentes ficarão inelegíveis para cargo diverso do titular, haja vista a impossibilidade de cumprirem o prazo de afastamento, podendo concorrer,

---

[6] REspe nº 32507/AL. Acordão de 17.12.2008. Rel. Eros Roberto Grau.

[7] Constituição Federal: "Art. 14. [...] §6º Para concorrerem a outros cargos, o Presidente da República, os Governadores de Estado e do Distrito Federal e os Prefeitos devem renunciar aos respectivos mandatos até seis meses antes do pleito".

contudo, ao mesmo cargo de titular, por um único período subsequente (Lei Complementar nº 64/90, art. 1º, §2º).[8]

7.2.3 Inelegibilidade reflexa

O art. 14, §7º da Constituição Federal aduz:

> são inelegíveis, no território de jurisdição do titular, o cônjuge e os parentes consanguíneos ou afins, até o segundo grau ou por adoção, do Presidente da República, de Governador de Estado ou Território, do Distrito Federal, de Prefeito ou de quem os haja substituído dentro dos seis meses anteriores ao pleito, salvo se já titular de mandato eletivo e candidato à reeleição.

Trata-se de inelegibilidade reflexa ou por parentesco.

Destaca-se que o Tribunal Superior Eleitoral recentemente considerou que o dispositivo materializa os princípios constitucionais republicano e da igualdade de chances, devendo ser interpretado restritivamente, dado que:

> A parte final do art. 14, §7º, da Carta Magna constitui exceção à regra geral da cláusula de inelegibilidade, devendo ser interpretada restritivamente. No caso concreto, na data do pedido de registro de candidatura para as eleições de 2012, o recorrido, filho, era suplente de vereador, não titular, e candidato ao cargo de vereador, enquanto o pai era candidato à reeleição ao cargo de prefeito, o que atrai a referida causa de inelegibilidade, considerados os princípios constitucionais da igualdade de chances e o republicano. Precedentes do Tribunal Superior Eleitoral e do STF.[9]

Também é consolidado na Corte que a ocupação interina da chefia do Poder Executivo Municipal não afasta a referida inelegibilidade[10] nem a eventual circunstância subjetiva de amizade ou inimizade entre o candidato e o atual prefeito.[11]

---

[8] Lei Complementar nº 64/90: "Art. 1º [...] §2º O Vice-Presidente, o Vice-Governador e o Vice-Prefeito poderão candidatar-se a outros cargos, preservando os seus mandatos respectivos, desde que, nos últimos 6 (seis) meses anteriores ao pleito, não tenham sucedido ou substituído o titular".

[9] Recurso Especial Eleitoral nº 17.210. Acórdão de 17.12.2015. Rel. Min. Gilmar Ferreira Mendes.

[10] Agravo Regimental em Agravo de Instrumento nº 115. Acórdão de 27.2.2014. Rel. Min. João Otávio de Noronha.

[11] Agravo Regimental em Agravo de Instrumento nº 86.769. Acórdão de 18.6.2015. Rel. Min. Henrique Neves da Silva.

CAPÍTULO 7
INELEGIBILIDADES | 181

É possível a candidatura de cônjuge de prefeito reeleito para o mesmo cargo em outro município do mesmo estado, sendo vedada apenas em localidade que resulte de desmembramento, incorporação ou fusão do município em que o referido prefeito exerce seu cargo (consultas nº 1005/DF e nº 181106/DF).

Contudo, embora seja vedada a figura do "prefeito itinerante", o Tribunal Superior Eleitoral já asseverou que não existe "família itinerante", conforme o decidido no Recurso Especial Eleitoral nº 5.433.805,[12] sob a relatoria do Ministro Arnaldo Versiani.

Queiroz assevera que a mera análise da redação do dispositivo ensejaria a conclusão de conquanto presidente, governador e prefeito tenham passado a ser reelegíveis, parente, entretanto, continuaria sendo inelegível. Todavia, a referida interpretação literal consistiria em privilégio abusivo em favor do presidente, governador e prefeito, em clara afronta ao Estado Democrático de Direito.[13]

Além da inelegibilidade dos cônjuges, o Tribunal Superior Eleitoral considera também inelegíveis os que possuem união estável com o titular; não considera, entretanto, inelegíveis os que têm simples namoro. Tratou o Tribunal Superior Eleitoral sobre a união estável e a inelegibilidade, asseverando que "a união estável atrai a incidência da inelegibilidade prevista no art. 14, §7º, da Constituição Federal" (REspe nº 23.487), com a ressalva de que o mero namoro não se enquadra nessa hipótese (REspe nº 24.672). E, mais, "É inelegível candidato que mantém relacionamento caracterizado como união estável com a irmã do atual prefeito. Recurso especial provido".[14]

O grau de parentesco é até o 2º grau, por afinidade ou adoção,[15] que compreende: mãe, pais, filhos, avós, netos (linha reta), irmãos

---

[12] "Recurso contra expedição de diploma. Inelegibilidade por parentesco. A inelegibilidade de candidato, nos termos dos §§5º e 7º do art. 14 da Constituição Federal, porque já exercidos dois mandatos consecutivos, não acarreta a inelegibilidade de membro de sua família, candidato a cargo diverso, não obstante da mesma espécie (prefeito), em outro município, ainda que vizinho. Recurso especial provido" (Recurso Especial Eleitoral nº 5.433.805. Acórdão de 24.4.2012. Rel. Min. Arnaldo Versiani Leite Soares. *DJE*, 27 jun. 2012).

[13] QUEIROZ, Ari Ferreira. *Direito eleitoral*. 4. ed. rev., ampl. e atual. até fevereiro de 1998. Goiânia: Jurídica IEPC, 1998. p. 2.

[14] REspe nº 23.487. Acórdão nº 23.487. Rel. Carlos Eduardo Caputo Bastos. Sessão de 21.10.2004.

[15] "Recurso contra expedição de diploma. Adoção de fato. Inelegibilidade. 1. Para afastar a conclusão do TRE/PI, de que ficou comprovada a relação socioafetiva de filho de criação de antecessor ex-prefeito, seria necessário o revolvimento do acervo probatório, inviável em sede de recurso especial, a teor da Súmula nº 279 do Supremo Tribunal Federal. 2. O vínculo de relações socioafetivas, em razão de sua influência na realidade social, gera

MARCUS VINICIUS FURTADO COÊLHO
DIREITO ELEITORAL, DIREITO PROCESSUAL ELEITORAL E DIREITO PENAL ELEITORAL

(2º grau), cunhados, genros e noras, sogros e sogras, filhos da companheira ou do companheiro (por afinidade).

A inelegibilidade é estendida aos casais homossexuais, mesmo antes do reconhecimento da união homoafetiva, em razão de entendimento adotado pelo Tribunal Superior Eleitoral na ocasião do julgamento do Recurso Especial Eleitoral nº 24.564. A Corte Superior Eleitoral entendeu que os sujeitos de uma relação estável homossexual, à semelhança do que ocorre com os de relação estável, de concubinato e de casamento, submetem-se à regra de inelegibilidade prevista no art. 14, §7º, da Constituição Federal.[16]

Parentesco com o vice não gera inelegibilidade, a menos que ele tenha sucedido ou substituído o titular dentro dos seis meses anteriores ao pleito.[17] O cônjuge, companheiro ou parente do titular que deseja concorrer ao mesmo cargo deste (presidente, governador ou prefeito, se ele já tiver sido reeleito e se estando impedido de concorrer ao mesmo cargo para o período subsequente (titular já estiver no segundo mandato), além de ser inelegível para o cargo do titular, também o é para o cargo de vice, ainda que o titular renuncie ao mandato nos seis meses anteriores ao pleito.

Contudo, o caso de falecimento de um dos cônjuges – ou seja, tendo a sociedade conjugal sido desfeita por evento alheio à vontade das partes – não enseja inelegibilidade reflexa ao cônjuge viúvo, conforme decidiu o Supremo Tribunal Federal nos autos do Recurso Extraordinário nº 758.461/PB, da relatoria do Ministro Teori Zavascki.[18] Isso porque a Súmula nº 18 do STF somente coibia a separação e o divórcio fraudulento.

---

direitos e deveres inerentes ao parentesco, inclusive para fins da inelegibilidade prevista no §7º do art. 14 da Constituição Federal. 3. A inelegibilidade fundada no art. 14, §7º, da Constituição Federal pode ser arguida em recurso contra a expedição de diploma, por se tratar de inelegibilidade de natureza constitucional, razão pela qual não há falar em preclusão. Recurso não provido" (Recurso Especial Eleitoral nº 5.410.103. Acórdão de 15.2.2011. Rel. Min. Arnaldo Versiani Leite Soares. *DJE*, 22 mar. 2011).

[16] Recurso Especial Eleitoral nº 24.564. Rel. Min. Gilmar Ferreira Mendes.

[17] Agravo Regimental em Recurso Especial Eleitoral nº 3.161. Acórdão de 13.12.2012. Rel. Min. José Antônio Dias Toffoli.

[18] "Constitucional e Eleitoral. Morte de Prefeito no curso do mandato, mais de um ano antes do término. Inelegibilidade do cônjuge supérstite. CF, Art. 14, §7º. Inocorrência. 1. O que orientou a edição da Súmula Vinculante 18 e os recentes precedentes do STF foi a preocupação de inibir que a dissolução fraudulenta ou simulada de sociedade conjugal seja utilizada como mecanismo de burla à norma da inelegibilidade reflexa prevista no §7º do art. 14 da Constituição. Portanto, não atrai a aplicação do entendimento constante da referida súmula a extinção do vínculo conjugal pela morte de um dos cônjuges. 2. Recurso extraordinário a que se dá provimento" (RE nº 758.461. Rel. Min. Teori Zavascki. *DJE*, 30 out. 2014).

Ainda, se o titular estiver no primeiro mandato, podendo, portanto, concorrer novamente ao mesmo cargo, por um único período, seu parente também poderá concorrer ao cargo de titular, no entanto, o titular deverá renunciar ao cargo nos seis meses anteriores ao pleito. Em se tratando de parente, cônjuge/companheiro que quer concorrer a cargo diverso do titular, independentemente de estar no primeiro ou segundo mandato, este deverá renunciar nos seis meses anteriores ao pleito para que seu cônjuge, parente ou companheiro concorra.[19]

7.3 Inelegibilidades infraconstitucionais

7.3.1 Inelegibilidades previstas na Lei Complementar nº 64/1990

As inelegibilidades infraconstitucionais só podem ser instituídas por lei complementar (art. 14, §9º, Constituição Federal). A Lei Complementar nº 64/90 é a lei responsável por elencar esses direitos políticos negativos.

7.3.1.1 Alínea "a": inelegibilidade de analfabetos e inalistáveis

A alínea "a" apenas ressalta a hipótese já constitucional de inelegibilidade dos inalistáveis e analfabetos.

7.3.1.2 Alínea "b": inelegibilidade dos membros do Legislativo que perdem o mandato por infringência do disposto no art. 55, incs. I e II, da Constituição Federal

São inelegíveis:

os membros do Congresso Nacional, das Assembleias Legislativas, da Câmara Legislativa e das Câmaras Municipais, que hajam perdido os respectivos mandatos por infringência do disposto nos incs. I e II do

---

[19] Consulta nº 1.455. Resolução nº 22.599, de 11.10.2007. Rel. Min. José Augusto Delgado.

art. 55[20] da Constituição Federal, dos dispositivos equivalentes sobre perda de mandato das Constituições Estaduais e Leis Orgânicas dos Municípios e do Distrito Federal, para as eleições que se realizarem durante o período remanescente do mandato para o qual foram eleitos e nos oito anos subsequentes ao término da legislatura.[21]

O art. 55 da Constituição Federal trata das várias hipóteses de perda de mandato pelos parlamentares; o inc. II versa sobre a falta de decoro parlamentar; enquanto o inc. I faz referência às hipóteses de comportamentos vedados ao parlamentar previstas no art. 54[22] da Constituição: firmar ou manter contrato com o Poder Público; aceitar ou exercer cargo na Administração Pública; ser proprietário, controlador ou diretor de empresa que goze de favor decorrente de contrato com a Administração Pública; ser titular de mais de um cargo ou mandato público eletivo; patrocinar causa em que seja interessada qualquer pessoa jurídica de direito público.

A cassação do mandato opera plenamente a imputação da inelegibilidade. Assim, a anotação dessa inelegibilidade pela Justiça Eleitoral é automática e não depende de trânsito em julgado em processo judicial específico que discuta a cassação.[23] Entretanto, estando suspensa, por medida liminar judicial, a cassação de mandato parlamentar por quebra de decoro e tendo o ato de cassação sido afastado, posteriormente, pelo próprio Legislativo local, não há falar na incidência da inelegibilidade da alínea.[24]

---

[20] Constituição Federal: "Art. 55. Perderá o mandato o Deputado ou Senador: I - que infringir qualquer das proibições estabelecidas no artigo anterior; II - cujo procedimento for declarado incompatível com o decoro parlamentar".

[21] Lei Complementar nº 64/90, art. 1º, I, "b".

[22] Constituição Federal: "Art. 54. Os Deputados e Senadores não poderão: I - desde a expedição do diploma: a) firmar ou manter contrato com pessoa jurídica de direito público, autarquia, empresa pública, sociedade de economia mista ou empresa concessionária de serviço público, salvo quando o contrato obedecer a cláusulas uniformes; b) aceitar ou exercer cargo, função ou emprego remunerado, inclusive os de que sejam demissíveis 'ad nutum', nas entidades constantes da alínea anterior; II - desde a posse: a) ser proprietários, controladores ou diretores de empresa que goze de favor decorrente de contrato com pessoa jurídica de direito público, ou nela exercer função remunerada; b) ocupar cargo ou função de que sejam demissíveis 'ad nutum', nas entidades referidas no inciso I, 'a'; c) patrocinar causa em que seja interessada qualquer das entidades a que se refere o inciso I, 'a'; d) ser titulares de mais de um cargo ou mandato público eletivo".

[23] Agravo Regimental em Recurso Ordinário nº 460.379. Acórdão de 6.10.2010. Rel. Min. Marcelo Henriques Ribeiro de Oliveira; Agravo Regimental em Recurso Especial Eleitoral nº 28.795. Acórdão de 3.2.2009. Rel. Min. Arnaldo Versiani Leite Soares.

[24] Recurso Especial Eleitoral nº 44.711. Acórdão de 27.8.2015. Rel. Min. Tarcísio Vieira de Carvalho Neto.

7.3.1.3 Alínea "c": inelegibilidade dos membros do Executivo que perdem o mandato por desrespeito a dispositivo da Constituição Estadual, da Lei Orgânica do Distrito Federal ou da Lei Orgânica do Município

Contempla outra hipótese de inelegibilidade, qual seja,

> o Governador e o Vice-Governador de Estado e do Distrito Federal, o Prefeito e o Vice-Prefeito que perderem seus cargos eletivos por infringência a dispositivo da Constituição Estadual da Lei Orgânica do Distrito Federal ou da Lei Orgânica do Município, para as eleições que se realizarem durante o período remanescente e nos 08 (oito) anos subsequentes ao término do mandato para o qual tenham sido eleitos.[25]

Na linha da jurisprudência do Tribunal Superior Eleitoral, as causas de inelegibilidade são de legalidade estrita, vedando-se interpretação extensiva. No Agravo Regimental em Recurso Ordinário nº 39.477,[26] a Corte entendeu pela elegibilidade de candidato que teve seu mandato cassado por infrações político-administrativas dispostas no DL nº 201/1967, e não por violação à lei orgânica como a do município, como prevê a alínea "c", do inc. I, do art. 1º da Lei Complementar nº 64/90.

Assim como na alínea "b", a proposta de ação judicial não tem o condão de afastar a inelegibilidade desse dispositivo.[27]

---

[25] Lei Complementar nº 64/90, art. 1º, I, "c".

[26] "Eleições 2014. Agravo Regimental. Recurso Ordinário. Candidato A Senador. Registro de Candidatura Deferido. Inelegibilidade prevista no art. 1º, inciso I, alínea c, da LC nº 64/1990. Desincompatibilização. Cargo de Prefeito. art. 1º, inciso V, alínea A, c.c. os arts. 1º, inciso II, alínea a, e 13 da LC nº 64/1990. 1. Ausência de inelegibilidade decorrente de cassação de mandato por violação à lei orgânica do município ante a prática de infrações político-administrativas dispostas no DL nº 201/1967. As restrições que geram inelegibilidade são de legalidade estrita, sendo vedada interpretação extensiva. Precedentes. 2. Ausência de inelegibilidade ante a efetiva desincompatibilização do cargo de prefeito no prazo de seis meses anteriores ao pleito. Exercício do cargo em caráter temporário não faz incidir em inelegibilidade. 3. Na linha da jurisprudência do Tribunal Superior Eleitoral, as regras alusivas às causas de inelegibilidade são de legalidade estrita, sendo vedada a interpretação extensiva para alcançar situações não contempladas pela norma. 4. Negado provimento aos agravos regimentais" (Agravo Regimental em Recurso Ordinário nº 39.477. Rel. Min. Gilmar Ferreira Mendes. *DJE*, 17 ago. 2015).

[27] Recurso Especial Eleitoral nº 16.691. Acórdão nº 16.691, de 12.9.2000. Rel. Min. Waldemar Zveiter.

7.3.1.4 Alínea "d": inelegibilidade dos condenados por abuso de poder econômico ou político

Também traz outra hipótese de inelegibilidade ao dizer:

> os que tenham contra sua pessoa representação julgada procedente pela Justiça Eleitoral, transitada em julgado, em processo de apuração de abuso do poder econômico ou político, para a eleição na qual concorram ou tenham sido diplomados, bem como para as que se realizarem nos 08 (oito) anos seguintes.[28]

Essa inelegibilidade pode incidir sobre detentores de mandatos eletivos ou pessoas comuns, conforme art. 22, inc. XIV[29] da Lei Complementar nº 64/90, atingindo o candidato beneficiário e todos os que hajam contribuído para a prática do ato.

Frisa-se que o entendimento de que condenações por abuso do poder em ação de impugnação de mandato eletivo (AIME) não atraem a inelegibilidade da alínea "d", mas somente para os condenados em ação de investigação de judicial eleitoral (AIJE), foi aplicado apenas para as eleições de 2012. O Tribunal Superior Eleitoral evoluiu sua jurisprudência para as eleições de 2014 em diante, na ocasião do julgamento do Recurso Ordinário nº 29.659, da relatoria do Ministro Gilmar Mendes, com acórdão pendente de publicação. Para o pleito de 2016, a Corte Superior Eleitoral passará a aplicar a inelegibilidade prevista na alínea "d" também aos condenados por abuso de poder em AIME. Ainda, o termo inicial de incidência da inelegibilidade é a eleição na qual concorreu o candidato beneficiado pelo abuso, que pode ou não ser autor do ilícito em questão.[30]

A necessidade de evolução desse entendimento já era defendida doutrinariamente por Marlon Reis.[31] Vejamos:

---

[28] Lei Complementar nº 64/90, art. 1º, I, "d".

[29] Lei Complementar nº 64/90: "Art. 22. [...] XIV - julgada procedente a representação, ainda que após a proclamação dos eleitos, o Tribunal declarará a inelegibilidade do representado e de quantos hajam contribuído para a prática do ato, cominando-lhes sanção de inelegibilidade para as eleições a se realizarem nos 8 (oito) anos subsequentes à eleição em que se verificou, além da cassação do registro ou diploma do candidato diretamente beneficiado pela interferência do poder econômico ou pelo desvio ou abuso do poder de autoridade ou dos meios de comunicação, determinando a remessa dos autos ao Ministério Público Eleitoral, para instauração de processo disciplinar, se for o caso, e de ação penal, ordenando quaisquer outras providências que a espécie comportar".

[30] Recurso Especial Eleitoral nº 15.105. Acórdão de 17.12.2014. Rel. Min. José Antônio Dias Toffoli. Rel. designado Min. João Otávio de Noronha.

[31] REIS, Marlon. *Direito eleitoral brasileiro*. São Paulo: Alumnus, 2012. p. 254.

[...] Aplica-se a interpretação literal para afirmar-se que apenas uma representação, no sentido estrito do termo, pode haver a decisão geradora de inelegibilidade, constitui grave equívoco. O termo *representação*, presente no dispositivo desde a redação originária, *corresponde a toda e qualquer ação ou representação eleitoral na qual se reconheça a prática de abuso de poder. Tal pode se dar na Ação de Impugnação de Mandato Eletivo, no Recurso Contra Expedição de Diploma ou na Ação de Investigação Judicial Eleitoral.* É, em suma, irrelevante o veículo processual manejado, tendo de verificar-se apenas se houve reconhecimento, pela justiça eleitoral, da prática de abuso de poder econômico ou político [...].

A definição dos sujeitos atingidos pela alínea não tem ainda uma posição pacífica do Tribunal Superior Eleitoral. Existem precedentes que pugnam pela incidência apenas aos que tenham concorrido ao pleito[32] e outros que defendem a aplicação aos que concorreram para a prática do ilícito mesmo sem se candidatar, desde que ocupem o polo passivo da respectiva ação e tenham sido condenados.[33]

7.3.1.5 Alínea "e": inelegibilidade dos condenados por decisão transitada em julgado proferida por órgão judicial colegiado

A alínea "e" assevera que também são inelegíveis para qualquer cargo:

> os que forem condenados criminalmente, com sentença transitada em julgado, pela prática de crime contra a economia popular, a fé pública, a administração pública, o patrimônio público, o mercado financeiro, pelo tráfico de entorpecentes, por crimes eleitorais e outros definidos na alínea pelo prazo de 8 (oito) anos, após o cumprimento da pena.

A condenação criminal transitada em julgado acarreta a suspensão dos direitos políticos, enquanto durarem seus efeitos. Essa alínea também traz um agravante, acrescentando mais oito anos de inelegibilidade, além do período em que perdurarem os efeitos da condenação criminal (Lei Complementar nº 64/90, art. 1º, I, "e").

---

[32] Recurso Ordinário nº 90.718. Acórdão de 16.12.2014. Rel. Min. Henrique Neves da Silva. Rel. designada Min. Luciana Christina Guimarães Lóssio.

[33] Recurso Especial Eleitoral nº 15.105. Acórdão de 17.12.2014. Rel. Min. José Antônio Dias Toffoli. Rel. designado Min. João Otávio de Noronha.

Nesse sentido, no Processo Administrativo nº 93.631, de relatoria da Ministra Laurita Vaz e relator designado Ministro Dias Toffoli, restou assentado o marco inicial da inelegibilidade após o cumprimento da pena imposta.[34]

Sobre a condenação criminal, o Tribunal Superior Eleitoral considera que "é inelegível o candidato que tiver contra si decisão penal com trânsito em julgado".[35] E, mais, o marco inicial para aferir o transcurso da inelegibilidade da alínea "e" é a data da declaração da extinção da punibilidade, de acordo com o decido no Agravo Regimental em Recurso Especial Eleitoral nº 22.783, de relatoria da Ministra Luciana Lóssio.[36] Em caso de prescrição da pretensão punitiva afasta-se a inelegibilidade.[37]

A prescrição da pretensão executória na Justiça Comum não afasta a inelegibilidade, conforme se extrai do acórdão dos Embargos

---

[34] "Tribunal Superior Eleitoral. Processo Administrativo. Consulta. Art. 15, III, da Constituição Federal. Condenação Criminal. Extinção da Punibilidade. Multa Não Satisfeita. Suspensão. Direitos Políticos. Permanência. Inelegibilidade. Art. 1º, I, E, da LC nº 64/90. Anotação. 1. A pendência de pagamento da pena de multa, ou sua cominação isolada nas sentenças criminais transitadas em julgado, tem o condão de manter/ensejar a suspensão dos direitos políticos prevista pelo art. 15, III, da Constituição Federal. 2. O registro inserido na Base de Perda e Suspensão de Direitos Políticos somente será desativado quando cessados os motivos da suspensão, o que deverá ser comprovado pelo interessado ou comunicado pelo órgão competente. 3. Nos termos do art. 1º, I, e, da LC nº 64/90, o prazo de inelegibilidade, hipótese que abrange somente os condenados pelos crimes previstos no mencionado dispositivo, projeta-se por oito anos após o cumprimento da pena imposta, seja ela privativa de liberdade, restritiva de direito ou multa. 4. Necessidade de reiteração às corregedorias regionais eleitorais da orientação adotada por esta Corte Superior em relação ao tema" (TSE. Processo Administrativo nº 93.631. Acórdão de 23.4.2015. Rel. Min. Laurita Hilário Vaz. Rel. designado Min. José Antônio Dias Toffoli. DJE, 20 maio 2015).

[35] RO nº 1.210. Rel. Carlos Ayres Britto.

[36] "Agravo Regimental. Recurso Especial. Registro de Candidatura. Eleições 2012. Prefeito. Indeferimento. Reiteração Das Razões Do Recurso. Condenação Criminal. Prescrição da Pretensão Executória. Incidência da Inelegibilidade. Desprovimento. [...] 3. A LC nº 64/90 não foi alterada no que tange ao marco inicial para o transcurso da inelegibilidade na hipótese da alínea e do inciso I do art. 1º, razão pela qual permanece válida a interpretação já firmada por esta Corte no sentido de que o termo inicial será a data em que declarada a extinção da punibilidade. 4. O Supremo Tribunal Federal, no julgamento das Ações Declaratórias de Constitucionalidade nos 29 e 30 e da Ação Direta de Inconstitucionalidade nº 4.578/DF, declarou a constitucionalidade da LC nº 135/2010 e reconheceu a possibilidade de sua incidência para fatos pretéritos. 5. Agravo regimental a que se nega provimento" (TSE. Agravo Regimental em Recurso Especial Eleitoral nº 22.783. Acórdão de 23.10.2012. Rel. Min. Luciana Christina Guimarães Lóssio Sessão de 23.10.2012).

[37] "Eleições 2014. Agravo Regimental em Recurso Ordinário. Candidato a Deputado Estadual. Registro de Candidatura Deferido pelo TRE. Inelegibilidade por Condenação Criminal e por Rejeição de Contas. 1. Inelegibilidade referida no art. 1º, inciso 1, alínea e, da LC nº 64/1990. Reconhecida a prescrição da pretensão punitiva, afasta-se a incidência da causa de inelegibilidade. Precedentes. [...]" (TSE. Agravo Regimental em Recurso Ordinário nº 69.179. Acórdão de 19.5.2015. Rel. Min. Gilmar Ferreira Mendes. DJE, 1º jul. 2015).

de Declaração em Recurso Ordinário nº 96.862.[38] E, por fim, conclui que "os direitos políticos ficam suspensos enquanto durarem os efeitos da sentença penal condenatória com trânsito em julgado, mesmo em havendo *sursis*, pois tal não possui o condão de afastar a suspensão dos direitos políticos".[39]

Importante ressaltar que o Tribunal Superior Eleitoral[40] já decidiu que os "crimes contra administração pública" previstos na alínea "e" não se limitam aos previstos na parte geral do Código Penal (arts. 312 a 359-H), mas também abrangem os previstos em leis penais extravagantes.

7.3.1.6 Alínea "f": inelegibilidade dos declarados indignos ao oficialato

São igualmente inelegíveis os "que forem declarados indignos do oficialato, ou com ele incompatíveis, pelo prazo de 8 (oito) anos".

Os oficiais são declarados indignos ou incompatíveis por decisão de Tribunal Militar, não cabendo tal aferição pela Justiça Eleitoral, visto que a indignidade e a incompatibilidade são penas acessórias previstas no Código Penal Militar.[41]

---

[38] "Eleições 2014. Embargos de Declaração. Decisão Monocrática. Recebimento. Agravo Regimental. Recurso Ordinário. Registro de Candidatura. Alínea e, I, art. 1º, da LC n. 64/90. Condenação Transitada em Julgado. Prescrição da Pretensão Executória. Reconhecimento. Justiça Comum. Inelegibilidade. Incidência. Prescrição da Pretensão Punitiva. Decretação. Justiça Eleitoral. Incompetência. Desprovimento. 1. O reconhecimento da prescrição da pretensão executória pela Justiça Comum não afasta a inelegibilidade prevista no art. 1º, I, e, da LC nº 64/90, porquanto não extingue os efeitos secundários da condenação, na linha da orientação jurisprudencial desta Corte. 2. A Justiça Eleitoral não detém competência para reconhecer a prescrição da pretensão punitiva e declarar a extinção da pena imposta pela Justiça Comum, notadamente em sede de processo de registro de candidatura. Precedentes. 3. Embargos de declaração recebidos como agravo regimental, ao qual se nega provimento" (TSE. Embargos de Declaração em Recurso Ordinário nº 96.862. Acórdão de 22.10.2014. Rel. Min. Luciana Christina Guimarães Lóssio. Sessão de 22.10.2014).

[39] TSE. RMS nº 466. Rel. Carlos Eduardo Caputo Bastos. *DJ*, 27 nov. 2006. p. 137.

[40] "Inelegibilidade – Crime contra a Administração Pública – Atividade Clandestina de Telecomunicação. O desenvolvimento clandestino de atividades de telecomunicação configura crime contra a Administração Pública, presente o bem protegido, a teor do disposto no artigo 183 da Lei nº 9.472/1997" (TSE. Recurso Especial Eleitoral nº 7.679/AM. Rel. Min. Marco Aurélio Mendes de Farias Mello. *DJE*, 28 nov. 2013).

[41] Recurso Especial Eleitoral nº 13.461. Acórdão nº 13.461, de 17.12.1996. Rel. Min. José Francisco Rezek.

7.3.1.7 Alínea "g": Inelegibilidade dos que tiverem suas contas rejeitadas

Também está prevista a inelegibilidade aos que tiverem suas contas relativas ao exercício de cargos ou funções públicas rejeitadas por irregularidade insanável e por decisão irrecorrível do órgão competente, salvo se a questão houver sido ou estiver sendo submetida à apreciação do Poder Judiciário, para as eleições que se realizarem nos 8 (oito) anos seguintes, contados a partir da data da decisão.

Mediante exame e votação acerca de parecer prévio ou mesmo por decisão de competência exclusiva do Tribunal de Contas, poderá o candidato ser tornado inelegível mediante impugnação a ser interposta na Justiça Eleitoral pelo Ministério Público ou outro legitimado.

A inelegibilidade não é atribuída ao agente pela decisão que desaprova contas, mas pode ser efeito secundário desse ato, que será verificado no momento da formalização do registro de candidatura. Além disso, nem toda desaprovação de contas gera inelegibilidade, é necessária a presença de três requisitos cumulativos para tanto, quais sejam: 1) decisão do órgão competente; 2) decisão irrecorrível no âmbito administrativo; 3) desaprovação devido à irregularidade insanável; 4) irregularidade que configure ato doloso de improbidade administrativa; 5) prazo de oito anos contados da decisão não exaurido; 6) decisão não suspensa ou anulada pelo Poder Judiciário.[42]

Ressalta-se que a jurisprudência do Tribunal Superior Eleitoral entende que para ensejar a inelegibilidade prevista na alínea "g" o dolo exigido não é o específico e sim o genérico, no sentido do acórdão proferido no Recurso Ordinário nº 44.880, de relatoria da Ministra Luciana Lóssio.[43] Quanto à verificação da irregularidade apontada, cabe à Justiça

---

[42] "Eleições 2014. Candidato a Deputado Federal. Recurso Ordinário. Registro de Candidatura Deferido. Art. 1º, inciso I, alínea g, da Lei Complementar nº 64/1990. 1. A inelegibilidade referida no art. 1º, inciso I, alínea g, da LC nº 64/1990 não é imposta pela decisão que desaprova as contas do gestor de recursos públicos, mas pode ser efeito secundário desse ato administrativo, verificável no momento em que o cidadão requerer o registro de sua candidatura. 2. Nem toda desaprovação de contas enseja a causa de inelegibilidade do art. 1º, inciso I, alínea g, da LC nº 64/1990, somente as que preenchem os requisitos cumulativos constantes dessa norma, assim enumerados: i) decisão do órgão competente; ii) decisão irrecorrível no âmbito administrativo; iii) desaprovação devido à irregularidade insanável; iv) irregularidade que configure ato doloso de improbidade administrativa; v) prazo de oito anos contados da decisão não exaurido; vi) decisão não suspensa ou anulada pelo Poder Judiciário. [...]" (Agravo Regimental em Recurso Ordinário nº 118.797. Acórdão de 25.2.2016. Rel. Min. Gilmar Ferreira Mendes. *DJE*, 14 mar. 2016).

[43] "Eleições 2014. Recurso Ordinário. Registro de Candidatura. Inelegibilidade. Rejeição de Contas. Lei nº 8.666/93. Descumprimento. Requisitos. Preenchimento. Provimento. 1. A

CAPÍTULO 7
INELEGIBILIDADES | 191

Eleitoral analisar a existência de vício insanável e se esse vício pode ser considerado ato doloso de improbidade.[44]

No que toca à competência para julgamento das contas de prefeito, o Tribunal Superior Eleitoral firmou entendimento para as eleições de 2014 no sentido de que cabe ao Tribunal de Contas o julgamento das contas de prefeito como ordenador de despesas.[45] Recentemente a questão foi analisada pelo Supremo Tribunal Federal na ocasião do julgamento do Recurso Extraordinário nº 848826,[46] sob a relatoria do ministro Roberto Barroso e do Recurso Extraordinário nº 729744, sob a relatoria do ministro Gilmar Mendes.

No julgamento do RE n° 848826, o relator, Ministro Luís Roberto Barroso, afirmou a diferença entre gastos de governo e gastos de gestão,

---

inelegibilidade prevista na alínea g do inciso I do art. 1º da LC nº 64/90 não exige o dolo específico, bastando para tal o dolo genérico ou eventual, que se caracteriza quando o administrador assume os riscos de não atender aos comandos constitucionais e legais, que vinculam e pautam os gastos públicos. [...]" (Recurso Ordinário nº 44.880. Acórdão de 24.5.2016. Rel. Min. Luciana Christina Guimarães Lóssio. *DJE*, 13 jun. 2016).

[44] "Eleições 2014. Registro. Deputado Estadual. Inelegibilidade. Art. 1º, I, g, da LC nº 64/90. 1. Nos termos da alínea g do art. 1º, I, da Lei das Inelegibilidades, cabe à Justiça Eleitoral verificar se a falha ou irregularidade constatada pelo órgão de contas caracteriza vício insanável e se tal vício pode ser, em tese, enquadrado como ato doloso de improbidade" (Recurso Ordinário nº 88.467. Acórdão de 25.2.2016. Rel. Min. Henrique Neves da Silva. *DJE*, 14 abr. 2016).

[45] "Eleições 2014. Registro de Candidatura. Recurso Ordinário. Inelegibilidade. Alínea G. Rejeição de Contas. Tribunal de Contas. Prefeito. Ordenador de Despesas. Caracterização. 1. As alterações das hipóteses de inelegibilidades introduzidas pela Lei Complementar nº 135, de 2010, foram consideradas constitucionais pelo Supremo Tribunal Federal no julgamento da ADI 4.578 e das ADCs 29 e 30, em decisões definitivas de mérito que produzem eficácia contra todos e efeito vinculante, nos termos do art. 102, §2º, da Constituição da República. 2. Nos feitos de registro de candidatura para o pleito de 2014, a inelegibilidade prevista na alínea g do inciso I do art. 1º da LC nº 64, de 1990, pode ser examinada a partir de decisão irrecorrível dos tribunais de contas que rejeitam as contas do prefeito que age como ordenador de despesas. 3. Entendimento, adotado por maioria, em razão do efeito vinculante das decisões do Supremo Tribunal Federal e da ressalva final da alínea g do art. 1º, I, da LC nº 64/90, que reconhece a aplicação do 'disposto no inciso II do art. 71 da Constituição Federal, a todos os ordenadores de despesa, sem exclusão de mandatários que houverem agido nessa condição'. 4. Vencida neste ponto, a corrente minoritária, que entendia que a competência para julgamento das contas do prefeito é sempre da Câmara de Vereadores. 5. As falhas apontadas pelo Tribunal de Contas, no caso, não são suficientes para caracterização da inelegibilidade, pois não podem ser enquadradas como ato doloso de improbidade. No caso, não houve sequer condenação à devolução de recursos ao erário ou menção a efetivo prejuízo financeiro da Administração. Recurso provido, neste ponto, por unanimidade. Recurso ordinário provido para deferir o registro da candidatura" (Recurso Ordinário nº 40.137. Acórdão de 26.8.2014. Rel. Min. Henrique Neves da Silva. Sessão de 27.8.2014).

[46] RE 848826 - RECURSO EXTRAORDINÁRIO. Origem: DF - DISTRITO FEDERAL. Relator atual: MIN. ROBERTO BARROSO. Redator para acordão: MIN. RICARDO LEWANDOWSKI

alegando que aquelas tem por objetivo a demonstração do cumprimento do objetivo orçamentário e dos planos de administração, tendo o seu ator uma característica intrinsicamente política e que, por isso, o julgamento definitivo nestes casos deveria ser competência exclusiva do Legislativo, como preceitua a Constituição.

Quanto aos gastos de gestão, o ministro asseverou que estes dizem respeito aos atos individuais do gestor em suas despesas que componham seu governo, sendo o julgamento das contas de gestão competência dos Tribunais de Contas, sem a interferência do Legislativo.

Todavia, o posicionamento do relator não foi contemplado pela maioria dos ministros. Em seu voto divergência, o Ministro Presidente Ricardo Lewandowski afirmou a competência dos vereadores para julgar contas do Poder Executivo Municipal, uma vez que foram eles os escolhidos pelo povo para fiscalizar os prefeitos de suas localidades. A divergência foi seguida pelos ministros Gilmar Mendes, Edson Fachin, Carmen Lúcia, Marco Aurélio e Celso de Mello.

Na mesma linha de entendimento, quando da análise do RE nº 729744 pela Suprema corte, o relator Ministro Gilmar Mendes alegou não haver inelegibilidade prevista na Lei da Ficha Limpa apenas por parecer do Tribunal de Contas. Neste caso foram vencidos os ministros Luiz Fux e Dias Toffoli.

O relator afirmou que, além da Constituição Federal conferir às Casas Legislativas o poder de fiscalização dos atos dos chefes do executivo, o processo de inelegibilidade é um processo político-administrativo, ou seja, ele até pode iniciar-se com o parecer dos Tribunais de Contas, mas o efetivo controle deve ser realizado pelas Câmaras Municipais.

Assim, por maioria, firmou-se o entendimento da competência das Câmaras Municipais julgar as contas de governo e de gestão dos prefeitos. Os Tribunais de Contas podem proferir pareceres prévios e opinativos, que somente poderão ser derrubados por 2/3 dos vereadores.

Ressalta-se que o agente público que teve suas contas rejeitadas pode recorrer ao Poder Judiciário para levantar questionamentos acerca da decisão oriunda do Tribunal de Contas ou Casas Legislativas.

O Tribunal Superior Eleitoral possuía entendimento consolidado no sentido de que "proposta a ação para desconstituir a decisão que rejeitou as contas, anteriormente à impugnação, fica suspensa a inelegibilidade" (Enunciado da Súmula nº 1 do TSE). Tal súmula foi mitigada pelo próprio Superior Tribunal.

A partir do julgamento do Recurso Ordinário nº 912, ficou consignado:

a análise da idoneidade da ação anulatória é complementar e integrativa à aplicação da ressalva contida no Enunciado nº 1 da Súmula do Tribunal Superior Eleitoral, pois a Justiça Eleitoral tem o poder-dever de velar pela aplicação dos preceitos constitucionais de proteção à probidade administrativa e à moralidade para o exercício do mandato (art. 14, §9º, Constituição Federal).

Nesse sentido, "a mera propositura da ação anulatória, sem a obtenção de provimento liminar ou tutela antecipada, não suspende a inelegibilidade".[47]

7.3.1.8 Alínea "h": inelegibilidade dos detentores de cargos públicos condenados pela prática de abuso de poder político ou econômico

Incide a inelegibilidade:

[a]os detentores de cargo na Administração Pública direta, indireta ou fundacional, que beneficiarem a si ou a terceiros, pelo abuso do poder econômico ou político apurado em processo, com sentença transitada em julgado, para as eleições que se realizarem nos 8 (oito) anos seguintes ao término do seu mandato ou do período de sua permanência no cargo.[48]

Se o candidato é beneficiário do abuso de poder, a inelegibilidade aplicável é de 8 (oito) anos contados da eleição em que se verificou, atraindo a incidência da alínea "d" do dispositivo em comento.[49] Detentores de cargos que se beneficiam do abuso de poder são todos os agentes públicos que praticam atos com fins eleitorais, a fim de

---

[47] RO nº 912, de 24.8.2006; RO nº 963, de 13.9.2006; RO nº 965, de 29.9.2006; REspe nº 26.942; Agrgro nº 1.067, de 16.11.2006).

[48] Lei Complementar nº 64/90, art. 1º, I, "h".

[49] "Consulta. Inelegibilidade da alínea h do inciso I do art. 1º da LC nº 64/90. Contagem. Prazo. 1. O prazo da inelegibilidade prevista na alínea h do inciso I do art. 1º da LC nº 64/90 não se conta da decisão colegiada ou do trânsito em julgado da condenação por abuso do poder econômico ou político, mas, sim, da data da eleição, observando-se a regra do §3º do art. 132 do Código Civil, verbis: 'Os prazos de meses e anos expiram no dia de igual número do de início, ou no imediato, se faltar exata correspondência'. 2. A condenação por abuso do poder político ou econômico constitui requisito essencial para a caracterização da inelegibilidade prevista no art. 1º, inciso I, alínea h, da Lei Complementar 64/90. Porém, a data em que proferida a primeira decisão colegiada ou em que se deu o trânsito em julgado da decisão condenatória não deve ser considerada para a contagem do prazo de inelegibilidade, cujo termo inicial é a data da eleição em que verificado o abuso" (Consulta nº 13.115. Rel. Min. Henrique Neves da Silva. *DJE*, 20 ago. 2014).

angariar votos de maneira ilícita, em detrimento da liberdade do eleitor, prejudicando o equilíbrio das eleições.

A inelegibilidade desta alínea incide nas hipóteses de condenação tanto pela Justiça Comum como pela Justiça Eleitoral[50] e possui como requisito a conexão entre o benefício auferido em razão da prática de abuso do poder econômico ou político e o exercício do cargo na administração.[51]

7.3.1.9 Alínea "i": inelegibilidade do que exerça cargo de direção, administração ou representação de estabelecimentos de crédito, financiamento ou seguro e que seja réu em processo de liquidação judicial ou extrajudicial

Também é caso de inelegibilidade infraconstitucional, em relação a quaisquer cargos, a incidência da inelegibilidade nas situações em:

que, em estabelecimentos de crédito, financiamento ou seguro, que tenham sido ou estejam sendo objeto de processo de liquidação judicial ou extrajudicial, hajam exercido, nos 12 (doze) meses anteriores à respectiva decretação, cargo ou função de direção, administração ou representação, enquanto não forem exonerados de qualquer responsabilidade.[52]

Está alijado do pleito aquele que tiver sido administrador ou diretor das referidas entidades, ainda que a liquidação (judicial ou extrajudicial) esteja em andamento. A lei não cogita a culpa, bastando que eles tenham integrado a administração da empresa nos 12 meses anteriores à decretação da liquidação.

Entretanto, em precedente do Tribunal Superior Eleitoral,[53] admitiu-se o afastamento dessa inelegibilidade em caso de o Judiciário, antes do pedido de registro, suspender os efeitos extensivos da falência em relação a quem pretende se candidatar.

---

[50] Recurso Especial Eleitoral nº 15.105. Acórdão de 17.12.2014. Rel. Min. José Antônio Dias Toffoli. Rel. designado Min. João Otávio de Noronha.
[51] Recurso Ordinário nº 90.718. Acórdão de 16.12.2014. Rel. Min. Henrique Neves da Silva. Rel. designada Min. Luciana Christina Guimarães Lóssio.
[52] Lei Complementar nº 64/90, art. 1º, I, "i".
[53] Recurso Especial Eleitoral nº 34.115. Acórdão de 17.12.2008. Rel. Min. Arnaldo Versiani Leite Soares.

7.3.1.10 Alínea "j": inelegibilidade dos condenados por captação ilícita de sufrágio, por prática de conduta vedada ou por movimentação ilícita de recursos de campanha

Essa alínea também reforça o peso dos crimes eleitorais aos que forem condenados por órgão da Justiça Eleitoral, por corrupção eleitoral, por captação ilícita de sufrágio, por doação, captação ou gastos ilícitos de recursos de campanha ou por conduta vedada aos agentes públicos em campanhas eleitorais que impliquem cassação do registro ou do diploma, pelo prazo de 8 (oito) anos a contar eleição.

Em virtude da gravidade dos crimes e da pena no âmbito eleitoral, exige-se legalidade e robustez das provas que fundamentam a ocorrência das condutas descritas na alínea.[54] Também é assente no Tribunal Superior Eleitoral que a procedência da ação de investigação judicial eleitoral adstringe-se à perda do registro ou do diploma e à sanção pecuniária, não abarcando a declaração de inelegibilidade, que será aferida no momento da formalização do registro de candidatura.[55]

Ressalta-se que a inelegibilidade desta alínea incide mesmo quando a condenação é apenas a pena de multa pela prática do ilícito contido no art. 41-A da Lei nº 9.504/97.[56]

7.3.1.11 Alínea "k": inelegibilidade dos membros do Executivo que renunciam a seus mandatos em virtude de representação

Esse dispositivo visa aqueles que renunciam aos seus mandatos desde o oferecimento de representação ou petição capaz de autorizar

---

[54] Recurso Especial Eleitoral nº 30.298. Acórdão de 1º.12.2015. Rel. Min. Luiz Fux; Agravo Regimental em Recurso Especial Eleitoral nº 82.165. Acórdão de 3.8.2015. Rel. Min. Gilmar Ferreira Mendes.

[55] Recurso Especial Eleitoral nº 131.064. Acórdão de 17.11.2015. Rel. Min. Maria Thereza Rocha de Assis Moura; Agravo Regimental em Recurso Especial Eleitoral nº 50.451. Acórdão de 30.4.2015. Rel. Min. Gilmar Ferreira Mendes.

[56] "Eleições 2012. Embargos de Declaração. Agravo Regimental. Recurso Provido. Indeferimento. Registro de Candidatura. Vereador. Inelegibilidade. Art. 1º, I, 'j', da LC nº 64/90. Condenação. Multa. Captação de Sufrágio. Afronta. Inexistência. Irretroatividade Legal. Ausência de Omissão. 1. Tendo sido a matéria relativa à irretroatividade legal devidamente enfrentada no acórdão embargado, não há falar em omissão. 2. Incide a inelegibilidade da alínea j do inciso I do art. 1º da LC nº 64/90, ainda que a condenação por captação de sufrágio tenha sido somente à pena de multa. 3. Os embargos de declaração não se prestam a novo julgamento da causa. 4. Embargos rejeitados" (Embargos de Declaração em Agravo Regimental em Recurso Especial Eleitoral nº 11.540. Rel. Min. José Antônio Dias Toffoli. *DJE*, 16 abr. 2013).

a abertura de processo por infringência a dispositivo da Constituição Federal, da Constituição Estadual, da Lei Orgânica do Distrito Federal ou da Lei Orgânica do Município, para as eleições que se realizarem durante o período remanescente do mandato para o qual foram eleitos e nos 8 (oito) anos subsequentes ao término da legislatura.

Esse notório comando da Lei da Ficha Limpa impede a antiga prática da renúncia ao mandato para arquivamento do procedimento e preservação da elegibilidade do renunciante. Desse modo, ainda que se evite o processo de cassação na Casa Legislativa, incidirá a inelegibilidade.

Por sua vez, a recorrência da prática suscita manifestações do Tribunal Superior Eleitoral, que não possui ainda balizamento claro quanto à interpretação do dispositivo da alínea "k". Em sede de REspe,[57] decidiu-se que deve haver a simples verificação da ocorrência de renúncia, não importando se o fato que deu ensejo à renúncia do candidato constituiu crime nem se ele foi condenado ou absolvido pela Justiça Comum.

Todavia, em sede de recurso ordinário,[58] fixou-se que, caso se comprove, posteriormente, a absolvição do renunciante da acusação pelo que crime que motivou a renúncia e não seja instaurado processo por quebra de decoro parlamentar, não deve incidir a inelegibilidade.[59] Nessa mesma linha argumentativa pugnou-se em outro recurso ordinário no Tribunal Superior Eleitoral:

> a instauração de representação por quebra de decoro parlamentar, lastreada nos mesmos fundamentos de representação anterior – em vista da qual o candidato havia renunciado no primeiro mandato – dessa vez apreciada e arquivada pela Casa Legislativa, constitui circunstância alteradora do quadro fático-jurídico do recorrente, apta a afastar a incidência da inelegibilidade da alínea k do inc. I do art. 1º da LC nº 64/90.[60]

---

[57] Agravo Regimental em Recurso Especial Eleitoral nº 46.017. Acórdão de 20.3.2013. Rel. Min. Henrique Neves da Silva.

[58] Recurso Ordinário nº 101.180. Acórdão de 2.10.2014. Rel. Min. Henrique Neves da Silva. Rel. designado Min. Gilmar Ferreira Mendes.

[59] Recurso Ordinário nº 101.180. Acórdão de 2.10.2014. Rel. Min. Henrique Neves da Silva. Rel. designado Min. Gilmar Ferreira Mendes.

[60] Recurso Ordinário nº 73.294. Acórdão de 2.10.2014. Rel. Min. Luciana Christina Guimarães Lóssio.

7.3.1.12 Alínea "l": inelegibilidade dos condenados por ato doloso de improbidade administrativa

Aqueles que cometem ato doloso de improbidade administrativa que importe lesão ao patrimônio público e enriquecimento ilícito, quando condenados à pena de suspensão de direitos políticos em decisão transitada em julgado ou proferida por órgão judicial colegiado, ficam inelegíveis desde a condenação ou o trânsito em julgado até o transcurso do prazo de 8 (oito) anos após o cumprimento da pena segundo a literalidade da alínea.

Ressalte-se que jurisprudência do Tribunal Superior Eleitoral[61] já se manifestou expressamente pela dispensabilidade do requisito do trânsito em julgado da condenação em virtude da Lei Complementar nº 135/2010. Assim, considerou suficiente a decisão ter sido proferida por órgão colegiado em evidente consideração ao princípio da colegialidade das decisões.

Já no tocante à aferição do término da inelegibilidade, deve-se verificar o cumprimento integral da pena e de todas as suas cominações, inclusive "no que tange à eventual perda de bens, perda da função pública, pagamento da multa civil ou suspensão do direito de contratar com o Poder Público ou receber benefícios ou incentivos fiscais ou creditícios, direta ou indiretamente".[62]

Frisa-se ser desnecessário exigir-se na sentença de condenação por improbidade a incidência dos arts. 9 e 10 da Lei de Improbidade, na medida em que o Tribunal Superior Eleitoral entende possível extrair esses elementos do acórdão da Justiça Comum, muito embora, por exemplo, o candidato tenha sido condenado apenas pelo art. 10 (lesão ao erário). Para configurar a inelegibilidade pela alínea "l", imprescindível extrair do acórdão de condenação a prática de ato doloso, o dano ao erário e o enriquecimento ilícito, cumulativamente, nesse sentido o Recurso Ordinário nº 38.023, de relatoria do Ministro João Otávio de Noronha.[63]

---

[61] Agravo Regimental em Recurso Especial Eleitoral nº 20.219. Rel. Min. Henrique Neves da Silva. *DJE*, 19 jun. 2013.

[62] Consulta nº 33.673. Rel. Min. Luciana Christina Guimarães Lóssio. *DJE*, 15 dez. 2015.

[63] "Recurso Ordinário. Eleições 2014. Governador. Registro de Candidatura. Inelegibilidade. Art. 1º, I, l, da LC 64/90. Dano Ao Erário E Enriquecimento Ilícito. Requisitos Cumulativos. 1. Consoante a jurisprudência do Tribunal Superior Eleitoral, para fim de incidência da inelegibilidade prevista no art. 1º, I, l, da LC 64/90, é necessário que a condenação à suspensão dos direitos políticos pela prática de ato doloso de improbidade administrativa implique, cumulativamente, lesão ao patrimônio público e enriquecimento ilícito. 2. Deve-se indeferir o registro de candidatura se, a partir da análise das condenações, for possível

7.3.1.13 Alínea "m": inelegibilidade dos que praticam infração ético-profissional

Também estão sujeitos à inelegibilidade infraconstitucional "os que forem excluídos do exercício da profissão, por decisão sancionatória do órgão profissional competente, em decorrência de infração ético-profissional, pelo prazo de 8 (oito) anos, salvo se o ato houver sido anulado ou suspenso pelo Poder Judiciário".[64]

Essa alínea visa àqueles que integram categorias profissionais cujo controle é exercido com mais rigor devido a disposições legais por seus respectivos conselhos profissionais, como a OAB no caso dos advogados. Dessa forma, quando apurada infração ético-profissional pelo conselho da classe, restará decretada a inelegibilidade que não pode ser revertida pela alegação na Justiça Eleitoral da existência de vícios no procedimento que culminou em exclusão do exercício da profissão.[65]

7.3.1.14 Alínea "n": inelegibilidade por desfazimento fraudulento de vínculo conjugal

Aqueles que tentam enganar a justiça e simulam desfazimento de vínculo conjugal ou união estável para evitar julgado ou proferida caracterização de inelegibilidade, também após decisão transitada em julgado por órgão judicial colegiado, se tornam inelegíveis pelo prazo de 8 (oito) anos após a decisão que reconhecer a fraude.

Salienta-se ser necessária condenação judicial que condene a parte por fraude, ao desfazer ou simular desfazimento de vínculo conjugal

---

constatar que a Justiça Comum reconheceu a presença cumulativa de prejuízo ao erário e de enriquecimento ilícito decorrente de ato doloso de improbidade administrativa, ainda que não conste expressamente na parte dispositiva da decisão condenatória. 3. No caso, o candidato foi condenado nos autos de quatro ações civis públicas à suspensão dos direitos políticos pela prática de ato doloso de improbidade administrativa, consistente em um esquema de desvio e apropriação de recursos da Assembleia Legislativa de Mato Grosso, mediante emissão de cheques em benefício de empresas inexistentes ou irregulares, sem nenhuma contraprestação, e que, posteriormente, eram descontados em empresas de factoring ou sacados na boca do caixa. Extrai-se dos acórdãos condenatórios que a Justiça Comum reconheceu a existência de prejuízo ao erário e de enriquecimento ilícito decorrente de ato doloso de improbidade administrativa. Assim, presentes todos os requisitos da causa de inelegibilidade do art. 1º, I, l, da LC 64/90, deve ser mantido o indeferimento do registro. 4. Recursos ordinários não providos" (TSE. Recurso Ordinário nº 38.023. Acórdão de 11.9.2014. Rel. Min. João Otávio de Noronha. Sessão de 12.9.2014).

[64] Lei Complementar nº 64/90, art. 1º, I, "m".

[65] Recurso Especial Eleitoral nº 34.430. Acórdão de 19.2.2013. Rel. Min. Henrique Neves da Silva.

ou de união estável para fins de inelegibilidade. Assim, a negativa da existência de união estável em outra ação eleitoral gera mera presunção que não atrai a inelegibilidade conforme o Tribunal Superior Eleitoral.[66]

7.3.1.15 Alínea "o": inelegibilidade dos servidores públicos demitidos em decorrência de processo administrativo

Tornam-se inelegíveis "os que forem demitidos do serviço público em decorrência de processo administrativo ou judicial, pelo prazo de 8 (oito) anos, contado da decisão, salvo se o ato houver sido suspenso ou anulado pelo Poder Judiciário".[67]

Inclui-se no rol dos atingidos não apenas servidores efetivos – que desde a Constituição de 1988 devem ingressar na carreira por meio de concurso público – demitidos, como também os ocupantes de cargo em comissão sem vínculo efetivo com a Administração Pública que forem destituídos.

Apesar do uso de diferentes termos, o art. 135,[68] c/c o art. 132, IV[69] da Lei nº 8.112/90, prevê que as penalidades administrativas de demissão e destituição possuem natureza jurídica equivalente, pois ambas significam extinção do vínculo com a Administração Pública por prática de falta funcional grave consoante posição já adotada pelo Tribunal Superior Eleitoral.[70]

7.3.1.16 Alínea "p": inelegibilidade por doação ilícita para campanhas

Prezando pela lisura das eleições, essa alínea pune com inelegibilidade:

---

[66] Recurso Especial Eleitoral nº 39.723. Acórdão de 21.8.2014. Rel. Min. Gilmar Ferreira Mendes. *DJE*, 5 set. 2014.

[67] Lei Complementar nº 64/90, art. 1º, I, "o".

[68] Lei nº 8.112/90: "Art. 135. A destituição de cargo em comissão exercido por não ocupante de cargo efetivo será aplicada nos casos de infração sujeita às penalidades de suspensão e de demissão. Parágrafo único. Constatada a hipótese de que trata este artigo, a exoneração efetuada nos termos do art. 35 será convertida em destituição de cargo em comissão".

[69] Lei nº 8.112/90: "Art. 132. A demissão será aplicada nos seguintes casos: [...] IV - improbidade administrativa".

[70] Agravo Regimental em Recurso Ordinário nº 57.827. Acórdão de 9.10.2014. Rel. Min. Luciana Christina Guimarães Lóssio; Agravo Regimental em Recurso Ordinário nº 83.771. Acórdão de 3.10.2014. Rel. Min. Gilmar Ferreira Mendes.

pessoa física e os dirigentes de pessoas jurídicas responsáveis por doações eleitorais tidas por ilegais por decisão transitada em julgado ou proferida por órgão colegiado da Justiça Eleitoral, pelo prazo de 8 (oito) anos após a decisão, observando-se o procedimento previsto no art. 22.[71]

O comando da alínea inova ao punir expressamente com a inidoneidade para o pleito não apenas o destinatário das doações ilegais, mas também o provedor dos recursos.

Tendo em vista que a doação deve se enquadrar como doação eleitoral, imperativo citar precedente[72] do Tribunal Superior Eleitoral asseverando que a ilegalidade da doação deve ser reconhecida por decisão emanada da Justiça Eleitoral de acordo com o procedimento do art. 22 da Lei Complementar nº 64/90. E, no caso das pessoas jurídicas, é necessária a comprovação da condição de dirigente da pessoa jurídica doadora ao tempo da doação para a subsunção da norma.

O mesmo precedente analisou a expressão "tida como ilegais" pela ótica do o art. 14, §9º da Constituição Federal para declarar que não é qualquer ilegalidade que gera inelegibilidade, mas somente as que dizem respeito à normalidade e legitimidade do pleito eleitoral. Desse modo, excesso de doação que não quebra isonomia entre os candidatos afasta a hipótese de inelegibilidade por ausência de violação ao parâmetro constitucional de vedação ao abuso do poder político e econômico.

Ademais, em posicionamentos recentes a Corte declarou que a inelegibilidade da alínea "p" caracteriza possível efeito secundário da condenação, verificável caso se requeira registro de candidatura, não sendo sanção imposta de imediato na condenação judicial de multa por doação acima do limite legal.[73]

---

[71] Lei Complementar nº 64/90, art. 1º, I, "p".

[72] Recurso Ordinário nº 53.430. Acórdão de 16.9.2014. Rel. Min. Henrique Neves da Silva. Sessão de 16.9.2014.

[73] Agravo Regimental em Agravo de Instrumento nº 9.331. Acórdão de 19.5.2015. Rel. Min. Gilmar Ferreira Mendes; Recurso Especial Eleitoral nº 38.875. Acórdão de 11.11.2014. Rel. Min. Gilmar Ferreira MENDES; Recurso Especial Eleitoral nº 22.991. Acórdão de 22.5.2014. Rel. Min. Gilmar Ferreira Mendes.

7.3.1.17 Alínea "q": inelegibilidade dos magistrados e membros do Ministério Público aposentados compulsoriamente que tenham perdido o cargo ou que tenham pedido exoneração ou aposentadoria na pendência de processo administrativo disciplinar

Igualmente são atingidos pela inelegibilidade infraconstitucional os magistrados e membros do Ministério Público que "forem aposentados compulsoriamente por decisão sancionatória, que tenham perdido o cargo por sentença ou que tenham pedido exoneração ou aposentadoria voluntária na pendência de processo administrativo disciplinar, pelo prazo de 8 (oito) anos".[74]

Em que pese a omissão da alínea "q" sobre o momento de declaração da inelegibilidade, uma interpretação conformativa com os nortes da Lei da Ficha Limpa impele à conclusão de que esta deve ser declarada já quando da sentença condenatória em órgão colegiado sem a necessidade de trânsito em julgado.

Destaca-se a semelhança com as alíneas "k" e "o", porém dessa vez albergando magistrados e membros do Ministério Público que exercem funções essenciais à justiça, e impedindo aqueles que usam renúncia ou aposentadoria compulsória como forma de obstar a possível conflagração de inelegibilidade decorrente de decisão sancionatória em processo administrativo.

7.3.2 Inelegibilidades previstas na Lei Complementar nº 135/2010 (Lei da Ficha Limpa)

A Lei Complementar nº 135/10, por regular matéria tão controversa, despertou questões acerca de sua constitucionalidade. Na ADI nº 4.578, a Confederação Nacional das Profissões Liberais pugnou pela inconstitucionalidade do art. 1º, inc. I, alínea "m", da Lei complementar nº 64/90, inserido pela Lei nº 135/10.

A ADC nº 29 postulou o reconhecimento da validade jurídica da aplicação das hipóteses de inelegibilidade instituídas pela Lei Complementar nº 135/10, o que se fez tendo em vista "a existência

---

[74] Lei Complementar nº 64/90, art. 1º, I, "q".

de divergência nos diversos Tribunais Regionais Eleitorais, [...], não obstante as manifestações do Tribunal Superior Eleitoral".[75]

O ministro relator da matéria das ações que foram julgadas em conjunto, Luiz Fux, asseverou que no julgamento três questões essenciais não poderiam passar sem análise: 1) se as inelegibilidades introduzidas pela Lei Complementar nº 135/10 poderiam alcançar atos ou fatos ocorridos antes da edição do mencionado diploma legal; 2) se era constitucional a hipótese de inelegibilidade prevista no art. 1º, I, "m", da Lei Complementar nº 64/90, inserido pela Lei Complementar nº 135/10; e, previamente, 3) a própria fiscalização abstrata de constitucionalidade de todas as hipóteses de inelegibilidade criadas pela LC nº 135/10.

O ministro observou, em seu voto, ser possível dividir as hipóteses de inelegibilidade, basicamente, em cinco grupos, a saber:

> (i) condenações judiciais (eleitorais, criminais ou por improbidade administrativa) proferidas por órgão colegiado; (ii) rejeição de contas relativas ao exercício de cargo ou função pública (necessariamente colegiadas, porquanto prolatadas pelo Legislativo ou por Tribunal de Contas, conforme o caso); (iii) perda de cargo (eletivo ou de provimento efetivo), incluindo-se as aposentadorias compulsórias de magistrados e membros do Ministério Público e, para os militares, a indignidade ou incompatibilidade para o oficialato; (iv) renúncia a cargo público eletivo diante da iminência da instauração de processo capaz de ocasionar a perda do cargo; e (v) exclusão do exercício de profissão regulamentada, por decisão do órgão profissional respectivo, por violação de dever ético-profissional.

À primeira das questões levantadas, o relator respondeu afirmando: "a aplicação da Lei Complementar nº 135/10 com a consideração de fatos anteriores não viola o princípio constitucional da irretroatividade das leis". Para ele, também:

> não cabe discutir, nestas ações, o sentido e o alcance da presunção constitucional da inocência (ou a não culpabilidade como se preferir) no que diz respeito à esfera penal e processual penal. Cuida-se aqui tão somente da aplicabilidade da presunção de inocência especificamente para fins eleitorais, ou seja, da sua irradiação para ramo do Direito diverso daquele a que se refere a literalidade do art. 5º, LVII, da Constituição de 1988.

---

[75] TSE. Ação Declaratória de Constitucionalidade nº 29/DF. Rel. Luiz Fux. *Diário Oficial da União (DOU)*, 27 fev. 2012. p. 1. Seção 1.

Favorável ao entendimento do Ministro Luiz Fux, o Ministro Joaquim Barbosa, em seu voto-vista, lembrou: "inelegibilidade não é pena". Contrariando o relator, o Ministro Dias Toffoli, também em seu voto-vista, entendeu pela aplicabilidade da presunção de inocência nos feitos eleitorais, pois, para ele, " o impedimento prematuro à candidatura cria instabilidade no campo da segurança jurídica, pois a causa da inelegibilidade despida de certeza pode provocar prejuízo irreversível ao direito de candidatura".

Para melhor fundamentar seu entendimento, Dias Toffoli levantou a seguinte indagação retórica: "Se a pena criminal não pode ser aplicada provisoriamente, como poderá ela surtir efeitos eleitorais?". Partilharam desse raciocínio apenas os ministros Cezar Peluso, Gilmar Mendes e Celso de Mello. Os demais se manifestaram favoráveis às inovações trazidas pela lei.

Para a Ministra Rosa Weber:

> o homem público, ou que pretende ser público, não se encontra no mesmo patamar de obrigações do cidadão comum no trato da coisa pública. O representante do povo, o detentor de mandato eletivo, subordina-se à moralidade, à probidade, à honestidade e à boa-fé, exigências do ordenamento jurídico e que compõem um mínimo ético, condensado pela lei da Ficha Limpa, através de hipóteses concretas e objetivas de inelegibilidade.

Para a Ministra Cármen Lúcia, quando um candidato "se propõe a ser um representante dos cidadãos, a vida pregressa compõe a persona que se oferece ao eleitor e o seu conhecimento há de ser de interesse público. Não dá para apagar. A vida não passa a limpo a cada dia".

Ricardo Lewandowski, de igual modo, observou: "tanto as penas quanto as demais opções legislativas foram feitas de forma consciente, absolutamente dosada pela racionalidade do Congresso Nacional".

Assim, depois de apreciadas as duas outras questões levantadas pelo relator, o Supremo Tribunal Federal (STF) decidiu, por maioria, que a Lei Ficha Limpa estava de acordo com a Constituição Federal e valeria a partir das eleições de 2012.

A declaração de inelegibilidade, suspensão temporária da cidadania passiva ou do direito de ser votado, não se condiciona ao trânsito em julgado da sentença, sendo suficiente a condenação por órgão colegiado do Judiciário.

Tal regra se aplica às decisões da justiça eleitoral reconhecendo o abuso de poder e a corrupção eleitoral, gênero de que são espécies a captação ilícita de sufrágio, a ilegalidade na arrecadação e gastos de campanha e a prática de condutas vedadas da Administração Pública no período eleitoral passível de cassação de mandato.

A regra do colegiado de juízes também é aplicável às condenações por improbidade administrativa, desde que presentes os pressupostos de dolo, lesão ao patrimônio público e enriquecimento ilícito, e às condenações penais em crimes contra Administração Pública, contra a vida, tráfico de entorpecentes, hediondos, entre outros constantes da redação da alínea "e" do art. 1º da Lei Complementar nº 64/90.

A regra que condiciona a inelegibilidade à existência de decisão adotada por uma pluralidade de julgadores evita o eventual abuso de poder advindo de decisão monocrática, bem assim prestigia o julgado efetuado pela instância ordinária coletiva, dando efetividade às máximas de que várias mentes pensam melhor do que uma e de que a experiência do magistrado de segundo grau atrai mais sabedoria e prudência.

Por outro ângulo, ao deixar de exigir o trânsito em julgado da decisão, faz a separação do sistema penal, em que se consagra o constitucional princípio da presunção de inocência e o sistema eleitoral, com a regra de impedimento de candidatura desvinculada da culpabilidade criminal. Não se faz coro com os que defendem que o princípio em relevo seja aplicável apenas à esfera criminal.

Cuida-se de reconhecer a inexistência de conduta adequada para o exercício de uma função pública, como ocorre em relação a decisões administrativas de demissão do servidor público ou de exclusão de profissional pelo órgão regulador da categoria. A Lei das Inelegibilidades, desde a sua edição, contempla diversos casos de impedimento de candidatura sem a exigência de condenação judicial definitiva, como no caso de rejeição de contas feitas por órgão auxiliar do Legislativo, o Tribunal de Contas.

Por outro aspecto, a própria Constituição Federal, por seu art. 14, §9º, bem expressa que a disciplina das inelegibilidades, a ser fixada por lei complementar, deve ter em vista a proteção da probidade e moralidade administrativa, considerando-se a vida pregressa.

Cuida-se de um juízo de proteção do patrimônio público, zelando pela moralidade e probidade, afastando temporariamente a possibilidade de dirigir os negócios públicos que se conduziu de forma indigna. A candidatura possibilita o exercício de funções públicas relevantes, o poder-dever de deliberação em nome da coletividade.

O exercício do mandato eletivo deve ser entendido como missão social, tendo-se o ônus de trabalhar em favor da sociedade, representando suas aspirações, e não como um bem individual ou uma propriedade privada. Assim definiu o Supremo Tribunal Federal, ao julgar os mandados de segurança nºs 26.602, 26.603 e 26.604, concluindo que o mandato não pertence a quem o exerce, perdendo-o quem efetua ato de infidelidade partidária. Não se aplica tese que pretende ver no exercício do cargo eletivo um bem individual.

A nova lei eleva a sanção de inelegibilidade ao prazo de oito anos, tanto em relação às condenações mencionadas acima quanto em relação aos chefes do Executivo Estadual e Municipal, e seus respectivos vices, que perderam seus cargos eletivos por infração de dispositivos da Constituição Estadual, da Lei Orgânica do Distrito Federal ou da Lei Orgânica do Município, aplicando-se a inelegibilidade para as eleições que se realizarem durante o período remanescente do mandato e nos oito anos subsequentes.

Também se ampliam para oito anos as inelegibilidades decorrentes de rejeição de prestação de contas, de declaração de indignidade do oficialato e de decisão reconhecendo abuso do poder econômico ou político, seja beneficiando a si ou a terceiros, seja como simples beneficiário dos atos abusivos. Institui-se a sanção de inelegibilidade por oito anos para quem houver renunciado a seu mandato, desde que haja o oferecimento de representação ou petição capaz de autorizar a abertura de processo ético-disciplinar.

Igual pena passará a incidir nas hipóteses de condenação por ato de improbidade administrativa que importe lesão ao patrimônio público e enriquecimento ilícito; de corrupção eleitoral, por captação ilícita de sufrágio, por doação, captação ou gastos ilícitos de recursos de campanha ou por conduta vedada aos agentes públicos em campanhas eleitorais que impliquem cassação do registro ou do diploma; de exclusão do exercício da profissão por infração ética, bastando a sanção do órgão profissional competente; de simulação ou desfazimento de vínculo conjugal ou de união estável para evitar caracterização de inelegibilidade; de demissão do serviço público em decorrência de processo administrativo ou judicial; de doações eleitorais tidas por ilegais; de aposentadoria compulsória decorrente de sanção aplicada a magistrado e membros do Ministério Público, bem como em relação a estes, quando perderem cargo por sentença ou que tenham pedido exoneração ou aposentadoria voluntária na presença de processo administrativo disciplinar.

Quanto à aplicação do novo prazo aos condenados durante a vigência da lei que dispunha prazo menor de inelegibilidade, encontra abrigo na justiça eleitoral tese bastante criticada de que o novo prazo de oito anos deve ser aplicado mesmo quando exaurido o prazo anterior de três anos.[76] Em sentido oposto o Tribunal Superior Eleitoral se manifestou pela impossibilidade do referido aumento em julgado de relatoria do Ministro Gilmar Mendes,[77] devido à afronta à segurança jurídica do pleito. Destarte, arguiu-se tese oposta de que a questão constitucional não fora enfrentada pelo STF na ocasião do julgamento da ADC nº 29 e, portanto, o referido aumento não poderia ser aplicado. Atualmente, a questão está sob análise no Supremo Tribunal Federal nos autos do Recurso Extraordinário com Repercussão Geral nº 929.670.[78]

Caso emblemático que abarca a jurisprudência da nova lei foi a polêmica acerca da candidatura de José Roberto Arruda ao governo do Distrito Federal. Discutiam-se os efeitos do registro de candidatura perante situação de posterior inelegibilidade, visto que *in casu* o candidato foi condenado por órgão colegiado depois de apresentar seu registro eleitoral. Nesse ínterim, o Tribunal Superior Eleitoral entendeu por maioria, com única divergência do ministro Gilmar Mendes, que a lei pode ser aplicada mesmo se o candidato foi condenado por órgão colegiado depois de apresentar seu registro.

É ainda mais significante o fato de que o voto divergente se fundamentou no princípio da anterioridade eleitoral e consequente segurança jurídica eleitoral, e em entendimento do Tribunal Superior Eleitoral de que as inelegibilidades são auferidas no momento do pedido do registro de candidatura. Em sentido contrário, o Ministro Dias Toffoli ressaltou que em 2010 a Corte já havia aplicado o art. 15[79] da Lei Complementar nº 64/90 nas eleições gerais e que os precedentes da divergência não foram julgados pelo rito da nova lei.

---

[76] Agravo Regimental em Agravo de Instrumento nº 14.458. Acórdão de 29.10.2013. Rel. Min. Henrique Neves da Silva; Recurso Especial Eleitoral nº 19.380. Acórdão de 1º.8.2013. Rel. Min. Marco Aurélio Mendes de Farias Mello. Rel. designado Min. José Antônio Dias Toffoli.

[77] Recurso Ordinário nº 56.635. Acórdão de 16.9.2014. Rel. Min. Gilmar Ferreira Mendes.

[78] Supremo Tribunal Federal. RE nº 929.670. Rel. Min. Ricardo Lewandowski (está com pedido de vista do Min. Luiz Fux).

[79] Lei Complementar nº 64/90: "Art. 15. Transitada em julgado ou publicada a decisão proferida por órgão colegiado que declarar a inelegibilidade do candidato, ser-lhe-á negado registro, ou cancelado, se já tiver sido feito, ou declarado nulo o diploma, se já expedido".

Desse modo, a Corte solidificou o entendimento pela aplicação da nova lei, destacando-se trecho da ementa do referido julgado de relatoria do Ministro Henrique Neves, que foi enfático ao asseverar ser possível a análise de fatos que geram a inelegibilidade após iniciado o procedimento de registro de candidatura.[80]

Ainda quanto à aplicação da lei no tempo, o Tribunal Superior Eleitoral possui posicionamento majoritário pela aplicação da lei a fatos pretéritos, ressalvando-se o ponto de vista do Ministro Gilmar Mendes, para quem tal aplicação fere a segurança jurídica consoante expresso no julgamento das ADCs nºs 29 e 30 pelo STF.[81]

Importante inovação do procedimento está consubstanciada na nova redação do inc. XIV do art. 22 da Lei das Inelegibilidades, no que se refere ao alcance da ação de investigação judicial eleitoral, conhecida no meio forense pela abreviatura AIJE. O julgamento dessa ação após as eleições poderia resultar, além da declaração de inelegibilidade para o próximo pleito, em elemento para instruir o ajuizamento de outras demandas eleitorais, como o recurso contra a expedição ou a ação de impugnação de mandato eletivo. Não raro, pois, tal ação funcionava apenas como demanda preparatória para o ajuizamento de outras ações eleitorais.

A jurisprudência do Tribunal Superior Eleitoral já havia evoluído para admitir a cassação de diploma e mandato, em sede de AIJE, em alguns casos, não mais considerando indispensável a propositura de demandas complementares.[82] A alteração introduzida pela Lei da

---

[80] "É perfeitamente harmônico com o sistema de normas vigentes considerarem que os fatos supervenientes ao registro que afastam a inelegibilidade devem ser apreciados pela Justiça Eleitoral, na forma prevista na parte final do §10 do artigo 11 da Lei n 9.504/97, sem prejuízo de que os fatos que geram a inelegibilidade possam ser examinados no momento da análise ou deferimento do registro pelo órgão competente da Justiça Eleitoral, em estrita observância ao parágrafo único do artigo 7 da LC nº 64/90 e, especialmente, aos prazos de incidência do impedimento, os quais, por determinação constitucional, são contemplados na referida Lei Complementar" (Recurso Ordinário nº 15.429. Acórdão de 26.8.2014. Rel. Min. Henrique Neves da Silva. Sessão de 27.8.2014).

[81] Recurso Ordinário nº 101.180. Acórdão de 2.10.2014. Rel. Min. Henrique Neves da Silva. Rel. designado Min. Gilmar Ferreira Mendes.

[82] "O rito previsto no art. 22 da Lei Complementar nº 64/90 não estabelece prazo decadencial para o ajuizamento da ação de investigação judicial eleitoral. [...] entende-se que as ações de investigação judicial eleitoral que tratam de abuso de poder econômico e político podem ser propostas até a data da diplomação porque, após esta data, restaria, ainda, o ajuizamento da Ação de Impugnação de Mandato Eletivo (AIME) e do Recurso Contra Expedição do Diploma (RCED). (Respe nº 12.531/SP, Rel. Min. Ilmar Galvão, DJ de 1º.9.1995 nº401/ES, Rel Min. Fernando Neves, DJ de 1º.9.2000, RP nº 628/DF, Rel. Min. Sálvio de Figueiredo, DJ de 17.12.2002). O mesmo argumento é utilizado nas ações de investigação fundadas no art. 41-A da Lei 9.504/97, em que também se assentou que o

Ficha Limpa, em boa hora, torna regra do direito positivo a tendência verificada na interpretação dos tribunais.

O julgamento procedente da AIJE, ainda que após a proclamação dos eleitos, terá como consequência, além da declaração de inelegibilidade dos eleitos, a cassação do registro ou diploma do candidato diretamente beneficiado pelo abuso de poder e pela corrupção eleitoral. A remessa ao ministério Público da ação não mais possui o objetivo de ajuizamento de demandas eleitorais complementares, mas tão apenas para instauração do processo disciplinar e de ação penal, conforme o cabimento dentro da livre convicção do órgão ministerial. Para viabilizar a nova sistemática, foi revogado o inc. XV que previa a necessidade de ações eleitorais complementares para dar efetividade à norma eleitoral.

A AIJE se torna uma ação fortalecida, com eficácia ampliada, sendo um importante instrumento de combate ao abuso de poder político e econômico, ao uso indevido dos meios de comunicação social, como define o *caput* do art. 22[83] da Lei Complementar nº 64/90 e à irregular arrecadação e uso de recursos financeiros nas campanhas eleitorais, como dispõe o art. 30-A[84] da Lei nº 9.504/97, além de também poder ser utilizada, como admite a jurisprudência, para processar e julgar ato de captação ilícita de sufrágio e de conduta vedada aos agentes públicos.

Foi acrescentado um dispositivo de natureza interpretada, qual seja o novo inc. XVI[85] do art. 22 da Lei Complementar nº 64/90, segundo o qual, para a configuração do ato abusivo, não deverá ser

---

interesse de agir persiste até a data da diplomação (Respe 25.269/SP, Rel. Min. Caputo Bastos, DJ de 20.11.2006). Já no que diz respeito às condutas vedadas (art. 73 da Lei nº 9.504/97), para se evitar o denominado 'armazenamento tático de indícios', estabeleceu-se que o interesse de agir finda na data das eleições, contando-se o prazo de ajuizamento da ciência inequívoca da prática da conduta (QO no RO 758/PA, Rel. Min. Carlos Madeira, DJ de 26.8.2005; Respe 25.935/SC, Rel. Min. José Delgado, Rel. Designado Min. Cezar Peluso, DJ de 20.6.2006)".

[83] Lei Complementar nº 64/90: "Art. 22. Qualquer partido político, coligação, candidato ou Ministério Público Eleitoral poderá representar à Justiça Eleitoral, diretamente ao Corregedor-Geral ou Regional, relatando fatos e indicando provas, indícios e circunstâncias e pedir abertura de investigação judicial para apurar uso indevido, desvio ou abuso do poder econômico ou do poder de autoridade, ou utilização indevida de veículos ou meios de comunicação social, em benefício de candidato ou de partido político, obedecido o seguinte rito: [...]".

[84] Lei nº 9.504/97: "Art. 30-A. Qualquer partido político ou coligação poderá representar à Justiça Eleitoral, no prazo de 15 (quinze) dias da diplomação, relatando fatos e indicando provas, e pedir a abertura de investigação judicial para apurar condutas em desacordo com as normas desta Lei, relativas à arrecadação e gastos de recursos".

[85] Lei Complementar nº 64/90: "Art. 22. [...] XVI - para a configuração do ato abusivo, não será considerada a potencialidade de o fato alterar o resultado da eleição, mas apenas a gravidade das circunstâncias que o caracterizam".

exigido o requisito da potencialidade de o fato alterar o resultado da eleição, bastando a verificação da "gravidade das circunstâncias".

Desse modo, consolidou-se a transição de paradigma jurisprudencial da Corte de aferição da gravidade das circunstâncias e não mais da potencialidade, inclusive obtendo reafirmação de julgado recente da Corte Eleitoral Máxima:

> A teor da jurisprudência deste Tribunal Superior, endossada pelo acórdão recorrido, a configuração do ato abusivo não depende da potencialidade de o fato alterar o resultado da eleição, mas da gravidade das circunstâncias que o caracterizam, consoante o inc. XVI do art. 22 da Lei Complementar n° 64/90.[86]

Além disso, em relação às espécies de corrupção eleitoral, como captação ilícita de sufrágio, condutas vedadas aos agentes públicos e irregular arrecadação e aplicação de recursos nas campanhas eleitorais, o próprio Tribunal Superior Eleitoral já vinha aplicando os princípios da proporcionalidade e razoabilidade, exigindo a presença da "relevância jurídica" do ilícito para configurar a sua ocorrência.[87]

O pressuposto da "gravidade das circunstâncias", por ser um conceito aberto, dependerá sobremaneira da interpretação dos tribunais para a verificação de seu alcance. A inovação mais possui a função de afastar a exigência da potencialidade para influir no resultado das eleições como pressuposto da declaração de presença de abuso de poder. Não se pode descurar, porém, da necessária busca sobre o sentido

---

[86] Recurso Especial Eleitoral n° 82.911. Acórdão de 17.11.2015. Rel. Min. Admar Gonzaga Neto.

[87] "Não havendo, necessariamente, nexo de causalidade entre a prestação de contas de campanha (ou os erros dela decorrentes) e a legitimidade do pleito, exigir prova de potencialidade seria tornar inócua a previsão contida no art. 30-A, limitando-o a mais uma hipótese de abuso de poder. O bem jurídico tutelado pela norma revela que o que está em jogo é o princípio constitucional da moralidade (CF, art. 14, §9°). Para incidência do art. 30-A da Lei n° 9.504/97, é necessário prova da proporcionalidade (relevância jurídica) do ilícito praticado pelo candidato em vez da potencialidade do dano em relação ao pleito eleitoral (Precedente: RO n° 1.540/PA, de minha relatoria, DJE de 1°.6.2009). Nestes termos, a sanção de negativa de outorga do diploma ou de sua cassação (§2° do art. 30-A) deve ser proporcional à gravidade da conduta e à lesão perpetrada ao bem jurídico protegido. No caso, a irregularidade teve grande repercussão no contexto da campanha em si (embora o candidato tenha gasto quase 85% dos recursos arrecadados com combustíveis e lubrificantes, não relacionou na prestação de contas despesas de locação de bens móveis que justificassem a utilização desse material. Ou seja, recebeu consideráveis doações estimáveis em dinheiro e não emitiu recibo eleitoral). Não é, pois, desmesurada a incidência da sanção" (RO – Recurso Ordinário n° 1.453 – Belém/PA. Rel. Min. Felix Fischer. DJE, 5 abr. 2010).

adequado para o termo "gravidade das circunstâncias", que bem se aproxima da definição de proporcionalidade e razoabilidade.

Gomes Canotilho bem fala sobre o princípio da proibição do excesso, a governar a atuação do Poder Público, incluindo o Judiciário na aplicação das leis, devendo ser efetuada a verificação de adequação, necessidade e justa medida na aplicação da pena.[88]

Não é possível a punição por fato insignificante, sem relevo, desprovido de repercussão social. Gravidade advém do adjetivo latim *gravis*, que significa pesado ou importante. As circunstâncias são os elementos que acompanham o fato, suas particularidades, incluindo as causas. Diz respeito a como o ato foi praticado. No direito penal, as circunstâncias podem constituir ou qualificar o crime, como também agravar a pena a ser aplicada. A reincidência e a prática do delito por uso do poder de autoridade são circunstâncias agravantes da pena previstas no art. 61, incs. I e II, alínea "f"[89] do Código Penal. Ainda, tem a pena agravada, nos termos do art. 62, inc. I,[90] do Código Penal, quem possui a função de direção, indução ou coação para a prática criminosa.

Trata-se de normas do direito positivo que podem ser utilizadas como referência de interpretação por analogia, conhecida regra de integração da norma jurídica. Norma procedimental, o novel art. 26-A[91]da Lei Complementar nº 64/90 faz previsão de que deve ser aplicada a Lei das Eleições no que se refere ao registro de candidatura, na hipótese de o órgão competente afastar a inelegibilidade. Também adicionado, o art. 26-B[92] disciplina a prioridade de tramitação e julgamento a ser

---

[88] "Meios e fins são colocados em equação mediante um juízo de ponderação, com o objetivo de se avaliar se o meio utilizado é ou não desproporcionado em relação ao fim. Trata-se, pois, de uma questão de medida ou desmedida, para se alcançar um fim: pesar as desvantagens dos meios com as vantagens do fim [...] evitar cargas coativas excessivas ou actor de ingerência desmedidos na esfera jurídica dos particulares" (CANOTILHO, José Joaquim Gomes. *Direito constitucional e teoria da Constituição*. 2. ed. Coimbra: Almedina, 1998. p. 280).

[89] Código Penal: "Art. 61. São circunstâncias que sempre agravam a pena, quando não constituem ou qualificam o crime: I - a reincidência; II - ter o agente cometido o crime: [...] f) com abuso de autoridade ou prevalecendo-se de relações domésticas, de coabitação ou de hospitalidade, ou com violência contra a mulher na forma da lei específica".

[90] Código Penal: "Art. 62. A pena será ainda agravada em relação ao agente que: I - promove, ou organiza a cooperação no crime ou dirige a atividade dos demais agentes".

[91] Lei Complementar nº 64/90: "Art. 26-A. Afastada pelo órgão competente a inelegibilidade prevista nesta Lei Complementar, aplicar-se-á, quanto ao registro de candidatura, o disposto na lei que estabelece normas para as eleições".

[92] Lei Complementar nº 64/90: "Art. 26-B. O Ministério Público e a Justiça Eleitoral darão prioridade, sobre quaisquer outros, aos processos de desvio ou abuso do poder econômico ou do poder de autoridade até que sejam julgados, ressalvados os de habeas corpus e mandado de segurança".

conferida pelo ministério Público e pela Justiça Eleitoral aos processos de desvio ou abuso de poder econômico ou do poder de autoridade, ressalvados os casos de *habeas corpus* e mandado de segurança. A norma veda a alegação de acúmulo de serviço para as autoridades deixarem de cumprir os prazos previstos na lei das inelegibilidades. A propósito, prevê o novo dispositivo o acompanhamento dos relatórios mensais de atividades fornecidos pelas unidades da Justiça Eleitoral, a ser efetuado pelos Conselhos Nacionais de Justiça e do Ministério Público e pelas Corregedorias Eleitorais, com o propósito de verificar eventuais descumprimentos dos prazos. Cumprirá a tais órgãos a responsabilização do membro que descumprir os prazos de modo injustificado.

Também dispõe a nova lei que deve ser assegurado o tratamento prioritário na apuração dos delitos eleitorais, inclusive pondo em segundo plano suas atribuições regulares, por parte das polícias judiciárias, dos órgãos da Receita Federal, Estadual e Municipal, dos Tribunais e Órgãos de Contas, do Banco Central do Brasil e do Conselho de Controle de Atividade Financeira, devendo funcionar em auxílio da Justiça Eleitoral e do Ministério Público Eleitoral.

7.3.3 Prazos de desincompatibilização

Trata-se da inelegibilidade em razão do cargo, função ou emprego que o pretenso candidato ocupa e suas incompatibilidades. Os prazos de desincompatibilização devem ser cumpridos por aqueles que, agentes públicos ou não, necessitam se afastar, provisoriamente (mediante licença ou férias) ou definitivamente (mediante renúncia, exoneração, desistência ou aposentadoria) de forma que não poderão mais voltar a seus cargos, empregos ou funções, a fim de disputarem as eleições.

Quando a desincompatibilização é feita por ato pessoal, chama-se autodesincompatibilização; quando realizada por ato de terceiro, heterodesincompatibilização. A incompatibilidade não é uma sanção aplicada ao nacional, mas sim um obstáculo que deverá ser transposto para que seja possível obter o registro da candidatura, pelo qual verá surgir em sua esfera jurídica a elegibilidade (direito de ser votado).

A inelegibilidade cessa com o afastamento, definitivo ou temporário, das funções ocupadas pelos aspirantes aos mandatos eletivos.

Acompanhando o consubstanciado no art. 1º, II da Lei Complementar nº 64/90, são inelegíveis para os cargos de presidente e vice-presidente:

a) até 6 (seis) meses depois de afastados definitivamente de seus cargos e funções:

1. os Ministros de Estado;
2. os chefes dos órgãos de assessoramento direto, civil e militar, da Presidência da República;
3. o chefe do órgão de assessoramento de informações da Presidência da República;
4. o chefe do Estado-Maior das Forças Armadas;
5. o Advogado-Geral da União e o Consultor-Geral da República;
6. os chefes do Estado-Maior da Marinha, do Exército e da Aeronáutica;
7. os Comandantes do Exército, Marinha e Aeronáutica;
8. os Magistrados;
9. os Presidentes, Diretores e Superintendentes de autarquias, empresas públicas, sociedades de economia mista e fundações públicas e as mantidas pelo poder público;
10. os Governadores de Estado, do Distrito Federal e de Territórios;
11. os Interventores Federais;
12. os Secretários de Estado;
13. os Prefeitos Municipais;
14. os membros do Tribunal de Contas da União, dos Estados e do Distrito Federal;
15. o Diretor-Geral do Departamento de Polícia Federal;
16. os Secretários-Gerais, os Secretários-Executivos, os Secretários Nacionais, os Secretários Federais dos Ministérios e as pessoas que ocupem cargos equivalentes.

Os ocupantes desses cargos, se não se afastarem definitivamente no prazo legal, são inelegíveis para os cargos de presidente e vice. Para se candidatarem aos cargos de prefeito e vice, o prazo para a desincompatibilização é de 4 meses (art. 1ª, IV, "a",[93] Lei Complementar nº 64/90) e para vereador é de 6 meses (art. 1º, VII, "a",[94] Lei Complementar nº 64/90).

---

[93] Lei Complementar nº 64/90: "Art. 1º [...] IV - a) no que lhes for aplicável, por identidade de situações, os inelegíveis para os cargos de Presidente e Vice-Presidente da República, Governador e Vice-Governador de Estado e do Distrito Federal, observado o prazo de 4 (quatro) meses para a desincompatibilização".

[94] Lei Complementar nº 64/90: "Art. 1º [...] VII-a) no que lhes for aplicável, por identidade de situações, os inelegíveis para o Senado Federal e para a Câmara dos Deputados, observado o prazo de 6 (seis) meses para a desincompatibilização".

b. os que tenham exercido, nos 6 (seis) meses anteriores à eleição, nos Estados, no Distrito Federal, Territórios e em qualquer dos poderes da União, cargo ou função, de nomeação pelo Presidente da República, sujeito à aprovação prévia do Senado Federal.

A alínea "c" do art. 1º, II, em comento foi vetada.

d) os que, até 6 (seis) meses antes da eleição, tiverem competência ou interesse, direta, indireta ou eventual, no lançamento, arrecadação ou fiscalização de impostos, taxas e contribuições de caráter obrigatório, inclusive parafiscais, ou para aplicar multas relacionadas com essas atividades.

Abrange aos funcionários federais, estaduais, distritais ou municipais a quem a lei atribui fiscalização, lançamento e arrecadação de receitas. Não estão incluídos os funcionários da Fazenda que não têm a competência para lançar tributos, fiscalizar e arrecadar.

e) os que, até 6 (seis) meses antes da eleição, tenham exercido cargo ou função de direção, administração ou representação nas empresas de que tratam os arts. 3º e 5º da Lei nº 4.137, de 10 de setembro de 1962, quando, pelo âmbito e natureza de suas atividades, possam tais empresas influir na economia nacional;

f) os que, detendo o controle de empresas ou grupo de empresas que atuem no Brasil, nas condições monopolísticas previstas no parágrafo único do art. 5º da lei citada na alínea anterior, não apresentarem à Justiça Eleitoral, até 6 (seis) meses antes do pleito, a prova de que fizeram cessar o abuso apurado, do poder econômico, ou de que transferiram, por força regular, o controle de referidas empresas ou grupo de empresas;

g) os que tenham, dentro dos 4 (quatro) meses anteriores ao pleito, ocupado cargo ou função de direção, administração ou representação em entidades representativas de classe, mantidas, total ou parcialmente, por contribuições impostas pelo poder Público ou com recursos arrecadados e repassados pela Previdência Social;

h) os que, até 6 (seis) meses depois de afastados das funções, tenham exercido cargo de Presidente, Diretor ou Superintendente de sociedades com objetivos exclusivos de operações financeiras e façam publicamente apelo à poupança e ao crédito, inclusive através de cooperativas e da empresa ou estabelecimentos que gozem, sob qualquer forma, de vantagens asseguradas pelo poder público, salvo se decorrentes de contratos que obedeçam a cláusulas uniformes; [...].

Cláusulas uniformes são aquelas inseridas nos contratos de adesão, formuladas unilateralmente pelo Poder Público contratante e, sobretudo, que se aplicam também a outros ajustes, da mesma natureza, firmados com outras entidades contratadas.

i) os que, dentro de 6 (seis) meses anteriores ao pleito, hajam exercido cargo ou função de direção, administração ou representação em pessoa jurídica ou em empresa que mantenha contrato de execução de obras, de prestação de serviços ou de fornecimento de bens com órgão do Poder Público ou sob seu controle, salvo no caso de contrato que obedeça a cláusulas uniformes;

j) os que, membros do Ministério Público, não se tenham afastado das suas funções até 6 (seis) meses anteriores ao pleito; [com o advento da Emenda Constitucional nº 45, os membros do Ministério Público submetem-se à vedação de exercer atividades político-partidárias].

l) os que, servidores públicos, estatutários ou não, dos órgãos ou entidades da Administração direta ou indireta da União, dos Estados, do Distrito Federal, dos Municípios e dos Territórios, inclusive das fundações mantidas pelo Poder Público, não se afastarem até 3 (três) meses anteriores ao pleito, garantido o direito à percepção dos seus vencimentos integrais.

Disciplina o art. 1º, inc. III, da Lei Complementar nº 64/90, que são inelegíveis para governador e vice-governador de estado e do Distrito Federal os inelegíveis para os cargos de presidente e vice-presidente da República especificados na alínea "a" do inc. II deste artigo e, no tocante às demais alíneas, quando se tratar de repartição pública, associação ou empresas que operem no território do estado ou do Distrito Federal, observados os mesmos prazos. Dispõe, de modo específico, que se aplica o prazo de seis meses antes das eleições de afastamento definitivo dos seus cargos ou funções aos chefes dos gabinetes civil e militar do governador do estado ou do Distrito Federal; aos comandantes do distrito naval, região militar e zona aérea; aos diretores de órgãos estaduais ou sociedades de assistência aos municípios; aos secretários da Administração municipal ou membros de órgãos congêneres.

O inc. IV do aludido dispositivo, por seu turno, regra a matéria em relação ao prefeito e vice-prefeito, no que lhes for aplicável, por identidade de situações, os inelegíveis para os cargos de presidente e vice-presidente da República, governador e vice-governador de estado e do Distrito Federal, observado o prazo de 4 (quatro) meses para a desincompatibilização; em relação às autoridades policiais, civis ou militares, com exercício no município, faz-se necessário o afastamento nos 4 (quatro) meses anteriores ao pleito.

O inc. V trata do cargo de senador da República, aplicando-lhe a mesma regra vigorante para os cargos de presidente e vice-presidente da República especificados na alínea "a" do inc. II do artigo em relevo e, no tocante às demais alíneas, quando se tratar de repartição pública, associação ou empresa que opere no território do Estado, observados os mesmos prazos. E, do mesmo modo, em cada estado e no Distrito Federal, também se aplica a inelegibilidade para os cargos de governador e vice-governador, nas mesmas condições estabelecidas, observados os mesmos prazos.

Em relação à Câmara dos Deputados, Assembleia Legislativa e Câmara Legislativa, no que lhes for aplicável, por identidade de situações, também são inelegíveis os que assim se situarem no que tange ao Senado Federal, nas mesmas condições estabelecidas, observados os mesmos prazos.

No que se direciona à candidatura para a Câmara Municipal, aplica-lhe, no que cabível, por identidade de situações, a inelegibilidade direcionada ao Senado Federal e à Câmara dos Deputados, observado o prazo de 6 (seis) meses para a desincompatibilização; do mesmo modo, em cada município, os inelegíveis para os cargos de prefeito e vice-prefeito, observado o prazo de 6 (seis) meses para a desincompatibilização.

Dispõe o §1º do artigo em comento que, para concorrência a outros cargos, o presidente da República, os governadores de estado e do Distrito Federal e os prefeitos devem renunciar aos respectivos mandatos até 6 (seis) meses antes do pleito.

Em relação ao vice-presidente, ao vice-governador e ao vice-prefeito, estes poderão candidatar-se a outros cargos, preservando os seus mandatos respectivos, desde que, nos últimos 6 (seis) meses anteriores ao pleito, não tenham sucedido ou substituído o titular.

Por fim, repetindo dispositivo constitucional, o §3º do artigo em questão assevera que são inelegíveis, no território de jurisdição do titular, o cônjuge e os parentes, consanguíneos ou afins, até o segundo grau ou por adoção, do presidente da República, de governador de estado ou território, do Distrito Federal, de prefeito ou de quem os haja substituído dentro dos 6 (seis) meses anteriores ao pleito, salvo se já titular de mandato eletivo e candidato à reeleição. Tal regramento, após a emenda da reeleição, teve sua interpretação mitigada, possibilitando a candidatura de parentes, para o exercício da reeleição a que faz jus o chefe do Executivo, desde que este renuncie ao cargo que atrai o impedimento com seis meses de antecedência do pleito.

Frisa-se que em caso de eleições suplementares o Tribunal Superior Eleitoral mitiga os demais prazos, através de resoluções expedidas pelos Tribunal Regionais Eleitorais.[95] No entanto, não há mitigação de prazo no caso do art. 14, §7º da Constituição Federal.[96]

7.3.4 Procedimento para declaração da inelegibilidade

A inelegibilidade pode ser declarada de ofício pelo juiz, independentemente de provocação. E, ainda, qualquer cidadão, no gozo de seus direitos políticos, pode, mediante petição fundamentada, dar notícia de inelegibilidade sobre a qual decidirá o juiz eleitoral. Para recorrer da decisão judicial, porém, deve haver a comprovação de legitimação ativa, pois somente pode recorrer quem é parte legítima para impugnar.

A Lei nº 12.034/2009 preceitua que devem ser considerados todos os fatos que afastem a inelegibilidade, ainda quando ocorridos após a data do pedido de registro. Conforme o art. 11, §10,[97] da Lei nº 9.504/97, ressalvam-se alterações, fáticas ou jurídicas, supervenientes ao registro que afastem a inelegibilidade. Todavia, prevalece a situação de elegibilidade existente ou alcançada até a data da diplomação,[98]

---

[95] "Agravo Regimental. Mandado de Segurança. Eleições Suplementares. Instruções. Mitigação de Prazos. Possibilidade. 1. No caso da realização de novas eleições, é possível a mitigação de prazos relacionados a propaganda eleitoral, convenções partidárias e desincompatibilização, de forma a atender o disposto no art. 224 do Código Eleitoral. 2. Consoante entendimento desta Corte, não é permitida a redução de prazos de natureza processual que envolvam as garantias constitucionais da ampla defesa e do devido processo legal, o que não ocorreu na espécie. 3. É inviável o agravo regimental que não infirma os fundamentos da decisão impugnada. 4. Desprovimento" (Agravo Regimental em Mandado de Segurança nº 57.264. Acórdão de 12.5.2011. Rel. Min. Marcelo Henriques Ribeiro de Oliveira. DJE, 1º ago. 2011).

[96] "Constitucional. Eleitoral. Recurso Extraordinário. Repercussão Geral. Prefeito Afastado por Decisão do TRE. Eleição Suplementar. Prazo de Inelegibilidade. Art. 14, §7º, da Constituição Federal. Aplicação. 1. As hipóteses de inelegibilidade previstas no art. 14, §7º, da Constituição Federal, inclusive quanto ao prazo de seis meses, são aplicáveis às eleições suplementares. Eleição suplementar marcada para menos de seis meses do afastamento do prefeito por irregularidades. 2. Recurso improvido" (STF. RE nº 843.455. Rel. Min. Teori Zavascki. Repercussão Geral – Mérito. DJE, 1º fev. 2016).

[97] Lei nº 9.504/97: "Art. 11 [...] §10. As condições de elegibilidade e as causas de inelegibilidade devem ser aferidas no momento da formalização do pedido de registro da candidatura, ressalvadas as alterações, fáticas ou jurídicas, supervenientes ao registro que afastem a inelegibilidade".

[98] "Eleições 2014. Embargos de Declaração. Efeitos Modificativos. Candidato a Deputado Federal. Registro de Candidatura Indeferido pelo TRE. Decisão Mantida pelo TSE. Incidência na Causa de Inelegibilidade do art. 1º, inciso I, alínea l, da LC nº 64/1990. Fato

CAPÍTULO 7
INELEGIBILIDADES | 217

tendo em vista recente posicionamento da Corte Superior Eleitoral, visando à segurança do candidato quanto aos seus direitos eleitorais.

A inelegibilidade de candidato pode ser declarada utilizando-se os seguintes instrumentos processuais, em conformidade com a fase do processo eleitoral – antes do registro de candidatura: (ação de) impugnação de registro de candidatura; após a diplomação: (ação de) recurso contra a expedição do diploma ou (ação de) impugnação de mandato eletivo.

Em se tratando de inelegibilidade existente antes do pedido de registro de candidatura, tal matéria deve ser arguida através de impugnação ao deferimento desse registro. Em se tratando de inelegibilidade superveniente ou de natureza constitucional, a matéria pode ser arguida também por recurso contra expedição de diploma.

Superveniente: Obtenção de Liminar no STJ Antes do Encerramento do Processo Eleitoral. Registro de Candidatura Deferido. 1. Fato superveniente que afasta a inelegibilidade. Liminar do Superior Tribunal de Justiça que suspende a condenação por improbidade administrativa e, consequentemente, afasta a causa de inelegibilidade do art. 1º, inciso I, alínea l, da LC nº 64/1990. 2. Considerado ter o TSE entendido ser possível reconhecer inelegibilidade superveniente em processo de registro de candidatura (caso Arruda), como ocorreu no caso concreto, com maior razão a possibilidade de se analisar o fato superveniente que afasta a inelegibilidade antes da diplomação dos eleitos, sob pena de reduzir o alcance do art. 26-C da Lei Complementar nº 64/1990 às situações de inelegibilidade que surgiram após o pedido de registro de candidatura, não proporcionando ao candidato a possibilidade de suspender a condenação. 3. Desconsiderar a liminar obtida pelo embargante no Superior Tribunal de Justiça nega a própria proteção efetiva judicial segundo a qual 'a lei não excluirá da apreciação do Poder Judiciário lesão ou ameaça a direito' (art. 5º, inciso XXXV, da CF/1988), não competindo ao intérprete restringir essa garantia constitucional e, por via de consequência, negar ao cidadão o próprio direito constitucional de se apresentar como representante do povo em processo eleitoral não encerrado. 4. Negar o fato superveniente que afasta a inelegibilidade constitui grave violação à soberania popular, traduzida nos votos obtidos pelo candidato, plenamente elegível antes do encerramento do processo eleitoral, isto é, da diplomação dos eleitos. Entendimento em sentido contrário, além de fazer do processo eleitoral não um instrumento de resguardo da soberania popular, mas um processo exageradamente formalista em detrimento dela, pilar de um Estado Democrático, nega o próprio conceito de processo eleitoral definido pelo Supremo Tribunal Federal, o qual se encerra com a diplomação dos eleitos. 5. A não apreciação do fato superveniente neste momento violaria o art. 5º, inciso LXXVIII, da CF/1988, segundo o qual 'a todos, no âmbito judicial e administrativo, são assegurados a razoável duração do processo e os meios que garantam a celeridade de sua tramitação', pois simplesmente haverá uma indesejável postergação de solução favorável ao candidato, considerado o eventual manejo de rescisória, admitido pelo Plenário do TSE no julgamento da AR nº 1418-47/CE, redatora para o acórdão Min. Luciana Lóssio, julgada em 21.5.2013. 6. Embargos de declaração acolhidos com efeitos modificativos para deferir o registro de candidatura" (Embargos de Declaração em Recurso Ordinário nº 29.462. Acórdão de 11.12.2014. Rel. Min. Gilmar Ferreira Mendes. Sessão de 11.12.2014).

CAPÍTULO 8

CAMPANHA ELEITORAL

8.1 A pré-campanha autorizada por lei

A propaganda eleitoral é permitida a partir de 16 de agosto do ano eleitoral. Na quinzena anterior às convenções partidárias para escolha de candidatos, é possível a propaganda intrapartidária, destinada aos convencionais do partido.

Fora dessas hipóteses, a propaganda eleitoral é considerada extemporânea, e, portanto, ilícita, tal regramento, contudo, fechava os olhos a uma realidade incontestável, a existência do pré-candidato e, consequentemente, de sua necessidade de se comunicar com a sociedade.

Não poderia o legislador permanecer ignorando o pulsar da vida política em um regime democrático, que não se limita ao período eleitoral. Daí o advento do art. 36-A da Lei nº 9.504, reconhecendo a existência do pré-candidato e fixando as balizas para a sua atuação no período anterior à campanha eleitoral, a denominada pré-campanha.

O ordenamento positivo e o direito evoluíram ao se aproximar da concretude da vida democrática. Constituem atos de pré-campanha, permitidos pelo legislador, a participação do pré-candidato ou de qualquer filiado em entrevistas, programas, encontros ou debates no rádio, televisão ou internet, assegurando-se o tratamento isonômico. O pré-candidato não pode pedir votos, mas é possível apresentar plataformas e projetos políticos.

Durante a pré-candidatura também é possível realizar, em ambiente fechado, encontros, seminários ou congressos para tratar de alianças eleitorais, planos e organização dos processos eleitorais, planos de governo e organização dos processos eleitorais. Tais eventos devem ser custeados pelos partidos políticos.

MARCUS VINICIUS FURTADO COÊLHO
DIREITO ELEITORAL, DIREITO PROCESSUAL ELEITORAL E DIREITO PENAL ELEITORAL

Em sendo o caso de realização de prévia partidária, ao précandidato é permitido realizar propaganda intrapartidária.

Também é possível a divulgação de atos de parlamentares e debates legislativos, condicionados à vedação de menção a candidatura, pedido de voto ou de apoio eleitoral.

De qualquer modo, não há confundir propaganda eleitoral, objetivando a colheita de votos, com promoção pessoal, visando à divulgação de projetos, ideias e mensagens políticas. A primeira é regulada pela lei eleitoral, sendo permitida temporalmente. A segunda é assegurada pela liberdade de expressão, prevista constitucionalmente, constituindo inalienável e permanente direito do cidadão.

Assim,

> não configura propaganda eleitoral antecipada a veiculação de mensagem de felicitação, divulgada por meio de outdoor, quando não contém anúncio, ainda que subliminar, de determinada candidatura nem dos propósitos para obter o apoio do eleitor por intermédio do voto.[1]

Também é aceitável a produção de críticas, mesmo que desprestigiadas, sobre as administrações de agremiações contrárias desde que não ultrapasse a discussão de temas de interesse político e comunitário, com ênfase das qualidades do responsável pela propaganda e a publicidade negativa de outros partidos políticos. Nessa linha, consta julgado, com explicitação de que a propaganda eleitoral extemporânea apenas se configura "quando há o anuncio, ainda que de forma indireta e disfarçada, de determinada candidatura, dos propósitos para obter apoio por intermédio do voto e de exclusiva promoção pessoal com finalidade eleitoral, o que não se verifica na hipótese dos autos".[2]

De igual modo, não pratica propaganda eleitoral o programa partidário que versa "tão somente das realizações levadas a efeito pelo partido durante a gestão de seus filiados".[3]

A ampliação do debate democrático de ideias, a possibilidade de prestação de contas dos representantes aos seus eleitores e a permissão de críticas aos seus atos bem mais contribuem à democracia do que a visão estreita dos que veem em qualquer comunicação pública um ato de campanha eleitoral. Aquele que pretende abusar do poder ou

---

[1] TSE. AgR-REspe nº 235.347. Rel. Fátima Nancy Andrighi. *DJE*, 10 nov. 2011.
[2] TSE. Rp. nº 113.155. Rel. Aldir Passarinho Junior. *DJE*, 12 maio 2011.
[3] TSE. AgR-REspe nº 274.961. Rel. Arnaldo Versiani. *DJE*, 28 abr. 2011.

comprar voto sequer se preocupa em efetuar comunicação à sociedade de suas ideias, realizações e projetos. Diante da força da grana que ergue e destrói coisas belas, não há porque tentar conquistar a preferência, pois a estratégia eleitoral será a compra da consciência. O debate político mais amplo tende a desfavorecer o candidato que irá utilizar atos abusivos de campanha.

A permissão da pré-campanha e o reconhecimento da existência do pré-candidato, bem assim a possibilidade da livre expressão pela divulgação de projetos, ideias e ações, ampliam o debate político, contribuindo ao amadurecimento democrático e, mais, possibilitando a escolha consciente do representante popular, tendendo à construção da legitimidade democrática.

8.2 Campanha eleitoral

A campanha eleitoral é voltada exclusivamente à captação de votos dos eleitores onde o candidato busca o desfecho vitorioso da sua disputa pelo cargo eletivo. A campanha se dá por meio da propaganda eleitoral, é através dela que os candidatos levam sua candidatura a público, mostrando seus projetos e ideias ao eleitorado.

Como já mencionado anteriormente, as campanhas têm início marcado para o dia 16 de agosto do ano eleitoral. Antes disso fica proibida a realização de propaganda eleitoral e atos de campanha.

Como é de se imaginar, as campanhas eleitorais apresentam alto custo financeiro, de forma que os candidatos acabam por buscar o apoio financeiro no meio privado. É evidente que os financiadores de campanhas aplicam seus recursos a fim de obter algum benefício em troca, em função disso o financiamento privado se tornou um mecanismo um tanto quanto prejudicial à lisura das eleições.

8.3 Financiamento de campanha e doações

A Constituição Federal dispõe, em seu art. 17, §2º, que os partidos políticos têm direito a recurso do Fundo Partidário, entretanto, esses recursos não suprem por si só as necessidades financeiras dos partidos políticos e tampouco possibilitam suportar os gastos da campanha eleitoral.

Para que não haja um desequilíbrio financeiro nas disputas eleitorais, a Lei nº 9.504/97 e a Resolução do Tribunal Superior Eleitoral nº 23.463/15 estabeleceram parâmetros a serem cumpridos pelos candidatos, partidos e coligações, visando a uma disputa igualitária. Dessa forma, para descumprimento ao limite de gastos existe uma multa em valor equivalente a 100% da quantia que ultrapassar o que foi estabelecido (art. 18-B da Lei nº 9.504/97). Assim como os recursos vindos de fontes vedadas ou de origem desconhecida deverão ser devolvidos ao Tesouro Nacional, de acordo com o disposto no §4º, do art. 24 da Lei nº 9.504/97.

Cumpre esclarecer que a legislação eleitoral limita a liberdade de pessoas em transferirem recursos financeiros para os partidos políticos, com o objetivo de garantir a paridade de condições nas eleições. Tal restrição visa resguardar, sobretudo, o princípio da isonomia. Em geral, existem três modalidades de financiamento de campanhas: o público, o privado e o misto. No Brasil, adota-se o sistema misto.

No que tange ao financiamento público, somente recursos públicos, como do Fundo Partidário, são utilizados para a eleição. Em contrapartida, no privado, os recursos advêm de pessoas físicas ou jurídicas, sem prejuízo ao Erário. Como em qualquer utilização de recursos alheios, a prestação de contas é devida para que não só os doadores, mas todos os eleitores tenham conhecimento da origem do dinheiro.

O art. 17-A da Lei Eleitoral previa:

> A cada eleição caberá à lei, observadas as peculiaridades locais, fixar até o dia 10 de junho de cada ano eleitoral o limite dos gastos de campanha para os cargos em disputa; não sendo editada lei até a data estabelecida, caberá a cada partido político fixar o limite de gastos, comunicando à Justiça Eleitoral, que dará a essas informações ampla publicidade.

Contudo, houve uma recente inovação legislativa nesse âmbito por intermédio da Lei nº 13.165/15, que tem como um dos objetivos a redução dos custos das campanhas eleitorais.

Essa lei esvaziou a atribuição de os próprios partidos informarem o *quantum* gasto na campanha, conforme o art. 18 que agora estabelece a competência do Tribunal Superior Eleitoral para, em cada eleição, fixar os limites para a campanha com base nos parâmetros definidos em lei. Tal inovação reforça e exemplifica a preocupação com a regulação da utilização e a proveniência dos recursos nas campanhas eleitorais. Esses parâmetros estão fixados nos arts. 5º e 6º da Lei nº 13.165/15.[4]

---

[4]   Lei nº 13.165/2015: "Art. 5º. O limite de gastos nas campanhas eleitorais dos candidatos às eleições para Presidente da República, Governador e Prefeito será definido com base

No que concerne ao financiamento privado por pessoas jurídicas, tal tema foi amplamente discutido no Supremo Tribunal Federal, quando proposta a Ação Direta de Inconstitucionalidade n° 4.650/DF pelo Conselho Federal da Ordem dos Advogados do Brasil, na qual se proibiu a doação daquele por pessoas jurídicas, declarando inconstitucionais os dispositivos permissivos de tal hipótese.

Isso posto, os partidos políticos podem receber doações financeiras de origem privada, ou seja, exclusivamente de pessoas físicas, além do Fundo Partidário e da propaganda eleitoral gratuita. Cumpre ressaltar que as doações e contribuições estão limitadas ao valor de 10% dos rendimentos brutos auferidos pelo doador no ano que precede a eleição, nos termos do §1° do art. 23 da Lei n° 9.504/97, após o advento da Lei n° 13.165/15.

8.4 Arrecadação e prestação de contas

A prestação de contas é de extrema importância nas campanhas eleitorais, compreendendo dar segurança e transparência nos gastos de campanha para todos os que aspiram a determinado pleito, no momento em que há controle dos recursos que nela foram gastos.

Há somente a declaração, pela Justiça Eleitoral, de contas aprovadas, rejeitadas ou não prestadas, sendo insuficiente a declaração de rejeição e contas para possível cassação de registro, porém pode

---

nos gastos declarados, na respectiva circunscrição, na eleição para os mesmos cargos imediatamente anterior à promulgação desta Lei, observado o seguinte: I - para o primeiro turno das eleições, o limite será de: a) 70% (setenta por cento) do maior gasto declarado para o cargo, na circunscrição eleitoral em que houve apenas um turno; b) 50% (cinquenta por cento) do maior gasto declarado para o cargo, na circunscrição eleitoral em que houve dois turnos; II - para o segundo turno das eleições, onde houver, o limite de gastos será de 30% (trinta por cento) do valor previsto no inciso I. Parágrafo único. Nos Municípios de até dez mil eleitores, o limite de gastos será de R$100.000,00 (cem mil reais) para Prefeito e de R$10.000,00 (dez mil reais) para Vereador, ou o estabelecido no caput se for maior. Art. 6°. O limite de gastos nas campanhas eleitorais dos candidatos às eleições para Senador, Deputado Federal, Deputado Estadual, Deputado Distrital e Vereador será de 70% (setenta por cento) do maior gasto contratado na circunscrição para o respectivo cargo na eleição imediatamente anterior à publicação desta Lei. As limitações de recebimento de doações por parte dos candidatos estão estabelecidas no art. 24 da Lei 9504/97, o qual teve como novidade a inclusão de 2 parágrafos, quais sejam: §1°. Não se incluem nas vedações de que trata este artigo as cooperativas cujos cooperados não sejam concessionários ou permissionários de serviços públicos, desde que não estejam sendo beneficiadas com recursos públicos, observado o disposto no art. 81. §4°. O partido ou candidato que receber recursos provenientes de fontes vedadas ou de origem não identificada deverá proceder à devolução dos valores recebidos ou, não sendo possível a identificação da fonte, transferi-los para a conta única do Tesouro Nacional.

servir como instrumento colaborador pela representação por parte dos partidos políticos para a Justiça Eleitoral em relação à captação ilícita de arrecadação e gastos de campanha. Deve-se tomar conta dessa responsabilidade do candidato sobre sua campanha, pois é sabido que ocorre a existência de gastos ilícitos, podendo ensejar representação por abuso do poder econômico.

A Lei nº 13.165/15 trouxe a extinção do comitê financeiro, fazendo com que o candidato demonstre suas despesas eleitorais pelos extratos das contas bancárias referentes a essas movimentações, como também pela relação completa dos cheques recebidos, indicando os respectivos números, o montante e quem os emitiu.

Em se tratando de doações, o art. 28 da Lei nº 9.504/97 desdobra-se para o caminho de que os partidos políticos são obrigados, no período das campanhas, a divulgar em sítio criado pela Justiça Eleitoral nome, CPF ou CNPJ dos doadores e respectivos valores doados. Quanto às prestações de contas, competente é analisar a sua regularidade através de certos modos: somente obtêm resultado positivo quando estiverem regulares, até mesmo se verificadas falhas que não comprometem a própria regularidade.

A prestação de contas será desaprovada quando as falhas comprometerem a regularidade, ou ainda quando houver inércia na apresentação as contas, após a notificação pela Justiça Eleitoral, ressaltando o prazo de 72 horas, nos termos do art. 30 I, II, III, IV, da Lei nº 9.504/1997. Ocorrendo indício de irregularidade, a Justiça Eleitoral poderá requisitar ao candidato as informações adicionais necessárias e o saneamento das falhas, em que serão relevados os erros formais e materiais corrigidos ou irrelevantes por não autorizarem a rejeição de contas.[5]

Ainda em relação à rejeição de contas da campanha anterior, o Tribunal Superior Eleitoral se posiciona pelo não impedimento da certidão de quitação eleitoral. Além disso, a Lei nº 13.165/2015 incluiu nova regra preceituando que a apresentação de contas é suficiente para a obtenção da quitação e, ainda, que a desaprovação das contas do partido não repercute na participação de candidato ao pleito eleitoral.

Para efetuar os exames de que trata o artigo supracitado, a Justiça Eleitoral poderá requisitar técnicos do Tribunal de Contas da União, dos estados, do Distrito Federal ou dos municípios, pelo tempo que for

---

[5] Lei nº 9.504/97, art. 30, §2º.

necessário.[6] No caso de desaprovação da prestação de contas do partido não ocorrerá qualquer tipo de constrição que impeça o candidato de participar do pleito eleitoral.

O calendário eleitoral, aprovado pela recente Resolução nº 23.450/2015 do Tribunal Superior Eleitoral, estabelece que o dia 9.9.2016 será a data em que os partidos políticos, as coligações e os candidatos serão obrigados a divulgar um relatório demonstrando os recursos em dinheiro ou estimáveis que tenham recebido para as campanhas eleitorais.

Ademais, caberá recurso de decisão que julgar as contas prestadas pelos candidatos ao órgão superior da Justiça Eleitoral, no prazo de 03 (três) dias, a contar da publicação no Diário Oficial.[7] É possível, ainda, interpor recurso especial eleitoral para o Tribunal Superior Eleitoral nas hipóteses previstas nos incs. I e II do §4º do art. 121 da Carta Magna, podendo este ser recebido com efeito suspensivo.

Em se tratando das eleições municipais, a última oportunidade de os partidos políticos, os candidatos e, inclusive, os vices encaminharem à Justiça Eleitoral suas prestações de contas referentes ao primeiro turno será no primeiro dia do mês de novembro do presente ano. Os que concorrerem ao segundo turno das eleições terão prazo até o dia 19 do mesmo mês.[8]

8.5 Prestação de contas e regra da unicidade da chapa

A regra que vigora em nosso sistema parte do princípio da indivisibilidade ou unicidade da chapa que concorre às eleições majoritárias, significando que "o vício relativo a um dos componentes comunica-se ao outro, prejudicando a todos".[9]

Referido raciocínio se fundamenta no fato de que os votos não são recebidos individualmente pelo titular e pelo vice da chapa. Assim,

---

[6] Lei nº 9.504/97, art. 30, §3º.

[7] Lei nº 9.504/97, art. 30, §5º.

[8] Lei nº 9.504/97, art. 29, IV.

[9] "Tribunal Superior Eleitoral. Recursos Ordinários. Eleições 2006. Candidato A Vice-Governador. Servidor Público. Delegado Da Polícia Federal. Ausência De Comprovação. Desincompabilização. Licença Médica. Chapa Única. Contaminação. Desprovimentos. Ausência de comprovação necessária para desincompatibilização do candidato a vice-governador. O registro da chapa majoritária somente pode ser deferido se ambos os candidatos estiverem aptos. Em casos de indeferimento, cabe ao partido ou à coligação, por sua conta e risco, recorrer da decisão ou, desde logo, indicar substituto ao candidato que não for considerado apto. Recursos improvidos" (Recurso Ordinário nº 1.003. Rel. Min. Carlos Augusto Ayres de Freitas Britto. Sessão de 20.9.2006).

eventual vício nas eleições não poderia ser analisado de forma separada para a cassação dos mandatos.

Contudo, o tema ainda é muito controverso e debatido. O registro de candidatura é feito separadamente e com exame individualizado,[10] de acordo com o art. 49 da Resolução nº 23.455/15.[11] Por esse motivo, nada mais coerente que uma análise individual da prestação de contas do titular e de seu vice. Vícios comprovados somente em uma das prestações de contas não deveriam causar prejuízos ao outro membro da chapa.

O princípio constitucional da individualização da pena impõe cautela na construção jurisprudencial utilizada. O próprio legislador preocupou-se em determinar a análise das condutas do vice e titular separadamente para declaração de inelegibilidade, afirmando que a declaração de inelegibilidade do titular não implicará a do vice, consoante o art. 18 da Lei Complementar nº 64/90.[12]

Daniel Sarmento[13] preceitua:

> O equacionamento das tensões principiológicas só pode ser empreendido à luz das variáveis fáticas do caso, as quais indicarão ao intérprete o peso específico que deve ser atribuído a cada cânone constitucional em confronto. E a técnica de decisão que, sem perder de vista os aspectos normativos do problema, atribui especial relevância às suas dimensões fáticas, é o método de ponderação de bens.

Há, sem dúvidas, antinomia entre os princípios da unicidade da chapa, da individualização da pena e da segurança jurídica, em que se faz necessária a relativização de algum deles para se alcançar justiça no caso concreto.

---

[10] "Tribunal Regional da Bahia. Registro De Candidatura. Eleições 2014. Chapa Majoritária. Senador E Suplentes. Requisitos Previstos Na Resolução TSE Nº 23.405/2014 Devidamente Preenchidos. Deferimento. Os pedidos de registro das chapas majoritárias devem ser julgados em uma única decisão, com o exame individualizado de cada uma das candidaturas, sendo deferidos apenas se todos os candidatos forem considerados aptos, na forma do art. 47, caput, da Resolução TSE nº 23.405/2014" (Registro de Candidato nº 88.328. Resolução nº 830, de 4.8.2014. Rel. Marcus Felipe Botelho Pereira. Sessão de 4.8.2014).

[11] Resolução nº 23.455/15: "Art. 49. Os pedidos de registro das chapas majoritárias serão julgados em uma única decisão por chapa, com o exame individualizado de cada uma das candidaturas, e somente serão deferidos se ambos os candidatos forem considerados aptos, não podendo ser deferidos os registros sob condição".

[12] "Art. 18. A declaração de inelegibilidade do candidato à Presidência da República, Governador de Estado e do Distrito Federal e Prefeito Municipal não atingirá o candidato a Vice-Presidente, Vice-Governador ou Vice-Prefeito, assim como a destes não atingirá aqueles".

[13] SARMENTO, Daniel. *Os princípios constitucionais e a ponderação de bens*. 2. ed. Rio de Janeiro: Renovar, 2004.

O Tribunal Regional Eleitoral do Rio Grande do Norte, no julgamento do Registro de Candidatura nº 4.223.370, baseado em precedente do Tribunal Superior Eleitoral, relativizou o princípio da unicidade da chapa majoritária dada a peculiaridade do caso para declarar nulo somente o diploma do vice-prefeito:

> Não demonstrada a qualidade de alfabetizado, por ocasião do teste de escolaridade realizado no cartório eleitoral, fica afastada a presunção juris tantum do documento colacionado aos autos, dada a falta de comprovação real da alfabetização do candidato, caracterizando a sua inelegibilidade. As peculiaridades e circunstâncias do caso concreto, notadamente o fato de se estar às vésperas da realização do pleito municipal de 2012, bem como estarem se ultimando os mandatos dos candidatos eleitos, é possível a quebra do princípio da unicidade da chapa majoritária, de forma a declarar nulo tão-somente o diploma do vice-prefeito, conforme já entendeu possível o TSE. Recurso conhecido e parcialmente provido.[14]

Recentemente o Tribunal Superior Eleitoral reafirmou a possibilidade de se afastar a indivisibilidade da chapa majoritária para prevalecer o princípio da segurança jurídica, no Recurso em Mandado de Segurança nº 50.367, da relatoria do Ministro João Otávio de Noronha,[15] diante do indeferimento do registro do vice.

Inobstante o art. 91 do Código Eleitoral[16] não é prudente ignorar as causas personalíssimas que podem ensejar a cassação de mandato eletivo. Com essa orientação, o Ministro Fernando Gonçalves, no julgamento do Recurso Ordinário nº 2.233/RR, ponderou:

> Trata-se de aplicação do princípio da indivisibilidade da chapa única majoritária, segundo o qual, por ser o registro do governador e vice-governador realizado em chapa única e indivisível (art. 91 do Código Eleitoral), a apuração de eventual censura em relação a um dos candidatos contamina a ambos.

---

[14] TRE-RN. RCAND nº 4.223.370. Rel. Luis Gustavo Alves Smith. *DJE*, 18 out. 2012.
[15] Tribunal Superior Eleitoral. Recurso em Mandado de Segurança nº 50.367. Rel. Min. João Otávio de Noronha. *DJE*, 5 mar. 2014.
[16] Código Eleitoral: "Art. 91. O registro de candidatos a presidente e vice-presidente, governador e vice-governador, ou prefeito e vice-prefeito, far-se-á sempre em chapa única e indivisível, ainda que resulte a indicação de aliança de partidos".

Transcrevo, a propósito, trecho do voto do Min. SÁLVIO DE FIGUEIREDO TEIXEIRA no julgamento do REspe 19.541/MG, ver bis: "Assim, nos casos em que há cassação do registro do titular, antes do pleito, o partido tem a faculdade de substituir o candidato. Todavia, se ocorrer a cassação do registro ou do diploma do titular após a eleição – seja fundada em causa personalíssima ou em abuso de poder – maculada restará a chapa, perdendo o diploma tanto o titular como o vice, mesmo que este último não tenha sido parte do processo, sendo então desnecessária sua participação como litisconsorte." (grifo no original) Apesar da inegável validade de referido entendimento, creio ser necessário ponderar, na espécie, que as condutas apontadas pelo Ministério Público como passíveis de acarretar a perda do mandato eletivo são atribuídas pessoalmente a Ottomar de Souza Pinto [...].[17]

In casu, a morte do titular trouxe a figuração exclusiva do vice como parte e como governador interino, tendo a Corte Superior Eleitoral dado continuidade ao processo para apurar eventuais ilícitos eleitorais, uma vez que os votos supostamente irregulares beneficiaram todos os integrantes da chapa. No mérito, o Tribunal entendeu pela inexistência de responsabilidade do vice ante a falta de provas de sua participação e, ainda, ausência de liame entre a conduta tida como abusiva e o pleito.

Resta clara, portanto, a necessidade de balanceamento dos princípios da segurança jurídica, da unicidade da chapa majoritária e da individualização da pena, sempre à luz da Constituição Federal e conforme as peculiaridades do caso.

---

[17] Recurso Ordinário nº 2.233. Rel. Min. Fernando Gonçalves. *DJE*, 10 mar. 2010.

CAPÍTULO 9

PROPAGANDA POLÍTICA

A propaganda eleitoral, ainda que realizada pela internet ou por outros meios eletrônicos de comunicação, obedecerá ao regulamento legal e às resoluções do Tribunal Superior Eleitoral.

A propaganda eleitoral pode ser classificada como: lícita (permitida nos termos da legislação e resoluções do TSE), ilícita criminal (absorve a cível, pelo princípio da consunção) e a ilícita cível, também chamada de irregular, provocada (art. 243 do CE; art. 24, IV, e art. 37 da Lei nº 9504/97).

Genericamente, existem três espécies de propaganda eleitoral, chamada de "alma da democracia" por Coneglian:

propaganda eleitoral permitida em lei (ex. propaganda gratuita no rádio e na TV, santinhos, cartazes, etc.); propaganda eleitoral proibida em lei (em árvores localizadas em área pública); propaganda eleitoral não regulamentada em lei (o TSE é quem regula, através das resoluções, exemplo, propaganda com dirigível, promoção pessoal).[1]

Daí porque esse mesmo autor denomina a Justiça Eleitoral de o "Poder Executivo das eleições",[2] pois a ela cabe a completa administração das eleições.

Ainda, classificam-se as propagandas eleitorais em: a) *latu sensu* – termo que engloba todas as espécies; b) *strito sensu* – que comporta três espécies: b.1) partidária; b.2) intrapartidária; e b.3) eleitoral propriamente dita (extemporânea, geral, rádio e TV gratuitos).

---

[1] CONEGLIAN, Olivar. *Propaganda eleitoral*. 4. ed. Curitiba: Juruá, 2000.
[2] CONEGLIAN, Olivar. *Propaganda eleitoral*. 4. ed. Curitiba: Juruá, 2000.

A propaganda partidária gratuita, prevista na Lei nº 9.096, de 19.9.1995, é feita pelo partido político aos eleitores, destinada a difundir os programas partidários, mensagens aos filiados e a posição do partido em relação a temas político-comunitários. Consiste na divulgação realizada pela entidade, gravada ou ao vivo, transmitida em cadeia de rádio, televisão das 19h30 às 22h, sem vinculação a qualquer pleito eleitoral. As cadeias nacionais acontecerão via de regras às terças-feiras, podendo o Tribunal Superior Eleitoral deferir sua transmissão em outro dia da semana caso julgue necessário. As inserções nacionais ocorrerão às terças, quintas e sábados e as inserções estaduais, às segundas, quartas e sextas. Dessa forma, a propaganda paga fica proibida, sendo restrita apenas aos horários gratuitos disciplinados na lei.

Com a Lei nº 13.165, de 29.9.2015, que introduziu o inc. IV ao art. 45 da Lei nº 9.096, determina-se que 10% do programa e das inserções concedidas aos partidos políticos deverá ser dedicado às mulheres, a fim de promover a participação feminina. De aplicação diferida, o tempo a ser dedicado nas duas eleições seguintes à publicação da Lei nº 13.165 será de 20% e, nas outras duas seguintes, de 15%.

A partir do segundo semestre do ano eleitoral, é expressamente vedada a divulgação de propaganda partidária, seja paga ou gratuita, ou de qualquer propaganda política paga no rádio e na TV (Lei nº 9.504/97, art. 36 §2º).

Durante a campanha eleitoral, a propaganda partidária sai de cena, para que exclusivamente funcione a propaganda eleitoral, destinada diretamente à conquista do voto.

Entretanto, é permitida, na quinzena anterior à data da convenção partidária destinada a escolher candidatos e definir coligações, a realização de propaganda intrapartidária. Assim, o candidato poderá divulgar o seu nome e pedir votos aos convencionais, visando à indicação de seu nome para determinada candidatura pelo partido ao qual está filiado sem implicar propaganda eleitoral extemporânea. Também poderá haver propaganda de determinado agrupamento político propugnando por determinada candidatura ou pela formação de coligações. É a propaganda feita de candidato para candidato, correligionários para correligionários (pré-candidato).

A propaganda intrapartidária no período antecedente à convenção poderá ser feita mediante impressos, cartas, reuniões com os convencionais, bem assim a afixação de faixas e cartazes em local próximo da convenção, com mensagem aos membros do partido. Assim, nada impede a saudação constante em propaganda, nos seguintes termos:

"fulano saúda os convencionais e pede o apoio para o cargo de governador". É somente vedado o pedido explícito de votos.

Na propaganda intrapartidária pré-convencional não poderão ser utilizados, em nenhuma hipótese, rádio, televisão, *outdoor* e internet. Ela é exclusiva ao âmbito das convenções, do contrário é considerada propaganda eleitoral extemporânea. Além disso, o Tribunal Superior Eleitoral instruiu, mediante a Resolução nº 23.457/2015, que a propaganda deverá ser retirada imediatamente após a respectiva convenção, conforme §2º do art. 1º.

A propaganda eleitoral propriamente dita (art. 36, *caput* da Lei nº 9.504/97) é feita de candidato para eleitor, sob três formas: extemporânea ou antecipada, subliminar ou sub-reptícia (antes do período estabelecido em lei); geral (após 15 de agosto) e propaganda "gratuita" no rádio e TV (35 dias anteriores às antevésperas da eleição).

A propaganda eleitoral extemporânea resta configurada quando "é levada ao conhecimento geral, ainda que de forma dissimulada, referência à pretensa candidatura e/ou pedido de voto"[3] ou quando "evidenciado o esforço antecipado de influenciar eleitores".[4]

A propaganda antecipada ou extemporânea, fora do período estabelecido na lei, sujeitará o responsável pela divulgação da propaganda e, quando comprovado seu prévio conhecimento, o beneficiário à multa no valor de cinco mil a vinte e cinco mil reais ou equivalente ao custo da propaganda, se este for maior.

Em regra, para a caracterização da propaganda extemporânea devem estar presentes características eleitorais, como menção ao nome, cargo ou ano de candidatura veiculados pelo material propagandístico, de modo a levar ao conhecimento geral a candidatura, ainda que apenas postulada. Caso contrário, restará caracterizada a mera promoção pessoal, que não está sujeita a penalidades.

Uma vez realizada a propaganda antes do prazo eleitoral permitido, o prazo para o ajuizamento da representação é até a data das eleições, sendo aplicável a multa prevista no art. 36 da Lei nº 9.504/97, ainda que seja caso da realização de propaganda antecipada veiculada em programa partidário. Ressalte-se que é admissível, durante a veiculação de programa partidário, a participação de filiados com destaque político, desde que não exceda o limite da discussão de temas de interesse político-comunitário.[5]

---

[3] AI nº 14.886, de 10.12.2015. Rel. Min. Luiz Fux.

[4] AgR-REspe nº 409.721, de 3.8.2015. Rel. Min. João Otávio de Noronha.

[5] TSE. REspe nº 27.288. *DJ*, 18 fev. 2008. p. 11-12.

Na propaganda eleitoral propriamente dita é permitida crítica à Administração e aos adversários políticos, desde que não haja ofensa à honra, nem apresentação de notícia sabidamente inverídica. Do mesmo modo, determinado candidato pode, no programa eleitoral, ressaltar os feitos da Administração. Essa é a lógica da política: a situação demonstra seus feitos e a oposição apresenta as omissões da ação governamental. Desse embate de ideias, surge o necessário contencioso para a formação da legítima vontade de votar.

A propaganda eleitoral denominada gratuita, porque não há pagamento dos candidatos e partidos a rádio e televisão – embora a população pague com a renúncia fiscal, e a produção dos programas seja um item de preço elevado numa campanha –, possui seu espaço distribuído de acordo com a representatividade no Congresso Nacional. Assim, 10% do espaço de rádio e TV é distribuído igualmente entre os concorrentes, enquanto 90% é rateado proporcionalmente entre o número de representantes na Câmara dos Deputados quando das eleições parlamentares federais. Não possuem significado as mudanças partidárias posteriores à eleição. No caso de coligação, o espaço para rádio e televisão é o resultado da soma do número de representantes de todos os partidos que a integram.[6]

9.1 A sanção decorrente da propaganda irregular

A propaganda extemporânea, a propaganda intrapartidária em desacordo com o regramento e a realização de propaganda partidária no período proibido, isto é, antes do dia 16 de agosto do ano eleitoral, são atos que implicam violação à legislação eleitoral e sujeita o responsável pela divulgação da propaganda à multa no valor de cinco mil a vinte e cinco mil reais.

Em sendo possível a prova do custo da propaganda, e este for maior do que o previsto para multa legal, será aplicada a sanção equivalente a esse custo.

---

[6] Resolução TSE nº 23.457/15: "Art. 39. Os Juízes Eleitorais distribuirão os horários reservados à propaganda em rede, para o cargo de prefeito, e à propaganda em inserções, para ambos os cargos, entre os partidos e as coligações que tenham candidato, observados os seguintes critérios (Lei nº 9.504/1997, art. 47, §§ 2º a 7º): I - noventa por cento distribuídos proporcionalmente ao número de representantes na Câmara dos Deputados, considerados, no caso de coligação para eleições majoritárias, o resultado da soma do número de representantes dos seis maiores partidos que a integrem e, nos casos de coligações para eleições proporcionais, o resultado da soma do número de representantes de todos os partidos que a integrem; II - dez por cento distribuídos igualitariamente".

O candidato, partido ou coligação em favor de quem foi realizada a propaganda eleitoral apenas será punido com a multa, na hipótese de comprovação de seu prévio conhecimento.

Em qualquer hipótese, a justiça eleitoral adotará medidas para impedir ou fazer cessar imediatamente a propaganda eleitoral irregular, inclusive notificando o beneficiário a suspendê-la. Em não havendo o cumprimento dessa ordem, presume-se o prévio conhecimento do candidato.

Para o impedimento da propaganda irregular, a Justiça Eleitoral poderá e deverá atuar com o seu poder de polícia, agindo *ex officio*, independentemente de provocação. Entretanto, a possibilidade de aplicação da sanção de multa dependerá da formalização de reclamação pelo legitimado processualmente, qual seja, o candidato, o partido político, a coligação ou o Ministério Público.

A propaganda ilegal, realizada em montante tal que desiguale as candidaturas e influa diretamente no resultado das eleições, poderá ser caracterizada como abuso de poder, decorrendo a aplicação das penas de cassação de registro de candidato, inelegibilidade e cassação do mandato eletivo, desde que utilizados os instrumentos processuais adequados.

9.2 Propaganda eleitoral e liberdade de expressão: o limite entre o proibido e o permitido

A lei, bem como a resolução do Tribunal Superior Eleitoral, somente permite propaganda eleitoral após o dia 15 de agosto, do ano eleitoral, conforme *caput* do art. 36 da Lei n° 9.504/97. Para a correta aplicação desse disciplinamento se faz necessário compreender quando determinado ato se configura realmente publicidade objetivando influenciar o eleitor ou simples exercício de liberdade de expressão.

Não se pode confundir propaganda eleitoral, que é proibida, com mera promoção pessoal de ideias e ações, permitida por se tratar de legítimo exercício da liberdade de expressão, constitucionalmente assegurada.

Não constituem propaganda eleitoral antecipada, segundo o dispositivo acrescentado pela Lei n° 12.034/09 e alterado pelas leis n°s 12.891/2013 e 13.165/2015: 1) a participação de filiados a partidos políticos ou de pré-candidatos em entrevistas, programas ou debates no rádio, TV e na internet; 2) a realização de encontros, seminários ou congressos, em ambiente fechado e a expensas dos partidos políticos, para tratar da organização dos processos eleitorais, discussão de políticas públicas, planos de governos ou alianças partidárias, podendo tais atividades serem divulgadas pelos instrumentos de comunicação intrapartidária; 3) a realização de prévias partidárias e a respectiva distribuição de material informativo, a divulgação dos nomes dos filiados que participarão da disputa e a realização de debates entre os pré-candidatos; 4) a divulgação de atos de parlamentares e debates legislativos, desde que não seja feito pedido de votos; 5) a divulgação de posicionamento pessoal sobre questões políticas, inclusive nas redes sociais; e 6) a realização, a expensas do partido político, de reuniões de iniciativa da sociedade civil, de veículo ou meio de comunicação ou do próprio partido, em qualquer localidade, para divulgar ideias, objetivos e propostas.

Jurisprudencialmente o Tribunal Superior Eleitoral considera que mensagens de felicitações veiculadas por meio de *outdoor* consistem em mero ato de promoção pessoal quando não há referência de eleições que permitam concluir pela configuração de propaganda eleitoral antecipada.

No entanto, é certo que a propaganda eleitoral se configura quando houver expressa campanha, referências a eleições, pedido de votos, menção a candidaturas. Pode haver, também, a propaganda eleitoral dissimulada, quando se leva ao conhecimento geral a ação política que se pretende desenvolver em determinado cargo, ou razões que induzam a concluir que o beneficiário é o mais apto ao exercício de função pública.

Independentemente de se configurar propaganda eleitoral fora de época, porém, qualquer ato que configure abuso de poder econômico ou uso indevido do poder de autoridade deve ser investigado e punido, por intermédio de investigação judicial eleitoral, que poderá resultar em decretação de inelegibilidade a quem se beneficiar dos atos abusivos, consoante normatiza a Lei Complementar nº 64, de 1990.

Assim, a única prática proibida é o pedido expresso de votos, a ilação que se depreende resulta que não há impedimento à propaganda eleitoral implícita.

Com o advento da Lei nº 12.891/13, foi excluída a vedação do pedido direto de votos desde que sem a utilização de recursos eleitorais ou de material de propaganda de campanha.

Faz prevalecer a liberdade de expressão o entendimento que não conclui como propaganda eleitoral o letreiro de escritório político contendo apenas o nome e o cargo do particular e, do mesmo modo, a utilização de adesivos em automóveis com apenas o nome e o cargo do parlamentar, ainda que em cargos de terceiros. Ora, vedar a promoção pessoal, a divulgação da atividade parlamentar, é uma intromissão indevida do Estado na liberdade assegurada constitucionalmente.

A simples divulgação de ideias, propagação de nomes, propagação de ações e metas, antes de ser conduta vedada, constitui em ação louvável, tendente a conquistar o eleitorado pela persuasão e convencimento, evitando, desse modo, a perpetuação no poder de políticos que, sem trabalho a divulgar, sem ideias a defender, sem qualidades pessoais a difundir, limitam-se em comprar a consciência do eleitorado com a distribuição de brindes e favores às vésperas das eleições.

Em outras palavras, a edição de obstáculos à legítima expressão de opiniões, que se constitui na autêntica celebração da democracia, com a divulgação de ideias e nomes, é maléfica ao processo democrático e à própria lisura das eleições, porque estimula e fortalece o tipo de político que somente surge à véspera do período eleitoral para, através de práticas abusivas, corromper a vontade do eleitor. O Estado Democrático de Direito pressupõe o reino da liberdade, que deve abrir suas asas.

9.3 Da liberdade de propaganda eleitoral e do poder de polícia da Justiça Eleitoral

A propaganda é meio legítimo de conquista de votos para determinado partido ou candidato, desde que respeite os limites impostos pela legislação eleitoral, tanto é que, se exercida nos termos da legislação eleitoral, não poderá ser objeto de multa nem cerceada sob alegação do exercício do poder de polícia ou de violação de postura municipal (Lei nº 9.504/97, art. 41).

Os órgãos do Poder Executivo e Legislativo, especialmente a polícia, não possuem autoridade para impedir a realização de propaganda eleitoral ou partidária, seja em recinto aberto ou fechado.

Assim, a propaganda eleitoral é livre, bastando que seja realizada em conformidade com a legislação eleitoral, e não depende de licença do Poder Público, seja da polícia ou do município.

A Justiça Eleitoral também não tutela previamente as propagandas eleitorais. É dizer, essas não necessitam de licença prévia daquela. Entretanto, a Justiça possui a exclusividade do poder de polícia em matéria de propaganda. Isso significa que poderá agir de ofício, no sentido de impedir ou suspender a atividade ilícita.

O monopólio do poder de polícia da justiça eleitoral pressupõe que somente ela possui autoridade para suspender a atividade político-eleitoral. Os demais poderes de Estado, bem como os demais ramos da Justiça, não poderão intervir na propaganda eleitoral. A campanha é permitida a partir do dia 16 de agosto (Lei nº 9.504/97, art. 36, *caput*). A polícia é comunicada no mínimo 24 horas antes apenas para garantir a realização do ato e o direito de utilização do local de acordo com a prioridade do aviso. Na quinzena anterior à convenção é permitida a propaganda destinada aos próprios partidários e vedada a utilização de rádio, TV ou *outdoor*.

O período de propaganda ampla se encerra 48 horas antes das eleições até 24 horas após, quando é vedada publicidade de massa, através de televisão e rádio. Na internet, a propaganda poderá ser realizada até o dia da eleição. Não é vedado nesses dias, porém, a propaganda restrita, individual e direta.

O art. 39, §9º da Lei nº 9.504 permite que até as vinte e duas horas do dia que antecede a eleição ocorra distribuição de material gráfico, caminhada, carreata, passeata ou carro de som que transite pela cidade divulgando *jingles* ou mensagens de candidatos. No entanto, o art. 39-A, da mesma lei permite, no dia das eleições, a manifestação individual e silenciosa da preferência do eleitor por partido político, coligação ou candidato, revelada exclusivamente pelo uso de bandeiras, broches, dísticos e adesivos, sendo vedada a aglomeração de pessoas portando vestuário padronizado, bem como os referidos instrumentos de propaganda de modo a caracterizar manifestação coletiva, com ou sem utilização de veículos.

A propaganda, qualquer que seja a sua forma ou modalidade, mencionará sempre a legenda partidária e só poderá ser feita em língua nacional, não devendo empregar meios publicitários destinados a criar, artificialmente, na opinião pública, estados mentais, emocionais ou passionais (Código Eleitoral, art. 242, *caput*). Sem prejuízo do processo e das penas cominadas, a Justiça Eleitoral adotará medidas para impedir ou fazer cessar imediatamente a propaganda realizada com as infrações mencionadas (Código Eleitoral, art. 242, parágrafo único, e Resolução nº 18.698, de 21.10.92).

Em se tratando de coligação, constarão da propaganda do candidato a prefeito, obrigatoriamente e de modo legível, sob a denominação da coligação, as legendas de todos os partidos políticos que a integram; e da propaganda para vereador constará apenas a legenda do partido político do respectivo candidato sob o nome da coligação

(Lei nº 9.504/97, art. 6º, §2º). Na propaganda dos candidatos a prefeito deverá constar, também, o nome do candidato a vice-prefeito, de modo claro e legível. Na propaganda dos candidatos a cargo majoritário deverá constar, também, o nome dos candidatos a vice ou a suplentes de senador, de modo claro e legível, em tamanho não inferior a 30% (trinta por cento) do nome do titular (art. 36, §4º, Lei nº 9.504).

Não será tolerada propaganda (Código Eleitoral, art. 243): de guerra, de processos violentos para subverter o regime, a ordem política e social, ou de preconceitos de raça ou de classes; que provoque animosidade entre as Forças Armadas ou contra elas, ou delas contra as classes e as instituições civis; de incitamento de atentado contra pessoa ou bens; de instigação à desobediência coletiva ao cumprimento da lei de ordem pública; que implique oferecimento, promessa ou solicitação de dinheiro, dádiva, rifa, sorteio ou vantagem de qualquer natureza; que perturbe o sossego público, com algazarra ou abuso de instrumentos sonoros ou sinais acústicos; por meio de impressos ou de objeto que pessoa, inexperiente ou rústica, possa confundir com moeda; que prejudique a higiene e a estética urbana ou contravenha posturas municipais ou outra qualquer restrição de direito; que caluniar, difamar ou injuriar qualquer pessoa, bem como atingir órgãos ou entidades que exerçam autoridade pública; que desrespeite os símbolos nacionais.

É assegurado aos partidos políticos o direito de, independentemente de licença da autoridade pública e do pagamento de qualquer contribuição – *ex vi* do Código Eleitoral, art. 244, I e II, e Lei nº 9.504/97, art. 39, §§3º e 5º –, inscrever, na fachada de suas sedes e dependências, o nome que os designe, pela forma que melhor lhes parecer; instalar e fazer funcionar, no período compreendido entre o início da propaganda eleitoral e a véspera da eleição, das 8 horas às 22 horas, alto-falantes ou amplificadores de som, nos locais referidos, assim como em veículos seus ou à sua disposição, em território nacional; comercializar material de divulgação institucional, desde que não contenha nome e número de candidato, bem como cargo em disputa.

Entretanto, são vedados instalação e uso de alto-falantes ou amplificadores de som em distância inferior a duzentos metros (art. 39, §3º, da Lei nº 9.504/97): das sedes dos poderes Executivo e Legislativo da União, dos estados, do Distrito Federal e dos municípios; das sedes dos órgãos judiciais, dos quartéis e de outros estabelecimentos militares; dos hospitais e casas de saúde; das escolas, bibliotecas públicas, igrejas e teatros, quando em funcionamento. Excepcionalmente, pode ser utilizada a aparelhagem de sonorização fixa durante a realização de comícios no horário compreendido entre as 8 horas e as 24 horas (art. 39, §4º, da Lei nº 9.504/97).

É proibida a realização de *showmício* e de evento assemelhado para promoção de candidatos, bem como a apresentação, remunerada ou não, de artistas com a finalidade de animar comício e reunião eleitoral (art. 39, §7º, da Lei nº 9.504/97).

São vedadas, também, na campanha eleitoral, confecção, utilização e distribuição por comitê, candidato, ou com a sua autorização, de camisetas, chaveiros, bonés, canetas, brindes, cestas básicas ou quaisquer outros bens ou materiais que possam proporcionar vantagem ao eleitor (art. 39, §6º, da Lei nº 9.504/97).

Em relação aos bens públicos, cujo uso dependa de cessão ou permissão do Poder Público, ou que a ele pertençam, e aos de uso comum, inclusive postes de iluminação pública e sinalização de tráfego, viadutos, passarelas, pontes, paradas de ônibus e outros equipamentos urbanos, é vedada a veiculação de propaganda de qualquer natureza, inclusive pichação, inscrição a tinta, fixação de placas, estandartes, faixas e assemelhados (art. 37, *caput*, da Lei nº 9.504/97). Ao veicular propaganda em desacordo, o responsável será notificado para, no prazo de 48 horas, removê-la e restaurar o bem, sob pena de multa no valor de R$2.000,00 (dois mil reais) a R$8.000,00 (oito mil reais), ou defender-se (art. 37, §1º, da Lei nº 9.504/97).

Os bens de uso comum, para fins eleitorais, são os assim definidos pelo Código Civil e também aqueles a que a população em geral tem acesso, tais como cinemas, clubes, lojas, centros comerciais, templos, ginásios, estádios, ainda que de propriedade privada. Nas árvores e jardins localizados em áreas públicas, não é permitida a colocação de propaganda eleitoral, mesmo que não lhes cause dano, o mesmo se aplica a muros, cercas e tapumes de obras ou prédios públicos.

É permitida a colocação de cavaletes, bonecos, cartazes, mesas para distribuição de material de campanha e bandeiras ao longo das vias públicas, desde que móveis e que não dificultem o bom andamento do trânsito de pessoas e veículos (art. 37, §6º da Lei nº 9.504, incluído pela Lei nº 12.034, de 2009).

Já em relação aos bens particulares, independe de obtenção de licença municipal e de autorização da Justiça Eleitoral a veiculação de propaganda eleitoral por meio da fixação de faixas, placas, cartazes, pinturas ou inscrições, desde que não excedam $0,5m^2$ (meio metro quadrado) e que não contrariem a legislação eleitoral (art. 37, §2º da Lei nº 9.504/97). O descumprimento sujeitará o infrator à penalidade de multa no valor de R$2.000,00 (dois mil reais) a R$8.000,00 (oito mil reais). O art. 39, §5º, incs. I, II e III, da Lei nº 9.504/97, considera crime, no dia da eleição, tão somente o uso de alto-falantes e amplificadores de som, a promoção de comício ou carreata; a arregimentação de eleitor ou a propaganda de boca de urna; e a divulgação de qualquer espécie de propaganda de partidos políticos ou de seus candidatos. Desse modo, por exclusão, tais propagandas nos demais dias ou outros tipos de publicidade no dia da eleição não constituem crime eleitoral.

Para tentar esclarecer melhor essas proibições de propaganda no dia da eleição, o art. 39-A da Lei nº 9.504, autoriza, no dia da votação, "a manifestação individual e silenciosa da preferência do eleitor por partido político, coligação ou candidato, revelada exclusivamente pelo uso de bandeiras, broches, dísticos e adesivos". O §1º desse artigo, porém, veda, durante todo o dia da eleição, a aglomeração de pessoas portando os instrumentos de propaganda referidos acima. Extrai-se, desse modo, que enquanto está vedada a publicidade coletiva está autorizada a divulgação individual de preferência.

No rádio e TV somente pode haver propaganda gratuita, nos 35 dias anteriores à antevéspera da votação, nos horários distribuídos pela Justiça, conforme estabelece o art. 47, §1º, da Lei nº 9.504.

É assegurado direito de resposta às ofensas, através de conceitos, imagens ou afirmações caluniosas, difamatórias ou injuriosas, além da imputação de fato sabidamente inverídico. Tal direito é assegurado a candidato, partido ou coligação atingidos, ainda que de forma indireta.

O direito de resposta com fundamento na Lei Geral das Eleições pode ser exercido a partir do momento da escolha de candidatos em convenção e em qualquer veículo de comunicação social, inclusive jornal impresso, rádio e televisão, tanto na programação normal das emissoras quanto na propaganda eleitoral gratuita.

Críticas à Administração Pública e ao agente público, no aspecto político, não podem ensejar o exercício deste direito. É dizer, o candidato à reeleição não ganha, durante a campanha, uma espécie de imunidade em relação aos questionamentos sobre seus feitos administrativos.

Nesse sentido, em histórica decisão, vencida pelo voto de minerva do então Presidente Francisco Rezek, na qual sagrou-se vencedora a tese sustentada pelo Ministro Octávio Gallotti, o Tribunal Superior Eleitoral julgou ser necessário ao deferimento do direito de resposta que as acusações se caracterizem como "ofensa a quaisquer das qualidades éticas essenciais à pessoa, pressuposto da tutela legal".

O voto do Ministro Octávio Galloti é bastante esclarecedor:

[...] Quando se trata de uma crítica a atividade política, a atividade administrativa, a linha de coerência do candidato, Senhor Presidente, penso que não se verifica essa ofensa àquela qualidade ética essencial, que é o pressuposto da tutela legal. No caso, senhor Presidente, houve menção a roubo, a desvio de verbas, mas foi usado um verbo impessoal: haver roubo, ou haver desvio. Penso, então, que essas considerações mais se traduzem na assertiva de ineficiência da distribuição de verbas do que numa ofensa – pelo menos numa ofensa individualizada – ao governante, que se encontrava na cúpula de toda a administração.[7]

Em regra, não se admite censura prévia nos programas eleitorais gratuitos, mas os §§1º e 2º do art. 53 da Lei Geral das Eleições constituem exceção. Por tais dispositivos veda-se a veiculação de propaganda que possa degradar ou ridicularizar candidatos, sujeitando-se o partido ou coligação infratores à perda do direito à veiculação de propaganda no horário eleitoral do dia seguinte, bem como, a requerimento de partido, coligação e candidato, deverá a Justiça Eleitoral impedir a reapresentação de propaganda ofensiva à honra de candidato, à moral e aos bons costumes.

A Lei nº 12.034 de 2009 acrescentou o art. 53-A à Lei nº 9.504, para vedar aos partidos políticos e às coligações a inclusão no horário destinado aos candidatos às eleições proporcionais de propaganda das candidaturas a eleições majoritárias, ou vice-versa, ressalvada a utilização, durante a exibição do programa, de legendas com referência aos candidatos majoritários, ou, ao fundo, de cartazes ou fotografias desses candidatos. No entanto, é facultada a inserção de depoimento de candidatos a eleições proporcionais no horário da propaganda das candidaturas majoritárias e vice-versa, registrados sob o mesmo partido ou coligação, desde que o depoimento consista exclusivamente em pedido de voto ao candidato que cedeu o tempo. É defeso também a utilização da propaganda de candidaturas proporcionais como propaganda de candidaturas majoritárias e vice-versa. O partido político ou a coligação que não observar essas determinações perderá, em seu horário de propaganda gratuita, tempo equivalente no horário reservado à propaganda da eleição disputada pelo candidato beneficiado.

O §6º do art. 45 da Lei Geral das Eleições, também acrescido pela Lei nº 12.034, permite ao partido político utilizar na propaganda eleitoral

---

7 TSE. Resolução nº 15.796. Representação nº 10.480.

de seus candidatos em âmbito regional, inclusive no horário eleitoral gratuito, a imagem e a voz de candidato ou militante de partido político que integre a sua coligação em âmbito nacional. Portanto, proíbe a utilização, na propaganda eleitoral, da imagem ou voz de candidatos de outros partidos não coligados. A única exceção é a imagem e a voz em apoio autorizado pelo partido. Em outras palavras, não é possível mostrar a imagem e a voz de um candidato em determinada incoerência política, pois tal não poderá ser exibido.

A propaganda eleitoral gratuita nos municípios onde não haja emissora de rádio e televisão será garantida pela Justiça Eleitoral aos partidos políticos participantes do pleito nas localidades aptas à realização de segundo turno de eleições e nas quais seja operacionalmente viável realizar a retransmissão.

Cumpre salientar que o termo "propaganda gratuita" somente possui pertinência em relação aos candidatos que não desembolsam quantias para pagar às emissoras de rádio e TV pela veiculação de propagandas – embora não seja pouco o dispêndio de recursos para a produção do programa. A sociedade, no entanto, salda a dívida. Isso porque, nos termos do art. 99 da Lei Geral das Eleições, as emissoras têm o direito à compensação fiscal pela cedência do referido horário.

A propaganda eleitoral paga por meio de *outdoors* é vedada, sujeitando-se a empresa responsável, os partidos, as coligações e os candidatos à imediata retirada da propaganda irregular e ao pagamento de multa no valor de 5.000 (cinco mil) a 15.000 (quinze mil) UFIRs (art. 39, §8º, Lei nº 9.504/97).

Conforme o art. 15, §1º da Resolução nº 23.457/2015, inovou-se para proibir a afixação de faixas, placas, cartazes, pinturas e inscrições até o limite de 4m². Agora somente é permitida a propaganda por meio de adesivo ou papel cujo tamanho não exceda 0,5m².

A Lei nº 9.504, após a minirreforma eleitoral, permite a propaganda eleitoral na internet, após o dia 15 de agosto do ano da eleição – não mais dia 5 de julho –, por intermédio de sítios eletrônicos, mensagens eletrônicas, *blogs* e redes sociais. Proíbe-se a propaganda eleitoral paga, consoante art. 23 da Resolução nº 23.475/15 e art. 57-C, *caput*, da Lei nº 9.504 e, mesmo gratuitamente, em sítios de pessoas jurídicas, profissionais e oficiais, sujeitando o responsável pela divulgação dela. Quando comprovado seu prévio conhecimento, a violação sujeita o responsável pela divulgação da propaganda e, quando comprovado seu prévio conhecimento, o beneficiário à multa no valor de R$5.000,00 (cinco mil reais) a R$30.000,00 (trinta mil reais). É proibida a venda de cadastro de endereços eletrônicos. Em relação aos portais da internet e empresas de comunicação na internet, dá-se o mesmo tratamento atualmente atribuído ao rádio e à televisão. A liberdade cede espaço ao controle do abuso de poder.

A propaganda eleitoral na internet, prevista nos arts. 57-A e seguintes da Lei Geral das Eleições, poderá ser realizada em sítio do candidato, com endereço eletrônico comunicado à Justiça Eleitoral e hospedado, direta ou indiretamente, em provedor de serviço de internet estabelecido no país; em sítio do partido ou da coligação, com endereço eletrônico comunicado à Justiça Eleitoral e hospedado, direta ou indiretamente, em provedor de serviço de internet estabelecido no país; por meio de mensagem eletrônica para endereços cadastrados gratuitamente pelo candidato, partido ou coligação; por meio de *blogs*, redes sociais, sítios de mensagens instantâneas e assemelhados, cujo conteúdo seja gerado ou editado por candidatos, partidos ou coligações ou de iniciativa de qualquer pessoa natural.

A propaganda na rede mundial de computadores e em outros meios de comunicação interpessoal mediante mensagem eletrônica garante a liberdade de manifestação do pensamento, sendo vedado o anonimato durante a campanha eleitoral e assegurado o direito de resposta. Inclusive, a violação dessa determinação sujeitará o responsável pela divulgação da propaganda e, quando comprovado seu prévio conhecimento, o beneficiário à multa no valor de R$5.000,00 (cinco mil reais) a R$30.000,00 (trinta mil reais).

O art. 57-F manda que se aplique ao provedor de conteúdo e de serviços multimídia que hospeda a divulgação da propaganda eleitoral de candidato, de partido ou de coligação as penalidades previstas na Lei nº 9.504 se, no prazo determinado pela Justiça Eleitoral, contado a partir da notificação de decisão sobre a existência de propaganda irregular, não tomar providências para a cessação dessa divulgação. No entanto o parágrafo único diz que o provedor de conteúdo ou de serviços multimídia só será considerado responsável pela divulgação da propaganda se a publicação do material for comprovadamente de seu prévio conhecimento.

As mensagens eletrônicas enviadas por candidato, partido ou coligação, por qualquer meio, deverão dispor de mecanismo que permita seu descadastramento pelo destinatário, obrigado o remetente a providenciá-lo no prazo de quarenta e oito horas. As mensagens eletrônicas enviadas após o término do prazo previsto no *caput* sujeitam os responsáveis ao pagamento de multa no valor de R$100,00 (cem reais) por mensagem (art. 57-G, Lei nº 9.504).

Sem prejuízo das demais sanções legais cabíveis, será punido, com multa de R$5.000,00 (cinco mil reais) a R$30.000,00 (trinta mil reais), quem realizar propaganda eleitoral na internet, atribuindo indevidamente sua autoria a terceiro, inclusive a candidato, partido ou coligação (art. 57-H, Lei nº 9.504).

Por fim, o art. 57-I impõe que a requerimento de candidato, partido ou coligação, observado o rito previsto no art. 96, a Justiça Eleitoral poderá determinar a suspensão, por vinte e quatro horas, do acesso a todo conteúdo informativo dos sítios da internet que deixarem de cumprir as disposições dessa lei. A cada reiteração de conduta, será duplicado o período de suspensão. No período de suspensão a empresa informará, a todos os usuários que tentarem acessar seus serviços, que se encontra temporariamente inoperante por desobediência à legislação eleitoral.

A propaganda eleitoral na imprensa permite, até a antevéspera das eleições, a divulgação paga na imprensa escrita, e a reprodução na internet do jornal impresso, de até 10 (dez) anúncios de propaganda eleitoral, por veículo, em datas diversas, para cada candidato, no espaço máximo, por edição, de 1/8 (um oitavo) de página de jornal padrão e de 1/4 (um quarto) de página de revista ou tabloide (art. 43, *caput*, Lei nº 9.504/97). Deverá constar do anúncio, de forma visível, o valor pago pela inserção. O descumprimento sujeita os responsáveis pelos veículos de divulgação e os partidos, coligações ou candidatos beneficiados à multa no valor de R$1.000,00 (mil reais) a R$10.000,00 (dez mil reais) ou equivalente ao da divulgação da propaganda paga, se este for maior.

Não caracterizará propaganda eleitoral a divulgação de opinião favorável a candidato, a partido político ou a coligação pela imprensa escrita, desde que não seja matéria paga, mas os abusos e os excessos, assim como as demais formas de uso indevido do meio de comunicação, serão apurados e punidos nos termos do art. 22 da Lei Complementar nº 64/90.

É vedado em sua programação normal e do noticiário no rádio e na televisão a partir de 1º de julho, às emissoras de rádio e televisão (Lei nº 9.504/97,art. 45, *caput*): transmitir, ainda que sob a forma de entrevista jornalística, imagens de realização de pesquisa ou qualquer outro tipo de consulta de popularidade de natureza eleitoral em que seja possível identificar o entrevistado ou em que haja manipulação de dados (Lei nº 9.504/97, art. 45, I); usar trucagem, montagem ou outro recurso de áudio ou vídeo que, de qualquer forma, degradem ou ridicularizem candidato, partido político ou coligação, bem como produzir ou veicular programa com esse efeito (Lei nº 9.504/97, art. 45, II); veicular propaganda política ou difundir opinião favorável ou contrária a candidato, partido político ou coligação, a seus órgãos ou representantes (Lei nº 9.504/97, art. 45, III); dar tratamento privilegiado a candidato, partido político ou coligação (Lei nº 9.504/97, art. 45, IV); veicular ou divulgar filmes, novelas, minisséries ou qualquer outro programa com alusão ou crítica a candidato ou partido político, mesmo que dissimuladamente, exceto programas jornalísticos ou debates políticos (Lei nº 9.504/97, art. 45, V); divulgar nome de programa que se refira a candidato escolhido em convenção, ainda quando preexistente, inclusive se coincidente com o nome do candidato ou o nome por ele indicado para uso na urna eletrônica, e, sendo o nome do programa o mesmo que o do candidato, fica proibida a sua divulgação, sob pena de cancelamento do respectivo registro (Lei nº 9.504/97, art. 45, VI).

O §4º da Lei nº 9.504/97, art. 45 conceitua trucagem como "todo e qualquer efeito realizado em áudio ou vídeo que degradar ou ridicularizar candidato, partido político ou coligação, ou que desvirtuar a realidade e beneficiar ou prejudicar qualquer candidato, partido político ou coligação". Enquanto que o §5º conceitua como montagem "toda e qualquer junção de registros de áudio ou vídeo que degradar ou ridicularizar candidato, partido político ou coligação, ou que desvirtuar a realidade e beneficiar ou prejudicar qualquer candidato, partido político ou coligação".

A veiculação de propaganda eleitoral em desacordo com o regramento disciplinado implicará a suspensão ou impedimento da publicidade, na possibilidade de processo por abuso de poder, sujeitando o responsável à restauração de bem em caso de ter sido danificado e à multa, como previsto pela legislação.

Mesmo que possua o pedido de registro de sua candidatura indeferido pela justiça eleitoral, o candidato possui direito à realização de propaganda eleitoral, sem qualquer restrição, enquanto estiver com recurso tramitando na Justiça Eleitoral. Os gastos de campanha e os eventuais prejuízos de outra ordem correrão por conta e risco dos candidatos, partidos e coligações que efetuarem o mencionado ato de propaganda. Desse modo, o candidato cujo registro estiver *sub judice* poderá efetuar todos os atos relativos à sua campanha eleitoral, inclusive utilizar o horário eleitoral gratuito para sua propaganda, no rádio e na televisão.

A polícia, embora não possua competência para proibir a realização de ato de propaganda eleitoral ou para expedir licença prévia para a realização de tal publicidade, deverá ser comunicada com, no mínimo, vinte e quatro horas de antecedência, pelo candidato, partido político ou coligação, de ato de propaganda eleitoral em local público. Tal comunicação possui a finalidade de garantir, segundo a prioridade do aviso, o direito contra quem pretenda usar o local no mesmo dia e horário. Possui a função, por igual, de possibilitar à autoridade policial que adote as providências necessárias à garantia da realização do ato e ao funcionamento do tráfego e dos serviços públicos que o evento possa afetar.

O poder de polícia sobre a propaganda eleitoral será exercido exclusivamente pelos juízes eleitorais, nos municípios, e pelos juízes designados pelos Tribunais Regionais Eleitorais, nas capitais e municípios com mais de uma zona eleitoral.

O juiz eleitoral da comarca é competente para tomar todas as providências para impedir práticas ilegais, não lhe sendo permitido, entretanto, instaurar procedimento de ofício para aplicação de sanções, neste caso, deverá comunicar o fato ao Ministério Público, para que proceda quando necessário. É competente também para julgar representações e reclamações a ela pertinentes. Onde houver mais de um juiz eleitoral, o Tribunal Regional Eleitoral designará aquele(s) que ficará(ão) responsável(is) pela propaganda eleitoral.

O poder de polícia em matéria de propaganda eleitoral pertence à justiça eleitoral, ressalte-se. Conforme Código Eleitoral, art. 245, §3º, aos juízes eleitorais designados pelos tribunais regionais eleitorais, nas capitais e nos municípios onde houver mais de uma zona eleitoral, e aos juízes eleitorais, nas demais localidades, competirá a adoção, ainda que sem provocação, de medidas para impedir ou suspender a publicidade ilegal, bem assim julgar as reclamações referentes à propaganda eleitoral, inclusive sobre a localização dos comícios e até mesmo de espaços de veiculação de publicidade, tomando providências sobre a distribuição equitativa dos locais aos partidos políticos e às coligações.

9.4 Condutas vedadas ao rádio e à televisão

A programação normal, inclusive noticiário, das emissoras de rádio e televisão, está submetida a um rigoroso disciplinamento legal que incide a partir de primeiro de julho do ano eleitoral.

A partir dessa data, não podem as emissoras dar tratamento privilegiado a candidato, partido político ou coligação. Essa proibição sintetiza todas as demais constantes da Lei Geral das Eleições, e abrange formas indiretas de campanha eleitoral.

Para evitar tratamento privilegiado, a norma legal veda a transmissão de enquetes, a utilização de recursos de áudio ou vídeo que degradem ou ridicularizem candidatos, enfim a difusão de opinião favorável ou contrária a candidato, partido ou coligação e, particularmente, proíbe que candidato escolhido em convenção permaneça apresentando ou comentando programa de rádio e TV.

As emissoras podem realizar debates, desde que haja o convite em 72 horas de antecedência, sendo obrigatória a presença de candidatos dos partidos com representação superior a nove deputados e facultada a dos demais. Nas eleições proporcionais, o debate pode ser realizado em mais de um dia, assegurando a participação de candidatos dos diversos partidos políticos.

Frisa-se:

> no caso de coligações, o número mínimo de deputados federais previsto no art. 46 da Lei nº 9.504/97 deve ser aferido, quando se tratar de eleição proporcional, pela soma de todos os representantes dos partidos políticos que compõem a coligação na Câmara dos Deputados e, quando se tratar de eleição majoritária, pelo total de deputados federais dos seis maiores partidos que compõem a coligação.[8]

Importante destacar que na Consulta nº 10.694,[9] o Ministro Henrique Neves excluiu as transferências em decorrência da "janela partidária":

> [...] para os fins do dispositivo ora em comento, não devem ser consideradas as transferências realizadas sob a égide da Emenda Constitucional

---

[8] Consulta nº 49.176. Rel. Min. Henrique Neves da Silva. *DJE*, 14 abr. 2016.

[9] "Consulta. Debate Eleitoral. Art. 46 da Lei nº 9.504/97. Representação Parlamentar. Aferição. Momento. Questão: Nos termos do art. 46 da Lei 9.504/97, o momento de aferição da representatividade (do número superior a nove deputados) do partido ou da coligação, para que o candidato tenha assegurada a sua participação nos debates realizados no rádio e na TV, será a data de início da legislatura ou a data da convenção alusiva à escolha do candidato ou a data do pedido de registro de candidatura ou a data de realização do debate? Resposta: Para aferição da obrigatoriedade de ser convidado o candidato de partido político ou de coligação que possuam mais de nove representantes na Câmara dos Deputados (Lei nº 9.504/97, art. 46), somente devem ser consideradas as mudanças de filiação realizadas com justa causa até a data da convenção de escolha do candidato, não computadas as transferências realizadas com fundamento na EC nº 91/2016" (TSE. Consulta nº 10.694. Acórdão de 26.4.2016. Rel. Min. Henrique Neves da Silva. *DJE*, 9 maio 2016).

n° 91/2016, promulgada após a edição da Res.- TSE n° 23.457, porquanto expressamente consignado na referida emenda que a desfiliação não deve ser "considerada para fins de distribuição dos recursos do Fundo Partidário e de acesso gratuito ao tempo de rádio e televisão" [...].

Segundo o §2º do art. 45 da Lei n° 9.504/97, o descumprimento de tais proibições sujeita a emissora ao pagamento de multa no valor de vinte mil a cem mil UFIRs, duplicada a cada reincidência. Aplica-se, também, a sanção de suspensão de sua programação normal, por 24 horas, sendo duplicado tal período de suspensão em cada reiteração de conduta, nos termos do art. 56 da mencionada lei.

As penas não podem ser aplicadas de ofício, carecendo o juiz de provocação por parte de candidato, partido, coligação ou Ministério Público, *vide* o Recurso em Mandado de Segurança n° 48.696, de relatoria da Ministra Fátima Nancy Andrighi, no Tribunal Superior Eleitoral.[10]

Os jornais impressos estão fora do rígido disciplinamento legal, sendo possível alcançá-los pela Lei Geral das Eleições em duas hipóteses. Primeiro, quando divulgar pesquisa não registrada, podendo se submeter a multa de cinquenta mil a cem mil UFIRs. Segundo, em sendo veiculada notícia ofensiva à honra de algum candidato, caso em que se dará direito de resposta.

9.5 A responsabilidade dos candidatos e partidos na propaganda eleitoral

No art. 241 do Código Eleitoral[11], no §5º do art. 6º da Lei n° 9.504/97[12] e na jurisprudência anteriormente vigente[13] do Tribunal

---

[10] "Recurso em Mandado de Segurança. Propaganda Eleitoral. Exercício de Poder de Polícia. Aplicação de Multa de Ofício e sem Prévio Ajuizamento de Representação. Inviabilidade. Ordem Concedida. 1. Nos termos da Súmula 18 do TSE, é vedado ao juiz eleitoral, no exercício do poder de polícia, de ofício, instaurar procedimento com a finalidade de impor multa pela veiculação de propaganda eleitoral em desacordo com a Lei 9.504/97. 2. Recurso provido e segurança concedida" (Recurso em Mandado de Segurança n° 48.696. Rel. Min. Fátima Nancy Andrighi. *DJE*, 23 out. 2012).

[11] Código Eleitoral: "Art. 241. Toda propaganda eleitoral será realizada sob a responsabilidade dos partidos ou de seus candidatos, e por eles paga, imputando-se-lhes solidariedade nos excessos praticados pelos candidatos e adeptos".

[12] Lei n° 9.504/97: "Art. 6º [...] §5º A responsabilidade pelo pagamento de multas decorrentes de propaganda eleitoral é solidária entre os candidatos e os respectivos partidos, não alcançando outros partidos mesmo quando integrantes de uma mesma coligação. (Incluído pela Lei n° 12.891, de 2013)".

[13] "Eleições 2010. Agravo regimental no agravo de instrumento. Propaganda eleitoral irregular. Bem público. Afixação de faixas e placas de candidatos ao longo de áreas públicas.

Superior Eleitoral, existia a previsão da responsabilidade solidária entre os partidos políticos e seus candidatos no tocante à realização da propaganda eleitoral, tendo os partidos que arcar com o ônus dos excessos praticados pelos seus candidatos.

Contudo, a Constituição Federal assegura, enquanto princípio irradiador a todo o direito, a responsabilidade pessoal e intransferível ao enunciar que a pena deve se ater à proporção da participação do agente. A Carta Federal faz profissão de fé contra a incidência de sanção sobre quem não possui comprovadamente participação, ainda que omissiva, na concretização do delito.

Sob a égide da Carta Magna, a nova redação dada pela Lei nº 13.165/15 ao §11 do art. 96 da Lei nº 9.504/97[14] deixou expressa a inadmissão de responsabilização solidária do partido em razão do descumprimento de qualquer disposição da Lei nº 9.504/97 pelo seu candidato, salvo se o partido político houver comprovadamente participado do ato ilícito.

Responsabilidade solidária das coligações. Multa. Art. 241 do código eleitoral. art. 37, § 1º, da lei nº 9.504/1997. Desprovimento. 1. A imposição da multa aplicada se justifica em razão do disposto no art. 241 do Código Eleitoral, de modo que as coligações também são responsáveis pela propaganda eleitoral irregular veiculada em nome de seus candidatos. 2. A ausência da notificação prévia dos candidatos para a retirada da propaganda irregular não implica o afastamento da sanção aplicada às coligações que, devidamente notificadas, descumpriram a ordem liminar e não promoveram a remoção das placas ilegais no prazo determinado. 3. Inexistência de afronta ao § 1º do art. 37 da Lei nº 9.504/97, pois, considerando a responsabilidade solidária das coligações, o referido dispositivo não impede seja aplicada a sanção, individualmente, aos responsáveis pela propaganda objeto da representação. 4. Agravo regimental desprovido" (Agravo Regimental em Agravo de Instrumento nº 231.417. Rel. Min. Gilmar Ferreira Mendes. DJE, 9 set. 2014).

[14] Lei nº 9.504/97: "Art. 96. [...] §11. As sanções aplicadas a candidato em razão do descumprimento de disposições desta Lei não se estendem ao respectivo partido, mesmo na hipótese de esse ter se beneficiado da conduta, salvo quando comprovada a sua participação".

CAPÍTULO 10

REGISTRO DE CANDIDATURA

O registro de candidatura é o fato jurídico do qual dimana a elegibilidade. Para participar do pleito eleitoral, o partido pode organizar-se no município, mesmo através de comissão provisória, até a data da convenção. A obrigatoriedade de registro um ano antes do pleito refere-se ao Diretório Nacional junto ao Tribunal Superior Eleitoral. As normas que dispõem sobre a escolha e o registro de candidatos nas eleições estão previstas em legislação eleitoral específica.

O pedido de registro deve ser formulado até às dezenove horas do dia 15 de agosto do ano em que se realizarem as eleições, instruído com os documentos previstos no art. 11 da Lei nº 9.504, inclusive declaração de bens e fotografia frontal 5 x 7 cm, a ser usada para o voto eletrônico.

O candidato registra-se com o nome completo e até três variações nominais. Caso verificada, a homonímia será resolvida deferindo-se o nome ao candidato que nos últimos quatro anos tenha exercido mandato eletivo ou tenha sido candidato com o nome indicado, bem como a quem possuir maior notoriedade nos aspectos políticos, sociais e profissionais. Não se definindo através destas regras e não havendo acordo, serão os candidatos registrados com o nome e sobrenome constantes do pedido de registro.

O candidato deve indicar, também, o nome ou variação para exibição na tela da urna eletrônica, com no máximo trinta caracteres, incluindo o espaço entre os nomes.

Pode ser substituído o candidato, tanto nas eleições majoritárias como nas proporcionais, até 20 (vinte) dias antes do pleito, exceto em caso de falecimento de candidato, quando a substituição poderá ser efetivada após esse prazo. Para as eleições de 2016 o prazo referido se dará em 12 de setembro.

Com o advento da minirreforma em 2013, a ausência de uma condição constitucional de elegibilidade passou a ser arguida a partir do registro de candidatura e até mesmo após as eleições, por meio da ação de recurso contra a expedição do diploma. Já os casos de ausência de condição infraconstitucional de elegibilidade devem ser suscitados somente no registro de candidatura, tendo em vista que se submetem à regra da preclusão, salvo nas hipóteses de ocorrência de uma condição de elegibilidade superveniente ao pedido de registro.

10.1 Números de candidatos a serem registrados

Saber o número de cadeiras existentes em cada órgão legislativo é de suma importância, pois isso determinará o número de candidatos que cada partido ou coligação poderá escolher em convenção, para disputa na eleição majoritária e proporcional.

Cada partido político ou coligação poderá requerer registro de um candidato a prefeito, com seu respectivo vice, conforme art. 29, I, da CF, e art. 91, *caput* do CE.

A fixação do número de vereadores para o próximo pleito é da competência da Lei Orgânica de cada município. As regras a serem observadas na lei que fixar o número de vereadores, para as eleições vindouras, são as definidas pelo STF e constantes da Resolução nº 21.702/2004, ou seja, as que tenham por parâmetro as faixas populacionais de que trata o inc. IV, art. 29, da Constituição Federal.[1] Nos municípios criados até 31.12.2007, os cargos de vereador corresponderão, na ausência de fixação pela Câmara Municipal, ao número mínimo fixado na Constituição Federal para a respectiva faixa populacional.[2]

Definido o número de vereadores, cada partido político poderá registrar candidatos para a Câmara Municipal até cento e cinquenta por cento do número de lugares a preencher (art. 10, *caput* da Lei nº 9.504/97; art. 20 da Resolução nº 23.373/2012). No caso de ser haver coligação para as eleições proporcionais, independentemente do número de partidos políticos que a integrem, poderão ser registrados candidatos até o dobro do número de lugares a preencher (art. 10, §1º da Lei nº 9.504/97; art. 20, §1º da Resolução nº 23.373/2012).

---

[1] TSE. Cta. nº 1.564. Rel. Min. Marcelo Ribeiro. *DJ*, 24.6.2008.
[2] TSE. Cta. nº 1.564. Rel. Min. Marcelo Ribeiro. *DJ*, 24.6.2008.

Em sendo as eleições efetuadas por meio de voto eletrônico, o número de candidatos a registrar possui vinculação direta ao número de lugares a preencher nas Casas Legislativas.

Nas unidades da federação em que o número de lugares a preencher para a Câmara dos Deputados não exceder a vinte, cada partido poderá registrar candidatos a deputado federal e a deputado estadual ou distrital até o dobro das respectivas vagas; havendo coligação, estes números poderão ser acrescidos de até cinquenta por cento (art. 10, §2º da Lei nº 9.504/97).

Entretanto, se nas convenções para a escolha de candidatos não for indicado o número máximo de candidatos previstos na lei, os órgãos de direção dos partidos respectivos poderão preencher as vagas remanescentes até sessenta dias antes do pleito (art. 10, §5º da Lei nº 9.504/97).

A Lei nº 13.165/2915 trouxe novos critérios de limite de candidaturas, alterando a redação do art. 10 e incisos da Lei nº 9.504/97:

I - nas unidades da Federação em que o número de lugares a preencher para a Câmara dos Deputados não exceder a doze, nas quais cada partido ou coligação poderá registrar candidatos a Deputado Federal e a Deputado Estadual ou Distrital no total de até 200% (duzentos por cento) das respectivas vagas; (Incluído pela Lei nº 13.165, de 2015)

II - nos Municípios de até cem mil eleitores, nos quais cada coligação poderá registrar candidatos no total de até 200% (duzentos por cento) do número de lugares a preencher. (Incluído pela Lei nº 13.165, de 2015).

10.2 Nomes dos candidatos

Com a urna eletrônica, o número passou a ser elemento mais importante do que o nome. Quanto mais fácil de digitar for o número, maior tranquilidade terá o eleitor, principalmente o não completamente alfabetizado, para proferir o voto.

O nome, entretanto, ainda poderá ser útil para o caso de falha na urna eletrônica, oportunidade em que a votação poderá ser feita em cédula.

De todo modo, ainda que o eleitor vote na urna eletrônica em números, o nome indicado pelo candidato aparecerá na tela do aparelho de votação antes que ocorra a confirmação do voto. Decorre, desse modo, a utilidade do regramento sobre a denominação dos candidatos.

Para possibilitar o uso na urna eletrônica, a legislação limita o tamanho máximo do nome em trinta caracteres, incluindo-se o espaço entre os nomes.

O candidato poderá indicar o seu prenome, sobrenome, cognome, nome abreviado, apelido ou nome pelo qual é mais conhecido. Na hipótese de apelido ou semelhante, somente será admitido quando não se estabelecer dúvida quanto à identidade do candidato e desde que não atente contra o pudor, bem assim não seja ridículo ou irreverente.

Quando determinado nome confundir de algum modo o eleitor, a Justiça Eleitoral poderá exigir do candidato prova de que ele é conhecido por tal denominação. O nome designado apenas será aceito com tal prova efetuada.

Não é permitida a escolha de um nome de candidato proporcional que coincida com o nome de candidato à eleição majoritária. Excepciona tal regra a hipótese do candidato que esteja exercendo mandato eletivo ou o tenha exercido nos últimos quatro anos, ou que, nesse mesmo prazo, tenha concorrido em eleição com o nome coincidente.

O candidato que não indicar o nome pelo qual pretende concorrer e que deve constar na urna eletrônica será intimado a fazê-lo. Permanecendo a omissão, a justiça eleitoral, por ocasião do julgamento do pedido de registro, fará a adaptação do nome próprio do candidato.

Tal situação também se aplica no caso de homônimos – nomes idênticos – ou de excesso do limite de caracteres – trinta, incluindo os espaços. Após a intimação para regularizar, permanecendo omisso o candidato, será o nome próprio adaptado pela justiça eleitoral na oportunidade do julgamento do pedido de registro.

Ocorrendo a identidade de nomes indicados por dois ou mais candidatos, essa homonímia deverá ser resolvida de acordo com os critérios estabelecidos no art. 12, §1º, I a V, da Lei nº 9.504/97.

Em não se tratando de nome próprio e havendo dúvida se o candidato é conhecido realmente pelo cognome indicado, a Justiça Eleitoral poderá exigir, na apreciação do pedido de registro de candidatura, prova de que ele é conhecido pela opção de nome apresentada. Não havendo tal prova, esse candidato perderá o direito de concorrer pelo nome indicado, com o que a homonímia estará resolvida em favor do candidato que efetivamente for conhecido pela designação pretendida.

Não havendo dúvidas ou sendo apresentadas as provas necessárias, resultando certo que os candidatos são conhecidos pelo nome indicado, persiste a homonímia, com o que os demais critérios de resolução do impasse deverão ser utilizados.

Uma das duas hipóteses de resolução seria a existência, entre os candidatos, de um que tivesse a sua vida política, social ou profissional identificada pelo nome em questão. Esse candidato possuiria a primazia de utilizar o nome, sendo-lhe deferida a designação apresentada. Os demais candidatos ficariam impedidos de fazer propaganda com o mesmo nome.

Também seria possível resolver a homonímia com a existência, entre os candidatos que tiverem designados nomes idênticos, algum que, até 5 de julho do ano da eleição, estiver exercendo mandato eletivo, ou o tenha exercido nos últimos quatro anos, ou que, nesse mesmo prazo, tenha se candidatado com o nome que indicar. Ocorrendo qualquer das hipóteses enumeradas, tal candidato utilizará a denominação, sendo-lhe deferido o uso do nome, impedindo os demais candidatos de fazer propaganda com o mesmo nome.

A homonímia poderá persistir, quando os critérios anteriores não forem suficientes para resolvê-la. Acontecendo tal hipótese, os candidatos de denominação idêntica serão notificados pela Justiça Eleitoral para que, em dois dias, cheguem a acordo sobre os respectivos nomes a serem usados.

O acordo poderá não advir. Nesse caso, a Justiça Eleitoral registrará cada candidato com o nome e sobrenome constantes do pedido de registro.

10.3 Reserva de vagas para cada sexo

Do número de vagas resultantes, cada partido ou coligação deverá atentar-se para o preenchimento de, no mínimo, 30% (trinta por cento) das vagas, para um dos sexos e, no máximo, 70% (setenta por cento), para o outro sexo (art. 10, §3º da Lei nº 9.504). Isso quer dizer que deverão ser registrados sempre homens e mulheres, variando a quantidade de um e outro de acordo com o percentual estabelecido legalmente (30% e 70%) e definido pelo partido ou coligação, conforme o número de escolhidos de cada qual em convenção.

Se não existir candidato de um dos sexos dentro de um partido político ou coligação, para concorrer às eleições, o percentual máximo permanece, ou seja, a quantidade de candidatos do outro sexo desse mesmo partido/coligação não poderá ser superior a 70% do total existente para a solicitação do registro perante a Justiça Eleitoral.

Na realização desses cálculos, qualquer fração resultante será igualada a um, para a reserva legal de 30%; para o cálculo das vagas restantes, será desprezada a fração (art. 10, §4º da Lei nº 9.504/97).

Registre-se que, se o partido político ou a coligação, em convenção realizada, não indicar o número máximo de candidatos previstos, as vagas remanescentes poderão ser preenchidas até 30 dias antes da eleição, devendo-se considerar os percentuais estabelecidos para cada sexo (nova redação do art. 10, §5º da Lei nº 9.504/97).

Por conseguinte, a Lei nº 13.165/2015 prevê que, em até 20 dias antes da data da eleição, o Tribunal Superior Eleitoral deverá divulgar a lista completa dos candidatos, fazendo referência ao sexo e ao cargo a qual concorrem.

10.4 Procedimento para registro de candidatura

Quando de seu pedido, o candidato deve satisfazer todas as condições de elegibilidade para o cargo ao qual deseja concorrer, não estando submetido a nenhuma sanção de inelegibilidade. Ademais, deve o pedido estar acompanhado de todos os documentos catalogados pela legislação, como condição de procedibilidade do feito (art. 11 da Lei nº 9.504/97).

Assim, o registro de candidato não é mais um pressuposto legal para a candidatura, entre os outros exigidos, senão que, em substância, é o ato jurídico que a faz nascer. Por isso, a falta do registro não é a falta de um requisito legal para o nascimento da elegibilidade, da mesma maneira que a falta do registro da escritura pública não é a ausência de um pressuposto formal para o nascimento do direito de propriedade: ambos os registros são, ao revés, os próprios atos jurídicos que dão existência ao direito subjetivo (de ser votado e de propriedade, respectivamente). Sem eles, não há direito subjetivo, ainda que compostos todos os elementos da *facttispecie*. Por isso, tem-se que estudar o registro de candidatura com a importância que ele possui, como o demiurgo da elegibilidade.

Quem não possui o registro de candidatura é inelegível, sendo nulos os votos por ele obtidos. Nem todos os brasileiros podem concorrer a um mandato eletivo, sendo necessário que previamente se habilitem para esse fim. Para tanto, deverão atender a todos os pressupostos exigidos pelo ordenamento jurídico, a fim de pleitearem o registro de sua candidatura.

Não obtido o registro, o nacional fica impedido de concorrer a um cargo, não sendo computados como válidos os votos que lhe sejam destinados. Também não podem obter o registro de candidatura aqueles que, embora cumpram os requisitos legais, estejam sancionados com inelegibilidade, causada pela prática de algum ato ilícito. Logo, o registro de candidato é o ato jurídico que autoriza a candidatura, habilitando o nacional e tornando-o elegível. A Lei nº 12.034, de 2009, modificou o §4º do art. 11 da Lei nº 9.504 para garantir aos candidatos a possibilidade de requerem seus registros perante a Justiça Eleitoral na hipótese de o partido ou coligação não o fazer, observado o prazo máximo de quarenta e oito horas seguintes à publicação da lista dos candidatos pela Justiça Eleitoral.

O processamento dos pedidos de registro de candidatura ocorrerá na Secretaria Judiciária, sendo competentes para o julgamento os juízes que compõem a Corte Eleitoral. Inicialmente, entretanto, os interessados deverão dirigir-se à entrada do Tribunal, junto ao Setor de Protocolo, para dar início ao processo que pode ser didaticamente dividido em três fases:

a) Triagem dos pedidos

Os servidores deverão proceder à verificação da leitura da mídia (compatibilidade do arquivo). Deve-se conferir a ata (avaliação da formação da coligação) apresentada pelo partido/coligação ou candidato e encaminhar para o setor de protocolo.

Após protocolização, armazenar a documentação em caixas-arquivo. Etiquetá-las com o nome do partido ou coligação e enviá-las para a CRIP. Em razão da celeridade desse procedimento, faz-se necessário o cumprimento de todos os prazos descritos.

b) Do registro, distribuição e autuação

Os formulários para o registro, com suas respectivas documentações, serão protocolados com um número cada um e constituirão, respectivamente, o processo principal (partido/coligação) e o individual (candidato), devendo este ser vinculado àquele.

Os processos que tratam de candidatos a governador e vice-governador, por constituírem chapa única e indivisível, devem tramitar reunidos (juntados por linha) e ser analisados e julgados em conjunto. No caso de senador e respectivos suplentes, será autuado apenas um processo, embora subsista a necessidade de todos (senador e suplentes) estarem regulares, para que o pedido de registro possa ser deferido.

Após o protocolo da documentação, e proferimento do despacho inicial pelo presidente determinando o registro, os processos (principal e individual) serão autuados, contendo o Demonstrativo de Regularidade de Atos Partidários – DRAP, apresentado pela coligação, o qual deverá conter os seguintes dados: pedido de registro de candidaturas, mediante que coligação, a que cargo, em que eleições; nome da coligação acompanhada das siglas dos partidos integrantes, nome(s) do representante(s) da coligação.

A capa do processo de Demonstrativo de Regularidade de Atos Partidários – DRAP – apresentado por partido político isolado deverá conter os seguintes dados: pedido de registro de candidaturas apresentado, isoladamente, ao(s) cargo(s) de prefeito, vice e vereadores nas eleições; e requerente(s): nome do partido e sigla, nome do representante partidário para processo individual.

Finalizado o registro e autuação, deve-se certificar, nos autos, a distribuição do feito, para, então, os autos serem conclusos ao juiz relator, que proferirá despacho determinando a emissão e publicação, na imprensa oficial, do edital de pedido de registro; a alimentação do CAND; e, se for o caso, a necessária intimação do interessado, para a regularização, no prazo de setenta e duas horas.

Após o registro, a autuação e o despacho do juiz relator, a Secretaria do Tribunal emitirá o edital de pedido de registro, a ser encaminhado para publicação no mesmo dia, para ciência dos interessados, na imprensa oficial (*Diário da Justiça*) e no átrio da Secretaria (art. 97, §1º do Código Eleitoral, e art. 3º da LC nº 64/90).

Feito isso, deverá a Secretaria certificar nos autos o cumprimento do ato, juntando ao processo principal o respectivo edital e apenas certificando nos individuais. Na certidão dos individuais, constará também a juntada da ata da convenção no processo principal. Deverá juntar, ainda, o espelho ou crítica do formulário e o mapa de documentação emitidos pelo sistema de candidatura, bem como informar, na certidão do processo individual, se o nome do candidato consta da ata da convenção.

A Lei nº 12.034 acrescentou o art. 22-A à Lei nº 9.504, obrigando candidatos e comitês financeiros à inscrição no Cadastro Nacional da Pessoa Jurídica – CNPJ, para que estejam autorizados a promover a arrecadação de recursos financeiros e a realizar as despesas necessárias à campanha eleitoral.

A referida lei também acrescentou o inc. III ao §4º do art. 23 da Lei Geral das Eleições, incluindo a possibilidade de doação por pessoa física mediante cartão de crédito.

c) Da audiência de verificação dos dados

Após o julgamento dos pedidos de registro, os partidos políticos, as coligações e os candidatos serão notificados, por edital publicado na Imprensa Oficial ou em cartório, para a audiência de verificação das fotografias e dos dados que constarão na urna eletrônica.

Feita tal audiência e resolvidas todas as pendências, será procedido ao fechamento do denominado sistema de candidaturas. A foto digitalizada não poderá dificultar o reconhecimento do candidato. Constatada tal dificuldade, a fotografia poderá ser substituída no prazo de dois dias, desde que requerido na audiência de verificação pelo candidato, partido ou coligação.

Importa em preclusão o não comparecimento dos interessados ou de seus representantes à audiência, bem assim a não impugnação dos dados apresentados. Presume-se a aceitação, não podendo ser suscitada questão relativa a problemas de exibição devido à má qualidade da foto apresentada ou aos dados informados.

A audiência de verificação deverá constar em ata, a ser lavrada. Nela serão consignadas as ocorrências e manifestações dos interessados.

10.5 Substituição de candidato

A substituição de candidatos, prevista no art. 13[3] da Lei n° 9.504/97, foi modificada para só se efetivar se o novo pedido for apresentado até 20 (vinte) dias antes do pleito, exceto em caso de falecimento.

Tratando-se de renúncia, o ato deve ser datado, assinado e expresso em documento com firma reconhecida por tabelião ou por duas testemunhas, e o prazo para substituição será contado da notificação do partido da publicação da decisão que a homologar.

Outra hipótese de substituição surgirá quando a convenção partidária de nível inferior se opuser, na deliberação sobre coligações, às diretrizes legitimamente estabelecidas pelo órgão de direção nacional, podendo os órgãos superiores do partido político, nos termos do

---

[3] Lei n° 9.504/97: "Art. 13. É facultado ao partido ou coligação substituir candidato que for considerado inelegível, renunciar ou falecer após o termo final do prazo do registro ou, ainda, tiver seu registro indeferido ou cancelado. §1° A escolha do substituto far-se-á na forma estabelecida no estatuto do partido a que pertencer o substituído, e o registro deverá ser requerido até 10 (dez) dias contados do fato ou da notificação do partido da decisão judicial que deu origem à substituição. (Redação dada pela Lei n° 12.034, de 2009) §2° Nas eleições majoritárias, se o candidato for de coligação, a substituição deverá fazer-se por decisão da maioria absoluta dos órgãos executivos de direção dos partidos coligados, podendo o substituto ser filiado a qualquer partido dela integrante, desde que o partido ao qual pertencia o substituído renuncie ao direito de preferência. §3° Tanto nas eleições majoritárias como nas proporcionais, a substituição só se efetivará se o novo pedido for apresentado até 20 (vinte) dias antes do pleito, exceto em caso de falecimento de candidato, quando a substituição poderá ser efetivada após esse prazo (Redação dada pela Lei n° 12.891, de 2013)".

respectivo estatuto, anular a deliberação e atos dela decorrentes. Nesse caso, se da anulação decorrer a necessidade de escolha de novos candidatos, o pedido de registro deverá ser apresentado em até três meses que antecedem a eleição, ou nos dez dias seguintes à deliberação, se esse prazo vencer após aquela data. Ressalte-se que as eventuais anulações necessitarão ser comunicadas à Secretaria do Tribunal até o fim do prazo para impugnação do registro de candidato. Destaca-se ainda que as anulações de deliberações dos atos decorrentes de convenção partidária deverão ser comunicadas à Justiça Eleitoral no prazo de 30 (trinta) dias após a data limite para o registro de candidatos, conforme exige o art. 7º, §3º, da Lei nº 9.504.

O pedido de registro de substituto, mediante CANDEX, será apresentado com o formulário RRC, com a documentação do candidato e com o documento que comprove sua indicação (ata, geralmente), dispensada a apresentação de novo DRAP e dos demais documentos que o acompanham.

Ainda quanto à substituição de candidatos à eleição majoritária, sendo estes de coligação, a substituição deverá ser feita por decisão da maioria absoluta dos partidos coligados, podendo o substituto estar filiado a qualquer partido dela integrante, desde que o partido político ao qual pertencia o substituído renuncie ao direito de preferência. Se a substituição ocorrer após a geração das tabelas para elaboração da lista de candidatos e preparação das urnas, o substituto concorrerá com o nome, o número e, na urna eletrônica, com a fotografia do substituído, computando-se lhe os votos a este atribuídos (art. 13, §2º, da Lei nº 9.504/97).

CAPÍTULO 11

O ABUSO DE PODER

É possível conceber o poder como a faculdade de impor a vontade própria a outrem. É um fenômeno da vida de relação entre os homens. Como ensina Fábio Konder Comparato, poder "é um fenômeno da vida de relações hierárquicas".[1] Desse modo, em sociedade de plena igualdade em todos os setores não seria próprio falar em poder. Diz mais o mestre, após dissertar que a força é uma conotação quase indispensável do poder: "todos reconhecem que o exercício de uma imposição se presta ao abuso".[2] Para contrabalançar a força existe outro componente do poder, que é a autoridade, ou seja, "a influência determinante sobre o comportamento de outrem, em razão do prestígio, do conhecimento técnico ou científico, da habilidade ou experiência, do carisma".[3]

O direito impõe-se pelo poder, mas entre as suas missões basilares está a contenção ou regulação do uso do poder, que apenas é lícito quando destinado a cumprir os fins do Estado, que é a obtenção de harmonia social e o bem de todos. Montesquieu, no clássico *Do espírito das leis*, já advertia que "temos, porém, a experiência eterna de que todo homem que tem em mãos o poder é sempre levado a abusar do mesmo, e assim irá seguindo, até que encontre algum limite. E quem o diria, até a própria virtude precisa de limites".[4] Apenas com as limitações do exercício do poder é que se combatem as práticas abusivas, fazendo subsistir a liberdade e a ordem democrática.

---

[1] COMPARATO, Fábio Konder. *Educação, Estado e poder*. São Paulo: Brasiliense, 1987. p. 13.
[2] COMPARATO, Fábio Konder. *Educação, Estado e poder*. São Paulo: Brasiliense, 1987. p. 16.
[3] COMPARATO, Fábio Konder. *Educação, Estado e poder*. São Paulo: Brasiliense, 1987. p. 17.
[4] MONTESQUIEU, Charles de Secondat. *Do espírito das leis*. São Paulo: Martin Claret, 1960. p. 42.

Na visão do direito privado, abuso é o uso ilícito de poderes ou faculdades; é possível se fazer tudo o que a lei não proíbe. No direito público, ao contrário, somente é possível realizar o que a lei permite e o extrapolar dessa autorização legal significa abusar do poder.

No direito eleitoral, "em relação ao abuso de poder não ser capaz de permanecer nos confinamentos públicos ou privados, tendo que ultrapassar esses limites em busca de apoios mais abrangentes, de maneira que a democracia representativa tenha um apurado eixo de sustentação, livre de vícios capazes de macular o caráter genuíno da participação do povo no pleito eleitoral".[5]

Ademais, o objetivo do ordenamento jurídico eleitoral é garantir a legítima expressão da vontade popular na escolha dos representantes que irão, em nome do povo, exercer o poder político na democracia, sendo incontestável a importância desse instituto para a coibição dos abusos de poder.

Em relação ao compromisso do direito eleitoral com a sociedade, o doutrinador Fávila Ribeiro apresenta a função primordial do instituto no tema abuso de poder, para concluir que o direito eleitoral precisa constatar sua competência através dos resultados obtidos na reprimenda ao abuso de poder, seja oriundo de agentes públicos, ou praticados por instâncias privadas.

Essa é a tarefa e o grande desafio do direito eleitoral neste milênio que praticamente se inicia: contribuir para a legitimidade democrática com o afastamento de práticas abusivas das eleições.

11.1 Abuso de poder econômico

O poder econômico é aquele que se vale da posse de certos bens necessários ou assim considerados em uma situação de escassez, para induzir aqueles que não os possuem a ter certa conduta, consistente principalmente na execução de certo tipo de trabalho.

O uso do poder econômico é aceitável no processo eleitoral e não significa, por si, atividade ilícita, em razão do que a própria legislação disciplina. O que torna o ato ilícito é o abuso, a prática contrária à lei, passível de reprimendas legais, quais sejam: inelegibilidade do autor dos fatos abusivos e a perda do mandato eletivo do beneficiado pelo abuso cometido.

---

[5] RIBEIRO, Fávila. *Abuso de poder no direito eleitoral*. 2. ed. Rio de Janeiro: Forense, 1993. p. 23-24.

O abuso do poder econômico se caracteriza pela utilização exacerbada de recursos financeiros ou patrimoniais, visando a um processo eleitoral futuro ou em curso, a fim de beneficiar candidato, partido ou coligação, ferindo a regularidade e a legitimidade das eleições.

Nesse sentido, o preclaro José Jairo Gomes ensina que o abuso de poder econômico deve ser entendido como a confirmação de ações que demonstrem o uso descabido dos direitos e também dos recursos patrimoniais disponibilizados ao agente. "Essas ações não são razoáveis nem normais à vista do contexto em que ocorrem, revelando a existência de exorbitância, transbordamento ou excesso no exercício dos respectivos direitos e no emprego de recursos".[6]

Por sua vez, doutrina Pedro Roberto Decomain[7] que o abuso de poder econômico "consiste no emprego de recursos produtivos (bens e serviços de empresas particulares, ou recursos próprios do candidato que seja mais abastado), fora da moldura para tanto traçada pelas regras de financiamento de campanha constante da Lei nº 9.504/97".

São várias as formas de caracterização de abuso de poder econômico no processo eleitoral. O legislador ordinário ao tratar do financiamento das campanhas eleitorais não fixou limites de gastos, sendo estes definidos de acordo com a conveniência dos próprios candidatos ou partidos políticos. Sendo assim, a fixação de grandes quantias a serem dispendidas na campanha é lícita, configurar-se-á o abuso quando o limite preestabelecido é extrapolado.[8]

---

[6] GOMES, José Jairo. *Direito eleitoral*. 11. ed. rev., atual. e ampl. São Paulo: Atlas, 2015. p. 259.

[7] DECOMAIN, Pedro Roberto. *Elegibilidade e inelegibilidades*. São Paulo: Dialética, 2004. 2004.

[8] "1. Segundo a compreensão firmada por este Tribunal, a utilização de recursos patrimoniais em excesso, sejam eles públicos ou privados, sob poder ou gestão do candidato, em seu benefício eleitoral, configura abuso do poder econômico. Precedente. 2. Hipótese em que o Tribunal entendeu que houve abuso do poder econômico consistente em vultoso gasto com contratação de cabos eleitorais, que ficou em torno de R$ 3.803.626,09 (três milhões, oitocentos e três mil, seiscentos e vinte seis reais e nove centavos) e gasto com combustível, que envolveu o montante de R$ 399.699,70 (trezentos e noventa e nove mil, seiscentos e noventa e nove reais e setenta centavos), avaliando a gravidade das circunstâncias que o caracterizaram. 3. O conhecimento da alegação do recurso especial de que não ficou demonstrado que o abuso não ostentou gravidade suficiente para vulnerar o equilíbrio na disputa eleitoral, mostra-se inviável nesta instância extraordinária, a teor dos Enunciados Sumulares 7 do Superior Tribunal de Justiça e 279 do Supremo Tribunal Federal. 4. Recurso especial não conhecido" (Tribunal Superior Eleitoral. Recurso Especial Eleitoral nº 94.181. Rel. Min. Maria Thereza Rocha de Assis Moura. *DJE*, 7 mar. 2016). "[...] 3. Desse modo, também não se configura o suposto abuso de poder econômico, que exige comprovação da "utilização excessiva, antes ou durante a campanha eleitoral, de recursos materiais ou humanos que representem valor econômico, buscando beneficiar candidato, partido ou coligação, afetando a normalidade e a legitimidade das eleições'

Outras notórias condutas que tipificam o abuso de poder econômico são o recebimento de financiamento de campanha de pessoas ou entidades interditas; a oferta de dinheiro, bens ou serviços a eleitores; a utilização de recursos ilicitamente arrecadados; o uso equivocado de meios de comunicação social; a captação irregular de sufrágio; e a utilização indevida de transportes com eleitores no dia das eleições.

11.2 Uso indevido dos meios de comunicação

Segundo o entendimento do Tribunal Superior Eleitoral, o abuso de poder econômico ocorre quando recursos patrimoniais são empregados em excesso em benefício do candidato. Dessa forma, o abuso de poder econômico pode sobrevir da doação de bens ou por meio de vantagens ao eleitorado, outrossim é necessário que essa ação cause desequilíbrio na disputa eleitoral e possa influenciar o resultado das eleições, afetando a legitimidade e normalidade do pleito

A Ministra Luciana Lóssio consoante entendimento do Ministro Carlos Ayres Britto[9] menciona em seu voto decisão por ele já proferida:

> O abuso dos meios de comunicação resta evidenciado na utilização de periódico de grande circulação no município, com expressiva tiragem, que, ao longo de vários meses, desgasta a imagem de adversário, inclusive falseando a verdade. A liberdade de imprensa, embora reconhecida como um dos pilares da democracia, não pode contra esta se voltar, por não ser direito absoluto.[10]

Nesse sentido, cabe destacar que o uso indevido dos meios de comunicação social constitui, do mesmo modo, interferência do poder econômico, porque os detentores de empresas de comunicação podem dispor de seu poder econômico em prol de determinado candidato, e o mesmo pode ocorrer nos casos em que a emissora ou jornal pertencem à família do candidato, ou a alguém que tenha interesse direto em sua eleição.

(AgRg no RCED 580, Rel. Min. Arnaldo Versiani, *DJE*, de 1º.11.2011)" (Agravo Regimental em Recurso Ordinário nº 167.589. Acórdão de 30.9.2015. Rel. Min. João Otávio De Noronha. *DJE*, 27 out. 2015).

[9] Tribunal Superior Eleitoral. REspe nº 25.745/SP. Rel. Min. Carlos Ayres Britto. *DJ*, 8 ago. 2007.

[10] REspe nº 93.389. Acórdão de 3.2.2015. Rel. Min. Luciana Lóssio.

Nesse ínterim, as vedações devem alcançar não apenas atores ligados diretamente ao processo eleitoral, como partidos e candidatos, mas também outras pessoas que pelo uso do poder midiático tenham capacidade de influir no pleito. Destaca-se pronunciamento do STF sobre o assunto:

> [...] Apenas se estará diante de uma conduta vedada quando a crítica ou matérias jornalísticas venham a descambar para a propaganda política, passando nitidamente a favorecer uma das partes na disputa eleitoral. Hipótese a ser avaliada em cada caso concreto. 10. Medida cautelar concedida para suspender a eficácia do inciso II e da parte final do inciso III, ambos do art. 45 da Lei 9.504/1997, bem como, por arrastamento, dos §§4º e 5º do mesmo artigo.[11]

Portanto, deve haver o necessário equilíbrio entre as restrições às comunicações nas eleições que visam equilibrar as eleições mais justas e a liberdade de expressão, princípio com salvaguarda constitucional e fundamental para o saudável debate de ideias no pleito eleitoral.

11.3 Abuso de poder político

O conceito de política, entendida como forma de atividade humana, está estreitamente ligado ao conceito de poder. O conceito de poder foi definido tradicionalmente como "consistente dos meios para se obter alguma vantagem"[12] ou, de modo análogo, como o filósofo britânico Bertrand Russell[13] define, um "conjunto dos meios que permitem alcançar os efeitos desejados". Sendo um desses meios o domínio sobre os outros homens, o poder é definido muitas vezes como uma relação entre dois sujeitos, na qual um impõe ao outro a própria vontade, determinando seu malgrado comportamento.

Para Norberto Bobbio,[14] o poder político pertence à categoria do poder de um homem sobre outro homem (não do poder do homem sobre a natureza). Há várias formas de poder do homem sobre o homem e o poder político é apenas uma delas; entre outras, existiam o poder paterno e o poder despótico.

---

[11] Ação Direta de Inconstitucionalidade nº 4.451. Rel. Min. Ayres Britto. *DJE*, 24 ago. 2012.

[12] HOBBES, Thomas. *O leviatã*. São Paulo: Nova Cultura. 1991 cap.10.

[13] RUSSEL, B. O poder: uma nova análise social. Rio de Janeiro: Zahar Editores, 1979.

[14] BOBBIO, Noberto. *Teoria geral da política*: a filosofia política e as lições dos clássicos. Rio de Janeiro: Campus, 2000. p. 161.

Existem algumas características atribuídas ao poder político, o que o diferencia de qualquer outra forma de poder, uma consequência direta da monopolização da força no âmbito de determinado território em relação a determinado grupo social. Como bem esclarece Norberto Bobbio:

1 - Exclusividade: tendência que os detentores do poder político manifestam de não permitir, no seu âmbito de domínio, a formação de grupos armados independentes, e desbaratar aqueles que forem se formando

2 - Universalidade: capacidade que têm os detentores do poder político, de tomar decisões legítimas e efetivamente operantes para toda a comunidade com relação à distribuição e destinação dos recursos (não apenas econômicos).

3 - Inclusividade: possibilidade de intervir imperativamente em cada possível esfera de atividade dos membros do grupo, encaminhando-os para um fim desejado ou distraindo os de um fim não-desejado através do instrumento da ordem jurídica.[15]

O uso de poder político corresponde à atividade lícita exercida pela Administração, havendo a caracterização de abuso "quando a autoridade, embora competente para praticar o ato, ultrapassa os limites de suas atribuições ou se desvia das finalidades administrativas", conforme aduz Hely Lopes Meirelles.[16]

Verifica-se, portanto, a caracterização de abuso em dois momentos, quando o agente público age arbitrariamente além de sua competência legal, saindo das margens estabelecidas em lei, e ao fugir dos parâmetros do objetivo originalmente delineados pela lei. Em ambas as situações há ofensa ao princípio da legalidade estrita.

Sobre o abuso de poder político, a Corte Superior Eleitoral entende:

o abuso do poder político caracteriza-se quando determinado agente público, valendo-se de sua condição funcional e em manifesto desvio de finalidade, compromete a igualdade da disputa eleitoral e a legitimidade do pleito em benefício de sua candidatura ou de terceiros.[17]

---

[15] BOBBIO, Noberto. *Teoria geral da política*: a filosofia política e as lições dos clássicos. Rio de Janeiro: Campus, 2000. p. 166.

[16] MEIRELLES, Hely Lopes. *Curso de direito administrativo*. 15. ed. São Paulo: Malheiros, 1996. p. 123.

[17] Tribunal Superior Eleitoral. Recurso Especial Eleitoral nº 31.931. Rel. Min. João Otávio de Noronha. Rel. designada Min. Luciana Christina Guimarães Lóssio. *DJE*, 31 mar. 2016.

Especificamente, o abuso de poder político ocorre quando a autoridade, valendo-se de sua posição para influenciar o pleito eleitoral de forma ilícita, objetiva beneficiar a própria candidatura, de terceiros, de partido ou de coligação, destoando da igualdade da disputa eleitoral e da legitimidade do pleito.

11.4 Abuso de poder político por autoridade

Tradicionalmente, o conceito de autoridade encontra amparo no art. 5º da Lei nº 4.898/1965[18] para a caracterização de abuso de poder político, delimitando-se aos agentes públicos que se utilizam do múnus público com desvio de finalidade em prol de determinado objetivo eleitoral. Assim, restariam excluídos do referido enquadramento todos aqueles que não exercem alguma posição na Administração Pública, mas são vistos como líderes perante suas comunidades.

Todavia, o direito é dinâmico e, especialmente o direito eleitoral, tem de se confrontar com novas situações que exigem uma resposta do Judiciário que muitas vezes não está expressa de forma clara na lei. Nessa enseada, a comunidade jurídica discute atualmente a extensão do termo "autoridade" a outras figuras que não só aquelas em posição de comando na Administração Pública direta e indireta.

Dessa forma, imperativo analisar a jurisprudência que vem sendo construída sobre a questão, pelo Tribunal Superior Eleitoral, devido ao extenso rol de figuras da sociedade que podem ser encaixadas na relação de autoridade não integrante da Administração Pública.

Veja-se o Recurso Especial Eleitoral nº 28.784, de relatoria do Ministro Henrique Neves:

> Eleições 2012. Caracterização. Abuso Do Poder Político. Cacique. Líder. Índios. Reserva Indígena. Servidor Público. Poder Estatal. Ausência. Recurso Especial. Pedido. Limite. Recurso Desprovido. 1. Para caracterização do abuso do poder político, é essencial demonstrar a participação, por ação ou omissão, de ocupante de cargo ou função na administração pública direta, indireta ou fundacional. 2. Voto-vista. Diferença parcial de fundamentos, no que tange à possibilidade de conceituação dos atos praticados por cacique indígena serem enquadrados como abuso de poder político. Respeito a multidiversidade cultural e possibilidade de verificação de excessos a cada caso. Inexistência de abuso no caso

---

[18] Lei nº 4.898/1965: "Art. 5º. Considera-se autoridade, para os efeitos desta lei, quem exerce cargo, emprego ou função pública, de natureza civil, ou militar, ainda que transitoriamente e sem remuneração".

concreto. Coincidência de conclusão, pelo desprovimento do recurso. 3. A análise do recurso especial é restrita aos limites dos fundamentos apresentados nas razões recursais e ao pedido formulado pelo recorrente. 4. Situação em que os atos e omissões praticados poderiam ser examinados sob a ótica da captação ilícita de sufrágio, afastada pela instância regional por falta de pedido inicial. Por não ter sido infirmado tal fundamento, fica inviabilizado o exame do tema pelo Tribunal Superior Eleitoral. 5. Verificados indícios da prática de crimes eleitorais, devem ser remetidas cópias ao Parquet para apuração e adoção das medidas cabíveis. Recurso Especial desprovido, com remessa de cópias ao Ministério Público Eleitoral.[19]

Discutia-se no supracitado processo a possibilidade de enquadrar o líder de uma comunidade indígena (cacique) como autoridade para fins de subsunção dos arts. 19 e 20 da Lei Complementar nº 64/90 (Lei das Inelegibilidades) que versam sobre abuso de poder político.

Analisando-se a ementa do acórdão, percebe-se que houve divergência dos fundamentos, sendo a divergência inaugurada por voto-vista do Ministro Luiz Fux, que discordou do relator justamente nesse ponto. O relator defendeu a visão tradicional e, portanto, pela não inclusão do cacique como autoridade apta a arcar com os ditames dos arts. 19 e 20 da Lei das Inelegibilidades.

Entretanto, o Ministro Luiz Fux asseverou que deve ser afastado o conceito estrito de autoridade visto que o cacique pode nele ser enquadrado devido às peculiaridades inerentes às funções de liderança desempenhadas por ele dentro de uma tribo indígena. Ademais, "a exclusão a priori do cacique do âmbito dos destinatários do ilícito eleitoral pode gerar um cenário generalizado de fraude à lei, mediante a proliferação de práticas abusivas".

Ainda, o TSE debruça-se sobre a questão da influência de autoridade religiosa nas eleições no Recurso Ordinário nº 265.308, impetrado por Ivo Cassol (RO). *In casu*, ele insurge-se contra pedido de cassação do seu mandato por ter participado de culto religioso durante a campanha de 2010 com a presença do líder de uma igreja para público de mais de 10 mil pessoas.

Em que pese a questão esteja sob pedido de vista do Ministro Gilmar Ferreira Mendes, o relator já proferiu voto no sentido de prover o recurso por considerar, abstratamente, lícita a pregação feita por líderes religiosos com reflexão sobre assuntos políticos, bem como é lícito aos candidatos aderir à defesa de causas religiosas.

---

[19] Recurso Especial Eleitoral nº 28.784. Rel. Min. Henrique Neves da Silva. *DJE*, 7 mar. 2016.

Todavia, ressaltou que a pregação não teve capacidade de influir no pleito em face da diferença expressiva de votos do primeiro para o segundo colocado e que, inclusive, poderia ter adotado outro posicionamento se houvesse capacidade de influir no pleito. Considerando-se que dois ministros já acompanharam o relator, é bastante provável que esse entendimento passe a vigorar na Corte Eleitoral.

11.5 A gravidade das circunstâncias no abuso de poder

O abuso de poder eleitoral não mais possui, para sua configuração, a exigência de a presença do pressuposto da potencialidade do fato alterar o resultado das eleições, sendo necessária tão somente a caracterização da gravidade das circunstâncias do ato tido como abusivo.

Essa inovação, de índole interpretativa, introduzida pela Lei Complementar nº 135, de 2010, que acrescentou o inc. XVI ao art. 22 da LC nº 64, de 1990, segundo o qual "para a configuração do ato abusivo, não será considerada a potencialidade de o fato alterar o resultado da eleição, mas apenas a gravidade das circunstâncias que o caracterizam".

A gravidade das circunstâncias do ato em si considerado, e não a sua probabilidade em influir no resultado da eleição, passa a ser o pressuposto para configurar o abuso de poder. A inovação legislativa possui o evidente sentido de afastar a exigência da potencialidade para influir no resultado das eleições como pressuposto da declaração de presença de ato abusivo.

A interpretação definirá o alcance e o significado do requisito "gravidade das circunstâncias", apto a caracterizar o abuso de poder eleitoral, retirando do termo as entranhas de seu adequado sentido. Tal expressão, que é um conceito aberto, bem se aproxima do princípio da proibição do excesso ou da proporcionalidade e razoabilidade, a governar a atuação do Poder Público, incluindo o Judiciário na sua tarefa de aplicar as leis. Torna-se obrigatório verificar a existência de adequação, necessidade e justa medida na incidência da pena de cassação de mandato.

Os meios e os fins são equiparados mediante um juízo de ponderação, com a finalidade de avaliar se o meio empregado é proporcional ou não em relação ao fim. Ou seja, refere-se à aferição das desvantagens dos meios com as vantagens do fim, a fim de evitar atos de ingerência desmedidos na esfera jurídica dos particulares.[20]

---

[20] CANOTILHO, José Joaquim Gomes. *Direito constitucional e teoria da Constituição*. 2. ed. Coimbra: Almedina, 1998. p. 280.

O ordenamento não admite seja configurado o abuso de poder por fato insignificante, sem relevo, desprovido de repercussão social. Gravidade advém do latim *gravis*, significando pesado ou importante. Circunstâncias são os elementos que acompanham o fato, suas particularidades, incluindo as causas. Diz respeito a como, onde, quando, motivo e qual intensidade da prática do ato. No direito penal, as circunstâncias podem constituir ou qualificar o crime, como também agravar a pena a ser aplicada. A reincidência e a prática do delito por uso do poder de autoridade são circunstâncias previstas no art. 61 do Código Penal brasileiro.

Tem a pena agravada, nos termos do art. 62 do referido Código, quem possui função de direção ou quem induz a prática criminosa ou coage para ela. Trata-se de normas do direito positivo que podem ser utilizadas como referência de interpretação por analogia, conhecida regra de integração da norma jurídica.

A democracia pressupõe a prevalência da vontade da maioria, com respeito aos direitos da minoria. A banalização das cassações de mandato, com a reiterada interferência do Judiciário no resultado das eleições, pode gerar uma espécie de autocracia, o governo dos escolhidos pelos juízes, e não pelo povo. O juízo de cassação de mandato por abuso de poder deve ser efetuado tão apenas quando existentes provas robustas de graves condutas atentatórias à normalidade e legitimidade do processo eleitoral e às regras eleitorais. Forçoso lembrar que o direito em Roma era denominado de jurisprudência, concebida como a ciência do justo ou direito do prudente.

A prudência deve presidir a decisão pela revisão judicial das eleições ou a manutenção do vaticínio popular. A análise de provas no caso concreto, pesando-as e não as contando, constitui trabalho de alto relevo. Sem dúvida, o pressuposto da gravidade das circunstâncias, que deve ser fundamentado de forma detida e específica, e não de modo genérico, amplia responsabilidade do julgador eleitoral.

A jurisprudência da justiça eleitoral fazia a exigência, para a configuração de abuso de poder apto a ensejar cassação de mandato, da presença do pressuposto da potencialidade lesiva, significando a probabilidade de os fatos abusivos interferirem na normalidade e legitimidade das eleições. Já não havia uma exigência de correspondência aritmética entre o ato abusivo e o resultado eleitoral, bastando um juízo de probabilidade. Assim, "o exame da potencialidade não se prende ao resultado das eleições. Importam os elementos que podem influir no transcurso normal e legítimo do processo eleitoral, sem necessária vinculação com a diferença de votos".[21]

No que se refere à prática de condutas vedadas aos agentes públicos, preceituadas no art. 73 da Lei das Eleições, Lei nº 9.504/97, a justiça eleitoral compreende que a sua existência "não implica, necessariamente, a cassação do registro ou diploma, devendo a pena ser proporcional à gravidade do ilícito",[22] devendo haver avaliação "das circunstâncias fáticas". No caso, o mandato não foi cassado mesmo em se demonstrando a utilização de servidor público na campanha eleitoral.

Em igual modo, no que atine à irregular arrecadação ou aplicação de recursos financeiros na campanha eleitoral, prevista no art. 30-A da Lei nº 9.504/97:

> é necessário prova da proporcionalidade do ilícito praticado pelo candidato em vez do dano em relação ao pleito eleitoral. Nestes termos, a sanção de negativa de outorga do diploma ou de sua cassação deve ser proporcional à gravidade da conduta e à lesão perpetrada ao bem jurídico protegido.[23]

No mesmo sentido, "para a incidência do art. 30-A da Lei nº 9.504/97, é necessária a aferição da relevância jurídica do ilícito, uma vez que a cassação do mandato ou do diploma deve ser proporcional à gravidade da conduta e à lesão ao bem jurídico protegido pela norma". Nesse caso, não foi procedido juízo de cassação de mandato pelo fato de o candidato ter realizado "gastos com combustíveis sem, no entanto, informar os valores relativos à utilização de veículos e sem emitir os recibos eleitorais relativos a tais doações estimáveis em dinheiro".

Para o precedente, "a referida irregularidade, a despeito de configurar vício insanável para fins da análise da prestação de contas, não consubstancia falha suficientemente grave para ensejar a cassação do diploma, considerado o valor total dos recursos gastos na campanha".[24]

Há um precedente do Tribunal Superior Eleitoral, o caso do Deputado Benício Tavares, que não enfrentou diretamente a matéria justamente porque, como o próprio Tribunal Regional Eleitoral do Distrito Federal ressalvou, as circunstâncias demonstravam tal situação que

---

[21] TSE. RCED nº 723/RS. Rel. Min. Marcelo Ribeiro. *DJE*, 18 set. 2009; e RO nº 1.537/MG. Rel. Min. Felix Fischer. *DJ*, 29 ago. 2008.

[22] TSE. AgR-AI nº 11.352/MA. Rel. Min. Marcelo Ribeiro. *DJE*, 2 dez. 2009. p. 45.

[23] TSE. RO nº 1.453/PA. Rel. Min. Felix Fischer. *DJE*, 5 abr. 2010.

[24] TSE. RO nº 444.344/DF. Rel. Min. Marcelo Ribeiro. *DJE*, 13 fev. 2012. p. 19

"mesmo impertinente a potencialidade, anote-se sua presença: um mil vigilantes da empresa, cada qual devendo apresentar dez 'apoiadores' da campanha política".

O abuso de poder poderá incidir, desvirtuando as definições por coligações e a escolha de candidatos através da convenção partidária. Para diminuir o poder das aristocracias partidárias, o ordenamento exige o respeito às normas legais e estatutárias, preservando-se os direitos dos componentes dos partidos.

A direção nacional apenas poderá editar normas, publicando-as em até 180 dias antes da eleição, no caso de omissão do estatuto. Existindo regulamento no estatuto, não poderá qualquer órgão de direção decidir de forma a contrariá-lo. Nem mesmo a convenção nacional pode, desse modo, opor-se ao estatuto do partido. O estatuto diz respeito à permanência estrutural do partido. A convenção é um momento circunstancial da vida partidária.

A convenção nacional poderá alterar o estatuto partidário, quando convocada para essa finalidade, mas não pode deliberar de forma a contrariá-lo.

11.6 O exercício da cidadania na contenção do abuso de poder

Voto cidadão pode ser concebido como a escolha do representante por opção consciente, calcada em critérios unicamente públicos, voltados aos interesses sociais. Assim, devem ser escolhidos os candidatos que melhor defendam as aspirações coletivas, possuidores de passado político favorável, com posições que se identifiquem com o pensamento dos eleitores, sem se descuidar do compromisso maior de defender a Constituição Federal, colaborando na implementação dos fundamentos e dos objetivos da República, como a dignidade da pessoa humana, os valores sociais do trabalho e da livre iniciativa, o desenvolvimento nacional, a redução das desigualdades sociais, a promoção do bem de todos e a construção de uma sociedade livre, justa e solidária.

Efetivamente, "o controle dos cidadãos sobre o Estado se efetua no momento do voto. Nessa hora a nação comparece às urnas, como detentora da soberania, para depositar a sua vontade (a vontade geral) nas mãos daqueles que serão eleitos seus mandatários", leciona Clémerson Clève.[25]

---

[25] CLÈVE, Clémerson Merlin. *Temas de direito constitucional e de teoria do direito*. São Paulo: Academica, 1993. p. 17.

A eleição livre, essencial para a prevalência do voto cidadão, somente será possível com o estudo, o disciplinamento e o combate incessante do abuso de poder no processo eleitoral, que é o tema fulcral do presente trabalho. O abuso de poder em campanhas eleitorais desvirtua o processo democrático, porque transforma em representantes do povo pessoas eleitas em função de corporações econômicas e da máquina administrativa, quase sempre sem fidelidade com os interesses da maioria da sociedade.

Ademais, o abuso de poder encarece as eleições, pois recursos adicionais devem ser despendidos com a captação ilícita de voto, na prática do "é dando que se recebe", na literal "compra" de lideranças políticas paroquiais, na distribuição de bens em troca de votos. Os gastos, assim, não se limitam à legítima propaganda eleitoral, sendo ampliados em muito pelas práticas abusivas. Tais gastos sequer são declarados em prestação de contas de candidatos, partidos e coligações, porque são indevidos.

Surge, por óbvio, uma relação viciada entre políticos e o poder econômico que os financia, inclusive sem declaração oficial. O poder econômico, após as eleições, cobra a sua conta, "reivindicando" dos eleitos, agora ocupantes da máquina administrativa, a devida compensação para o seu "investimento".

Essa conduta provoca a geração e a propagação da corrupção administrativa, com tratamento privilegiado e favorecido a determinados grupos, em negócios perniciosos aos interesses públicos.

O abuso de poder corrompe o processo democrático, por um lado, e impede, dificulta e desestimula a participação de numerosos sujeitos da vida política, por outro ângulo. Acaba por contribuir, desse modo, com o enfraquecimento do exercício da cidadania plena.

Já é sedimentada a expressão que o pior analfabeto é o político, consoante escrito de Charles Chaplin. Dele decorrem as injustiças, o menor abandonado, a fome, a miséria, o desemprego, os desvios de conduta na Administração Pública.

O voto consciente e politicamente responsável é sinal de educação política. Para possibilitá-lo, o nível de escolaridade da população deve aumentar, as condições mínimas de sobrevivência devem ser garantidas e a informação sobre a conduta dos homens públicos deve ser transparente e livre. Com tais pressupostos, certamente ampliar-se-á a liberdade do voto e a escolha consciente.

A participação cidadã no controle do Estado através do voto consciente é essencial para a legitimação do exercício do poder político.

Além do voto consciente e de sua não sujeição a práticas de abuso de poder, o cidadão também possui importante tarefa a cumprir na contenção de abuso de poder no processo eleitoral.

O cidadão possui legitimidade para apresentar ao juiz ou ao promotor eleitoral notícia de descumprimento das normas que regulamentam as eleições. Assim, poderá o cidadão manter a vigilância no que se refere a condutas abusivas, contribuindo na repressão dos abusos praticados e prevenção dos que possam vir a ser efetuados.

O cidadão poderá diretamente apresentar notícia de inelegibilidade contra candidato que não possuir condições suficientes para postular cargo eletivo. Em decorrência dessa representação cidadã, deverá o Judiciário eleitoral efetuar um procedimento específico para, assegurando o direito de defesa, averiguar a existência ou não da aludida inelegibilidade.

Em se tratando de inelegibilidade infraconstitucional – não prevista expressamente no texto da Carta Magna, portanto, regrada por lei complementar –, esta somente poderá ser declarada se houver a impugnação proposta por partidos, coligações, candidatos e Ministério Público. Sem essa impugnação, opera-se o fenômeno da preclusão.

A notícia do cidadão possui plena eficácia quando se tratar de inelegibilidade de natureza constitucional, como a relação de parentesco com chefes do Executivo, a idade mínima e a alfabetização. Do mesmo modo, neste caso, torna-se possível a declaração de ofício, sendo desnecessária a provocação.

Dispõe o §1º do art. 237 do Código Eleitoral que o eleitor é parte legítima para denunciar os culpados, promovendo-lhes a responsabilidade da interferência do poder econômico e do desvio ou abuso do poder de autoridade, em desfavor da liberdade do voto.

Como o juiz eleitoral possui o poder de polícia, podendo agir de ofício para coibir a prática de atividades ilícitas, a representação formulada pelo cidadão também possui o condão de suscitar a resposta judicial. Entretanto, tal prestação jurisdicional limita-se à determinação de supressão da atividade ilícita, não podendo ser impostas sanções. A punição, como a imposição de multa ou a cassação de registro por abuso de poder, somente será possível diante de reclamação, ação de investigação judicial eleitoral, recurso contra a expedição de diploma ou ação de impugnação de mandato eletivo, formalmente efetuada pelos legitimados partido, coligação, candidato ou Ministério Público.

A participação cidadã é o remédio eficiente para iniciar a cura no Brasil deste mal que prejudica o funcionamento da democracia, que é o abuso de poder.

CAPÍTULO 12

CONDUTAS VEDADAS AOS AGENTES PÚBLICOS

A Constituição Federal de 1988 dispõe que a soberania popular será exercida por meio do sufrágio universal e do voto direto, secreto e periódico, com peso igual a todos os eleitores. No fito de resguardar os princípios fundamentais da moralidade e legitimidade eleitorais "contra ou o abuso no exercício da função, cargo ou emprego na administração direta ou indireta", nos próprios termos do §9º do art. 14 da Carta, o ordenamento brasileiro estipula uma série de vedações de conduta a agentes públicos.

Por agentes públicos, deve ser considerada a definição trazida pelo §1º do art. 73 da Lei nº 9.504/97: "Reputa-se agente público quem exerce, ainda que transitoriamente ou sem remuneração, por eleição, nomeação, designação, contratação ou qualquer outra forma de investidura ou vínculo, mandato, cargo, emprego ou função nos órgãos ou entidades de administração pública direta, indireta ou fundacional".

Dois são os princípios que pautam a conduta de agentes públicos.[1] Primeiro, a liberdade do voto, com a igualdade de oportunidades entre os candidatos, sendo a interferência do Poder Público na formação da preferência do eleitor vedada. Além, a conduta dos agentes deve pautar-se pelo princípio da continuidade da Administração Pública, que encontra previsão indireta no art. 37, inc. VII, da Carta, que dispõe sobre greve no serviço público,[2] e previsão direta no art. 22 do Código

---

[1] COÊLHO, Marcus Vinicius Furtado. *Agentes públicos*. Teresina: Práxis, 2004. p. 17.

[2] "VII - o direito de greve será exercido nos termos e nos limites definidos em lei específica".

de Defesa do Consumidor[3] e art. 11 da Lei nº 7.783/89,[4] que dispõem sobre a continuidade da prestação de serviços considerados essenciais à coletividade.

A razão de ser da vedação de determinadas condutas a gestores públicos em campanhas eleitorais é impedir que o emprego da máquina pública possa, de algum modo, desequilibrar o pleito em prol dos detentores do poder público.[5] Enfrenta-se o abuso do poder político, caracterizado pela utilização do aparato administrativo para a captação do voto por meio da influência sobre a formação da vontade de eleitores. As regras eleitorais não pretendem impedir o funcionamento da Administração, uma vez que as necessidades dos cidadãos permanecem existindo, pelo que igualmente permanece a obrigação do Estado em satisfazê-las. Entretanto, como as campanhas eleitorais são extremamente custosas, podem os gestores sentirem-se tentados a utilizá-las em proveito próprio ou em proveito de seus aliados políticos.

Ao defender perante os cidadãos de Nova York a adoção da Constituição, que foi redigida pela Convenção Constitucional da Filadélfia de 1787 e posteriormente adotada pelos Estados Unidos da América em 1789, Alexander Hamilton proclamou que "se os homens fossem anjos, nenhum governo seria necessário. Acaso os anjos governassem os homens, não seria necessário qualquer controle externo ou interno ao governo".[6] Assim, embora os atos dos servidores públicos gozem de presunção de legitimidade e veracidade, fez-se por bem instituir mecanismos de controle – com especial atenção ao período eleitoral. Por tal motivo, a Lei nº 9.504 determina serem proibidas, no *caput* do seu art. 73, as "condutas tendentes a afetar a igualdade de oportunidades entre candidatos nos pleitos eleitorais".

No geral, trata-se de condutas que denotam a ingerência dos agentes sobre o regular funcionamento das atividades governamentais a fim de privilegiar os que já estão na direção dos poderes cujos cargos estão em disputa, com isso preservando seu poder e garantindo o

---

[3] "Art. 22. Os órgãos públicos, por si ou suas empresas, concessionárias, permissionárias ou sob qualquer outra forma de empreendimento, são obrigados a fornecer serviços adequados, eficientes, seguros e, quanto aos essenciais, contínuos".

[4] "Art. 11. Nos serviços ou atividades essenciais, os sindicatos, os empregadores e os trabalhadores ficam obrigados, de comum acordo, a garantir, durante a greve, a prestação dos serviços indispensáveis ao atendimento das necessidades inadiáveis da comunidade".

[5] VELLOSO, Carlos Mário da Silva; AGRA, Walber de Moura. *Elementos de direito eleitoral*. São Paulo: Saraiva, 2009. p. 206.

[6] HAMILTON, Alexander; MADISON, James; JAY, John. *The federalist papers*. Raleigh: Sweetwater Press, 2007. p. 498.

continuísmo nos casos de reeleições.[7] Trata-se de reflexo da formação político-cultural brasileira, que foi diretamente influenciada pelas feições da administração e da sociedade de Portugal, quando da colonização do Brasil. Da metrópole, a colônia herdou um patrimonialismo[8] que dificulta a diferenciação entre esfera pública e esfera privada na vida política até hoje. Ao disporem da *res publicae* como se fosse *res privada*, os agentes ocuparam-se de assegurar sua permanência à frente da gestão, empregando muitas vezes meios escusos para tanto. É contra tal tipo de ação que a legislação eleitoral se volta, por não ser republicano empregar recursos públicos para satisfazer pretensões individuais de poder.

Ainda, para a caracterização de conduta vedada, são necessárias tanto anuência do candidato quanto tipicidade estrita da conduta consoante jurisprudência do Tribunal Superior Eleitoral.[9]

Em verdade, é estreita a fronteira entre conduta pública autorizada e conduta pública vedada, pelo que se faz indispensável esclarecer quais as condutas vedadas e quais os períodos compreendidos nas vedações previstas pela legislação eleitoral.

12.1 As proibições incidentes a todo tempo

De acordo com os incs. I a IV do art. 73 da Lei das Eleições, os gestores públicos estão proibidos de tomar as seguintes medidas a qualquer tempo, esteja ou não em período de campanha eleitoral:

a) Ceder ou utilizar, em benefício do candidato, partido político ou coligação, bens móveis ou imóveis pertencentes à Administração direta ou indireta da União, dos estados,

---

[7] VELLOSO, Carlos Mário da Silva; AGRA, Walber de Moura. *Elementos de direito eleitoral.* São Paulo: Saraiva, 2009. p. 206.

[8] "No patrimonialismo, o governante trata toda a administração política como seu assunto pessoal, ao mesmo modo como explora a posse do poder como um predicado útil de sua propriedade privada" (BENDIX, Reinhard. *Max Weber*: um perfil intelectual. Brasília: UnB, 1986. p. 270).

[9] "1. No âmbito das chamadas condutas vedadas aos agentes públicos em campanhas, cuja disciplina encontra-se inserta na Lei nº 9.504/97, arts. 73 a 78, imperam os princípios da tipicidade e da estrita legalidade, devendo a conduta corresponder exatamente ao tipo previamente definido pela lei. Precedentes. 2. Não se verificando a existência de argumentos hábeis a ensejar a alteração da decisão agravada, fica ela mantida por seus próprios fundamentos. Incidência da Súmula 182 do STJ. 3. Agravo regimental desprovido" (Tribunal Superior Eleitoral. Agravo Regimental em Recurso Especial Eleitoral nº 62.630. Acórdão de 26.11.2015. Rel. Min. Maria Thereza Rocha de Assis Moura. *DJE*, t. 25, 4 fev. 2016. p. 129).

Distrito Federal, territórios e municípios, ressalvada a realização de convenção partidária. Inclusive, a vedação do inc. I aplica-se a aeronaves, que são item de grande serventia em campanhas eleitorais em estados de grande dimensão territorial, de acordo com a Corte Eleitoral.[10]

b) Utilizar materiais de serviços custeados pelo Governo ou Casa Legislativa, que excedam as prerrogativas consignadas nos regimentos e normas dos órgãos que integram.

c) Ceder servidor público ou empregado da Administração direta ou indireta federal, estadual ou municipal do Poder Executivo, ou utilizar-se dos seus serviços para comitês de campanha eleitoral de candidato, partido político ou coligação, durante o horário de expediente normal, salvo se o servidor ou empregado estiver licenciado (a norma não pode ser aplicada a servidores de outros poderes).[11]

d) Usar ou permitir o uso promocional em favor de candidato, partido político ou coligação, de distribuição gratuita de bens e serviços de natureza social custeados ou subvencionados pelo Poder Público.

Quanto ao inc. IV, ressalta-se o necessário caráter social do bem atrelado ao uso favorável a determinada candidatura para a configuração objetiva da conduta conforme já assentado pelo TSE.[12]

---

[10] "11. Quanto à utilização de aeronave do Estado em benefício dos recorrentes, o Regional concluiu que restou comprovada a prática da conduta vedada prevista no art. 73, I, da Lei nº 9.504/97, com gravidade suficiente para justificar a aplicação de multa e cassação dos diplomas. A inversão do julgado encontra óbice nas Súmulas 279/STF e 7/STJ. Recurso especial eleitoral desprovido" (Tribunal Superior Eleitoral. Recurso Especial Eleitoral nº 417. Acórdão de 3.11.2015. Rel. Min. Maria Thereza Rocha de Assis Moura. *DJE*, t. 230, 4 dez. 2015. p. 139-140).

[11] Agravo Regimental em Recurso Especial Eleitoral nº 137.472. Acórdão de 1º.3.2016. Rel. Min. Gilmar Ferreira Mendes. *DJE*, 18 abr. 2016.

[12] "[...] 5. A indevida utilização de poucas requisições para abastecimento de combustível que teriam sido destinadas aos carros de som utilizados em campanhas eleitorais não se enquadra na hipótese de conduta vedada prevista no art. 73, IV, da Lei nº 9.504/97, seja por não se tratar de bem ou serviço de caráter social, seja em razão de não ter sido identificado o uso promocional no momento da entrega ou do abastecimento. A jurisprudência do TSE é pacífica no sentido de que as hipóteses de condutas vedadas são de legalidade estrita. Precedentes. 6. Os fatos considerados pelo Tribunal Regional Eleitoral tanto quanto à demissão de 22 servidores após as eleições quanto em relação ao uso de duas requisições de combustível emitidas pela Administração Pública não são suficientes para que se afirme que houve a quebra da normalidade e da legitimidade das eleições com gravidade suficiente para ensejar a cassação dos diplomas dos candidatos eleitos. 7. Para que a prova testemunhal possa ser considerada robusta e apta para fundamentar decisão condenatória por infração ao art. 41-A da Lei nº 9.504/97, é necessário que ela seja corroborada por outros elementos de prova testemunhais ou documentais que afastem qualquer dúvida razoável

CAPÍTULO 12
CONDUTAS VEDADAS AOS AGENTES PÚBLICOS | 277

Não estão compreendidas por essas vedações a utilização, durante campanha eleitoral, de transporte oficial pelo presidente da República, assim como a utilização de residências oficiais pelos candidatos à reeleição de presidente e vice-presidente da República, de governador e vice-governador de estado e do Distrito Federal, de prefeito e de vice-prefeito de município. Contudo, condiciona-se o uso da residência para a realização de contatos, encontros e reuniões que não possuam contornos de ato público, ainda que pertinentes à campanha eleitoral. Uma segunda exceção está na permissão de utilização de prédio público para a realização de convenção eleitoral.

12.2 As proibições incidentes desde 180 dias antes das eleições até a posse

De acordo com o inc. V do art. 73 da Lei Geral das Eleições, é defeso ao agente público, no período que compreende os três meses antecedentes às eleições até a data de posse dos eleitos, nomear, contratar, admitir, demitir sem justa causa, suprimir ou readaptar vantagens ou de qualquer forma dificultar ou impedir exercício funcional e, ainda, *ex officio*, remover, transferir ou exonerar servidor público.

Por não ser a finalidade da regra paralisar o funcionamento do serviço público por ausência de pessoal, mas sim evitar sua utilização para fins eleitoreiros por meio da perseguição a servidores para forçá-los a votar nos candidatos da situação,[13] as nomeações, transferências, demissões ou supressões de vantagens levadas a cabo nesse período são consideradas nulas, a não ser que realizadas a pedido do servidor ao seu superior. Entende-se, nesse caso, não haver qualquer pressão do agente.

Exceções foram previstas pelo inc. V do art. 73 para que a Administração Pública não entre em colapso por falta de pessoal. Assim, ressalvaram-se:

---

sobre a caracterização do ilícito. Na hipótese de captação ilícita realizada por terceiro, é essencial a demonstração do vínculo do terceiro com o candidato e a anuência deste com a prática. Recursos especiais interpostos no REspe nº 530-67 providos em parte. Recursos especiais interpostos no REspe nº 531-52 providos. Ações cautelares julgadas procedentes" (Recurso Especial Eleitoral nº 53.067. Acórdão de 7.4.2016. Rel. Min. Henrique Neves da Silva. *DJE*, 2 maio 2016. p. 52-54).

[13] VELLOSO, Carlos Mário da Silva; AGRA, Walber de Moura. *Elementos de direito eleitoral*. São Paulo: Saraiva, 2009. p. 211.

a) nomear ou exonerar cargos em comissão e designar ou dispensar funções de confiança;
b) nomear para cargo do Poder Judiciário, do Ministério Público, de Tribunais ou Conselhos de Contas e de órgãos da Presidência;
c) nomear os aprovados em concursos públicos homologados até o início do prazo de três meses;
d) transferir e remover militares, policiais civis e agentes penitenciários.

Não incidindo exatamente a partir de 180 dias antes do pleito, mas da data de realização das convenções partidárias[14] até a posse dos eleitos, o comando previsto no inc. VIII do art. 73 da mesma lei veda os agentes públicos de realizarem, na circunscrição do pleito, revisão da remuneração dos servidores públicos que exceda a recomposição da perda do poder aquisitivo verificada no ano eleitoral. Embora não tenha logrado impedir que candidatos à reeleição majorem a remuneração até o mês de julho e até mesmo junho, o dispositivo conseguiu impedir a majoração abusiva da remuneração pelo candidato derrotado à reeleição, que por vezes utilizava-se desse artifício para prejudicar o início do mandato do candidato vencedor.[15]

12.3 As proibições incidentes apenas nos três meses antes das eleições

A partir de três meses antes das eleições até sua realização, está proibido ao agente público, pelas alíneas "a", "b", "c" do inc. VI do art. 73 da Lei nº 9.504/97, bem como por seu §3º, uma série de condutas capaz de influenciar os eleitores na formação da sua preferência eleitoral em virtude do uso propagandístico de prerrogativas da Administração Pública.

Primeiro, veda-se a transferência voluntária de recurso da União aos estados e dos estados aos municípios, sob pena de nulidade de pleno direito. De acordo com a Lei de Responsabilidade Fiscal, no art. 25, tal transferência consiste em entrega de recursos correntes e de capital a outro ente da Federação a título de cooperação, auxílio e

---

[14] De acordo com o art. 8º da Lei das Eleições, a convenção partidária deverá ser realizada entre os dias 12 e 30 de junho do ano de eleição.
[15] VELLOSO, Carlos Mário da Silva; AGRA, Walber de Moura. *Elementos de direito eleitoral*. São Paulo: Saraiva, 2009. p. 211.

assistência financeira que não decorra de mandamento constitucional, legal ou destinado ao Sistema Único de Saúde. Trata-se de uma norma de precaução voltada a "neutralizar o abuso político na utilização eleitoreira dos recursos públicos, mesmo que sejam necessários à comunidade".[16] Tais recursos poderiam muito bem ser utilizados para auxiliar os candidatos apoiados pela Presidência da República ou pelo Governo do Estado.

Entretanto, o dispositivo excepciona a realização de transferências voluntárias no caso de auxílio a situações de emergência e calamidade públicas e de conclusão de obra ou serviço em andamento – além de iniciada, deve contar com cronograma definido e empenho efetuado. Ademais, construção jurisprudencial também ressalva lei que determine repasses de forma exaustiva e prevendo fiscalização legislativa.[17]

A alínea "b" do inc. VI do art. 73 torna nula a autorização de publicidade institucional dos atos, programas, obras, serviços e campanhas de órgãos públicos e de entidades pertencentes à Administração indireta nas três esferas da federação. A vedação, entretanto, apenas diz respeito aos agentes públicos cujo cargo esteja em disputa, que poderiam muito bem dissimular propaganda eleitoral como propaganda institucional bancada por recursos públicos.

Poderá ser realizada publicidade institucional em situação de grave e urgente necessidade pública, desde que devidamente autorizada pela Justiça Eleitoral, como autorizado pelo Tribunal Superior Eleitoral quando da continuidade da campanha do Ministério da Saúde de combate à dengue durante as eleições de 2014.[18] Também é permitida a propaganda institucional de produtos e serviços oferecidos em regime de livre concorrência, "porque nesses casos as relações são

---

[16] RAMAYANA, Marcos. *Direito eleitoral*. 11. ed. Rio de Janeiro: Impetus, 2010. p. 502.

[17] "AGRAVO REGIMENTAL. RECURSO ORDINÁRIO. CONDUTA VEDADA. ART. 73, VI, A, DA LEI Nº 9.504/97. ABUSO DE PODER. NÃO CARACTERIZAÇÃO. 1. Não ficou caracterizada a conduta vedada descrita no art. 73, VI, a, da Lei nº 9.504/97, pois a transferência de recursos decorreu de lei estadual impositiva, que previu o montante que cada município deveria receber, o prazo para o repasse e a necessidade de fiscalização legislativa mensal, inclusive com eventual responsabilização em caso de descumprimento da norma. 2. À falta de provas robustas em sentido contrário, o estrito cumprimento da lei estadual que determinou, de forma exaustiva, o repasse de recursos a municípios não enseja o reconhecimento de abuso do poder político ou econômico, tendo em vista a inexistência de vínculo entre os fatos e o pleito. Agravo regimental ao qual se nega provimento" (Tribunal Superior Eleitoral. Agravo Regimental em Recurso Ordinário nº 154.648. Acórdão de 18.12.2015. Rel. Min. Henrique Neves da Silva. *DJE*, t. 45, 7 mar. 2016. p. 44-45).

[18] TSE. PET nº 81.248/DF. Rel. Min. José Antônio Dias Toffoli. *DJE*, 28 jul. 2015.

regidas por mandamentos mercadológicos".[19] Destaca-se a relevância das mencionadas exceções face a incidência plena da vedação consoante já consolidado pelo TSE.[20] Também restrita aos agentes públicos cujo cargo esteja sendo disputado nas eleições, o mandamento da alínea "c" veda pronunciamentos em cadeia de televisão e rádio fora do horário eleitoral gratuito, "salvo quando, a critério da Justiça Eleitoral, tratar-se de matéria urgente, relevante e característica das funções de governo".

Em seguida ao art. 73, o art. 75 da Lei das Eleições veda nos três meses anteriores às eleições a contratação de show artístico pago com recurso público em inauguração de obras públicas – o popular *showmício*. A sua realização também é vedada pelo art. 38, §7º, dessa mesma lei: "É proibida a realização de *showmício* e de evento assemelhado para promoção de candidatos, bem como a apresentação, remunerada ou não, de artistas com a finalidade de animar comício e reunião eleitoral". Além de perturbarem a paridade de chances entre os candidatos e desperdiçarem os fundos públicos, os *showmícios* contribuíam "para a alienação do debate político, em que as grandes aglomerações se formavam apenas em virtude das atrações contratadas e não para ouvir as propostas dos candidatos".[21]

Por último, é proibida pelo inc. VII do art. 73 a realização, no primeiro semestre do ano de eleição, de despesas com publicidade dos órgãos públicos federais, estaduais ou municipais, ou das respectivas entidades da Administração indireta, que excedam a média dos gastos no primeiro semestre dos três últimos anos que antecedem o pleito (redação dada pela Lei nº 13.165, de 2015). Mas, no período que vai de 15 de agosto até as eleições, é possível realizar publicidade oficial, desde que tenha caráter educativo, informativo e de orientação social, não podendo constar nomes, símbolos e imagens que denotem promoção pessoal de autoridades ou servidores públicos.

---

[19] VELLOSO, Carlos Mário da Silva; AGRA, Walber de Moura. *Elementos de direito eleitoral*. São Paulo: Saraiva, 2009. p. 215.

[20] "2. A permanência de publicidade institucional durante o período vedado é suficiente para que se aplique a multa prevista no art. 73, §4º, da Lei nº 9.504/97, sendo irrelevante que a peça publicitária tenha sido autorizada e afixada em momento anterior. Precedentes. 3. Nos termos da jurisprudência desta Corte Superior e do art. 73, VI, b, da Lei das Eleições, o caráter eleitoreiro da publicidade institucional é irrelevante para a incidência da vedação legal. Agravo regimental ao qual se nega provimento" (TSE. Agravo Regimental em Recurso Especial Eleitoral nº 366.226. Acórdão de 10.3.2016. Rel. Min. Henrique Neves da Silva. *DJE*, t. 63, 5 abr. 2016. p. 94-95).

[21] VELLOSO, Carlos Mário da Silva; AGRA, Walber de Moura. *Elementos de direito eleitoral*. São Paulo: Saraiva, 2009. p. 216.

12.4 As proibições que incidem a partir do início do ano eleitoral

Nos termos do §10 do art. 73 da Lei Geral das Eleições, resta proibida, a partir do dia 1º de janeiro do ano eleitoral, a distribuição gratuita de bens, valores ou benefícios por parte da Administração Pública, ressalvadas as situações de calamidade pública, estado de emergência ou programas sociais autorizados em lei e já em execução orçamentária no exercício anterior. Nesses casos, o Ministério Público pode acompanhar sua execução financeira e administrativa.

Ainda, em anos eleitorais, programas sociais não poderão ser implementados por entidade nominalmente vinculada a candidato ou por esse mantida.

CAPÍTULO 13

INSTRUMENTOS PROCESSUAIS ELEITORAIS

Processo é o meio pelo qual a Justiça presta a sua jurisdição. Para a contenção do abuso de poder se faz necessária a utilização dos instrumentos processuais adequados à aplicação das normas que buscam equilibrar as oportunidades e as condições de competição dos candidatos, partidos e coligação.

A utilização de um ou outro instrumento processual dependerá da fase do processo eleitoral e dos objetivos almejados, bem assim como da necessidade ou não de uma ampla instrução probatória. Todos constituem em ricos mecanismos para a prevalência da liberdade do voto e da normalidade das eleições.

13.1 Ações constitucionais na Justiça Eleitoral

São remédios constitucionais que possuem aplicação no processo eleitoral, respeitados os pressupostos fixados pela Carta Magna e a competência estatuída no Código Eleitoral.

Ao Tribunal Regional Eleitoral compete julgar, originariamente, os mandados de segurança e *habeas corpus*, em matéria eleitoral – é dizer referente ao exercício dos direitos e ao cumprimento dos deveres eleitorais – contra ato de autoridades que respondam perante os Tribunais de Justiça por crime de responsabilidade. A Lei Eleitoral remete a definição de competência à Constituição Estadual, na qual é prevista.

Compete ao Tribunal de Justiça processar e julgar originariamente os crimes de responsabilidade praticados por secretários de estado, juízes de direito, promotores de justiça, comandante geral da polícia militar, prefeito, vice-prefeito e vereadores, entre outros. Desse modo, mandado de segurança interposto contra tais autoridades devem ser dirigidos, inicialmente, para julgamento originário, ao Tribunal Regional Eleitoral. Nos demais casos, a competência remanesce ao juiz eleitoral.

13.1.1 Mandado de segurança

A ação de segurança pressupõe prova pré-constituída dos fatos alegados na inicial, sem a qual inexiste direito líquido e certo tendo em vista que são necessários elementos probatórios inequívocos que dispensem dilação. É necessário também a existência de ato abusivo ou ilegal praticado por autoridade, daí porque as pessoas jurídicas ou entidades privadas não podem ser impetradas.

Existia uma polêmica no que tange ao cabimento de mandado de segurança contra ato de dirigente partidário. Há quem entenda que a Constituição Federal, em sua amplitude na definição do cabimento de tal remédio heroico, também fez incluir tais dirigentes, por ocuparem posição delegada do Poder Público. Por outro lado, tal posição torna-se questionável diante do postulado constitucional definidor da autonomia dos partidos, tornando-os pessoas não delegadas do Estado. Todavia, a questão foi resolvida com a vigência da nova Lei do Mandado de Segurança, Lei nº 12.016, de 7.8.2009.

Deve ser verificado que o *mandamus* não pode ser manuseado como substituto da via recursal própria devido à sua natureza residual. Existindo recurso adequado este deve ser utilizado, afastando a aplicação daquele. Como em regra os recursos eleitorais não possuem efeito suspensivo, a ação mandamental poderá ser utilizada para emprestar tal efeito ao recurso interposto, desde que se demonstre o ajuizamento, a tempo e modo, da espécie recursal adequada.

Com o simples protocolar da peça recursal na instância inferior, antes mesmo do juízo de admissibilidade, instaura-se a competência da instância superior para atribuir efeito suspensivo ao recurso em questão.

O mandado de segurança em matéria eleitoral é cabível para questionar decisões administrativas, decisões judiciais irrecorríveis e decisões judiciais teratológicas, não sendo cabível contra ato passível de recurso ou correição.[1]

---

[1] TSE. RMS nº 529. Rel. José Augusto Delgado. *DJ*, 11 mar. 2008.

O mandado de segurança contra ato judicial somente é admitido em hipótese excepcional, em que esteja evidenciada a situação teratológica e possibilidade de dano irreparável ou de difícil reparação.[2] É importante ressaltar que não é cabível mandado de segurança na hipótese de ato administrativo ou decisão judicial que caiba recurso com efeito suspensivo[3] ou de decisão que tenha transitado em julgado. Caso o ato seja da Secretaria Nacional do partido, por se tratar de matéria no âmbito interno, também não é cabível a impetração do *mandamus*. Na esfera do direito eleitoral, as decisões interlocutórias não admitem recurso. Nesse sentido, o mandado de segurança pode ser uma ferramenta viável em caso de dano irreparável, porém nunca como mero instrumento processual recursal.

Podem figurar no polo ativo do *writ* eleitores, candidatos, partidos e coligações. A competência em se tratando de matéria administrativa é do próprio Tribunal, que prolatou o ato segundo a Lei Orgânica da Magistratura Nacional (Lei Complementar nº 35/79); em matéria eleitoral (CE, art. 22, I, "e"), é do Tribunal Superior Eleitoral quando a autoridade impetrada for o presidente da República, os ministros de estado ou o presidente de Tribunal Regional Eleitoral; (CE, art. 29, I, "e"), do Tribunal Regional Eleitoral quando o impetrado for autoridade que responda perante o Tribunal de Justiça por crime de responsabilidade, previsto na Constituição Estadual, quais sejam: secretário de estado, prefeito, juiz e promotor. Nesse sentido, ações impetradas contra membros do Tribunal Regional Eleitoral serão julgadas e processadas por eles. O mesmo se aplica ao juiz eleitoral, que será julgado pelo órgão ao qual está subordinado.

É importante ressaltar que a Lei nº 12.016/2009 dispõe que "os processos de mandado de segurança e os respectivos recursos terão prioridade sobre todos os atos judiciais, salvo *habeas corpus*". Nessa perspectiva, a Lei nº 13.165/2015, da minirreforma eleitoral, no art. 257, §3º, institui que "o tribunal dará preferência ao recurso sobre quaisquer outros processos, ressalvados os de *habeas corpus* e mandado de segurança".

---

[2] TSE. REspe nº 28.343. Rel. Carlos Eduardo Caputo Bastos. *DJ*, 25 fev. 2008. p. 6.
[3] Súmula nº 267 do Supremo Tribunal Federal: "Não cabe mandado de segurança contra decisão judicial passível de recurso".

13.1.2 Habeas corpus

O *habeas corpus* terá no direito eleitoral aplicação semelhante ao processo comum.

O *habeas corpus* pode ser aviado ainda quando exista recurso próprio. Decidiu a Quinta Turma do STJ, por unanimidade, nos autos do HC nº 5,484/PA:[4]

> não pode ser ignorada ordem de *habeas corpus* impetrada quando em jogo o direito constitucional de ir, vir e ficar, do cidadão, sob pretexto de que outra deveria ser a ação proposta ou, se interposta, ainda pendente de julgamento. *Habeas corpus*, substitutivo de recurso, conhecido e provido para determinar que o Tribunal Estadual conheça a ordem e se pronuncie sobre o mérito.

O *habeas corpus* pode ser utilizado para trancar processo criminal instaurado com base unicamente em prova ilícita – pois contamina as provas dela decorrentes, aplicando-se a doutrina norte-americana dos "frutos da árvore venenosa" –,[5] bem como quando se debruce sobre fatos que não possuem tipificação legal e ainda quando evidentes a ausência de materialidade e autoria, desde que verificável mediante superficial exame de provas, sendo desnecessário o aprofundamento em sua análise.[6]

Por idênticas razões, o inquérito policial também se constitui em constrangimento a ser sanado por *habeas corpus*, podendo ser trancada a investigação policial quando "manifesta a ausência de tipicidade da conduta do paciente",[7] como também nas hipóteses excepcionais de desvio de poder ou manifesta ilegalidade.

O art. 315 do Código de Processo Penal é enfático ao disciplinar que o decreto de prisão preventiva deverá ser sempre fundamentado. A fundamentação exigida é a demonstração de existência dos pressupostos para se determinar a drástica medida.

Tais pressupostos encontram-se no art. 312 do CPP. Em primeiro, prova de existência do crime e indício suficiente de autoria; em segundo, necessidade de garantia da ordem pública, conveniência de instrução criminal ou aplicação da lei penal.

---

[4] STJ, Quinta Turma – Unanimidade. HC nº 5.484/PA (97/0003707-0). *DJU*, 19 maio 1997.
[5] STF, Tribunal Pleno. HC nº 74.113/SP. *DJU*, 4 abr. 97.
[6] STJ, Sexta Turma. HC nº 98/0070705-0. *DJU*, 31 maio 93.
[7] STF, Segunda Turma. RHC nº 65.523/RJ. *DJU*, 20 nov. 87.

Tourinho Filho[8] disserta sobre o tema ensinando:

De nada valerá seu convencimento pessoal extra-autos. Baldaria a lei o Magistrado que dissesse: Decreto a prisão preventiva por conveniência da instrução criminal... Magnificamente diz o insigne Tornaghi: fórmulas como essa são a mais rematada expressão da prepotência, do arbítrio e da opressão. É preciso que dos autos ressuma prova pertinente a qualquer uma das circunstâncias referidas. E o Juiz, então, no despacho que decretar a medida extrema, fará alusão aos fatos apurados no processo que o levaram à imposição da providência cautelar.

A ordem pública somente é atingida em havendo comprovação da possibilidade de atos de vingança, cometimento de novos crimes sem a menor possibilidade de flagrante e reunião em quadrilha, na relação formulada por Tourinho Filho.

A instrução criminal somente é prejudicada se ficar comprovado que o réu encontra-se afugentando testemunhas, coagindo pessoas. Por fim, para se caracterizar ameaça à aplicação da lei penal, seria necessário que a pessoa não fosse radicada no distrito da suposta culpa ou que estivesse desfazendo-se de seus bens de raiz, nos dizeres de Tourinho Filho.

Em existindo coação ilegal decorrente da ausência de justa causa, deve ser concedida a ordem de *habeas corpus*, fazendo-se cessar imediatamente o constrangimento, para garantir a liberdade ou para livrar de procedimentos judiciais e policiais que venham a ameaçá-la em relação a pessoas que, injustamente, em vez de obterem proteção do Estado são por ele caçoadas de forma indevida.

O ordenamento jurídico não autoriza ao julgador, no início do processo criminal, antecipar-se ao processo e decidir pela inexistência de conduta delituosa, tarefa que somente poderá ser efetuada após a formalização do devido processo legal, com direito a ampla defesa, ao contraditório e à produção das provas que forem requeridas e que, a critério deste Juízo, forem necessárias para a elucidação do caso.

Não se pode indeferir a instauração de uma ação criminal efetuando-se o juízo de valor no sentido de que o inquérito policial apurou bem ou mal os fatos ou se o Ministério Público está ou não em condições de interpor a denúncia. Em suma, não pode o julgador antecipar o seu julgamento.

---

[8] TOURINHO FILHO, Fernando da Costa. *Processo penal*. 21 ed. São Paulo: Saraiva, 1999. p. 475. v. 3.

A denúncia deve conter todos os elementos do art. 41 do Código de Processo Penal, estando nela presentes a exposição do fato criminoso, a qualificação do acusado e a classificação do crime. Por outro lado, não deve ocorrer nenhum dos motivos que poderiam ensejar a rejeição da denúncia, consoante art. 42 do CPP; é dizer, o fato narrado, em tese, deve constituir crime, a punibilidade não pode estar extinta e o autor da ação há de ser parte legítima para apresentar denúncia. Estando nesses termos, o *habeas corpus* não poderá trancar a ação penal.

O ordenamento jurídico veda ao julgador que efetue, no despacho que recebe ou rejeita denúncia, o exame do mérito da causa, efetuando-se absolvição ou condenação sumárias.

O Tribunal Superior Eleitoral afirma em precedentes o cabimento do *habeas corpus* destinado ao trancamento de inquérito policial.[9] O inquérito injustificado constitui uma afronta ao princípio da dignidade da pessoa humana.

13.2 Ação de impugnação ao pedido de registro de candidaturas – AIRC

É o primeiro momento em que todos os candidatos estão pedindo o registro da candidatura e que poderá ser impugnado, conforme previsto no art. 3º da Lei Complementar nº 64/90, que vislumbra possível ajuizar ação de impugnação de registro de candidatura, por meio da qual o registro pode ser indeferido ante a inexistência de condições de elegibilidade ou a ocorrência de uma das causas de inelegibilidade, inclusive decorrente de condenação em processo que tenha apurado abuso de poder.

As arguições de inelegibilidade de candidato a Presidente da República e vice-presidente da República serão processadas e julgadas pelo Tribunal Superior Eleitoral, que possui competência originária; em relação aos candidatos a governador e vice, a senador e suplente, a deputado federal e deputado estadual, o Tribunal Regional Eleitoral conhece a matéria em primeira instância; no que se refere a candidatos a prefeito, seu vice, e vereador, o processo terá início perante o juiz eleitoral.

Com o protocolo da ação, é publicado edital para que os interessados fiquem cientes e, após cinco dias, abre-se o prazo para

---

[9]   Ac. nº 10, de 25.3.97; Ac. nº 404, de 1º.3.2001.

impugnação. O art. 39 da Resolução nº 23.455/2015, e o art. 3º, §1º, da Lei Complementar nº 64/1990 dispõem no sentido de que "a impugnação, por parte do candidato, partido político ou coligação, não impede a ação do Ministério Público". Seguindo essa lógica, no caso de duas ou mais ações tratando sobre a mesma questão, os processos serão reunidos por conexão.

A causa de pedir da ação de impugnação de registro de candidatura (AIRC) é o reconhecimento da inelegibilidade ou ausência de condição de elegibilidade, previstos na Constituição Federal, em seu art. 14, e na LC nº 64/90, e, consequentemente, o indeferimento do registro requerido.

A lei complementar tem competência para tratar da ação de impugnação ao registro de candidatura, vez que a Constituição Federal afirma que a própria lei complementar fará previsão de outros casos de inelegibilidade além da Constituição Federal, como aduz o art. 14, §9º da Constituição Federal:

> Lei complementar estabelecerá outros casos de inelegibilidade e os prazos de sua cessação, a fim de proteger a probidade administrativa, a moralidade para exercício de mandato considerada vida pregressa do candidato, e a normalidade e legitimidade das eleições contra a influência do poder econômico ou o abuso do exercício de função, cargo ou emprego na administração direta ou indireta.

É uma matéria de reserva constitucional e de reserva de lei complementar, e por esse motivo gera polêmicas entre os doutrinadores, por considerá-la inconstitucional, vez que somente a lei complementar poderia fazer cassação do registro/mandato e fazer previsão de inelegibilidade, no entanto, também existe uma lei ordinária, a Lei Geral das Eleições, que prevê a cassação de registro ou mandato, conforme seus arts. 41-A e 73.

Entretanto, o STF, confirmando o entendimento do Tribunal Superior Eleitoral, decidiu que a Lei nº 9.840/99, que acrescentou o art. 41-A e a possibilidade cassação do registro ao art. 73 da Lei nº 9504/97, não é inconstitucional, vez que a inelegibilidade e a cassação do mandato são duas situações distintas. A Lei nº 9.504 (Lei Geral das Eleições) não prevê a inelegibilidade, portanto, nenhuma das punições das reclamações por descumprimento dessa lei resulta em inelegibilidade, porque é lei ordinária, e a lei complementar só poderia fazer previsão de inelegibilidade.

O objeto da ação de impugnação de registro de candidatura é o indeferimento do pedido de registro. Portanto, após o registro, faz-se a impugnação para que o pedido não seja deferido, ou seja, para que o cidadão não possa se candidatar.

A ação de impugnação de registro de candidatura é uma ação de natureza administrativa, de cunho meramente declaratório, vez que apenas declara quem é elegível, não possuindo natureza condenatória nem constitutiva. Portanto, não é uma ação que vai impor a alguém a pena de inelegibilidade, apenas vai reconhecer uma inelegibilidade existente.

Quem aplica a pena de inelegibilidade são outras demandas, outros instrumentos eleitorais, uma vez que essa ação apenas reconhece que o cidadão é inelegível, não podendo ser candidato.

As causas de inelegibilidade devem ser verificadas no momento do requerimento do registro, independentemente de fatos supervenientes, conforme tem assentado a jurisprudência do Tribunal Superior Eleitoral, nos termos dos seguintes precedentes: REspe nº 21.719/CE,[10] REspe nº 22.900/MA[11] e REspe nº 22.676/GO.[12]

No entanto, há exceções. Tratando-se de inelegibilidade prevista na Constituição Federal, é possível apreciá-la a qualquer tempo, desde que utilizado o instrumento processual cabível. Além disso, há também a inelegibilidade superveniente, ou seja, aquela que surge após o registro e que, portanto, não poderia ter sido alegada em momento anterior, mas que deve ocorrer até a eleição.[13]

A inelegibilidade não é um objeto da ação nem uma causa de pedir (antecede o julgamento da ação de impugnação de registro). O cidadão é inelegível (registro indeferido) ou elegível (registro deferido).

Assim, efetuado o pedido de registro, poderá o juiz eleitoral, caso entenda necessário ou verifique qualquer omissão sanável, abrir prazo de setenta e duas horas para diligências.

Também de ofício deve o juiz indeferir o pedido de registro de candidato inelegível ou que não tenha atendido à diligência determinada, independentemente de impugnação. Nesse sentido são as resoluções

---

[10] REspe nº 21.719/CE. Rel. Min. Francisco Peçanha Martins. Sessão de 19.8.2004.
[11] REspe nº 22.900/MA. Rel. Min. Luiz Carlos Madeira. Sessão de 20.9.2004.
[12] REspe nº 22.676/GO. Rel. Min. Caputo Bastos. Sessão de 22.9.2004.
[13] Nesse sentido: TSE. RCED nº 646. *DJ*, 25 jun. 2004. p. 173; TSE. RCED nº 647. *DJ*, 25 jun. 2004. p. 173.

do Tribunal Superior Eleitoral editadas a cada ano eleitoral, bem como sua jurisprudência.[14]

Efetuada a publicação do edital com o pedido de registro, através do *Diário da Justiça* na capital e mediante afixação nos cartórios das zonas eleitorais situados nos demais municípios, caberá a qualquer candidato, partido político, coligação ou Ministério Público propor a ação de impugnação do pedido de registro no prazo de cinco dias.

O prazo para a propositura da lide – cinco dias – começa a contar da publicação do pedido de registro do candidato, em publicação oficial, nos locais em que houver, ou no cartório, nas demais zonas eleitorais. Não proposta a impugnação, opera-se a preclusão das inelegibilidades infraconstitucionais, que não poderão ser declaradas *ex officio* nem por arguição feita por pessoa distinta dos legitimados universais.

A impugnação deve preencher todos os pressupostos processuais e condições da ação, bem como vir indicando, desde a inicial, os meios de prova com que pretende demonstrar o alegado, inclusive sendo esse o momento próprio, também para juntada da documentação que possuir ou requerer a requisição de documentos em poder de terceiros, de repartições públicas ou em procedimentos judiciais ou administrativos. As testemunhas devem ser indicadas desde logo, em número máximo de seis. Desse modo, opera-se a preclusão consumativa, com o ajuizamento da demanda, sendo não admissível posterior petição requerendo a produção de provas.

Segundo a Lei Complementar nº 64/1990, em seu art. 3º, possuem legitimidade universal, para impugnar qualquer espécie de inelegibilidade, o partido político, a coligação, o candidato e o Ministério Público. A legitimidade ativa dos eleitores é inexistente, todavia é permitido que seja apresentada, por cidadãos na plenitude de seus direitos políticos, uma petição, devidamente fundamentada, no sentido de informar inelegibilidade ao juiz eleitoral, segundo o art. 43 da Resolução nº 23.455/2015.

O Ministério Público poderá ingressar com a demanda mesmo quando algum dos outros legitimados houver ajuizado ação. Entretanto, não possui legitimidade para ajuizar a ação o membro do *parquet* que tenha disputado cargo eletivo, integrado diretório de partido ou exercido atividade político-partidária nos últimos quatro anos.

O prazo para contestação será de sete dias, contados da notificação do impugnado, através de telegrama a ser enviado ao endereço

---

[14] TSE. REspe AgRg nº 31.838/SP.

indicado pelo candidato no preenchimento do formulário ou à sede de partido ou coligação, sendo estes os impugnados.

Havendo controvérsias na matéria fática e sendo relevantes as provas requeridas, estas serão produzidas em audiência de instrução. Nela serão ouvidas as testemunhas que comparecerem espontaneamente ou por iniciativa das próprias partes. Não há, desse modo, a intimação das testemunhas para comparecer, donde conclui-se pela não obrigatoriedade de seu comparecimento.

Após realizada a audiência, o juiz determinará que sejam efetuadas as diligências que entender necessárias, inclusive ordenando a terceiro que traga a juízo documento necessário à formação da prova. A recusa injustificada do cumprimento dessa ordem implica crime de desobediência, autorizando a lei que seja expedido mandado de prisão (art. 5º, §5º da LC nº 64/90).

Também poderá o juiz, por seu convencimento, determinar a intimação de terceiros para serem ouvidos em juízo, desde que eles tenham sido referidos pelas partes ou testemunhas, como conhecedores dos fatos e circunstâncias que possam influenciar no julgamento do feito.

Efetuada a instrução probatória, serão as partes e o Ministério Público intimados para, no prazo comum de cinco dias, apresentar alegações finais. Findo esse prazo, os autos devem ir conclusos para ao juiz para que seja proferida sentença.

A instrução probatória somente se realiza se a matéria não for apenas de direito e a prova requerida pelas partes for relevante. Efetuada a dilação probatória, ocorrerá a fase de apresentação de alegações finais, no prazo de cinco dias, inclusive para o Ministério Público. Encerrado esse prazo, o juiz deve proferir sentença no prazo de três dias após a conclusão dos autos.

O processo de impugnação de registro, em se tratando de eleições estaduais, federais e presidenciais, tramitará no Tribunal Regional ou Tribunal Superior, funcionando o juiz relator ou o ministro relator como presidente do processo, adotando as medidas necessárias para garantir a tramitação procedimental, realizando os atos de instrução e levando o processo em banca para julgamento, quando apresenta relatório e, após defesa oral proferida pelos advogados das partes, exara o voto.

Em importante inovação, que constitui em princípio para todo o processo eleitoral, o parágrafo único do art. 7º da LC nº 64/90 assevera que a formação da convicção do julgador eleitoral há de ter como fundamento a sua livre apreciação das provas, podendo levar em consideração fatos e circunstâncias não alegados pelas partes, desde que constantes dos autos. Tão somente obriga o legislador que a motivação seja apresentada, reiterando o preceito constitucional da obrigatoriedade da fundamentação, sob pena de nulidade.

Os prazos são peremptórios e contínuos e correm em cartório ou secretaria. Após o prazo para pedido de registro de candidato, tais prazos correm aos sábados, domingos e feriados, não havendo suspensão. Por tal motivo, a escrivania eleitoral não pode fechar durante esse período, consoante disciplina o art. 16 da LC nº 64/90.

No caso de a sentença ser entregue em cartório dentro do prazo de três dias, contados da conclusão, o prazo para recurso (três dias) correrá independentemente de intimação. Tal prazo será iniciado a partir do terceiro dia, mesmo quando a sentença seja apresentada antes. Entretanto, na hipótese de a sentença ser entregue para além do prazo de três dias, o prazo recursal será contado a partir da data de publicação da sentença em cartório, por edital.

O prazo para apresentar contrarrazões (três dias) começa a correr a partir da entrega da petição do recurso em cartório, independentemente de intimação.

O recurso deverá ser encaminhado ao tribunal *ad quem* de forma imediata, inclusive por portador, autorizando a lei que possa a própria parte recorrente fazer face às despesas de deslocamento.

No Tribunal Regional Eleitoral e no Tribunal Superior Eleitoral a tramitação do recurso, no que tange ao seu processamento e julgamento, é idêntica. Distribuídos para um relator, os autos serão remetidos diretamente à Procuradoria Eleitoral. Ultrapassados dois dias, que é o prazo para manifestação ministerial, os autos deverão ser enviados ao relator.

Independentemente de publicação de pauta, o relator possui três dias para apresentar o processo para julgamento. De acordo com a lei, apresentado em banca, o processo deve ser julgado em no máximo duas sessões seguintes.

Efetuado o julgamento, será o acórdão publicado na própria sessão, sendo este ato a intimação das partes, quando passará a correr o prazo de três dias para interposição de recurso cabível.

Dispositivo que se aplica não apenas a este tipo de ação, como também à ação de recurso contra a expedição de diploma e à ação de investigação judicial eleitoral, o art. 15 da LC nº 64/90 prevê hipótese de automático efeito suspensivo ao recurso, contrariando a regra geral dos recursos eleitorais, que não possuem efeito suspensivo. Preceitua esse dispositivo que os efeitos da decisão que nega, cancela ou declara nulo registro ou diploma somente serão observados com o trânsito em julgado da decisão. Para o Tribunal Superior Eleitoral, com a decisão da Corte Superior opera-se a plena eficácia da decisão judicial, devendo ser cumprida.

Sendo vários os candidatos e não atingindo a todos a impugnação, esta será autuada em separado, prosseguindo-se no processamento do registro dos candidatos não impugnados. A declaração de inelegibilidade do candidato a prefeito não atingirá o candidato a vice-prefeito, assim como a deste não atingirá aquele.

Nos termos do art. 25 da Lei Complementar nº 64/90, constitui crime eleitoral a arguição de inelegibilidade ou a impugnação de registro de candidato feita por interferência do poder econômico, desvio ou abuso de poder de autoridade, deduzida de forma temerária ou de manifesta má-fé.

É importante ressaltar que a impugnação de registro de candidatura também pode ser feita através de outros meios, como uma ação própria, recurso contra expedição de diploma, ação de investigação judicial eleitoral ou ação de impugnação de mandato eletivo.

13.3 Ação de investigação judicial eleitoral – AIJE

Após o pedido de registro e até a diplomação dos eleitos, é possível o ajuizamento da ação de investigação judicial eleitoral (AIJE), prevista nos arts. 22 e seguintes da Lei Complementar nº 64/90 (Lei de Inelegibilidade), com rito sumaríssimo, podendo resultar na aplicação das sanções de cassação do registro e em inelegibilidade por três anos a partir da eleição, em se provando o abuso de poder. Ressalte-se que este tipo de ação não pode ser proposto após a diplomação, sob pena de extinção do processo sem julgamento de mérito.[15]

Possuem legitimidade para propor a ação de investigação judicial eleitoral o partido, candidato ou coligação e o Ministério Público, que deve relatar fatos e indicar provas, indícios e circunstâncias de uso indevido, desvio ou abuso do poder econômico ou do poder de autoridade, ou utilização indevida de veículos ou meios de comunicação social, em benefício de candidato ou de partido político.

Pessoa jurídica não pode figurar no polo passivo de investigação judicial, na medida em que não poderá ela sofrer as sanções previstas

---

[15] Precedente: TSE. REsp nº 628. Rel. Min. Sálvio de Figueiredo Teixeira. *DJ*, 21 mar. 2003. p. 144.

na Lei Complementar nº 64/90, conforme Acórdão nº 717, de relatoria do Ministro Peçanha Martins.

Na ação de investigação eleitoral, tanto o objeto quanto a causa de pedir podem ser ordinários (quando expresso em lei) ou extravagantes (quando admitidos pela jurisprudência, mesmo não havendo previsão legal).

Dispõe a LC nº 64/90 que essa ação de investigação jurisdicional possui como objeto ordinário as transgressões pertinentes à origem de valores pecuniários, abuso do poder econômico e político, em detrimento da liberdade do voto ou ainda o uso indevido dos meios de comunicação. Visa-se proteger a normalidade e legitimidade das eleições contra a influência do poder econômico ou do abuso do exercício de função, cargo ou emprego na administração.

A AIJE também é competente para investigar e processar o descumprimento das regras de arrecadação e gastos de excessos na campanha, conforme art. 30-A, acrescido pela minirreforma de 2006 da Lei nº 9.504/97.

Como causa de pedir extravagante em sede de ação de investigação, a jurisprudência admite a cassação do mandato quando versar sobre captação ilícita ou conduta vedada, mesmo quando a decisão haja sido proferida após as eleições. Desse modo:

> na representação que adota o rito do art. 22 da LC nº 64/90, para apurar irregularidade prevista no art. 41-A da Lei nº 9.504/97, é possível a cassação do registro ou do diploma, sem que isto implique converter-se a Investigação Judicial Eleitoral em Ação de Impugnação de Mandato Eletivo.[16]

O Tribunal Superior Eleitoral decidiu que em uma ação de investigação judicial eleitoral pode apurar captação ilícita de sufrágio e, recentemente, fraude, conforme o entendimento firmado no julgamento do Recurso Especial Eleitoral nº 63.184/SC, da relatoria do Ministro Luiz Fux, em vez de propor autonomamente uma ação de captação ilícita de sufrágio e condutas vedadas aos agentes públicos. Tal construção foi efetuada para garantir eficácia à prestação jurisdicional eleitoral. Entretanto, mencionada decisão não é certa, uma vez que se tem um remédio específico, hoje a jurisprudência admite que outra ação possa vir a vincular essas matérias.

---

[16] TSE. REspe nº 25.859 *DJ*, 28 abr. 2006. p. 141.

O objeto ordinário da ação de investigação judicial eleitoral é a cassação do registro de candidatura e a inelegibilidade ou a cassação do mandato. Antes, se a AIJE fosse julgada depois das eleições, havia necessidade de propor outra demanda para cassar o mandato, mas com a nova redação do art. 30-A da Lei nº 9.504, modificou-se esse entendimento e qualquer partido político ou coligação poderá representar à Justiça Eleitoral, no prazo de 15 (quinze) dias da diplomação, relatando fatos e indicando provas, e pedir a abertura de investigação judicial para apurar condutas em desacordo com as normas da Lei nº 9.504, relativas à arrecadação e gastos de recursos.

Além disso, o art. 16, §1º da Lei Geral das Eleições obriga que todos os pedidos de registro de candidatos, inclusive os impugnados, estejam julgados, em todas as instâncias, em até 45 dias antes das eleições. Por isso a AIJE, em sendo julgada ou impetrada após as eleições, desempenha a cassação de mandato.

A exigência de cumprimento do prazo estabelecido significa que a Justiça Eleitoral, em suas três instâncias, deve fazer tramitar um processo em cerca de quarenta dias, o que é inexequível, até pelo cumprimento do procedimento previsto em lei.

O objeto extravagante dessa ação, nos casos de captação ilícita de sufrágio e condutas vedadas aos agentes públicos, mesmo após as eleições, é pedir multa e cassação do registro, diploma ou mandato.

Observa-se que na própria AIJE, conforme o art. 30-A, §2º, mesmo quando a ação for julgada depois das eleições, não precisará de uma ação adicional para que casse o mandato dos eleitos, a própria AIJE será suficiente para a cassação e para confirmar a inelegibilidade.

A AIJE também é prevista pela Lei Complementar nº 64/90. Embora possua o nome de investigação, em realidade não se trata de inquérito, mas de autêntico processo judicial. O juiz presidirá o processo de sua competência. Os processos que tramitam nos Tribunais possuirão um relator privativo, qual seja, o corregedor regional eleitoral ou corregedor geral eleitoral, conforme seja a ação de competência originária do TRE ou do TSE.

Como dito anteriormente, o rito da mencionada lei complementar é sumaríssimo e semelhante ao procedimento para a ação de impugnação de pedido de registro de candidatura – havendo distinções apenas de prazos, sendo que em ambos estes são bastante exíguos. Na inicial e na contestação as partes são obrigadas a apresentar as provas que pretendem produzir, inclusive nomeando as testemunhas. Estas comparecerão em audiência independentemente da intimação judicial, sendo responsabilidade das partes apresentá-las.

Os prazos são curtos e peremptórios. Durante o período eleitoral, as intimações são feitas em cartório, mediante a publicação da sentença no próprio fórum.

Somente durante o período eleitoral que a contagem de prazo recursal inicia independentemente de intimação pessoal, sendo a decisão afixada no cartório para efeito de intimação. O período eleitoral normalmente termina no final do novembro do ano da eleição. Tal período exato é definido com o calendário eleitoral, publicado por resolução do próprio Tribunal Superior Eleitoral, que o edita para cada eleição. Fora do período eleitoral, apenas as decisões que tratam das prestações de contas de campanha dependem da publicação em cartório ou em sessão. Decidiu o Tribunal Superior Eleitoral que "tratando-se de AIJE, com sentença proferida após o encerramento do período eleitoral, a fluência do prazo recursal dá-se a partir da publicação da decisão no Diário Oficial ou da intimação pessoal".[17]

Também o art. 23 da LC nº 64/90 explicita a livre convicção do magistrado, que poderá julgar levando em consideração fatos públicos e notórios, indícios, presunções e prova produzida, inclusive para circunstâncias ou fatos constantes dos autos, ainda quando não alegados pelas partes. Tal é possível diante do interesse público de preservação da lisura no processo eleitoral. A condenação não poderá, entretanto, basear-se apenas em presunções e indícios, sob pena de ferir o princípio da presunção da inocência.

Julgado procedente antes das eleições, será cassado o registro do candidato beneficiário do abuso de poder, existindo contra ele a declaração de inelegibilidade por três anos a contar das eleições quando os fatos ocorreram. Além disso, os autos deverão ser remetidos ao Ministério Público para, dentro de sua convicção, poder ajuizar denúncia, pedindo a instauração de ação penal pública ou processo disciplinar. Neste último caso, o mais apropriado será a remessa para a autoridade competente para instaurar o processo disciplinar.

Vale ressaltar que existe formação de litisconsórcio passivo necessário entre o titular e o vice, logo a citação do vice é essencial em processo de investigação judicial eleitoral para que não ocorra anulação do processo e para resguardar a eficácia da decisão.

---

[17] TSE. REsp nº 5.689. *DJ*, 12 ago. 2005. p. 159.

A jurisprudência da Corte é no sentido de que, mesmo após a diplomação do candidato eleito, subsiste a possibilidade de aplicação da sanção de inelegibilidade de que trata o art. 22, XV, da LC nº 64/90.

13.4 Representação

Em regra, no caso de descumprimento da Lei Geral das Eleições – Lei nº 9.504/97, o instrumento processual cabível é a representação, também conhecida como reclamação, com o rito sumário e específico previsto na própria Lei nº 9.504/95, por seu art. 96, bem como nas instruções normativas vigentes a cada eleição.

Por este instrumento processual podem ser ajuizadas demandas para discutir a formação de coligações, a escolha de candidatos em convenções, a arrecadação e a aplicação de recursos nas campanhas eleitorais, as pesquisas eleitorais, as condutas vedadas de rádio, televisão e internet, a propaganda eleitoral e as condutas vedadas aos agentes públicos, pois se trata de matérias disciplinadas pela mencionada lei.

A competência para processar e julgar a ação depende do nível federativo da eleição. Desse modo, o juiz eleitoral será o competente quando se tratar de eleições municipais. Existindo mais de uma zona eleitoral no município, será competente o juiz especialmente designado pelo Tribunal Regional.

O Tribunal Regional Eleitoral processa e julga originariamente as reclamações formuladas em relação às eleições federais, estaduais e distritais; e o Tribunal Superior Eleitoral, em sendo o caso de eleição presidencial. Tais Tribunais deverão constituir uma comissão especial, formada por três juízes auxiliares, destinada a apreciar as reclamações que lhes forem dirigidas.

O objeto dessa ação é a proibição ou suspensão do ato ilegal e aplicação de multa aos responsáveis, enquanto que a causa de pedir é a infração a Lei Geral das Eleições (LC nº 9.504/97).

São legitimados a propor as reclamações o candidato, o partido político, a coligação e o Ministério Público.

Para as reclamações, a legislação prevê prazos curtos e procedimento célere, sem precedente no direito processual. Deve ser proposta a reclamação no prazo máximo de cinco dias, a partir do conhecimento do fato, prazo este estipulado pela jurisprudência do Tribunal Superior Eleitoral sem qualquer base legal. No entanto, não havendo como provar ou presumir o conhecimento do ato irregular, afasta-se a aplicação do prazo de cinco dias para sua propositura.

Por construção jurisprudencial polêmica, porque definida sem a edição de lei, o Tribunal Superior Eleitoral, exercendo sua função precípua de intérprete e aplicador da legislação eleitoral, estabeleceu o prazo de 5 (cinco) dias, a contar do conhecimento provado ou presumido do fato ilícito, para a propositura de ações que versem sobre descumprimento do art. 73 da Lei nº 9.504/97.[18] Tal entendimento também já foi estendido às ações por descumprimento do art. 41-A da mencionada lei.

Pretende a Corte Eleitoral evitar que os atores do processo político aguardem, de forma oportunista, pelo ajuizamento da ação apenas quando lhe for de conveniência eleitoral, após as eleições e já definido o quadro de votação e apuração. Com a fixação de prazo, os partidos e candidatos são incentivados a propor, desde logo, que conheceu os fatos o necessário ajuizamento da reclamação, sob pena de perecer o direito de ação pelo prazo estabelecido pelo intérprete e aplicador da norma eleitoral.

Em qualquer hipótese, igualmente, "é inadmissível dar à representação, por prática de conduta vedada, efeito substitutivo do recurso contra expedição de diploma ou da ação de impugnação de mandato eletivo. Esgotados os prazos destes, incabível aquela para os mesmos efeitos".[19]

A parte reclamada terá prazo de 48 (quarenta e oito) horas para apresentar defesa, contadas a partir da notificação, exceto quando se tratar de pedido de resposta, cujo prazo será de 24 (vinte e quatro) horas. Após, será intimado o Ministério Público a apresentar parecer em 24 (vinte e quatro) horas. Ultrapassados tais prazos, com ou sem defesa e parecer, será proferida e publicada a decisão no prazo de 24 (vinte e quatro) horas, exceto quando se tratar de pedido de resposta, cuja decisão deverá ser proferida no prazo máximo de 72 (setenta e duas) horas da data em que for protocolado o pedido.

A intimação para os termos da sentença, com consequência de início do prazo recursal, ocorre com a publicação da decisão em cartório ou em sessão. A partir de tal publicação, corre o prazo de 24 (vinte e quatro) horas para oferecimento de recurso. O recorrido será notificado a apresentar contrarrazões, também no prazo de 24 (vinte e quatro) horas.

Fora do período eleitoral, as intimações de decisões devem ser feitas pessoalmente ou por intermédio de publicação oficial.

---

[18] Nesse sentido: TSE. RO nº 748/PA. Rel. Min. Gerardo Grossi; TSE. MC º 1.663/RJ. Rel. Min. Cezar Peluso; TSE. REspe nº 25.614/SP.

[19] TSE. REspe nº 21.508. Rel. Min. Madeira. *DJ*, 4 nov. 2005.

O prazo começa a contar da efetiva intimação da parte, ou seja, com o recebimento da intimação. Como se trata de prazos em horas, não há a contagem excluindo o dia do início ou do final. Não se excluem horas. Recebida a intimação às 10 horas, o prazo recursal se expirará às 10 horas do dia seguinte.

As sanções estão previstas na Lei das Eleições e são específicas para cada bem eleitoral protegido. Assim, o descumprimento das regras inerentes à divulgação e prévio registro das pesquisas eleitorais implica multa de dez mil a vinte mil UFIR. A divulgação de pesquisa sem o prévio registro e a divulgação de pesquisa fraudulenta provocará a aplicação de multa no valor de cinquenta mil a cem mil UFIR. A comprovação de irregularidades acarretará, além da sanção de natureza pecuniária e responsabilidade penal, também a obrigatoriedade de o responsável publicar no mesmo veículo os dados corretos ou, conforme o caso, a informação de que a pesquisa não foi realizada.

A representação contra a programação normal das emissoras – art. 56, Lei nº 9.504/97 –, alegando o descumprimento da Lei das Eleições, poderá resultar na suspensão da programação normal das emissoras por período de 24 (vinte e quatro) horas, sendo duplicado a cada reiteração de conduta. Durante a suspensão será transmitida pela emissora, a cada quinze minutos, a informação de que ela se encontra fora do ar por ter desobedecido à Lei Eleitoral.

Contra irregularidades no horário eleitoral, também cabe representação. A ordem a ser obtida na reclamação será vedar a veiculação de propaganda que possa degradar ou ridicularizar candidatos, sujeitando-se partido ou coligação infratores à perda do direito de veiculação de propaganda eleitoral gratuita do dia seguinte.

No horário eleitoral gratuito, não pode haver censura prévia, nem cortes instantâneos. Entretanto, a Justiça Eleitoral, desde que provocada por partido político, coligação ou candidato, impedirá a reapresentação de propaganda ofensiva à honra de candidato, à moral e aos bons costumes. Não se trata de censura prévia, mas de impedimento de reapresentação de propaganda que, por se constituir crime ou ilícito, não pode ser tolerada pelo direito.

Decidiu, a propósito, o Tribunal Superior Eleitoral que "injuriosos os quadros apresentados, impõe-se suprimi-los e conceder ao ofendido novo direito de resposta, pelo tempo de um minuto, no programa dos representados, sob pena de sanção mais drástica".[20]

---

[20] Rep. nº 428, de 17.9.2002. Rel. Min. Francisco Peçanha Martins.

Também deve ser impedida a reapresentação de mensagem vedada, mesmo com a utilização de recursos para tratar do mesmo tema já versado e proibido. Pensa o Tribunal Superior Eleitoral que deve ser considerada "fórmula ardilosa de descumprimento de decisão liminar reprodução – com o uso de outros recursos – de propaganda de tema suspenso".[21]

A representação por propaganda irregular deve ser instruída com a prova de autoria ou do prévio conhecimento do beneficiário. Por outro aspecto, aduz-se que a responsabilidade estará demonstrada quando o candidato, devidamente intimado, não providenciar a retirada da propaganda irregular. O texto legal parece levar a interpretação da necessidade de uma ação cautelar preparatória de intimação judicial para retirada de propaganda sob pena de presunção de prévio conhecimento (art. 40-B da Lei nº 9.504/97).

Os pedidos de respostas devem ser dirigidos ao juiz auxiliar encarregado da propaganda eleitoral, e devem observar o disposto no art. 58 da Lei Geral das Eleições, podendo ser impetrados pelo ofendido, seu representante legal ou por terceiro, sempre respeitando a contagem do prazo a ser iniciada a partir da veiculação da ofensa: de 24 (vinte e quatro) horas, quando se tratar do horário eleitoral gratuito; de 48 (quarenta e oito) horas, quando se tratar da programação normal das emissoras de rádio e televisão; e de 72 (setenta e duas) horas, quando se tratar de órgão da imprensa escrita.

Recebido o pedido, a Justiça Eleitoral notificará imediatamente o ofensor para que se defenda em vinte e quatro horas, devendo a decisão ser prolatada no prazo máximo de 72 (setenta e duas) horas da data da formulação do pedido.

Tendo sido a ofensa veiculada em órgão da imprensa escrita, o pedido deverá ser instruído com um exemplar da publicação e o texto para resposta. Sendo deferido o pedido, a divulgação da resposta dar-se-á no mesmo veículo, espaço, local, página, tamanho, caracteres e outros elementos de realce usados na ofensa, em até quarenta e oito horas após a decisão ou, tratando-se de veículo com periodicidade de circulação maior que quarenta e oito horas, na primeira vez em que circular. Por solicitação do ofendido, a divulgação da resposta será feita no mesmo dia da semana em que a ofensa foi divulgada, ainda que fora do prazo de quarenta e oito horas, mas se a ofensa for produzida em dia

---

[21] Rep. nº 528, de 1º.10.2002. Rel. Min. José Paulo Sepúlveda Pertence.

e hora que inviabilizem sua reparação dentro dos prazos estabelecidos, a Justiça Eleitoral determinará a sua imediata divulgação. O ofensor deverá comprovar nos autos o cumprimento da decisão, mediante dados sobre a regular distribuição dos exemplares, a quantidade impressa e o raio de abrangência na distribuição (art. 58, §3º, I, da Lei nº 9.504).

Se a ofensa ocorreu durante a programação normal das emissoras de rádio e de televisão, a Justiça Eleitoral, à vista do pedido, deverá notificar imediatamente o responsável pela emissora que realizou o programa para que entregue em 24 (vinte e quatro) horas, sob as penas do art. 347 do Código Eleitoral, cópia da fita da transmissão, que será devolvida após a decisão, devendo ainda preservar a gravação até a decisão final do processo. Deferido o pedido, a resposta será dada em até 48 (quarenta e oito) horas após a decisão, em tempo igual ao da ofensa, porém nunca inferior a um minuto (art. 58, §3º, II, da Lei nº 9.504).

A ofensa veiculada no horário eleitoral gratuito enseja ao ofendido direito a usar tempo igual ao da ofensa para a resposta, nunca sendo inferior a um minuto. A resposta será veiculada no horário destinado ao partido ou coligação responsável pela ofensa, devendo necessariamente dirigir-se aos fatos nela veiculados. Se o tempo reservado ao partido ou coligação responsável pela ofensa for inferior a um minuto, a resposta será levada ao ar tantas vezes quantas forem necessárias para a sua complementação. Deferido o pedido para resposta, a emissora geradora e o partido ou coligação atingidos deverão ser notificados da decisão imediatamente, na qual deverá estar indicado qual período, diurno ou noturno, para a veiculação da resposta, que deverá ter lugar no início do programa do partido ou coligação. O meio magnético com a resposta deverá ser entregue à emissora geradora, até trinta e seis horas após a ciência da decisão, para veiculação no programa subsequente do partido ou coligação em cujo horário se praticou a ofensa. Caso o ofendido seja candidato, partido ou coligação que tenha usado o tempo concedido sem responder aos fatos veiculados na ofensa, terá subtraído tempo idêntico do respectivo programa eleitoral, tratando-se de terceiros, ficarão sujeitos à suspensão de igual tempo em eventuais novos pedidos de resposta e à multa no valor de dois mil a cinco mil UFIRs (art. 58, §3º, III, da Lei nº 9.504).

Em propaganda eleitoral na internet, deferido o pedido, a divulgação da resposta dar-se-á no mesmo veículo, espaço, local, horário, página eletrônica, tamanho, caracteres e outros elementos de realce usados na ofensa, em até 48 (quarenta e oito) horas após a entrega da mídia física com a resposta do ofendido. A resposta ficará disponível para acesso pelos usuários do serviço de internet por tempo não inferior ao dobro em que esteve disponível a mensagem considerada ofensiva. Os custos de veiculação da resposta correrão por conta do responsável pela propaganda original.[22]

Se a ofensa ocorrer em dia e hora que inviabilizem sua reparação dentro dos prazos estabelecidos em lei, a resposta será divulgada nos horários que a Justiça Eleitoral determinar. Da decisão sobre o exercício do direito de resposta, cabe recurso às instâncias superiores, em 24 (vinte e quatro) horas da data de sua publicação em cartório ou sessão, assegurado ao recorrido oferecer contrarrazões em igual prazo, a contar da sua notificação. Quando o provimento do recurso cassar o direito de resposta já exercido, os tribunais eleitorais deverão tomar as devidas providências para a restituição do tempo.

O não cumprimento integral ou em parte da decisão que conceder a resposta sujeitará o infrator ao pagamento de multa no valor de cinco a quinze mil UFIRs, que será duplicada em caso de reiteração de conduta, sem prejuízo do disposto no art. 347 do Código Eleitoral.

Os pedidos de direito de resposta e as representações por propaganda eleitoral irregular em rádio, televisão e internet tramitarão preferencialmente em relação aos demais processos em curso na Justiça Eleitoral.

13.5 Representação por captação ilícita de sufrágio

A representação por captação ilícita de sufrágio é uma reclamação específica, que está prevista no art. 41-A da Lei nº 9.504. Essa ação difere da reclamação genérica prevista na lei, por possuir diferente procedimento e por provocar a punição de cassação de registro ou diploma.

O descumprimento desse artigo que tem procedimento específico possui uma consequência distinta da representação geral.

A captação ilícita de sufrágio surgiu na primeira lei de iniciativa popular que temos no Brasil, a chamada Lei da OAB e da Conferência Nacional dos Bispos do Brasil, que surgiu quando o Conselho Federal da Ordem, juntamente com a CNBB, fez uma ampla campanha de colheita de assinaturas, e a partir daí surgiu um projeto de lei popular que criou o art. 41-A, porque a jurisprudência eleitoral exige que só pode ser cassado o candidato cuja política ilícita ou corrupção eleitoral teve a

---

[22] Lei nº 9.504/1997, art. 58, §3º, IV.

potencialidade de influenciar o resultado das eleições. A jurisprudência, assim, não cassa mandato por abuso de poder, o que não está presente no requisito da potencialidade.

No caso do próprio candidato que comprou voto, teve ciência, autorizou ou determinou a compra, não será preciso o cálculo da potencialidade, o raciocínio da potencialidade, basta que um voto tenha sido comprado pelo próprio candidato, que ele será cassado.

Entretanto, apesar de a existência de um sistema eleitoral isento de problemas esteja longe de ser uma realidade, com o advento da Lei nº 9.504/97, que regula as eleições em geral, em especial o art. 41-A, que foi acrescentado pela Lei de Iniciativa Popular,[23] o processo eleitoral, ao menos teoricamente, passou a dispor de mais rigor e celeridade na punição dos políticos corruptos.

Na atualidade, o aliciamento de eleitores continua a existir, e a inventividade dos candidatos está cada vez maior. Durante o período eleitoral, verifica-se a busca acirrada dos candidatos a cargos eletivos para angariar votos, e, em virtude disso, muitas vezes os candidatos cometem abusos de forma a ferir jurídica e moralmente o processo das eleições.

Uma das formas mais antigas e conhecidas de concretização desses abusos eleitorais é a chamada captação de sufrágio, que é a popular compra de votos. Assim, pode-se definir a captação de sufrágio como o ato do candidato que promete ou entrega ao eleitor algum bem ou vantagem, em troca de seu voto, pouco importando se o bem ou vantagem é efetivamente entregue ou não para a concretização do ilícito eleitoral.

Dessa forma, com o objetivo de obter uma punição mais eficaz para a moralização do processo eleitoral e a contenção da captação de sufrágio, surgiu o art. 41-A da Lei nº 9.504/97, trazendo a cassação do registro de candidatura ou do diploma do candidato, quase que de maneira imediata.

Pelo art. 41-A da Lei nº 9.504/97, configura-se captação ilícita de sufrágio o candidato doar, oferecer, prometer, ou entregar ao eleitor, no intuito de conquistar-lhe o voto, bem ou vantagem pessoal de qualquer natureza, desde o registro de candidatura até a data da diplomação, sendo de 3 (três) dias o prazo para recurso, a contar da data da publicação do julgamento no *Diário Oficial*.[24]

---

[23] Lei nº 9.408/1999.
[24] Lei nº 9.504/1997, art. 41-A, §4º.

A conquista do voto por meio ilícito, corrompendo a vontade eleitoral, é crime próprio do candidato. A pessoa que pratica o ato ilícito, em nome do candidato, com a finalidade de conseguir o voto do eleitor, comete abuso de poder econômico ou corrupção, nunca captação de sufrágio, uma vez que o texto legal é claro ao mencionar expressamente apenas o candidato a cargo eletivo.

A captação de sufrágio pode ser evidenciada pelo abuso de poder econômico ou político, tratando-se de corrupção eleitoral *latu sensu*, em que se vise colher votos através de ofertas ou promessas de recompensa, não sendo necessário que o eleitor consiga receber a vantagem ou o bem ofertado pelo candidato, basta a promessa para que o crime esteja configurado.

O marco inicial em que a captação ilícita de sufrágio pode ocorrer é o momento do pedido de registro de candidatura. Não do registro efetivamente deferido, que seria consectário de um procedimento com prazos determinados pela legislação, mas apenas do pedido de registro, quando todos os pré-candidatos escolhidos em convenção partidária já manifestaram, perante a Justiça Eleitoral, o seu pleito de se lançarem candidatos a um mandato eletivo: o termo inicial para a incidência do ilícito contido no art. 41-A da Lei nº 9.504/97 é a data da formalização do registro da candidatura.[25] A sanção prevista pelo art. 41-A, visando fustigar os que cometerem a captação ilícita de sufrágio, é desdobrada em uma multa pecuniária e na poda do registro de candidatura ou do

---

[25] "ELEIÇÕES 2014. RECURSO ORDINÁRIO. GOVERNADOR. AIJE. ABUSO DE PODER. CAPTAÇÃO ILÍCITA DE SUFRÁGIO. RADIALISTA. SORTEIO E DISTRIBUIÇÃO DE BRINDES. PROGRAMA DE RÁDIO VEICULADO ANTES DAS CONVENÇÕES PARTI-DÁRIAS E CUJO MODELO JÁ ERA ADOTADO HÁ MUITOS ANOS. EMISSORA AM. REDUZIDA PENETRAÇÃO NO ELEITORADO. TECNOLOGIA DE CURTO ALCANCE. CANDIDATO SEQUER ELEITO. GRAVIDADE. AUSÊNCIA. ABUSO NÃO CONFIGURADO. CAPTAÇÃO ILÍCITA DE SUFRÁGIO. TERMO INICIAL PARA INCI-DÊNCIA DO PRECEPTIVO CONTIDO NO ART. 41-A DA LEI Nº 9.504/97. DATA DA FORMALIZAÇÃO DO REGISTRO. ILÍCITOS NÃO DEMONSTRADOS. DESPRO-VIMENTO. 1. Na espécie, o investigado, que exerce a profissão de radialista desde o ano de 1978, foi acusado por suposta captação ilícita de sufrágio e abuso de poder econômico, pois apresentava programa de rádio no qual eram sorteados brindes diversos aos ouvintes. 2. Contudo, a veiculação do programa se deu antes do período das convenções partidárias, em modelo que já era adotado há muitos anos pelo investigado, tendo sido transmitido por emissora AM, cuja abrangência territorial é mínima, sem maiores impactos no eleitorado, o que demonstra não haver gravidade apta à configuração do abuso de poder. 3. O termo inicial do período de incidência do preceptivo contido no art. 41-A da Lei nº 9.504/97 é a data da formalização do registro de candidatura, não se podendo falar em compra de votos antes disso, o que demonstra, in casu, a não ocorrência do ilícito. 4. Recurso ordinário desprovido" (Recurso Ordinário nº 796.337. Rel. Min. João Otávio de Noronha. Rel. designada Min. Luciana Christina Guimarães Lóssio. *DJE*, 30 jun. 2016)

diploma. Essa norma é direito material. A parte final do texto normativo, o qual estipula a norma que define o remédio processual próprio para a aplicação jurisdicional da sanção de cassação do registro à captação de sufrágio – "[...] sob pena de multa de mil a cinquenta mil UFIR, e cassação do registro ou do diploma, observado o procedimento previsto no art. 22 da Lei Complementar nº 64, de 18 de maio de 1990" –, é norma de direito processual. Embora postas no mesmo texto legal, a diferença de suas naturezas ressalta.

A aplicação de multa entre 1.000 (mil) e 50.000 (cinquenta mil) unidades fiscais de referência (UFIRs) é dosada de acordo com a prudente discrição judicial, em face da gravidade do caso concreto. Já a cassação do registro ou do diploma não está na zona de discricionariedade judicial: ocorrida e comprovada a captação ilícita de sufrágio, além da multa, deve o juiz eleitoral também cassar o registro de candidatura ou o diploma do apenado. As penas são cumulativas e devem, obrigatoriamente, ser aplicadas em conjunto.

Há quem diga que o art. 41-A teria criado uma representação, que seria processada pelo rito da ação de investigação judicial eleitoral (AIJE), mas que com ela não se confundiria, razão pela qual não seriam aplicáveis os incs. XIV e XV do art. 22 da LC nº 64/90. É evidente, sem embargo, o equívoco dessa construção teórica. Em verdade, a ação de direito material cabível contra a captação de sufrágio deve ser manejada através da ação processual própria, que é a ação de investigação judicial eleitoral. A ação processual é continente; a ação de direito material, conteúdo. A ação processual diz respeito à forma, ao rito; a ação de direito material, ao objeto litigioso, a *res in iudicium deducta*.

Pontes de Miranda[26] ensina:

> A ação exerce-se principalmente por meio de "ação" (remédio jurídico processual), isto é, exercendo-se a pretensão à tutela jurídica, que o Estado criou. A ação (no sentido de direito material) exerce-se, porém, de outros modos. Nem sempre é preciso ir-se contra o Estado para que ele, que prometeu a tutela jurídica, a preste; nem, portanto, estabelecer-se relação jurídica processual, na qual o juiz haja de entregar, afinal, a prestação jurisdicional. A ação [no sentido de direito material] nada tem com a pretensão à tutela jurídica.

O texto legal do inc. XIV do art. 22 da LC nº 64/90 talvez seja a causa da confusão. É que há uma mistura de normas de direito material

---

[26] MIRANDA, Pontes. *Tratado das ações*. São Paulo: Revista dos Tribunais, 1970. p. 110-11. t. I.

com normas processuais no seu corpo, que termina induzindo a erro.

Quando a norma prescreve que julgada procedente a representação, o Tribunal declarará a inelegibilidade do representado, está se referindo à AIJE proposta por abuso de poder econômico, abuso de poder político e uso indevido dos veículos ou meios de comunicação social, previstos no art. 1º, inc. I, alínea "d" e art. 22, *caput*, ambos da LC nº 64/90. Se a representação (designação dada à ação de direito processual) for proposta, no entanto, contra a captação ilícita de sufrágio, não incide o inc. XIV do art. 22 da LC nº 64/90, porque não está sendo manejada contra o abuso de poder econômico ou político. A sentença procedente, nessa última hipótese, aplica a sanção prevista no art. 41-A: a cassação de registro ou do diploma e a multa. E não se aplica a sanção de inelegibilidade cominada potenciada por quê? Porque ao fato jurídico ilícito de captação de sufrágio é irrogada, pela norma jurídica de direito material do art. 41-A, a cassação de registro de candidatura.

A captação de sufrágio gera o cancelamento do registro de candidatura, expurgando o candidato da eleição, através da ação de investigação judicial eleitoral. Mais do que isso: por não ser tratada como sanção de inelegibilidade – como seria próprio – a decisão que cancelar o registro de candidatura não sofre a incidência do art. 15 da LC nº 64/90, sendo logo executada. Mais ainda, à captação de sufrágio basta provar que houve a promessa de vantagem pessoal com a finalidade de obtenção do voto, sem necessidade de demonstrar a relação de causalidade entre o delito e o resultado das eleições. Assim, com todas essas facilidades, por que mais alguém iria manejar a AIJE visando obter a inelegibilidade de algum candidato? Seria pura perda de tempo, uma vez que no abuso de poder não basta a prova do ato abusivo, mas a demonstração da probabilidade de que este ato viciasse o resultado das eleições, tendo como resultado uma sentença que decretaria a inelegibilidade por três anos, mas não cassaria o mandato do candidato beneficiado (art. 22, inc. XIV da LC nº 64/90).

Ora, é evidente que é muito mais efetivo um processo que casse o registro do candidato para essa eleição em que se deu o ilícito, do que de outro que mantenha o registro de candidatura e apenas decrete a inelegibilidade por três anos, enquanto o candidato eleito exerce o mandato obtido ilicitamente.

Assim, enquanto perdurar esse entendimento do Tribunal Superior Eleitoral, acerca da imediata executividade da decisão que determina a cassação de registro em razão da captação ilícita de sufrágio, penso devam os candidatos, o Ministério Público e os partidos políticos ou as coligações ajuizar a AIJE contra a captação ilícita de sufrágio, nunca – muita atenção a esse ponto – pedindo a sanção de inelegibilidade, mas apenas o cancelamento do registro ou diploma. Com isso, afastar-se-á a incidência do art. 15 da LC nº 64/90, e a decisão será imediatamente executada.

De todo modo, mesmo que incida essa norma regulamentar, os fatos que se subsumem ao conceito de abuso de poder econômico ou político e também se ajustem às inteiras ao conceito de captação de sufrágio devem ser atacados por essa via mais efetiva, que vem a ser aquela sanção prevista no art. 41-A. De fato, a ação de investigação judicial eleitoral ganhará em força executiva, uma vez que não se aplicará, na hipótese de captação de sufrágio, o inc. XV da LC nº 64/90.

Com isso, não haverá dependência de manejo de outra ação para que a decisão venha a cassar o mandato obtido ilicitamente.

O objeto da ação de reclamação por captação ilícita de sufrágio é a suspensão ou proibição do ato ilícito, multa e cassação do registro ou mandato. É semelhante a reclamação geral que possui o mesmo objeto da ação. Assim, dependendo de quando ocorra o julgamento (se antes ou depois da diplomação, haverá a cassação do registro ou diploma).

A reclamação tramita pelo mesmo procedimento aplicado à investigação judicial eleitoral, previsto no art. 22 da Lei Complementar nº 64/90.

Na investigação, ante a inexistência de prazo recursal específico previsto na Lei Complementar nº 64/90, o prazo recursal é aplicado pela jurisprudência em 3 (três) dias, que é o genérico fixado pelo Código Eleitoral. Do mesmo modo, em se tratando de investigação judicial para apurar condutas em desacordo com as normas da Lei nº 9.504, relativas à arrecadação e gastos de recursos, reclamação por captação ilícita de sufrágio e prática de condutas vedadas aos agentes públicos em campanhas eleitorais, o prazo recursal deverá ser de 3 (três) dias, a contar da data da publicação do julgamento no *Diário Oficial*, consoante os arts. 30-A, §3º, 41-A, §4º e 73, §13º da Lei nº 9.504, incluídos pela Lei nº 12.034 de 2009.

Além da multa, o dispositivo legal que prevê a configuração da captação ilícita de sufrágio e o procedimento pelo qual deve tramitar a reclamação que sobre o tema versar prevê a cassação de registro ou diploma, conforme tenha havido julgamento antes ou depois da diplomação.

A execução da decisão é imediata, não possuindo o recurso automático efeito suspensivo. A suspensividade dependerá do convencimento da existência dos requisitos da ação cautelar que há de ser manejada, quais sejam, o risco de dano irreparável – sempre existente em se tratando de mandato e política – e a relevância do fundamento jurídico – forte probabilidade de provimento do recurso. Admitido o recurso, a cautelar terá que ser ajuizada diretamente ao tribunal *ad quem*. Antes de tal admissão, é competente para decidir a cautelar o presidente do Tribunal *a quo* ou o juiz eleitoral consoante o caso.

13.6 Representação por condutas vedadas aos agentes públicos

As condutas vedadas aos agentes públicos estão estabelecidas nos arts. 73 e ss. da Lei nº 9.504/97, entre as quais o uso político-eleitoral de bens e servidores públicos e de distribuição gratuita de bens e serviços de caráter social custeados ou subvencionados pelo Poder Público, bem assim, nos três meses que antecedem as eleições, a nomeação de servidores e a realização de transferência voluntária de recursos.

O prazo para a propositura da ação é até a data da diplomação e o prazo para seu recurso é de três dias a contar da data da publicação do julgamento no *Diário Oficial*, conforme o art. 73, §§12 e 13 da Lei nº 9.504/97.

O procedimento a ser utilizado nesse tipo de ação é, em regra, o previsto no art. 96 da Lei nº 9504/97. No entanto, o rito previsto pelo art. 22 da LC nº 64/90 poderá ser adotado, mas, nesse caso, isso deverá constar do despacho inicial. A possibilidade da utilização do rito do art. 22 da LC nº 64/90 decorre do fato de as condutas vedadas constituírem-se em espécie do gênero abuso de autoridade.

As condutas vedadas serão suspensas imediatamente e punidas com multa a ser fixada no patamar entre cinco mil a cem mil UFIRs, sendo o valor duplicado a cada reincidência. Nos casos dos incs. I, II, III, IV e VI do *caput* do art. 73, além da multa, o candidato poderá sofrer a sanção de cassação do registro ou, se o julgamento ocorrer após a diplomação, do diploma. Em havendo julgamento entre a eleição e a diplomação, a justiça poderá determinar seja sustada a diplomação do candidato condenado.

Por força expressa da norma, o candidato será punido mesmo que não tenha participado do ato, bastando que dele seja evidentemente beneficiado. Também não se exige seja o candidato agente público, diante da alternatividade constante do dispositivo.

Também sofrerão a sanção de multa, além do candidato beneficiado, os agentes públicos responsáveis pelas condutas vedadas e os partidos e coligações que delas se beneficiarem.

A cassação de registro e diploma do candidato beneficiado poderá ocorrer nas hipóteses de cessão ou uso de bens públicos em benefício de candidato, partido político ou coligação; uso que exceda as prerrogativas de material ou serviço custeado pelos Governos ou Casas Legislativas; cessão de servidor público para a campanha durante o horário de expediente; usar ou permitir que se use promocionalmente, em favor de candidato, partido político ou coligação, de distribuição gratuita de bens e serviços de caráter social custeados ou subvencionados pelo Poder Público; e, no trimestre anterior às eleições, realização de transferência voluntária da União aos estados e municípios e dos estados aos municípios sem obrigação formal preexistente para execução de obra ou serviço em andamento e, sem se tratar de grave urgência, autorização de publicidade institucional e realização de pronunciamento em cadeia de rádio e televisão.

Registre-se que o Tribunal Superior Eleitoral necessita definir, com clareza, os termos proporcionalidade e potencialidade, por vezes confundidos como um só conceito.

Em regra, não é exigida a demonstração de potencialidade lesiva de influência no resultado das eleições em relação às condutas vedadas. No entanto, como a jurisprudência do Tribunal Superior Eleitoral evoluiu para a aplicação do princípio da proporcionalidade na aplicação da sanção,[27] não bastando a simples comprovação da prática do ilícito para cassação do registro ou diploma. Por essa razão, ainda é possível que esse juízo de proporcionalidade se converta, equivocadamente, em alguns casos, na exigência da demonstração de potencialidade, como exemplo, no seguinte julgado:

> Abuso do poder político e de autoridade. Conduta vedada. Potencialidade para desequilibrar o resultado do pleito. Não comprovação. Agravo desprovido. É firme o entendimento jurisprudencial no sentido de que a existência de potencialidade para desequilibrar o resultado do pleito é requisito indispensável para o reconhecimento da prática de conduta vedada e de abuso de poder.[28]

Não resultará em cassação de mandato ou de candidatura as demais proibições constantes na lei à conduta dos agentes políticos, como as que versam sobre a vedação de contratação, transferência ou

---

[27] TSE. REspe nº 26.060. Rel. Min. Cezar Peluso. *DJ*, 12 fev. 2008. p. 9; TSE. REspe nº 25.994. Rel. Min. Gerardo Grossi. *DJ*, 14 set. 2007. p. 224.

[28] TSE. AG nº 6638. Rel. Min. Cezar Peluso. *DJ*, 23 abr. 2008. p. 8

demissão de servidor público, despesas excessivas com publicidade, revisão geral de remuneração de servidores. Esses casos, porém, poderão configurar abuso de poder, resultando em cassação de registro ou mandato, com o que a matéria seria tratada em outras espécies processuais, como ação de investigação judicial eleitoral e ação de impugnação de mandato eletivo e, mesmo, pela ação de recurso contra a expedição de diploma. Para constituir abuso, faz-se necessário demonstrar que o ato ilícito possuiu potencialidade para influir no resultado das eleições.

O art. 74 da Lei nº 9.504/97 apresenta dispositivo que considera abuso de autoridade a infringência à proibição constitucional de realizar atos de propaganda institucional com publicidade pessoal de autoridade ou servidores públicos, bem como que não possuam caráter educativo, informativo ou de orientação social. Nessa hipótese, por presunção legal, o abuso de poder estaria configurado pela prática do ato vedado pelo art. 37, §1º, da Constituição Federal.

Desse modo, é competente a Justiça Eleitoral, no período de campanha, para apreciar a conduta de promoção pessoal do governante em publicidade institucional da administração.[29]

Também por força da Lei Geral das Eleições, as condutas vedadas aos agentes públicos, além de configurarem ilícito eleitoral, também caracterizam atos de improbidade administrativa sujeitos ao processamento específico na justiça comum, com o intuito de aplicar a Lei nº 8.429/ 1992. Tal lei classifica os atos de improbidade em três tipos, quais sejam os atos de improbidade que desrespeitam os princípios da Administração Pública, os atos de improbidade que importam em prejuízo para a administração e os atos de improbidade que resultam em enriquecimento ilícito. Todos, entretanto, são punidos com as penas de suspensão dos direitos políticos, proibição de contratar com o Poder Público e ressarcimento ao erário. O tamanho da pena, entretanto, é fixado de acordo com a gravidade do ilícito administrativo.

A Lei nº 9.504/97, como se percebe, quis evitar o confinamento dos ilícitos apresentados ao campo eleitoral, tornando evidente que a existência de punições no âmbito eleitoral não afasta a aplicação de sanções no quadrante da improbidade administrativa. Do mesmo modo, não são excluídos outros processos para responsabilização no concernente às sanções de caráter constitucional, administrativo ou disciplinar, fixadas pelas demais leis vigentes no ordenamento jurídico pátrio.

---

[29] Lei nº 9.504/97, art. 74 e CF, art. 37, §1º.

A decisão em sede de reclamação há de ser cumprida imediatamente, não possuindo os recursos automático efeito suspensivo.

A suspensão somente poderá advir com a prolação de decisão cautelar pelo tribunal *ad quem*, considerados presentes os pressupostos da relevância do fundamento recursal e do risco de dano reparável, esse sempre existente em se tratando de mandato de duração certa.[30]

13.7 Direito de resposta

O instituto do direito de resposta é de extrema importância na seara eleitoral para a manutenção de eleições justas, em que o eleitor não seja ludibriado e tenha o voto influenciado por informações manifestamente inverídicas e falaciosas. O direito de resposta consiste na ferramenta jurídica por meio da qual os partidos políticos, candidatos e coligações podem reivindicar seu direito de defesa em face de informações enganosas, divulgadas de forma direta ou indireta. A maior parte da legislação acerca desse tema se encontra na Lei das Eleições, nº 9.504/1997, e na Resolução nº 23.462/2015 do Tribunal Superior Eleitoral.

Sua hipótese de cabimento é quando ocorre ainda que de forma indireta, por conceito, imagem ou afirmação caluniosos, difamatórios, injuriosos ou sabidamente inverídicos, difundidos por qualquer veículo de comunicação social, a partir da escolha de candidatos em convenção, assegurando o direito de resposta a candidato, partido ou coligação que se sintam atingidos.[31] Todavia, é um desafio delimitar o que poderia ser considerado como calunioso, difamatório ou sabidamente inverídico.

O Código Eleitoral traz algumas referências,[32] entretanto, é importante que ao se analisar os casos concretos seja levado em consideração o fato de que na vida política é necessária uma maior flexibilidade de tais definições, uma vez que figuras políticas estão muito mais sujeitas a provocações que a população em geral. Vale dizer, também, que é necessário um mínimo suporte probatório para a demonstração da inverdade apontada, uma vez que é inviável que o pedido de direito de

---

[30]   TSE. REspe nº 21.380. *DJ*, 6 ago. 2004. p. 164.

[31]   Art. 58 da Lei nº 9.504/1997.

[32]   Código Eleitoral, Lei nº 4.737/1965: "Art. 324. Caluniar alguém, na propaganda eleitoral, ou visando fins de propaganda, imputando-lhe falsamente fato definido como crime. Artigo 325. Difamar alguém, na propaganda eleitoral, ou visando a fins de propaganda, imputando-lhe fato ofensivo à sua reputação. [...] Art. 326. Injuriar alguém, na propaganda eleitoral, ou visando fins de propaganda, ofendendo-lhe a dignidade ou o decoro".

CAPÍTULO 13
INSTRUMENTOS PROCESSUAIS ELEITORAIS | 313

resposta seja transformado em um processo investigativo para definir qual versão é verdadeira.

Existe também a possibilidade de pleitear direito de respostas terceiros, pessoas jurídicas inclusas, que tenham informações manifestamente inverídicas divulgadas, estando estes participando, ou não, da disputa política. Atentando-se a essa possibilidade, o Tribunal Superior Eleitoral, por meio de resolução,[33] estabeleceu que os pedidos de resposta, em relação ao que foi veiculado no horário eleitoral gratuito, serão examinados pela Justiça Eleitoral e observarão os procedimentos da Lei Geral das Eleições no que subsumir. O partido ofendido, fazendo parte de coligação, não tem legitimidade para requerer direito de resposta sozinho, ou seja, a coligação a qual ele pertence deve entrar com o pedido do requerimento.[34]

É importante ressaltar que a mera crítica política de confronto e questionamento de políticas públicas e sociais não configura como conduta ilícita.[35] Nesse mesmo sentido, a recordação de acontecimentos

---

[33] Resolução nº 23.462/2015, art. 18.

[34] Tribunal Superior Eleitoral: "ELEIÇÕES 2010 - Direito De Resposta – Internet. 1. Decadência - A transgressão perpetrada pela internet implica em constante e permanente ofensa ao direito, a reclamar, se for o caso, a sua pronta suspensão. Enquanto o material tido como ofensivo permanecer sendo divulgado, o interessado poderá requerer o direito de resposta. Ocorrendo a retirada espontânea da ofensa, o direito de resposta, por analogia ao art. 58, § 1 0, III, deve ser requerido no prazo de 3 (três) dias. 2. Legitimidade - A Coligação tem legitimidade para requerer direito de resposta quando um dos partidos que a compõe é ofendido e, por ser partido coligado, não pode se dirigir à Justiça Eleitoral de forma isolada. 3. Inépcia da Inicial - Apresentados documentos e mídia pela qual é possível verificar a gravação de entrevista para sítio da internet a inicial reúne os elementos mínimos necessários para seu conhecimento. Não sendo contestado o período de veiculação afirmado na inicial, o fato resta incontroverso. 4. Mérito - A afirmação de Partido Político ser associado ao narcotráfico abre espaço para o direito de resposta. 5. Prazo da veiculação da resposta - Na internet, o direito de resposta deve ser veiculado em prazo não inferior ao dobro do utilizado para veiculação da ofensa. Inconstitucionalidade alegada apenas no recurso afastada. (Recurso em Representação nº 187987, Acórdão de 02/08/2010, Relator(a) Min. Henrique Neves Da Silva, Publicação: PSESS - Publicado em Sessão, Data 2/8/2010 RJTSE - Revista de jurisprudência do TSE, Volume 21, Tomo 3, Data 2/8/2010, Página 202)" (Recurso em Representação nº 187.987. Rel. Min. Henrique Neves da Silva. Sessão de 2.8.2010).

[35] TSE: "Representação. Propaganda Eleitoral. Horário Gratuito. Pedido De Resposta. Programas Oficiais. Comparação Entre Governos. Crítica Política. Não Configuração. Afirmação Sabidamente Inverídica. Distorção Da Realidade. Fatos e Números Facilmente Apuráveis. Deferimento. A propaganda eleitoral gratuita que se limita a discutir a extensão ou importância de programas oficiais, comparando realizações entre governos, configura mera crítica política, que não autoriza o deferimento de pedido de resposta. É sabidamente inverídica a afirmação que atribui a candidato adversário o comando de privatização de empresa, ocorrida durante governo do qual não participou. Mensagem que, no caso específico dos autos, falseia a verdade, relativamente a fatos e números facilmente apuráveis, e configura, portanto, afirmação sabidamente inverídica para os fins do disposto no art. 58 da Lei nº 9.504/97. Pedido parcialmente deferido" (Representação nº 347.691. Acórdão de 19.10.2010. Rel. Min. Joelson Costa Dias. Sessão de 19.10.2010).

passados, sem falsificação da verdade, também não ensejaria pedido de resposta. Também é inaceitável que sejam imputadas condutas ilícitas totalmente infundadas aos candidatos, cabendo direito de resposta.

A depender do meio de comunicação da propaganda política, o prazo para solicitação de direito de resposta é variável. Na hipótese de ofensa em horário eleitoral gratuito, a solicitação necessita ser feita contado o prazo de 24 horas após o programa ter sido veiculado. O requerimento deverá ser instruído com a mídia da gravação do programa, acompanhada da respectiva degravação e a especificação do trecho que contém a ofensa ou a inverdade para que seja estabelecido tempo idêntico de defesa, entretanto nunca inferior a um minuto.[36]

O prazo será de 48 (quarenta e oito) horas se for o caso de programação normal das emissoras de rádio e televisão, a partir de sua transmissão.[37] Logo após, deverá a Justiça Eleitoral notificar o responsável pela emissora que realizou o programa, para que confirme data e horário da veiculação e entregue, em 24 (vinte e quatro) horas, sob as penas dispostas no Código Eleitoral,[38] cópia da fita de transmissão, que será devolvida após a decisão. Caso o pedido seja deferido, a resposta será dada em até 48 (quarenta e oito) horas após a decisão, em tempo igual ao da ofensa, nunca inferior a um minuto.[39]

Em cenário em que o insulto tenha se dado por meio de órgãos de imprensa escrita, o pedido deverá ser feito no prazo de setenta e duas horas, a contar das 19 (dezenove) horas da data constante da edição em que foi veiculada a ofensa, salvo prova documental de que a circulação, no domicílio do ofendido, ocorreu após esse horário e deverá ser instruído com um exemplar da publicação e o texto da resposta.[40] A resposta requerida será feita até 48 (quarenta e oito) horas após proferida a decisão e, no que tange a meios de comunicação com periodicidade de circulação maior, na primeira oportunidade.[41]

A internet tem ganhado bastante espaço nos últimos anos, principalmente no que tange às redes sociais. Especificamente em propaganda eleitoral na internet, o pedido poderá ser feito a qualquer tempo, ou

---

[36] Resolução nº 23.462/2015, do TSE, art. 17, III, "a", "b", "c".
[37] Resolução nº 23.462/2015, do TSE, art. 17, II, "a".
[38] "Art. 347. Recusar alguém cumprimento ou obediência a diligências, ordens ou instruções da Justiça Eleitoral ou por embaraços à sua execução: Pena – detenção de três meses a um ano e pagamento de 10 a 20 dias-multa".
[39] Resolução nº 23.462/2015, art. 17, II, "b" e "d" e Lei nº 9.504/97, art. 58, §3º, II, "a" e "c".
[40] Resolução nº 23.462/2015, art. 17, I, "a" e "b".
[41] Resolução nº 23.462/2015, art. 17, I, "c".

em 72 (setenta e duas) horas após ter sido deletada.[42] Nesse diapasão, a resposta se dará no mesmo veículo, espaço, local, horário, página eletrônica, tamanho, caracteres e outros elementos de realce usados na ofensa, em até 48 (quarenta e oito) horas após a entrega da mídia física com a resposta do ofendido e a resposta ficará disponível para acesso por tempo não inferior ao dobro em que esteve disponível a mensagem considerada ofensiva.[43] Os custos de veiculação da resposta correrão por conta do responsável pela propaganda original.[44]

Importante levar em consideração que os prazos acima referidos são decadenciais, ou seja, o direito se esgotará se ultrapassados. A legislação também dispõe que se o tempo reservado ao partido político ou à coligação responsável pela ofensa for inferior a um minuto, a resposta será levada ao ar tantas vezes quantas forem necessárias para a sua complementação.[45] Na hipótese de deferimento do pedido de resposta, a emissora geradora e partido político ou coligação atingidos deverão ser notificados imediatamente da decisão, na qual deverão estar indicados o período, seja diurno ou noturno, para a veiculação da resposta, sempre no início do programa do partido político ou da coligação, e, ainda, o bloco de audiência, caso se trate de inserção.[46]

É relevante observar que o tempo de resposta concedido ao candidato, partido político ou coligação deverá ser desfrutado com essa finalidade apenas ou terá subtraído tempo idêntico do respectivo programa eleitoral; tratando-se de terceiros, ficarão sujeitos à suspensão de igual tempo em eventuais novos pedidos de resposta e à multa no valor de R$2.128,20 (dois mil, cento e vinte e oito reais e vinte centavos) a R$5.320,50 (cinco mil, trezentos e vinte reais e cinquenta centavos).[47]

O descumprimento, ainda que parcial, da decisão que reconhecer o direito de resposta sujeitará o infrator ao pagamento de multa no valor de R$5.320,50 (cinco mil, trezentos e vinte reais e cinquenta centavos) a R$15.961,50 (quinze mil, novecentos e sessenta e um reais e cinquenta centavos), duplicada em caso de reiteração de conduta, sem prejuízo do disposto no art. 347 do Código Eleitoral.[48]

---

[42] Lei nº 9.504/97, art. 58, §1º, IV.
[43] Lei nº 9.504/97, art. 58, §1º, IV, "a" e "b" e Resolução nº 23.462/20145, art. 17, IV, "d".
[44] Resolução nº 23.462/2015, art. 17, IV, "e"
[45] Resolução nº 23.462/2015, art. 17, III, "e" e Lei nº 9.504/97, art. 58, §3º, III, "c".
[46] Resolução nº 23.462/2015, art. 17, III, "f" e Lei nº 9.504/97, art. 58, §3º, III, "d".
[47] Resolução nº 23.462/2015, art. 17, III, "f" e Lei nº 9.504/97, art. 58, §3º, III, "h".
[48] Resolução nº 23.462/2015, art. 21 e Lei nº 4.737/1965, art. 347: "Recusar alguém cumprimento ou obediência a diligências, ordens ou instruções da Justiça Eleitoral ou por embaraços à sua execução: Pena – detenção de três meses a um ano e pagamento de 10 a 20 dias-multa".

A competência depende do tipo de eleição em questão. Em eleições gerais e presidenciais, ela caberá aos Tribunais Regionais Eleitorais e Tribunal Superior Eleitoral, respectivamente, para processarem e julgarem os pedidos de resposta, enquanto nas eleições municipais, a competência passaria a ser dos juízes eleitorais que, por sua vez, "desafiam recurso inominado", com prazo de 24 (vinte e quatro) horas a contar da publicação da decisão. Importante ressaltar que da decisão sobre o exercício do direito de resposta cabe recurso às instâncias superiores, em 24 (vinte e quatro) horas da data de sua publicação em cartório ou sessão, assegurado ao recorrido oferecer contrarrazões em igual prazo, a contar da sua notificação.[49]

13.8 Ação de impugnação ao mandato eletivo – AIME

A Constituição Federal estipula que a declaração de inelegibilidade possui a função de "proteger a probidade administrativa, a moralidade para o exercício do mandato", objetivando preservar a "legitimidade das eleições contra a influência do poder econômico ou o abuso do exercício de função, cargo ou emprego na administração direta ou indireta".[50]

A ação de impugnação de mandato eletivo é uma ação eleitoral que está prevista na Constituição Federal, e possui o objetivo de litigar sobre abuso de poder econômico, corrupção ou fraude. Frisa-se que o conceito de fraude, conforme entendimento firmado na Corte Superior Eleitoral:

> para fins de cabimento da ação de impugnação de mandato eletivo (art. 14, §10, da Constituição Federal), é aberto e pode englobar todas as situações em que a normalidade das eleições e a legitimidade do mandato eletivo são afetadas por ações fraudulentas, inclusive nos casos de fraude à lei.[51]

Anteriormente, o Tribunal Superior Eleitoral definiu que as causas de pedir da ação de impugnação de mandato eletivo são o abuso de poder econômico, a corrupção e a fraude. Abuso de poder significa

---

[49] Lei nº 9.504/1997, art. 58, §5º.
[50] CF, art. 14, §9º.
[51] Agravo Regimental em Recurso Especial Eleitoral nº 137. Acórdão de 3.5.2016. Rel. Min. Gilmar Ferreira Mendes. Rel. designado Min. José Antônio Dias Toffoli. *DJE*, 25 maio 2016.

aquele ato ilícito que teve influência no resultado das eleições, que teve a potencialidade e a probabilidade de influenciar o resultado das eleições.

O Tribunal Superior Eleitoral decidiu que existe no ordenamento jurídico eleitoral, no campo do direito formal, a possibilidade de o abuso do poder político e econômico ser apurado pela via de ação de impugnação de mandato eletivo, desde que o princípio do devido processo legal seja respeitado.[52]

As expressões "corrupção" e "fraude" devem ser lidas por todos nós como abuso de poder político. Abuso de poder econômico está expresso e abuso de poder político está implícito nas expressões corrupção e fraude.

Quando a Constituição Federal menciona abuso de poder econômico, corrupção e fraude, essas duas últimas estão referindo-se ao abuso de poder político, ou seja, o uso da máquina administrativa em favor do candidato. Essa é a corrupção eleitoral. O uso da máquina administrativa jamais poderia tirar da AIME, que é esse, portanto, instrumento de legitimidade das eleições, o poder de refutar mandato ou práticas abusivas de poder político.

O Tribunal Superior Eleitoral entende que o abuso de poder político deve ser veiculado em ação de impugnação de mandato eletivo, vez que, em determinados casos, o abuso de poder político pode sim ser tido como modalidade de abuso de poder econômico, corrupção ou fraude.[53]

O Tribunal Superior Eleitoral considera imprescindível para a procedência de ação de impugnação de mandato eletivo a demonstração da gravidade da conduta.[54] Como exemplo, cita-se o Recurso Especial Eleitoral nº 73.646,[55] no qual restou consignado que a gravidade das

---

[52] TSE. Recurso Especial Eleitoral nº 25.985. *DJU*, 27 out. 2006. p. 204.

[53] "Recurso Especial. Eleições 2012. Prefeito. Ação De Impugnação De Mandato Eletivo (Aime). Art. 14, §10, da CF/88. Abuso de Poder Político Entrelaçado com Econômico. Corrupção. Configuração. Provimento. Das questões preliminares. 1. É possível apurar, em Ação de Impugnação de Mandato Eletivo (AIME), abuso de poder político entrelaçado com abuso de poder econômico. Trata-se de hipótese em que agente público, mediante desvio de sua condição funcional, emprega recursos patrimoniais, privados ou do Erário, de forma a comprometer a legitimidade das eleições e a paridade de armas entre candidatos. Precedentes. 2. O vocábulo corrupção (art. 14, §10, da CF/88) constitui gênero de abuso de poder político e deve ser entendido em seu significado coloquial, albergando condutas que atentem contra a normalidade e o equilíbrio do pleito. Precedentes. [...]" (Recurso Especial Eleitoral nº 73.646. Rel. Min. Antonio Herman de Vasconcellos e Benjamin. *DJE*, 13 jun. 2016).

[54] TSE. AG nº 4.033. Rel. Min. Peçanha Martins. *DJU*, 24 out. 2009. p. 128.

[55] Recurso Especial Eleitoral nº 73.646. Rel. Min. Antonio Herman de Vasconcellos e Benjamin. *DJE*, 13 jun. 2016.

condutas praticadas pelo agente, consoante art. 22, inc. XVI, da LC 64/90,[56] foi inequívoca tendo em vista a diferença de apenas 287 votos entre os recorridos e os segundos colocados, em colégio de 27.501 eleitores; a reunião amplamente divulgada, realizada em setembro de 2012 (menos de um mês para o pleito), e com um número elevado de pessoas; e manipulação da máquina pública visando beneficiar candidatura.

A norma constitucional faculta à cidadania o instrumento processual adequado para cominar ao candidato beneficiário dos mencionados abusos a sanção de inelegibilidade, entretanto a jurisprudência atual do Tribunal Superior Eleitoral é firme no sentido de que a AIME não tem o condão de gerar a pretensão de inelegibilidade, isto porque, conforme entendimento da mencionada Corte Superior, as hipóteses de inelegibilidades estariam previstas tão somente no inc. 1 do art. 1º da LC nº 64/90, com as alterações previstas na LC nº 1.351/2010, referindo-se exclusivamente à representação de que trata o art. 22 da Lei de Inelegibilidades.[57]

Foi acrescentado à Lei nº 9.504/1997 dispositivo para assegurar a celeridade no processo eleitoral:

---

[56] "Art. 22. [...] XVI - para a configuração do ato abusivo, não será considerada a potencialidade de o fato alterar o resultado da eleição, mas apenas a gravidade das circunstâncias que o caracterizam. (Incluído pela Lei Complementar nº 135, de 2010)".

[57] "Eleições 2012. Recurso Especial. Questões Veiculadas nas Contrarrazões. Prequestionamento. Mitigado. Precedentes. Registro de Candidatura. Inelegibilidade. Lei Complementar Nº 64/90, com as Alterações da LC Nº 135/2010. Aplicação da Nova Disciplina a Fatos Anteriores. Possibilidade. Afastamento da Fundamentação do Acórdão Recorrido. Exame das Demais Matérias de Defesa. Necessidade. Aplicação do Direito à Espécie. Precedentes. Inelegibilidade do Art. 1º, Inciso I, Alínea D, da LD Nº 64/90. Reconhecimento em Âmbito de Ação de Impugnação de Mandato Eletivo (Aime). Impossibilidade. Recurso Especial Conhecido e Desprovido. 1. É permitido mitigar a exigência do prequestionamento na hipótese em que o acórdão recorrido tenha garantido à parte vencedora o direito vindicado, mas não abordado todas as teses de defesa, reiteradas nas contrarrazões ao recurso especial. 2. As novas causas de inelegibilidade introduzidas pela LC nº 135/2010 devem ser aferidas no momento do pedido de registro de candidatura, considerando fatos anteriores à edição do citado diploma legal. 3. Afastado o entendimento que conduziu ao desprovimento da apelação interposta pelo Recorrente na Corte de origem, impõe-se o exame nesta Corte Superior Eleitoral das demais questões de defesa agitadas, aplicando-se o direito à espécie. 4. *In casu, a condenação se deu no âmbito de AIME, com base no art. 1º, I, d, da LC nº 64/90 - como resultado de abuso de poder econômico -, e não com base no art. 1º, I, j, da LC nº 64/90 c.c. o art. 41-A da Lei nº 9.504/97 - captação ilícita de sufrágio. 5. A hipótese de inelegibilidade prevista na alínea d do inciso I do art. 1º da LC nº 64/90, com as alterações introduzidas pela LC nº 135/2010, refere-se exclusivamente à representação de que trata o art. 22 da Lei de Inelegibilidade.* 6. Recurso especial conhecido e desprovido" (Recurso Especial Eleitoral nº 14.348/PI. Rel. Min. Laurita Hilário Vaz. DJE, 4 ago. 2014).

nos termos do inc. LXXVIII do art. 5º da Constituição Federal, considera-se duração razoável do processo que possa resultar em perda de mandato eletivo o período máximo de 1 (um) ano, contado da sua apresentação à Justiça Eleitoral. §1º A duração do processo de que trata o caput abrange a tramitação em todas as instâncias da Justiça Eleitoral. §2º Vencido o prazo de que trata o caput, será aplicável o disposto no art. 97, sem prejuízo de representação ao Conselho Nacional de Justiça.[58]

Torquato Jardim apresenta importante lição sobre a ação, sempre contemporâneo do entendimento jurisprudencial da Corte Superior, *litteris*:

> Autonomia da ação em relação ao aspecto criminal da conduta: "A ação é de direito constitucional eleitoral, e, portanto, seus pressupostos e objetivos devem ser vistos pela ótica do direito constitucional. Não se trata de ação penal, seja a de crime comum, seja a de crime eleitoral)"; Com efeito, "a ação possível, prevista no parágrafo. 10 do art. 14 (da Constituição), nada tem a ver com a responsabilidade penal" (TSE, Min. BROSSARD no Ac. 11.951, DJU 7 jun. 91).[59]

E mais:

> A perda do mandato, que pode decorrer da ação de impugnação, não é uma pena, cuja imposição devesse resultar da apuração de crime eleitoral de responsabilidade do mandatário, mas, sim, consequência do comprometimento da legitimidade da eleição, por vício de abuso de poder.[60]

Destarte, já se pode concluir que o §10 do art. 14 da Constituição de 1988 protege o direito potestativo de os sujeitos acima indicados impugnarem o mandato daquele que praticou atos de abuso de poder econômico, pelo prazo de 15 (quinze) dias.

Afirma-se, ainda, que o lapso temporal previsto para o ajuizamento da AIME possui o caráter decadencial e, por isso, deve seguir as regras pertinentes a tal instituto processual.

Com efeito, o festejado mestre Theodoro Júnior é preciso ao estabelecer que:

---

[58] Pela Lei nº 12.034/2009 que acrescentou o art. 97-A à Lei nº 9.504.

[59] JARDIM, Torquato. *Direito eleitoral positivo, conforme a nova lei eleitoral*. 2. ed. Brasília: Brasília Jurídica, 1998. p. 40.

[60] TSE. Acórdão nº 12.030. Min. Sepúlveda Pertence. *DJU*, 16 set. 1991.

O prazo decadencial, como já afirmado, faz parte do próprio direito potestativo. Nasce junto com ele, como um dos seus elementos formativos. O titular adquire um direito que vigorará por determinado tempo, dentro do qual haverá de ser exercido sob pena de extinguir-se. É diferente do prazo prescricional que nasce não do direito da parte, mas de sua violação. Refere-se à prestação de exigir a pretensão inadimplida, pretensão essa que tem prazo de exercício próprio, distinto daquele que eventualmente tenha vigorado para cumprimento da obrigação. Daí por que o decurso do prazo prescricional faz extinguir a pretensão, sem desconstituir o direito do credor, enquanto o transcurso do prazo de caducidade aniquila o próprio direito.[61]

É suficiente a indicação de elementos, indícios e circunstâncias, bem assim os meios de prova com os quais se pretende provar o alegado, até porque nesta ação há a fase de instrução probatória. Essa é a interpretação da expressão com a apresentação de provas presente na Constituição Federal.[62]

A ação tramita em segredo de justiça, respondendo o autor em caso de demanda temerária ou proposta com manifesta má-fé.

Não há uma legislação própria acertando o procedimento a ser utilizado para a tramitação da ação de impugnação de mandato eletivo – AIME. Tradicionalmente, a Justiça Eleitoral utilizava o procedimento ordinário do Código de Processo Civil, em aplicação subsidiária. Com a constatação de que se tratava de um rito bastante moroso, o Tribunal Superior passou a empregar um procedimento mais célere, qual seja o rito ordinário previsto em lei complementar[63] para o registro de candidatura, o que também ficou estabelecido em resolução do Tribunal Superior Eleitoral.[64]

O rito da ação de impugnação eleitoral não é o da ação de investigação judicial eleitoral[65] e sim o ordinário para impugnação do registro de candidatura,[66] nos termos da aludida resolução.

O Tribunal Superior Eleitoral definiu que "o rito ordinário que deve ser observado na tramitação da ação de impugnação de mandado eletivo, até a sentença, é o da Lei Complementar nº 64/90,

---

[61] THEODORO JÚNIOR, Humberto. Prescrição e decadência no novo código civil: alguns aspectos relevantes. *Revista Síntese de Direito Civil e Processual Civil*, n. 23, maio/jun. 2003. p. 128.

[62] CF, art. 14, §10º.

[63] Lei Complementar nº 64/90.

[64] Resolução nº 21.634/2004, art. 90, §1º.

[65] Lei Complementar nº 64/90, art. 22.

[66] Lei Complementar nº 64/90, art. 3º.

não o do Código de Processo Civil, cujas disposições são aplicáveis apenas subsidiariamente".[67] E, mais, "as peculiaridades do processo eleitoral – em especial o prazo certo do mandato – exigem a adoção dos procedimentos céleres próprios do Direito Eleitoral, respeitadas, sempre, as garantias do contraditório e da ampla defesa". Tal entendimento tem sido reiterado pela Corte Superior.

Registre-se que quando a sentença for proferida após o período eleitoral, a fluência do prazo recursal dar-se-á com a publicação da decisão no órgão oficial ou com a intimação pessoal. Efetivada a intimação pessoal, dispensa-se a publicação.

São legitimados a propor a AIME os mesmos legitimados para a propositura da AIJE, quais sejam candidato, partido político, coligação e Ministério Público, "as figuras elencadas no art. 22 da Lei de Inelegibilidade".[68]

Mesmo já tendo sido diplomados os eleitos, as coligações permanecem com legitimidade para ajuizar a AIME, conforme precedente do Tribunal Superior Eleitoral.

A jurisprudência do Tribunal Superior Eleitoral é no sentido de que há litisconsorte passivo unitário e necessário entre titular e vice em sede de AIME,[69] havendo necessidade de citação do vice. Em recentes julgados, o Tribunal Superior Eleitoral afirmou haver necessidade de citação do vice e formação do litisconsórcio, formação esta que independe da vontade do autor, sendo imperativa, sob pena de nulidade da relação processual. Esta interpretação encontra-se em consonância com os direitos e garantias fundamentais, pois impõe que seja oportunizada a participação na relação processual daquele que terá sua esfera jurídica diretamente afetada pela prestação jurisdicional. Ficou consignado que há "existência de litisconsórcio necessário – quando, por disposição de lei ou pela natureza da relação jurídica, o juiz tiver de decidir a lide de modo uniforme para todas as partes – conduz à citação dos que possam ser alcançados pelo pronunciamento judicial".[70] Em conformidade com tal entendimento, temos:

---

[67] Resolução nº 21.634, que editou a Instrução nº 81. Rel. Min. Fernando Neves. *DJU*, 9 mar. 2004.

[68] TSE. Ag nº 1.863-SE. Rel. Min. Nelson Jobim. *DJ*, 7 abr. 2000.

[69] TSE. RO nº 728. Rel. Min. Luiz Carlos Lopes Madeira. *DJ*, 5 dez. 2003. p. 163.

[70] TSE. RCED nº 703. Rel. Min. José Delgado. *DJ*, 24 mar. 2008. p. 9.

MARCUS VINICIUS FURTADO COÊLHO
DIREITO ELEITORAL, DIREITO PROCESSUAL ELEITORAL E DIREITO PENAL ELEITORAL

O entendimento de que o vice-prefeito deve ser citado como litisconsorte necessário repercute no mundo jurídico desde o julgamento da Questão de Ordem no RCED nº 703 (RCED nº 703, rel. Min. José Delgado, rel. para o acórdão Min. Marco Aurélio Mello, DJ 24.03.2008). Fundamentando-se no princípio da segurança jurídica, o TSE determinou a citação dos litisconsortes necessários, afastando a decadência das ações ajuizadas até então, tendo em vista que as partes não tinham ciência da alteração do posicionamento jurisprudencial no momento de seu ajuizamento.[71]

Ainda, existe litispendência entre a ação de investigação judicial eleitoral e a ação de impugnação de mandato eletivo, pois, embora aquela busque a cassação do registro e a declaração de inelegibilidade, fundada na existência de "uso indevido, desvio ou abuso do poder econômico ou do poder de autoridade, ou utilização indevida de veículos ou meios de comunicação social", e esta tenha por escopo a cassação do mandato eletivo, se conquistado mediante abuso do poder econômico, corrupção ou fraude, trata-se do mesmo fundamento fático, logo, o pedido formulado na AIME estará abrangido pela AIJE.

No que diz respeito à conexão da AIME com o RCED, a litispendência se mostra impossível, devido à diversidade de causa de pedir. Na prática, o mesmo fato ilícito poderá ensejar o ajuizamento de quatro demandas para discuti-lo em juízo, de forma autônoma, quais sejam a reclamação, a AIJE, o RCED e a AIME.

Ressalte-se que a diplomação não transita em julgado enquanto houver pendente de julgamento qualquer recurso ou ação que possa atingi-la.

A inicial da ação define a matéria fática que será objeto do contraditório e, portanto, sobre tal base fática é que o julgamento deverá ocorrer. Pode a prova testemunhal ser indeferida quando analisado pelo julgador que não possui pertinência com os fatos narrados e o objeto da ação.[72]

Segundo o entendimento recente do Tribunal Superior Eleitoral, "o objeto principal da AIME é, sem dúvida, a impugnação ao mandato político do candidato, que se beneficiou de meios ilícitos para obtê-lo (efeito principal)". De sua procedência decorre como sequência lógica o reconhecimento do ilícito eleitoral praticado ou o benefício vetado nas urnas. Entretanto, importante ressaltar que o entendimento do Superior

---

[71] TSE. REspe nº 35.873-SP. Rel. Félix Fischer. *DJE*, 4 fev. 2010.

[72] TSE. AG nº 4.588. Rel. Min. Caputo Bastos. *DJ*, 15 out. 2004.

Tribunal Eleitoral é no sentido de que não é possível a imposição de multa na demanda e também não existe possibilidade de declaração de inelegibilidade no bojo da AIME.[73] Uma vez realizado o trânsito em julgado da decisão que julgou procedente o AIME, o mandato é extinto e o impugnado é afastado definitivamente do cargo. Quando das eleições majoritárias, nova eleição é convocada (CE, art. 224, §3º), quando das proporcionais, o suplente é investido em caráter definitivo na titularidade do cargo.

Nesse sentido, constitui efeito da decisão pela procedência da AIME a anulação dos votos dados ao candidato cassado. Se a nulidade atingir menos da metade dos votos, será dada a posse ao segundo colocado. Se atingir mais da metade, aplica-se o art. 224 do Código Eleitoral, realizando-se nova eleição.

É importante ressaltar que, segundo o entendimento do Tribunal Superior Eleitoral, havendo renovação da eleição, por força do mesmo dispositivo, os candidatos não concorrem a um novo mandato, mas, sim, disputam completar o período restante de mandato cujo pleito foi anulado. Nesse sentido, aquele que tiver dado causa à anulação do pleito não poderá participar de sua renovação.[74]

Saliente-se que, em sede da presente ação, aplica-se o disposto na Lei das Inelegibilidades, segundo a qual

> o Tribunal formará sua convicção pela livre apreciação dos fatos públicos e notórios, dos indícios e presunções e prova produzida, atentando para as circunstâncias ou fatos, ainda que não indicados ou alegados pelas partes, mas que preservem o interesse público de lisura eleitoral.[75]

Infere-se desse preceito "maior liberdade para o julgador extrair do processo os elementos da sua convicção".[76]

Sendo os bens jurídicos tutelados à legitimidade e lisura da manifestação da vontade popular, questões de ordem eminentemente formal devem ser secundarizadas, possibilitando a apreciação do conteúdo material do feito.

---

[73] "12. Não há a possibilidade de aplicação da pena de multa e declaração de inelegibilidade no bojo da ação de impugnação de mandato eletivo. Os efeitos secundários e reflexos da condenação imposta devem ser aferidos em eventual futuro pedido de registro de candidatura" (Tribunal Superior Eleitoral. Recurso Especial Eleitoral nº 48.369. Rel. Min. Henrique Neves da Silva. *DJE*, 26 nov. 2015).

[74] TSE. Recurso Especial Eleitoral nº 25.775. Rel. Min. José Delgado. *DJ*, 11 dez. 2006. p. 216.

[75] Lei Complementar nº 64/1990, art. 23.

[76] TSE. Recurso nº 12.554. Rel. Min. Antônio Carlos Lafayette de Andrada. *DJU*, 1º set. 1995.

Não é necessário demonstrar, através de cálculo matemático, o nexo de causalidade entre a prática abusiva e o resultado do pleito. Em decorrência do sigilo do voto, não se é possível aferir se determinada conduta afetou efetivamente a votação no pleito. É suficiente a demonstração de que os abusos cometidos tenham potencial suficiente para desequilibrar a condição de igualdade que deve existir entre as candidaturas.

Afinal, o resultado das eleições deve advir da vontade popular resultante do convencimento lícito de cada candidato, não sendo legal a utilização de instrumentos irregulares de persuasão, principalmente no aproveitamento da situação de miséria porque ultrapassa a maioria de nossa população, à mercê de "políticos" que buscam corromper a consciência do eleitor com a distribuição de bens e a personificação da atividade pública em seu favor, abusando do poder econômico e político.

O legislador promoveu uma mudança na legislação,[77] assim, ao instituir a captação ilícita de sufrágio, também estabeleceu a regra processual equivalente, para introduzir a possibilidade de recurso contra o diploma quando da prática de captação ilícita sufrágio. O mesmo não ocorreu em relação às demais hipóteses de descumprimento da lei, como em relação às condutas vedadas dos agentes públicos.

Certo é que o Código Eleitoral foi alterado para incluir entre as hipóteses de recurso contra o diploma a existência de captação ilícita. Tal não foi feito em relação aos demais preceitos da Lei nº 9.504/97.

Na realidade, é impossível outra inteligência do texto legal. Entretanto, ainda que possível entendimento diverso, ele não seria aplicável porque tornaria inviável e sem sentido a existência da regra.

Não se questiona que ações ajuizadas antes da diplomação possam repercutir sobre o diploma, quando julgadas posteriormente. Nesse caso, o autor se desincumbiu de sua tarefa a tempo e a máquina judiciária demorou em prestar a jurisdição, diante do cumprimento necessário do devido processo legal e do respeito ao direito de defesa.

Ressalta-se que após o julgamento do Recurso contra Expedição de Diploma nº 884/PI, os RCEDs ajuizados com fundamento no inc. IV do art. 262 do Código Eleitoral foram recebidos como ação de impugnação de mandato eletivo, na linha da jurisprudência da Corte Superior Eleitoral.[78]

---

[77] Alteração feita pela Lei nº 9.840/1999, que introduziu o art. 41-A na Lei nº 9.504/97.

[78] "Eleições 2012. Embargos de Declaração. Agravo Regimental. Recurso Especial. Recurso Contra Expedição de Diploma. Omissão Qualificada. Acolhimento com Efeitos

Diferentemente, inviável e impróprio substituir a representação pela ação de impugnação. Em homenagem à segurança jurídica, aplicam-se os instrumentos processuais especificamente previstos na legislação para discutir a agressão à Lei das Eleições.[79] Admitir o cabimento de AIME, em se tratando de descumprimento da Lei das Eleições, seria contemplar hipótese não prevista na Constituição Federal. A apreciação de AIME deve ser feita sob a ótica do abuso de poder, a exigir a existência de ato ilícito – ou conjunto de atos ilícitos – com gravidade nas circunstâncias do ato tido como abusivo.

13.9 Recurso contra a expedição de diploma – RCED

Embora denominado recurso contra a expedição de diploma, tal espécie processual, com seus contornos definidos no art. 262 do Código Eleitoral, possui natureza de ação. Não se trata de recurso, vez que este é a impugnação de uma decisão judicial para uma mesma instância ou instância superior, sem instaurar um novo processo, dentro do mesmo processo se faz a impugnação, o questionamento da decisão (um ato judicial). A ação de recurso contra a expedição de diploma é um processo novo, uma relação jurídica nova que surge.

Infringentes. 1. Omissão qualificada. O acórdão embargado não analisou adequadamente a impossibilidade jurídica de se manejar RCED quando este é cópia fiel de AIJE já julgada improcedente pelos órgãos da Justiça Eleitoral. 2. Consoante a recente jurisprudência do TSE, "na linha da jurisprudência firmada para as eleições de 2010, 'o recurso contra expedição de diploma com base no art. 262, IV, do Código Eleitoral deve ser recebido como ação de impugnação de mandato eletivo, em razão do princípio da segurança jurídica, e remetido ao Tribunal Regional Eleitoral' (AgR-AgR-RCED nº 8-09/MA. Rel. Min. Henrique Neves da Silva, julgado em 10.4.2014). Esse entendimento não exclui a possibilidade de o Tribunal analisar eventual litispendência ou coisa julgada quando o recurso contra expedição de diploma é cópia fiel da ação de investigação judicial eleitoral, prestigiando o art. 5º, inciso LXXVIII, da CF/1988, segundo o qual, 'a todos, no âmbito judicial e administrativo, são assegurados a razoável duração do processo e os meios que garantam a celeridade de sua tramitação'. (AgR-RCED nº 315- 39/AC. Rel. Min. Gilmar Mendes, julgado em 25.8.2015). 3. Embargos de declaração acolhidos com efeitos infringentes" (Embargos de Declaração em Agravo Regimental em Agravo de Instrumento nº 4.303. Rel. Min. Gilmar Ferreira Mendes. *DJE*, 31 maio 2016).

[79] No Recurso Contra a Expedição de Diploma nº 608, os votos dos ministros Caputo Bastos e Gilmar Mendes são emblemáticos, como se vê: "[...] nessa via (do recurso contra a expedição de diploma), podemos examinar o fato ou a conduta como abuso do poder político e de autoridade, mas não na perspectiva de seu enquadramento ou capitulação nos termos do art. 73 e seguintes da Lei das Eleições. Com efeito (arrematou), o inciso IV do art. 262 do Código Eleitoral – com a redação que lhe deu a Lei nº 8.840/97, não abrangeu o art. 73 e seguintes, à semelhança do que fez expressamente com o art. 41-A da Lei nº 9.504/97, no universo das matérias incluídas no seu cabimento" (Ministro Caputo Bastos); "[...] as eventuais violações ao art. 73 e seguintes da Lei nº 9.504, de 1997, só poderiam ser feitas no âmbito de representação. Funda tal argumento em vários precedentes desta Corte" (Ministro Gilmar Mendes).

A configuração de um recurso pressupõe a impugnação de uma decisão judicial, em relação a qual se requer uma revisão, dentro do mesmo processo. O diploma, tratado pelos arts. 215 a 218 do Código Eleitoral, não é uma decisão judicial, mas um ato administrativo, expedido por autoridades judiciais cumprindo mister de feição de ato de administração e não de ato de julgar. Assim, o recurso contra este ato não é uma impugnação de decisão judicial, mas o combate a um ato de administração. Depois, o recurso contra a expedição de diploma faz gerar um novo processo, não tramitando em relação a uma ação já existente.

A ação em análise tem inaugurado o prazo de 3 (três) dias para seu ajuizamento na ocasião da diplomação do candidato cuja conduta será averiguada para a determinação da prática do ato ilícito e tem por objetivo a desconstituição da diplomação realizada pela Justiça Eleitoral.

Após a conclusão de todas as fases referentes à apuração dos votos dados nas eleições, a Justiça Eleitoral confere aos eleitos uma cerimônia de diplomação. No âmbito municipal, os diplomas são conferidos pelo juiz eleitoral, no âmbito estadual, incluídos deputados e senadores, o presidente do Tribunal Regional Eleitoral concede os diplomas, e, na esfera nacional, presidente e vice-presidente da República têm seus diplomas expedidos pelo presidente do Tribunal Superior Eleitoral.

O recurso contra expedição de diploma, antes da Lei da Minirreforma Eleitoral, tinha as seguintes hipóteses de cabimento: inelegibilidade ou incompatibilidade do candidato; errônea aplicação da lei quanto à aplicação do sistema de representação proporcional; erro de direito ou de fato na apuração final; contradição contra a prova dos autos.[80]

A nova redação do art. 262 do Código Eleitoral dada pela Lei nº 12.891/13, na qual se revogou os incisos do referido artigo, passou a ter o seguinte texto: "Art. 262. O recurso contra expedição de diploma caberá somente nos casos de inelegibilidade superveniente ou de natureza constitucional e de falta de condição de elegibilidade".

O inc. IV do art. 262 do Código Eleitoral foi considerado não recepcionado pela Constituição no julgamento do Recurso Contra Expedição de Diploma nº 884 pelo Tribunal Superior Eleitoral.[81] Logo,

---

[80] COSTA, Tito. *Recursos em matéria eleitoral*. 9. ed. São Paulo: Revista dos Tribunais, 2010. p. 123-167.

[81] "Recurso Contra Expedição de Diploma. Deputado Federal. Código Eleitoral. Art. 262, IV. Inconstitucionalidade. Recebimento. Ação de Impugnação de Mandato Eletivo.

a promulgação da Lei n° 12.891/13 veio positivar referido entendimento firmado pelo Tribunal Superior Eleitoral para restringir as hipóteses de cabimento do RCED.

Naquele *leading case*, em que se pedia a cassação do diploma expedido a deputado federal eleito pelo estado do Piauí por suposta captação ilícita de sufrágio, os ministros Dias Toffoli (relator), Castro Meira, Luciana Lóssio e Henrique Neves formaram maioria para acolher preliminarmente o incidente de inconstitucionalidade do recurso contra expedição de diploma.

O Ministro Dias Toffoli, em seu voto condutor, entendeu que o art. 14, §10° da Constituição Federal, no qual está prevista a ação de impugnação de mandato eletivo, tem o mesmo objetivo do recurso contra expedição de diploma do inc. IV do art. 262 do Código Eleitoral, ou seja, cassar mandato de candidato já eleito. Portanto, concluiu que, havendo recurso constitucional tratando do mesmo tema, objeto e causa de pedir, não faz sentido subsistir outra ação com igual intenção.

Segundo o ministro relator não houve prejuízo ou redução de "armas" para obstar mandato eletivo, tendo em vista que o recurso constitucional, ou seja, a ação de impugnação de mandato eletivo tramita em segredo de justiça, é iniciada pela primeira instância da Justiça Eleitoral e pode ser ajuizada em até quinze dias após a diplomação, prazo maior que o do recurso contra expedição de diploma.

Contudo, houve posicionamentos contrários defendidos pelos ministros Marco Aurélio, Laurita Vaz e Cármen Lúcia. A divergência asseverou que ambos são instrumentos jurídicos autônomos e se prestam a combater as irregularidades eleitorais cometidas pelos candidatos, não havendo qualquer empecilho para que estes coexistam para fortalecer a proteção ao Estado Democrático de Direito e a própria democracia.

Princípio da Segurança Jurídica. Fungibilidade. Tribunal Regional Eleitoral. Competência Declinada. Questão de Ordem. Vista. Procuradoria Geral Eleitoral. Rejeição. 1. A Constituição Federal de 1988 estabeleceu, no art. 14, §10, qual é o único veículo pelo qual é possível impugnar o mandato já reconhecido pela Justiça Eleitoral. 2. Desse modo, o inciso IV do art. 262 do Código Eleitoral, no que diz respeito à redação original do dispositivo, não foi recepcionado pela Constituição brasileira e, quanto à parte final, denota incompatibilidade com a disciplina constitucional. 3. Questão de ordem. Tendo em vista que o Parquet teve ciência acerca do tema em sessões anteriores, é desnecessário o encaminhamento dos autos ao Ministério Público Eleitoral. 4. Recurso contra expedição de diploma recebido como ação de impugnação de mandato eletivo em razão do princípio da segurança jurídica e remetido ao Tribunal Regional Eleitoral, órgão competente para o seu julgamento" (Recurso Contra Expedição de Diploma n° 884. Rel. Min. José Antônio Dias Toffoli. *DJE*, 12 nov. 2013).

A eminente Ministra Laurita Vaz afirmou em seu voto que:

Eu não consigo vislumbrar qualquer contrariedade contra as duas normas pela singela circunstância de que a previsão de um recurso, ainda que tenha o nome de recurso e seja ação, contra expedição de diploma, ainda que tenha pontos de identificação com a Ação de Impugnação de Mandato Eletivo, também tem pontos de divergência e são institutos diferentes. Não há nenhuma novidade em ter mais um processo, mais um instrumento com as identificações e as divergências que foram apontadas.

A ministra asseverou, ainda, que a incompatibilidade da referida ação eleitoral com a Carta Magna adotada pela maioria do tribunal "é uma mudança não apenas de jurisprudência, mas da própria competência da Justiça Eleitoral".

O posicionamento divergente entende que os referidos recursos eleitorais possuem semelhanças, mas também diferenças substanciais, o que justifica a presença de ambos. A diferença entre os institutos reside na causa de pedir, nos prazos, nos ritos, nos pressupostos e nas consequências jurídicas. Ademais, argumentam que consolidada jurisprudência da Colenda Corte Superior Eleitoral admitiu por mais de quarenta anos a possibilidade de ajuizamento das duas ações, sendo que uma não excluiu a outra. Cerca de onze ações de cassação contra governadores foram afetadas pela alteração diante da remessa aos Tribunais Regionais para tramitação como ação de impugnação de mandato eletivo.

Logo, a modificação no aludido artigo restringiu a utilização de mecanismo processual eleitoral para aplicá-lo tão somente quando houver inelegibilidade superveniente ao registro de candidatura ou constitucional e, ainda, quando da inexistência de impugnação em sede de AIRC, na ausência do preenchimento das condições de elegibilidade.

A inelegibilidade superveniente ao registro de candidatura passível de impugnação via RCED é aquela que acontece entre o momento do registro e a data das eleições, conforme jurisprudência pacífica.[82]

---

[82] "Embargos de Declaração. Decisão Monocrática. Caráter Infringente. Recebimento como Agravo Regimental. Recurso Contra Expedição de Diploma. Eleições 2014. Inelegibilidade Superveniente. Art. 1º, I, L, Da Lc Nº 64/90. Não Incidência. Decisão Colegiada Após O Pleito. Improcedência Do Pedido. [...] 2. O marco final para a configuração da inelegibilidade superveniente é o dia da eleição. (AgR-REspe nº 1211-76. Rel. Min. Maria Thereza. DJE, de 20.4.2015; AgR-REspe nº 157-26. Rel. Min. Maria Thereza. DJE, de 11.3.2015; AgR Respe nº 975-52. Rel. Min. Luciana Lóssio. DJE, de 6.11.2014; AgR-REspe nº 93-72. Rel. Min. João

CAPÍTULO 13
INSTRUMENTOS PROCESSUAIS ELEITORAIS | 329

Ressalta-se que a regra do art. 11, §10 da Lei nº 9.504/97 é aplicado por analogia às hipóteses de recurso contra expedição de diploma para considerar fato que afaste inelegibilidade superveniente, conforme acórdão proferido pela Corte Superior Eleitoral no AgR-REsp nº 184.209, da relatoria do Ministro Herman Benjamin.[83] Utilizando a mesma lógica, a "a inelegibilidade decorrente de revogação de liminar que a suspendia pode ser arguida em RCED, desde que tal revogação ocorra entre a data do registro e a da eleição".[84]

Assim, os fatos ocorridos após as eleições que afastem ou atraiam a inelegibilidade só poderão ser arguidos para as eleições futuras.

Na segunda hipótese, que trata de inelegibilidade constitucional prevista no art. 14, §§4º a 7º, não há preclusão temporal, conforme preceitua o art. 259 do Código Eleitoral.[85]

Otávio de Noronha. DJE, de 1º.10.2014; AgR-REspe nº 379-34. Rel. Min. Henrique Neves da Silva. DJE, de 9.9.2014; AgR-REspe nº 1-52. Rel. Min. João Otávio de Noronha. DJE, de 8.8.2014; AgR-AI nº 64-87. Rel. Min. Luciana Lóssio. DJE, de 14.8.2014; REspe nº 892-18. Rel. Min. Dias Toffoli. DJE, de 4.8.2014; AgR-REspe nº 903-40. Rel. Min. Dias Toffoli. DJE, de 2.6.2014; REspe nº 13130-59. Rel. Min. Cármen Lúcia. DJE, de 29.6.2012; AgR-REspe nº 35.997. Rel. Min. Arnaldo Versiani. DJE, de 3.10.2011). 3. Na espécie, a decisão do órgão colegiado do Tribunal de Justiça do Distrito Federal e Territórios que manteve a condenação por improbidade administrativa foi tomada em 19.11.2014 e o respectivo acórdão foi disponibilizado no dia 4.12.2014, considerado como publicado no dia 5.12.2014. Em qualquer hipótese, portanto, após a data das eleições de 2014. Embargos de declaração recebidos como agravo regimental, ao qual se nega provimento" (Agravo Regimental em Recurso Contra Expedição de Diploma nº 8.118. Acórdão de 7.4.2016. Rel. Min. Henrique Neves da Silva. DJE, 30 jun. 2016. p. 30).

[83] "Agravo Regimental. Recurso Contra Expedição de Diploma. Eleições 2014. Deputado Estadual. Inelegibilidade. Fato Superveniente. Art. 11, §10, da Lei 9.504/97. Aplicação por Analogia. Desprovimento. 1. A regra do art. 11, §10, da Lei 9.504/97, segundo a qual o julgador deve considerar fato superveniente ao registro de candidatura que afaste a inelegibilidade, aplica-se por analogia à hipótese de recurso contra expedição de diploma. Precedentes, em especial o REspe 10-19/CE, redator para acórdão Min. Gilmar Mendes, julgado em 1º.3.2016. 2. No caso, a condenação imposta em segundo grau na AIJE 265-43, por suposto abuso de poder nas Eleições 2012, foi afastada pela e. Ministra Maria Thereza de Assis Moura em decisão monocrática de 26.11.2015, com trânsito em julgado em 16.12.2015. Assim, inexiste nesta seara circunstância impeditiva a que o agravado, Deputado Estadual eleito em 2014, exerça o respectivo cargo. 3. Agravo regimental desprovido" (Agravo Regimental em Recurso Contra Expedição de Diploma nº 184.209. Acórdão de 3.5.2016. Rel. Min. Antonio Herman de Vasconcellos e Benjamin. DJE, 7 jun. 2016).

[84] "Eleições 2012. Agravo Regimental. Recurso Especial. RCED. Prefeito. Vice-Prefeito. Inelegibilidade Superveniente. Liminar. Revogação. Eleição. Data Posterior. Desprovimento. 1. A inelegibilidade decorrente de revogação de liminar que a suspendia pode ser arguida em RCED, desde que tal revogação ocorra entre a data do registro e a da eleição. 2. Na espécie, contudo, a revogação da medida liminar que suspendia a inelegibilidade ocorreu somente em 2.11.2012, ou seja, após a data da eleição, tornando inviável o pedido de cassação do diploma. 3. Agravo regimental desprovido" (Agravo Regimental em Recurso Especial Eleitoral nº 39.225. Acórdão de 25.2.2016. Rel. Min. Luciana Christina Guimarães Lóssio. DJE, 1 abr. 2016).

[85] "Art. 259. São preclusivos os prazos para interposição de recurso, salvo quando neste se discutir matéria constitucional".

Não há legislação específica quanto ao procedimento adotado pelo RCED, utilizam-se, portanto, as regras gerais utilizadas pelas ações eleitorais previstas nos arts. 2º a 16 da Lei Complementar nº 64/90. No que diz respeito às eleições municipais. O recurso contra expedição de diploma deve ser endereçado ao juiz presidente da junta eleitoral, conforme os arts. 266 e 267 do Código Eleitoral.[86] Nas eleições estaduais e federais, o RCED é ajuizado no Tribunal Regional Eleitoral, quanto às eleições presidenciais, o feito é originário do Tribunal Superior Eleitoral.

Detém legitimidade ativa para ajuizar o RCED os partidos políticos, o candidato eleito e diplomado e seu suplente, além do Ministério Público. Somente o candidato diplomado possui legitimidade passiva.

13.10 Ação rescisória

A Constituição da República estabeleceu as competências para o julgamento das ações rescisórias pelos arts. 102, I, "j"; 105, I e 108, I, "b", atribuindo-as, respectivamente, ao Supremo Tribunal Federal, ao Superior Tribunal de Justiça e aos Tribunais Regionais Federais. No âmbito da Justiça do Trabalho, tais competências estão contidas no regulamento interno do Tribunal Superior do Trabalho. Na Justiça Comum dos estados, estão compreendidas nas respectivas constituições estaduais.

As ações rescisórias eleitorais permaneceram omissas no ordenamento jurídico e as escassas ações que eram propostas no juízo eleitoral eram extintas sem julgamento de mérito, uma vez que a legislação eleitoral não contemplava a possibilidade do juízo rescisório.

As ações rescisórias não existiam no direito eleitoral, mas imperaram em 14.5.1996, quando foi publicada a Lei Complementar nº 86/96, disponibilizando a ação rescisória no Código Eleitoral,[87] como instrumento hábil para a anulação dos vícios decorrentes das sentenças que versarem sobre as inelegibilidades.

---

[86] "Art. 266. O recurso independerá de têrmo e será interposto por petição devidamente fundamentada, dirigida ao juiz eleitoral e acompanhada, se o entender o recorrente, de novos documentos. Parágrafo único. Se o recorrente se reportar a coação, fraude, uso de meios de que trata o art. 237 ou emprego de processo de propaganda ou captação de sufrágios vedado por lei, dependentes de prova a ser determinada pelo Tribunal, bastar-lhe-á indicar os meios a elas conducentes. Art. 267. Recebida a petição, mandará o juiz intimar o recorrido para ciência do recurso, abrindo-se-lhe vista dos autos a fim de, em prazo igual ao estabelecido para a sua interposição, oferecer razões, acompanhadas ou não de novos documentos".

[87] Código Eleitoral, Lei nº 4.737/1965, art. 22, I, "j".

Prevê a competência exclusiva para o Tribunal Superior Eleitoral, podendo rescindir apenas a coisa julgada que tivesse chegado à alçada do Tribunal Superior Eleitoral, ou seja, coisa julgada da Corte Superior. Entretanto, recentemente, o TSE mudou o entendimento, possibilitando o uso da ação rescisória para apreciar uma coisa julgada ainda que de juiz de primeira instância. O Tribunal Superior Eleitoral não mais exige que a decisão rescindenda tenha sido objeto de julgamento por ele próprio para o cabimento da ação rescisória.

A competência para o julgamento das ações rescisórias eleitorais convergiu-se para o Tribunal Superior Eleitoral, não deixando clarividente a alçada desta Corte quanto à restrição aos próprios julgados ou o alcance às sentenças de primeiro grau.

Trata-se de uma legislação malograda no controle prévio da constitucionalidade, uma vez que, a partir de um parecer conclusivo pela juridicidade e pela boa técnica emitido pela Comissão de Constituição e Justiça, lançou-se no ordenamento jurídico um texto ininteligível e flagrantemente inconstitucional.

O prazo é de 120 dias, contados da decisão irrecorrível, ou seja, do trânsito em julgado.

A matéria eleitoral exclusiva é a inelegibilidade, conforme decisão do Tribunal Superior Eleitoral[88] apenas em tema de inelegibilidade é possível a rescisória. A corte superior eleitoral entendeu que é cabível a ação rescisória em qualquer outra matéria não eleitoral, neste caso não se aplica o Código Eleitoral nem a legislação eleitoral, aplica-se o Código de Processo Civil. Entretanto, em matéria não eleitoral, é admissível a ação rescisória de julgado de Tribunal Regional Eleitoral, aplicando-se, na espécie, a legislação processual civil.[89] Cabe ainda ação rescisória quando o processo não tenha sido julgado pelo TSE,[90] quando tratar-se de perda de prazo recursal.

---

[88] AR nº 246/2006.

[89] TSE. AC nº 19.617/2002; e Ac nº 19.618/2002.

[90] "Ação rescisória proposta para desconstituir decisão proveniente de juízo eleitoral. Não-cabimento. Recurso conhecido e provido. 1. A ação rescisória somente é cabível na esfera eleitoral para atacar julgados desta Corte Superior que tratem de inelegibilidade, nos termos do que determina o art. 22, I, j, do Código Eleitoral". NE: "[...] não cabe ação rescisória para tornar sem efeitos sentença proferida pelo Juízo Eleitoral da 43ª Zona que, ao verificar que o número de vereadores da Câmara Municipal de Sorriso não havia sido alterado, determinou a diplomação de 11 vereadores. A ação rescisória é via excepcional para desconstituir julgado, admissível somente nas hipóteses previstas em lei [...]" (Ac. nº 19.653. Rel. Min. Fernando Neves. *DJ*, 30 set. 2003).

MARCUS VINICIUS FURTADO COÊLHO
DIREITO ELEITORAL, DIREITO PROCESSUAL ELEITORAL E DIREITO PENAL ELEITORAL

Embora seja tradicional a restrição da competência dos tribunais superiores ao julgamento dos próprios julgados, tanto a legislação infraconstitucional quanto o art. 108, I, "b" da Constituição da República criaram mecanismos de absorção das sentenças de instâncias inferiores pela ação rescisória, pois, na mestria de Pontes de Miranda, "a técnica legislativa tanto pode adotar que a sentença seja rescindida por juiz ou por tribunal de grau superior ao que proferiu a sentença rescindível quanto pelo próprio juiz ou tribunal que a proferiu".[91]

A Constituição da República determina[92] que das decisões dos Tribunais Regionais Eleitorais somente caberá recurso quando versarem sobre inelegibilidade ou expedição de diplomas nas eleições federais ou estaduais, permanecendo *in albis* em relação aos pleitos municipais.

Ademais, no âmbito do Tribunal Superior Eleitoral, a competência constitucional é balizada aos recursos eleitorais, o que é conflitante com a autonomia e a natureza originária das ações rescisórias que, inclusive, possuem o mérito distinto das tutelas recursais.

Por conseguinte, foi estabelecida por Lei Complementar[93] a competência que permitiu uma exegese mais abrangente fixando a inelegibilidade como objeto jurídico e o julgamento das próprias decisões por todos os tribunais, distribuindo-se em relação às eleições presidenciais, estaduais ou municipais.

Entretanto, remanescem os desajustes acerca das eleições municipais, haja vista que os arts. 551 e seguintes do Código de Processo Civil preveem um rito especial com julgamento colegiado, não havendo qualquer previsão legal que autorize a retratação do juiz eleitoral ou que estenda a competência das juntas eleitorais.

Destarte, frustrando-se as tentativas de conformação das ações rescisórias eleitorais, tanto pela aplicação da competência constitucional, quanto da Lei Complementar nº 64/90, dever-se-á interpretar extensivamente o art. 22, I, "j", do Código Eleitoral, submetendo, de tal modo, o Tribunal Superior Eleitoral ao conhecimento de qualquer sentença contenciosa que contenha a inelegibilidade como mérito.

Consequentemente, a extinção de uma ação rescisória, fundada na ausência de uma prescrição normativa que estabeleça a competência para as sentenças proferidas pelos órgãos jurisdicionais inferiores,

---

[91] MIRANDA, Pontes. *Tratado da ação rescisória e de outras decisões*. 5. ed. Campinas: Bookseller, 1998. p. 373.
[92] "Art. 121. Lei complementar disporá sobre a organização e competência dos tribunais, dos juízes de direito e das juntas eleitorais".
[93] Lei Complementar nº 86/1996.

implica a violação do princípio da indeclinabilidade da jurisdição e do contraditório e da ampla defesa, uma vez que, indiretamente, estas decisões rescindíveis tutelam a cidadania passiva como bem jurídico. A grande celeuma em relação à Lei Complementar nº 86/96, entretanto, foi gerada pelo art. 2º, que dispunha da aplicação às decisões havidas até 120 (cento e vinte) dias anteriores à sua vigência.

A ressurreição de contendas pretéritas à publicação da lei promoveria uma instabilidade nas relações jurídicas, ferindo incontinenti o princípio da segurança jurídica e o direito adquirido dos ocupantes dos cargos litigados, o que culminou pela suspensão por inconstitucionalidade da eficácia deste dispositivo.[94]

Não obstante a retroatividade, ainda se eivou de inconstitucionalidade a parte final do art. 22, I, "j" do Código Eleitoral, que permitia o exercício *sub judice* do mandato pela simples propositura da ação rescisória. A vigência dessa regra afrontaria o princípio de moralidade administrativa, pois permitiria a gestão do patrimônio público por políticos de probidade duvidosa e que não estariam no pleno gozo dos direitos políticos.

A legitimidade ativa da ação rescisória eleitoral, *ex vi* art. 487 do Código de Processo Civil, é detida pelas partes que figuram no processo rescindendo, ou seja, em analogia com os arts. 3º e 20 da Lei Complementar nº 64/90, arrolam-se os candidatos, os partidos ou as coligações.

No magistério de Pedro Henrique Távora Niess,[95] pioneiro na tratativa da matéria, o Ministério Público Eleitoral também é titular da ação rescisória eleitoral sempre que não tenha sido ouvido ou quando tenha havido a colusão das partes a fim de fraudar a lei.

Existe, ainda, uma corrente liderada por Antônio Tito Costa[96] e Adriano Soares da Costa[97] e contraposta por Pedro Henrique Távora Niess[98] e Joel Cândido,[99] que acastela a titularidade do eleitor no polo ativo das ações de impugnação de mandato eletivo.

---

[94] ADIN nº 1.459-5, promovida pelo Partido dos Trabalhadores, rel. Min. Sydney Sanches e ADIN nº 1.460-9, promovida pelo Procurador-Geral da República.

[95] NIESS, Pedro Henrique Távora. *Ação rescisória eleitoral*. Belo Horizonte: Del Rey, 1997. p. 43-44.

[96] COSTA, Tito. *Recursos em matéria eleitoral*. Belo Horizonte: Del Rey, 1997. p. 177.

[97] COSTA, Adriano Soares. *Teoria da inelegibilidade e o direito processual eleitoral*. Belo Horizonte: Del Rey, 1998. p. 328.

[98] NIESS, Pedro Henrique Távora. *Direitos políticos, condições de elegibilidade e inelegibilidades*. São Paulo: Saraiva, 1994. p. 179.

[99] CÂNDIDO, Joel. *Direito eleitoral brasileiro*. 8. ed. rev. e atual. Bauru: Edipro, 2000. p. 237.

No entanto, a participação popular está na vanguarda do regime democrático e a possibilidade de uma "ação popular eleitoral" buscando o aperfeiçoamento do controle externo do bem comum e do patrimônio público seria salutar a toda a coletividade.

Embora a jurisprudência esteja filiada a esta última corrente, o eventual ajuizamento de uma rescisória tendente à anulação de um veredicto proveniente destas ações não será passível de extinção sem o julgamento do mérito pelo Tribunal Superior Eleitoral, visto que se encontram presentes todas condições da ação.

O dinamismo exigido no andamento dos processos eleitorais conduziu o legislador da Lei Complementar nº 86/96 a reduzir o prazo ordinário das ações rescisórias de dois anos para cento e vinte dias, o que ainda é *ad perpetuam* no processo eleitoral.

Não há dúvidas quanto à natureza de decadência desses prazos, pois foi nítida a intenção do legislador em outorgar esta preclusividade quando substituiu a expressão "prescreve", do Código de Processo Civil de 1939, para o termo "extingue-se", no atual ordenamento formal.

Em virtude do princípio da gratuidade dos atos necessários ao exercício da cidadania, as rescisórias estão livres de custas e do depósito de 5% sobre o valor da causa.[100]

Entretanto, a adoção do procedimento específico do art. 547 do Código de Processo Civil é incompatível com a celeridade eleitoral, o que faria uma excelente moção à adaptação ao rito dos recursos previstos pela Lei Complementar nº 64/90.

A antecipação de tutela também não é acatável pelas ações rescisórias eleitorais, haja vista que, apesar da presença do *periculum in mora* e do *fumus boni iuris*, o exercício do mandato beneficia o postulante com a satisfação fática e jurídica, tornando impossível a reversibilidade do pedido. Entretanto, recente entendimento do TSE somente admite a concessão de tutela antecipada em ação rescisória na Justiça Eleitoral em situações teratológicas, reveladoras de dano de impossível reparação, ou ainda em ocasiões que comprometam todo o processo eleitoral.[101]

Cabe rescisória ainda quando o processo não tenha sido julgado pelo Tribunal Superior Eleitoral (hipótese de perda de prazo recursal), ou seja, perde-se o prazo e ainda se ganha um recurso de 120 dias. O TSE não mais exige que tenha que interpor recurso.

---

[100] CPC, art. 488, II.
[101] TSE. AR nº 259. *DJU*, 14 set. 2007.

As ações cautelares também não se prestam como instrumento hábil para a investidura do candidato, visto que consistem em instrumentos processuais preparatórios e com objeto distinto da inelegibilidade contida da ação principal.

As sentenças das ações rescisórias eleitorais, em regra, são constitutivas ou desconstitutivas, mas conclui-se que são declaratórias quando improcedentes, conforme os ensinamentos do professor Greco Filho: "a ação rescisória é de natureza constitutiva negativa porque modifica o mundo jurídico, desfazendo a sentença transitada em julgado, podendo conter também outra eficácia quando a parte pede novo julgamento em substituição do rescindido".[102]

Os efeitos produzidos pela constituição de uma inelegibilidade pelas sentenças proferidas em ações rescisórias eleitorais são a realização de novas eleições, nas eleições majoritárias, e a posse do suplente, nas eleições proporcionais.

Quanto aos efeitos secundários, a Lei Complementar nº 64/90 sanciona com a detenção de seis meses a dois anos e multa a arguição de inelegibilidade de modo temerário ou de manifesta má-fé, o que se aplica às ações rescisórias eleitorais.

A responsabilidade do Estado por atos judiciários somente é aceita pela jurisprudência nos processos penais, o que importa afirmar que não são indenizáveis pelo erário os investimentos em campanhas eleitorais ou os danos morais causados pela mácula à imagem política dos candidatos prejudicados em razão dos vícios declarados nas ações rescisórias eleitorais.

As sentenças rescindidas por dolo da parte vencedora em detrimento da parte vencida ou por falsidade de meios probatórios são passíveis de responsabilidade contra a parte contrária, devendo ser pleiteada na justiça comum estadual.

Enfim, a ação rescisória no direito eleitoral constitui-se num instrumento valioso na tutela do interesse público, uma vez que visa à proteção dos genuínos representantes do povo que, por erro judiciário ou empenhos escusos de usurpadores, foram cerceados do exercício dos direitos negativos da cidadania.

Entretanto, resvala-se este remédio processual na exiguidade de prazos, no desperdício de tempo com as preliminares de competência

---

[102] GRECO FILHO, Vicente. *Direito processual civil brasileiro*. 12. ed. São Paulo: Saraiva, 1997. p. 388. v. 2.

e na inadequação do rito procedimental, fazendo-se mister uma nova regulamentação.

O STF declarou inconstitucionais os dispositivos desta lei que suspendiam a inelegibilidade pelo período de tramitação da rescisória – efetuando a técnica da interpretação conforme a Constituição, reduzindo do texto legal a expressão "possibilitando-se o exercício do mandato eletivo até o seu trânsito em julgado" e que retroagia os efeitos da lei, suprimindo do texto legal a expressão "aplicando-se, inclusive, às decisões havidas até 120 (cento e vinte) dias anteriores à sua vigência".

Admite-se a revisão criminal com os mesmos disciplinamentos do Código de Processo Penal, na hipótese de sentença contra a lei ou baseada em provas falsas e apresentação de novas provas.

13.11 Tutela provisória na seara eleitoral

A Lei nº 13.105, de 16.3.2015, trouxe relevantes mudanças no que tange ao processo cautelar. Na lógica do Código de 1973, existia a ação cautelar propriamente dita como ferramenta acessória para um processo principal – de execução ou conhecimento – que lograva auferir soluções imediatas aos casos concretos em pleito. Todavia, essa metodologia foi repelida pela nova legislação.

No Novo Código de Processo Civil não existe essa separação, tudo é feito dentro do processo principal, mesmo preexistindo pedido cautelar antecedente que, caso atendido, abrirá um prazo de 30 dias para que a demanda central seja apresentada. Nesse sentido, a tutela antecipada só pode ser pleiteada se couber impetração de recurso eleitoral superveniente. Também não é descartada a hipótese de dano irreparável e remédio incidental em sede incidental de ação em curso, ou seja, a tutela cautelar não é um fim em si mesma.

13.12 A escolha do instrumento processual adequado

A reclamação possui como causa de pedir o descumprimento da Lei Geral das Eleições e como objeto a proibição do ato ilícito e a condenação na pena de multa, sendo possível, em alguns casos, a cassação de registro ou diploma, leia-se o mandato.

A investigação judicial eleitoral possui como fundamento o uso indevido dos meios de comunicação e abuso do poder de autoridade ou econômico. O pedido fica circunscrito à declaração de inelegibilidade e à cassação de registro.

O recurso contra a expedição de diploma possui como causa de pedir o abuso de poder, a captação ilícita de sufrágio e erros de apuração e totalização, inclusive no cálculo da representação proporcional. Como objeto, é requerida a cassação do diploma expedido, que significa na prática a cassação do mandato.

A impugnação de mandato eletivo versa sobre corrupção, fraude e abuso de poder. Possui como pedido a cassação do mandato e a realização de novas eleições se a nulidade atingir mais da metade dos votos.

Vigora no direito eleitoral o princípio da tipicidade dos meios de impugnação. Desse modo, não é possível a utilização aleatória de uma ação eleitoral incabível, sendo devido o manejo de outra demanda. Assim, "não há como se admitir ilimitado exercício do direito de ação na Justiça Eleitoral porque isso implicaria a insegurança dos pleitos, comprometendo o processo eleitoral como um todo, também regido por normas constitucionais, que atendem ao interesse público".[103]

Para definir o meio processual adequado, devem ser verificados os fundamentos, ou causa de pedir, fática e jurídica, bem como o pedido pretendido.

Em se tratando de ofensa à Lei Geral das Eleições, a reclamação deve ser a primeira medida. Se esses fatos tiverem potencialidade para desequilibrar o pleito, há de ser ajuizada também a ação de investigação judicial eleitoral. Diplomados os eleitos, já existindo um conjunto probatório produzido em juízo ou prova documental que alicerce o pedido, poderá ser ajuizado o recurso contra a expedição de diploma, levando a matéria ao conhecimento do tribunal *ad quem*. Dentro do prazo de quinze dias contados da diplomação, em se tratando de abuso de poder, também seria cabível a AIME.

Isso porque a prática de atos ilícitos, como a corrupção eleitoral, pode importar em quantidade tal que, pela sua significativa monta, venha a configurar abuso do poder, desde que os atos praticados sejam hábeis a desequilibrar a eleição.[104] Nessa hipótese, seriam cabíveis diversas medidas judiciais concomitantes.

Assevera o Tribunal Superior Eleitoral:

> sendo distintas a causa de pedir da AIME (abuso de poder) daquela da AIJE (captação ilícita de sufrágios), a cassação do mandato eletivo, como efeito da procedência da investigação judicial eleitoral, por violação do

---

[103] TSE. AG nº 4.598. *DJ*, 13 ago. 2004. p. 401.
[104] TSE. AG nº 4.410. *DJ*, 7 nov. 2003. p. 208.

art. 41-A da Lei nº 9.504/97, não implica a prejudicialidade desta pela mera circunstância de haver sido anteriormente julgada a impugnatória (AIME).[105]

No mesmo sentido, define o Tribunal Superior Eleitoral:

> a representação prevista na Lei nº 9.504/97, a ação de investigação judicial eleitoral e a ação de impugnação de mandato eletivo são autônomas, possuem requisitos legais próprios e consequências distintas. O trânsito em julgado de uma não exclui, necessariamente, a outra.[106]

Além dessas três, também poderá ser utilizada a ação de recurso contra a expedição do diploma, ensejando que quatro demandas sejam manejadas tendo o mesmo ato ilícito como causa de pedir, apenas possuindo fundamentação jurídica e pedido distintos. Tais ações tramitariam sem conexão, sem gerar litispendência, de forma autônoma. Tal situação, como medida de economia, haverá de ser tratada pelo Judiciário que deverá limitar mais claramente a utilização das ações, evitando a sobreposição de demandas.

Entretanto, não se pode utilizar um instrumento processual pelo outro, sob pena de extinção do feito sem julgamento de mérito. Desse modo:

> a Ação de Impugnação de Mandato Eletivo, prevista no art. 14, §10, Constituição Federal, não se destina a apurar as hipóteses previstas no art. 73 da Lei Eleitoral. Abuso de poder de autoridade não configurado ante a ausência de potencialidade necessária para influir nas eleições.[107]

A fundamentação jurídica e pedido constantes da inicial devem ser adequados e compatíveis ao tipo de ação ajuizada.

Por exemplo, diante de uma pesquisa eleitoral irregular, não será cabível a AIME, mas a reclamação, por ser matéria tratada pela Lei Geral das Eleições e não configurar, em linha de princípio, abuso de poder, corrupção ou fraude.[108]

Cabível a reclamação quando, diante de um ato ilícito, que configurar captação de sufrágio vedada, infringindo o art. 41-A, não

---

[105] MC nº 1.282. *DJ*, 12 set. 2003. p. 121.
[106] TSE. REspe nº 21.380. *DJ*, 6 ago. 2004. p. 164.
[107] TSE. AG nº 4.311. Rel. Min. Gilmar Mendes. *DJ*, 29 out. 2004. p. 2.
[108] REspe nº 21.291. *DJ*, 12 set. 2003. p. 121.

é possível demonstrar a aferição da potencialidade de o fato desequilibrar a disputa eleitoral, porquanto tal proibição visa resguardar a livre vontade do eleitor e não a normalidade e equilíbrio do pleito, nos termos da pacífica jurisprudência desta Corte.[109] Nesse caso, os votos são anulados, podendo ser convocadas novas eleições.

Em se tratando de ação de impugnação de mandato eletivo, assente a jurisprudência no sentido de que, para a sua procedência, é necessária a demonstração da potencialidade de os atos irregulares influírem no pleito. Se for configurado o abuso com potencialidade de influir no resultado do pleito, serão considerados nulos os votos dados ao candidato. Se a nulidade atingir mais da metade dos votos, serão realizadas novas eleições.

O fundamento jurídico e o pedido, desse modo, são os elementos indicadores da ação cabível e, portanto, diferenciadores entre as demandas.

13.13 Reunião de ações: alteração da minirreforma eleitoral

A Lei nº 13.165/2015, responsável por uma minirreforma eleitoral no ano de sua promulgação, trouxe importante mudança ao direito processual e ao direito eleitoral visando simplicidade e segurança no processo eleitoral.

Trata-se da reunião de ações que versam sobre os mesmos fatos e propostas por partes diversas, conforme versa o *caput* do art. 96-B incluído na Lei nº 9.504/1997. Desse modo, prioriza-se a economia processual ao extinguir volume processual desnecessário e que abarrota a Justiça Eleitoral.

Tal mudança, inclusive, vem de encontro à jurisprudência do Tribunal Superior Eleitoral sobre autonomia das ações eleitorais:

> É certo que a jurisprudência desta Corte firmou-se no sentido de que não se reputam conexas as ações eleitorais, por serem autônomas, possuírem requisitos legais próprios e consequências distintas. Todavia, no caso vertente, a conexão foi requerida pelos próprios recorrentes, que não poderiam, segundo o disposto no art. 243 do Código de Processo Civil, ter arguido a sua nulidade.[110]

---

[109] TSE. Acórdão nº 3.510.
[110] Recurso Especial Eleitoral nº 30.274. Acórdão de 22.6.2010. Rel. Min. Marcelo Henriques Ribeiro de Oliveira.

Os §§2º e 3º do art. 96-B disciplinam o momento em que, propostas as ações com fatos idênticos, estas poderiam ser reunidas. Assevera o §2º: "Se proposta ação sobre o mesmo fato apreciado em outra cuja decisão ainda não transitou em julgado, será ela apensada ao processo anterior na instância em que ele se encontrar, figurando a parte como litisconsorte no feito principal". Já o §3º: "Se proposta ação sobre o mesmo fato apreciado em outra cuja decisão já tenha transitado em julgado, não será ela conhecida pelo juiz, ressalvada a apresentação de outras ou novas provas".

Destaca-se que será competente o juiz ou relator que primeiro recebeu a ação, ou seja, aquele que foi primeiro sorteado para receber as ações com os mesmos fatos, com exceção da AIJE que teria obrigatoriamente o corregedor como relator.

O novo dispositivo também reafirma o papel do Ministério Público de velar pelo processo eleitoral, ao afirmar no §1º que: "O ajuizamento de ação eleitoral por candidato ou partido político não impede ação do Ministério Público no mesmo sentido". Ressalta-se que esse instituto já é válido para as eleições no ano de 2016.[111]

13.13.1 Inelegibilidade e cassação do mandato eletivo

Diante da cassação de mandato, o Tribunal Superior Eleitoral "tem ponderado ser conveniente evitar sucessivas alterações no exercício dos mandatos eletivos, em especial da chefia do Poder Executivo".[112]

Diferentemente, a decisão havida em investigação judicial eleitoral, impugnação de pedido de registro de candidatura e recurso contra a expedição do diploma apenas é cumprida com a decisão definitiva do Tribunal Superior Eleitoral. As duas primeiras, por atendimento aos termos do art. 15 da Lei das Inelegibilidades. A última demanda por aplicação do art. 216 do Código Eleitoral.

A garantia expressa no art. 15 da Lei Complementar nº 64/90, de cumprimento após a definição final na instância eleitoral, decorre da presunção de elegibilidade que deve nortear a interpretação e a aplicação do direito eleitoral. A ausência de elegibilidade é restrição ao direito de cidadania, constituindo supressão da cidadania passiva.

---

[111] Lei nº 13.165/2015, art. 49, Resolução nº 23.462.
[112] Nesse sentido: Acórdão nº 3.345, Agravo Regimental no Mandado de Segurança nº 3.345. Rel. Min. Humberto Gomes de Barros, de 19.5.2005.

Deve ser aplicada com o rigor da lei, quando confirmado pelo Tribunal Superior Eleitoral.

A presunção de elegibilidade deve ser respeitada tanto quando se reconhece a inelegibilidade de uma situação anterior – no processo de registro – como quando resulta de inelegibilidade numa situação posterior – reconhecida em processo de investigação judicial eleitoral – Lei Complementar nº 64/90, art. 22, XIV e XV.

Desse modo, "há necessidade de se prevenir a perturbação que decorreria de uma nova eleição, enquanto não houver o acertamento judicial definitivo sobre a elegibilidade ou não".[113] De onde concluir a necessidade de atribuir efeito suspensivo aos recursos nesta seara.

Fundamentadamente, reiterou seu posicionamento o Tribunal Superior Eleitoral, afirmando:

> na pendência dos processos de impugnação deve-se evitar o rodízio constante de pessoas na administração municipal. Alterações sucessivas no exercício do cargo de prefeito geram insegurança jurídica, perplexidade e descontinuidade administrativa. Por isso, não é aconselhável apressar a realização de novas eleições, quando há possibilidade de o candidato cassado ter seu recurso provido.[114]

Outro ponto a merecer destaque diz respeito aos efeitos da decisão que indefira o registro, casse o diploma ou gere a perda do mandato de candidato eleito em pleito majoritário que, após a minirreforma eleitoral, acarreta, após o trânsito em julgado, a realização de novas eleições, independentemente do número de votos anulados. A eleição será indireta – feita pelo parlamento – se a vacância do cargo ocorrer a menos de seis meses do final do mandato, ou direta, no caso de vacância em que falte mais de seis meses de mandato.

No caso de cassação de vereador, deputado estadual e deputado federal, a legislação eleitoral e a jurisprudência entendem de forma totalmente diversa, vez que nas eleições proporcionais os votos dados a um candidato cassado ficam para a legenda do partido, então o beneficiário será o primeiro suplente da coligação e não do partido adverso. O suplente da coligação toma posse, já que a legislação diz que os votos apenas serão nulos quando, nas eleições proporcionais, na hora do registro, o vereador ou deputado não estavam inscritos ou com o registro deferido (no caso de inexistência de coligação proporcional).

---

[113] MS nº 3.275. Rel. Min. Madeira. *DJ,* 2 set. 2005. p. 154.
[114] MS nº 3.345. *DJ,* 2 set. 2005. p. 152.

A Lei nº 13.165 incluiu os §§3º e 4º ao art. 224 do Código Eleitoral,[115] impedindo a assunção do segundo colocado e determinando a realização de novas eleições após o trânsito em julgado da decisão da Justiça Eleitoral resultar em indeferimento do registro, cassação do diploma ou perda do mandato de candidato eleito em pleito majoritário. Contrariou-se, portanto, remansosa jurisprudência do Tribunal Superior Eleitoral[116] no sentido de que a decisão fundada no art. 41-A da Lei nº 9.504/97 tem execução imediata. Ademais, o art. 257[117] do Código Eleitoral é taxativo ao aduzir que os recursos eleitorais não possuem efeito suspensivo, inexistindo qualquer impedimento legal ou jurisprudencial para a efetivação do cumprimento de acórdão de cassação.

Frisa-se, ainda, que a Constituição assegurou o princípio da anterioridade eleitoral e o princípio da segurança jurídica, para aplicar a lei somente nas eleições que se realizarem um ano após a data da sua vigência, limitando a atuação do Poder Legislativo para, assim, evitar alterações casuísticas na lei eleitoral que poderiam desequilibrar a participação dos partidos, dos respectivos candidatos e o próprio resultado das eleições. Com essa explicação, resta claro que também fere a segurança jurídica a aplicação da nova legislação aos pleitos findos.

---

[115] Código Eleitoral: "Art. 224. Se a nulidade atingir a mais de metade dos votos do país nas eleições presidenciais, do Estado nas eleições federais e estaduais ou do município nas eleições municipais, julgar-se-ão prejudicadas as demais votações e o Tribunal marcará dia para nova eleição dentro do prazo de 20 (vinte) a 40 (quarenta) dias. §1º Se o Tribunal Regional na área de sua competência, deixar de cumprir o disposto neste artigo, o Procurador Regional levará o fato ao conhecimento do Procurador Geral, que providenciará junto ao Tribunal Superior para que seja marcada imediatamente nova eleição. §2º Ocorrendo qualquer dos casos previstos neste capítulo o Ministério Público promoverá, imediatamente a punição dos culpados. §3º A decisão da Justiça Eleitoral que importe o indeferimento do registro, a cassação do diploma ou a perda do mandato de candidato eleito em pleito majoritário acarreta, após o trânsito em julgado, a realização de novas eleições, independentemente do número de votos anulados. (Incluído pela Lei nº 13.165, de 2015) §4º A eleição a que se refere o §3º correrá a expensas da Justiça Eleitoral e será: (Incluído pela Lei nº 13.165, de 2015) I - indireta, se a vacância do cargo correr a menos de seis meses do final do mandato; (Incluído pela Lei nº 13.165, de 2015) II - direta, nos demais casos. (Incluído pela Lei nº 13.165, de 2015)".

[116] "Representação. Captação ilícita de sufrágio. Efeito suspensivo. Recurso ordinário. 1. Não evidenciada a relevância dos fundamentos da ação cautelar, não se deve suspender a execução de acórdão regional que julgou procedente representação por captação ilícita de sufrágio. 2. A execução das decisões fundadas no art. 41-A da Lei nº 9.504/97 é imediata, conforme pacífica jurisprudência deste Tribunal. Agravo regimental não provido" (Tribunal Superior Eleitoral. Agravo Regimental em Ação Cautelar nº 41.069. Acórdão de 6.10.2011. Rel. Min. Arnaldo Versiani Leite Soares. *DJE*, t. 214, 11 nov. 2011. p. 47).

[117] Código Eleitoral: "Art. 257. Os recursos eleitorais não terão efeito suspensivo. §1º A execução de qualquer acórdão será feita imediatamente, através de comunicação por ofício, telegrama, ou, em casos especiais, a critério do presidente do Tribunal, através de cópia do acórdão. (Redação dada pela Lei nº 13.165, de 2015)".

O próprio Tribunal Superior Eleitoral já sinalizou a eficácia prospectiva da referida norma: "a lei, em regra, tem eficácia prospectiva, não alcançando fatos já consumados e praticados sob a égide da lei pretérita".[118]

Acerca da disposição do §3º, em que independentemente do número de votos anulados haverá novas eleições para todos os cargos eleitos pelo sistema majoritário, Marlon Reis[119] afirma o conflito entre o que está estabelecido no *caput* do art. 224 e o §3º, tendo em vista que o disposto na cabeça do artigo não comporta exceções, de modo que a exceção prevista no parágrafo traz uma antinomia. A Constituição Federal, em seu art. 81, §1º, traz regra diversa para o caso de vacância dos cargos de presidente e vice.

Diante disso, foi ajuizada ação direta de inconstitucionalidade[120] pelo procurador-geral da República, objetivando extirpar do ordenamento tal norma porquanto eivada de inconstitucionalidade.

13.13.2 Cumprimento da decisão de cassação

O julgamento do HC nº 126.692/SP[121] significou virada histórica na jurisprudência do Pretório Excelso sobre a possibilidade de execução provisória da pena antes do trânsito em julgado. A medida questionou acórdão do Tribunal de Justiça de São Paulo que, negando provimento a recurso de apelação, determinou a imediata execução provisória da

---

[118] "2. A título de obiter dictum e para orientação, a regra constante da parte final do §12 do art. 28 da Lei nº 9.504/97, com a redação conferida pela Lei nº 13.165/2015, não pode ser aplicada, seja porque a sua eficácia foi suspensa pelo Supremo Tribunal Federal no julgamento da MC-ADI nº 5.394/DF, seja porque a lei, em regra, tem eficácia prospectiva, não alcançando fatos já consumados e praticados sob a égide da lei pretérita. Questão de ordem não conhecida. Embargos de declaração de Antônio Carlos Caetano de Morais 3. 'A obscuridade é vício que afeta a exata compreensão do provimento judicial, o qual, por ser ininteligível, tem comprometida a exata interpretação do decidido pelo órgão julgado', (ED-REspe nº 450-60. Rel. Min. Laurita Vaz. DJE, de 23.5.2014), o que não ocorreu na espécie. 4. Não há omissão, pois constou do aresto embargado que a disposição do art. 29 da Res.-TSE nº 23.406 encontra substrato normativo na Constituição Federal, na Lei nº 9.504/97, em outras leis e na própria natureza da prestação jurisdicional da Justiça Eleitoral. Embargos de declaração rejeitados" (Tribunal Superior Eleitoral. Embargos de Declaração em Recurso Especial Eleitoral nº 248.187. Acórdão de 1.12.2015. Rel. Min. Henrique Neves da Silva. *DJE*, 4 fev. 2016).

[119] REIS, Marlon. Lei 13.165 criou antinomia sobre perda de mandato no Código Eleitoral. *Conjur*, 29 fev. 2016. Disponível em: <http://www.conjur.com.br/2016-fev-29/marlon-reis-lei-13165-criou-antinomia-perda-mandato>.

[120] Supremo Tribunal Federal. ADI nº 5.525. Rel. Min. Roberto Barroso, em 16.5.2016.

[121] Supremo Tribunal Federal. HC nº 126.292/SP. Rel. Min. Teori Zavascki. Ata de Julgamento nº 2. *DJE*, n. 32, 19 fev. 2016 (acórdão ainda não publicado).

condenação do réu, embora houvesse recurso extraordinário pendente de julgamento.

Para justificar a mudança jurisprudencial, o relator Ministro Teori Zavascki consignou que o princípio do duplo grau de jurisdição se concretiza no segundo grau de jurisdição devido ao exaurimento da possibilidade de exame de fatos e provas. Confira-se o seguinte trecho de seu voto: "Os recursos de natureza extraordinária não configuram desdobramentos do duplo grau de jurisdição, porquanto não são recursos de ampla devolutividade, já que não se prestam ao debate da matéria fática probatória".

Inobstante a expressa previsão constitucional[122] da presunção de inocência até o trânsito em julgado da sentença penal condenatória, a superveniência da tese fixada pelo Supremo Tribunal Federal induz que, após a condenação em segunda instância na esfera penal, é possível executar-se provisoriamente a pena privativa de liberdade.

Ainda que destoante do sistema jurídico vigente, a interpretação do referido acórdão deve ser restrita, o que significa que a pena de reclusão se concretiza em uma execução provisória, consoante enfatizado pelo relator em sua proposta de orientação. Vejamos: "A execução provisória de acórdão penal condenatório proferido em grau de apelação, ainda que sujeito a recurso especial ou extraordinário, não compromete o princípio constitucional da presunção de inocência".

Logo, embora contrária ao princípio da liberdade, extrai-se da orientação firmada pelo Supremo Tribunal Federal, pela maioria de seus ministros, que a execução provisória da pena não pode significar o veredito final de culpa do réu, sob pena de afronta ao princípio da presunção da inocência. Buscou-se distinguir os institutos da declaração de culpa definitiva do réu, auferida apenas após o trânsito em julgado, da execução provisória da pena, possuidora de caráter provisório em semelhança ao direito civil.

Dessa forma, aquele que cumpre provisoriamente a pena restritiva de liberdade ainda pode ter sua situação revertida, conforme o próprio Ministro Teori Zavascki assevera em seu voto condutor:

> Sustenta-se, com razão, que podem ocorrer equívocos nos juízos condenatórios proferidos pelas instâncias ordinárias. Isso é inegável: equívocos ocorrem também nas instâncias extraordinárias. Todavia, para essas eventualidades, sempre haverá outros mecanismos aptos a inibir consequências danosas para o condenado, suspendendo, se

---

[122] Art. 5º, inc. LVII da Constituição Federal.

necessário, a execução provisória da pena. *Medidas cautelares de outorga de efeito suspensivo ao recurso extraordinário ou especial são instrumentos inteiramente adequados e eficazes para controlar situações de injustiças ou excessos em juízos condenatórios recorridos. Ou seja: havendo plausibilidade jurídica do recurso, poderá o tribunal superior atribuir-lhe efeito suspensivo, inibindo o cumprimento de pena.* Mais ainda: a ação constitucional do habeas corpus igualmente compõe o conjunto de vias processuais com inegável aptidão para controlar eventuais atentados aos direitos fundamentais decorrentes da condenação do acusado. Portanto, mesmo que exequível provisoriamente a sentença penal contra si proferida, o acusado não estará desamparado da tutela jurisdicional em casos de flagrante violação de direitos. (Grifos nossos)

No que tange aos efeitos na seara eleitoral, que caminha independentemente, a nova jurisprudência cria possibilidade peculiar de político que, embora afastado, continua investido no mandato eletivo e cumpre pena privativa de liberdade. Tal situação se mostra possível em virtude da interpretação sistemática dos arts. 55, inc. VI[123] da Constituição Federal e 224, §4º do Código Eleitoral, e da tese fixada pelo Supremo Tribunal Federal.

Destarte, o exercente de mandato que for condenado criminalmente por decisão colegiada, de acordo com a decisão do Supremo Tribunal Federal no HC nº 126.292, poderá ter a pena de reclusão decretada, mas não terá o mandato inviabilizado automaticamente em razão dos arts. 55, inc. VI da Constituição Federal e 224, §4º do Código Eleitoral.

Assim, a decisão da Justiça Eleitoral só poderá fulminar o mandato eletivo após o trânsito em julgado da decisão. Portanto, aquele que for condenado a cumprir execução provisória de pena restritiva de liberdade no exercício do mandato não perde o cargo imediatamente, tendo em vista o requisito do trânsito em julgado previsto na Constituição Federal e na Lei nº 13.165/2015.

13.13.3 Art. 224 do Código Eleitoral após a minirreforma de 2015

A Lei nº 13.165 de setembro de 2015 incluiu os §§3º e 4º ao art. 224 do Código Eleitoral em expressiva e controvertida mudança legislativa,

---

[123] Constituição Federal: "Art. 55. Perderá o mandato o Deputado ou Senador: [...] VI - que sofrer condenação criminal em sentença transitada em julgado".

fomentando calorosas discussões quanto à sua aplicabilidade e constitucionalidade.

O §3º da norma determina renovação das eleições em pleito majoritário, independentemente do número de votos, após o trânsito em julgado de decisão da Justiça Eleitoral que acarrete indeferimento do registro, cassação do diploma ou perda do mandato. O §4º determina a natureza dessas novas eleições, sendo indiretas na hipótese de vacância do cargo nos seis meses finais do mandato e diretas nos demais casos, ambas custeadas pela Justiça especializada.

O primeiro ponto problemático consiste na abrangência de todos os cargos obtidos pelo pleito majoritário, já que o art. 81 da Constituição Federal de 1988[124] prevê regra diversa para as eleições suplementares em caso de vacância dos cargos de presidente e vice-presidente da República, verificando-se inconstitucionalidade material.

Aos cargos de senadores da República, também obtidos via sistema majoritário, a aplicação do aludido dispositivo não possui justificativa prática. Senadores não possuem estrutura administrativa da chefia do Executivo, assim, a realização de novas eleições em caso de cassação de mandato ou indeferimento do registro e a reinserção das eleições indiretas para estes cargos violam princípios constitucionais como a finalidade, a razoabilidade e a economicidade, onerando sobremaneira os cofres públicos.

O segundo dilema é a impossibilidade de assunção do segundo colocado em caso de afastamento ou desconstituição do mandatário de cargo obtido em pleito majoritário. Objetivou-se evitar as sucessivas alternâncias em virtude de decisões judiciais, fixando o trânsito em julgado como marco para a realização de novo prélio eleitoral.

Há, no entanto, omissão legislativa em relação a quem será diplomado no período compreendido entre a posse e a coisa julgada da decisão quando houver indeferimento do registro. As soluções possíveis consistem em i) dar posse ao segundo mais votado, até que, após o trânsito em julgado, sejam realizadas novas eleições; ii) outorgar diploma ao réu, que não reune condições para registro, até o trânsito em julgado ou, iii) declarar vago o cargo de chefe do Executivo, até a decisão final.

---

[124] "Art. 81. Vagando os cargos de Presidente e Vice-Presidente da República, far-se-á eleição noventa dias depois de aberta a última vaga. §1º Ocorrendo a vacância nos últimos dois anos do período presidencial, a eleição para ambos os cargos será feita trinta dias depois da última vaga, pelo Congresso Nacional, na forma da lei. §2º Em qualquer dos casos, os eleitos deverão completar o período de seus antecessores".

Condicionar a realização de novas eleições ao trânsito em julgado da decisão de cassação ou indeferimento do registro torna a própria destituição do mandato sem eficácia diante da morosidade do Judiciário e da possibilidade de manuseio de recursos. Também não parece razoável a imposição da mesma consequência e tratamento ao candidato com registro indeferido por mera irregularidade administrativa e ao que pratica ato ilícito.

Ainda, da necessidade do trânsito em julgado para a realização de novas eleições sobrevém o exercício do mandato por tempo indeterminado pelo presidente da Câmara Municipal, de Assembleia Legislativa ou da Câmara dos Deputados, em afronta à segurança jurídica e à soberania popular.

A exigência do trânsito em julgado opera na contramão da legislação vigente, a exemplo da Lei da Ficha Limpa, cuja redação impõe a inelegibilidade já na superveniência de decisão colegiada condenatória, e do recente entendimento do Supremo Tribunal Federal, consignado no HC nº 126.292, possibilitando a execução provisória da pena confirmada em decisão de segundo grau.

Referida lei estimula a participação de candidatos irregulares nas eleições por não assentar consequências jurídicas imediatas a estes e aos partidos políticos que insistem em registrar candidaturas dos sabidamente inelegíveis. Estabeleceu-se, ainda, antinomia entre o *caput* do art. 224 do Código Eleitoral e do §3º que, conforme expõe Marlon Reis,[125] possui gravidade suficiente para afastar "a aplicabilidade da inovação normativa".

---

[125] REIS, Marlon. Lei 13.165 criou antinomia sobre perda de mandato no Código Eleitoral. *Conjur*, 29 fev. 2016. Disponível em: <http://www.conjur.com.br/2016-fev-29/marlon-reis-lei-13165-criou-antinomia-perda-mandato>.

CAPÍTULO 14

OS RECURSOS EM MATÉRIA ELEITORAL

O juiz ocupa no processo a posição de sujeito imparcial. Via de consequência, suas decisões poderiam revestir-se de irrevogabilidade, tornando-se imutáveis, uma vez proferidas e publicadas. Como os julgadores são suscetíveis de erros e de injunções, os ordenamentos processuais de todos os povos, preocupados com a correta e segura distribuição da justiça, propiciam o reexame e a reforma das decisões por eles prolatadas, criando, para tanto, meios de impugnação, a serem usados, exclusivamente, pelo contendor sucumbente ou vencido. Moacyr Amaral Santos, em uma de suas obras mais festejadas, ensina que "[...] recurso é o poder de provocar o reexame necessário de uma decisão pela mesma autoridade judiciária, ou por outra hierarquicamente superior, visando obter a sua reforma ou modificação".[1]

O recurso, desde que admitido, revela-se prestante para forçar o prosseguimento do processo, ocasionando, para que reste viável a expectativa do litigante originalmente vencido, um deslocamento da competência para a decisão da causa: do órgão *a quo*, de onde emanou a decisão, para o órgão *ad quem*, incumbido no novo julgamento.

Lembra Moreira, a propósito, que recurso, "no comum dos casos, [...] tem como consequência fazer prosseguir o processo que até então vinha correndo, em geral com deslocamento da competência: do órgão que proferiu a decisão (*a quo*) o deito passa àquele a que incumbe o reexame (*ad quem*)".[2] Em seguida, com o fito de demarcar a noção conceitual do instituto em comento, acrescenta o acatado doutrinador: "chamam-se de recursos os meios de impugnação que assim atuam".

---

[1] SANTOS, Moacyr Amaral. *Primeiras linhas de direito processual civil*. 11. ed. São Paulo: Saraiva, 1990. p. 82. v. 3.

[2] MOREIRA, José Carlos Barbosa. *Novo processo civil*. 18. ed. Rio de Janeiro: Forense, 1996. p. 132.

O recurso é o meio a ensejar o reexame da decisão dentro do mesmo processo em que foi proferida, antes da formação da coisa julgada, que visa reformar, invalidar ou esclarecer (integrar) decisão judicial. É uma natural reação humana e possibilidade de melhor interpretação das normas.

De uso frequente no processo eleitoral, a impugnação não deve ser confundida com o recurso, muito embora a sua não oposição, no momento próprio, constitua óbice ao direito de recorrer. A impugnação, para os fins cogitados, encerra um conjunto de argumentos, destinados a refutar um ato ou uma pretensão, cujos efeitos exaurem-se, por completo, no instante em que é apresentada; enquanto que o recurso precisa ser previsto em lei, é utilizado depois de tomada a decisão, e, uma vez admitido, prorroga a relação jurídica de direito processual, que só se encerra depois de transitada em julgado a decisão por ele suscitada.

O Código Eleitoral disciplina em seus arts. 257 e seguintes a matéria recursal eleitoral, que difere do sistema recursal das demais áreas do direito, vez que os recursos eleitorais não terão efeitos suspensivos (art. 257); a execução de qualquer acórdão (decisão judicial) será feita imediatamente, através de comunicação por ofício, telegrama, ou, em casos especiais, a critério do presidente do Tribunal, através de cópia do acórdão (art. 257, parágrafo único).

14.1 Legitimidade e interesse

Possui legitimidade para recorrer a parte vencida, no todo ou em parte; terceiro interessado (defender a parte sucumbente e no mesmo prazo que a parte possui para recorrer) e o Ministério Público.

Tem interesse para recorrer a parte prejudicada pela decisão, pois, como já se tornou corrente na província explorada pelos processualistas, o recurso tem uma justificativa única e exclusiva: o prejuízo, ou o gravame, imposto ao contendor pela sentença, pelo acórdão ou pela interlocutória.

Assim, como o recurso tem um pressuposto subjetivo que é a legitimação, é imperioso concluir que a sua interposição está reservada ao sucumbente, entendido, para esse feito, o litigante afetado detrimentosamente pela sentença, decisão ou acórdão.

No processo eleitoral, a regra focalizada tem aplicação restrita aos sujeitos empenhados nos litígios eleitorais: o partido político, a coligação, o candidato e o Ministério Público. Este, outrossim, pode provocar o pronunciamento da instância superior, quando atuar como fiscal da lei.

14.2 Pressupostos objetivos

O cabimento dos recursos eleitorais está condicionado à satisfação de um conjunto de pressupostos objetivos, assim considerados porque dizem respeito aos recursos em si, com abstração, portanto, da posição ocupada pelo seu interpoente no litígio. São eles: a) recorribilidade do ato decisório; b) tempestividade; c) singularidade; e d) adequação do recurso (fungibilidade recursal).

Tocante à recorribilidade do ato, o Código Eleitoral, em seu art. 265, ao referir-se às decisões emanadas do primeiro grau de jurisdição, proclama que "dos atos, resoluções ou despachos dos juízes ou juntas eleitorais, caberá recurso ao Tribunal Regional".

Em decorrência dessa explicitação, são recorríveis, entre outras, as decisões proferidas: pela Junta Eleitoral, no decorrer da apuração; pelo juiz eleitoral, no processo de registro de candidato, se a eleição tiver caráter municipal; pelos Tribunais Regionais Eleitorais, no processo de registro de candidato, nas eleições voltadas para o preenchimento dos cargos de governador e vice-governador de estado ou do Distrito Federal, de senador, de deputado federal, de deputado estadual e deputado distrital, entre outras.

O segundo pressuposto objetivo dos recursos é, precisamente, a tempestividade, que impõe ao recorrente a observância do prazo assinalado em lei, para a sua interposição. Entretanto, se a lei não fixar prazo especial, o recurso deverá ser interposto em três dias da publicação do ato, resolução ou despacho.

São preclusos os prazos para a interposição de recurso, salvo quando neste se discutir matéria constitucional. Mesmo se o recurso discutir matéria constitucional não poderá ser interposto fora do prazo. Perdido o prazo numa fase própria, só em outra que se poderá ser interposto.

O processo eleitoral possui várias fases e cada uma delas enseja a interposição de impugnações e recursos. A inércia dos interessados gera a perda do direito de agir, por meio da preclusão.

Há uma grande discussão acerca dos prazos específicos que estão contidos na Constituição Federal, referente ao recurso extraordinário e especial, em que alguns doutrinadores afirmam que o prazo para tais recursos deveriam ser de 15 (quinze) dias, como aduz a Constituição. Entretanto, na realidade, a regra específica do processo eleitoral afasta a aplicação da regra constitucional.

O estudo dos pressupostos objetivos dos recursos, na área de conhecimento denominada direito eleitoral, conduz, em um terceiro momento, à análise do princípio da unirrecorribilidade, que veda, de modo terminante, o percurso simultâneo de duas ou mais vias recursais.

Por fim, a adequação do recurso, quando cabe à parte interpor o recurso indicado pela lei, sendo-lhe vedado, em consequência, valer-se do princípio da variabilidade, que, ao tempo da ordem jurídica processual decaída – período de vigência do Código de Processo Civil de 1939 –, validava o procedimento consistente na substituição de um recurso por outro, se ainda não exaurido o prazo para a interposição do segundo, em virtude da ocorrência, em casos assim, da preclusão consumativa: perda de uma faculdade processual, em decorrência do seu exercício em desacordo com a lei do processo.

Todavia, a exigência da adequação vem sendo mitigada, dia a dia, pelo princípio da fungibilidade, consagrado, às expressas, pelo Código de Processo Penal (art. 579), e aplicável, de modo subsidiário, ao processo eleitoral, que admite o aproveitamento do recurso impróprio, se a sua utilização se operar no prazo do recurso cabível.

14.3 Impossibilidade de desistência de recursos eleitorais

Em se tratando de matéria eleitoral, que possui natureza de ordem pública, a desistência de recursos não vem sendo admitida pela justiça eleitoral.

No REspe nº 25.094 (dec. 16.6.2005), o Tribunal Superior Eleitoral vaticinou: "A atual jurisprudência desta Corte Superior tem se posicionado no sentido de não ser admissível desistência de recurso que versa sobre matéria de ordem pública".

E, fundamentou: "o bem maior a ser tutelado pela Justiça Eleitoral é a vontade popular, e não a de um único cidadão. Não pode a eleição para vereador ser decidida em função de uma questão processual, não sendo tal circunstância condizente com o autêntico regime democrático".

O interesse da preservação da legitimidade das eleições como essencial à estabilidade democrática afasta a possibilidade de desistência ou qualquer tipo de transação processual tendente a extinguir a lide sem julgamento de mérito.

14.4 Efeitos

A Lei nº 13.165/2015 flexibilizou a regra geral atribuindo efeito suspensivo para os recursos ordinários interpostos contra decisão proferida por juiz eleitoral ou por Tribunal Regional Eleitoral que resulte em cassação de registro, afastamento do titular ou perda de mandato eletivo.[3] Porém, a esses recursos, dar-se-á preferência sobre quaisquer outros, salvo os de *habeas corpus* e de mandado de segurança. Na prática, não haverá assunção do segundo colocado nos casos de cassação do titular.

É oportuno ressaltar que: a) a referida flexibilização da regra geral não atinge os recursos interpostos contra decisão proferida pelo TSE; b) o §3º do art. 224 do Código Eleitoral, incluído pela Lei nº 13.165/2015, de aplicação exclusiva para candidato eleito em pleito majoritário, determina a realização de nova eleição, independentemente do número de votos anulados, somente após o trânsito em julgado da decisão da Justiça Eleitoral que importou no indeferimento do registro, cassação do diploma ou perda do mandato.

14.5 Procedimento

Os recursos deverão ser julgados na ordem de chegada à Secretária do Tribunal e seguidamente, em uma ou mais sessões, quando se tratar da mesma circunscrição, vez que o direito diz respeito ao exercício de poder, que diretamente interfere na democracia.

Comunica-se e cumpre-se de uma só vez os recursos da mesma circunscrição, para evitar interferência da Justiça Eleitoral no resultado das eleições. O §1º do art. 16 da Lei Geral das Eleições impõe prazo para julgamento dos recursos, os quais devem estar julgados em todas as instâncias, e publicadas as decisões a eles relativas no máximo até 45 dias antes do pleito.

Cabe ao juízo de admissibilidade conhecer ou não o recurso, enquanto o juízo do mérito dar ou não provimento.

14.6 Os recursos perante as Juntas e Juízos Eleitorais

O art. 265 do Código Eleitoral estabelece que dos atos, resoluções ou despachos dos juízes ou juntas eleitorais caberá recurso para o

---

[3] Código Eleitoral: "Art. 257. Os recursos eleitorais não terão efeito suspensivo. §2º O recurso ordinário interposto contra decisão proferida por juiz eleitoral ou por Tribunal Regional Eleitoral que resulte em cassação de registro, afastamento do titular ou perda de mandato eletivo será recebido pelo Tribunal competente com efeito suspensivo. (Incluído pela Lei nº 13.165, de 2015)".

Tribunal Regional, interposto por petição devidamente fundamentada, dirigida ao juiz eleitoral e acompanhada, se o entender o recorrente, de novos documentos.

No recurso eleitoral, ao contrário do direito processual comum, há a possibilidade de juntar novos documentos, além dos que estiverem nos autos, vez que o direito eleitoral está interessado na busca da verdade real e na aplicação da justiça. Assim, as formalidades devem ser dispensadas, desde que não seja ofendido o princípio do devido processo legal.

Caso se trate de hipótese de apuração de fatos que consistam em inelegibilidade por abuso de poder, prevista coação, fraude, utilização indevida dos meios de comunicação, que, por lei, devam ser apurados pelo Tribunal, basta que a parte indique os meios para se chegar às provas.

Os recursos perante as Juntas e Juízes Eleitorais permitem o juízo de retratação (possibilidade que tem o órgão prolator de modificar o próprio julgado). Nesse caso, se o juiz reformar a decisão recorrida, poderá o recorrido, dentro de três dias, requerer que suba o recurso, como se por ele interposto.

14.7 Recursos de decisões interlocutórias

Os recursos contra decisões interlocutórias são cabíveis, em regra, apenas dos despachos dos juízes e juntas eleitorais, por disposição expressa do art. 265 do Código Eleitoral: "dos atos, resoluções ou despachos dos juízes ou juntas eleitorais caberá recurso para o Tribunal Regional".

Das decisões dos Tribunais, cabem recursos apenas contra as decisões terminativas. Quando admitidos, os recursos opostos contra decisões interlocutórias ficam retidos nos autos, para serem apreciados juntamente com o recurso da decisão definitiva ou de mérito, dirigido à instância superior.

Diante da inexistência de recurso próprio, o Tribunal Superior Eleitoral decidiu que no processo eleitoral não é compatível a existência desse recurso. As decisões interlocutórias são atacáveis por mandado de segurança, a fim de se evitar prejuízos irreparáveis às partes, mas sua admissibilidade fica condicionada à existência de vícios teratológicos nas decisões recorridas e ameaça de prejuízos irreparáveis às partes.

Nesse sentido, é pacífico o entendimento do Tribunal Superior Eleitoral acerca da matéria, como afirma o Ministro Relator Gilmar

Ferreira Mendes "irrecorríveis as decisões interlocutórias no processo eleitoral, podendo a parte interessada impugnar-lhe o conteúdo nas razões do recurso contra a sentença de 1º grau ou, em caso de teratologia ou manifesta ilegalidade, impetrar mandado de segurança".[4] A inadmissibilidade de recursos no curso do processo como regra decorre do princípio da celeridade que orienta o processo eleitoral.

O prazo para a interposição do agravo de instrumento é de três dias quando o recurso especial for denegado em primeira instância (Tribunal Regional Eleitoral).

Deverá esse recurso ser interposto por meio de petição, a qual deverá conter: a exposição do fato e do direito, as razões do pedido de reforma da decisão e a indicação das peças do processo que deverão ser trasladadas. Embasarão o instrumento os documentos apontados pelo agravante, aqueles apontados pelo agravado, bem como os que serão obrigatoriamente trasladados, tais como a decisão recorrida e a certidão da intimação.

Além de juntar documento, quando o recurso versar sobre coação, fraude, uso de meios de que trata o art. 237 do Código Eleitoral (abuso de poder) ou emprego de processo de propaganda ou captação de sufrágios vedados por lei, dependentes de prova a ser determinada pelo Tribunal, basta ao recorrente indicar os meios a elas conducentes (parágrafo único, art. 265, CE). O relator poderá deferir a produção da prova, devendo ser realizada no prazo de cinco dias (art. 270, CE). Admite-se a prova emprestada, inclusive justificação e perícia, desde que produzida em juízo e sob o crivo do contraditório, visando à busca da verdade real.

O recorrido será intimado pelo *Diário de Justiça* ou pessoalmente para apresentar contrarrazões, em igual prazo recursal, podendo ser acompanhadas de novos documentos. Se o recorrido juntar novos documentos, terá o recorrente vista dos autos por 48 (quarenta e oito) horas para falar sobre eles. Não é permitido juntar documentos ou apresentar nova argumentação no Tribunal Regional (art. 269, CE).

A possibilidade de juntar documentos e apresentar nova argumentação só é possível nessa fase recursal preliminar (inicial) diante do juízo recorrido, vez que no Tribunal não é mais possível juntar novos documentos, a preclusão será completa.

---

[4] Agravo Regimental em Agravo de Instrumento nº 51.175. Acórdão de 17.12.2014. Rel. Min. Gilmar Ferreira Mendes. *DJE*, t. 35, 23 fev. 2015. p. 56.

Há a possibilidade de retratação do juízo, podendo este reformar a sua decisão, após analisar as razões, contrarrazões e documentos novos. Nessa hipótese, poderá o recorrido, no prazo de três dias, requerer que o recurso suba como se por ele interposto, ou seja, as razões são convertidas em contrarrazões.

Findos os prazos, o juiz eleitoral fará, dentro de 48 (quarenta e oito) horas, subir os autos ao Tribunal Regional com a sua decisão (se mantém a decisão recorrida ou faz o juízo de retratação), sujeito à multa de dez por cento do salário-mínimo por dia de retardamento.

14.8 Os recursos nos Tribunais Regionais Eleitorais

Distribuídos os recursos a um relator em 24 (vinte e quatro) horas, a Secretaria do Tribunal abrirá, sem demora, vista dos autos à Procuradoria Regional, que deverá emitir parecer no prazo de 5 (cinco) dias. Inicialmente o processo não é dirigido ao relator, será diretamente encaminhado ao procurador, buscando a simplificação dos atos processuais.

Se a Procuradoria não emitir parecer no prazo fixado, poderá a parte interessada requerer a inclusão do processo na pauta, devendo o procurador, nesse caso, proferir parecer oral na assentada do julgamento (art. 269, §2º, CE).

Conclusos os autos ao relator, ele os devolverá à Secretaria no prazo improrrogável de 8 (oito) dias para, nas 24 (vinte e quatro) horas seguintes, ser incluído na pauta de julgamento do Tribunal. Em recurso contra a expedição de diploma há a presença do juiz revisor.

Na sessão do julgamento, apresentado o relatório, cada uma das partes poderá, no prazo improrrogável de dez minutos, sustentar oralmente. Quando se tratar de cassação de mandato, o prazo será de 15 (quinze) minutos, entretanto, se tratar-se de julgamento de recursos contra a expedição de diploma, cada parte terá vinte minutos para sustentação oral.

14.8.1 Embargos de declaração

Através dos embargos de declaração, a parte inconformada com o enunciado da decisão provoca o próprio Juízo que a emitiu para que dissipe as dúvidas nela existentes. É um procedimento destinado a extinguir equívocos e oferecer clarificação que faltou no julgamento embargado.

Relativamente à matéria eleitoral, os embargos de declaração, previstos no art. 275 do Código Eleitoral, só são admitidos para atingir decisões provenientes dos Tribunais Regionais Eleitorais e do Tribunal Superior Eleitoral, sendo, portanto, inaplicáveis às decisões dos Juízes e Juntas Eleitorais. Em algumas decisões o Tribunal Superior Eleitoral conhece e recebe os embargos como agravo regimental, como bem explica o relator Ministro Henrique Neves da Silva "Na linha da jurisprudência do Tribunal Superior Eleitoral, recebem-se como agravo regimental os embargos de declaração com pretensão infringente opostos em face de decisão monocrática".[5]

Utilizam-se também os embargos de declaração para fins de prequestionamento, vez que o recurso para as instâncias superiores somente será conhecido se versar sobre uma matéria decidida expressamente pelo Tribunal recorrido, fazendo-se necessário que a matéria discutida no recurso tenha sido enfrentada pelo Tribunal.

Os embargos são opostos ao próprio relator do acórdão que se pretende reformular, no prazo de três dias subsequentes à sua publicação, em petição escrita, com indicação do ponto do acórdão obscuro, duvidoso ou contraditório, ou, ainda, quando for omitido ponto sobre o qual devia pronunciar-se o Tribunal. Recebendo-os, sem audiência da parte adversa, deverá o relator apresentar o feito para julgamento na primeira sessão, independentemente da inclusão em pauta, com emissão de seu voto.

A condição do relator prorroga-se à fase do julgamento dos embargos, a qual somente desaparecerá se ficar vencido, passando então a outro julgador a incumbência da lavratura do acórdão substitutivo, em decorrência do provimento dos embargos.

Opostos os embargos, via de regra, opera-se a suspensão de prazo para interposição de outros recursos que se façam cabíveis, pois é o próprio acórdão que está sendo objeto de pendência. Desde que fique evidenciado o propósito meramente protelatório, caberá ao Tribunal, em assim reconhecendo, inserir essa circunstância no contexto da decisão que os rejeitar. Mas, se o acórdão referente à rejeição dos embargos silencia nesse ponto, somente a partir de sua publicação passa a ser contado o prazo para utilização de qualquer outro recurso que possa comportar. Prevalece, dessa forma, a regra da não suspensividade,

---

[5] Agravo Regimental em Agravo de Instrumento nº 298.350. Acórdão de 17.11.2015. Rel. Min. Henrique Neves da Silva. *DJE*, t. 236, 15 dez. 2015. p. 23-24.

consignada no art. 275, §4º, do Código Eleitoral, com a única exceção já anteriormente ressaltada das apelações criminais, pondo-se em conexão os arts. 361 e 362, ambos do Código Eleitoral.

14.8.2 Agravo regimental

No âmbito interno dos Tribunais Regionais, poderão ser interpostos os chamados agravos regimentais, conhecidos por agravos inominados, sempre que a parte recorrer de uma decisão singular, monocrática ou unipessoal do juiz relator. O órgão competente para apreciá-los é o colegiado do próprio Tribunal.

14.9 Recursos para o Tribunal Superior Eleitoral

São taxativas as hipóteses em que caberá recurso das decisões dos Tribunais Regionais Eleitorais, previstas na Carta Magna:

Art. 121. [...]

§4º Das decisões dos Tribunais Regionais Eleitorais somente caberá recurso quando:

I - forem proferidas contra disposição expressa desta Constituição ou de lei;

II - ocorrer divergência na interpretação de lei entre dois ou mais tribunais eleitorais;

III - versarem sobre inelegibilidade ou expedição de diplomas nas eleições federais ou estaduais;

IV - anularem diplomas ou decretarem a perda de mandatos eletivos federais ou estaduais;

V - denegarem "habeas corpus", mandado de segurança, "habeas data" ou mandado de injunção.

Em regra, quase todas as decisões de cunho eleitoral se exaurem nos Tribunais Regionais. Contudo, excepcionando a regra, estão previstas no ordenamento jurídico as duas categorias de recursos para o Tribunal Superior Eleitoral, quais sejam o recurso ordinário (incs. III, IV e V do art. 121, §4º da CF) e o especial (incs. I e II do art. 121, §4º da Constituição Federal). Essas espécies de recursos estão previstas no art. 276 do Código Eleitoral.

É de três dias o prazo para a interposição dos recursos para o Tribunal Superior Eleitoral.

14.9.1 Recurso especial

De acordo com a legislação eleitoral brasileira, o recurso especial tem o condão de devolver ao Tribunal Superior a competência para emitir novo julgamento, no âmbito das questões suscitadas, mantendo a decisão recorrida ou reformando-a total ou parcialmente, nas seguintes hipóteses: quando proferidas decisões contra expressa disposição de lei ou quando ocorrer divergência na interpretação de lei entre dois ou mais tribunais eleitorais (CE, art. 276, I).

Na primeira hipótese, reclama-se a ostensiva ofensa no julgado a uma norma legal, independentemente de sua natureza, quer seja federal, estadual ou mesmo municipal, desde que pertinente à espécie litigiosa.

Já na segunda, é necessário que a divergência jurisprudencial esteja correlata à matéria eleitoral, bem como que as posições discrepantes ocorram entre Tribunais Regionais Eleitorais, ou destes com o Tribunal Superior Eleitoral. Descabe, porém, o recurso, fundado nessa hipótese, se a divergência suscitada promanar de outro Tribunal não integrante da Justiça Eleitoral, mesmo que esteja a apontar decisão do Supremo Tribunal Federal. Dessa forma, é válido ressaltar que o âmbito do recurso especial eleitoral em matéria de divergência jurisprudencial refere-se tão somente a posições adotadas entre dois ou mais Tribunais Eleitorais; por conseguinte, somente serão afetadas pela cláusula de irrecorribilidade, de que trata o art. 121, §4º, da Constituição Federal, os casos de dissídios jurisprudenciais entre Tribunais Eleitorais, que são exatamente os que autorizam o recurso especial eleitoral. Nos demais contrassensos jurisprudenciais, envolvendo Tribunais não eleitorais, não será cabível o recurso especial eleitoral, comportando o recurso especial constitucional, previsto no art. 105, III da Constituição da República.

O recurso especial está adstrito ao conhecimento de sua admissibilidade pelo presidente do Tribunal Regional. Deve-se, dessa forma, anexar a petição de interposição do recurso aos autos da ação principal, para que o exame dela possa ser levado a efeito dentro de quarenta e oito horas e, posteriormente, em igual prazo, seja exarado despacho fundamentado admitindo-o ou não.

Não é cabível o recurso especial em matéria administrativa, vez que o seu cabimento se restringe à área demarcada pela jurisdicionalização, não se prestando esse meio impugnativo, portanto, para ocasionar a revisão de decisões respeitantes a direitos e obrigações de servidores da Justiça Eleitoral, inclusive quando estiverem em jogo vencimentos e vantagens pecuniárias ou prestações de contas, conforme recente entendimento do Tribunal Superior Eleitoral.

Assim, sendo admitido o recurso especial, abrir-se-á vista à parte recorrida para que no prazo de três dias apresente as suas contrarrazões. Findo esse prazo, com ou sem as razões do recorrido, retornarão os autos conclusos ao Presidente do Tribunal para que este diligencie no sentido de fazê-los subir até o Tribunal Superior Eleitoral, sem acrescentar qualquer sustentação.

14.9.2 Agravo de instrumento contra decisão denegatória do recurso especial (CE, art. 279)

A decisão que não reconhece a plausibilidade do recurso especial pode ser atacada via agravo de instrumento, sendo levada à apreciação do Tribunal Superior Eleitoral, ou seja, um órgão diferente do que prolatou a decisão agravada, para que este ordene ou não a subida dos autos para exame de recurso especial, dando, assim, seu enquadramento por uma das modalidades contidas no art. 276, I, do Código Eleitoral, qual seja: quando for proferida contra expressa disposição de lei ou quando ocorrer divergência na interpretação de lei entre dois ou mais Tribunais Eleitorais.

O prazo para a interposição do agravo de instrumento é de três dias quando o recurso especial for denegado em primeira instância (Tribunal Regional Eleitoral).

O agravo deverá ser interposto por meio de petição, a qual deverá conter a exposição do fato e do direito, as razões do pedido de reforma da decisão e a indicação das peças do processo que deverão ser trasladadas. Embasarão o instrumento os documentos apontados pelo agravante, aqueles apontados pelo agravado, bem como os que serão obrigatoriamente trasladados, tais como a decisão recorrida e a certidão da intimação.

O presidente do Tribunal intimará o recorrido para, no prazo de 3 (três) dias, apresentar as suas razões e indicar as peças dos autos que serão também trasladadas.

Não poderá o presidente do Tribunal negar seguimento ao agravo, ainda que interposto fora do prazo legal. Chegando ao Tribunal Superior Eleitoral, caso o relator dê provimento ao agravo de instrumento, entendendo ser admissível o recurso especial, poderá desde logo julgar o mérito recursal, dando ou negando provimento ao recurso (art. 36, §4º do Regimento Interno do TSE).

14.9.3 Agravo regimental

É admitida no âmbito do Tribunal Superior Eleitoral a figura recursal do agravo regimental, na esteira das recentes inovações processuais introduzidas pelo CPC, que garantiam aos relatores prerrogativas de dar ou negar seguimento a recursos ou até mesmo dar ou negar provimento (analisando o mérito), caso a decisão recorrida esteja ou não em consonância com súmulas ou com a jurisprudência dominante no Tribunal.

Segue trecho do Regimento Interno do Tribunal Superior Eleitoral:

> Art. 36. [...]
>
> §6º O relator negará seguimento a pedido ou recurso intempestivo, manifestamente inadmissível, improcedente, prejudicado ou em confronto com súmula ou com jurisprudência dominante do tribunal, do Supremo Tribunal Federal ou de tribunal superior;
>
> §7º Poderá o relator dar provimento ao recurso, se a decisão recorrida estiver em manifesto confronto com súmula ou com jurisprudência dominante do Supremo Tribunal Federal ou de Tribunal Superior;
>
> §8º Da decisão do relator caberá agravo regimental, no prazo de três dias e processado nos próprios autos.

14.9.4 Recurso ordinário

O recurso ordinário, na esfera eleitoral, pode ser dirigido tanto ao Supremo Tribunal Federal quanto ao Tribunal Superior Eleitoral, a depender da decisão a ser impugnada. A Constituição Federativa dispõe que compete à Suprema Corte o julgamento de *habeas corpus* e mandado de segurança, em sede de recurso ordinário, decididos em única instância pelos Tribunais Superiores, se denegatória a decisão.[6] Nessa perspectiva, é conferido ao Tribunal Superior Eleitoral o julgamento de recurso ordinário que visa impugnar decisões dos Tribunais

---

[6]   Constituição Federal: "Art. 102. [...] III - julgar em recurso ordinário: a) o habeas corpus, o mandado de segurança, o habeas data e o mandado de injunção decidiso em única instância pelos Tribunais Superiores, se denegatória a decisão".

Regionais Eleitorais que versarem sobre inelegibilidade ou expedição de diplomas; anularem diplomas ou decretarem a perda de mandatos eletivos; denegarem *habeas corpus*, mandado de segurança, *habeas data* ou mandado de injunção no âmbito das eleições federais ou estaduais.[7] É importante ressaltar que tal rol expresso constitucionalmente é taxativo e *numerus clausus*.

A Constituição é omissa quanto à natureza da decisão denegatória impugnada de *habeas corpus*, mandado de segurança, *habeas data* e mandado de injunção, ou seja, se esta seria recorrível apenas em caso de decisões de única instância ou se funcionaria também como Tribunal de última instância. A posição majoritária é que, assim como no Supremo Tribunal Federal, seria cabível o recurso ordinário apenas contra decisão de competência originária dos Tribunais Regionais Eleitorais, com exceção da denegação de *habeas corpus*.

Não é admitida a fungibilidade de recurso especial interposto contra decisão que enseja recurso ordinário, por ser considerado erro grosseiro. A única hipótese plausível seria de recurso contra denegação de mandado de segurança, *habeas data* e mandado de injunção, que decorrerem de competência recursal do Tribunal Regional Eleitoral, levando em consideração a margem para interpretações conferida pelo texto constitucional. O prazo, contado da publicação da decisão, é de 3 (três) dias.[8]

Uma vez interposto o recurso, é defeso ao Tribunal Regional a prática de qualquer ato de natureza cognitiva, dado o efeito devolutivo inerente a essa modalidade de recurso. Contudo, nada obsta que o Tribunal proceda à execução do seu julgado, porque o recurso não tem efeito suspensivo, como ocorre, via de regra, em matéria eleitoral. Além disso, a Lei nº 13.165/15 alterou o Código Eleitoral para atribuir efeito suspensivo imediato ao recurso ordinário.

14.10 Recurso extraordinário

O direito constitucional brasileiro é expresso no sentido de que é dever do Supremo Tribunal Federal ser guarda da Magna Carta. Entre os recursos definidos, está o recurso extraordinário, que é ensejado nas hipóteses em que se contraria dispositivo da Constituição; se declara

---

[7]   Constituição Federal, art. 121, §4º, II, IV e V.

[8]   Código Eleitoral, art. 276, §1º.

a inconstitucionalidade de tratado ou lei federal; se julgam válidos lei ou ato de governo local contestado em face da Lei Maior.[9]

No âmbito do direito eleitoral, o Tribunal Superior Eleitoral é considerado última instância, vez que quando a Suprema Corte Eleitoral julga a matéria, não é necessariamente obrigatório que o Supremo Tribunal Federal a aprecie para que transite em julgado, porque no direito processual eleitoral a matéria finda com o julgamento deste.

Dessa forma, vigora-se o princípio da irrecorribilidade das decisões do Tribunal Superior Eleitoral, expresso constitucionalmente, que excepciona as que contrariem a própria Magna Carta,[10] hipótese de cabimento de recurso extraordinário. No mesmo sentido, o Código Eleitoral também reafirma a irrecorribilidade das decisões da última instância eleitoral,[11] trazendo as mesmas exceções.[12]

A interposição do recurso extraordinário obedece, além dos princípios gerais dos recursos – o devido processo legal, a ampla defesa e o contraditório – e os específicos do direito eleitoral, a outros princípios característicos, como a celeridade, de extrema importância para o direito processual eleitoral, a preclusão e a unirrecorribilidade que veda a interposição de vários recursos simultaneamente sobre uma mesma decisão.

No que tange à regulamentação por meio de legislação infraconstitucional, o Regimento Interno do Supremo Tribunal Federal traz detalhes acerca do procedimento, assim como o Novo Código de Processo Civil, que dispõe quanto ao do recurso extraordinário nos arts. 1.029 a 1.035.

É importante ressaltar que o sistema recursal eleitoral possui suas peculiaridades e características próprias. Por exemplo, recurso especial e extraordinário não podem ser interpostos concomitantemente. A razão

---

[9] "Art. 102. Compete ao Supremo Tribunal Federal, precipuamente, a guarda da Constituição, cabendo-lhe: [...] III - julgar, mediante recurso extraordinário, as causas decididas em única ou última instância, quando a decisão recorrida: a) contrariar dispositivo desta Constituição; b) declarar a inconstitucionalidade de tratado ou lei federal; c) julgar válida lei ou ato de governo local contestado em face desta Constituição; d) julgar válida lei local contestada em face de lei federal".

[10] "Art. 121. Lei complementar disporá sobre a organização e competência dos tribunais, dos juízes de direito e das juntas eleitorais. [...] §3º São irrecorríveis as decisões do Tribunal Suprior Eleitoral, salvo as que contrariarem esta Constituição e as denegatórias de habeas corpus ou mandado de segurança".

[11] "Art. 22. Compete ao Tribunal Superior: [...] Parágrafo único. As decisões do Tribunal Superior são irrecorríveis, salvo nos casos do artigo 281".

[12] "Art. 281. São irrecorríveis as decisões do Tribunal Superior, salvo as que declararem a invalidade de lei ou ato contrário à Constituição Federal e as denegatórias de habeas corpus ou mandado de segurança, das quais caberá recurso ordinário para o Supremo Tribunal Federal, interposto no prazo de 3 (três) dias".

por trás dessa vedação é simples: o recurso extraordinário é admitido apenas diante de decisão proferida pelo Tribunal Superior Eleitoral e não por Tribunal Regional Eleitoral, que só pode ser questionada por meio de recurso especial eleitoral e ordinário. Não é permitida a fungibilidade em recurso especial de recurso extraordinário interposto em face de decisão de Tribunal Regional Eleitoral, por ser considerado erro grosseiro.

As exigências para a admissibilidade do recurso extraordinário atendem aos mesmos pressupostos e são semelhantes aos demais recursos no sistema jurídico, sendo necessária a presença das condições da ação, como o interesse de agir, legitimidade e pedido juridicamente possível. Todavia, existem particularidades e requisitos específicos, como o prequestionamento e a repercussão geral.

O prequestionamento é exigido em função do próprio texto constitucional que institui o recurso extraordinário de acordo com as hipóteses de decisões que podem ser recorridas,[13] ou seja, na ausência delas ou de posicionamento expresso do Tribunal *a quo*, não cabe recurso, uma vez que este perde toda sua finalidade. No mesmo sentido, no âmbito do direito constitucional eleitoral, também é expresso que o objeto de recurso é a decisão do Tribunal Superior Eleitoral.[14] Nesse contexto, a Súmula nº 282 do Supremo Tribunal Federal dispõe que "é inadmissível o recurso extraordinário, quando não ventilada, na decisão recorrida, a questão federal suscitada".

Na eventualidade de omissão do acórdão acerca da matéria questionada, são cabíveis embargos de declaração para que tal lapso seja reparado. Se a negligência persistir, consideram-se incluídos no acórdão os elementos que o embargante suscitou, para fins de prequestionamento, segundo o Novo Código de Processo Civil.[15] A jurisprudência do Supremo Tribunal Federal também é clara no sentido de que o

---

[13] Constituição Federal: "Art. 102. Compete ao Supremo Tribunal Federal, precipuamente, a guarda da Constituição, cabendo-lhe: [...] III - julgar, mediante recurso extraordinário, as causas decididas em única ou última instância, quando a decisão ocorrida: a) contrariar dispositivo desta Constituição; b) declarar a inconstitucionalidade de tratado ou lei federal; c) julgar válida lei ou ato de governo local em face desta Constituição; d) julgar válida lei local contestada em face de lei federal".

[14] Constituição Federal: "Art. 121. Lei complementar disporá sobre a organização e competência dos tribunais, dos juízes de direito e das juntas eleitorais. [...] §3º São irrecorríveis as decisões do Tribunal Superior Eleitoral, salvo as que contrariarem esta Constituição e as denegatórias de habeas corpus ou mandado de segurança".

[15] CPC/2015: "Art. 2.015. Consideram-se incluídos no acórdão os elementos que o embargante suscitou, para fins de pré-questionamento, ainda que os embargos de declaração sejam inadmitidos ou rejeitados, caso o tribunal superior considere existentes erro, omissão, contradição ou obscuridade".

ponto omisso da decisão, sobre o qual não foram opostos embargos declaratórios, não pode ser objeto de recurso extraordinário.[16] A repercussão geral, por sua vez, foi incluída como requisito pela Emenda à Constituição nº 45, de 2004, versando que, em sede de recurso extraordinário, o recorrente deverá demonstrar a repercussão geral das questões constitucionais discutidas no caso, nos termos da lei, a fim de que o Tribunal examine a admissão do recurso.[17] Nessa lógica, o Novo Código de Processo Civil também dispõe acerca da necessidade da evidenciação de repercussão geral para que o recurso extraordinário seja conhecido.[18]

Outra questão relevante acerca da repercussão geral é que ela somente pode ser recusada pela manifestação de dois terços dos membros do Tribunal.[19] Tendo em vista que o Supremo Tribunal Federal é composto por onze ministros, é necessária a negativa de oito destes para que a arguição de existência de repercussão geral seja rejeitada. Dessa forma, sendo a Suprema Corte constituída por duas turmas, para que seja aceita, são necessários apenas quatro ministros, ou seja, pode ser aprovada por apenas uma turma – composta por cinco ministros – enquanto a rejeição só pode ser feita após apreciação em plenário.

Objetivando a celeridade e bom funcionamento do sistema, foi implementado o "plenário virtual", método eletrônico de votação, que prescinde de sessão física do plenário ordinário. Também é importante ressaltar que na inexistência do número mínimo exigido de pronunciamentos desfavoráveis, a presença de repercussão geral é presumida. O Novo Código de Processo Civil também dispõe que súmula de decisão sobre a repercussão geral constará de ata, que será publicada no *Diário Oficial* e valerá como acórdão.[20]

---

[16] Súmula nº 356 do Supremo Tribunal Federal.
[17] Constituição Federal: "Art. 102. Compete ao Supremo Tribunal Federal, precipuamente, a guarda da Constituição, cabendo-lhe: [...] §3º No recurso extraordinário o recorrente deverá demonstrar a repercussão geral das questões constitucionais discutidas no caso, nos termos da lei, a fim de que o Tribunal examine a admissão do recurso, somente podendo recusá-lo pela manifestação de dois terços de seus membros".
[18] CPC/2015: "Art. 1.035. O Supremo Tribunal Federal, em decisão irrecorrível, não conhecerá do recurso extraordinário quando a questão constitucional nele versada não tive repercussão geral, nos termos deste artigo".
[19] Constituição Federal: "Art. 102. Compete ao Supremo Tribunal Federal, precipuamente, a guarda da Constituição, cabendo-lhe: [...] §3º No recurso extraordinário o recorrente deverá demonstrar a repercussão geral das questões constitucionais discutidas no caso, nos termos da lei, a fim de que o Tribunal examine a admissão do recurso, somente podendo recusá-lo pela manifestação de dois terços de seus membros".
[20] CPC/2015: "Art. 1.035. O Supremo Tribunal Federal, em decisão irrecorrível, não conhecerá do recurso extraordinário quando a questão constitucional nele versada não tive

Segundo o Regimento Interno do Supremo Tribunal Federal, a Presidência recusará recursos que não apresentem preliminar formal e fundamentada de repercussão geral, bem como aqueles cuja matéria carecer, segundo precedente do Tribunal, salvo se a tese tiver sido revista ou estiver em procedimento de revisão.[21] Vale lembrar que igual competência exercerá o relator sorteado, quando recurso não tiver sido liminarmente recusado pela Presidência.[22] Denegado o recurso, caberá agravo regimental[23] e, em caso decisão favorável, será intimado o recorrido a apresentar contrarrazões.

Ocorre um interessante fenômeno ainda no contexto do recurso extraordinário. É o caso de suspensão do processamento de todos os processos pendentes, individuais ou coletivos, que versem sobre a questão[24] que serão interrompidos de acordo com decisão do presidente ou vice-presidente dos tribunais *a quo*. O interessado pode requerer, ao presidente ou ao vice-presidente do tribunal de origem, que exclua da decisão de sobrestamento e inadmita o recurso extraordinário que tenha sido interposto intempestivamente, tendo o recorrente o prazo de 5 (cinco) dias para manifestar-se sobre o requerimento.[25] Para impugnação dessa decisão, caberá agravo interno.[26]

Quanto ao prazo, a legislação dispõe que o recurso que tiver a repercussão geral reconhecida deverá ser julgado no prazo de 1 (um) ano e terá preferência sobre os demais feitos, ressalvados os que envolvam réu preso e os pedidos de *habeas corpus*.[27] No caso de negativa de

---

repercussão geral, nos termos deste artigo. [...] §11º A súmula da decisão sobre a repercussão geral constará de ata, que será publicada no diário oficial e valerá como acórdão".

[21] Regimento Interno do Supremo Tribunal Federal: "Art. 327. A presidência do Tribunal recursará recursos que não apresentem preliminar formal e fundamentada de repercussão geral, bem como aqueles cuja matéria carecer de repercussão geral, segundo precedente do Tribunal, salvo se a tese tiver sido revista ou estiver em procedimento de revisão".

[22] Regimento Interno do Supremo Tribunal Federal: "Art. 327. [...] §1º Igual competência exercerá o(a) Relator(a) sorteado(a), quando o recurso não tiver sido liminarmente recusado pela Presidência".

[23] Regimento Interno do Supremo Tribunal Federal: "Art. 327. [...] §2º Da decisão que recursar recurso, nos termos deste artigo caberá agravo".

[24] CPC/2015: "Art. 1.035. [...]§5º Reconhecida a repercussão geral, o relator no Supremo Tribunal Federal determinará a suspensão do processamento de todos os processos pendentes, individuais ou coletivos, que versem sobre a questão e tramitem no território nacional".

[25] CPC/2015, art. 1.035, §6º.

[26] CPC/2015: "Art. 1.035. [...] §7º Da decisão que indeferir o requerimento referido no §6º ou que aplicar entendimento firmado em regime de repercussão geral ou em julgamento de recursos repetitivos caberá agravo interno".

[27] CPC/2015, art. 1.035, §9º.

repercussão geral, o presidente ou o vice-presidente do tribunal *a quo* negará seguindo aos recursos extraordinários sobrestados na origem que versem sobre matéria idêntica.[28]

De acordo com o Novo Código de Processo Civil, a decisão de admissibilidade proferida pelo presidente ou vice-presidente do tribunal recorrido fundada na aplicação de entendimento firmado em regime de repercussão geral ou em julgamento de recursos repetitivos tem natureza interlocutória e irrecorrível.[29] Na ausência de outras formas de impugnação da decisão, em casos extremos, é cabível mandado de segurança contra ato judicial.[30] Por último, é relevante mencionar que tal situação jurídica não é a mesma dos recursos extraordinários sob o regime repetitivo, que se fundamentam a partir de idêntica questão de direito e visam a reivindicações comuns.[31]

A interposição do recurso extraordinário se dá por meio de petição endereçada ao presidente ou vice-presidente do tribunal recorrido, no caso, do Tribunal Superior Eleitoral, que conterá a exposição do fato e do direito; a demonstração do cabimento do recurso interposto e as razões do pedido de reforma ou de invalidação da decisão recorrida.[32] O prazo será de 3 (três) dias, conforme o Código Eleitoral.[33] Corroborando esse entendimento, a Súmula nº 728 do Supremo Tribunal Federal reafirma o prazo de três dias para a interposição de recurso extraordinário contra decisão do Tribunal Superior Eleitoral, contado, quando for o caso, a partir da publicação do acórdão.[34] Na hipótese de interposição de embargos de declaração, o prazo do recurso extraordinário será interrompido.

---

[28] CPC/2015, art. 1.035, §8º.

[29] CPC/2015: "Art. 1.042. Cabe agravo contra decisão do presidente ou do vice-presidente do tribunal recorrido que inadmitir recurso extraordinário ou recurso especial, salvo quando fundada na aplicação de entendimento firmado em regime de repercussão geral ou em julgamento de recursos repetitivos".

[30] Lei nº 12.016/2009, art. 5º, II.

[31] CPC/2015, arts. 1.036 a 1.041.

[32] CPC/2015, art. 1.029.

[33] Código Eleitoral: "Art. 281. São irrecorríveis as decisões do Tribunal Superior, salvo as que declararem a invalidade de lei ou ato contrário à Constituição Federal e as denegatórias de "habeas corpus" ou mandado de segurança, das quais caberá recurso ordinário para o Supremo Tribunal Federal, interposto no prazo de 03 (três) dias".

[34] Supremo Tribunal Federal, Súmula nº 728: "É de três dias o prazo para a interposição de recurso extraordinário contra decisão do Tribunal Superior Eleitoral, contado, quando for o caso, a partir da publicação do acórdão, na própria sessão de julgamento, nos termos do art. 12 da Lei .055/74, que não foi revogado pela Lei 8.950/94".

Quanto ao efeito do recurso extraordinário, de acordo com o Regimento Interno do Supremo Tribunal Federal[35] e o Novo Código de Processo Civil,[36] não é suspensivo, tendo em vista o seu caráter excepcional, e sim devolutivo. Todavia, pode ser formulado pedido de concessão de efeito suspensivo a recurso extraordinário que poderá ser formulado por requerimento dirigido ao Tribunal Superior respectivo, no período compreendido entre a publicação da decisão de admissão do recurso e sua distribuição, ficando o relator designado para seu exame prevento para julgá-lo; ao relator, se já distribuído o recurso; ao presidente ou ao vice-presidente do tribunal recorrido, no período compreendido entre a interposição do recurso e a publicação da decisão de admissão do recurso e sua distribuição.[37]

14.11 Prazos

Com a edição da Resolução nº 23.478/2016, o Tribunal Superior Eleitoral afastou a aplicação subsidiária do art. 219 do Novo Código de Processo Civil. Portanto, os prazos processuais na seara eleitoral serão computados na forma do art. 16 da Lei Complementar nº 64, de 1990, não se suspendendo nos fins de semana ou feriados. Além disso, quando não se tratar de prazos processuais durante o período definido no calendário eleitoral, a contagem não se dará somente em dias úteis, consoante disposição do Novo CPC, seguindo a regra anterior, vez que a Justiça Eleitoral deve ser pautada pela celeridade.

---

[35] Regimento Interno do Supremo Tribunal Federal: "Art. 321. §4º O recurso extraordinário não tem efeito suspensivo".

[36] CPC/2015: "Art. 995. Os recursos não impedem a eficácia da decisão, salvo disposição legal ou decisão judicial em sentido diverso. Parágrafo único. A eficácia da decisão recorrida poderá ser suspensa por decisão do relator, se dá imediata produção de seus efeitos houver risco de dano grave, de difícil ou impossível reparação, e ficar demonstrada a probabilidade de provimento do recurso".

[37] CPC/2015, art. 1.029, §5º.

CAPÍTULO 15

CRIMES ELEITORAIS

Os crimes eleitorais estão tipificados nos arts. 289 a 354 do Código Eleitoral, em leis extravagantes, como a Lei nº 6.091/74, que dispõe sobre o fornecimento gratuito de transportes, em dias de eleições, a eleitores residentes nas zonas rurais, bem assim a Lei Complementar nº 64/90 e a Lei Geral nas Eleições.

A Lei nº 9.504/97 revogou os arts. 246, 247 e 250 do Código Eleitoral e os crimes contidos nos arts. 322, 328, 329 e 333, todos atinentes à propaganda eleitoral. Tais assuntos passaram a ser disciplinados pela Lei Geral das Eleições. Ademais, outros diplomas invalidaram dispositivos do Código Eleitoral, como a Lei nº 12.891/2013, que inviabilizou a punição pela dupla filiação, uma vez que havendo duas filiações prevalece a mais recente.

É da jurisprudência exigir, para a configuração do crime, a presença do elemento subjetivo, qual seja, a demonstração de conduta direcionada a lesar a legitimidade das eleições, o denominado dolo ou má-fé.

Com efeito, faz-se necessário acompanhar as decisões dos Tribunais para perfeita interpretação dos dispositivos que tipificam crimes eleitorais. Assim, o crime de desobediência (art. 347, CE) pressupõe ordem específica direcionada ao agente infrator, não o configurando o descumprimento de recomendações gerais, como portarias; o crime de propaganda no dia da eleição (art. 39, Lei nº 9.504/97) pressupõe a existência de coerção; a corrupção eleitoral requer conduta apta à obtenção do voto; não tipifica o crime do art. 350, CE, (declaração falsa para fins eleitorais) a declaração incompleta dos bens por ocasião do registro de candidatura;

Sobre crimes contra a honra praticados pela imprensa em virtude do processo eleitoral, predomina o entendimento de que a competência para processar e julgar o litígio é da Justiça Eleitoral, aplicando-se o Código Eleitoral, subsidiado pelo Código Penal.

O art. 355 do CE dispõe que os crimes nele preceituados são de ação penal pública. Em podendo o Ministério Público agir de ofício, qualquer cidadão poderá levar a este órgão o conhecimento de prática criminosa. O Código Eleitoral estabelece procedimento próprio para os feitos cujo objeto é crime eleitoral.

Em se tratando de responsabilidade penal, é bastante questionável, quanto à sua constitucionalidade, o disposto no art. 90, §1º, da Lei nº 9.504/97, segundo o qual os representantes legais respondem penalmente pelos partidos e coligações. Diante da norma constitucional asseguradora da individualização da pena, com a intransferibilidade da responsabilidade criminal, faz-se necessário atribuir ao mencionado dispositivo legal a interpretação conforme a Constituição, de tal modo que exclua do texto ordinário qualquer interpretação que possa torná-lo inconstitucional, como a imposição de sanção penal a quem não possui qualquer participação em determinado ato, tão somente porque se encontra na condição de representante de partido ou coligação.

Esta parece ser a inclinação do Tribunal Superior Eleitoral, a julgar pela decisão abaixo:

> [...] Ação penal. Art. 299 do código eleitoral. Corrupção eleitoral. Ausência de prova inequívoca. Absolvição. Art. 386, VII, do CPP. 1. A condenação pelo crime de corrupção eleitoral deve amparar-se em prova robusta na qual se demonstre, de forma inequívoca, a prática do fato criminoso pelo réu. 2. No caso dos autos, não houve provas aptas a comprovar a autoria do crime previsto no art. 299 do Código Eleitoral, pois os dois depoimentos prestados em juízo mostraram-se contraditórios [...].[1]

A individualização da conduta penal é postulado universal, garantidor de um processo justo e do princípio da dignidade da pessoa humana. Ninguém pode responder a denúncias genéricas, sem especificação dos atos praticados por cada denunciado.

---

[1] AgR-AgR-REspe nº 569.549. Acórdão de 17.3.2015. Rel. Min. João Otávio de Noronha.

15.1 Conceito e natureza jurídica

A conceituação de crimes eleitorais parte do pressuposto de que é todo fato típico e ilícito que por ventura do processo eleitoral venha a acontecer. Entende-se, no caso, o processo eleitoral da preparação até a realização do pleito eleitoral.

Para Michels, "crimes eleitorais são condutas tipificadas em razão do processo eleitoral e, portanto puníveis em decorrência de serem praticados por ocasião do período em que se preparam e realizam as eleições e ainda porque visam a um fim eleitoral".[2]

Nelson Hungria também define crimes eleitorais como "as infrações, penalmente sancionadas, que dizem respeito às várias e diversas fases de formação do eleitorado e do processo eleitoral".[3]

Os crimes eleitorais estão previstos do art. 289 ao 354, CE, como também em leis penais eleitorais extravagantes, tais como Lei nº 6.091/74; Lei nº 6.996/82; Lei nº 7.021/82; Lei Complementar nº 64/90 e a Lei nº 9.504/97.

Nos crimes eleitorais há a peculiaridade de não terem previsão de conduta culposa. Na opinião de Cândido, "alguns comportamentos já estão a merecer censura penal a título de culpa, o que agora inexiste, como nos casos dos arts. 135, §5º, 291, 311, 313, 314, 315, 316, 318, 319 a 321, todos do Código Eleitoral".[4]

Acredita ainda que outras figuras precisam de modificação para que sejam atualizadas a fim de garantir uma maior proteção e eficácia ao bem tutelado, como os art. 135, §5º, 174, §3º, 302, 305 e 308 do Código Eleitoral, e art. 25 da LC nº 64/90. "Do mesmo modo, há figuras que podem ser extintas (art. 338 e 341); outras, ter a pena reduzida (art. 316, 352 ou 354), como outras, ainda merecem ter a pena majorada (arts. 296, 344, 346, por exemplo)".[5]

Entre alguns autores há uma divergência acerca da natureza jurídica dos crimes eleitorais, os quais uns consideram como crimes políticos, juntamente com os crimes de responsabilidade, contudo, outros concebem crime eleitoral como espécie do gênero crime comum.

---

[2] MICHELS, Vera Maria Nunes. *Direito eleitoral*: de acordo com a Constituição Federal, LC 64/90, Leis 9.096/95, 9.504/97, 11.300/06, EC 52/06 e Resoluções do TSE. 5. ed. Porto Alegre: Livraria do Advogado, 2006. p. 162.

[3] HUNGRIA, Nelson. *Comentários ao Código Penal*. 4. ed. Rio de Janeiro: Forense, 1958. p. 289.

[4] CÂNDIDO, Joel José. *Direito eleitoral brasileiro*. 11. ed. 3. tir. Bauru: Edipro, 2005. p. 268.

[5] CÂNDIDO, Joel José. *Direito eleitoral brasileiro*. 11. ed. 3. tir. Bauru: Edipro, 2005. p. 268.

A natureza jurídica de crime político decorre do fato de que a função eleitoral é política, visto que o processo eleitoral é composto do quadro dos representantes administrativos e legislativos. Ademais, o crime eleitoral afeta a ordem pública, na medida em que, ao interferir viciosamente no pleito, ofusca a consecução da cidadania no processo político da eleição.

Os crimes eleitorais derivam da subdivisão dos crimes políticos, sendo, portanto, sua natureza jurídico-política, pois, como se sabe, os crimes eleitorais são cometidos contra a ordem política e social, enquanto a outra divisão dos crimes políticos é daqueles cometidos contra a segurança nacional.

Michels salienta:

> no crime eleitoral, o bem jurídico lesado ou exposto a perigo de dano é a ordem política, daí concluir-se serem os crimes eleitorais crimes contra o Estado, mais especificadamente contra a ordem política do Estado, decorrendo daí o grande interesse do estado em prevenir tais delitos.[6]

Para Ribeiro:

> a inclusão dos crimes eleitorais na esfera de especialização política não é apenas decorrente da atitude assumida pelo legislador pátrio, retirando-os do contexto do Código Penal, fazendo-os inserir em capítulo da codificação eleitoral, é a própria natureza dos crimes eleitorais, afetando diretamente as instituições representativas, estruturas básicas da organização política democrática, que impõe sejam reconhecidos como crimes políticos.[7]

Os crimes eleitorais são crimes comuns, pois são compreendidos em todos aqueles que não foram definidos como crime de responsabilidade, este próprio de crime político, julgado pelo Poder Legislativo e com sanções políticas. Muitos autores como Cerqueira, portanto, afirmam que a competência para julgamento dos crimes eleitorais é da esfera da Justiça Comum Federal ou Estadual e não da Justiça Eleitoral.[8]

---

[6] MICHELS, Vera Maria Nunes. *Direito eleitoral*: de acordo com a Constituição Federal, LC 64/90, Leis 9.096/95, 9.504/97, 11.300/06, EC 52/06 e Resoluções do TSE. 5. ed. Porto Alegre: Livraria do Advogado, 2006. p. 163.

[7] RIBEIRO, 1996 p. 554 *apud* MICHELS, Vera Maria Nunes. *Direito eleitoral*: de acordo com a Constituição Federal, LC 64/90, Leis 9.096/95, 9.504/97, 11.300/06, EC 52/06 e Resoluções do TSE. 5. ed. Porto Alegre: Livraria do Advogado, 2006. p. 163.

[8] CERQUEIRA, Thales Tácito Pontes Luz de Pádua. *Direito eleitoral*. Crimes eleitorais & Processo penal eleitoral. Salvador: JusPodivm, 2004. p. 33.

No entanto, o texto do art. 35, II, do CE, redime quaisquer questões acerca da competência entre a Justiça Comum e a Justiça Eleitoral, pois se afirma que é da alçada dos juízes eleitorais "processar e julgar os crimes eleitorais e os comuns que lhe forem conexos, ressalvadas a competência originária do Tribunal Superior e dos Tribunais Regionais".

No Código Eleitoral encontram-se descritas as condutas delitivas e suas sanções correlatas, não havendo no texto referência sobre as regras gerais penais, pois estas são aplicadas subsidiariamente, segundo art. 287: "aplicam-se aos fatos incriminados nesta lei as regras gerais do Código Penal". Ressalta-se que esse artigo tem validade também para as legislações extravagantes que tratam sobre os crimes eleitorais.

As únicas regras gerais, que possam assim ser consideradas, de que trata o Código encontram-se no Capítulo I, Disposições Preliminares, e versam sobre o conceito de membros e funcionários públicos e aplicação das sanções e crimes eleitorais cometidos por meio da imprensa, do rádio, televisão e internet.

15.2 Classificação dos crimes eleitorais

Os crimes eleitorais podem ser típicos (próprios) e não típicos (impróprios). Aqueles são os definidos pelo Código Eleitoral e praticados somente no campo eleitoral. Os crimes não típicos ou impróprios englobam os crimes previstos tanto pela Lei Eleitoral quanto pelas demais leis, como exemplificação, são os crimes contra a honra, previstos no Código Penal (arts. 138 ao 145) e no Código Eleitoral (arts. 324 ao 327).

Esclarece-se que os crimes contra a honra, quando configurados, serão da competência da Justiça Eleitoral caso a conduta delitiva tenha acontecido na época do processo eleitoral e com fim eleitoral. Passado o processo eleitoral, serão tipificados como delitos penais comuns.

A legislação eleitoral não definiu uma classificação dos crimes eleitorais, na verdade existem diversos modelos propostos na doutrina criados a partir do entendimento de cada autor com relação aos crimes eleitorais. Então, há uma variedade de esquemas classificatórios que podem se assemelhar ou distanciar dependendo do foco adotado pelo autor.

A classificação do renomado autor Joel J. Cândido baseia-se na objetividade jurídica das normas que descrevem os crimes eleitorais, como asseverados por ele, ademais, inclui tanto as normas do Código Eleitoral quanto as de leis extravagantes.

1. Crimes contra a organização Administrativa da Justiça Eleitoral: arts. 305, 306, 310, 311, 318 e 340, todos do Código Eleitoral.

2. Crimes Contra os Serviços da Justiça eleitoral: arts. 289 a 293, 296, 303, 304, 341 a 347; art. 11 da Lei nº 6.091/1974; arts. 45 §§9º e 11, 47, §4º, 68, §2º, 71, §3º, 114, parágrafo único e 120, §5º, todos do Código Eleitoral.

3. Crimes Contra a Fé Pública Eleitoral: arts. 313 a 316, 348 a 354; art. 15 da Lei nº 6.996/1982 e art. 174, §3º, do Código Eleitoral.

4. Crimes Contra a propaganda Eleitoral: art. arts. 323 a 327; 330 a 332 e 334 a 337, todos do Código Eleitoral.

5. Crimes Contra o Sigilo e o Exercício do Voto: arts. 295, 297 a 302, 307 a 309, 312, 317, 339; art. 5º da Lei nº 7.021/1982; arts. 129, parágrafo único e 135, §5º, do Código Eleitoral.

6. Crimes Contra os Partidos Políticos: art. 319 a 321 e 338 do Código Eleitoral e art. 25 da Lei Complementar nº 64/1990.[9]

Na classificação de Nelson Hungria, segundo Vera Maria Nunes Michels, "há dois critérios: o primeiro, observando o modo de execução (violência, fraude, corrupção), e o segundo, considerando o momento ou as fases de preparação ou realização)". A desta autora à citação de Nelson Hungria:

a) abusiva a propaganda eleitoral (arts. 322 a 337); b) corrupção eleitoral (art. 299); c) fraude eleitoral (arts. 289 a 291, 302, 307, 310, 312, 315, 317, 319, 321, 337, 339, 340,3 48, 352, 353 e 354); d) coação eleitoral (arts. 300 e 301); e) aproveitamento econômico da ocasião eleitoral (arts. 303 e 304); f) irregularidade no ou contra o serviço público eleitoral (dos demais artigos do Capítulo II, Título IV).[10]

Fávila Ribeiro oferece uma classificação segundo os bens lesados pela conduta do autor, que é a mais adequada com as tipificações dos crimes definidos no Código Eleitoral: "Crimes Eleitorais: lesivos à autenticidade do processo eleitoral; lesivos ao funcionamento do serviço eleitoral; lesivos à liberdade eleitoral; e, lesivos aos padrões igualitários nas atividades eleitorais".[11]

---

[9] CÂNDIDO, Joel José. *Direito eleitoral brasileiro*. 11. ed. 3. tir. Bauru: Edipro, 2005. p. 275.

[10] HUNGRIA, Nelson. Crimes eleitorais. *Revista Eleitoral da Guanabara*, ano I, n. 1, 1968. p. 134-135 *apud* MICHELS, Vera Maria Nunes. *Direito eleitoral*: de acordo com a Constituição Federal, LC 64/90, Leis 9.096/95, 9.504/97, 11.300/06, EC 52/06 e Resoluções do TSE. 5. ed. Porto Alegre: Livraria do Advogado, 2006. p. 165.

[11] RIBEIRO, Fávila. *Direito eleitoral*. 5. ed. Rio de Janeiro: Forense, 1998. p. 554.

I - Crimes lesivos à autenticidade do processo eleitoral:

a) fraude eleitoral: no alistamento (arts. 289 a 291); em atos partidários (arts. 319 a 321); na votação (arts. 307 a 311); na apuração (arts. 315 a 318).

b) corrupção eleitoral (art. 299).

c) falsidade de documentos para fins eleitorais (arts. 348 a 354).

II - Nos crimes lesivos ao funcionamento do serviço eleitoral:

a) cometidos por funcionários (arts. 292, 294, 305, 306, 313, 314, 338 e 341 a 345);

b) cometidos por particulares ou funcionários (arts. 339, 340 e 347).

c) cometidos por particulares (arts. 293, 296, 297 e 302 a 304).

III - Nos crimes lesivos à liberdade eleitoral (arts. 295, 298, 300, 302, 312, 331 e 332).

IV - Nos crimes lesivos aos padrões éticos e igualitários nas atividades eleitorais (arts. 25, 322 a 330, 330 a 337 e 346 da LC nº 64/90).

Como o Código Eleitoral não faz qualquer referência à conexão de crimes no procedimento eleitoral criminal, valem as regras do Código de Processo Penal, em que a conexão se refere a um laço existente entre vários delitos; a cumplicidade a um laço de vários autores em um mesmo delito.

15.3 As sanções nos crimes eleitorais

Como condutas delitivas, os crimes eleitorais são apenados com penas privativas de liberdade (reclusão ou detenção) e pecuniárias (multas), além da perda do registro de candidatura ou do diploma, e ainda a suspensão das atividades eleitorais.

O art. 284 do CE estabelece que, na omissão do legislador ao indicar o grau mínimo da pena, deve-se entender que esta será de quinze dias para detenção e de um ano para a de reclusão.

Em muitos casos previstos no Código Eleitoral o legislador fixou somente penas pecuniárias, os quais, comparados com a legislação penal, equiparavam-se às contravenções, como averiguado pelo art. 1º da Lei de Introdução do Código Penal:

> considera-se crime a infração penal que a lei comina pena de reclusão ou detenção, quer isoladamente, quer alternativa ou cumulativamente com a pena de multa; contravenção, a infração penal que a lei comina isoladamente, pena de prisão simples ou de multa, ou ambas, alternativa ou cumulativamente.

A improbidade é descrita nos arts. 292, 303, 304, 306, 313, 338 e 345 do Código Eleitoral, cominando-se apenas a pena de multa. Na legislação penal comum apenas há previsão isolada de pena de multa para as contravenções, nunca para crimes.

Ao prever as sanções no Código Eleitoral, há, diversas vezes, o silêncio a respeito da cominação mínima de pena de cada tipo legal. Não se trata de uma omissão, e, sim, sempre que os tipos legais calarem sobre o mínimo de pena aplicada, deve-se ir ao art. 284, CE, no qual há estipulação expressa de que "sempre que este código não indicar o grau mínimo, entende-se que será ele de quinze dias para a pena de detenção e de um ano para a de reclusão".

Também sobre pena pecuniária, a legislação eleitoral aplica algumas disposições particulares, como no caso da reversão do valor pecuniário ao Tesouro Nacional, já no Código Penal este valor é pago ao Fundo Penitenciário.

Para dia-multa, na legislação eleitoral, o mínimo é de 1 (um) e o máximo são 300 (trezentos) dias multa; distinto em relação aos crimes comuns que para o mínimo tem-se 10 (dez) dias-multa e o máximo vai até 360 (trezentos e sessenta) dias-multa. O montante do dia-multa varia entre 1/30 e 1 (um) salário mínimo vigente no país, mas para o montante da legislação penal é estabelecido o mínimo de 1/30 e no máximo 5 (cinco) salários mínimos.

Em relação à demarcação do quantum para as circunstâncias agravantes e atenuantes, o legislador eleitoral distingue novamente as regras eleitorais das penais, pois no Código Penal o quantum é determinado pelo juiz. No Código Eleitoral há uma fixação, conforme art. 285, de forma que fica entre 1/5 (um quinto) e 1/3 (um terço) da pena cominada ao crime. "Na verdade, há um gritante equívoco do legislador eleitoral ao confundir causas de aumento ou diminuição de pena com circunstâncias atenuantes ou agravantes", como afirma Queiroz.[12]

Especificadamente quanto aos delitos tipificados nos arts. 324 (calúnia), 325 (difamação) e 326 (injúria), cometidos por meio de imprensa, rádio, televisão e internet, na propaganda eleitoral, determina o art. 288 do CE que se aplicam exclusivamente as regras do Código Eleitoral e as remissões à outra lei nele contemplada.

O art. 287, CE, ao determinar que "aplicam-se aos fatos incriminados nesta lei as regras gerais do Código Penal", não deixa qualquer

---

[12] QUEIROZ, Ari Ferreira. *Direito eleitoral*. 4. ed. rev., ampl. e atual. até fevereiro de 1998. Goiânia: Jurídica IEPC, 1998. p. 149.

dúvida que aplicável a pena substitutiva aos delitos eleitorais introduzida nos arts. 43 e seguintes da parte geral do Código Penal, pela Lei nº 9.714/78.

15.4 Análise dos crimes eleitorais

15.4.1 Crimes previstos no Código Eleitoral

Art. 289. Inscrever-se fraudulentamente eleitor.

Pena - reclusão até 5 anos e pagamento de 5 a 15 dias-multa.

– Objetivo jurídico: resguardar os serviços de inscrição e transferência eleitoral.
– Elementos do tipo:
   a) Ação nuclear: a ação nuclear consubstancia-se no verbo inscrever e corresponde ao registro de concepção das listas eleitorais.
   A inscrição fraudulenta ocorre através de algum estratagema do agente a fim de driblar a Justiça Eleitoral, ou seja, o eleitor almeja através de informações inverídicas obter o título de eleitor não correspondente com sua situação, provavelmente tendo algum interesse escuso não condizente com a atitude de um eleitor comprometido com a lisura do pleito.
   b) Sujeito ativo: como é um crime comum, pode qualquer pessoa praticar o delito, desde que esteja alistando-se ou transferindo seu domicílio eleitoral.
   c) Sujeito passivo: o Estado.
– Elemento subjetivo: para o crime de inscrição fraudulenta requer o dolo específico por parte do agente, ou seja, ele deve estar objetivando, por meio da fraude, fins eleitorais.
– Consumação: dá-se no momento em que o agente insere informações falsas no formulário de alistamento ou transferência. Salienta-se que há concurso material com o delito previsto no art. 299 do CP, caso o eleitor tenha realizado a inscrição com documento de identidade falso.

Art. 290. Induzir alguém a se inscrever eleitor com infração de qualquer dispositivo deste Código.

Pena - reclusão até 2 anos e pagamento de 15 a 30 dias-multa.

– Objetivo jurídico: proteger os serviços eleitorais de alistamento e transferência.

– Elementos do tipo:

a) Ação nuclear: trata de induzir, ou seja, levar alguém a realizar inscrição fraudulenta.

No caso a pessoa que vai se alistar é influenciada por um terceiro a ludibriar a Justiça Eleitoral, muitas vezes com promessa de vantagens. Como se condena a indução para a realização de conduta ilícita:

não é necessária a ação concreta de auxílio, como transportar o eleitor ao cartório, acompanhá-lo, exercer pressão, ou preencher o formulário junto, mas que se comprove a conduta, em algum momento anterior na qual foi sugerida a inscrição ou transferência, com ilegalidade, seja de que natureza for.[13]

Art. 291. Efetuar o Juiz, fraudulentamente, a inscrição de alistamento.

Pena - reclusão até 5 anos e pagamento de 5 a 15 dias-multa.

– Objetivo jurídico: tutelar os trabalhos de alistamento e transferência realizados pela Justiça Eleitoral.

– Elementos do tipo:

a) Ação nuclear: neste delito a ação nuclear é idêntica à do art. 289 do CE, ou seja, inscrever. Todavia a conduta condenável do magistrado é a anuência da inscrição fraudulenta do eleitor. Joel J. Cândido assevera que este artigo era dispensável, não tendo, portanto, necessidade de um tipo penal só para o juiz eleitoral.[14]

---

[13] CORDEIRO, Vinicius; SILVA, Anderson Claudino. *Crimes eleitorais e seu processo.* Rio de Janeiro: Forense, 2006. p. 112.

[14] CÂNDIDO, Joel José. *Direito eleitoral brasileiro.* 11. ed. 3. tir. Bauru: Edipro, 2005. p. 279.

CAPÍTULO 15
CRIMES ELEITORAIS | 379

b) Sujeito ativo: sendo um crime próprio, agente deste crime eleitoral é o juiz eleitoral.

c) Sujeito passivo: continua sendo o Estado. Joel J. Cândido acrescenta o alistado de boa-fé[15]

- Elemento subjetivo: é o dolo genérico, a ação do magistrado não precisa estar eivada de intuito específico.

- Consumação: crime formal é o que prescinde de resultado naturalístico, sendo assim, a consumação dá-se no momento em que o juiz eleitoral autoriza a inscrição fraudulenta, não importando se o eleitor venha a usá-la ou não, pois o que se reprova é a conduta ímproba do juiz eleitoral.

Art. 292. Negar ou retardar a autoridade judiciária, sem fundamento legal, a inscrição requerida.

Pena - pagamento de 30 a 60 dias-multa.

- Objetivo jurídico: além dos referentes ao art. 289, acredita-se que abriga a eficiência dos trabalhos da Justiça Eleitoral, bem como a possibilidade do pleno exercício dos direitos políticos.

- Elementos do tipo:

    a) Ação nuclear: o verbo negar é o mesmo que não conceder deferimento para o requerimento de alistamento ou transferência eleitoral e retardar corresponde à demora ou atraso da autorização do magistrado.

É importante clarificar que caso as ações nucleares venham a ocorrer por erro jurídico ou excesso de trabalho, não irão caracterizar o crime em tela, assim como a demora devido às diligências determinadas pelo juiz eleitoral para dirimir questões não esclarecidas ou suspeitas.

    b) Sujeito ativo: o juiz eleitoral, crime próprio.

    c) Sujeito passivo: o Estado e o eleitor alistado ou transferido.

- Elemento subjetivo: é o dolo genérico. Basta a vontade livre e consciente de negar ou retardar a inscrição.

---

[15] CÂNDIDO, Joel José. *Direito eleitoral brasileiro*. 11. ed. 3. tir. Bauru: Edipro, 2005. p. 279.

Art. 293. Perturbar ou impedir de qualquer forma o alistamento.

Pena - detenção de 15 dias a 6 meses ou pagamento de 30 a 60 dias-multa.

- Objetivo jurídico: resguardar os trabalhos do alistamento eleitoral.
- Elementos do tipo:
  a) Ação nuclear: a ação nuclear do tipo consubstancia-se nos verbos perturbar e impedir, que respectivamente significam atrapalhar, atrasar, dificultar, embaraçar, obstruir, obstaculizar, interromper o andamento normal dos trabalhos da Justiça Eleitoral.

Não precisa para a configuração do artigo que a conduta do agente alcance o completo ou parcial impedimento, mas, mesmo que por pouco tempo, sua ação provoque perturbação ou impedimento do alistamento eleitoral.

Se a perturbação ou impedimento incidir sobre os eleitores que estão se alistando, Cordeiro e Claudino da Silva entendem ser também para os funcionários da Justiça Eleitoral que estejam trabalhando diretamente no alistamento.[16]

Trata-se de crime de ação livre. As ações condutoras da perturbação e impedimento são as mais variadas, podendo ser desde uma manifestação de barulho até por violência.

  b) Sujeito ativo: como é um crime comum, qualquer pessoa pode ser agente do delito.
  c) Sujeito passivo: o Estado, os funcionários da Justiça Eleitoral e os alistados.
- Elemento subjetivo: é o dolo genérico. Basta a vontade livre e consciente de praticar a perturbação.
- Consumação: consuma-se com o primeiro ato que origine a perturbação ou o impedimento.

---

[16] CORDEIRO, Vinicius; SILVA, Anderson Claudino. *Crimes eleitorais e seu processo*. Rio de Janeiro: Forense, 2006. p. 115.

Art. 294. Revogado pela Lei nº 8.868/94.

Art. 295. Reter título eleitoral contra a vontade do eleitor.

Pena - detenção até dois meses ou pagamento de 30 a 60 dias-multa.

– Objetivo jurídico: salvaguardar o direito à posse do título eleitoral e, por conseguinte, o exercício da cidadania.
– Elementos do tipo:
  a) Ação nuclear: a ação nuclear consubstancia-se no verbo reter, cujo significado equivale a segurar, guardar em seu poder o que é de outrem.

Nesse crime um terceiro detém o título de um eleitor sob sua oposição. É imprescindível que a retenção ocorra sem a autorização do eleitor. Há autores que se posicionam pela revogação desse artigo em face do art. 91, parágrafo único, da Lei nº 9.504/97:

> a retenção de título eleitoral ou do comprovante de alistamento constitui crime, punível com detenção, de um a três meses, com a alternativa de prestação de serviços à comunidade por igual período, e multa no valor de cinco mil a dez mil UFIR.

Entretanto na redação deste artigo o legislador não fez expressa menção sobre a retenção conta a vontade do eleitor, cuja oposição é elemento fundamental para a distinção entre as citadas normas eleitorais.

  b) Sujeito ativo: sendo crime comum, qualquer pessoa pode reter o título eleitoral contra a vontade do leitor.
  c) Sujeito passivo: o Estado e o eleitor, cujo título está sob o poder de outrem.
– Elemento subjetivo: o agente que segurar o título eleitoral tem que ter o dolo específico, ou seja, a finalidade da retenção deve ser eleitoral, assim é o entendimento de Joel J. Cândido do qual se compartilha. Salienta o autor que "sendo outro o escopo do agente poderá ocorrer contravenção penal".[17]

Posicionamento contrário têm Cordeiro e Claudino da Silva, que entendem ser "dolo genérico, consistindo no dolo do agente em reter,

---

[17] CÂNDIDO, Joel José. *Direito eleitoral brasileiro*. 11. ed. 3. tir. Bauru: Edipro, 2005. p. 304.

mas sem haver necessidade apontada intenção eleitoral, ou finalidade específica qualquer".[18]

Art. 296. Promover desordem que prejudique os trabalhos eleitorais.
Pena - detenção até dois meses e pagamento de 60 a 90 dias-multa.

– Objetivo jurídico: assegurar o pacífico desenvolvimento dos serviços da Justiça Eleitoral.
– Elementos do tipo:
a) Ação nuclear: consolida-se com o verbo promover, que é dar causa.
Diferentemente do art. 293 do CE, o crime descrito no art. 296 do CE envolve qualquer fase dos serviços eleitorais, mesmo não sendo época tipicamente eleitoral, tal assertiva consubstancia-se pelo fato de o legislador não ter especificado ou enumerado a que trabalhos esse delito incidiria. Outra distinção é referente à necessidade do efetivo prejuízo, não podendo configurar o crime pela mera possibilidade de prejuízo ou até pelo prejuízo remoto. O prejuízo é visualizado quando do adiamento, atraso, erro e impedimento do andamento normal dos trabalhos eleitorais.
b) Sujeito ativo: como em todos os crimes comuns, qualquer pessoa pode dar causa ao prejuízo.
c) Sujeito passivo: o Estado.
– Elemento subjetivo: é o dolo genérico, ou seja, vontade livre e consciente de promover desalinho.
– Consumação: quando do primeiro ato que enseje a desordem em relação aos serviços eleitorais.

Art. 297. Impedir ou embaraçar o exercício do sufrágio.
Pena - detenção até seis meses e pagamento de 60 a 100 dias-multa.

---

[18] CORDEIRO, Vinicius; SILVA, Anderson Claudino. *Crimes eleitorais e seu processo*. Rio de Janeiro: Forense, 2006. p. 118.

CAPÍTULO 15
CRIMES ELEITORAIS | 383

– Objetivo jurídico: resguardar a liberdade de exercer a cidadania através da votação.
– Elementos do tipo:
a) Ação nuclear: a ação nuclear do crime em análise é formada por dois verbos, impedir e embaraçar.

O primeiro já foi objeto de esclarecimento quando do estudo do art. 293, CE, e quer dizer obstaculizar de qualquer maneira a votação do eleitor, até mesmo direta ou fisicamente. Nesse caso o eleitor fica impossibilitado de efetuar seu voto, porque o agente valeu-se de alguma armadilha para promover tal impedimento.

O segundo verbo significa enrolar, enlear, incomodar. Para que haja embaraço na votação, ao eleitor devem ser direcionados ardis que lhe confundam, tal como dizer que a seção eleitoral fica em outro bairro, por exemplo. "Mesmo que o eleitor vote, ocorrerá o crime, desde que o agente tenha dificultado, perturbado, complicado ou estorvado o ato, já que são dois os verbos-núcleos: no primeiro, há obstacularização ao voto de modo absoluto; no segundo, de modo relativo".[19]

É importante ressaltar que, havendo violência física ou psicológica para ocasionar o embaraço ou o impedimento, o delito será do art. 301 do CE e não art. 297 do CE.

b) Sujeito ativo: crime comum, qualquer pessoa.
c) Sujeito passivo: o Estado e o eleitor que teve sua votação impedida ou embaraçada.
– Elemento subjetivo:
– Consumação: realiza-se com a ação do agente que proporcione transtorno para o eleitor.

Art. 298. Prender ou deter eleitor, membro de Mesa receptora, Fiscal, Delegado de partido ou candidato, com violação do disposto do art. 236.

Pena - reclusão até quatro anos.

– Objetivo jurídico: proteger o livre exercício da cidadania.
– Elementos do tipo:

---

[19] CÂNDIDO, Joel José. *Direito eleitoral brasileiro*. 11. ed. 3. tir. Bauru: Edipro, 2005. p. 305.

a) Ação nuclear: os verbos nucleares "prender" e "deter" são no sentido de capturar o eleitor, membro de mesa receptora, fiscal, delegado de partido ou candidato. Ato de prisão. A caracterização deste delito é condicionada à norma do art. 236 do CE:

nenhuma autoridade poderá, desde 5 (cinco) dias antes e até 48 (quarenta e oito) horas depois do encerramento da eleição, prender ou deter qualquer eleitor, salvo em flagrante delito ou em virtude de sentença criminal condenatória por crime inafiançável, ou, ainda, por desrespeito a salvo-conduto.

Segue a transcrição dos §§1º e 2º do art. 236, do Código Eleitoral:

---

§1º os membros das Mesas receptoras e os Fiscais de partido, durante o exercício de suas funções, não poderão ser detidos ou presos, salvo o caso de flagrante delito; da mesma garantia gozarão os candidatos desde 15 (quinze) dias antes das eleições;

§2º ocorrendo qualquer prisão, o preso será imediatamente conduzido à presença do Juiz competente, que se verificar a ilegalidade da detenção, a relaxará e promoverá a responsabilidade do coator.

Por ser o Código Eleitoral uma norma infraconstitucional, para a devida interpretação deve-se sempre orientar-se pela Constituição Federal, a qual, em seu art. 5º, LXI, estabeleceu que " ninguém será preso senão em flagrante delito ou por ordem escrita e fundamentada de autoridade judiciária competente, salvo nos casos de transgressão militar ou crime propriamente militar, definidos em lei". Com esse inciso entende-se que houve revogação do §1º, então ninguém poderá ser preso, mesmo fora dos limites estabelecidos por este inciso, salvo as exceções descritas na lei.

Em relação à prisão em flagrante, salienta-se que mesmo estando eivada de causas de nulidade, o crime é configurado, posto que o eleitor foi submetido a uma prisão arbitrária e ilegal. São casos de flagrante delito: o agente está cometendo a infração penal; acaba de cometê-la; sofre perseguição, logo após a conduta criminosa, por autoridade, por ofendido ou por qualquer pessoa; em situação que faça presumir ser autor da infração, quando são encontrados, logo após do cometimento

CAPÍTULO 15
CRIMES ELEITORAIS | 385

do delito, instrumentos, armas, objetos ou papéis que provoquem suspeita de ser autor da infração.

b) Sujeito ativo: crime próprio destinado para autoridades e agentes investidos de poder de custódia, tanto que se a prisão for efetuada por pessoa desprovida da autoridade necessária, o delito será o do art. 301, CE, mas desde que tenha o intento eleitoral. Apesar de o juiz eleitoral e o promotor serem autoridades, a prisão oriunda deles tipificará os art. 29, X, e 96, III do CE e não o art. 298.

c) Sujeito passivo: o Estado e o eleitor detido.

– Elemento subjetivo: consiste no dolo genérico, na vontade livre e consciente de deter eleitor, membros da mesa receptora, fiscal, delegado de partido ou candidato.

– Consumação: o ato formal de prisão é o elemento para representar a consumação. A esse crime cabe tentativa.

Art. 299. Dar, oferecer, prometer, solicitar ou receber, para si ou para outrem, dinheiro, dádiva, ou qualquer outra vantagem, para obter ou dar voto de para conseguir ou prometer abstenção, ainda que a oferta não seja aceita:

Pena - reclusão até quatro anos e pagamento de 5 a 15 dias-multa.

– Objetivo jurídico: resguardar a liberdade de opção do voto.
– Elementos do tipo:
a) Ação nuclear: trata de crime de corrupção eleitoral e são múltiplos os verbos nucleares que na primeira parte representam a corrupção ativa e, *a posteriori*, a corrupção passiva.

As condutas incriminadoras são dar, com o sentido de conceder, presentear; oferecer, ou seja, colocar à disposição; prometer, que é obrigar-se a dar; solicitar com o significado de pedir algo e receber, aceitar para si ou para outrem dinheiro, dádiva ou qualquer outra vantagem.

Essa vantagem pode ser caracterizada de diversas formas: oferta de cestas básicas, fornecimento de vales para material de construção, doação de lotes, ligadura de trompas, intervenções cirúrgicas, ou seja, a vantagem pode ser entendida como algo que acarrete um sentimento de gratidão ou dependência por parte de quem receba a vantagem.[20]

---

[20] CORDEIRO, Vinicius; SILVA, Anderson Claudino. *Crimes eleitorais e seu processo*. Rio de Janeiro: Forense, 2006. p. 123.

É oportuno registrar que não entra em questão o valor da benesse, mas a influência dela sobre a opção de voto do eleitor, uma vez que esse crime visa assegurar um pleito límpido que represente com fidelidade as reais intenções populares. Entende Fávila Ribeiro:

> na sociedade moderna, nos grandes centros urbanos, a forma decisiva de exteriorização do poder econômico concentra-se na manipulação dos instrumentos de comunicação coletiva, patrocinando veladamente dispendioso e sutil esquema publicitário que pode ter marcante influência na deliberação eleitoral.[21]

Com a edição da Lei nº 11.300/06, a promoção de propaganda política fica mais restrita, ficando proibida a realização de *showmício* e de evento assemelhado para promoção de candidatos, bem como a apresentação, remunerada ou não, de artistas com a finalidade de animar comício e reunião eleitoral. Também vedam a confecção, utilização, distribuição por comitê, candidato, ou com a sua autorização, de camisetas, chaveiros, bonés, canetas, brindes, cestas básicas ou quaisquer outros bens ou materiais que possam proporcionar vantagem ao eleitor, respectivamente, os §§7º e 6º do art. 39.

É entendimento pacífico na doutrina pátria e na jurisprudência eleitoral que para a configuração do crime em comento são necessários potencialidade lesiva e nexo de causalidade da corrupção no pleito eleitoral, ou seja, os fatos alegados de corrupção devem estar diretamente ligados com a conduta vergastada e ser suficientes para desequilibrar o resultado das eleições.

– Sujeito ativo: crime comum, podendo ser praticado por qualquer pessoa.

– Sujeito passivo: o Estado.

– Elemento subjetivo: é imperioso que o agente pratique a ação com o intuito de obter o voto do eleitor, por conseguinte o dolo é específico.

– Consumação: crime formal, ou seja, consuma-se independentemente do resultado.

---

[21] RIBEIRO, Fávila. *Direito eleitoral*. 4. ed. Rio de Janeiro: Forense, 1996. p. 570-571.

CAPÍTULO 15
CRIMES ELEITORAIS | 387

Art. 300. Valer-se o servidor público da sua autoridade para coagir alguém a votar ou não votar em determinado candidato ou partido.

Pena - detenção até 6 meses e pagamento de 60 a 100 dias-multa.

Parágrafo único. Se o agente é membro ou funcionário da Justiça Eleitoral e comete o crime prevalecendo-se do cargo, a pena é agravada.

– Objetivo jurídico: proteger o livre exercício do voto, assim como a liberdade de opção do eleitor.
– Elementos do tipo:
a) Ação nuclear: consubstancia-se a ação nuclear com o verbo coagir; é o ato de constranger, forçar, obrigar, no caso, alguém a votar ou deixar de votar em determinado candidato ou partido. É crime de ação variada.

A coação pode ser decorrente de intimidação, chantagem, ameaça física, moral ou psíquica, contanto que não se dê por violência ou grave ameaça, pois tipificaria a capitulação do art. 301, CE. Faz-se mister que a coação, para que se caracterize, seja irresistível para a vítima.

Ação penal. Prefeito. Art. 300 do código eleitoral. Crime próprio. Coação. Dolo específico não caracterizado. Ausência de conduta elementar do tipo penal.

1. Para a configuração do tipo penal previsto no art. 300 do código eleitoral necessário o atendimento a três requisitos: 1) qualidade de servidor público do sujeito ativo do delito, vez que se trata de crime próprio; 2) a coação praticada deve ser irresistível; e 3) a existência de dolo específico na conduta.

2. Se a suposta vítima do crime afirma em juízo que o prefeito não verbalizou qualquer ameaça e havendo dúvidas quanto a motivação da suspensão do transporte gratuito de matéria-prima para os comerciantes, se foi em retaliação eleitoreira ou se foi em atendimento à orientação do ministério público, ausente a prática da conduta nuclear de coação com o fim específico de influenciar na liberdade do voto de alguém.

3. Ausente a caracterização de ato ou ameaça tendente a ofender o bem jurídico tutelado, qual seja, a liberdade do exercício do voto, não há que se falar no crime ora imputado ao réu.

4. Ação penal improcedente.[22]

---

[22] Ação Penal nº 20.032. Acórdão nº 15.455/2014, de 10.12.2014. Rel. Kisleu Dias Maciel Filho. Sessão de 10.12.2014.

Embora a letra legal traga o pronome indefinido "alguém", a coação não pode ter caráter de generalidade, sendo indispensável a individualização da conduta de coagir, visto que o coagido obrigatoriamente tem que ser identificado quando da propositura da ação.

O outro crime capitulado na inicial é o do art. 300, in verbis: "Valer-se o servidor público da sua autoridade para coagir alguém a votar ou não votar em determinado candidato ou partido". Em momento algum aponta a denúncia o nome de candidato ou de partido político para o voto ou para a abstenção por parte da vítima. A lei refere-se expressamente a "determinado candidato ou partido' como destinatário da vantagem eleitoral. Sem isso, impossível cogitar-se de tipificação de crime eleitoral" (TER-SP - HC 85.219 - Rel. Valentim Silva).[23]

b) Sujeito ativo: trata-se de crime próprio de servidor público ou membro ou funcionário da Justiça Eleitoral que se vale de sua autoridade. Estes dois últimos têm sua pena agravada.

É importante assinalar o entendimento do conceito de servidor público e membros ou funcionários públicos, veja-se:

Para Carvalho Filho "servidores são todos os agentes que, exercendo com caráter de permanência uma função pública em decorrência de trabalho, integram o quadro funcional das pessoas federativas, das autarquias e das fundações públicas de natureza autárquica".[24]

O art. 327 do CP descreve que "considera-se funcionário público, para os efeitos penais, quem, embora transitoriamente ou sem remuneração exerce cargo, emprego ou função pública", e seu §1º " equipara-se a funcionário público quem exerce cargo, emprego ou função em entidade paraestatal, e quem trabalha para empresa prestadora de serviço contratada ou convencionada para execução de atividade típica da Administração Pública".

Já o art. 283 do CE determina:

para efeitos penais são considerados membros e funcionários da Justiça Eleitoral:

---

[23] STOCO, Rui. *Legislação eleitoral interpretada*: doutrina e jurisprudência. São Paulo: Revista dos Tribunais, 2004. p. 361.

[24] CARVALHO FILHO, José dos Santos. *Manual de direito administrativo*. Atualizações conforme as EC nºs 45/2004, 46/2005 e 47/2005, e a Lei das Parcerias Público-Privadas (Lei nº 11.079, de 30/12/2004); de Falência (Lei nº 11.101, de 9/2/2005); e dos Consórcios Públicos (Lei nº 11.107, de 6/4/2005). 14. ed. rev. e ampl. Rio de Janeiro: Lumen Juris, 2005. p. 479.

CAPÍTULO 15
CRIMES ELEITORAIS | 389

I - os Magistrados que, mesmo não exercendo funções eleitorais, estejam presidindo Juntas Apuradoras ou se encontrem no exercício de outra função por designação de tribunal eleitoral;

II - os cidadãos que temporariamente integram órgãos da Justiça Eleitoral;

III - os cidadãos que hajam sido nomeados para as Mesas Receptoras ou Juntas Apuradoras;

IV - os funcionários requisitados pela Justiça Eleitoral.

Segue o §1º: "considera-se funcionário público, para os efeitos penais, além dos indicados no presente artigo, quem embora, transitoriamente ou sem remuneração, exerce cargo, emprego ou função pública"; e o §2º: "equipara-se a funcionário público quem exerce cargo, emprego ou função em entidade paraestatal ou em sociedade de economia mista".

Joel J. Cândido em seus ensinamentos salienta que "deverá haver relação entre o mau uso do cargo ou função, a autoridade abusiva do servidor ou funcionário e a coação exercida sobre o eleitor".[25]

c) Sujeito passivo: o Estado e o eleitor coagido.

– Elemento subjetivo: a ação de impor ao eleitor que vote ou não em determinado candidato ou partido deve ser eleitoral, então o dolo neste crime é específico, tendo em vista que a coação direciona o voto do eleitor.

– Consumação: é assinalada com a conduta de coação, embora não haja sucesso do agente quanto ao resultado pretendido.

Art. 301. Usar de violência ou grave ameaça para coagir alguém a votar, ou não votar, em determinado candidato ou partido, ainda que os fins visados não sejam conseguidos.

Pena- reclusão até quatro anos e pagamento de 5 a 15 dias-multa.

– Objetivo jurídico: resguardar a liberdade do exercício da cidadania e da opção de voto.

– Elementos do tipo:

---

[25] CÂNDIDO, Joel José. *Direito eleitoral brasileiro*. 11. ed. 3. tir. Bauru: Edipro, 2005. p. 307.

a) Ação nuclear: o verbo nuclear é coagir, mas na forma de violência ou grave ameaça.

A violência no caso é a agressão física e a ameaça é na modalidade grave, de modo que o eleitor tenha receio ou medo pela integridade física, moral, psicológica e patrimonial sua ou de pessoas de seu carinho.

b) Sujeito ativo: diferentemente do artigo anterior, o sujeito ativo pode ser qualquer pessoa.

c) Sujeito passivo: o Estado e o eleitor, individual ou genérico.

– Elemento subjetivo: está expressa no texto legal a intenção eleitoral, sem ela não há configuração do delito, portanto é dolo específico.

– Consumação: a consumação ganha forma com a ação de violência ou grave ameaça. Ressalta-se que para esse crime cabe a tentativa.

Art. 302. Promover, no dia da eleição, com o fim de impedir, embaraçar ou fraudar o exercício do voto, a concentração de eleitores sob qualquer forma, inclusive o fornecimento gratuito de alimento e transporte coletivo.

Pena - reclusão de quatro a seis anos e pagamento de 200 a 300 dias-multa.

– Objetivo jurídico: abrigar a execução do direito ao voto.

– Elementos do tipo:

a) Ação nuclear: são múltiplas as ações nucleares, a começar por promover com significado de causar, originar, organizar no dia da eleição concentração de eleitores com o fito de tumultuar o exercício do voto. Por segundo, os verbos "impedir" e "embaraçar" que aqui possuem o mesmo sentido no art. 297 do Código Eleitoral, distinguindo-se somente por conta da concentração de eleitores. E por último o verbo "fraudar" é enganar, cometer astúcia empregada para causar dano.

É um delito que tem limite temporal para ocorrer, somente no dia da eleição. "Fechadas as urnas, mesmo no dia da eleição, não se cogita mais o delito em tela".[26]

---

[26] CÂNDIDO, Joel José. *Direito eleitoral brasileiro*. 11. ed. 3. tir. Bauru: Edipro, 2005. p. 309.

A concentração ou aglomeração de eleitores para a interrupção do trâmite do processo eleitoral na votação pode se dar de várias formas, inclusive mediante violência ou grave ameaça. E mais uma vez o que vai proporcionar a distinção do delito em análise para o do art. 301 do CE, no que se refere ao uso da violência e grave ameaça, é a concentração de eleitores.

Introduz também o próprio artigo a forma de fornecimento gratuito de alimento e transporte coletivo, o qual teve sua redação alterada pelo Decreto nº 1.064/69, mas antes sofreu revogação pelo art. 11, III da Lei nº 6.091/74, esta lei no entendimento de Joel J. Cândido "regulou a mesma matéria, inclusive de forma mais abrangente, já que aceita o crime de transporte de eleitores até antes e depois do pleito".[27]

Rui Stoco, em seu livro *Legislação eleitoral interpretada*, compreende que entre outras maneiras de alcançar o desiderato de "impedir, embaraçar ou fraudar o exercício do voto" é o fornecimento gratuito de alimento e transporte coletivo. Complementa este autor ainda:

> a lei especial (art. 11 da referida Lei nº 6.091/74), no que se refere ao fornecimento de transporte e alimentação aos eleitores deve prevalecer sobre a lei geral (Código Eleitoral) considerando que nesta não se exige que o sujeito ativo tenha um objetivo ou meta apta para a prática da ação prevista (fornecimento de transporte ou alimentação), enquanto que na lei geral o crime só se perfaz se a intenção do agente for a de impedir, embaraçar, ou fraudar o exercício do voto. E a proibição se estende não só aos eleitores da zona rural com àqueles eleitores da zona urbana, antes e depois das eleições.[28]

Há divergência na jurisprudência quanto à natureza do crime:

> Recurso. Insurreição contra decisão condenatório pela prática do delito previsto no art. 302 do Código Eleitoral. Preliminar afastada. Inocorrência da prescrição pretendida. [...] A prática do transporte de eleitores é delito de mera conduta, bastando o descumprimento de alguma das proibições legais previstas para sua caracterização. Configurada a intenção de obter o voto mediante o fornecimento de transporte, não havendo limitação geográfica para a incidência da norma. Autoria e elemento subjetivo do crime comprovados. Provimento negado.[29]

---

[27] CÂNDIDO, Joel José. *Direito eleitoral brasileiro*. 11. ed. 3. tir. Bauru: Edipro, 2005. p. 309.
[28] STOCO, Rui. *Legislação eleitoral interpretada*: doutrina e jurisprudência. São Paulo: Revista dos Tribunais, 2004. p. 394.
[29] TRE-RS. RC nº 100.000.185. Rel. Dr. Eduardo Kothe Werlang. *DEJERS*, 17 abr. 2012. p. 3.

"Não considero o delito atribuído ao acusado como sendo de mera conduta, pois, se um adversário político quiser prejudicar um candidato, bastará pular - ou pedir que alguém o faça – na boléia de sua caminhonete, ou na garupa de seu cavalo, para a infração estar caracterizada" (TRE-SP - RC 108.097 - Rel. designado Sérgio Marques da Cruz).[30]

b) Sujeito ativo: qualquer pessoa pode promover reunião de eleitores com o intuito de perturbar a votação. Crime comum.

c) Sujeito passivo: o Estado

– Elemento subjetivo: a lei é bastante clara ao dizer que o objetivo da concentração é o impedimento, embaraço ou fraude do exercício do voto e isto caracteriza o dolo específico. Tanto é específico que a denúncia é ineficaz com a ausência da finalidade de tumultuar a votação.

"O transporte de eleitores, em si mesmo, não configura o crime eleitoral. É necessária prova efetiva do aliciamento, com o objetivo de fraudar o voto livre do eleitor. O dolo específico é requisito essencial à tipicidade do delito em tela. Não há, no caso em análise, a prova do aliciamento, dolo específico" (TRE-SP - RC 117.164 - Voto do Juiz Rubens Approbato Machado).[31]

– Consumação: a perturbação, o barulho, o obstáculo de livre fluxo dos eleitores caracteriza o delito. Para esse crime a tentativa é possível.

Art. 303. Majorar os preços de utilidades e serviços necessários à realização de eleições, tais como transporte e alimentação de eleitores, impressão, publicidade e divulgação de material eleitoral:

Pena - pagamento de 250 a 300 dias-multa.

– Objetivo jurídico: assegurar a exploração não excessiva de bens e serviços eleitorais durante o período eleitoral, protegendo a normalidade dos preços.

---

[30] STOCO, Rui. *Legislação eleitoral interpretada*: doutrina e jurisprudência. São Paulo: Revista dos Tribunais, 2004. p. 396.

[31] STOCO, Rui. *Legislação eleitoral interpretada*: doutrina e jurisprudência. São Paulo: Revista dos Tribunais, 2004. p. 399.

– Elementos do tipo:

a) Ação nuclear: consubstancia-se com o verbo majorar, ou seja, aumentar o preço de alguma coisa, tal como transporte e alimentação de eleitores, impressão, publicidade e divulgação de matéria eleitoral. O aumento dos preços deve ser em função do período eleitoral, caso não seja vinculado com este período, como alta no preço da matéria-prima, oscilação de mercado, inflação, não caracterizará o delito. Não se faz preciso o dano ao consumidor, mas aos preços deve restar evidenciado o abuso.

Na análise de Joel. J. Cândido "trata-se de norma penal em branco. Depende de regra oriunda do órgão administrativo competente fixando esses preços previamente, completando, assim, a norma penal".[32]

Como em muitos outros crimes eleitorais, este também tem um lapso temporal para acontecer, de modo que a sua tipificação fica limitada ao período desde as convenções partidárias até a votação.

b) Sujeito ativo: crime devido aos responsáveis pelo transporte, alimentação de eleitores, impressão, publicidade e divulgação de matéria eleitoral. Trata-se, portanto, de crime próprio.

c) Sujeito passivo: o Estado e o consumidor dos bens e serviços citados pela norma.

– Elemento subjetivo: o dolo é genérico. O agente intencionalmente majora os preços de seus bens ou serviços visando ampliar seus lucros em função do período eleitoral. Há de se entender que o período eleitoral é um momento cívico e como tal não pode ser vislumbrado como época de especulações e lucros.

– Consumação: verifica-se a configuração do delito a partir da constatação da diferença de preços no período eleitoral.

Art. 304. Ocultar, sonegar, açambarcar ou recusar, no dia da eleição, o fornecimento, normalmente a todos, de utilidades, alimentação e meios de transporte, ou conceder exclusividade dos mesmos a determinado partido ou candidato.

Pena - pagamento de 250 a 300 dias-multa.

---

[32] CÂNDIDO, Joel José. *Direito eleitoral brasileiro*. 11. ed. 3. tir. Bauru: Edipro, 2005. p. 281.

- Objetivo jurídico: resguardar a normalidade de bens e serviços eleitorais, ou ligados à eleição.
- Elementos do tipo:
  a) Ação penal: possui a norma legal, na primeira parte, quatro verbos-núcleos, quatro ações nucleares, quais sejam: a) ocultar, esconder, encobrir, não revelar; b) sonegar, tirar às ocultas, omitir; c) açambarcar, monopolizar, impedir fruição dos demais e d) recusar, não aceitar, não conceder, não permitir, opor-se. Todas essas ações, como no artigo anterior, são um impedimento ao acesso a bens e serviços de utilidade no período eleitoral. A segunda parte fala em conceder, dar, permitir exclusividade destes bens e utilidades a dado partido ou candidato.
  Cordeiro e Claudino da Silva destacam o significado da palavra "utilidades" do artigo como uma tentativa de "abranger todos os itens que não a alimentação e o transporte, como também gêneros de primeira necessidade, como o fornecimento de botijões de gás, que açambarcados podem se transformar em valiosas moedas".[33]
  b) Sujeito ativo: os responsáveis pelo transporte, alimentação de eleitores, impressão, publicidade e divulgação de matéria eleitoral.
  c) Sujeito passivo: o Estado e o consumidor dos bens e serviços.
- Elemento subjetivo: dolo genérico. Vontade livre e consciente de ocultar, sonegar, açambarcar, recusar, conceder exclusividade.
- Consumação: a consumação dá-se no momento em que o agente pratica quaisquer ações nucleares do delito. Ressalva-se que para esse crime não é mister a obtenção de alguma vantagem. Cabe tentativa.

Art. 305. Intervir Autoridade estranha à Mesa Receptora, salvo o Juiz Eleitoral, no fornecimento sob qualquer pretexto.

Pena - detenção até seis meses e pagamento de 60 a 90 dias multa.

---

[33] CORDEIRO, Vinicius; SILVA, Anderson Claudino. *Crimes eleitorais e seu processo*. Rio de Janeiro: Forense, 2006. p. 134.

- Objetivo jurídico: salvaguardar a autoridade dos mesários e do juiz eleitoral.
- Elementos do tipo:
  a) Ação nuclear: o verbo núcleo é intervir, no sentido de ingerir-se, interferir, promover gestão, interpor a sua autoridade.

Rege o art. 139 do CE: "Ao presidente da Mesa receptora e ao Juiz Eleitoral cabe a polícia dos trabalhos eleitorais". Nenhuma autoridade, que não as acima citadas, pode interferir na mesa receptora, mesmo sob qualquer pretexto. A interferência de qualquer autoridade que não o magistrado eleitoral infringe o exercício do voto sigiloso, no entanto se a interferência for com a finalidade de coerção, como prisão em flagrante, não incorre no delito do referido artigo.

O art. 140 determina a quem é permitido permanecer no *locus* de votação, veja-se: "somente podem permanecer no recinto da Mesa receptora os seus membros, os candidatos, um Fiscal, um Delegado de cada partido e, durante o tempo necessário à votação do eleitor".

Aquele que não guardar a ordem ou compostura devida e estiver praticando qualquer ato atentatório da liberdade pode ser retirado pelo presidente da mesa receptora, autoridade superior no recinto de votação. Se for autoridade restará tipificado o delito em tela, não sendo caracterizados os delitos dos art. 296 ou 297 do CE.

Determina também, em relação ao policiamento o art. 141 do CE, que "a força armada conservar-se-á a cem metros da Seção Eleitoral e não poderá aproximar-se do lugar da votação, ou nele penetrar, sem ordem do Presidente da Mesa".

Ressalta-se que para a existência desse crime há um limite temporal, qual seja, das 8 (oito) horas às 17 (dezessete) horas, pois é pressuposto que a mesa receptora esteja em funcionamento.

  b) Sujeito ativo: crime próprio de autoridade.
  b) Sujeito passivo: o Estado, o presidente da mesa e o juiz que têm interferida sua autoridade.
- Elemento subjetivo: dolo genérico. O agente tem a intenção de interpor sua autoridade.
- Consumação: através do ato de intervenção proibida.

Art. 306. Não observar a ordem em que os eleitores devem ser chamados a votar.

Pena - pagamento de 15 a 30 dias-multa.

– Objetivo jurídico: proteger a ordem da votação e a organização dos serviços eleitorais.

– Elementos do tipo:

a) Ação nuclear: a expressão "não observar" corresponde à ação nuclear do crime e tem o sentido de desrespeitar a disposição da fila de votação. A não observância da ordem de votação (arts. 143 e 146 do CE) no dia da eleição é uma conduta, além de socialmente reprovada, legalmente condenada.

Exceto às pessoas que têm trato diferenciado dos demais eleitores, como as gestantes, os idosos e os deficientes físicos, não é admitido privilégios ou pretensões na hora da votação no que diz respeito a ordem da fila ou ordem numérica das senhas.

b) Sujeito ativo: crime próprio dirigido aos mesários, posto que são os responsáveis pela manutenção da ordem e do bom funcionamento da votação.

c) Sujeito passivo: o Estado e o eleitor postergado.

– Elemento subjetivo: dolo genérico. O mesário, de propósito, realiza privilégios ou exclusões quanto à ordem de votação no dia da eleição.

– Consumação: com a não observância da ordem. Cabe tentativa quando a desorganização é impedida a tempo de não prejudicar a ordem de votação.

Art. 307. Fornecer ao eleitor cédula oficial já assinalada ou por qualquer forma marcada.

Pena - reclusão até cinco anos e pagamento de 5 a 15 dias-multa

---

– Objetivo jurídico: proteger a lisura do pleito eleitoral.

– Elementos do tipo: preserva a lei o exercício do voto livre e consciente, bem como a liberdade de opção do eleitor.

a) Ação nuclear: o verbo nuclear fornecer encontra-se com a significância de abastecer, promover, munir o eleitor de cédula oficial que esteja determinando a manifestação do voto, através de alguma assinatura, marca ou qualquer outra forma de sinalização.

A cédula há de ser oficial, caso contrário não indica o crime deste artigo, mas outros delitos. Com a informatização do voto há quem tenha entendido que este crime não havia mais tipificação, no entanto, a cédula ainda se encontra em uso, como exemplo, em casos de quebra ou substituição da urna eletrônica em que o voto há de acontecer manualmente.

b) Sujeito ativo: qualquer pessoa pode entregar cédula viciada para eleitor, embora em regra as cédulas oficiais sejam entregues pelos mesários. Há divergências se crime comum ou crime próprio.

c) Sujeito passivo: o Estado e o eleitor de boa-fé.

– Elemento subjetivo: o agente possui a vontade de fornecer ao eleitor uma cédula assinada ou marcada, portanto, tem-se um dolo genérico.

– Consumação: ocorre com o momento em que a cédula é entregue ao eleitor. A tentativa é possível quando, no lapso temporal para o fornecimento da cédula, a conduta do agente é obstruída.

Art. 308. Rubricar e fornecer a cédula oficial em outra oportunidade que não a de entrega da mesma ao eleitor.
Pena - reclusão até cinco anos e pagamento de 60 a 90 dias-multa.

– Objetivo jurídico: proteger a organização dos trabalhos eleitorais e a garantia do exercício do voto ausente de vícios.
– Elementos do tipo:
a) Ação nuclear: consta este delito da ação nuclear rubricar e fornecer, que respectivamente significam assinar e prover ao eleitor cédula oficial a fim de votar.

A regra é que os mesários só devam fornecer as cédulas quando do comparecimento do eleitor à mesa receptora, mediante conferência de identificação do votante e autorização. A rubrica dos mesários não há tempo certo para acontecer. A rubrica das cédulas pode ser antes do início da votação como durante, contanto que o eleitor ao se dirigir para a cabina de votação esteja com a cédula validada pela assinatura. "Há necessidade que se satisfaça ambos os verbos – núcleos do tipo, já que a lei usou a conjunção 'e' e não 'ou'".[34] Salienta-se que, nesses crimes de procedimento de votação, a base de cédula oficial ainda se encontra em vigor. Apesar de a votação ser totalmente eletrônica, a urna eletrônica está sujeita à permuta para a tradicional urna quanto houver problemas irreversíveis.

b) Sujeito ativo: trata-se de crime próprio aos mesários.

c) Sujeito passivo: o Estado e o eleitor que de boa-fé aceitou a cédula em horário inoportuno.

– Elemento subjetivo: faz-se mister que o mesário tenha a intenção de lesar o voto do eleitor.

– Consumação: basta para a configuração do crime que a cédula viciada seja entregue ao eleitor. Observa-se que se há a recusa por parte do votante não resta configurado o delito.

Art. 309. Votar ou tentar votar mais de uma vez, ou em lugar de outrem. Pena - reclusão até três anos.

– Objetivo jurídico: garantir a lisura do pleito eleitoral, evitando-se possíveis fraudes, a organização da ordem pública e os trabalhos eleitorais.

– Elementos do tipo:

a) Ação nuclear: caracteriza a ação nuclear pelo verbo votar, realizar escolha e tentar, diligenciar, tratar de conseguir.

O delito acontece por: "a) votar, por si, mais de uma vez; b) votar, em lugar de outrem, uma ou mais vez; c) tentar, por si, votar mais de uma vez; d) tentar, em lugar de outrem, votar uma ou mais de uma vez".[35] Não tipifica o crime quando o eleitor ingenuamente ou por descuido tenta votar mais de uma vez ou por outra pessoa, assim como quando há homônimos.

---

[34] CÂNDIDO, Joel José. *Direito eleitoral brasileiro*. 11. ed. 3. tir. Bauru: Edipro, 2005. p. 310.
[35] CÂNDIDO, Joel José. *Direito eleitoral brasileiro*. 11. ed. 3. tir. Bauru: Edipro, 2005. p. 310.

b) Sujeito ativo: qualquer pessoa pode ser agente desse ato delituoso.

c) Sujeito passivo: o Estado

– Elemento subjetivo: dolo genérico. Vontade livre e consciente de votar ou tentar votar mais de uma vez ou por outrem.

– Consumação e tentativa: "se consumará contanto com a omissão ou conivência do Mesário (e não o mero descuido), na identificação do eleitor, ou mesmo se identificando falsamente".[36] A tentativa é definida expressamente. O Código Eleitoral, quanto à sanção, aplica a mesma quantidade de pena para o delito consumado e tentado, não existindo tal equiparação no sistema penal comum.

Art. 310. Praticar ou permitir o membro da Mesa receptora que seja praticada qualquer irregularidade que determine a anulação da votação, salvo no caso do art. 311.

Pena - detenção até seis meses ou pagamento de 90 a 120 dias-multa.

– Objetivo jurídico: resguardar a organização da eleição, a normalidade da votação e a lisura do pleito.

– Elementos do tipo:
   a) Ação nuclear: consubstancia-se com os verbos praticar e permitir.

O primeiro, no caso, ganha a atribuição de realizar, efetuar; já o subsequente, de dar liberdade, consentir, autorizar, fazer uso de qualquer irregularidade que determine a anulação da votação. Os mesários são os responsáveis pelo procedimento de organização da votação, assim como também são os representantes do Estado em cada seção eleitoral, devendo possuir uma conduta ilibada, por isso é defeso ao membro da mesa receptora a conduta acima descrita.

Ao crime em tela excetua-se o caso do art. 311: "votar em Seção Eleitoral em que não está inscrito, salvo nos casos expressamente previstos, e permitir o Presidente da Mesa Receptora que o voto seja admitido".

---

[36] CORDEIRO, Vinicius; SILVA, Anderson Claudino. *Crimes eleitorais e seu processo*. Rio de Janeiro: Forense, 2006. p. 138.

As regras de nulidade da votação hão de ser consideradas e estão descritas nos arts. 219 a 224 do CE, todavia se observa que "por 'anulação de votação' deve-se entender, aqui, 'anulação de votação da seção' onde ocorreu o fato, sem necessidade de anulação de toda a eleição".[37] Ademais, a votação em separado não configura o caso acima descrito, pois o que se condena é admitir o voto de outra seção como voto normal.

A ocorrência de irregularidade que, em tese, determine a anulação da votação não implica no fato que a declaração da anulação dependesse da apuração criminal ou vice-versa, mas mesmo que precluísse o procedimento anulatório da votação, ocorrendo o fato ilícito, perdura a possibilidade da persecução penal.[38]

b) Sujeito ativo: esse crime pode ser realizado por qualquer pessoa, no entanto, dá-se foco especial para os mesários, posto que nesse caso praticaram ou permitiram a consecução de irregularidades.

c) Sujeito passivo: o Estado.

– Elemento subjetivo: dolo genérico. Intento de praticar ou permitir que sejam realizadas irregularidades, as quais são passíveis de anulação da votação.

– Consumação: com o primeiro ato irregular que gere a anulação da votação. Crime instantâneo.

Art. 311. Votar em Seção Eleitoral em que não está inscrito, salvo nos casos expressamente previstos, e permitir, o Presidente da Mesa Receptora, que o voto seja admitido.

Pena - Detenção até um mês ou pagamento de 5 a 15 dias-multa para o eleitor e de 20 a 30 dias-multa para o Presidente da Mesa.

– Objetivo jurídico: resguardar a organização da votação.

– Elementos do tipo:

---

[37] CÂNDIDO, Joel José. *Direito eleitoral brasileiro.* 11. ed. 3. tir. Bauru: Edipro, 2005. p. 277.

[38] CORDEIRO, Vinicius; SILVA, Anderson Claudino. *Crimes eleitorais e seu processo.* Rio de Janeiro: Forense, 2006. p. 138.

a) Ação nuclear: trata-se de uma conduta que se consubstancia com a ação de votar, realizar o ato de escolha dos representantes legais em seção não correspondente à sua, e a ação do presidente da mesa de permitir tal voto como normal. A legislação eleitoral em seu art. 145 do CE descrevia a quem era possibilitado votar em seção em que não estivesse inscrito, entretanto, entende-se que com a novel legislação, principalmente com a instauração do processo eletrônico de votação, o delito restou sem eficácia. Caso o presidente da mesa aceite o voto como em separado, não se vê a tipificação do crime, posto que a lei cobre a aceitação da votação estranha como normal. Vale a pena realçar que o delito em estudo não é destinado a quem já havia votado, para este fato há o crime do art. 309, do CE, já analisado.

b) Sujeito ativo: este crime pode ser cometido por qualquer pessoa, pois é crime comum. Em especial o presidente da mesa, haja visto que ele é o responsável pela verificação da identificação do eleitor.

c) Sujeito passivo: o Estado

– Elemento subjetivo: não se faz mister a vontade específica, basta que exista a intenção de votar em seção diversa e a permissão dessa votação.

– Consumação: como é crime instantâneo, a consumação é no ato de votar.

Art. 312. Violar ou tentar o sigilo do voto.
Pena detenção de dois anos.

– Objetivo jurídico: proteger a garantia do sigilo do voto.
– Elementos do tipo:
a) Ação nuclear: nos núcleos centrais, "violar" diz respeito a infringir, transgredir, e "tentar" quer dizer empregar meios para obter informação sobre o voto do eleitor, rompendo a garantia constitucional (art. 14, CF) do sigilo do voto.
"O dolo de parte dos escrutinadores, auxiliares e membros da Junta, ao apurarem o voto em separado, onde têm acesso à identificação do eleitor, leva ao crime".[39] Cordeiro e Claudino da Silva ressalvam que

---

[39] CÂNDIDO, Joel José. *Direito eleitoral brasileiro*. 11. ed. 3. tir. Bauru: Edipro, 2005. p. 311.

"a preocupação com o sigilo é tanta que até a Urna Eletrônica possui comandos em relevo na linguagem Braille para que se garanta a participação dos cegos, livre de quaisquer interferências".[40]

  b) Sujeito ativo: a conduta condenável de violação ou tentativa de violação do sigilo do voto pode ser realizada por qualquer pessoa.

  c) Sujeito passivo: o Estado e o eleitor que sofreu com a quebra ou possível quebra do segredo de seu voto.

  – Elemento subjetivo: dolo genérico, vontade livre e consciente de violar ou tentar violar o sigilo do voto.

  – Consumação: através da ação de infração quanto ao resguardo do voto. Cabe expressamente a tentativa.

Art. 313. Deixar o juiz e os membros da Junta de expedir o boletim de apuração imediatamente após a apuração de cada urna e antes de passar à subsequente, sob qualquer pretexto e ainda que dispensada a expedição pelos Fiscais, delegado ou candidatos presentes.

Pena - pagamento de 90 a 120 dias-multa.

Parágrafo único. Nas Seções Eleitorais em que a contagem dos votos for procedida pela Mesa Receptora, incorrerão na mesma pena o Presidente e os Mesários que não expedirem imediatamente o respectivo boletim.

  – Objetivo jurídico: salvaguardar que os resultados do pleito sejam fidedignos à realidade, bem como é a organização da apuração.

  – Elementos do tipo:

  a) Ação nuclear: o verbo núcleo "deixar" está com a conotação de ausentar, não realizar o juiz e os membros da Junta a expedição do boletim de apuração, conduta omissiva. Antes de passar de uma urna para outra deve ser expedido o boletim que, para Joel J. Cândido,

é o documento que deve espelhar a realidade encontrada nas urnas com a apuração. A cada seção corresponde uma urna e para cada urna deve

---

[40] CORDEIRO, Vinicius; SILVA, Anderson Claudino. *Crimes eleitorais e seu processo*. Rio de Janeiro: Forense, 2006. p. 139.

haver um boletim individualizado. Da soma dos totais desses boletins surgirá o totalizador, demonstrando o resultado final da eleição naquela zona ou município.[41]

A não expedição do boletim sob qualquer pretexto, além de ensejar o crime em tela, provoca confusão quanto à apuração e põe em dúvida a lisura da eleição, por isso é importante seguir com rigor as regras eleitorais. Atualmente, ao fim da votação o boletim é emitido pela própria urna eletrônica e conterá os nomes e os números dos candidatos nela votados. São extraídas 5 (cinco) vias e "o Presidente da mesa receptora é obrigado a entregar cópia do boletim de urna aos partidos e coligações concorrentes ao pleito cujos representantes o requeiram até uma hora após a expedição", consoante o art. 68, §1º da Lei nº 9.504/97. Também "os órgãos encarregados do processamento eletrônico de dados são obrigados a fornecer aos partidos ou coligações, no momento da entrega ao Juiz encarregado, cópias dos dados do processamento parcial de cada dia, contidos em meio magnético", é o que exige o art. 67 da lei supracitada. Vale a pena transcrever o comentário de Rui Stoco:

> cabe desde logo deixar assentado que, embora a Lei nº 9.504, de 30.09.97 tenha no art. 59 estabelecido que a votação e a totalização dos votos serão feitas por sistema eletrônico, não significa que a figura penal do art. 313 do Código Eleitoral tenha ficado superada ou anacrônica. O delito pode caracterizar-se tanto no sistema atual (eletrônico), como no sistema anterior de votação e apuração, a que se refere os arts. 173 a 196 do Código Eleitoral, pois em ambos os sistemas exige-se a expedição de boletins de urnas, como se verifica no art. 68 da referida Lei nº 9.504/97.[42]

b) Sujeito ativo: incide expressamente sobre o juiz e os membros da Junta e sobre o presidente e os mesários daquelas seções em que a contagem for precedida pela mesa receptora.

c) Sujeito passivo: o Estado.

– Elemento subjetivo: é o dolo genérico, ou seja, vontade do juiz e dos membros da Junta de deixar de expedir o boletim

---

[41] CÂNDIDO, Joel José. *Direito eleitoral brasileiro*. 11. ed. 3. tir. Bauru: Edipro, 2005. p. 291.

[42] STOCO, Rui. *Legislação eleitoral interpretada*: doutrina e jurisprudência. São Paulo: Revista dos Tribunais, 2004. p. 332.

de apuração imediatamente após a apuração de cada urna e antes de passar à subsequente.
- Consumação: identifica-se com a ausência de expedição do boletim de urna. Cuida-se de crime omissivo, ao passo que por isso não cabe tentativa.

Art. 314. Deixar o juiz e os membros da junta de recolher as cédulas apuradas na respectiva urna, fechá-la e lacrá-la, assim que terminar a apuração de cada seção e antes de passar à subsequente, sob qualquer pretexto e ainda que dispensada a providencia pelos fiscais, delegados ou candidatos presentes.

Pena - detenção até dois meses ou pagamento de 90 a 120 dias-multa.

Parágrafo único: nas Seções Eleitorais em que a contagem dos votos for precedida pela Mesa Receptora, incorrerão na mesma pena o Presidente e os Mesários que não fecharem e lacrarem a urna após a contagem.

- Objetivo jurídico: proteger a fidelidade das intenções populares e a ordem da apuração.
- Elementos do tipo:
  a) Ação nuclear: trata-se de um crime omissivo como o acima analisado e a ação nuclear também é correspondente.

A tipificação do crime ocorre quando o juiz e os membros da junta contrariam a regra de, logo após terminada a apuração, recolher as cédulas apuradas, fechar e lacrar cada urna para dar seguimento às demais apurações. Sob nenhum motivo essa regra pode ser quebrada, sob pena de comprometer a lisura da apuração e, por conseguinte, do pleito como um todo. Mesmo sendo uma norma voltada para o procedimento manual de votação, ainda se encontra em vigor, pois em dados momentos a urna eletrônica pode ser substituída pela urna convencional, e quando da ocasião da substituição a regra deve ser seguida.

b) Sujeito ativo: o juiz eleitoral, Junta Eleitoral, o presidente e os mesários. "Aqui, como no art. 313 (CE), a lei, lamentavelmente, não inclui o membro do Ministério Público como sujeito ativo do crime por não requerer a providência legal em caso de omissão da Junta".[43]

---

[43] CÂNDIDO, Joel José. *Direito eleitoral brasileiro*. 11. ed. 3. tir. Bauru: Edipro, 2005. p. 292.

CAPÍTULO 15
CRIMES ELEITORAIS | 405

c) Sujeito passivo: o Estado.
- Elemento subjetivo: dolo genérico. Intenção de contrariar a regra de apuração.
- Consumação: também crime omissivo, então a consumação dar-se-á ao tempo em que não forem recolhidas as cédulas apuradas e estas postas novamente na urna que deve ser fechada e lacrada, ou seja, quando da não realização do procedimento da devida apuração.

Art. 315. Alterar nos mapas ou nos boletins de apuração a votação obtida por qualquer candidato ou lançar nesses documentos votação que não corresponda às cédulas apuradas.

Pena- reclusão até cinco anos e pagamentos de 5 a 15 dias-multa.

- Objetivo jurídico: garantir a proteção da vontade popular, a organização dos trabalhos eleitorais e a lisura do pleito.
- Elementos do tipo:
a) Ação nuclear: o verbo nuclear "alterar" neste delito apresenta o sentido de adulterar, modificar, distorcer a real votação, com isso havendo a desconfiguração da vontade popular.

O ilustre mestre Fávila Ribeiro tece expressivo ensinamento acerca desta conduta delituosa:

Trata o art. 315 de modificação do resultado expresso nas urnas para inserir nos mapas ou nos boletins de apuração dados diferentes. É uma espécie de fraude de apuração mais frequente, vulgarizada sob a denominação de mapismo. Essa adulteração no conteúdo dos mapas ou boletins pode ser procedida em conluio entre os membros da Junta Apuradora, modificando ideologicamente os votos atribuídos aos candidatos, ou aproveitando os votos em branco, para favorecer a posição de um ou mais candidatos ou de determinada legenda partidária.[44]

Continua o autor:

procurou-se conter a defraudação de mapas, que se vinha alastrando de um para outro pleito, com a exigência feita, também acompanhada do

---

[44] RIBEIRO, Fávila. *Direito eleitoral*. 4. ed. Rio de Janeiro: Forense, 1996. p. 566.

corretivo penal, da expedição de boletim eleitoral após a apuração de cada urna, com obrigatória entrega de vias a representantes partidários. E não apenas isso, como ainda assegurando prevalência ao boletim, na hipótese de divergência deste com o mapa de apuração.[45]

A preocupação da sociedade, dos candidatos, dos partidos políticos e da Justiça Eleitoral, ao longo da história das eleições, em evitar esta forma de vício eleitoral fez com que se estabelecesse como crime a manipulação do voto do eleitor, no entanto, com o voto eletrônico ficou mais difícil ou praticamente impossível a realização deste delito, mas ainda continua sendo "o grande temor dos candidatos e partidos e já foi este crime o responsável por graves alterações ilícitas de resultados em diversas eleições".[46]

Determina, além do já exposto, o art. 15 da Lei nº 6.996/82 que aquele que alterar resultados no processo eletrônico das cédulas, independentemente do método utilizado, incorrerá nas penas do art. 315 do CE.

b) Sujeito ativo: qualquer pessoa pode deturpar os boletins de apuração. Trata-se de um crime comum, mas com especial ênfase para os membros da Junta, escrutinadores e auxiliares.

c) Sujeito passivo: o Estado, o candidato ou partido político que sofreu com a alteração dos mapas e boletins de urna.

– Elemento subjetivo: dolo genérico. Desiderato de distorcer a verdade da apuração.

– Consumação: quando houver qualquer incongruência com o desígnio popular quanto à eleição dos representantes legais.

Art. 316. Não receber ou não mencionar nas atas da eleição ou da apuração os protestos devidamente formulados ou deixar de remetê--los à instância superior.

Pena - Reclusão até cinco anos e pagamentos de 5 a 15 dias-multa.

---

[45] RIBEIRO, Fávila. *Direito eleitoral*. 4. ed. Rio de Janeiro: Forense, 1996. p. 566.

[46] CÂNDIDO, Joel José. *Direito eleitoral brasileiro*. 11. ed. 3. tir. Bauru: Edipro, 2005. p. 293.

- Objetivo jurídico: assegurar a garantia do registro dos acontecimentos pertinentes a eleição, garantindo assim a qualidade dos trabalhos eleitorais, bem como do processo eleitoral e da fiscalização dele.
- Elementos do tipo:
  a) Ação nuclear: as condutas de não receber e não mencionar encontram-se respectivamente com o sentido de não aceitar e não registrar na ata da eleição os protestos devidamente formulados. Já a ação de não remeter está com o significado de não enviar, não direcionar as informações dos incidentes eleitorais à instância superior.

É regra eleitoral legítima do presidente da mesa receptora, dos mesários e da Junta Apuradora os registros de todo e qualquer fortuito que por ventura vier a acontecer em virtude da eleição. A inobservância de tal procedimento culmina com a incidência do crime em estudo e tem por consequência tornar "inócua a atividade fiscalizatória desempenhada por candidatos e representantes partidários – fiscais e delegados".[47]

A realização dos protestos é uma maneira de assegurar uma eleição ausente de deturpações ou corrupções, além de possibilitar o ingresso de impugnações, reclamações e recursos aos fatos eivados de supostos vícios.

A norma repressiva é freio a eventual arbítrio dos mesários e juntas e eficiente instrumento a proporcionar ampla fiscalização do pleito. Muitas oportunidades eleitorais precluem, fulminando direitos e os protestos e impugnações são os mecanismos para as partes não deixarem incidir a preclusão.[48]

Em face do não acolhimento da impugnação estabelece o art. 69 da Lei nº 9.504/97 que "a impugnação não recebida pela Junta Eleitoral pode ser apresentada diretamente ao Tribunal Regional Eleitoral, em quarenta e oito horas, acompanhada de declaração de duas testemunhas". O art. 70 da Lei nº 9.504/97, além de ter uma redação análoga à do art. 316, CE, determina o afastamento imediato do presidente da Junta Eleitoral, além de responder pelo delito em painel. São partes legítimas para apresentar reclamações os partidos políticos e coligações, por seus fiscais e delegados devidamente credenciados.

---

[47] RIBEIRO, Fávila. *Direito eleitoral*. 4. ed. Rio de Janeiro: Forense, 1996. p. 567.
[48] CÂNDIDO, Joel José. *Direito eleitoral brasileiro*. 11. ed. 3. tir. Bauru: Edipro, 2005. p. 294.

b) Sujeito ativo: o presidente da mesa receptora, os mesários e os membros da Junta.

c) Sujeito passivo: o Estado e aqueles que sofreram com o não recebimento ou não menção dos protestos devidamente formulados e não enviados ao órgão superior.

– Elemento subjetivo: dolo genérico. É a recusa intencional de realizar regra eleitoral de registrar em ata fatos, protestos, reclamações e impugnações eleitorais, bem como acatá-los e não os remeter a instância superior.

– Consumação: dá-se a partir do momento da omissão do registro e da remissão.

Art. 317. Violar ou tentar violar o sigilo da urna ou dos invólucros da urna.

Pena - Reclusão de três a cinco anos.

– Objetivo jurídico: proteger o sigilo do voto, garantia constitucional, assim como a lisura do pleito eleitoral.

– Elementos do tipo:

a) Ação nuclear: a conduta condenada é a de violar, ou seja, contravir, infringir, transgredir, romper o sigilo da urna ou dos invólucros desta, bem como a tentativa da violação. Os invólucros são todo material apensado à urna, como envelopes, cédulas oficiais que não foram utilizadas no processo de votação.[49]

Havendo indícios de violação da urna, antes da apuração, o presidente da Junta indicará pessoa idônea para servir como perito e examinar a urna com assistência do representante do Ministério Público; se o perito concluir pela existência de violação e o seu parecer for aceito pela Junta, o presidente desta comunicará a ocorrência do Tribunal Regional, para as providências de lei; se o perito e o representante do Ministério Público concluírem pela inexistência de violação, far-se-á a apuração; se apenas o representante do Ministério Público entender que a urna foi violada, a Junta decidirá, podendo aquele, se a decisão

---

[49] CORDEIRO, Vinicius; SILVA, Anderson Claudino. *Crimes eleitorais e seu processo*. Rio de Janeiro: Forense, 2006. p. 144.

não for unânime, recorrer imediatamente para o Tribunal Regional, conforme redação do §1º, incs. I, II, II, IV do CE.

Caso haja violação do sigilo de votação da urna eletrônica, a tipificação é do art. 72 da Lei nº 9.504/97. O lapso temporal desse crime é desde o dia da eleição até 60 (sessenta) dias após o trânsito em julgado da diplomação de todos os candidatos eleitos nos pleitos eleitorais realizados simultaneamente. Havendo prévia publicação do edital de convocação, as cédulas serão retiradas das urnas e imediatamente incineradas, na presença do juiz eleitoral e em ato público, vedado a qualquer pessoa, inclusive, ao juiz, o seu exame na ocasião da incineração, redação do art. 185 do CE.

b) Sujeito ativo: qualquer pessoa pode cometer a violação ou a tentativa de violação, haja vista ser crime comum.

c) Sujeito passivo: o Estado.

– Elemento subjetivo: não há necessidade de que o agente tenha uma intenção em especial, basta a vontade livre e consciente de cometer o delito.

– Consumação: ocorre com a simples violação. Para tanto não é imprescindível que o agente tenha tido acesso ao conteúdo da urna ou a qualquer documento a ela apensado.

Art. 318. Efetuar a Mesa Receptora a contagem dos votos de urna quando qualquer eleitor houver votado sob impugnação (art. 190).

Pena - detenção até um mês ou pagamento de 30 a 60 dias-multa.

– Objetivo jurídico: assegurar a garantia do sigilo constitucional dos votos, a ordem e a organização dos trabalhos eleitorais de apuração dos votos.

– Elementos do tipo:

a) Ação nuclear: a ação nuclear é o verbo efetuar, realizar, executar a mesa receptora a contagem dos votos quando qualquer eleitor houver votado sob impugnação.

A apuração dos votos como consta no art. 158 do CE compete às Juntas Eleitorais quanto às eleições realizadas na zona sob sua jurisdição; aos Tribunais Regionais a referente às eleições para governador, vice-governador, senador, deputado federal e estadual, de acordo com os resultados parciais enviados pelas Juntas Eleitorais; e ao Tribunal

Superior Eleitoral nas eleições para presidente e vice-presidente da República, pelos resultados parciais remetidos pelos Tribunais Regionais. Ocorre que é facultada a apuração pelas mesas receptoras; nesse caso o Tribunal Superior Eleitoral autoriza a contagem de votos nos estados em que o Tribunal Regional indicar as zonas ou seções em que esse sistema deva ser adotado, regra do art. 188 do CE. A partir da autorização os mesários das seções em que for efetuada a contagem dos votos serão nomeados escrutinadores da Junta para que procedam aos trabalhos de contagem e apuração dos votos das zonas ou seções estabelecidas.

Há impedimento da contagem por parte da mesa receptora caso esta não se julgue suficientemente garantida, ou se qualquer eleitor houver votado sob impugnação, devendo a mesa, em um ou outro caso, proceder na forma determinada para as demais, das zonas em que a contagem não foi autorizada – redação do art. 190 do CE. O crime em estudo é direcionado justamente para a violação desse impedimento, como corrobora Fávila Ribeiro:

> Prevê a lei que havendo objeção ao recebimento de voto de algum eleitor, deverá a apuração da seção ser deslocada para a autoridade judiciária. De sorte que o crime focalizado decorre do comportamento conflitante a essa regra legal impeditiva. Tornada incompetente a Mesa Receptora à vista da impugnação durante os trabalhos de votação, fica impedida de realizar a contagem de votos da seção, e se ainda o faz enquadrar-se, a exata espécie em exame.[50]

b) Sujeito ativo: os mesários que se transformaram em Junta Apuradora.

c) Sujeito passivo: o Estado.

– Elemento subjetivo: dolo genérico dos mesários (escrutinadores) em deliberadamente proceder à contagem após impugnação.

– Consumação: "o crime se consuma justamente no momento em que essa obrigação da mesa receptora transformada em Apuradora dispensar a decisão judicial incorrendo na conduta tipificada".[51]

---

[50] RIBEIRO, Fávila. *Direito eleitoral*. 4. ed. Rio de Janeiro: Forense, 1996. p. 568.

[51] CORDEIRO, Vinicius; SILVA, Anderson Claudino. *Crimes eleitorais e seu processo*. Rio de Janeiro: Forense, 2006. p. 145.

Art. 319. Subscrever o eleitor mais de uma ficha de registro de um ou mais partidos. (Em desuso)
Pena - detenção até um mês ou pagamento de 10 a 30 dias-multa.

– Objetivo jurídico: salvaguardar o processo de registro dos partidos políticos objetivando garantir a validade.

Ocorria com a segunda a subscrição, quando o eleitor-fundador tinha a vontade de rubricar ou assinar para o registro de mais de um partido político. É importante lembrar que não cabe culpa nos crimes eleitorais, então o agente que por negligência realizava inscrição simultânea não cometia a ação delituosa, bem como quando era induzido ou coagido a realizar tal feito.

Art. 320. Inscrever-se o eleitor, simultaneamente, em dois ou mais partidos. [Em desuso]
Pena - Pagamento de 10 a 20 dias-multa.

– Objetivo jurídico: resguardar a legitimidade dos registros de filiação nos partidos políticos e subjetivamente o sistema representativo.[52]
– Elementos do tipo:

Cuida-se de matrícula ou registro simultâneo em dois ou mais partidos políticos. O crime ocorria com a propositura da segunda filiação. Nas lições de Joel J. Cândido, aprende-se que o termo "simultaneamente" quer dizer "ao mesmo tempo" e no "mesmo dia".[53] Portanto, seguindo o pressuposto de que a simultaneidade, no sentido apresentado, é elemento objetivo do tipo penal em estudo, a filiação que ocorre em dias diferentes não enseja o crime em tela.

Com advento da minirreforma de 2013 (Lei nº 12.891/13) que alterou substancialmente a redação o parágrafo único do art. 22[54] da Lei

---

[52] CORDEIRO, Vinicius; SILVA, Anderson Claudino. *Crimes eleitorais e seu processo.* Rio de Janeiro: Forense, 2006. p. 147.

[53] CÂNDIDO, Joel José. *Direito eleitoral brasileiro.* 11. ed. 3. tir. Bauru: Edipro, 2005. p. 316.

[54] Parágrafo único do art. 22: "Havendo coexistência de filiações partidárias, prevalecerá a mais recente, devendo a Justiça Eleitoral determinar o cancelamento das demais".

n° 9.096/95, os arts. 319 e 320 se encontram em desuso, logo, ocorrendo a duplicidade de filiações partidárias, subsistirá a mais recente, havendo o cancelando da mais antiga.

Art. 321. Colher assinaturas de eleitor em mais de uma ficha de registro de partido.

Pena detenção até dois meses ou pagamento de e 20 a 40 dias multa.

– Objetivo jurídico: tutelar a legitimidade do processo de registro de candidatura.
– Elementos do tipo:
a) Ação nuclear: o verbo colher apresenta-se como o ato de um terceiro adquirir, obter, recolher assinaturas de eleitores em mais de uma ficha de registro de partido político.

Esse crime diverso do art. 319 do CE é cometido por pessoa que faz com que um mesmo eleitor subscreva em mais de uma lista de assinaturas destinadas à formação oficial de partido político. Os comentários apensados ao art. 319 também são válidos para essa forma de ação criminosa.

b) Sujeito ativo: qualquer pessoa que esteja colhendo assinaturas a fim de obter o mínimo necessário para o registro do partido político. Crime comum.
c) Sujeito passivo: o Estado, o partido político prejudicado e o eleitor desinformado e de boa-fé.
– Elemento subjetivo: dolo genérico. Ação espontânea e consciente de colher assinaturas.
– Consumação: com a subscrição do eleitor que já houvera assinado em outra lista de registro de legenda partidária.

Art. 322. (Revogado expressamente pelo art. 107 da Lei n° 9.504 de 30.9.97 - DO de 1°.10.97)

Tratava este artigo da propaganda eleitoral realizada fora do período autorizado ou, nesse período, em horários não permitidos, por meio de alto-falantes instalados em sedes partidárias, em qualquer outra dependência do partido, ou em veículos.

Rege o art. 107 da Lei nº 9.504/97:

> revogam-se os arts. 92, 246, 247, 250, 322, 328, 329, 33 e o p. único do art. 106 da Lei nº 4.737, de 15 de julho de 1965 - Código Eleitoral; o §4º do art. 39 da Lei nº 9.096, de 19 de setembro de 1995; o §2º do art. 50 e o §1º do art. 64 da Lei nº 9.100, de 29 de setembro de 1995; e o §2º do art. 7º do Decreto-lei nº 201, de 27 de fevereiro de 1967.

Art. 323. Divulgar na propaganda, fatos que sabe inverídicos, em relação a partidos ou candidatos e capazes de exercerem influência perante o eleitorado.

Pena-detenção de dois meses a um ano ou pagamento de 120 a 150 dias-multa.

Parágrafo único. A pena é agravada se crime é cometido pela imprensa, rádio ou televisão.

- Objetivo jurídico: proteger a imagem dos partidos e candidatos e a ética na propaganda eleitoral.
- Elementos do tipo:
  a) Ação nuclear: a ação vergastada neste delito é a de divulgar, propalar, noticiar, anunciar ou espalhar fatos dois quais se tem conhecimento de serem falsos, irreais. Tais fatos devem ser divulgados no período de propaganda eleitoral ou partidária e direcionados a um partido ou candidato, posto que fora desse limite temporal não tipifica o delito em tela, como salienta Rui Stoco:

> significa, ainda, que a divulgação de fatos inverídicos através de outro meio, por qualquer veículo de divulgação, que não se caracterize como propaganda, também não caracterizará o crime, embora possa esse comportamento subsumir-se em outro preceito incriminador do Código Eleitoral (calúnia, difamação ou injúria), do Código Penal ou lei extravagante.[55]

---

[55] STOCO, Rui. *Legislação eleitoral interpretada*: doutrina e jurisprudência. São Paulo: Revista dos Tribunais, 2004. p. 527.

Por sua vez, Joel J. Cândido entende que "as duas grandes diferenças deste crime com o de Calúnia eleitoral é que na Calúnia a imputação falsa tem que ser penalmente típica e na Divulgação basta ser de fatos inverídicos, que nem sempre são criminosos".[56]

É bastante evidente o texto legal ao determinar que a propagação de tais fatos tem que ter o condão de influenciar o eleitorado, portanto condição de existência do crime. Partindo dessa afirmativa, não pode ser qualquer informação com o fito de macular a imagem do partido ou candidato, mas necessariamente aquela que tenha potencial lesivo suficiente para interferir na decisão do eleitor e quiçá no pleito eleitoral. Embora haja a necessidade de tal influência, não se faz mister o efetivo prejuízo.

Nesse sentido:

> Recurso criminal. Ação penal eleitoral. Eleições 2012. Art. 323, do código eleitoral. Divulgação de propaganda eleitoral de fatos sabidamente inverídicos em relação a partidos ou candidatos e capazes de exercerem influência perante o eleitorado. Ausência de demonstração idônea do dolo específico exigido para a configuração delitiva. Veiculação de panfleto contendo dados extraídos do egrégio tribunal de contas, revelando possível existência de dívida pública, limitada ao livre exercício da manifestação de pensamento, com respaldo, ainda, na garantia da liberdade de crítica, inerente ao embate político na disputa do pleito eleitoral. Responsabilização penal-eleitoral. Descabimento. Sentença absolutória mantida. Recurso do ministério público desprovido.[57]

A Lei nº 9.504/97, art. 53, §1º, veda a veiculação de propaganda que possa degradar ou ridicularizar candidatos, sob pena de perda do direito de veiculação, no dia subsequente, da propaganda do partido ou candidato infrator, bem como é passível o direito de resposta.

O artigo em estudo (art. 323, CE) no seu parágrafo único agrava a penalidade caso seja a divulgação realizada pela imprensa. Quis o legislador aumentar a pena para os profissionais da comunicação por terem eles o dever de averiguar a veracidade de suas informações antes de noticiá-las. É válido verificar no art. 45 da referida lei as ações vedadas às emissoras de rádio e televisão, em sua programação normal e noticiário.

---

[56] CÂNDIDO, Joel José. *Direito eleitoral brasileiro*. 11. ed. 3. tir. Bauru: Edipro, 2005. p. 298.

[57] Recurso Criminal nº 77.367. Acórdão de 8.10.2015. Rel. Claudia Lúcia Fonseca Fanucchi. *DJESP – Diário da Justiça Eletrônico do TRE-SP*, 15 out. 2015.

Há quem defenda, como o ilustre mestre Joel J. Cândido, que a penalidade carece de majoração, pois para ele o crime é revestido de um caráter lesivo, podendo, com a sua incidência, eleger quem não merece, desvirtuando "os princípios éticos da propaganda".[58]

b) Sujeito ativo: é crime comum, assim, qualquer pessoa pode ser agente do delito.

c) Sujeito passivo: o Estado e o partido político ou candidato prejudicados com a exposição de histórias irreais.

- Elemento subjetivo: o agente tem o fim de exercer um poder ideológico sobre o eleitor, com finalidade eleitoreira, por conseguinte, dolo específico.

- Consumação: com o primeiro ato de divulgação. Cabe tentativa para este delito.

Art. 324. Caluniar alguém, na propaganda eleitoral, ou visando fins de propaganda, imputando-lhes falsamente fato definido como crime.

Pena - detenção de seis meses a dois anos e pagamento de 10 a 40 dias-multa.

§1º Nas mesmas penas incorre quem, sabendo falsa a imputação, a propala ou divulga.

§2º A prova da verdade do fato imputado exclui o crime, mas não é admitida;

I - se, constituindo o fato imputado crime de ação privada, o ofendido não foi condenado por sentença irrecorrível;

II - se o fato é imputado ao Presidente da República ou chefe de governo estrangeiro;

III - se do crime imputado, embora de ação pública, o ofendido foi absolvido por sentença irrecorrível.

- Objetivo jurídico: proteger a honra objetiva das pessoas em função de propaganda.
- Elementos do tipo:
  a) Ação nuclear: consubstancia-se em caluniar, ou seja, afirmar falsidades criminosas contra a honorabilidade de alguém na propaganda eleitoral ou para fins de propaganda.

---

[58] CÂNDIDO, Joel José. *Direito eleitoral brasileiro*. 11. ed. 3. tir. Bauru: Edipro, 2005. p. 299.

O legislador não só atribuiu o delito à calúnia eleitoral, bem como a todos os crimes eleitorais contra a honra, no período da propaganda eleitoral propriamente e das propagandas partidárias que podem ocorrer em ano não eleitoral, por isso foi expresso ao determinar a finalidade de propaganda, em sentido lato. A calúnia eleitoral é equivalente ao crime de calúnia do direito penal, no entanto, a distinção consiste na finalidade eleitoreira embutida ao primeiro, por isso pode haver a tipificação do crime comum em época de propaganda eleitoral, por exemplo, e não configurar o delito ora analisado, pela ausência de um requisito. *Vide* jurisprudência:

> Na peleja eleitoral, como já consagrou a jurisprudência do TSE, os conceitos de injúria, calúnia e difamação são diversos daqueles reconhecidos pelo direito penal. No direito eleitoral, existe um abrandamento destes conceitos, permitindo certas afirmações que, na vida privada, poderiam ser consideradas ofensivas à honra das pessoas, sejam tidas como aceitáveis, entendendo serem elas as próprias da dialética democrática.
>
> Mister salientar que, mesmo tendo a sua proteção à honra debilitada, não deverão ser admitidas ofensas que ultrapassem o limite da discussão política e descambem para ofensas pessoais, o que não encontrei no caso em tela.[59]

O agente nesse caso imputa a alguém fato tipificado como crime, o qual não precisa ser especificamente crime eleitoral. Não se considera crime quando o agente não está a par da falsidade, quando o fato atribuído é uma contravenção penal ou quando não corresponde a um crime. *Vide* jurisprudência:

> A tipicidade própria à calúnia pressupõe a imputação de fato determinado revelador de prática criminosa. Assim, comprovado nos autos ter o recorrente imputado falsamente à vítima fato definido como crime, em comício, sua conduta se amolda a figura tipificada como calúnia, impondo-se a manutenção da sentença condenatória.[60]

O §1º também condena aquele que sabendo falsa a imputação a propala ou divulga. Propalar quer dizer tornar público e divulgar é difundir. Para Nélson Hungria, "propalar refere-se mais propriamente

---

[59] Representação nº 63.673. Decisão nº 267/2014, de 16.8.2014. Rel. José Dos Anjos. *Mural – Mural da Secretaria/Cartório*, v. 18:00, 16 ago. 2014.

[60] Processo nº 215. Acórdão nº 41.130, de 13.6.2011. Rel. Rogério Coelho. *DJ*, 17 jun. 2011.

relato verbal, enquanto divulgar tem acepção extensiva, isto é, significa relatar por qualquer meio".[61] Similar ao crime do Código Penal, também é possível o cabimento de exceção da verdade, perdão judicial e casos de aumento de pena. O §2º apresenta as restrições ao instituto da exceção da verdade.

b) Sujeito ativo: qualquer pessoa, crime comum.

c) Sujeito passivo: também pode ser qualquer pessoa, "mesmo não sendo candidato registrado pode ser vítima do crime".[62]

– Elemento subjetivo: é expressa na redação do artigo a finalidade eleitoral da calúnia, sendo assim, dolo específico, *animus caluniandi*.

– Consumação: há de acontecer no momento em que o fato criminoso chegar ao conhecimento de uma terceira pessoa. A tentativa é possível, dependendo da forma como o fato é noticiado.

Art. 325. Difamar alguém, na propaganda eleitoral, ou visando a fins de propaganda, imputando-lhe fato ofensivo à sua reputação.

Pena - detenção de três meses a um ano, e pagamento de 5 a 30 dias-multa.

Parágrafo único. A exceção da verdade somente se admite se ofendido é funcionário público e a ofensa é relativa ao exercício de suas funções.

– Objetivo jurídico: resguardar a reputação do indivíduo.

– Elementos do tipo:

a) Ação penal: a ação nuclear é difamar, pôr em descrédito a reputação de alguém mediante atribuição de fato ofensivo. *Vide* jurisprudência:

A configuração do delito de difamação eleitoral, previsto no art. 325 do Código Eleitoral, exige que a ofensa ocorra na propaganda eleitoral ou para os fins desta. As referências feitas ao prefeito municipal, ao candidato que disputa a sua sucessão e à formação de coligações

---

[61] HUNGRIA, Nelson. *Comentários ao Código Penal*. 4. ed. Rio de Janeiro: Forense, 1958. p. 73. v. VI *apud* CORDEIRO, Vinicius; SILVA, Anderson Claudino. *Crimes eleitorais e seu processo*. Rio de Janeiro: Forense, 2006. p. 155.

[62] CORDEIRO, Vinicius; SILVA, Anderson Claudino. *Crimes eleitorais e seu processo*. Rio de Janeiro: Forense, 2006. p. 154.

são suficientes para demonstrar o propósito do agente de influir na propaganda eleitoral de forma negativa. A filiação partidária do agente, aliada à assessoria por ele prestada aos candidatos da oposição, reforça o caráter eleitoral da ação.[63]

Tanto a calúnia quanto a difamação possuem fatos específicos ou determinados, distinguindo-se pela imputação de fato criminal na primeira, e na segunda as alegações arrogadas agridem a reputação de alguém perante a sociedade, por isso dizer que se afeta a honra objetiva, entendida esta como a visão que a sociedade lhe tem. O parágrafo único tem uma exegese restritiva quanto à sua interpretação, portanto deve ser obedecida a limitação quanto ao instituto de exceção da verdade aos funcionários públicos e em relação ao exercício de sua função. Já fora objeto de análise o conceito de funcionário público para o direito eleitoral, desse modo não se tecerá novel comentários.

É um crime de ação múltipla como também o é a calúnia, podendo dar-se de variadas maneiras, tais como forma escrita, falada, gestual etc.

Vale para este artigo as mesmas considerações feitas ao artigo anterior.

b) Sujeito ativo: qualquer pessoa, como o crime de calúnia, também é crime comum.

c) Sujeito passivo: qualquer pessoa pode ser vítima desse delito.

– Elemento subjetivo: é elemento essencial para a configuração do tipo em tela o *animus diffamandi*, logo, dolo específico.

"Sobretudo há de ser sancionada a imputação ofensiva quando não se apresenta o mero propósito crítico, mas resulta inequívoca, como ato doloso, a intenção de causar dano à honra objetiva ou subjetiva".[64]

Há autores que compreendem não ser caso de tipificação de difamação uma aguda crítica política, contudo é relevante observar o entendimento jurisprudencial.

"A alegação de que as ofensas irrogadas, em discurso num comício, foram fruto do calor da disputa eleitoral, não encontra significado jurídico, porque não constitui forma excludente de criminalidade. Inteligência dos arts. 324, 325 e 327, inc. II do Código Eleitoral".[65]

---

[63] Recurso Especial Eleitoral nº 186.819. Acórdão de 6.10.2015. Rel. Min. Henrique Neves da Silva. *DJE*, 5 nov. 2015.
[64] TRE-SC. Acórdão nº 25.663, de 14.3.2011. Rel. Juiz Sérgio Torres Paladino.
[65] TRE-BA. RC nº 130. Rel. Genaro de Oliveira. Julg. 31.5.31.

Entende-se que é tênue a tipificação do crime de difamação eleitoral, devendo-se sempre observar os elementos constitutivos do delito, tais como a intenção do agente e o fato que denigre a imagem de uma pessoa, para que não passe sem as corretas sanções supostas singelas críticas políticas e também que a estas não seja imposto um crime inexistente.

– Consumação: dá-se quando um terceiro tem ciência da imputação de fato ofensivo a outrem. Da mesma forma que o art. 324 do CE, a tentativa é possível desde que específica de execução, como exemplo a escrita.

Art. 326. Injuriar alguém, na propaganda eleitoral, ou visando a fins de propaganda, ofendendo-lhe a dignidade e o decoro.

Pena - detenção até seis meses, ou pagamento de 30 a 60 dias-multa.

§1º O Juiz pode deixar de aplicar a pena:

I - Se o ofendido, de forma reprovável, provocou diretamente a injúria;

II - No caso de retorsão imediata, que consista em injúria.

§2º Se a Injúria consiste em violência ou vias de fato, que, por sua natureza ou meio empregado, se considerem aviltantes;

Pena - detenção de três meses a um ano e pagamento de 5 a 20 dias-multa, além das penas correspondentes à violência prevista no Código Penal.

– Objetivo jurídico: agasalhar a honra subjetiva da pessoa.

– Elementos do tipo:

a) Ação nuclear: a ação nuclear é de injuriar, ofender, ultrajar o decoro da pessoa por conta da propaganda eleitoral, ou visando a fins eleitorais. Os delitos de difamação e de injúria protegem a honra da pessoa, sendo o primeiro objetivo e o segundo subjetivo, ou seja, trata-se de uma questão de foro íntimo. Os crimes são distintos, uma vez que à difamação é atribuído um fato ofensivo e à injúria a divulgação de ofensas, as quais ferem a dignidade da pessoa física ou jurídica, portanto cabíveis para partidos políticos.

"Injúria e difamação, embora ambos caracterizem crimes contra a honra, têm traços nítidos que os diferenciam. Na injúria, o agente exprime seu juízo pessoal. Já na difamação exprime não seu juízo, mas provoca um julgamento de terceiros em detrimento do ofendido. São, portanto, figuras delituosas autônomas e, ainda que somadas as penas para atingir a pena definitiva de todas as infrações, conservam sua autonomia" (TRE - SP - Proc. 454 - RC 104.899 - Voto do Des. Antonio Carlos Alves Braga).[66]

No direito eleitoral a injúria e a difamação, a despeito de sua acepção penal, não podem ser tratadas com rigorismo, uma vez que, na seara eleitoral, mormente no período de campanha propriamente dito, onde o confronto de ideias se demonstra mais intenso, a honra subjetiva sofre certa mitigação.[67]

Na injúria, a ofensa tem que chegar ao conhecimento da vítima, direta ou indiretamente e como o crime de difamação é de ação múltipla, não obstante, "teoricamente, possa também ser omissiva".[68]

O §1º do artigo em comento versa sobre o perdão judicial, neste, em casos expressamente permitidos por lei, o juiz deixa de aplicar a sanção ao agente do dano. Para a injúria eleitoral, assim como para a injúria comum, cabe o perdão judicial somente por modo reprovável da vítima, a qual resultou no delito, bem como por retorção imediata do agente, salienta-se que nos ensinamentos de Celso Delmanto não se admite retratação para o delito em apreço.[69] O §2º refere-se à injúria real, nesta há o uso de violência ou vias de fato, que, por sua natureza ou meio empregado, se considerem aviltantes. Para este caso entende-se pela possibilidade de concurso de crime com o crime de lesões corporais.

b) Sujeito ativo: não há qualquer delimitação quanto a quem é devida a atuação do crime, sendo assim crime comum e qualquer pessoa está sujeita a ser agente da injúria eleitoral.

c) Sujeito passivo: qualquer pessoa física ou jurídica.

Para a tipificação dos crimes de difamação e injúria eleitorais, previstos nos arts. 325 e 326 do Código Eleitoral, não é preciso que a ofensa seja praticada contra candidato, uma vez que a norma descreve as condutas de difamar e injuriar alguém, sem especificar nenhuma qualidade

---

[66] STOCO, Rui. *Legislação eleitoral interpretada*: doutrina e jurisprudência. São Paulo: Revista dos Tribunais, 2004. 2004, p. 515.

[67] TSE. REspe. 345020146140000 – Belém/PA 180892014. Rel. Min. Luciana Christina Guimarães Lóssio. Julg. 25.8.2014. *Mural*, 25 ago. 2014.

[68] DELMANTO, Celso *et al. Código Penal comentado*. 6. ed. atual. e. ampl. Rio de Janeiro: Renovar, 2002. p. 303.

[69] DELMANTO, Celso *et al. Código Penal comentado*. 6. ed. atual. e. ampl. Rio de Janeiro: Renovar, 2002. p. 303.

CAPÍTULO 15
CRIMES ELEITORAIS 421

especial quanto ao ofendido. O que define a natureza eleitoral desses ilícitos é o fato de a ofensa ser perpetrada na propaganda eleitoral ou visar a fins de propaganda.[70]

– Elemento subjetivo: há de ter a intenção de ofender, o *ius injuriandi*, logo, dolo específico. É precioso acrescentar que não se configura o crime se o *animus* for o *jocandi* ou o *narrandi*.

– Consumação: ocorre a partir do momento em que a ofensa chega ao conhecimento da vítima e atinge sua honra subjetiva.

Art. 327. As penas cominadas nos arts. 324, 325 e 326 aumentam-se de um terço, se qualquer dos crimes é cometido:

I - Contra o Presidente da República ou chefe de governo estrangeiro;

II - Contra funcionário público, em razão de suas funções;

III - Na presença de várias pessoas, ou por meio que facilite a divulgação da ofensa.

Este artigo, similar ao do Código Penal, art. 141, apresenta causas de aumento de pena para os crimes contra a honra. Atenta-se que o chefe de governo pode ser tanto o soberano quanto o primeiro-ministro, em casos em que o sistema de governo é o parlamentarismo, e o presidente, se presidencialista. Delmanto faz importante averbação, a qual diz respeito à incidência da lei de segurança nacional:

> se a calúnia ou difamação contra o Presidente da República (ou o do Senado Federal, o da Câmara dos Deputados e o do STF) tiver por objetivo atentar contra os bens jurídicos protegidos pela Lei de Segurança Nacional, esta será a aplicável (art. 2º da Lei nº 7.170, de 14. 12. 83). Caso contrário, incidirão as normas comuns do CP ou da Lei de Impressa.[71]

Esta última citada foi revogada. Quanto ao inc. II, é mister que a ofensa se dê por conta da função pública.

---

[70] TSE. Habeas Corpus nº 187.635. Rel. Min. Aldir Guimarães Passarinho Junior. *DJE*, 16 fev. 2011.

[71] DELMANTO, Celso *et al. Código Penal comentado*. 6. ed. atual. e. ampl. Rio de Janeiro: Renovar, 2002. p. 306.

"[...] Recurso criminal contra sentença que condenou o acusado às penas estabelecidas no art. 324, §1º, do código eleitoral, aumentada de 1/3 em virtude da regra esculpida no art. 327 do mesmo diploma legal [...]".[72]

Tem-se como subjetivo o entendimento acerca da expressão "na presença de várias pessoas", no entanto o entendimento doutrinário é no sentido de pelo menos três ou mais pessoas. E os meios que facilitam a divulgação em geral são aqueles que possibilitam uma quantidade de pessoas a ter grande acesso, tais como rádio e televisão. Delmanto também acrescenta os muros com escrituras.[73]

> Inquérito policial. Crime de injúria. Art. 326 do código eleitoral. Pena de até seis meses, podendo ser aumentada em um terço, conforme dispõe o art. 327 do CE, no caso de ser cometido na presença de várias pessoas. Fato ocorrido em comício realizado na campanha eleitoral de 2004. Transcurso de mais de dois anos da constatação do ilícito. Prescrição da pretensão punitiva. Extinção da punibilidade. Art. 107, inciso iv, c/c o art. 109, inciso vi, ambos do código penal. Arquivamento. Decisão unânime.[74]

Art. 328. (Revogado pelo art. 107 da Lei nº 9.504/97, de 30.9.97 - DO de 1º.10.97)

Art. 329. (Revogado pelo art. 107 da Lei nº 9.504/97, de 30.9.97 - DO de 1º.10.97)

No art. 328 a norma revogada tratava sobre escritura, assinatura ou pintura feitas em muros, fachadas ou qualquer logradouro público com a finalidade de realizar propaganda eleitoral. Havia o aumento de pena caso as inscrições fossem feitas em bens tombados. Protegia-se, subsequentemente, no art. 329 a colocação de cartazes nos mesmos lugares acima referidos para fins de propaganda e, da mesma forma, se fossem aplicados em coisa tombada a pena se agravaria.

---

[72] Recurso Criminal nº 357. Acórdão de 12.7.2012. Rel. Antônio Carlos Mathias Coltro. *DJESP – Diário da Justiça Eletrônico do TRE-SP*, 23 jul. 2012.

[73] DELMANTO, Celso *et al*. *Código Penal comentado*. 6. ed. atual. e. ampl. Rio de Janeiro: Renovar, 2002. p. 306.

[74] Processo Crime da competência originaria do Tribunal nº 50. Acórdão nº 4.862, de 22.11.2006. Rel. Pedro Augusto Mendonça de Araújo. *DOEAL – Diário Oficial do Estado*, 23 nov. 2006. p. 102.

Art. 330. Nos casos dos art. 328 e 329, se o agente repara o dano antes da sentença final, o Juiz pode reduzir a pena.

Como esse delito faz menção aos artigos ora revogados, sua aplicação ficou prejudicada, consequentemente encontra-se sem eficácia, apesar de não ter sido expressamente revogado.

Art. 331. Inutilizar, alterar ou perturbar meio de propaganda devidamente empregado.
Pena - detenção até seis meses ou pagamento de 30 a 60 dias-multa.

– Objetivo jurídico: proteger a propaganda regular, lícita, bem como os meios pelos quais são devidamente realizadas.
– Elementos do tipo:
a) Ação nuclear: é um crime de ação nuclear variada, a começar com o verbo inutilizar, no sentido de destruir, arruinar, estragar; em seguida o verbo alterar, que é distorcer, desvirtuar; e por fim o verbo perturbar, que significa embaraçar, turbar os meios de propaganda regular. É um crime que tanto pode acontecer em época de propaganda eleitoral, como em período não eleitoral, visto que a lei engloba a propaganda em sentido lato. Evidencia-se que, quando de propaganda irregular, não há qualquer meio protetivo por esta norma e, quando de determinação judicial, não se configura o delito em comento.

[...] O art. 331 do Código Eleitoral tem por objetividade jurídica a proteção da propaganda lícita que, por seu turno, tem como pressuposto o princípio da liberdade da propaganda política que está ancorada no art. 248 do mesmo Estatuto. Cediço que o desiderato da propaganda é divulgar programas, propostas, plataformas, projetos, idéias, compromissos, com o propósito de sugestionar, persuadir e influenciar o eleitor, objetivou a lei estabelecer critérios e regramentos para, entre outras coisas, resguardar o princípio igualitário que deve prevalecer entre os concorrentes. Permitida e estimulada que é a propaganda lícita, o tipo exige, para sua configuração, uma conduta dolosa do agente, ou seja, que aja ele com a deliberada vontade de inutilizar, alterar ou perturbar a propaganda lícita, tendo o fito de anular-lhe o objetivo. [...].[75]

> b) Sujeito ativo: como crime comum, qualquer pessoa pode ser agente do crime.
> c) Sujeito passivo: o Estado, os partidos políticos e os candidatos que tiveram sua propaganda regular inutilizada, alterada ou perturbada.
> – Elemento subjetivo: quanto à definição do dolo, coaduna-se pelo dolo genérico, posto que basta a vontade livre e consciente de inutilizar, alterar ou perturbar propaganda, não faz mister o fito eleitoral.
> – Consumação: configura-se como a incidência do dano, completo ou parcial.

Art. 333. (Revogado pelo art. 107 da Lei nº 9.504/97 DO de 1º.10.97)

Este artigo versava sobre a proibição de colocar faixas em logradouros públicos, com pena de detenção de até dois meses ou pagamento de 30 a 60 dias-multa. O art. 37 da referida Lei nº 9.504/97 permite a propaganda através da fixação de placas e estandartes, faixas e assemelhados somente nos postes de iluminação pública, viadutos, passarelas e pontes. É, ainda, permitida a colocação de cavaletes, bonecos, cartazes, mesas para distribuição de material de campanha e bandeiras ao longo das vias públicas, desde que móveis e que não dificultem o bom andamento do trânsito de pessoas e veículos.

Observa-se que o legislador aplicou uma condição de uso, pois há a permissão desde que não cause dano, dificulte ou impeça o bom andamento do tráfego. Em especial, com relação aos postes de iluminação pública, acredita-se dever ser expressamente impedida a propaganda eleitoral quando são locais de sinalização pública.

Ressalvados os casos ora citados, o referido artigo proíbe, nos bens cujo uso dependa de cessão ou permissão do Poder Público, ou

---

[75] Recurso Criminal nº 1.311. Acórdão nº 6.501, de 19.4.2010. Rel. Miguel Florestano Neto. *DJE*, t. 114, 29 abr. 2010. p. 16-17.

que a ele pertençam, e nos de uso comum pichações, inscrições a tinta e veiculação de propaganda.

Art. 334. *Utilizar organização comercial de vendas, distribuição de mercadorias, prêmios e sorteios para propaganda ou aliciamento de eleitores.*

Pena - detenção de seis meses a um ano e cassação do registro se o responsável for candidato.

– Objetivo jurídico: salvaguardar a propaganda límpida e a liberdade de escolha do eleitor e, por conseguinte, proporcionar um impedimento a possíveis abusos de poder.

– Elementos do tipo:
a) Ação nuclear: o verbo principal desse tipo é utilizar e está empregado no sentido de valer-se de organização comercial de vendas, aqui pessoa jurídica, bem como de distribuição de mercadorias, prêmios e sorteios a fim de promover propaganda ou aliciamento de eleitores.

O uso de tais recursos influencia o pleito eleitoral e interfere nele de forma negativa, como uma espécie de manipulação da vontade do eleitor, por isso o quesito mestre desse crime, como assevera Fávila Ribeiro, "é o propósito de sugestionar, convencer o eleitor para que adote determinada orientação eleitoral".[76]

Autores como Cordeiro e Claudino Silva compreendem que o crime em comento abrange somente a utilização de organizações comerciais privadas, formais ou informais e não a promoção de sorteios e distribuição de prêmios em espécie. Ademais o aliciamento de eleitores utilizando-se de artifícios econômicos é digno do art. 41-A da Lei da Eleições.[77]

A caracterização das "organizações comerciais de vendas" nos ensinamentos de Joel J. Cândido são:

---

[76] RIBEIRO, Fávila. *Direito eleitoral.* 4. ed. Rio de Janeiro: Forense, 1996. p. 607.

[77] CORDEIRO, Vinicius; SILVA, Anderson Claudino. *Crimes eleitorais e seu processo.* Rio de Janeiro: Forense, 2006. p. 168.

as organizações chamadas "caixas de contribuição", os "livro de ouro", as "ações entre amigos", os *bookmakers*, as organizações de rifas e de concursos e outras variadas formas do gênero, se prestam para o crime, desde que propunham a vender algo, distribuir mercadorias, distribuir prêmios ou distribuir sorteios para a propaganda de alguém ou o aliciamento criminoso de eleitores.[78]

b) Sujeito ativo: tem- se como agente qualquer pessoa, posto ser crime comum.

c) Sujeito passivo: o Estado e o eleitor que de boa-fé fora aliciado pelo uso de organização comercial de vendas, distribuição de mercadorias, prêmios e sorteios.

– Elemento subjetivo: para uns é o dolo genérico, no entanto entende-se ser o dolo específico, pois o texto legal é claro ao determinar a finalidade de propaganda e aliciamento de eleitores.

– Consumação: com as primeiras ações de propaganda e aliciamento mediante organizações comerciais e de vendas, bem como distribuição de mercadorias, prêmios e sorteios.

Art. 335. Fazer propaganda, qualquer que seja a sua forma, em língua estrangeira.

Pena - detenção de três a seis meses e pagamento de 30 a 60 dias multa.

Parágrafo único. Além da pena cominada, a infração ao presente artigo importa a apreensão e perda do material utilizado na propaganda.

– Objetivo jurídico: resguardar o idioma oficial do Brasil e a unidade nacional.

– Elementos do tipo:
a) Ação nuclear: o delito é eminentemente comissivo, haja vista a ação nuclear ser a de fazer, ou seja, praticar, executar realizar propaganda eleitoral ou partidária em língua estrangeira. Embora o Brasil seja um país que em determinadas regiões existe forte influência e presença de cultura estrangeira, não se justifica realizar propaganda contrariando a língua pátria.

---

[78] CÂNDIDO, Joel José. *Direito eleitoral brasileiro*. 11. ed. 3. tir. Bauru: Edipro, 2005. p. 302.

Com a vigência do crime em análise vislumbra-se impedir a ruptura de um padrão para as campanhas eleitorais, determinado pelo art. 242 do CE, o que garante a igualdade entre os candidatos concorrentes, do contrário há o risco de imperar uma espécie de vício eleitoral.

Ademais, é importante para a soberania nacional o controle do que está sendo divulgado nas propagandas a fim de evitar "a intromissão indevida de alienígenas no processo eleitoral"[79] e qualquer forma de "exploração demagógica de comunidade étnicas"[80] que aqui vivem.

O processo eleitoral é o momento em que o cidadão tem a oportunidade de escolher os representantes sociais para o exercício da atividade administrativa e legislativa da União, estado, Distrito Federal, quando das eleições nacionais e estaduais, e município quando da eleição municipal, assim em prol da segurança é de fundamental importância este dispositivo, pois não pode ser aceitável que ideias sejam difundidas em língua estrangeira sem que todos tenham acesso a seu conteúdo, por isso o império da língua pátria é salvaguardado.

b) Sujeito ativo: qualquer pessoa pode, sob qualquer meio de propaganda, ser autor do crime.

c) Sujeito passivo: o Estado.

– Elemento subjetivo: dolo genérico, vontade livre e consciente de fazer propaganda em língua não pátria.

– Consumação: ocorre com a prática da propaganda.

Art. 336. Na sentença que julgar ação penal pela infração de qualquer dos arts. 322, 323, 324, 325, 326, 328, 329, 331, 332, 333, 334 e 335, deve o Juiz verificar, de acordo com o seu livre convencimento, se o Diretório local do partido, por qualquer dos seus membros, concorreu para prática de delito, ou dela se beneficiou conscientemente.

Parágrafo único. Neste caso, imporá o Juiz ao Diretório responsável pena de suspensão de sua atividade eleitoral por prazo de 6 a 12 meses, agravada até o dobro nas reincidências.

Os partidos políticos pelo ordenamento jurídico brasileiro são considerados pessoas jurídicas, assim como determina a Lei dos

---

[79] CÂNDIDO, Joel José. *Direito eleitoral brasileiro*. 11. ed. 3. tir. Bauru: Edipro, 2005. p. 303.
[80] RIBEIRO, Fávila. *Direito eleitoral*. 4. ed. Rio de Janeiro: Forense, 1996. p. 607.

Partidos Políticos, sendo agentes com personalidade, estão sujeitos a sanções. O artigo ora estudado estabelece pena de suspensão da atividade eleitoral caso seja efetivamente comprovado que o diretório, por qualquer de seus membros, tenha coadunado para referidas condutas delituosas. Para a aplicação da penalidade faz-se mister a comprovação da convergência entre o partido político e os crimes, caso contrário não pode ser submetido a uma pena de tamanha gravidade. A reincidência é agravada com a duplicação da sanção.

Cordeiro e Claudino da Silva sustentam "que o Partido, além dos agentes, deveria tomar parte no pólo passivo, para efeito de imposição de multa, e não de condenação criminal, falha clamorosa na elaboração desse tipo".[81] Com respeito ao posicionamento dos autores, acredita-se que o partido político e suas frações, tais como diretórios, representam uma função social no Estado Democrático de Direito, por caracterizarem os mais diversos segmentos sociais e garantirem, como fiscais, uma eleição ausente de maculações. Por tudo isso, é inaceitável que sejam condescendentes com práticas criminosas sem serem responsabilizados penalmente.

Art. 337. Participar o estrangeiro ou brasileiro que não estiver no gozo dos seus direitos políticos de atividades partidárias, inclusive comícios e atos de propaganda em recintos fechados ou abertos.

O Tribunal Superior Eleitoral entendeu que este artigo não foi recepcionado pela Constituição Federal.

Art. 338. Não assegurar o funcionário postal a prioridade prevista no art. 239.

Pena - pagamento de 30 a 60 dias-multa.

– Objetivo jurídico: proteger o direito de prioridade dos partidos políticos nas remessas postais.

---

[81] CORDEIRO, Vinicius; SILVA, Anderson Claudino. *Crimes eleitorais e seu processo*. Rio de Janeiro: Forense, 2006. p. 171.

- Elementos do tipo:
  a) Ação penal: a ação principal é a negativa de assegurar, garantir a prioridade legal dos partidos políticos quanto aos envios postais. Determina o art. 239 "Aos partidos políticos é assegurada a prioridade postal durante os 60 (sessenta) dias anteriores À realização das eleições, para remessa de material de propaganda de seus candidatos registrados". Como pode ser observado há um prazo temporal para que o delito seja cometido, antes dos 60 (sessenta) dias não há configuração da conduta condenada. Salienta Joel J. Cândido[82] que "a modernização da Empresa Brasileira dos Correios e Telégrafos, de que a agilização nas remessas, eficiência e segurança nas operações postais são corolários, fulminam essa regra". Com consideração ao renomado autor, entende-se que embora com toda a segurança e qualidade do serviço dos Correios, não são inexistentes casos de atrasos nas postagens, portanto, acredita-se que a norma ainda é aplicada.
  b) Sujeito ativo: crime próprio do funcionário postal.
  c) Sujeito passivo: o Estado e os partidos políticos que tiveram suas encomendas prejudicadas pela perda de prioridade.
- Elemento subjetivo: o funcionário deve agir com dolo genérico, ciente de sua conduta.
- Consumação: delineia-se com a ausência de prioridade na postagem direcionada aos partidos políticos nos 60 (sessenta) dias que antecedem a eleição. Há possibilidade de tentativa para o crime em comento.

Art. 339. Destruir, suprimir ou ocultar urna contendo votos, ou documentos relativos à eleição.

Pena - reclusão de dois a seis anos e pagamento de 5 a 15 dias-multa.

Parágrafo único. Se o agente é membro ou funcionário da Justiça Eleitoral e comete o crime prevalecendo-se do cargo, a pena é agravada.

---

[82] CÂNDIDO, Joel José. *Direito eleitoral brasileiro*. 15. ed. rev., atual. e ampl. Bauru: Edipro, 2012.

– Objetivo jurídico: proteger a segurança do pleito eleitoral e o voto sigiloso.

– Elementos do tipo:

a) Ação penal: consta de crime de ação múltipla, com vários verbos nucleares, a começar por destruir, ou seja, extinguir, assolar; depois por suprimir, que significa eliminar, abolir e, por fim, o verbo ocultar, com sentido de disfarçar, esconder urna contendo votos, ou documentos relativos à eleição. Para as duas primeiras ações nucleares, o dano pode ser absoluto ou não, no entanto, para a ocultação faz-se mister o efetivo dano à eleição. É importante ter evidente a finalidade eleitoral na realização das condutas, posto que, do contrário, recairá na esfera da Justiça Comum, sob a legislação penal. Mesmo sendo a urna eletrônica o meio utilizado para o depósito dos votos, é possível a realização do crime.

Os documentos a que se refere o artigo podem ser compreendidos como a ficha de eleitores, os boletins de urna, os mapas, as atas da eleição e outros. Contudo, diante do exposto é valido distinguir o delito ora analisado com os do art. 317 do CE e art. 72, III da Lei nº 9.504/97; o primeiro diz respeito à violação e já fora objeto de estudo e o segundo tem relação com a inserção de dados divergentes da realidade do pleito.

O parágrafo único agrava a pena para aquele que é funcionário da Justiça Eleitoral, haja vista que trabalha em função da realização de um importante momento cívico, ademais, tal conduta delitiva é contraditória à postura imparcial e ética a ser adotada pela Justiça Eleitoral brasileira.

b) Sujeito ativo: como é crime comum, qualquer pessoa pode atuar como agente do crime.

c) Sujeito passivo: o Estado.

– Elemento subjetivo: o sujeito ativo tem que ter a intenção de destruir, suprimir ou ocultar direcionada para o fim eleitoral, pois não havendo tal finalidade, o delito restará configurado na órbita dos crimes comuns.

– Consumação: acredita-se que a qualquer tempo da realização da eleição, apesar de o legislador não ter direcionado o momento de consumação do crime. A tentativa é possível, desde que, iniciada a execução, o crime não venha a se consumar por vontade alheia à do agente.

CAPÍTULO 15
CRIMES ELEITORAIS | 431

Art. 340. Fabricar, mandar fabricar, adquirir, fornecer, ainda que gratuitamente, subtrair ou guardar urnas, objetos, mapas, cédulas ou papéis de uso exclusivo da Justiça Eleitoral.

Pena - reclusão até três anos e pagamento de 3 a 15 dias-multa.

Parágrafo único. Se o agente é membro ou funcionário da Justiça Eleitoral e comete o crime prevalecendo-se do cargo, a pena é agravada.

- Objetivo jurídico: proteger os materiais de trabalho da Justiça Eleitoral necessários para a consecução da eleição.
- Elementos do tipo:
  a) Ação nuclear: é mais um crime de ação múltipla com verbos nucleares de fabricar, que é fazer, produzir; mandar fabricar, no sentido de ordenar fazer, produzir; adquirir, ou seja, obter, conseguir; fornecer, com o significado de abastecer, munir; subtrair, com o sinônimo de retirar e, por fim, guardar, ou arquivar urnas objetos, mapas, cédulas ou papéis de uso exclusivo da Justiça Eleitoral.

Consta de crime de perigo, não sendo necessário o próprio dano em si a fim de caracterizar o delito em comento. Entende-se por materiais de uso exclusivo os assim estabelecidos pelos arts. 133 e 134 do CE, e os descritos pelas resoluções do Tribunal Superior Eleitoral a cada ano eleitoral. É importante fazer ressalva quanto à distinção com o art. 354 do CE, pois este se refere a material ilícito e o artigo ora em análise trata de material de uso legal da Justiça Eleitoral. Mais ainda, por ter esta especificidade não configura o delito caso o uso do objeto seja repartido com demais órgão ou repartições.[83]

  b) Sujeito ativo: por ser um crime comum, qualquer pessoa pode ser sujeito ativo dele.
  c) Sujeito passivo: o Estado.
- Elemento subjetivo: aos crimes de mera conduta não é cogente uma finalidade em especial, assim sendo, ao crime em tela o dolo é genérico.
- Consumação: a consumação dos crimes de perigo há de acontecer com a simples potencialidade de dano, apesar de este ser prescindível. É possível a ocorrência de tentativa.

---

[83] CÂNDIDO, Joel José. *Direito eleitoral brasileiro*. 11. ed. 3. tir. Bauru: Edipro, 2005. p. 279.

432 MARCUS VINICIUS FURTADO COÊLHO
DIREITO ELEITORAL, DIREITO PROCESSUAL ELEITORAL E DIREITO PENAL ELEITORAL

Art. 341. Retardar a publicação, ou não publicar, o diretor ou qualquer outro funcionário de órgão federal, estadual ou municipal as decisões, citações ou intimações da Justiça Eleitoral.

Pena - detenção até um mês ou pagamento de 60 a 90 dias-multa.

– Objetivo jurídico: agasalhar o trabalho processual da Justiça Eleitoral.
– Elementos do tipo:
  a) Ação nuclear: é um crime de ação nuclear variada, pois a primeira consiste em uma ação negativa, de retardar, com sinônimo de delongar, demorar, e a segunda é uma conduta omissiva de não publicar, anunciar, divulgar por parte de diretor ou qualquer outro funcionário de órgão federal, estadual ou municipal as decisões, citações ou intimações da Justiça Eleitoral.

Fávila Ribeiro faz salutar comentário a respeito de sobre quais atos recai o delito. Para o ilustre autor "é necessário que sejam atos relacionados às atividades propriamente eleitorais, como tais não se podendo compreender os que se refiram a assuntos de ordem burocrática de cada órgão da Justiça Eleitoral".[84] Outro renomado autor, Joel J. Cândido faz crítica ao texto legal, por não englobar os proprietários de veículos de comunicação particular.[85] Faz-se relevante tal observação, pois nos locais onde não há publicação oficial a Justiça valer-se-á de instrumento particular para publicar as diligências necessárias.

É cediço que quando da proximidade das eleições a carga de trabalho com processos eleitorais é aumentada em demasia, consequentemente, o retardo ou a não publicação por excesso de trabalho não dará forma às condutas vergastadas.

  b) Sujeito ativo: o diretor ou funcionário do órgão oficial e imprensa, crime próprio.
  c) Sujeito passivo: o Estado.
– Elemento subjetivo: o sujeito ativo tem que ter a intenção de bloquear as divulgações das publicações eleitorais, tendo este agido com dolo ou não para o resultado fim. A regra é de

---

[84] RIBEIRO, Fávila. *Direito eleitoral*. 4. ed. Rio de Janeiro: Forense, 1996. p. 578.
[85] CÂNDIDO, Joel José. *Direito eleitoral brasileiro*. 11. ed. 3. tir. Bauru: Edipro, 2005. p. 282.

abrangência limitada e incide apenas sobre os órgãos oficiais. O dolo é genérico.

– Consumação: a partir do momento do retardo ou da não publicação intencional da citação ou intimação.

Art. 342. Não apresentar o órgão do Ministério Público, no prazo legal, denúncia ou deixar de promover a execução de sentença condenatória.
Pena - detenção até dois meses ou pagamento de 60 a 90 dias-multa.

– Objetivo jurídico: resguardar o curso processual dos órgãos da Justiça Eleitoral.
– Elementos do tipo:
a) Ação nuclear: consta de ação negativa por parte do Ministério Público, por não apresentar, não prestar a devida denúncia. E por deixar de promover, ou seja, requerer, solicitar a execução de sentença condenatória.

Conforme o disposto nos arts. 357 e 363 do CE, respectivamente, o Ministério Público tem o prazo de 10 (dez) dias para oferecer a denúncia e a execução há de ocorrer 5 (cinco) dias após a vista do órgão ministerial, na instância inferior. O parágrafo único do dispositivo 363 determina que "se o órgão do Ministério público deixar de promover a execução, serão aplicadas as normas constantes dos §§3º, 4º e 5º do 357", ou seja, recairá sobre o membros do Ministério Público representação por autoridade judicial, sem prejuízo da responsabilidade penal, além de possível designação de outro promotor para realizar o feito, ademais, também é possível ao eleitor agir como autor da referida representação, caso o juiz não a cumpra de ofício no prazo de 10 (dez) dias.

b) Sujeito ativo: somente os membros do Ministério Público, com função eleitoral e seus substitutos legais devidamente designados. Crime próprio.

c) Sujeito passivo: o Estado
– Elemento subjetivo: o agente tem que ter a intenção de omitir-se perante os prazos estabelecidos, fazendo com que o descumprimento desses prazos prejudique a parte, a averiguação da denúncia e a provável correção de irregularidades no seio eleitoral. O dolo é genérico.

– Consumação: o crime só será caracterizado se não houver qualquer ação do Ministério Público relativa ao cumprimento de suas obrigações.

Art. 343. Não cumprir o Juiz o disposto no §3º do art. 357.

Pena - detenção até dois meses ou pagamento de 60 a 90 dias-multa.

– Objetivo jurídico: proteger a efetivação dos trabalhos da Justiça Eleitoral.

– Elementos do tipo:
a) Ação nuclear: constitui-se de um crime omissivo, de ação nuclear; não cumprir, tal como descumprir, não exercer, não realizar representação contra membro do Ministério Público que não apresentou denúncia dentro do prazo estabelecido por lei.

O crime em estudo é uma condenação pela omissão do magistrado que deve informar ao Procurador Geral de Justiça a ausência de cumprimento do dever funcional do órgão ministerial, tipificado como ilícito penal eleitoral. A denúncia em questão deve ser de matéria eleitoral, a lembrar-se de que em regra a ação para os crimes eleitorais é pública, portanto devida ao Ministério Público. Por ferir o princípio da imparcialidade, o juiz não pode oferecer denúncia, mas pode fiscalizar conduta do órgão competente, por isso é que há o crime em análise: pela omissão frente a uma conduta censurável.

b) Sujeito ativo: crime direcionado ao juiz com atribuição de juiz eleitoral, assim como ao seu substituto legal.

c) Sujeito passivo: o Estado.

– Elemento subjetivo: o juiz ou seu representante legal devem agir com dolo genérico, ciente de sua conduta.

– Consumação: o crime é consumado quando o juiz eleitoral não apresenta representação contra o promotor, quando este se omite a oferecer denúncia.

Art. 344. Recusar ou abandonar o serviço eleitoral sem justa causa.

Pena - detenção até dois meses ou pagamento de 90 a 120 dias-multa.

- Objetivo jurídico: proteger os serviços dos órgãos da Justiça Eleitoral.
- Elementos do tipo:
  a) Ação nuclear: reza o crime as ações de recusar, rejeitar, não aceitar e abandonar, abdicar, desistir do serviço eleitoral sem justo motivo. Havendo justificativa plausível, o crime não se evidenciará, uma vez que a ausência de motivo aparente consta como elemento do tipo.
  É um crime que pode ser cometido por qualquer funcionário Justiça Eleitoral, pertencente ou não aos quadros de servidores, embora sejam mais comuns aqueles que compõem a mesa receptora. A recusa ou o abandono pode dar-se a qualquer tempo do processo eleitoral, não sendo limitado pela norma ao interregno do pleito eleitoral. Para a caracterização da recusa, ato de não aceitar a prestar serviço da Justiça Eleitoral, faz-se mister prova comprobatória da regularidade da intimação, do contrário não há que se falar em crime, posto que sem convocação não pode haver recusa.
  b) Sujeito ativo: qualquer pessoa que tenha recebido a obrigação legal de cumprir com o serviço eleitoral.
  c) Sujeito passivo: o Estado.
- Elemento subjetivo: quanto à definição do dolo entende-se que genérico, pois o agente tem a intenção de recusar ou abandonar o serviço eleitoral.
- Consumação: a efetivação do crime dá-se quando o sujeito é convocado e se recusa a prestar o serviço que a Justiça Eleitoral lhe atribuiu, ou então se afasta, abandona o serviço eleitoral sem aparente causa propulsora a qual corrobora a necessidade do afastamento ou abandono. Não é necessário que as ações provoquem dano à Justiça Eleitoral, só com a simples realização delas entende-se que já se configurou o crime em análise.

Art. 345. Não cumprir a autoridade judiciária, ou qualquer funcionário dos órgãos da Justiça Eleitoral, nos prazos legais, os deveres impostos por este Código, se a infração não estiver sujeita a outra penalidade.
Pena - pagamento de 30 a 90 dias-multa.

– Objetivo jurídico: salvaguardar o exercício do dever funcional daqueles que integram os serviços e o andamento dos processos próprios dos órgãos da Justiça Eleitoral.

– Elementos do tipo:

a) Ação nuclear: é um crime que registra ação omissiva disciplinar com o procedimento de não cumprir, descumprir, não realizar, a autoridade judiciária, ou qualquer funcionário dos órgãos da Justiça Eleitoral, nos prazos legais, os deveres impostos por este Código, se a infração não estiver sujeita a outra penalidade. Faz nota Joel J. Cândido sobre a aplicação de outros regimentos ao crime em explanação. Para o autor:

> os deveres são expressa e implicitamente impostos pelo Código Eleitoral. Assim, é possível o crime quando a obrigação descumprida, ou o prazo para a execução, decorrer de outro código, que não o Código Eleitoral, mas de incidência por este autorizada.[86]

A despeito de serem os magistrados eleitorais juízes de direito e exercerem concomitantemente as duas funções, há autores que entendem ser justificável o atraso pelo acúmulo de trabalho, com respeito aos que assim se posicionam, acredita-se que se deve pôr em primazia o princípio da celeridade da Justiça Eleitoral, pois a agilidade processual no âmbito eleitoral é imprescindível para eliminar eventuais descasos e abusos com a Lei Eleitoral e com um justo pleito. Ademais, ficou estabelecida pelo próprio Código Eleitoral e a Lei nº 9.504/97 a prioridade às questões eleitorais, portanto, a autoridade judiciária ou qualquer funcionário dos órgãos da Justiça Eleitoral devem observar o limite temporal dos prazos eleitorais, a fim de evitar a tipificação do delito em tela, bem como prejuízos à atividade jurisdicional da Justiça Eleitoral. Corrobora tal entendimento Fávila Ribeiro, ao asseverar que "é preciso haja inflexível observância ao calendário eleitoral, e criterioso acatamento às formalidades processuais estabelecidas".[87]

b) Sujeito ativo: a autoridade e os funcionários da Justiça Eleitoral.

c) Sujeito passivo: o Estado.

---

[86] CÂNDIDO, Joel José. *Direito eleitoral brasileiro*. 11. ed. 3. tir. Bauru: Edipro, 2005. p. 283.

[87] RIBEIRO, Fávila. *Direito eleitoral*. 4. ed. Rio de Janeiro: Forense, 1996. p. 580.

- Elemento subjetivo: o dolo é definido com genérico, o sujeito objetiva não cumprir com os prazos estabelecidos para a realização do célere curso processual eleitoral.
- Consumação: o crime é consumado quando o sujeito ativo não cumpre com os deveres nele investidos, tais como cumprimento de prazos, remessas dos autos a órgão superior, e outras obrigações que são responsáveis pelo andamento do processo eleitoral.

Art. 346. Violar o disposto do art. 377.

Pena - Detenção até seis meses e pagamentos de 30 a 60 dias-multa.

Parágrafo único. Incorrerão na pena, além da autoridade responsável, os servidores que prestarem serviço e os candidatos, membros ou diretores de partido que derem causa à infração.

- Objetivo jurídico: assegurar a neutra utilização dos trabalhos e prédios públicos.
- Elementos do tipo:
  a) Ação nuclear: a conduta vergastada é violar, transgredir, infringir o estabelecido pelo art. 377 do CE.

Reza esse dispositivo sobre a proibição de uso do serviço e do prédio, bem como as dependências de qualquer repartição, federal, estadual, municipal, autarquia, fundação do Estado, sociedade de economia mista, entidade mantida ou subvencionada pelo Poder Público, ou que realiza contrato com este, para beneficiar partido ou organização de caráter político. O parágrafo único do mesmo dispositivo legal estabelece que mediante representação fundamentada de autoridade pública, representante partidário ou de qualquer eleitor, o determinado no *caput* do artigo tornar-se-á efetivo a qualquer tempo, pelo órgão competente da Justiça Eleitoral, conforme o âmbito nacional, regional ou municipal do órgão infrator. Os serviços de que trata o art. 377 podem ser compreendidos de forma ampla, desde créditos financeiros ao uso de mão de obra.

Acende a Lei nº 9.096/95, em seu art. 51, a possibilidade de partido político com estatuto registrado no Tribunal Superior Eleitoral utilizar gratuitamente escolas públicas ou Casas Legislativas a fim de realizar reuniões ou convenções, mas responsabilizando-se pelos danos porventura causados com a realização dos encontros. É importante registrar que tanto o crime quanto a norma proibitiva têm o fito de evitar desequilíbrios no pleito eleitoral oriundos da utilização de serviços e instalações públicas.

b) Sujeito ativo: qualquer indivíduo, em especial aqueles a quem a norma faz referência, como a autoridade responsável, os servidores que prestarem serviço e os candidatos, membros ou diretores de partido que derem causa à infração.

c) Sujeito passivo: o Estado.

– Elemento subjetivo: o dolo dentro da ótica eleitoral é específico, já que existe o escopo eleitoreiro ao quebrar a igualdade de concorrência entre os partidos, logo, entre os candidatos, ao realizar a ação vedada.

– Consumação: o sujeito efetiva o crime quando utiliza qualquer bem público para beneficiar um candidato ou um partido político. Ainda que de forma indireta, se ficar caracterizado o benefício, consubstancia-se, independentemente do resultado da eleição.

Art. 347. Recusar alguém o cumprimento ou obediência a diligências, ordens ou instrução da Justiça Eleitoral ou opor embaraços à sua execução.

Pena - detenção de três a um ano e pagamento de 10 a 20 dias-multa.

– Objetivo jurídico: garantir o cumprimento dos trabalhos próprios da Justiça Eleitoral.

– Elementos do tipo:

a) Ação nuclear: consubstancia-se por recusar, no sentido de desobrigar-se, exonerar-se a cumprir diligências, ordens ou instrução da Justiça Eleitoral ou obedecer a elas, como também opor, resistir, obstaculizar com embaraços a execução.

As diligências, ordens ou instrução devem ser específicas, direcionadas para um indivíduo ou mais, contanto que não tenham característica *erga omnes*, ou seja, efeito genérico e indeterminado. Com isso, a desobediência a instruções normativas editadas pela Justiça Eleitoral para regulamentar as eleições, ao contrário do posicionamento de alguns autores, acredita-se têm conexão com o crime, desde que o sujeito tenha induvidoso conhecimento sobre elas. *Vide* jurisprudência: "A jurisprudência é firme no sentido de que, para a caracterização do crime de desobediência eleitoral, exige-se o descumprimento de ordem judicial direta e individualizada".[88]

Ressalta-se que a maior incidência desse crime é na esfera jurisdicional da Justiça Eleitoral, não tendo as determinações administrativas analogia com as ordens ou diligências judiciais dos magistrados ou tribunais. Imperioso faz-se que o indivíduo tenha ciência de forma idônea do conteúdo da determinação.[89] Nada estabelece a lei sobre notificação pessoal, mas acredita-se que se faz imperioso o requisito de legalidade da comunicação. *Vide* jurisprudência: "[...] Para a configuração do crime de desobediência, é imprescindível que se comprove a ciência inequívoca, pelos denunciados, do inteiro teor de ordem legal, pessoal, direta e legítima emanada da Justiça Eleitoral [...]".[90]

b) Sujeito ativo: qualquer indivíduo. Crime comum.

c) Sujeito passivo: o Estado e a autoridade judiciária.

– Elemento subjetivo: dolo genérico, pois consistente na resistência a determinação da Justiça, sendo essa resistência de maneira intencional, pois se entende que as condutas que podem ser comissivas ou omissivas desafiam a autoridade e o Poder de Polícia da Justiça Eleitoral.

– Consumação: o crime acontece quando há uma determinação da Justiça Eleitoral e o agente ativo desobedece e resiste, ignorando o Poder de Polícia e a autoridade da Justiça.

Art. 348. Falsificar, no todo ou em partes, documento público, ou alterar documento público verdadeiro, para fins eleitorais.

Pena - reclusão de dois a seis anos e pagamentos de 15 a 30 dias-multa.

§1º Se o agente é funcionário público e comete o crime prevalecendo-se do cargo, a pena é agravada.

§2º Para os efeitos penais, equipara-se a documento público o emanado de entidade paraestatal, inclusive Fundação do Estado.

---

[88] RHC nº 1.547-11. Rel. Min. Laurita Vaz. *DJE*, 11 out. 2013.

[89] RIBEIRO, Fávila. *Direito eleitoral*. 4. ed. Rio de Janeiro: Forense, 1996. p. 583.

[90] Habeas Corpus nº 9.170. Acórdão de 12.3.2013. Rel. Maurício Pinto Ferreira. Rel. designado Alice de Souza Birchal. *DEMG – Diário de Justiça Eletrônico do TRE-MG*, 21 mar. 2013.

– Objetivo jurídico: resguardar a fidelidade dos documentos públicos e, por conseguinte, a fé pública eleitoral deles.

– Elementos do tipo:

a) Ação nuclear: verifica-se a ação nuclear com o verbo falsificar, no sentido de adulterar, por completo ou em parte, documentos públicos (aqueles fornecidos por entes públicos e os emanados de entidade paraestatal, inclusive fundação do Estado), e também com o verbo alterar, ou seja, modificar documentos públicos verdadeiros, para fins eleitorais.

Similar redação tem o crime de falsificação de documento público, distinguindo-se pela finalidade eleitoral que carreira o artigo ora em estudo. Tal fim é elemento para a definição da competência jurisdicional, se eleitoral ou comum; no caso de ser esta a tipificação, ela fica a cargo do art. 297 do CP. É um crime de perigo, assim sendo, a incidência de prejuízo é prescindível, basta a possibilidade de dano. Raciocínio contrário tem o ilustre mestre Joel J. Cândido ao afirmar que " é nosso entendimento, também, de que deve haver no mínimo potência de dano para a caracterização do crime, não bastando a possibilidade de prejuízo ou prejuízo remoto".[91]

Para os funcionários públicos que cometem o crime há agravante na pena e, como não há a determinação do quantum, tem-se a aplicação da regra do art. 285 do CE. A falsidade é analisada por laudo pericial e, na impossibilidade de comprovação, por desaparecimento dos vestígios, a prova testemunhal poderá ser usada em substituição, conforme texto do art. 167 do CPP. Salienta-se que a confissão do acusado não poderá substituir o exame pericial quando a infração deixar vestígios, segundo informação do art. 158 do dispositivo ora citado.

b) Sujeito ativo: revela-se crime comum, ou seja, pode ser exercido por qualquer pessoa, sem que esta tenha que apresentar uma especial condição ou qualidade para que possa figurar como pessoa juridicamente capaz de praticar determinado crime.

c) Sujeito passivo: o Estado.

– Elemento subjetivo: o sujeito que pratica este delito tem que apresentar finalidade eleitoral, logo se consta dolo específico. Do contrário será julgado por cometimento de crime comum. A culpa não enseja o crime.

---

[91] CÂNDIDO, Joel José. *Direito eleitoral brasileiro*. 11. ed. 3. tir. Bauru: Edipro, 2005. p. 295.

– Consumação: entende-se que o crime ganha forma com a prática da falsificação ou alteração e apenas com a probabilidade de provocar dano.

Art. 349. Falsificar, no todo ou em parte, documento particular, ou alterar documento particular verdadeiro, para fins eleitorais.
Pena - reclusão até cinco anos e pagamento de 3 a 10 dias de multa.

– Objetivo jurídico: tutelar a legitimidade dos documentos.
– Elementos do tipo:
   a) Ação nuclear: consta de mesma ação nuclear do artigo anterior e os comentários acostados também valem para este artigo. A diferença deste crime para o já comentado é a característica do documento versando agora sobre a esfera particular.

"Quatro são os requisitos para configuração da falsidade material: a) alteração da verdade sobre fato juridicamente relevante; b) imitação da verdade; c) potencialidade de dano; d) dolo. Ainda que se apresentem como requisitos distintos, na prática, mesclam-se aqueles de forma a inexistir o crime se não preenchidos todos os requisitos. No caso em questão, da análise (das provas) trazidas aos autos, verifica-se que, de todos os requisitos acima elencados, um deles não está preenchido, qual seja o dolo. Se os co-réus fizeram o preenchimento das fichas, não ficou provado que o recorrido estava 'patrocinando' ou mesmo soubesse das falsificações, sendo pouco, pois presumir um suposto interesse do recorrido, como Presidente do Partido, para justificar uma condenação. Adotando expressamente estes motivos como razão de decidir, o voto propõe seja negado provimento ao recurso para manter a r. sentença em seu dispositivo, por seus próprios e jurídicos fundamentos". (TRE - SP - RC 133.985 - rel. José Reynaldo - 27.04.99).[92]

   b) Sujeito ativo: qualquer pessoa. Crime comum.
   c) Sujeito passivo: o Estado.
– Elemento subjetivo: o texto legal é expresso ao pôr como elemento do tipo a finalidade eleitoral, com isso tem-se dolo específico.

---

[92] STOCO, Rui. *Legislação eleitoral interpretada*: doutrina e jurisprudência. São Paulo: Revista dos Tribunais, 2004. p. 562.

– Consumação: consubstancia-se com a prática da falsificação ou alteração e apenas com a possibilidade de prejuízo.

Art. 350. Omitir, em documento público ou particular, declaração que dele devia constar, ou nele inserir ou fazer inserir declaração falsa ou diversa da que devia ser escrita, para fins eleitorais.

Pena - reclusão até cinco anos e pagamento de 5 a 15 dias-multa, se o documento é público, e reclusão até três anos e pagamento de 3 a 10 dias-multa, se o documento é particular.

Parágrafo único. Se o agente da falsidade documental é funcionário público e comete o crime prevalecendo-se do cargo ou se a falsificação ou alteração é de assentamentos de registro civil, a pena é agravada.

– Objetivo jurídico: abrigar a autenticidade dos documentos públicos ou particulares.
– Elementos do tipo:
  a) Ação nuclear: crime de condutas variadas, a iniciar por omitir, no sentido de não mencionar, deixar de escrever em documento público ou particular, declaração que dele devia constar; depois por inserir, como sinônimo de anexar; por fim, fazer inserir, ou seja, fixar, colocar, incluir declaração falsa ou diversa da que devia ser escrita.

No exame das condutas, considera-se que haverá a tipificação do crime em relação à omissão se for exigível a declaração omitida. Acrescenta o parágrafo único que funcionário público o qual prevalece de seu cargo para cometer o procedimento que dá ensejo ao crime em tela tem sua pena agravada conforme determinação do art. 285 do CE. Agrava-se a sanção penal caso a falsificação ou alteração seja de assentamento de registro público. Ademais, exige-se que a falsidade seja de fato juridicamente relevante, do contrário incorrerá em atipicidade.

[...] 1. A conduta prevista no art. 350 do Código Eleitoral é de natureza formal, pressupondo ato omissivo ou comissivo, ou seja, omitir declaração ou inserir declaração falsa ou diversa da que deveria constar, independentemente de resultado.

2. A rejeição da prestação de contas de campanha de um candidato não configura, de per si, o crime de falsidade ideológica eleitoral do art. 350 do CE, vez que, para tanto, necessário se faz estar presente a vontade livre e consciente de falsificar o conteúdo do documento para

fins eleitorais (dolo específico), o que não se verifica nas condutas do então aspirante ao cargo legislativo.

3. Conduta atípica. Manutenção da rejeição da denúncia. Recurso conhecido, mas desprovido.[93]

b) Sujeito ativo: qualquer pessoa pode ser agente do crime em comento.

c) Sujeito passivo: o Estado.

– Elemento subjetivo: é clarividente a redação legal ao imprescindir da finalidade eleitoral, assim caracteriza o dolo específico.

– Consumação: sendo crime de natureza formal, o resultado é inócuo para a configuração, requer das condutas incriminadoras a potencialidade para o dano.

Art. 351. Equipara-se a documento (348, 349 e 350), para os efeitos penais, a fotografia, o filme cinematográfico, o disco fonográfico ou fita de ditafone a que se incorpore declaração ou imagem destinada à prova de fato juridicamente relevante.

Amplia tal dispositivo o conceito de documento público, todavia, com a era da tecnologia a ampliação ficou obsoleta, uma vez que se tem disquete, CD-Rom, DVD, *pen drive*, cartão de memória e outros que ao tempo da edição do Código Eleitoral não existiam. Depois de diversas alterações no próprio Código, o legislador nunca se atentou para a norma arcaica que continua vigente.

Art. 352. Reconhecer como verdadeira, no exercício da função pública, firma ou letra que o não seja, para fins eleitorais.

Pena - reclusão até cinco anos e pagamento de 5 a 15 dias-multa, se o documento é público, e reclusão até três anos e pagamento de 3 a 10 dias-multa, se o documento é particular.

---

[93] Recurso em Processos Criminais Eleitorais n° 143.767. Acórdão n° 8.323, de 13.7.2011. Rel. Antônio José Bittencourt Araújo. *DEJEAL – Diário Eletrônico da Justiça Eleitoral de Alagoas*, t. 127, 15 jul. 2011. p. 3-4.

- Objetivo jurídico: proteger a autenticidade dos reconhecimentos públicos.
- Elemento do tipo:
  a) Ação nuclear: a conduta repreendida é a de reconhecer, admitir, constatar como verdadeira firma ou letra, no exercício da função pública. Difere do crime definido no art. 300 do CE pela especificidade eleitoral. Acresce a penalidade quando o documento for público, como consta no parágrafo único.
  b) Sujeito ativo: o funcionário público investido legalmente de poderes para reconhecer firma ou letra, no caso somente os tabeliães e agentes consulares. Crime próprio.

"Torna-se indispensável para a configuração do crime eleitoral em questão consultar a qualidade do agente e sua investidura na função pública, reservadas, como dito, aos tabeliães e agentes consulares no exercício da função pública, atributos que decididamente não têm o abonador da assinatura daqueles que se filiam em partidos políticos [...]" (TRE - SP - Rec. 117.931 - rel. designado Sebastião Oscar Feltrin).[94]

  c) Sujeito passivo: o Estado.
- Elemento subjetivo: dolo específico, segundo ficou consignado no *caput* do artigo – "que não o seja, para fins eleitorais".
- Consumação: a partir do momento do reconhecimento da firma ou letra falsa.

Art. 353. Fazer uso de qualquer dos documentos falsificados ou alterados, a que se referem os arts. 348 a 352.

Pena - a cominada à falsificação ou à alteração.

- Objetivo jurídico: salvaguardar o caráter fidedigno dos documentos.
- Elemento do tipo:
  a) Ação nuclear: consubstancia-se com a ação de fazer uso, valer-se, utilizar qualquer dos documentos falsificados ou alterados, a que se referem o arts. 348 a 352 do CE.

---

[94] STOCO, Rui. *Legislação eleitoral interpretada*: doutrina e jurisprudência. São Paulo: Revista dos Tribunais, 2004. p. 567.

O agente emprega os documentos falsificados por ele ou por outra pessoa. Caso seja o agente também autor da falsificação, entende-se pela consunção deste frente ao delito do art. 348 do CE. O resultado é prescindível para a tipificação da conduta vergastada, contudo o documento há de estar eivado de relevância, caso contrário incidirá na atipicidade. A pena aplicada é a mesma do art. 348 do CE.

b) Sujeito ativo: crime comum, então, qualquer pessoa.

c) Sujeito passivo: o Estado

– Elemento subjetivo: o dolo genérico, vontade livre e consciente de fazer uso de documento falsificado.

– Consumação: ganha forma no momento da apresentação do documento falso, relembra-se que não faz mister o efetivo prejuízo por conta da utilização do documento.

Art. 354. Obter, para uso próprio ou de outrem, documento público ou particular, material ou ideologicamente falso para fins eleitorais.

Pena - a cominada à falsidade ou à alteração.

– Objetivo jurídico: proteger a autenticidade dos documentos públicos e a fé pública inserida neles.

– Elemento do tipo:

a) Ação nuclear: o verbo principal é obter, alcançar, conseguir para si ou para outrem, com o fito eleitoral, inverídico documento público ou particular. A falsidade versa sobre a forma material, em relação à autenticidade, ou ideológica, referindo-se ao conteúdo.[95] Há doutrinadores que compreendem ser este crime de mera obtenção de documentos, e o uso seria tipificado pelo artigo anterior, não obstante, acredita-se que o legislador não fora preciso quando da edição desta norma, pois abre possibilidade de ambiguidade, mas este é o posicionamento da maioria dos autores. O crime é de perigo, contentando-se com a potencialidade lesiva, portanto, com a simples obtenção.

---

[95] CORDEIRO, Vinicius; SILVA, Anderson Claudino. *Crimes eleitorais e seu processo*. Rio de Janeiro: Forense, 2006. p. 190.

b) Sujeito ativo: pode ser qualquer pessoa, desde que consiga os documentos falsos.

c) Sujeito passivo: o Estado.

- Elemento subjetivo: o tipo penal é bastante evidente ao estabelecer o dolo específico, com finalidade eleitoreira.

- Consumação: acredita-se que o tipo se consolida com a mera obtenção, para si ou para terceiros, de falsos documentos.

15.4.2 Demais crimes do Código Eleitoral

Art. 45. O escrivão, o funcionário ou o preparador recebendo a fórmula e documentos, determinará que o alistando date e assine a petição e em ato contínuo atestará terem sido a data e a assinatura lançados na sua presença; em seguida tomará a assinatura do requerente na folha individual de votação e nas duas vias de título eleitoral, dando recibo da petição e do documento. [...]

§9º Findo esse prazo, sem que o alistando se manifeste, ou logo que seja desprovido o recurso em instância superior, o juiz inutilizará a folha individual de votação assinada pelo requerente, a qual ficará fazendo parte integrante do processo e não poderá, em qualquer tempo ser substituída, nem dele retirada, sob pena de incorrer o responsável nas sanções previstas no art. 293. [...]

§11. O título eleitoral e a folha individual de votação somente serão assinados pelo juiz eleitoral depois de preenchidos pelo cartório e de deferido o pedido, sob as penas do art. 293.

Com a vigência da Lei nº 6.996/82 e, em ordem de sequência, a Lei nº 7.444/85, procedeu-se à modificação do processo de alistamento manual pela utilização de processamento eletrônico de dados nos serviços eleitorais. Determinou o art. 12 da primeira lei citada a substituição das folhas individuais de votação pelas listas de eleitores. A lei subsequente em seus arts. 5º e 6º estabelece o procedimento do alistamento eleitoral, em que o escrivão, o funcionário ou o preparador, recebendo o formulário e os documentos, datará o requerimento e determinará que o alistando nele aponha sua assinatura, ou, se não souber assinar, a impressão digital de seu polegar direito, atestando, a seguir, terem sido a assinatura ou a impressão digital lançadas na sua presença, conforme §1º do art. 5º.

Também é determinado pelos artigos supracitados que o título de eleitor será emitido via computador. Atenção deve-se ter na figura do preparador, posto que não mais tem efeitos a menção deste após a edição do art. 14 da Lei nº 8.868, que revogou o inc. XI do art. 30, e o inc. VII do art. 35, além dos arts. 62 a 65 e 294 do Código Eleitoral. Considera-se que a existência da penalidade prevista no §9º do artigo em comento já não subsiste, uma vez que o alistamento atual é realizado por processamento eletrônico de dados. Acerca do §11 do artigo em estudo assevera Joel J. Cândido que "o despacho aposto pelo Juiz Eleitoral nesse formulário é meramente ordinatório, sem implicar no deferimento ou indeferimento de mérito".[96] Com razão tal posicionamento, visto que ao juiz eleitoral somente cabe enviar os requerimentos de inscrição para a secretaria do Tribunal Regional Eleitoral responsável pelos serviços de processamento eletrônico de dados, a qual após análise remeterá ao Cartório Eleitoral a relação dos inscritos originariamente ou por transferência, com os respectivos endereços, assim como dos pedidos indeferidos ou convertidos em diligência.

O Cartório, depois de receber a relação, a fornecerá, nos dias 1º (primeiro) e 15 (quinze) de cada mês, ou no primeiro dia útil seguinte, aos partidos políticos. Ao indeferimento, os recursos poderão ser interpostos pelo alistando no prazo de 5 (cinco) dias e 3 (três) dias para os casos de transferência; quanto ao deferimento pode o delegado de partido político no prazo de 10 (dez) dias recorrer do despacho. A contagem do lapso temporal para o recurso dar-se-á a partir das datas acima referidas. Sobre os mesmos fundamentos do §9º também não cabe mais a presença do crime disposto pelo §11 do art. 45 do CE. Ressalta-se que as condutas delituosas quanto à emissão de inscrição ou título realizada pelo juiz eleitoral serão tipificadas pelos arts. 293 e 348 do Código Eleitoral.

Art. 47. As certidões de nascimento ou casamento, quando destinadas ao alistamento eleitoral, serão fornecidas gratuitamente, segundo a ordem dos pedidos apresentados em cartório pelos alistandos ou delegados de partido.

§1º Os cartórios de Registro Civil farão ainda, gratuitamente, o registro de nascimento, visando ao fornecimento de certidão aos alistandos,

---

[96] CÂNDIDO, Joel José. *Direito eleitoral brasileiro*. 11. ed. 3. tir. Bauru: Edipro, 2005. p. 287.

desde que provem carência de recursos, ou aos Delegados de partido, para fins eleitorais. [...]

§4º A infração ao disposto neste artigo sujeitará o escrivão às penas do art. 293.

- Objetivo jurídico: salvaguardar os trabalhos de alistamento eleitoral.
- Elementos do tipo:
  a) Ação nuclear: são três ações principais para a conduta incriminadora. A primeira é o não fornecimento gratuito das certidões de nascimento ou casamento, a segunda é não fazer também gratuitamente as certidões de nascimento ou casamento para aqueles que comprovarem carência de recursos e a terceira é a recusa injustificada de não concessão por parte do escrivão dos documentos requisitados.

Observa-se que as ações necessitam que os documentos cíveis tenham a finalidade eleitoral. Na última conduta tem o escrivão do cartório de registro cível o prazo de 15 (quinze) dias para conceder as certidões de nascimento ou casamento. O serviço gratuito de registro cível de nascimento e da certidão respectiva é regulamentado pela Lei nº 9.534/97. Não há necessidade de que as omissões tenham provocado dano ao eleitor.

  b) Sujeito ativo: crime próprio do escrivão e responsáveis pelo serviço.
  c) Sujeito passivo: o Estado e o eleitor.

- Elemento subjetivo: consta-se de dolo genérico, na vontade livre e consciente de recusar a realizar ou fornecer os documentos para o alistamento eleitoral.
- Consumação: ao tempo da omissão. Na terceira conduta, consuma-se com o fim do prazo legal.

Art. 68. Em audiência pública, que se realizará às 14(quatorze) horas de 69º(sexagésimo nono) dia anterior à eleição, o juiz eleitoral declarará encerrada a inscrição de eleitores na respectiva zona e proclamará o número dos inscritos até as 18 (dezoito) horas do dia anterior, o que comunicará incontinente ao Tribunal Regional Eleitoral, por telegrama, e fará público em edital, imediatamente afixado no lugar próprio do juízo, e divulgado pela imprensa, onde houver, declarando nele

CAPÍTULO 15
CRIMES ELEITORAIS | 449

o nome do último eleitor inscrito e o número do respectivo título, fornecendo aos diretórios municipais dos partidos cópia autêntica desse edital. [...]

§2º O despacho de pedido de inscrição, transferência, ou segunda via, proferido após esgotado o prazo legal sujeita o juiz eleitoral às penas do art. 291.

Pena - Pagamento de 30 a 60 dias-multa.

– Objetivo jurídico: garantir a segurança dos trabalhos de alistamento eleitoral.
– Elementos do tipo:
  a) Ação nuclear: refere-se à ação de inscrição, transferência ou segunda via realizadas extemporaneamente pelo juiz eleitoral. A lei eleitoral determina que para a consecução da eleição é fundamental a realização do cadastro de eleitores, importante para o conhecimento do número de eleitores em cada seção, zona e circunscrição, a fim de evitar fraudes e descompasso entre a quantidade de habitantes e o número de eleitores. Tal cadastro de acordo com o art. 91 da Lei nº 9.504/97 é de 150 (cento e cinquenta) dias anteriores à data da eleição. Resta claro que o crime é inócuo em parte, ao que se refere às inscrições de acordo com o atual procedimento, contudo é vigente para as transferências e segundas vias.
  b) Sujeito ativo: crime próprio do juiz eleitoral, bem como de seu substituto.
  c) Sujeito passivo: o Estado.
– Elemento subjetivo: dolo genérico. Não é necessário para a configuração do delito que o agente ativo tenha alguma intenção eleitoral ao realizar a conduta vergastada, apenas a concretize dolosamente após o período limítrofe.
– Consumação: consubstancia-se através da omissão do despacho.

Art. 71. São causas de cancelamento [...]

IV - o falecimento do eleitor [...]

§3º Os oficiais de Registro Civil, sob as penas do art. 293, enviarão, até o dia 15 (quinze) de cada mês, ao juiz eleitoral da zona em que oficiarem comunicação dos óbitos de cidadãos alistáveis, ocorridos no mês anterior, para cancelamento das inscrições.

Pena - Detenção de 15 dias a 6 meses ou pagamento de 30 a 60 dias-multa.

– Objetivo jurídico: proteger a fidelidade do cadastro geral de eleitores.

– Elementos do tipo:

a) Ação nuclear: é crime omissivo de não envio, até o dia 15 (quinze) de mês, da comunicação dos óbitos à Justiça Eleitoral. Pelo mesmo motivo que há o limite para as operações de inscrição, transferência e segunda via do título de eleitor, há a necessidade de a Justiça Eleitoral ter ciência dos eleitores que por morte têm o cancelamento do documento eleitoral. A atualização e o controle da quantidade de eleitores são imprescindíveis para a fiscalização de possíveis fraudes eleitorais. É oportuno evidenciar que o tipo é claro ao estabelecer a condenação pelo não envio, por conseguinte o atraso não enseja a tipificação, posto que o objetivo da norma é obter a comunicação para cancelamento *ex officio* do título de eleitor.

b) Sujeito ativo: os oficiais de registro civil. Crime próprio.

c) Sujeito passivo: o Estado.

– Elemento subjetivo: dolo genérico, intenção de não remeter listas de óbitos para a Justiça Eleitoral.

– Consumação: como conta de conduta omissiva a consumação é no instante do não envio.

Art. 114. Até 70 (setenta) dias antes da data marcada para eleição, todos os que requererem inscrição como eleitor, ou transferência, já devem estar devidamente qualificados e os respectivos títulos prontos para a entrega, se deferidos pelo juiz eleitoral.

Parágrafo único. Será punido nos termos do art. 293 o juiz eleitoral, o escrivão eleitoral. O preparador ou o funcionário responsável pela transgressão do preceituado neste artigo ou pela não-entrega do título pronto ao eleitor que o procurar.

Pena - Detenção de 15 dias a 6 meses ou pagamento de 30 a 60 dias-multa.

– Objetivo jurídico: tutelar o direito de possuir o título de eleitor e, por conseguinte, o exercício da cidadania.

– Elementos do tipo:

a) Ação nuclear: reza esse dispositivo sobre a transgressão, ou violação, do prazo de até 70 (setenta) dias antes da data marcada para eleição, para a qualificação de todos os que requererem inscrição como eleitor, ou transferência, e para a entrega dos respectivos títulos. Também, dispõe sobre a não entrega, isto é, não passar a posse ao eleitor de seu título eleitoral já pronto, quando procurá-lo.

Antes de iniciar a transcorrer sobre o estudo da conduta condenável, por oportuno vale lembrar que, com o novo sistema de alistamento eleitoral, não cabe mais ao juiz eleitoral decidir sobre o deferimento ou indeferimento do pedido, portanto é inofensiva a alusão sobre o deferimento do magistrado eleitoral. Também é salutar relembrar que a citação da figura do preparador encontra-se sem efeitos, segundo argumentos acostados no já comentado art. 45 do CE. Nesse delito o agente tem a posse do título e não a dispõe para o eleitor ou pessoa por ele autorizada. Não se trata de ter consigo sob a oposição do eleitor, que no caso é a tipificação do art. 295, CE. É obrigação dos responsáveis o cumprimento da determinação do *caput*, a infração dolosa constitui a conduta vergastada. A presença do dolo é imprescindível, pois se a inscrição ou a transferência não estiverem devidamente qualificadas ou prontas devido a excesso de trabalho não configura o crime.

b) Sujeito ativo: o juiz eleitoral, o escrivão eleitoral, o preparador e o funcionário responsável. Crime próprio.

c) Sujeito passivo: o Estado e o eleitor que não teve seu título pronto ou entregue.

– Elemento subjetivo: dolo genérico. A intenção do sujeito ativo é suficiente. Não há necessidade de finalidade específica para concretizar o crime, basta a vontade de transgredir e não entregar.

– Consumação: configura o delito no momento em que o eleitor procura o seu título e este não é entregue e também quando, transcorrido o prazo previsto por lei, os agentes não tenham qualificado ou preparado o documento eleitoral.

Art. 120. Constituem a mesa receptora um presidente, um primeiro e um segundo mesários, dois secretários e um suplente, nomeados pelo juiz eleitoral sessenta dias antes da eleição, em audiência pública, anunciado pelo menos com cinco dias de antecedência.

§1º Não podem ser nomeados presidentes e mesários

I - os candidatos e seus parentes ainda que por afinidade, até o segundo grau, inclusive, e bem assim o cônjuge;

II - os membros de diretórios de partidos desde que exerçam função executiva;

III - as autoridades e agentes policiais, bem como funcionários no desempenho de cargos de confiança do Executivo;

IV - os que pertencerem ao serviço eleitoral. [...]

§5º Os nomeados que não declararem a existência de qualquer dos impedimentos referidos no §1º incorrem na pena estabelecida pelo art. 310.

Pena - detenção até seis meses ou pagamento de 90 a 120 dias-multa.

– Objetivo jurídico: tutelar a imparcialidade dos membros da mesa receptora, bem como regra da boa-fé nos trabalhos eleitorais organizados pela Justiça Eleitoral.
– Elementos do tipo:
a) Ação nuclear: consta de crime omissivo, ou seja, a subsunção é pela não declaração de impedimento por parte dos eleitores nomeados membros da mesa receptora.

Caso a impugnação resulte dos incs. I, II e IV do §1º do art. 120 ou de fato superveniente, o prazo inicia-se a partir do ato da nomeação ou eleição, já se a não permissão de nomeação for em virtude da incompatibilidade do inc. I do parágrafo mencionado e o registro do candidato for posterior à nomeação do mesário, o prazo para reclamação será contado da publicação dos nomes dos candidatos registrados, segundo previsão do §2º do art. 121, CE.

Os eleitores que apresentarem motivos justos para a não nomeação devem alegar impedimento até 5 (cinco) dias antes da data que corresponder aos 60 (sessenta) dias anteriores à eleição, contudo não se proíbe que o motivo justo sobrevenha depois do referido prazo. A alegação de impugnação passa pela apreciação do juiz eleitoral, consoante o §4º. É permitido aos partidos opor reclamação ao juiz eleitoral contra a nomeação dos mesários no prazo de 2 (dois) dias, a contar da audiência; da decisão do juiz eleitoral o recurso é cabível no prazo de 3 (três) dias – art. 121, *caput* e §1º.

b) Sujeito ativo: crime próprio do eleitor.

c) Sujeito passivo: o Estado.

– Elemento subjetivo: como não há crime eleitoral na forma culposa, a conduta é dolosa na espécie genérica.

– Consumação: sendo uma abstenção de comportamento, o crime delineia-se ao término do lapso temporal permitido para a apresentação de reclamação.

Art. 129. Nas eleições proporcionais, os presidentes das mesas receptoras deverão zelar pela preservação das listas de candidatos afixadas dentro das cabinas indevassáveis, tomando imediatas providencias para a colocação de nova lista no caso de inutilização total ou parcial.

Parágrafo único. O eleitor que inutilizar ou arrebatar as listas afixadas nas cabinas indevassáveis ou nos edifícios onde funcionarem mesas receptoras incorrerá nas penas art. 297.

Pena - detenção até seis meses e pagamento de 60 a 100 dias-multa.

– Objetivo jurídico: preservar a organização dos trabalhos eleitorais.

– Elementos do tipo:

a) Ação nuclear: diz respeito ao momento em que algum eleitor inutilizar – ou seja, tornar imprestável ou arrebatar, que é o mesmo que arrancar – as listas afixadas nas cabinas indevassáveis ou nos edifícios onde funcionarem.

Portanto a parte cabível a este delito refere-se ao *locus* dos edifícios, que pode ser compreendido como todo local onde funcionam as mesas receptoras, podendo ser inclusive locais privados à disposição da Justiça Eleitoral.

b) Sujeito ativo: crime comum, logo, qualquer pessoa pode ser autora do delito.

c) Sujeito passivo: o Estado e os candidatos prejudicados com a ação.

– Elemento subjetivo: a ação do agente para caracterizar o tipo incriminador não precisa estar eivada de finalidade específica, posto que o dolo é genérico.

– Consumação: realiza-se com o dano total ou parcial das condutas de inutilizar ou arrebatar.

Art. 135. Funcionarão as mesas receptoras nos lugares designados pelos juízes eleitorais 60 (sessenta) dias antes da eleição, publicando-se a designação. [...]

§5º Não poderão ser localizadas Seções Eleitorais em fazenda, sítio ou qualquer propriedade rural privada, mesmo existindo no local prédio público, incorrendo a Juiz nas penas do art. 312, em caso de infringência.

Pena - detenção até dois anos

– Objetivo jurídico: salvaguardar a organização da eleição, assim como a lisura e imparcialidade dos locais do pleito.
– Elementos do tipo:
   a) Ação nuclear: configura-se com a localização das seções eleitorais em locais proibidos, tais como fazenda, sítio ou qualquer propriedade rural privada, mesmo existindo no local prédio público.

Os juízes eleitorais, ao designarem os lugares de funcionamento das mesas receptoras, devem *a priori* primar pelos edifícios públicos, somente recorrendo aos estabelecimentos particulares se por ventura forem os públicos insuficientes ou estiverem em condições inadequadas, conforme §2º do art. 135. Determinando o uso de propriedade particular, a cessão é obrigatória e gratuita, conforme o §3º do aludido artigo. Comenta o autor Joel J. Cândido que "o tipo, como está redigido, é resquício de temores da época do coronelismo",[97] tal período é visto pelo controle do resultado das eleições segundo os interesses dos donos de fazenda que direcionavam os votos de seus trabalhadores e apadrinhados.

   b) Sujeito ativo: o juiz eleitoral. Crime próprio.
   c) Sujeito passivo: o Estado.
– Elemento subjetivo: o sujeito ativo deve apresentar a intenção de determinar ilegalmente a instalação das mesas receptoras em locais proibidos. Dolo genérico.
– Consumação: figura o crime com a efetiva instalação.

---

[97] CÂNDIDO, Joel José. *Direito eleitoral brasileiro*. 11. ed. 3. tir. Bauru: Edipro, 2005. p. 314.

Art. 174. As cédulas oficiais, à medida que forem sendo abertas, serão examinadas e lidas em voz alta por um dos componentes da Junta. [...]

§3º Não poderá ser iniciada a apuração dos votos da urna subsequente, sob as penas do art. 345 sem que os votos em branco da anterior estejam todos registrados pela forma referida no §1º.

Pena - pagamento de 30 a 90 dias-multa.

– Objetivo jurídico: proteger a organização da apuração e a realidade dos resultados eleitorais.
– Elementos do tipo:
  a) Ação nuclear: é o início da apuração dos votos da urna subsequente sem que os votos em branco da anterior estejam todos registrados com o carimbo com a expressão "em branco", além da rubrica do presidente da turma, de acordo com o §1º do art. 174.

  Evidencia-se que mesmo sendo atualmente a votação e apuração realizadas pelo modo eletrônico, ainda resta a possibilidade do uso das cédulas, assim sendo, ainda são vigentes as normas que a elas se referem. A necessidade de marcar os votos "em branco" é uma precaução a possíveis fraudes, aplica-se aos votos "nulos" também a mesma regra, no entanto para estes a ausência da marcação não constitui crime.

  b) Sujeito ativo: todos os responsáveis pela apuração, crime próprio dos membros da Junta Eleitoral, juiz eleitoral, escrutinadores e auxiliares.

  c) Sujeito passivo: o Estado.

– Elemento subjetivo: dolo genérico, vontade consciente de realizar o preceito incriminador.

– Consumação: delineia-se com a inexistência da declaração de votos "em branco" e a indicação com carimbo.

Art. 179. Concluída a contagem dos votos, a junta ou turma deverá: [...]

§9º A não-expedição do boletim imediatamente após a apuração de cada urna antes de se passar à subsequente, sob qualquer pretexto, constitui o crime no art. 313.

Os comentários elencados no art. 313 do CE são direcionados para o crime em comento, com a ressalva dos casos de defeito da urna eletrônica, em que não configura a tipificação.

15.4.3 Crimes previstos na Lei nº 9.504/97

> **Art. 33.** As entidades e empresas que realizam pesquisas de opinião pública relativas às eleições ou aos candidatos, para conhecimento público, são obrigadas, para cada pesquisa, a registrar, junto à Justiça Eleitoral, até cinco dias antes da divulgação, as seguintes informações: [...]
>
> §4º A divulgação de pesquisa fraudulenta constitui crime, punível com detenção de seis meses a um ano no valor de cinquenta mil a cem mil UFIR.

– Objetivo jurídico: tutelar a veracidade das informações divulgadas pelas pesquisas eleitorais.
– Elementos do tipo:
a) Ação nuclear: a conduta que se condena neste dispositivo é a divulgação, publicação de pesquisa fraudulenta, ou seja, com dados inverídicos ou omitidos.

É importante relembrar que toda e qualquer pesquisa antes de ser repassada ao conhecimento da sociedade deve ser registrada junto à Justiça Eleitoral, segundo os requisitos dispostos na Lei Eleitoral, até cinco dias antes da divulgação, do contrário os responsáveis ficam suscetíveis à penalidade de multa nos mesmos valores acima transcritos.

Por oportuno vale lembrar que é distinto o tipo incriminado em comento da conduta de não registro de pesquisa de intenção de voto, posto que este fora definido como infração administrativa, cuja punição é pecuniária. O primeiro cuida de tipo penal com pena restritiva de liberdade.

b) Sujeito ativo: crime próprio das entidades e empresas que realizam pesquisas de opinião pública relativas às eleições ou aos candidatos e dos meios de publicação.
c) Sujeito passivo: a sociedade e os candidatos.
– Elemento subjetivo: dolo genérico, vontade de distorcer o conteúdo das pesquisas eleitorais.

CAPÍTULO 15
CRIMES ELEITORAIS | 457

– Consumação e tentativa: a consumação consubstancia-se com o conhecimento público dos dados da pesquisa. Não é necessário que haja prejuízo no campo eleitoral por conta da divulgação. A tentativa é possível.

Art. 34. (Vetado).

§1º [...]

§2º O não-cumprimento do disposto neste artigo ou qualquer ato que vise a retardar, impedir ou dificultar a ação fiscalizadora dos partidos constitui crime, punível com detenção, de seis meses a um ano, com a alternativa de prestação de serviços à comunidade pelo mesmo prazo, e multa no valor de dez mil a vinte mil UFIR.

§3º A comprovação de irregularidade nos dados publicados sujeita os responsáveis às penas mencionadas no parágrafo anterior, sem prejuízo da obrigatoriedade da veiculação dos dados corretos no mesmo espaço, local, horário, página, caracteres e outros elementos de destaque, de acordo com o veículo usado.

– Objetivo jurídico: proteger o direito de fiscalização dos partidos políticos.
– Elementos do tipo:
   a) Ação nuclear: a redação do tipo evidencia ações múltiplas, a iniciar pelo não cumprimento, no sentido de não executar, desempenhar o determinado pelo presente artigo; retardar, ou seja, demorar, delongar; impedir, sinônimo de evitar, inibir e, por fim, dificultar, que tem o significado de obstaculizar, estorvar ação fiscalizadora dos partidos.

Cabe a essas pessoas jurídicas de direito privado o direito de ter acesso ao sistema interno de controle, verificação e fiscalização da coleta de dados das entidades que divulguem pesquisas de opinião referentes às eleições, podendo então confrontar e conferir os dados publicados (§1º, art. 34 da Lei nº 9.504/97).

É de interesse dos partidos políticos a verificação das informações contidas na pesquisa de intenção de votos, pois como entes representantes das mais diversas expressões ideológicas da sociedade, pode-se considerar que além de "atores" das eleições são a "visão" da população quanto aos feitos eleitorais. A fiscalização é devida, posto que a divulgação de pesquisa sobre as probabilidades do pleito eleitoral influencia em demasia a opinião do eleitor, existindo, infelizmente, o conceito amplamente disseminado em nosso eleitorado, do chamado "voto útil", desvirtuando-se as intenções de votos em função de candidatos melhores colocados que tenham chance de tirar o outro da disputa, ou se avalizar terceiro que tenha melhores chances de êxito, em relação à sua primeira preferência.[98]

O tipo cuida de qualquer obstáculo imposto ao dever de fiscalizar, um dos pressupostos dos partidos políticos, e ainda traz uma novidade entre os crimes abordados: a previsão de pena alternativa de prestação de serviços à comunidade no prazo alusivo ao limite temporal da detenção, além da multa. Quando da confirmação de desvio da realidade ou ausência de dados, a norma determinou a sanção dos responsáveis na mesma pena atribuída no §2º do artigo em estudo, bem como a divulgação das informações corretas da pesquisa nos mesmos moldes em que se deu a publicação irregular, ou seja, no mesmo espaço, local, horário, página, caracteres e outros elementos de destaque, de acordo com o veículo usado.

b) Sujeito ativo: crime comum, podendo ser praticado por qualquer pessoa.

c) Sujeito passivo: o Estado e o partido político privado de seu direito.

– Elemento subjetivo: dolo genérico, caracterizado pela consciente intenção de não cumprir disposição normativa permissiva de fiscalização por partidos políticos de dados das pesquisas eleitorais, bem como delongar, dificultar e obstar o acesso.

– Consumação: no caso da conduta omissiva a consumação ocorre ao tempo da inércia, já as demais condutas configuram-se com o primeiro ato que as represente.

Art. 35 Pelos crimes definidos nos arts. 33, §4º e 34, §§2º e 3º, podem ser responsabilizados penalmente os representantes legais das empresas ou entidade de pesquisa e do órgão veiculador.

---

[98] CORDEIRO, Vinicius; SILVA, Anderson Claudino. *Crimes eleitorais e seu processo*. Rio de Janeiro: Forense, 2006. p. 197.

CAPÍTULO 15
CRIMES ELEITORAIS | 459

Essa norma inclui nos crimes acima comentados os representantes legais das empresas ou entidade de pesquisa e do órgão veiculador.

Acredita-se que no caso dos representantes legais do meio de publicação da pesquisa eleitoral só podem ser imputados dos delitos se tinham ciência das irregularidades da pesquisa ou se espontaneamente não cumpriram determinação legal ou obstaculizaram a fiscalização partidária, posto que é preceito dos crimes eleitorais o elemento subjetivo dolo. Havendo culpa emerge-se no campo da atipicidade.

Art. 39. [...]

§5º Constituem crimes, no dia da eleição, puníveis com detenção, de seis meses a um ano, com a alternativa de prestação de serviços à comunidade pelo mesmo período, e multa no valor de cinco mil a quinze mil UFIR:

I - O uso de alto-falantes e amplificadores de som ou a promoção de comício ou carreata;

II - A arregimentação de eleitor ou a propaganda de boca de urna;

III - A divulgação de qualquer espécie de propaganda de partidos políticos ou de seus candidatos.

– Objetivo jurídico: salvaguardar o livre exercício do voto.
– Elementos do tipo:
   a) Ação nuclear: os incisos tratam de crimes distintos, com ações nucleares diversas, portanto tratar-se-á primeiramente do inc. I, o uso de alto-falantes e amplificadores, bem como a promoção de comício ou carreata, que configura a emissão de som em alto volume, veiculando propaganda política ou pedido de voto em massa. No inc. II a arregimentação de eleitor é entendida como a agremiação, reunião e a propaganda de boca de urna, ainda, como a distribuição ou entrega de material de propaganda política, inclusive volantes e outros impressos; aliciamento que é a sedução, atração; coação, com significado de forçar, obrigar a determinada opção eleitoral; e a manifestação, ou seja, exposição tendente a influir na vontade do eleitor. A conduta vergastada pelo inc. III diz respeito à exposição de qualquer forma de propaganda política, seja de partidos, coligação ou candidato.

A norma não exige como requisito para a proibição a existência de prévio conhecimento ou autorização do candidato. Em qualquer hipótese, a propaganda eleitoral por meio de pequenos brindes é vedada. O §4º do art. 39 da Lei nº 9.504/97 foi alterado, em 2006, para dar igual tratamento dos comícios, ao uso de aparelhagem de sonorização fixa. Tal utilização passou a ser permitida no horário compreendido entre as 8 (oito) e as 24 (vinte e quatro) horas. O funcionamento de alto-falantes ou amplificadores de som móveis, entretanto, permanece limitado entre as oito e as vinte e duas horas. A pena segue o molde do delito do artigo anterior, sendo possível a aplicação alternativa de prestação de serviços à comunidade pelo mesmo período da detenção, ou seja, seis meses a um ano mais multa no valor de cinco mil a quinze mil UFIR.

  b) Sujeito ativo: crime comum, podendo ser praticado por qualquer pessoa.

  c) Sujeito passivo: o Estado.

– Elemento subjetivo: acredita-se que o dolo é específico para ambas as condutas.

– Consumação: delineia-se no inc. I com a utilização de som objetivando captação de voto, no inc. II com a reunião de eleitores e com a realização de qualquer espécie de ação que configure a boca de urna, e no inciso subsequente com a simples divulgação de propaganda de partidos, coligações ou candidatos. A tentativa é possível.

Art. 39-A. [...]

§1º É vedada, no dia do pleito, até o término do horário de votação, a aglomeração de pessoas portando vestuário padronizado, bem como os instrumentos de propaganda referidos no caput, de modo a caracterizar manifestação coletiva, com ou sem utilização de veículos.

§2º No recinto das seções eleitorais e juntas apuradoras, é proibido aos servidores da Justiça Eleitoral, aos mesários e aos escrutinadores o uso de vestuário ou objeto que contenha qualquer propaganda de partido político, de coligação ou de candidato.

– Objetivo jurídico: salvaguardar o livre exercício do voto.
– Elementos do tipo:
  a) Ação nuclear: os parágrafos tratam de crimes distintos, com ações nucleares diversas, portanto tratar-se-á primeiramente do §1º, que proíbe a manifestação coletiva em favor

de determinado candidato. Manifestação vem do latim, *manifestatione*, que consiste no ato ou efeito de manifestar ou de se manifestar, expressão, revelação, expressão pública de opiniões ou sentimentos coletivos. O §2º proíbe o uso de qualquer material que identifique preferência por algum candidato, partido ou coligação por parte dos servidores da justiça eleitoral.

b) Sujeito ativo: no §1º o núcleo pode ser realizado por quaisquer pessoas, configurando crime comum. No §2º o núcleo somente pode ser realizado por servidores da Justiça Eleitoral, mesários e escrutinadores, sendo, portanto, crime próprio.

c) Sujeito passivo: o Estado e o eleitor.

– Elemento subjetivo: dolo específico de influenciar a opinião do eleitor com propaganda.

– Consumação: no §1º o crime se consuma com a demonstração coletiva de preferência por candidato. No §2º a consumação de dá a parir do momento em que as pessoas indicadas fazem uso de quaisquer materiais de propaganda.

Art. 40. O uso, na propaganda eleitoral, de símbolos, frases ou imagens, associadas ou semelhantes às empregadas por órgãos de governo, empresa pública ou sociedade de economia mista constitui crime, punível com detenção, de seis meses a um ano, com a alternativa de prestação de serviços à comunidade pelo mesmo período, e multa no valor de dez mil a vinte mil UFIR.

– Objetivo jurídico: resguardar o uso dos símbolos e referências governamentais no período eleitoral.

– Elementos do tipo:

a) Ação nuclear: é a utilização de símbolos, frases ou imagens, associadas ou semelhantes às empregadas por órgãos de governo, empresas públicas ou sociedades de economia mista.

Para que ocorra o delito é necessário o nexo de causalidade entre a propaganda que se vale dessas referências e o fito eleitoral. O artigo também se utiliza de interpretação análoga ao princípio da impessoalidade, cuja redação constitucional, no art. 37, §1º consiste em:

a publicidade dos atos, programas, obras, serviços e campanhas dos órgão públicos deverá ter caráter educativo, informativo ou de orientação social, dela não podendo constar nomes, símbolos ou imagens que caracterizem promoção pessoal de autoridade ou servidores públicos.

É fácil entender a vontade do legislador de evitar desequilíbrio eleitoral em virtude dos feitos governamentais, além do mais é uma forma específica para o direito eleitoral de princípio constitucional. O Tribunal Superior Eleitoral, ao editar as resoluções norteadoras de cada pleito eleitoral, costuma fixar valor pecuniário para a pena de multa estabelecida pela lei eleitoral.

  b) Sujeito ativo: o candidato
  c) Sujeito passivo: o Estado.
  – Elemento subjetivo: dolo específico, finalidade de propaganda eleitoral.
  – Consumação: com a ligação entre a publicidade que usa os logotipos, logomarcas, *slogans* dos órgãos de governo, empresas públicas ou sociedades de economia mista e a propaganda eleitoral.

Art. 58. A partir da escolha de candidatos em convenção, é assegurado o direito de resposta a candidato, partido ou coligação atingidos, ainda que de forma indireta, por conceito, imagem ou afirmação caluniosa, difamatória, injuriosa ou sabidamente inverídica, difundidos por qualquer veículo de comunicação social. [...]

§6º A Justiça Eleitoral deve proferir suas decisões no prazo máximo de vinte e quatro horas, observando-se o disposto nas alíneas *d* e *e* do inc. III do §3º para a restituição do tempo em caso de provimento de recurso.

§7º A inobservância do prazo previsto no parágrafo anterior sujeita a autoridade judiciária às penas previstas no art. 345 da Lei nº 4.737, de 15 de julho de 1965 – Código Eleitoral.

§8º O não cumprimento integral ou em parte da decisão que conceder a resposta sujeitará o infrator ao pagamento de multa no valor de cinco mil a quinze mil UFIR, duplicada em caso de reiteração de conduta, sem prejuízo do Disposto no art. 347 da Lei nº 4.737, de 15 de julho de 1965 – Código Eleitoral.

CAPÍTULO 15
CRIMES ELEITORAIS | 463

– Objetivo jurídico: proteger o direito de resposta conforme o agravo.

– Elementos do tipo:

a) Ação nuclear: tanto é a inobservância, não execução no prazo legal por parte do magistrado, como o não cumprimento total ou em parte da decisão pelo infrator.

Para pedir o exercício do direito de resposta tem o ofendido ou seu representante legal, a partir da veiculação da ofensa, o prazo de 24 (vinte quatro) horas, quando se tratar do horário eleitoral gratuito; 48 (quarenta e oito) horas se tiver ocorrido em programação normal das emissoras de rádio e televisão e 72 (setenta e duas) horas se o agravo tiver sido em imprensa escrita, segundo texto legal do art. 58, §1º, I, II, III da Lei nº 9.504/97.

Ao tempo que a Justiça Eleitoral receber o requerimento do direito de resposta deve notificar o agressor a fim de que apresente defesa no prazo de 24 (vinte e quatro horas), conforme o §2º do dispositivo citado. Pelo princípio da celeridade é que se determinou que o magistrado deve pronunciar sua sentença no prazo máximo de 24 (vinte e quatro) horas, do contrário, além de promover possíveis injustiças ao ofendido, enquadra-se no tipo incriminador. As sanções dos delitos são análogas aos delitos dos arts. 345 e 347 do Código Eleitoral, já comentados.

b) Sujeito ativo: no primeiro crime é o magistrado e no subsequente é o agressor que descumpriu determinação judicial.

c) Sujeito passivo: o candidato, partido ou coligação ofendidos.

– Elemento subjetivo: assim como em todo crime eleitoral, o elemento subjetivo é o dolo e nos casos acima previstos é na forma genérica.

– Consumação: como ambos os delitos são omissivos, a consumação consubstancia-se ao tempo do não cumprimento.

Art. 68. O boletim de urna, segundo o modelo aprovado pelo Tribunal Superior Eleitoral, conterá os nomes e os números dos candidatos nela votados.

§1º O Presidente da Mesa Receptora é obrigado a entregar cópia do boletim de urna aos partidos e coligações concorrentes ao pleito cujos representantes o requeiram até uma hora após a expedição.

§2º O descumprimento do disposto no parágrafo anterior constitui crime, punível com detenção, de um a três meses, com a alternativa

de prestação de serviço à comunidade pelo mesmo período, e multa no valor de um mil a cinco mil UFIR.

– Objetivo jurídico: proteger o direito dos partidos e coligações de fiscalizarem a apuração eleitoral.

– Elementos do tipo:

a) Ação nuclear: consta de omissão, descumprimento, não realização da entrega de cópia do boletim de urna para os representantes dos partidos e coligações que a solicitaram até uma hora após a expedição.

Essa condição é requisito de tipificação do crime, uma vez sendo requerida a cópia do boletim de urna depois do limite temporal não há mais que se falar no crime em tela. Em regra, o boletim é expedido em 3 (três) vias, a primeira acompanha a mídia, para posterior arquivamento no cartório, a segunda é entregue ao representante do comitê interpartidário, mediante recibo e, por fim, a terceira é afixada na sede da junta eleitoral, consoante art. 179, §3º do Código Eleitoral. É importante o acesso ao boletim de urna porque serve como meio de prova do resultado quando da não coincidência entre as informações da seção e os votos consignados na urna.

b) Sujeito ativo: o presidente da mesa receptora. Trata-se de crime próprio.

c) Sujeito passivo: os partidos e os candidatos que requereram cópia do boletim de urna.

– Elemento subjetivo: dolo genérico, na vontade livre e consciente de descumprir com obrigação estabelecida por lei.

– Consumação: a partir do momento em que houve a conduta omissiva.

Art. 72. Constituem crimes, puníveis com reclusão, de cinco a dez anos:

I - Obter acesso a sistema de tratamento automático de dados usado pelo serviço eleitoral, a fim de alterar a apuração ou a contagem de votos;

II - Desenvolver ou introduzir comando, instrução, ou programa de computador capaz de destruir, apagar, eliminar, alterar, gravar ou transmitir dado, instrução ou programa ou provocar qualquer outro resultado diverso do esperado em sistema de tratamento automático de dados usados pelo serviço eleitoral;

III - Causar, propositadamente, dano físico ao equipamento usado na votação ou na totalização ou a suas partes.

– Objetivo jurídico: assegurar a proteção do sistema informatizado de votação e apuração dos votos.

– Elementos do tipo:
a) Ação nuclear: consta de vários delitos e, por conseguinte, de ações nucleares diversas, a iniciar por obter, alcançar, conseguir acesso a sistema de tratamento automático de dados usado pelo serviço eleitoral. Segue-se com desenvolver, no sentido de criar ou introduzir, colocar, inserir comando, instrução, ou programa de computador capaz de destruir, apagar, eliminar, alterar, gravar ou transmitir, ou seja, enviar dado, instrução ou programa ou provocar, gerar qualquer outro resultado diverso pelo serviço eleitoral. Por fim, causar, originar, ocasionar propositadamente dano físico ao equipamento usado na votação ou na totalização ou a suas partes.

A primeira conduta condenável tem como similar o "mapismo" (art. 315 do CE), contudo este é um crime aplicável às cédulas e não mais à votação e apuração eletrônicas. Atenta-se para o fato de que é imperioso que o agente altere a apuração ou contagem dos votos, portanto o acesso para simples conferência não tipifica o delito. O inc. II traz múltiplos comportamentos criminosos, mas todos versam sobre forma de probabilidade de dano e o efetivo prejuízo aos resultados eleitorais via alteração ou destruição dos dados de votação. Por último, a conduta intencional de destruir a urna eletrônica ou seus componentes. A sanção penal desse artigo é a mais severa de todos os crimes eleitorais, fato que se critica pela discrepância entre os demais delitos, ademais, condutas de similar prejuízo à sociedade apresentam pena bem menos gravosa.

b) Sujeito ativo: crime comum, pode ser cometido por qualquer pessoa.

c) Sujeito passivo: o Estado.

– Elemento subjetivo: para as duas primeiras condutas o dolo é específico, com intenção eleitoral, na última entende-se não é necessário que o sujeito ativo tenha intento eleitoral.

– Consumação: conforme a diversidade de conduta, o momento consumativo também será diferenciado. O primeiro tipo delineia-se com o acesso, já a primeira parte do segundo crime ganha forma com a potencialidade de dano, ou seja, com o simples desenvolvimento ou introdução, a segunda parte toma corpo com o dano efetivo, assim como na terceira ação criminosa.

Art. 76. O ressarcimento das despesas com o uso de transporte oficial pelo Presidente da República e sua comitiva em campanha eleitoral será de responsabilidade do partido político ou coligação a que esteja vinculado. [...]

§3º A falta do ressarcimento, no prazo estipulado, implicará a comunicação do fato ao Ministério Público Eleitoral, pelo órgão de controle interno.

§4º Recebida a denúncia do Ministério Público, a Justiça Eleitoral apreciará o feito no prazo de trinta dias, aplicando aos infratores pena de multa correspondente ao dobro das despesas, duplicada a cada reiteração de conduta.

– Objetivo jurídico: tutelar o equilíbrio entre os candidatos concorrentes.
– Elementos do tipo:
a) Ação nuclear: reza esse dispositivo sobre o não ressarcimento, compensação ou indenização dos gastos com o uso de transporte oficial pelo presidente da República e sua comitiva em campanha eleitoral por parte do partido político ou coligação ligada.

As despesas do Presidente da República quando este está em campanha para reeleição não são arcadas pelo cofre público, pois caracterizaria uso indevido dos recursos públicos, por isso é que há a redação do crime em comento, para evitar o desequilíbrio eleitoral por estar o candidato à frente da administração do país.

O §1º do mesmo artigo determina que o ressarcimento terá por base o tipo de transporte usado e a respectiva tarifa de mercado cobrada no trecho correspondente, excetuando-se o caso de uso do avião presidencial, cujo ressarcimento corresponderá ao aluguel de uma aeronave de propulsão a jato do tipo táxi aéreo. A pena pecuniária corresponde à duplicação do valor das despesas a serem indenizadas.

b) Sujeito ativo: o partido político ou coligação a que o presidente da República esteja vinculado.

c) Sujeito passivo: o Estado.
– Elemento subjetivo: dolo genérico, vontade livre e consciente de não pagar as referidas despesas.
– Consumação: quando não forem pagos os gastos no prazo de 10 (dez) dias úteis da realização do pleito de primeiro turno, ou segundo turno, se houver.

Art. 87. Na apuração, será garantido aos fiscais e delegados dos partidos e coligações o direito de observar diretamente, a distância não superior a um metro da mesa, a abertura da urna, a abertura e a contagem das cédulas e o preenchimento do boletim. [...]

§4º O descumprimento de qualquer das disposições deste artigo constitui crime, punível com detenção de um a três meses, com a alternativa de prestação de serviços à comunidade pelo mesmo período e multa, no valor de um mil a cinco mil UFIR.

– Objetivo jurídico: garantir o direito de fiscalização dos partidos políticos.
– Elementos do tipo:
a) Ação nuclear: consta de crime omissivo pelo descumprimento, ou seja, não realização das disposições do art. 87 da Lei nº 9.504/97.

A apuração a que se refere o *caput* é a feita por cédulas, ocorrendo sempre à vista dos fiscais dos partidos políticos e coligações com direito de observar, à distância não superior a um metro da mesa, a abertura da urna, a contagem das cédulas e o preenchimento do boletim. A apuração dos votos realizados via cédulas eleitorais é iniciada a partir das dezessete horas do dia da eleição, logo após o seu recebimento pela Junta Eleitoral, e deverá estar concluída até três dias após a eleição, no primeiro turno, e cinco dias após a eleição, no segundo turno.

b) Sujeito ativo: crime próprio dos membros da Junta Eleitoral.
c) Sujeito passivo: fiscais e delegados dos partidos e coligações.
– Elemento subjetivo: é preciso que seja intencional a conduta omissiva do agente ativo, do contrário não há que se falar no crime. Dolo genérico.
– Consumação: ao tempo da omissão.

> **Art. 90. Aos crimes definidos nesta Lei, aplica-se o disposto nos arts. 287 e 355 a 364 da Lei nº 4.737, de 15 de julho de 1965 – Código Eleitoral.**
>
> **§1º Para os efeitos desta lei, respondem penalmente pelos partidos e coligações os seus representantes legais.**
>
> **§2º Nos casos de reincidências, as penas pecuniárias previstas nesta Lei aplicam-se em dobro.**

Este artigo acrescenta a responsabilização para os representantes legais dos partidos ou coligações para os crimes acima mencionados do Código Eleitoral. Ademais, determina o aumento de pena para os casos de reincidência, esta entendida como na forma do direito penal.

> **Art. 91. Nenhum requerimento de inscrição eleitoral ou transferência será recebido dentro dos cento e cinquenta dias anteriores à data da eleição.**
>
> **Parágrafo único. A retenção de título eleitoral ou do comprovante de alistamento eleitoral constitui crime, punível com detenção, de um a três meses, com a alternativa de prestação de serviços à comunidade por igual período, e multa no valor de cinco mil a dez mil UFIR.**

– Objetivo jurídico: salvaguardar o direito à posse do título de eleitor e, por conseguinte, o exercício da cidadania.
– Elementos do tipo:
   a) Ação nuclear: a conduta vergastada é a retenção, ou seja, não disposição do eleitor do seu título eleitoral ou do comprovante de alistamento eleitoral.
   Essa norma abrange a disposição do art. 295 do CE ao inserir o comprovante de alistamento eleitoral. Vale para este crime os mesmos comentários realizados ao aludido artigo do Código Eleitoral, com a ressalva de que a retenção neste delito não é sob oposição como no mencionado artigo, mas a posse indevida.
   b) Sujeito ativo: crime comum, qualquer pessoa.
   c) Sujeito passivo: o eleitor.
– Elemento subjetivo: dolo genérico, intenção de guardar título eleitoral ou comprovante de alistamento eleitoral.

- Consumação: ao tempo em que ocorrer a retenção, quando o eleitor for privado do acesso ao seu título ou comprovante.

15.4.4 Crimes da Lei nº 6.091: fornecimento gratuito de transporte, em dias de eleição, a eleitores residentes nas zonas rurais

Art. 11. Constitui crime eleitoral:

I - Descumprir, o responsável por órgão, repartição ou unidade do serviço público, o dever imposto no art. 3º, ou prestar informações inexatas que visem a elidir, total ou parcialmente, a contribuição de que ele trata:

Pena - detenção de quinze dias a seis meses e pagamento de 60 a 100 dias-multa.

- Objetivo jurídico: proteger a prestação do fornecimento de transporte gratuito dos eleitores em zonas rurais no dia da eleição.
- Elementos do tipo:
  a) Ação nuclear: o verbo nuclear é a representação de crime omissivo por descumprir, desobedecer, não realizar, o responsável por órgão, repartição ou unidade do serviço público federal, estadual, e municipal, até 50 (cinquenta) dias antes da data do pleito, o fornecimento de informações sobre o número, a espécie e a lotação dos veículos e embarcações de propriedade dos entes públicos, à Justiça Eleitoral, ou quando os mesmos responsáveis prestam informações não correspondentes à realidade com o fim de suprimir total ou parcialmente a contribuição de transporte gratuito de eleitores em zona rurais.

Ressalva-se que é obrigação dos entes fornecerem as devidas informações mesmo quando não solicitadas pela Justiça Eleitoral. Havendo veículos e embarcações em número justificadamente indispensável ao funcionamento de serviço público insuscetível de interrupção não há porque caracterizar o crime.

b) Sujeito ativo: o responsável por órgão, repartição ou unidade do serviço público.

c) Sujeito passivo: o Estado e o eleitor prejudicado pela ausência do transporte gratuito.

– Elemento subjetivo: dolo específico, intenção de não dispor total ou parcialmente do transporte do ente público a fim de transportar eleitores da zona rural no dia da eleição.

– Consumação: através da desobediência intencional do agente.

II - Desatender à requisição de que trata o art. 2º (se utilização de veículos pertencentes às entidades previstas no art. 1º não for suficiente para atender ao disposto nesta Lei a Justiça Eleitoral requisitará veículo e embarcações a particulares, de preferência de aluguel):

Pena - pagamento de 200 a 300 dias-multa, além da apreensão do veículo para o fim previsto.

– Objetivo jurídico: proteger a prestação do fornecimento de transporte gratuito dos eleitores em zonas rurais no dia da eleição.

– Elementos do tipo:

a) Ação nuclear: também é um crime de desobediência, com conduta de desatender ou não cumprir requisição de veículos ou embarcações particulares, de preferência de aluguel quando os veículos pertencentes às mencionadas entidades não forem suficientes para suprir a demanda de eleitores.

b) Sujeito ativo: Justiça Eleitoral, por seus funcionários responsáveis.

c) Sujeito passivo: o Estado e o eleitor prejudicado pela ausência do transporte gratuito.

– Elemento subjetivo: dolo específico.

– Consumação: mediante a desatenção intencional do agente.

III - Descumprir a proibição dos arts. 5º, 8º, 10:

Pena - reclusão de quatro a seis anos e pagamento de 200 a 300 dias-multa (art. 302 do Código eleitoral)

CAPÍTULO 15
CRIMES ELEITORAIS | 471

– Objetivo jurídico: proteger a prestação do fornecimento de transporte e alimentação gratuito dos eleitores em zonas rurais no dia da eleição.
– Elementos do tipo:
a) Ação nuclear: o verbo nuclear é descumprir ou desatender determinação legal de proibição de transporte de eleitores por meio de veículos ou embarcações do dia anterior ao posterior à data do pleito eleitoral, salvo a permissão a serviço da Justiça Eleitoral; coletivos de linhas regulares e não fretados; de uso individual do proprietário, para o exercício do próprio voto e dos membros de sua família; o serviço normal, sem a finalidade eleitoral, de veículos de aluguel não atingidos pela requisição de que trata o art. 2º da Lei nº 6.091/74, segundo estabelece o art. 5º e incisos da mencionada lei.

Também incorre na conduta vergastada o candidato ou órgão partidário, ou qualquer pessoa que forneça transporte ou refeições aos eleitores da zona urbana, conforme determinação do art. 10 do referido diploma. Para as condutas apresentadas faz mister comprovação da atuação do agente e conexão com o vício na vontade do eleitor, assim como em todos os delitos de fornecimentos e transporte gratuito de eleitores. As refeições a eleitores da zona rural somente podem ser fornecidas pela Justiça Eleitoral quando imprescindíveis, em face da absoluta carência financeira dos eleitores. Os recursos para tal fornecimento são oriundos do Fundo Partidário, de acordo com o art. 8º da aludida lei.

b) Sujeito ativo: crime comum, podendo ser praticado por qualquer pessoa.
c) Sujeito passivo: o Estado.
– Elemento subjetivo: faz mister a finalidade eleitoreira para a caracterização do delito. Dolo específico.
– Consumação: com o descumprimento intencional do agente.

IV - Obstar por qualquer forma a prestação dos serviços previstos nos arts. 4º e 8º desta Lei, atribuídos à Justiça Eleitoral:
Pena - reclusão de 2 (dois) a 4 (quatro) anos;

- Objetivo jurídico: proteger a prestação do fornecimento de transporte e alimentação gratuito aos eleitores em zonas rurais no dia da eleição.
- Elementos do tipo:
  a) Ação nuclear: o verbo nuclear é obstar, ou atrapalhar, bloquear, dificultar por qualquer forma a prestação dos serviços de divulgação pela Justiça Eleitoral do quadro geral de percursos e horários programados para o transporte de eleitores, 15 (quinze) dias antes das eleições (art. 4º); assim como o fornecimento gratuito de refeições para eleitores carentes da zona rural.

  O quadro de percurso e horário também é fornecido aos partidos políticos que podem no prazo de 3 (três) dias efetuar reclamação, podendo também o fazer os candidatos e os eleitores em número mínimo de 20 (vinte), conforme o §2º do art. 4º. O transporte é oferecido quando a distância da zona rural até as mesas receptoras for de pelo menos 2 (dois) quilômetros e não ultrapassar os limites territoriais do município (§1º do art. 4º).

  b) Sujeito ativo: crime comum, podendo ser praticado por qualquer pessoa.

  c) Sujeito passivo: o Estado e o eleitor prejudicado.
- Elemento subjetivo: o fito para a obstaculização deve ser eleitoral.
- Consumação: consubstancia-se com os empecilhos dolosos do agente.

V - Utilizar em campanha eleitoral, no decurso dos 90 (noventa) dias que antecedem o pleito, veículos e embarcações pertencentes à União, Estados, Territórios, Municípios e respectivas autarquias e sociedades de economia mista:

Pena - cancelamento do registro do candidato ou de seu diploma, se já houver sido proclamado eleito.

Parágrafo único. O responsável pela guarda do veículo ou da embarcação será punido com a pena de detenção, de 15 (quinze) dias a 6 (seis) meses, e pagamento de 60 (sessenta) a 100 (cem) dias-multa.

- Objetivo jurídico: proteger o adequado uso dos veículos e embarcações pertencentes à União, estados, territórios, municípios e respectivas autarquias e sociedades de economia mista, a fim proporcionar um pleito igualitário.

– Elementos do tipo:

a) Ação nuclear: o verbo principal é utilizar, ou seja, usar na campanha eleitoral os veículos ou embarcações dos entes federados e respectivas autarquias e sociedades de economia mista.

A finalidade da norma é permitir que os candidatos à reeleição ou os já parlamentares que estejam concorrendo a uma vaga legislativa não desequilibrem o pleito com o uso de bens públicos em benefício das campanhas eleitorais. Fato controverso é a responsabilidade penal superior para os funcionários públicos, com sanção de detenção e pagamento de multa, sendo que para os candidatos a pena somente é de cancelamento do registro ou do diploma, caso tenha sido eleito.

b) Sujeito ativo: o candidato e o funcionário responsável pela guarda dos veículos ou embarcações. Crime próprio.

c) Sujeito passivo: o Estado.

– Elemento subjetivo: o sujeito ativo vale-se dos bens dos entes federados, das autarquias e sociedade de economia mista, com intenção eleitoreira, portanto dolo específico.

– Consumação: acontece mediante o uso indevido dos veículos ou embarcações.

15.4.5 Crime previstos na Lei Complementar nº 64/90

Art. 25. Constitui crime eleitoral a arguição de inelegibilidade, ou a impugnação de registro de candidato feito por interferência do poder econômico, desvio ou abuso do poder da autoridade, deduzida de forma temerária ou manifesta má-fé:

Pena - detenção de 6 (seis) meses a 2 (dois) anos, e multa de 20 (vinte) a 50 (cinquenta) vezes o valor de Bônus do Tesouro Nacional - BNT e, no caso de sua extinção, de título público que substitua.

– Objetivo jurídico: resguardar a segurança dos registros de candidatura e do processo eleitoral.

– Elementos do tipo:
a) Ação nuclear: trata-se de duas condutas incriminadoras a começar pela arguição de inelegibilidade e da impugnação de registro de candidato feito por interferência do poder econômico, desvio ou abuso do poder da autoridade, ambas as ações deduzidas de forma temerária ou manifesta má-fé.

Esse crime pune aqueles que maliciosamente ou ardilosamente tentam retirar da disputa eleitoral os adversários políticos através de mecanismos eleitorais de combate a irregularidades. O art. 3º da citada lei ensina que cabe a qualquer candidato, partido político, coligação ou ao Ministério Público impugnar o registro de candidatura. Afirma Fávila Ribeiro que "se qualquer pessoa, invocando a condição de candidato ou de cidadania, por erro grosseiro, capricho ou espírito de emulação, procura obstar o registro de candidato, comete o crime previsto no art. 25 da Lei Complementar nº 64/90".[99] Continua o autor salientando:

> se a representação tiver por finalidade a abertura de inquérito policial ou instauração de ação penal, estando o cidadão a apresentar *notitia criminis* eleitoral, a se valer da regra do art. 356 do Código Eleitoral, fazendo falsa imputação a candidato, dirigentes partidários ou qualquer pessoa, absolutamente, não se faz aplicável a figura do art. 25 da Lei Complementar nº 64/90, configurando-se caso de denunciação caluniosa a se capitular no art. 359 do Código Penal.[100]

b) Sujeito ativo: qualquer candidato, partido político, coligação ou Ministério Público. Crime próprio.

c) Sujeito passivo: O Estado e o candidato.

– Elemento subjetivo: o agente tem que agir com o intuito de provocar a inelegibilidade ou a impugnação do registro de candidatura do adversário, portanto dolo genérico.

– Consumação: trata-se de crime formal não exigindo a produção do resultado para a configuração do delito, assim sendo, consubstancia-se com a protocolação do pedido junto à Justiça Eleitoral.

---

99 RIBEIRO, Fávila. *Direito eleitoral*. 4. ed. Rio de Janeiro: Forense, 1996. p. 610.
100 RIBEIRO, Fávila. *Direito eleitoral*. 4. ed. Rio de Janeiro: Forense, 1996. p. 610.

15.4.6 Crime previsto na Lei nº 6.996/82

Art. 15. Incorrerá nas penas do art. 315 do Código Eleitoral quem, no processamento eletrônico das cédulas, alterar resultados, qualquer que seja o método utilizado.
Pena - reclusão até cinco anos e pagamento de 5 a 15 dias-multa.

A redação do tipo evidencia que o legislador fora adiantado em relação ao avanço eletrônico ora alcançado pela Justiça Eleitoral, haja vista que se refere às cédulas apuradas eletronicamente, processo ainda não aplicado à época (ano de 1982), ao contrário das fases de alistamento, votação e apuração eletrônica. Diante do elencado, o crime é ineficaz por tratar de fato ainda inexistente, haja vista a apuração das cédulas ser realizada da forma tradicional.

15.4.7 Crime previsto na Lei nº 7.021/82

Art. 5º Constitui crime eleitoral, destruir, suprimir ou, de qualquer modo, danificar relação de candidatos afixada na cabina indevassável.
Pena - detenção, até seis meses, e pagamento de 60 a 100 dias-multa.

– Objetivo jurídico: resguardar a organização dos trabalhos eleitorais.
– Elementos do tipo:
a) Ação nuclear: configura-se o crime pelas ações de destruir, isto é, extinguir, inutilizar; suprimir que tem o significado de eliminar, impedir que apareça; e danificar, ou seja, estragar, deteriorar relação de candidatos afixada na cabina indevassável.
Esse crime somente pode acontecer dentro da cabina. Caso a lista de candidatos seja fixada em estabelecimentos de funcionamento da mesa receptora a conduta condenável será tipificada no art. 129, parágrafo único do Código Eleitoral.[101]

---

[101] CÂNDIDO, Joel José. *Direito eleitoral brasileiro.* 11. ed. 3. tir. Bauru: Edipro, 2005. p. 313.

b) Sujeito ativo: consta de crime comum, do qual qualquer pessoa pode ser agente.

c) Sujeito passivo: o Estado e os candidatos prejudicados.

– Elemento subjetivo: não faz mister que tenha a conduta fito eleitoral, portanto o dolo é genérico.

– Consumação: ocorre ao tempo do dano total ou parcial da relação de candidatos.

15.4.8 Reflexos criminais conexos do alistamento eleitoral

Mesmo que muito desatualizado, o Código Eleitoral versa sobre vários crimes eleitorais intrinsecamente ligados ao alistamento eleitoral.

Art. 289. Inscrever-se fraudulentamente eleitor:

Pena - reclusão até 5 (cinco) anos e pagamento de 5 (cinco) a 15 (quinze) dias-multa.

Inscrever-se fraudulentamente constitui delito eleitoral, deve ocorrer através de erro, ardil, artifício ou qualquer outra forma de que vise enganar o serventuário da Justiça Eleitoral ou o próprio Juízo. Trata-se em suma de vilipêndio aos trabalhos da Justiça Eleitoral, que tenta realizá-los em plenitude de transparência e neste caso vê-se ultrajada por elemento ardil e habilidoso.

Art. 290. Induzir alguém a se inscrever eleitor com infração de qualquer dispositivo deste Código.

Pena - reclusão até 2 (dois) anos e pagamento de 15 (quinze) a 30 (trinta) dias-multa.

Induzir alguém a se inscrever eleitor com infração de qualquer dispositivo do Código Eleitoral é ação criminosa que se dá tanto sob a modalidade comissiva como também na modalidade omissiva. Não só a atividade comissiva é que pode constituir fato típico para este delito, haja vista que se servidor da justiça perceber e não o advertir ou impedi-lo constituirá infração a este delito. Sendo assim, tanto omissão quanto comissão, incitação, instigação, estímulo e auxílio material levam ao crime. A modalidade tentada não é admitida pela jurisprudência.

Art. 291. Efetuar o juiz, fraudulentamente, a inscrição de alistando.
Pena - reclusão até 5 anos e pagamento de cinco a quinze dias-multa.

Se o juiz efetua, fraudulentamente, a inscrição de alistando, fica sujeito às penas de reclusão de até 5 anos e multa. Trata-se de dispositivo idêntico ao previsto no art. 289 do CE, mas tendo apenas como especificidade o juiz eleitoral. Existe entendimento doutrinário que compreende que esse delito, se for praticado com auxílio de serventuário e em existindo total conivência para a prática do delito, pode ser a ele aplicada, respeitando os procedimentos aplicados aos juízes presentes na LOMAN (Lei Complementar nº 35).

Art. 292. Negar ou retardar a autoridade judiciária, sem fundamento legal, a inscrição requerida.
Pena - pagamento de 30 a 60 dias-multa.

Negar ou retardar, por parte da autoridade judiciária, sem fundamento legal, a inscrição requerida. Há a exigência de dolo específico, ou seja, que o agente tenha *animus*, vontade, intenção de praticar este delito. A ação delitiva tem mister de obstaculizar, retardar injustificadamente, a inscrição, impedindo assim que o cidadão possa exercer a capacidade ativa (o voto).

Art. 293. Perturbar ou impedir de qualquer forma o alistamento.
Pena - detenção de 15 dias a seis meses ou pagamento de 30 a 60 dias-multa.

Perturbar ou impedir de qualquer forma o alistamento também caracteriza situação típica delituosa a ser punida na forma deste dispositivo, não exige, necessariamente, que a prática leve ao impedimento do alistamento, sendo necessário apenas que o agente atrapalhe, dificulte ou embarace o alistamento.

Art. 350. Omitir, em documento público ou particular, declaração que dele devia constar, ou nele inserir ou fazer inserir declaração falsa ou diversa da que devia ser escrita, para fins eleitorais:

Pena - reclusão até cinco anos e pagamento de 5 a 15 dias-multa, se o documento é público, e reclusão até três anos e pagamento de 3 a 10 dias-multa, se o documento é particular.

Parágrafo único. Se o agente da falsidade documental é funcionário público e comete o crime prevalecendo-se do cargo, ou se a falsificação ou alteração é de assentamentos de registro civil, a pena é agravada.

Constitui crime omitir documento público ou particular, declaração que dele devia constar, ou nele inserir ou fazer inserir declaração falsa ou diversa da que devia ser escrita, para fins eleitorais. São basicamente aquelas declarações de domicílio eleitoral fornecidas pelos eleitores e que fazem prova junto ao alistamento eleitoral. Coadunam-se a esta tipologia as declarações fornecidas pelos agentes públicos de forma dolosa, ou seja, quando delegado fornece declaração atestando o domicílio eleitoral do eleitor.

Todos estes crimes acima arrolados são passíveis de suspensão processual, trata-se de instituto que vem a abarcar delitos para os quais a pena mínima cominada é igual ou inferior a um ano. Denomina-se usualmente de *sursis* processual, ocorrendo a suspensão após o MPE oferecer a denúncia e, cumprindo-se pelo agente os requisitos básicos para a concessão, ela é proposta. Não se trata de direito subjetivo do Ministério Público, mas dever de propor ao oferecer denúncia, sendo impossível o cidadão ficar a reboque deste quarto poder, o que já é cediço da jurisprudência dos Tribunais Superiores.

Malgrado esse instituto, a maioria dos crimes eleitorais também são salvaguardados, pela transação penal, que ocorre em face dos delitos considerados de menor potencial ofensivo, que objetivamente constituem-se quando a pena máxima é superior a dois anos. *Ipso facto* não mais detém força recriminativa, haja vista que eles fazem parte do rol de delitos de baixo potencial.

CAPÍTULO 16

PROCESSO PENAL ELEITORAL

16.1 Competência da Justiça Eleitoral para processar e julgar crimes eleitorais. Arts. 335 e seguintes do Código Eleitoral

As regras sobre o processo eleitoral estão definidas nos arts. 355 a 364 do CE e é cediço que a competência para processar e julgar os crimes eleitorais é da Justiça Eleitoral, haja vista a redação do art. 35, II do CE, que inclui também os crimes comuns que forem conexos com os crimes eleitorais.

O art. 364 define o caráter subsidiário e supletivo do Código de Processo Penal para o processo e julgamento dos crimes eleitorais e conexos, assim como nos recursos e na execução que lhe digam respeito.

A jurisprudência do Tribunal Superior Eleitoral através do acórdão cujo relator é o Ministro Henrique Neves da Silva disciplina: "é da competência da Justiça Eleitoral processar e julgar os crimes eleitorais e os comuns que lhes forem conexos".[1]

A ação penal é pública e incondicionada, sendo o Ministério Público titular da ação penal. No entanto o inquérito policial necessita de prévia requisição do juiz.

> O entendimento jurisprudencial é no sentido de que mesmo em caso de flagrante a autoridade policial deverá comunicar o fato em 24 horas ao juiz eleitoral para prosseguimento dos trabalhos [...]. Este entendimento contraria a natureza da ação penal, que é pública.[2]

---

[1] Recurso em Habeas Corpus nº 33.425. Acórdão de 15 maio 2014. Rel. Min. Henrique Neves da Silva. *DJE*, t. 115, 24 jun. 2014. p. 125.

[2] QUEIROZ, Ari Ferreira. *Direito eleitoral*. 4. ed. rev., ampl. e atual. até fevereiro de 1998. Goiânia: Jurídica IEPC, 1998. p.150.

Como todos os crimes penais eleitorais são de ação penal pública, a polícia judiciária competente para instaurar inquérito policial é a polícia federal, sendo o Ministério Público competente para requisitar tais investigações.

No processo penal eleitoral não há queixa-crime em matéria eleitoral. Portanto, mesmo havendo ofensa à honra, por calúnia, injúria e difamação, não será utilizada a ação penal privada como no processo penal comum, e sim a ação penal pública incondicionada.

Existe obrigatoriedade a todo cidadão, partido político, coligação e candidato que tiver conhecimento de infração penal eleitoral em comunicá-la ao juiz eleitoral da zona onde ela verificou-se. Tal comunicação, quando verbal, deve ser reduzida a termo e remetida ao Ministério Público, que pode oferecer a denúncia ou apresentá-la requisitando o arquivamento da comunicação.

Em 10 dias dessa comunicação, o órgão do Ministério Público oferece denúncia ou pede arquivamento da comunicação ao juiz. Uma simples comunicação tem no direito eleitoral o mesmo *status* que o inquérito possui no direito penal comum. "Se o órgão do Ministério Público não oferecer a denúncia no prazo legal, representará contra ele a autoridade judiciária, sem prejuízo da apuração da responsabilidade penal" (art. 357, §3º). Decorrido o prazo, o juiz solicitará ao procurador regional que designe outro promotor para que ofereça a denúncia.

Havendo o pedido de arquivamento pelo Ministério Público, se o juiz eleitoral entender pela procedência da denúncia, tem a faculdade de encaminhar as informações obtidas para o procurador regional. Esse poderá insistir no arquivamento – tornando obrigatório o aceite judicial, oferecer a denúncia diretamente ou designar outro promotor para oferecê-la. Ultrapassado o prazo de 10 dias sem resposta do Ministério Público, o promotor será representado pela autoridade judiciária, de ofício ou a requerimento e será solicitado ao procurador geral que designe novo promotor.

O Ministério Público tem a faculdade de requisitar esclarecimentos e documentos, além de diligências às autoridades e servidores públicos, sem necessidade de um inquérito, porém sem presidi-lo.

Entretanto, ainda está sendo discutida pelo Supremo Tribunal Federal a possibilidade de o Ministério Público fazer atos de investigações penais. Para os defensores, ao requisitar diretamente informações, documentos e diligências, o Ministério Público em si já faz inquérito, e, como este órgão é competente para denunciar as investigações, consequentemente, é competente para investigar, já que quem pode mais pode menos.

Já para a corrente contrária, a qual se apega a presente literatura, a Constituição Federal atribui competência para o Ministério Público apenas para instaurar inquérito civil público, não a estendendo para presidir inquérito penal. Ademais, se o Ministério Público tivesse a competência para investigar e denunciar, poderia abusar do poder, o que faria necessário um órgão imparcial, diferente do acusador, que seria a polícia judiciária (Polícia Federal) para assim ter controle sob o Ministério Público para fazer diligências. Se o acusador faz investigações, requisita documentos, então ele perde a necessária distância para fazer a sua própria convicção, uma vez que já começou a investigação sabendo da conclusão. Assim só a polícia deveria ter a possibilidade de fazer atos de diligências investigatórias no campo penal, e o Ministério Público apenas a possibilidade de requisitar à Polícia Federal que efetue as devidas diligências.

O código também permite a possibilidade de qualquer cidadão provocar representação contra o Ministério Público quando da inércia descrita no artigo acima, contudo, se no prazo de 10 (dez) dias o juiz eleitoral não agir de ofício,

> Pode ele, no entanto, mediante o exercício sucessivo do direito constitucional de petição, caso a autoridade judicial ou o Ministério Público não pratiquem os atos que lhes impendem, dirigir-se ao Tribunal Regional, daí ao Tribunal Superior, e mesmo ao Supremo Tribunal Federal.[3]

No entanto, conforme jurisprudência, para a representação, é mister as informações acerca do evento, pois "faltando os fatos narrados na inicial a indispensável tipificação, determina-se o arquivamento da representação".[4]

Por se tratar de ação penal pública, acredita-se que vigora a letra do art. 5º, LIX: "será admitida ação privada nos crimes de ação pública, se esta não for intentada no prazo legal". Corrobora o posicionamento Vera Maria Nunes Michels, ressaltando que "uma vez ajuizada a 'ação penal subsidiária', obrigatoriamente deverão ser abertas vistas ao *Parquet* Eleitoral".[5]

---

[3] JARDIM, Torquato. *Direito eleitoral positivo, conforme a nova lei eleitoral*. 2. ed. Brasília: Brasília Jurídica, 1998. p. 66.

[4] Res. nº 15.594, de 12.9.89. Rel. Min. Miguel Ferrante.

[5] MICHELS, Vera Maria Nunes. *Direito eleitoral*: de acordo com a Constituição Federal, LC 64/90, Leis 9.096/95, 9.504/97, 11.300/06, EC 52/06 e Resoluções do TSE. 5. ed. Porto Alegre: Livraria do Advogado, 2006. p. 171.

Os requisitos para a denúncia são: que seja escrita e formal, contenha a exposição do fato criminoso com todas as suas circunstâncias de tempo, modo e espaço, haja a qualificação do autor da conduta delitiva ou a apresentação de informações que possam identificá-lo, a classificação do crime e, quando necessário, o rol de testemunhas. O Supremo já decidiu que uma denúncia que não tem as circunstâncias é uma denúncia que impossibilita o exercício da defesa. A denúncia genérica não é admitida no direito eleitoral, já que ofende o direito de defesa, porque se a parte não sabe o fato do qual está sendo acusada não pode exercer o direito de defesa, ferindo o princípio da dignidade da pessoa humana.

O Tribunal Superior Eleitoral, em acórdão proferido pelo Ministro José Antônio Dias Toffoli, aduziu que "não se exige da peça inaugural do processo penal prova robusta e definitiva da prática do crime, uma vez que o recebimento da denúncia constitui simples juízo de admissibilidade, não havendo espaço para se enfrentar o mérito da causa".[6] Tampouco se exige, nessa fase processual, conjunto probatório que evidencie de plano a ocorrência do elemento subjetivo do tipo, pena de se inviabilizar o ofício ministerial público.

A denúncia de acordo com o art. 358, CE, pode ser rejeitada quando o fato narrado evidentemente não constituir crime; pela extinção da punibilidade havendo prescrição ou qualquer outro motivo; por fim, quando for manifesta a ilegitimidade da parte ou faltar condição exigida pela lei para o exercício da ação penal. Para este último caso o parágrafo único definiu que "a rejeição da denúncia não obstará ao exercício da ação penal, desde que promovida por parte legítima ou satisfeita a condição".

De acordo com o TSE: "Será inepta a denúncia, por ofensa ao devido processo legal, que, afirmando coautoria, não explicite, nomeadamente, a conduta criminosa que impute aos denunciados".[7]

Ressalta-se que após a reforma do Código de Processo Penal, ocorrida em 2008, o Tribunal Superior Eleitoral passou a adotar o rito desse diploma aos processos eleitorais, inclusive os originários:

> Sendo mais benéfico para o réu o rito do art. 400 do Código de Processo Penal, com a redação dada pela Lei nº 11.719/2008, que fixou o interrogatório do réu como ato derradeiro da instrução penal, o

---

6 Agravo Regimental em Agravo de Instrumento nº 9.370. Acórdão de 20.8.2013. Rel. Min. José Antônio Dias Toffoli. *DJE*, t. 171, 6 set. 2013. p. 56.

7 TSE. HC nº 226. Rel. Min. Jardim. *DJU*, 5 ago. 94.

CAPÍTULO 16
PROCESSO PENAL ELEITORAL | 483

procedimento deve prevalecer nas ações penais eleitorais originárias, em detrimento do previsto no art. 7º da Lei nº 8.038/90. Precedentes do STF e desta Corte.[8]

Com o advento da modificação proferida pela Lei nº 10.732/03, o depoimento passa a compor o rito processual penal dos crimes eleitorais, sendo que o réu ou o seu defensor terá o prazo de 10 (dez) dias para oferecer alegações escritas e arrolar testemunhas.

Salienta Thales Tácito:

> como o ato do interrogatório era interpretado na sistemática brasileira não como meio de prova, mas como autodefesa, nada impedia que antes do advento da Lei nº 10.732/03, por petição, fosse requerido pelo acusado o interrogatório, com base nos dogmas constitucionais da ampla defesa e principalmente do contraditório.[9]

Apesar da terminologia usada pelo legislador da Lei nº 10.732/03, ao denominar depoimento pessoal (meio de prova) em vez de interrogatório judicial (meio de defesa), ela não invalida a sua intenção, visto ter acrescido um mecanismo de defesa para o acusado.

Se citado pessoalmente o acusado e este não comparecendo, decretar-se-á a revelia, sendo nomeado um defensor dativo. No entanto, a citação realizando-se por via de edital, aplica-se o art. 366 do CPP, que estabelece a suspensão do processo e do curso do prazo prescricional.

O rito processual para os crimes eleitorais é sumário, por isso o legislador determinou o prazo de 5 (cinco) dias para que cada parte apresente as alegações finais, após as diligências do Ministério Público e ouvidas as testemunhas.

Assevera Vera Maria Nunes Michels:

> Assim, no prazo do art. 360 do Código Eleitoral, não poderão mais as partes, Ministério Público e réu, formular pedidos de diligências que deveriam vir já com a denúncia e a contestação. Evidente que se ficar provada a existência de fatos novos posteriores à denúncia e à contestação, poderão ser requeridas diligências no prazo do art. 369 do Código Eleitoral, porém, só excepcionalmente, tratando-se de fatos novos.[10]

---

[8] TSE. Habeas Corpus nº 6.909. Rel. Min. José Antônio Dias Toffoli. *DJE*, 12 fev. 2014.

[9] CERQUEIRA, Thales Tácito Pontes Luz de Pádua. *Direito eleitoral*. Crimes eleitorais & Processo penal eleitoral. Salvador: JusPodivm, 2004.

[10] MICHELS, Vera Maria Nunes. *Direito eleitoral*: de acordo com a Constituição Federal, LC 64/90, Leis 9.096/95, 9.504/97, 11.300/06, EC 52/06 e Resoluções do TSE. 5. ed. Porto Alegre: Livraria do Advogado, 2006. 2006, p. 173.

Ouvidas as testemunhas da acusação e da defesa e praticadas as diligências requeridas pelo Ministério Público e deferidas ou ordenadas pelo juiz, abrir-se-á o prazo de 5 (cinco) dias a cada uma das partes – acusação e defesa – para apresentarem alegações finais.

Decorrido esse prazo, e conclusos os autos ao juiz dentro de quarenta e oito horas, este terá 10 (dez) dias para proferir a sentença.

O recurso de matéria penal eleitoral tem o prazo de 10 (dez) dias, que para Vera Maria Nunes Michels[11] é contado a partir da intimação, e para Thales Tácito é a partir da publicação da sentença. O mesmo prazo também é atribuído ao apelado para que apresente as contrarrazões, apesar da omissão do Código Eleitoral.

Se a decisão do Tribunal Regional Eleitoral for condenatória, baixarão imediatamente os autos à instância inferior para a execução da sentença.

Esse dispositivo do Código Eleitoral é inconstitucional, vez que a inocência não é uma presunção, é um princípio constitucional, que não se pode presumir e que só será afastado por uma verdade que surge apenas com o trânsito em julgado. Antes do trânsito em julgado, a inocência não poderá ser desfeita. A decisão do Tribunal Regional Eleitoral ainda é recorrível, dessa forma não pode baixar o processo para o cumprimento, não podendo haver punição antecipada antes do trânsito em julgado.

A execução da decisão condenatória do Tribunal Regional será feita no prazo de 5 (cinco) dias contados a partir da vista do Ministério Público, conforme determina o art. 363 do CE. Além disso, estabelece o parágrafo único do mesmo artigo que o órgão do Ministério Público responderá sanções disciplinares (CE, art. 357, §§3º, 4º e 5º), caso não promova a execução da sentença.

Ao Tribunal Superior Eleitoral cabe recurso quando a decisão for proferida contrariando expressa disposição legal, havendo divergência de interpretação de norma entre dois ou mais Tribunais Regionais e quando denegarem *habeas corpus* e mandado de segurança. Incide ao processo penal eleitoral a mesma sistemática dos recursos em geral, analisados em capítulo próprio desta obra.

---

[11] MICHELS, Vera Maria Nunes. *Direito eleitoral*: de acordo com a Constituição Federal, LC 64/90, Leis 9.096/95, 9.504/97, 11.300/06, EC 52/06 e Resoluções do TSE. 5. ed. Porto Alegre: Livraria do Advogado, 2006. p. 173.

REFERÊNCIAS

AGRA, Walber de Moura. *Manual prático de direito eleitoral*. Belo Horizonte: Fórum, 2016.

ALEXY, Robert. On the structure of legal principles. *Ratio Juris*, v. 3, n. 13, 2000.

ALEXY, Robert. *Teoria dos direitos fundamentais*. São Paulo: Malheiros, 2008.

ALVIM, Frederico Franco. *Manual de direito eleitoral*. Belo Horizonte: Fórum, 2012.

ARAS, Augusto. *Fidelidade partidária*. A perda do mandato parlamentar. Rio de Janeiro: Lumen Juris, 2006.

BARBOSA, Rui. *Oração aos moços*. [s.l.]: [s.n.], 1920.

BENDIX, Reinhard. *Max Weber*: um perfil intelectual. Brasília: UnB, 1986.

BLASZAK, José Luís. Juntas eleitorais: qual é mesmo o seu papel? *Revista Jus Navigandi*, Teresina, ano 19, n. 3920, 26 mar. 2014. Disponível em: <https://jus.com.br/artigos/27112>. Acesso em: 4 abr. 2016.

BOBBIO, Norberto. *A teoria das formas de governo*. Tradução de Sérgio Bath. 9. ed. Brasília: Editora Universidade de Brasília, 1997.

BOBBIO, Norberto. *Teoria geral da política*: a filosofia política e as lições dos clássicos. Rio de Janeiro: Campus, 2000.

BONAVIDES, Paulo. *Ciência política*. 12. ed. São Paulo: Malheiros, 2006.

BONAVIDES, Paulo. *Ciência política*. 4 ed. São Paulo: Malheiros, 1978.

BONAVIDES, Paulo. *Ciência política*. Rio de Janeiro: Forense, 1986.

CÂNDIDO, Joel José. *Direito eleitoral brasileiro*. 11. ed. 3. tir. Bauru: Edipro, 2005.

CÂNDIDO, Joel José. *Direito eleitoral brasileiro*. 15. ed. rev., atual. e ampl. Bauru: Edipro, 2012.

CÂNDIDO, Joel José. *Direito eleitoral brasileiro*. 3. ed. Bauru: Edipro, 1992.

CÂNDIDO, Joel José. *Direito eleitoral brasileiro*. 6. ed. Bauru: Edipro, 1996.

CÂNDIDO, Joel José. *Direito eleitoral brasileiro*. 8. ed. rev. e atual. Bauru: Edipro, 2000.

CANOTILHO, José Joaquim Gomes. *Constituição dirigente e vinculação do legislador*. Coimbra: Editora Coimbra, 1998.

CANOTILHO, José Joaquim Gomes. *Direito constitucional e teoria da Constituição*. 2. ed. Coimbra: Almedina, 1998.

CANOTILHO, José Joaquim Gomes. *Direito constitucional e teoria da Constituição*. 7. ed. Coimbra: Almedina, 2003.

CANOTILHO, José Joaquim Gomes. *Direito constitucional*. 2. ed. Coimbra: Almedina, 1998.

CARVALHO FILHO, José dos Santos. *Manual de direito administrativo*. Atualizações conforme as EC nºs 45/2004, 46/2005 e 47/2005, e a Lei das Parcerias Público-Privadas (Lei nº 11.079, de 30/12/2004); de Falência (Lei nº 11.101, de 9/2/2005); e dos Consórcios Públicos (Lei nº 11.107, de 6/4/2005). 14. ed. rev. e ampl. Rio de Janeiro: Lumen Juris, 2005.

CARVALHO FILHO, José dos Santos. *Manual de direito administrativo*. 22. ed. Rio de Janeiro: Lumen Juris, 2009.

CARVALHO, Kildare Gonçalves. *Direito constitucional didático*. Belo Horizonte: Del Rey, 1997.

CASTRO, Edson de Resende. *Curso de direito eleitoral*: de acordo com a Lei da Ficha Limpa, com a Lei n. 12.891/2013 e com as Resoluções do TSE para as eleições de 2014. 7. ed. rev. e atual. Belo Horizonte: Del Rey, 2014.

CERQUEIRA, Thales Tácito Pontes Luz de Pádua. *Direito eleitoral brasileiro*: o Ministério Público Eleitoral, as eleições em face das Leis 9.504/97, 9.840/99, 10.732/03, 10.740/03 e 10.792/03, EC 35/01 (Imunidade parlamentar e restrições). 3. ed. rev., ampl. e atual. Belo Horizonte: Del Rey, 2004.

CERQUEIRA, Thales Tácito Pontes Luz de Pádua. *Direito eleitoral*. Crimes eleitorais & Processo penal eleitoral. Salvador: JusPodivm, 2004.

CHIOVENDA, Giuseppe. *Instituições de direito processual civil*. 1. ed. Campinas: Bookseller, 1998. v. 3.

CINTRA, Antonio Carlos de Araújo; GRINOVER, Ada Pellegrini; DINAMARCO, Cândido Rangel. *Teoria geral do processo*. 16. ed. São Paulo: Malheiros, 2000.

CLÈVE, Clémerson Merlin. *Temas de direito constitucional e de teoria do direito*. São Paulo: Academica, 1993.

COÊLHO, Marcus Vinicius Furtado. *Agentes públicos*. Teresina: Práxis, 2004.

COMPARATO, Fábio Konder. *Educação, Estado e poder*. São Paulo: Brasiliense, 1987.

CONEGLIAN, Olivar. *Propaganda eleitoral*. 4. ed. Curitiba: Juruá, 2000.

CORDEIRO, Vinicius; SILVA, Anderson Claudino. *Crimes eleitorais e seu processo*. Rio de Janeiro: Forense, 2006.

COSTA, Adriano Soares. *Instituições do direito eleitoral*. 9. ed. rev. e ampl. de acordo com a LC nº 135/2010. Belo Horizonte: Fórum, 2013.

COSTA, Adriano Soares. *Teoria da inelegibilidade e o direito processual eleitoral*. Belo Horizonte: Del Rey, 1998.

COSTA, Elcias Ferreira. *Direito eleitoral*. Rio de Janeiro: Forense, 1992.

COSTA, Tito. *Recursos em matéria eleitoral*. 9. ed. São Paulo: Revista dos Tribunais, 2010.

COSTA, Tito. *Recursos em matéria eleitoral*. Belo Horizonte: Del Rey, 1997.

DAHL, Robert A. *Sobre a democracia*. Tradução de Beatriz Sidou. Brasília: Editora Universidade de Brasília, 2001.

DALLARI, Dalmo de Abreu. *Elementos de teoria geral do Estado*. 25. ed. São Paulo: Saraiva, 2005.

REFERÊNCIAS | 487

DECOMAIN, Pedro Roberto. *Elegibilidade e inelegibilidades*. São Paulo: Dialética, 2004.

DELMANTO, Celso *et al. Código Penal comentado*. 6. ed. atual. e. ampl. Rio de Janeiro: Renovar, 2002.

DUVERGER, Maurice. *Le système politique français*. Paris: PUF, 1970.

DWORKIN, Ronald. *Levando os direitos a sério*. Tradução de Nelson Boeira. 3. ed. São Paulo: WMF Martins Fontes, 2010.

ESPÍNDOLA, Samuel Ruy. A Constituição como garantia da democracia brasileira – O papel dos princípios constitucionais – Aporte comemorativo de seus 25 anos. *Revista Brasileira de Direito Eleitoral – Doutrina e Jurisprudência Selecionada*, Belo Horizonte, 2013.

FOESTER, Adam. A diferença entre república e democracia. *Adam Foester – História, livros e variedades com uma pitada de sal*, 25 jun. 2013. Disponível em: <http://adamfoerster. com/2013/06/25/a-diferenca-entre-republica-e-democracia/>.

GOMES, José Jairo. *Direito eleitoral*. 11. ed. rev., atual. e ampl. São Paulo: Atlas, 2015.

GOMES, José Jairo. *Direito eleitoral*. 12. ed. rev., atual. e ampl. São Paulo: Atlas, 2016. São Paulo: Atlas, 2016.

GRECO FILHO, Vicente. *Direito processual civil brasileiro*. 12. ed. São Paulo: Saraiva, 1997. v. 2.

HAMILTON, Alexander; MADISON, James; JAY, John. *The federalist papers*. Raleigh: Sweetwater Press, 2007.

HOBBES, Thomas. *O leviatã*. São Paulo: Nova Cultural, 1991.

HUNGRIA, Nelson. *Comentários ao Código Penal*. 4. ed. Rio de Janeiro: Forense, 1958.

HUNGRIA, Nelson. Crimes eleitorais. *Revista Eleitoral da Guanabara*, ano I, n. 1, 1968.

JARDIM, Torquato. *Direito eleitoral positivo, conforme a nova lei eleitoral*. 2. ed. Brasília: Brasília Jurídica, 1998.

LUCENA, Manuel de. Semipresidencialismo: teoria geral e práticas portuguesas. *Análise Social*, v. XXXI, n. 138, 1996.

MARQUES, José Frederico. *Manual de direito processual civil*. 2. ed. Campinas: Millennium, 1998. v. I.

MEIRELLES, Hely Lopes. *Curso de direito administrativo*. 15. ed. São Paulo: Malheiros, 1996.

MENDES, Gilmar Ferreira; BRANCO, Paulo Gustavo Gonet. *Curso de direito constitucional*. 9. ed. rev. São Paulo: Saraiva, 2014.

MICHELS, Vera Maria Nunes. *Direito eleitoral*: de acordo com a Constituição Federal, LC 64/90, Leis 9.096/95, 9.504/97, 11.300/06, EC 52/06 e Resoluções do TSE. 3. ed. Porto Alegre: Livraria do Advogado, 2004.

MICHELS, Vera Maria Nunes. *Direito eleitoral*: de acordo com a Constituição Federal, LC 64/90, Leis 9.096/95, 9.504/97, 11.300/06, EC 52/06 e Resoluções do TSE. 5. ed. Porto Alegre: Livraria do Advogado, 2006.

MINAMI, M. Y. Afinal, o que faz a justiça eleitoral? *Revista eletrônica EJE*, ano 2, n. 5. Disponível em: <http://www.tse.jus.br/institucional/escola-judiciaria-eleitoral/revistas-da-eje/artigos/revista-eletronica-ano-ii-no-5/afinal-o-que-faz-a-justica-eleitoral>.

MIRANDA, Pontes de. *Comentários ao Código de Processo Civil*. 5. ed. Rio de Janeiro: Forense, 1997.

MIRANDA, Pontes. *Tratado da ação rescisória e de outras decisões*. 5. ed. Campinas: Bookseller, 1998.

MIRANDA, Pontes. *Tratado das ações*. São Paulo: Revista dos Tribunais, 1970.

MONTESQUIEU, Charles de Secondat. *Do espírito das leis*. São Paulo: Martin Claret, 1960.

MORAES, Alexandre de. *Constituição do Brasil interpretada e legislação Constitucional*. São Paulo: Atlas, 2004.

MOREIRA, José Carlos Barbosa. *Novo processo civil*. 18. ed. Rio de Janeiro: Forense, 1996.

NASCIMENTO, Tupinambá Miguel. *Lineamentos de direito eleitoral*. 1. ed. Porto Alegre: Síntese, 1996.

NICOLAU, Jairo Marconi. *Sistemas eleitorais*: uma introdução. Rio de Janeiro: Getúlio Vargas, 1999.

NIESS, Pedro Henrique Távora. *Ação rescisória eleitoral*. Belo Horizonte: Del Rey, 1997.

NIESS, Pedro Henrique Távora. *Direitos políticos, condições de elegibilidade e inelegibilidades*. São Paulo: Saraiva, 1994.

PAIM, Gustavo Bohrer. O juiz natural e o direito eleitoral. *Revista Estudos Eleitorais*, Brasília, v. 10, n. 3, 2015.

PINTO, Djalma. *Direito eleitoral*: anotações e temas polêmicos. 2. ed. rev. e atual. de acordo com a lei que disciplina as eleições de outubro/2000. Rio de Janeiro: Forense, 2000.

PRÉLOT, Marcel. *Institutions politiques et droit constitutionel*. Paris: Dalloz, 1961.

QUEIROZ, Ari Ferreira. *Direito eleitoral*. 4. ed. rev., ampl. e atual. até fevereiro de 1998. Goiânia: Jurídica IEPC, 1998.

RAMAYANA, Marcos. *Direito eleitoral*. 11. ed. Rio de Janeiro: Impetus, 2010.

RAMAYANA, Marcos. *Direito eleitoral*. 4. ed. Rio de Janeiro: Impetus, 2005.

REIS, Marlon. *Direito eleitoral brasileiro*. São Paulo: Alumnus, 2012.

REIS, Marlon. Lei 13.165 criou antinomia sobre perda de mandato no Código Eleitoral. *Conjur*, 29 fev. 2016. Disponível em: <http://www.conjur.com.br/2016-fev-29/marlon-reis-lei-13165-criou-antinomia-perda-mandato>.

RENNÓ, Lucio R. Críticas ao presidencialismo de coalizão no Brasil. In: AVRITZER, Leonardo; ANASTASIA, Fátima (Org.). *Reforma política no Brasil*. Belo Horizonte: Editora UFMG, 2007.

RIBEIRO, Fávila. *Abuso de poder no direito eleitoral*. 2. ed. Rio de Janeiro: Forense, 1993.

RIBEIRO, Fávila. *Direito eleitoral*. 4. ed. Rio de Janeiro: Forense, 1996.

RIBEIRO, Fávila. *Direito eleitoral*. 5. ed. Rio de Janeiro: Forense, 1998.

RIBEIRO, Fávila. *Direito eleitoral*. Abuso de poder no direito eleitoral. 2. ed. Rio de Janeiro: Forense, 1993.

RIBEIRO, Fávila. *Pressupostos constitucionais do direito eleitoral*. No caminho da sociedade participativa. Porto Alegre: Sérgio Antônio Fabris, 1990.

REFERÊNCIAS | 489

ROLLO, Alberto; BRAGA, Enir. *Inelegibilidade à luz da jurisprudência*. São Paulo: Fiuza, 1995.

RUSSOMANO, Rosah. *Curso de direito constitucional*. 3. ed. rev. Rio de Janeiro: Freitas Bastos, 1978.

SALGADO, Eneida Desiree. *Princípios constitucionais eleitorais*. 1. ed. Belo Horizonte: Fórum, 2011.

SALGADO, Eneida Desiree. *Princípios constitucionais eleitorais*. 2. ed. Belo Horizonte: Fórum, 2015.

SALGADO, Eneida Desirre; VALIATI, Thiago Priess; BERNARDELLI, Paula. O livre convencimento do juiz eleitoral versus a fundamentação analítica exigida pelo novo código de processo civil. In: TAVARES, André Ramos; AGRA, Walber de Moura; PEREIRA, Luiz Fernando (Coord.). *O direito eleitoral e o Novo Código de Processo Civil*. Belo Horizonte: Fórum, 2016.

SANTIAGO, Henrique Maciel Campos. A (i)legitimidade ativa ad causam do Ministério Público Eleitoral para propor a ação judicial prevista pela Resolução nº 22.610/2007 – Tribunal Superior Eleitoral. *Revista Brasileira de Direito Eleitoral*, Belo Horizonte, n. 13, 2015.

SANTOS, Moacyr Amaral. *Primeiras linhas de direito processual civil*. 11. ed. São Paulo: Saraiva, 1990. v. 3.

SARMENTO, Daniel. *Os princípios constitucionais e a ponderação de bens*. 2. ed. Rio de Janeiro: Renovar, 2004.

SARTORI, Giovanni. *Comparative constitutional engineering*. Londres: Macmillan, 1994.

SILVA, Helton José Chacarosque. *O conceito de processo eleitoral e o princípio da anualidade*. p. 6. Disponível em: <http://www.tre-rs.gov.br/arquivos/Silva_Helton_Conceito_ processo_eleitoral.pdf>.

SILVA, José Afonso. *Curso de direito constitucional positivo*. 23. ed rev. e atual. nos termos da reforma constitucional (até a Emenda Constitucional nº 42, de 19.12.2003, publicada em 32.12.2003). São Paulo: Malheiros, 2004.

SILVA, José Afonso. *Curso de direito constitucional positivo*. 37. ed. rev. e atual. até a Emenda Constitucional nº 76 de 28.11.2013. São Paulo: Malheiros, 2014.

SOUSA, Marcelo Rebelo. Sistema semipresidencial: definição e perspectivas. *Nação e Defesa*, Lisboa, ano II, n. 3, maio 1977.

STOCO, Rui. *Legislação eleitoral interpretada*: doutrina e jurisprudência. São Paulo: Revista dos Tribunais, 2004.

STRECK, Lenio Luiz. Julgar por presunção do direito eleitoral é compatível como o novo CPC? *Conjur*, 5 nov. 2015. Disponível em: <http://www.conjur.com.br/2015-nov-05/senso-incomum-julgar-presuncao-direito-eleitoral-compativel-cpc>.

TAVARES, André Ramos; AGRA, Walber de Moura; PEREIRA, Luiz Fernando (Coord.). *O direito eleitoral e o novo Código de Processo Civil*. Belo Horizonte: Fórum, 2016.

THEODORO JÚNIOR, Humberto. Prescrição e decadência no novo código civil: alguns aspectos relevantes. *Revista Síntese de Direito Civil e Processual Civil*, n. 23, maio/jun. 2003.

VELLOSO, Carlos Mário da Silva; AGRA, Walber de Moura. *Elementos de direito eleitoral*. São Paulo: Saraiva, 2009.

WAMBIER, Luiz Rodrigues; ALMEIDA, Flávio Renato Correia; TALAMINI, Eduardo. *Curso avançado de processo civil*. 3. ed. São Paulo: Revista dos Tribunais, 2000. v. 1.

TOURINHO FILHO, Fernando da Costa. *Processo penal*. 21 ed. São Paulo: Saraiva, 1999. v. 3.

Esta obra foi composta em fonte Palatino Linotype, corpo 10
e impressa em papel Offset 75g (miolo) e Supremo 250g (capa)
pela Gráfica e Editora O Lutador, em Belo Horizonte/MG.